학현 변형윤 교수 근영

학현 변형윤 전집 2

경제학이론

학현 변형윤 전집 간행위원회 엮음

지식산업사

학현 변형윤 전집 2

경제학이론

초판 1쇄 인쇄 2012. 10. 10.
초판 1쇄 발행 2012. 10. 15.

지은이   변 형 윤
펴낸이   김 경 희
펴낸곳   ㈜지식산업사
         본사 • 경기도 파주시 교하읍 문발리 520-12
           전화 (031)955-4226~7 팩스 (031)955-4228
         서울사무소 • 서울시 종로구 통의동 35-18
           전화 (02)734-1978   팩스 (02)720-7900
         한글문패   지식산업사
         영문문패   www.jisik.co.kr
         전자우편   jsp@jisik.co.kr
         등록번호   1-363
         등록날짜   1969. 5. 8.
책값은 뒤표지에 있습니다.
ⓒ 변형윤, 2012
ISBN 978-89-423-3095-9 (94320)
ISBN 978-89-423-0066-2 (전9권)

이 책을 읽고 지은이에게 문의하고자 하는 이는
지식산업사 전자우편으로 연락 바랍니다.

발간사

이 전집은 우리나라 경제학계의 큰 별인 학현 변형윤 선생이 1955년 9월 서울대학교 상과대학 교수로 부임한 뒤 지금까지 경제학자로서, 교육자로서, 실천적 지성으로서 활동하면서 쓴 글과 선생의 사회활동에 관한 기록을 모두 모은 것이다. 이 전집은 선생께서 50여 년동안 학문 활동 및 사회 활동을 하면서 발표한 학술 논문, 다양한 매체에 기고한 에세이, 칼럼, 서평, 좌담 및 대담, 강연문, 기념사 등을 주제별로 나누어 모두 아홉 권으로 정리하였다. 이와 함께 대담 형식의 학현 선생 대화록을 출간하였다. 전집과 대화록을 통해 학현 선생의 깊은 학문세계와 치열했던 사회 활동의 전모를 처음으로 한 자리에서 살필 수 있도록 하였다.

학현 선생에게는 여러 가지 별칭이 붙어 다닌다. '학현학파의 창시자'라는 말 이외에도 '서울 상대의 산 증인', '한국경제학계의 거목', '진보경제학계의 대부', '대쪽 선비', '만년 야당', '이 시대의 마지막 의인' 등이 그것이다. 모두 학현 선생의 삶과 학문의 한 면모를 드러내는 말이라고 할 수 있다.

교육자, 학자, 실천적 지식인으로서 선생의 일생은 그대로 굴곡진 우리 현대사의 굽이굽이를 반영하는 것이기도 했다. 선생은 지금은 북한 땅이 된 황해도 황주에서 유교 가문의 장손으로 태어나 경기중학교를 거쳐 1945년 서울대학교 상과대학의 전신인 경성경제전문학교에 입학하였다. 그 뒤 지금까지 60여 년의 세월 동안 학생으로서, 교수로서, 학장으로서, 명예교수로서 서울상대와 떼려야 뗄 수 없는 관계를 가져온 '영원한 상대인(人)'이다. 선생은 1955년 서울상대 교수로 부임하여 1992년 정년퇴임하기까지 37년 동안 제자들 교육에 진력하였다. 선생은 무엇보다도 4·19 학생혁명 뒤 걷잡을 수 없는 소용돌이에 휩싸여 있던 서울상대를 손수 재건하였고 교무과장으로서, 또 학장으로서 서울상대를 한국 최고의 인재의 산실로 발전시킨 주역이었다. 학현 선생은 제자 교육에는 무서울 정도의 엄격함과 열정으로 임하셨지만 또 한편으로는 끝없는 자상함과 배려로 제자와 후학을 돌보아 주기도 했다. 1970년대 선생께서 서울상대 학장직에 있을 때, 민주화 운동 과정에서 제적될 위기에 처한 제자들을 보호하기 위해 학장직을 내던지면서까지 애썼고, 경찰에 연행되거나 구속된 제자들을 위해 몸소 경찰서와 법원을 드나들었던 일은 지금도 많은 졸업생들의 기억에 뚜렷이 남아 있는 일화이다.

  학현 선생은 경제학자로서도 경제학의 여러 분야에서 선구적인 업적을 남겼다. 선생은 1950년대 후반기에 당시로서는 아직 생소했던 경제수학, 통계학, 수리경제학, 그리고 계량경제학을 한국경제학계에 도입하여 새로운 학문을 일으켰다. 1960년대에는 누구보다 앞서 경제발전론과 경제변동론의 최신 동향을 한국경제학계에 소개하였다. 무엇보다도 선생은 일생에 걸쳐 앨프리드 마셜(Alfred Marshall, 영국의 경제학자)의 학문을 연구하고 소개하는 일에 헌신했을 정도로 '마셜학파'의 대가이기도 했다. "냉철한 머리, 따뜻한 가슴"이라는 마셜의 경구는 지금까지도 학현 선생의 좌우명이 되고 있을 정도로 선생은 마셜을 사표로 삼고 있다. 그러나 역시 학현 선생의 최대의 학문적 업적은 '한국경제학' 또는 '학현경제학'의 체계를 제시한 데 있다. 학현 선생은 일찍이 "한국경제의 현실과 밀착된 한국적 경제학의 정립"을 자신의 경제학 연구의 목표라고 밝힌 바 있다. 선생은 늘 경제학을 추상적인 이론의 틀에 가두어 두지 않고, 우리 현실에 바탕을 둔 연구이자, 곧 인간에 관한 연구로 승화시키고자 노력하였다. 이를 위해 현실분석의 수단으로서 통계학, 계량경제학 등 방법론 과목에 대한 학습이, 경제개발에 필요한 이론적 뒷받침을 위해서는 경제변동론, 경제성장론, 경제발전론에 대한 연구가, 그리고 경제발전의 가치와 방향 정립을 위해서는 경제학사, 경제철학 및 경제사상사에 대한 공부가 필요함을 역설하고 있다. 이 가운데서도 선생은 인간을 모든 가치의 중심에 놓은 '인간 중심의 가치'에 기초해서 한국경제의 발전 방향을 제시하고 한국경제를 분석하였다. 그러한 점에서 선생은 경제학을 실증과학의 범주에서 도덕과학의 범주로 끌어올리고 있다고 할 수 있다.

　선생의 대표작에 속한다고 할 수 있는 《한국경제의 진단과 반성》(1980), 《한국경제연구》(1986), 《한국경제론》(1989) 등의 저서에 명시적으로 또는 묵시적으로 전제되어 있는 경제발전의 가치는 첫째, 평등과 분배의 정의, 둘째, 균형적 경제발전, 셋째, 자립경제 등이다. 또한 이 세 가지 가치가 실현되는 과정을 경제 민주화로 파악하고 있다. 학현 선생을 분배주의자, 평등주의자, 구조주의자, 그리고 민족주의자, 민주주의자로 규정하는 것은 선생의 이러한 가치지향성에 말미암는다 하겠다. 이로써 학현 선생의 '한국경제학'은 한국적 현실에서 진보적 경제학의 새 지평을 열었다고 할 수 있다.

　학현 선생은 이러한 학문적 업적을 토대로 하여 이를 널리 전파하고 계승하는 일에도 진력하였다. 선생이 1980년의 민주화 운동으로 말미암아 서울대 교수에서 강제로 밀려나 해직교수 생활을 하던 시절 창립한 '학현연구실'은 이후 서울사회경제연구소로 확대, 개편되면서 우리 사회의 진보·개혁적 경제학자들이 모여드는 중심 구실을 하여 왔다. 그뿐만 아니라 선생은 한국의 대표적인 진보적 경제학자들의 모임인 '한국사회경제학회'와 주류경제학에 비판적인 개혁적 경제학자들의 모임인 '한국경제발전학회'를 직접 창립하였고, 회장 및 이사장으로서 후배, 제자들의 든든한 보호막 구실을 하고 있다. 이렇게 하여 선생의 뜻을 따르는 진보적, 개혁적 경제학자들이 선생의 큰 그늘 아래 모여드니 언론에서는 이를 '학현학파'라고 부르고 있다. 학현학파는 '인간 존중'을 핵심적 가치로 삼으면서, 경제정의와 균형발전의 실현을 도모하는 경제학파라 하겠다. 오늘날 학현학파는 우리 사회의 여러 곳에서 활동하면서 민주화와 경제정의 실현을 위해 연구하고 실천하는 학자들의 집단으로 성장하였다.

학현 선생은 결코 상아탑에 안주하는 학자는 아니다. 지성인으로서 사회적 실천을 매우 중시하였다. 옳지 않은 일에는 끝없이 분노하고 저항하였다. 1960년 4·19 학생혁명 당시 자유당 독재체제에 저항하던 다수의 학생과 시민이 경찰의 발포로 희생되자 선생은 분연히 궐기하여 4·25 교수데모에 참여함으로써 4·19 혁명이 성공하는 데 결정적 계기를 만들었다. 선생은 또한 1980년 이른바 '서울의 봄' 시절에는 서울대 교수협의회 회장으로서 민주화를 촉구하는 시국선언에 앞장섰다가 군부정권에 의해 중앙정보부 남산분실로 끌려가 고초를 당하였고 드디어 4년간 해직교수 생활을 해야만 했다. 서울대 교수직에 복직한 뒤에도 학현 선생의 민주화를 위한 활동은 더 넓어지고 더 깊어졌다. 선생은 1987년의 민주화 운동 이후 창립된, 우리나라 시민운동의 효시

라 할 수 있는 '경제정의실천시민연합'의 초대 공동대표로서 경제정의
와 경제민주화를 위해 노력하였다. 선생은 또 이 시대의 스승으로서
경제민주화, 사회민주화, 언론민주화, 학원민주화 그리고 민족 통일을
위한 다양한 활동을 이끌었다. 선생은 그야말로 언행일치의 삶, 학문
과 생활이 일치하는 삶을 사셨다고 할 수 있다. 독자들은 그 구체적
내용을 이 전집과 선생의 대화록을 통해서 확인할 수 있을 것이다.

학현 선생의 가르침을 따르는 제자들은 선생의 회갑 기념으로 《한
국경제론》(1987), 서울대학교 교수정년퇴임 기념으로 《경제민주화의
길》(1992), 그리고 고희 기념으로 《한국경제의 구조개혁 과제》(1997)를
출간한 바 있다. 7년 전 선생의 팔순을 앞두고 서울사회경제연구소의
제자들을 중심으로 기념논문집 발간 문제를 논의하였으나 선생께서
극구 말리는 바람에 그냥 넘긴 일이 있다.

이 전집을 본격적으로 준비하게 된 계기는 한국사회경제학회, 한국
경제발전학회 그리고 서울사회경제연구소 공동 주최로 2009년 8월 대
구에서 열린 공동학술대회였다. 세계 경제위기가 확산되고, 한국 사회
의 양극화가 심화되어 가고 있으며, 민생과 민주주의가 후퇴하고 있는
정치·경제의 현실을 극복하기 위해서는 새로운 가치, 새로운 접근방법
이 필요하다는 데 학술대회 참가자들은 인식을 같이하였다. 그리고 그
러한 새로운 가치, 새로운 접근방법을 실천하기 위한 첫 걸음으로 경
제정의, 균형발전, 그리고 자립적 국민경제의 실현이라는 과제를 끌어
안고 평생 연구하고 실천하신 학현 선생의 삶과 학문을 되돌아보는
것이 필요하다는 데도 의견이 모아졌다. 이리하여 선생의 전집 발간을
위한 간행위원회가 꾸려져 작업에 착수하게 되었다. 이후 3년간에 걸
친 노력 끝에 마침내 학현 선생의 학문과 삶의 전모를 모은 전집 발간
에 이르게 되었다.

이 전집은 9권으로 구성되어 있다. 대화록을 합하면 모두 10권이 되는 셈이다. 제1권은 경제사상과 경제철학에 관한 선생의 연구를 모았다. 아담 스미스, 앨프리드 마셜, 존 메이너드 케인스, 조지프 슘페터, 그리고 군나르 뮈르달 등의 경제학자에 대한 선생의 연구를 이 책에 모았다. 독자들은 이를 통해 한국 경제발전의 가치 형성에 이들의 이론적, 철학적 논의가 어떤 영향을 미쳤는지 알게 될 것이다.

제2권은 경제학 각 분야, 특히 경제변동론, 경제성장론, 경제발전론, 경제체제론, 그리고 수리경제학, 계량경제학에 대한 선생의 이론적 연구를 수록하였다. 이를 통해 독자들은 선생의 경제학 연구가 얼마나 광범하고 또 선구적인 것인지를 확인할 수 있을 것이다.

한국경제에 관한 선생의 글은 제3권에서 제7권까지 다섯 권으로 나누어 정리하였다. 제3권에는 경제개발계획과 개발전략에 관한 글을, 제4권에는 한국 경제성장의 역사적 과정과 성장의 모순에 관한 글을, 제5권에는 산업구조와 인구구조의 분석에 관한 글을, 제6권에는 세계경제와 한국의 무역구조, 그리고 대외경제정책에 관한 글을, 그리고 제7권에는 경제민주화와 한국경제의 과제에 관한 글을 수록하였다. 통일, 경제윤리, 환경문제에 관한 글도 제7권에 포함시켰다.

제8권에는 학현 선생이 일상 생활에서 느낀 감상을 서술한 가벼운 에세이를 모았다. 주제가 일정하지 않은 짧은 글들이지만 오히려 세상사에 관한 선생의 높은 식견과 인품의 향기를 읽을 수 있을 것이다.

제9권에는 학현 선생의 '삶의 발자취'라는 제목으로 선생의 다양한 사회활동 가운데 쓴 강연, 기념사, 축사, 치사뿐만 아니라 대중매체에 보도된 선생에 대한 평, 그리고 각종 화보를 포함한 활동 보도 내용도 함께 실었다.

요즘처럼 사회가 어지럽고 나아갈 방향이 잘 보이지 않을수록 큰 가르침을 주고 올바른 방향을 알려줄 수 있는 큰 스승의 존재를 우러르게 되는 법이다. 따라서 학현 선생의 학문과 인품을 직접 보고 배울 수 있는 기회를 가졌던 우리 제자들은 이를 참으로 행운이라 여기고 자랑으로 삼지 않을 수 없다. 선생께서는 여든을 훌쩍 넘긴 연세에도 불구하고 요즈음도 매일 서울사회경제연구소에 나와서 글을 읽고, 사색하며, 집필 활동도 하고 있다. 우리 모두 선생의 건강과 장수를 기원해 마지않는다.

　이 전집을 발간하는 과정에서 수많은 사람들의 열성과 노력이 있었다. 전집 발간을 위해 애써준 전집간행위원회 위원 여러분, 전집 발간을 재정적으로 후원해주신 분들, 그리고 기꺼이 출판을 맡아 수고해주신 지식산업사 김경희 사장과 직원 여러분에게 깊은 감사를 드린다.

2012년 9월
학현 변형윤 전집 간행위원회 위원장
강 철 규

차 례

제2편 수리 · 계량경제학

제3편 발전경제학

제1장 논 문

제4편 기타(경제체제, 세계경제, 산업연관)

학현 변형윤 전집 차례

제1편

경제변동론, 경제성장론, 국민소득론

제1장 논 문

성장과 순환의 종합

1. 서 언

자본주의경제의 변동의 특징은 성장과 순환에 있다고 말하여지기도
한다. 사실 우리가 현실세계에서 갖는 것은 구리하라(K. K. Kurihara)가
말한 바와 같이 '순환적 성장'(cyclical growth)이라는 혼합된 현상이다.
따라서 경제변동의 현상의 설명에는 성장과 순환 가운데 어느 하나가
결여되어도 불충분한 것이 되어버린다고 할 수 있다. 그동안 케인지언
들은 순환적 성장모형을 구성하기 위한 노력을 해오고 있다. 그런데
그 노력은 크게 두 가지로 나뉜다. 하나는 어떤 종류의 외생적 가설,
즉 상한과 하한 같은 인위적인 가설(비경제적 오차충격 포함) 혹은 불필
요한 자발적 성장요인에 호소하는 접근이다. 이의 예로서는 힉스(J. R.
Hicks), 듀젠베리(J. S. Duesenberry) 등의 접근을 들 수 있다.[1] 다른 하
나는 외생적 가설에 호소하지 않고 순전히 내생적인 변수에 의거해서
순환적 성장의 본질적으로 자기발생적인 성질과 과정을 설명하는 접

---

1) J. R. Hicks, *A Contribution to the Theory of the Trade Cycle*, 1950.
   J. S. Duesenberry, *Business Cycles and Economic Growth*, 1958.

근이다.

그러나 이 두 가지 접근 중에서 이론적으로 보아 추구되어야 할 방향은 후자의 접근의 방향임은 말할 나위도 없다. 따라서 이 글에서는 후자의 접근을 다루기로 한다. 그리하여 그와 같은 접근을 시도한 굿윈, 칼도어, 스미시스, 구리하라의 논문2)이 차례로 다루어진다. 그러나 본 논고에서는 새로운 내생적인 순환적 성장모형의 구성을 위한 준비작업이 행해질 뿐이다.

2. 굿윈의 설

굿윈은 성장요인으로서 '기술의 개선'과 '노동력의 증가'를 생각하고 이들이 공히 지속적으로 성장하는 것으로 간주하고 있다. 신기술은 거액의 투자지출을 필요로 하므로 이에 따라서 수요는 증대하며 노동자 1인당 생산의 증가 및 노동자 수의 증가는 이 수요증대에 의해서 흡수된다. 그러나 새로운 고(高)수준에 생산과 자본이 도달하면 경제는 이 고수준을 지속할 수 없게 된다. 왜냐하면 유효수요를 창출하기 위해서는 '혁신적' 및 '가속도적'인 투자의 증가가 필요한데 이 투자의 계속적 증가는 지속될 수 없기 때문이다. 투자의 증대가 그치면 수요

---

2) R. M. Goodwin, "A Model of Cyclical Growth," *The Business Cycle in the Post-War World* edited by E. Lundberg, 1957, pp. 203~22.
N. Kaldor, "The Relation of Economic Growth and Cyclical Fluctuations," *Economic Journal*, March 1954, pp. 53~71.
A. Smithies, "Economic Fluctuations and Growth," *Econometrica*, January 1957, pp. 1~52.
K. K. Kurihara, "An Endogenous Model of Cyclical Growth," *Oxford Economic Papers*, October 1960, pp. 243~248.
출판된 연도로 보면 굿윈의 것이 뒤이지만 칼도어의 논문에 인용되고 있다.

와 생산은 감소하며 그 결과 자본과 노동은 실업하게 된다. 이와 같은 생각은 굿윈에 따르면 정학적이 아닌 동학적인 붕괴이론이다. 생산은 상승과정에서는 새로운 고수준에 시시각각으로 상승하지만 하강과정에서는 이전의 저수준에까지 떨어지는 일이 없다. 왜냐하면 각 상승과정에서 도달한 고수준으로부터의 하락을 방해하는 고정지출의 증대가 확장과정에서 발생하고 있기 때문이다. 혁신적 투자에의 충분한 압력이 축적되면 회복이 시작된다. 제1차 접근으로서 굿윈은 '시차'를 무시하고 완전고용과 심각한 불황의 2국면 순환을 생각하고 있다. 그리고 그는 발산적인 운동을 야기하는 형($\mathcal{F}$)의 구조계수를 가정하고 있다. 따라서 투자는 일단 시작되면 경제를 완전고용에까지 이끌며 이 완전고용의 상한은 기술진보의 실현을 허용하는 자본축적과 더불어 급속히 상승한다.

간단히 말하면, 경제는 생산과 수요에서 강한 확장성을 갖고 있다. 그것은 항상 완전고용에까지 도달한다. 그러나 이 상한에 잠시 머문다는 사실만으로 그것은 다시 하강운동을 갖게 된다. 굿윈은 순환의 주요 특징이 자본의 행동에 있다고 보기 때문에 자본 스톡을 중심적인 설명변수로 다루고 있다. 힉스와 해러드가 소득을 종속변수로 취급한 데 대해서 굿윈이 이 선례를 따르지 않은 것은, 일단 자본과 소득 사이에 단순한 비례성을 가정하지 않는다면, 소득의 변동은 이미 투자의 변동에 대해서 어떤 결정적인 것을 말해줄 수 없기 때문이었다. 굿윈은 자본 스톡을 과거의 모든 순투자의 합계로 간주하는 동시에 투자에 대한 설명원리로서 '신축적인 가속도계수'를 사용한다. 이 원리에 따르면 필요자본이 현존자본보다 큰 한, 순투자가 행해지며 반대의 경우에는 마이너스의 투자가 행해지게 된다. 지금 필요자본 ξ는 다음 식에 따라 결정된다고 가정한다.

$$\xi = vy + \beta(t) \tag{2.1}$$

단 v: 가속도 계수

　y: 생산(혹은 소득)

　$\beta(t)$: 기술변화함수

이 식은 $\beta(t)$를 무시하는 경우에도 생산에 대한 자본의 완전조정을 가정하는 '가속도원리'를 나타내는 것이 아님을 알 수 있다. 반대로 굿윈은 일정의 자본 스톡을 가지고 (초과시간노동 등의 수단으로) 계획된 것 이상의 생산이 가능하다고 가정하고 있으며 또 계획된 능력에서도 보통은 유휴능력이 존재한다고 생각하고 있다.

〈그림 1〉

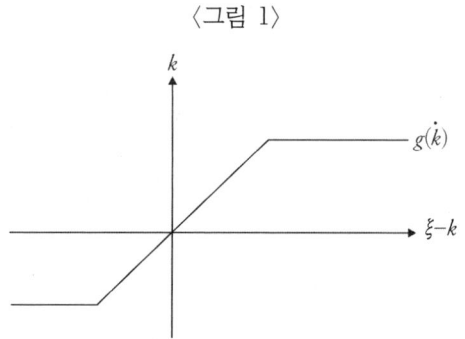

단순화를 위하여 그는 또 확장에의 압력은 필요자본 ξ와 현존자본 k의 차에 비례하며 상한과 하한의 두 비선형요인의 작용을 받는 것으로 가정하고 있다.[3] 하한은 조(粗)투자 영의 자본감모율(rate of waste of capital)에 의해서, 상한은 주어진 자본과 노동공급에 의해서 얻어지

---

3) 클라인은 상한과 하한을 각각 'full-capacity ceiling'과 'maximum disinvestment floor'라고 부르고 있다(L. R. Klein, *An Introduction to Econometrics*, 1962, p. 217).

는 신자본재의 극대생산에 따라서 설정된다. 이 관계는 〈그림 1〉에 의해서 표현되며 또 편의상 다음 식4)으로 표시된다.

$$g(\dot{k}) = \xi - k \tag{2.2}$$

단 $\dot{k}$: 자본 스톡의 변화율 즉 순투자

이에서 더 나가서 그는 자본재산업(capital goods trades)의 완전고용은 일반적인 완전고용과 일치하는 경향이 있다는 것을 가정하고 있다.

그는 또 한편 케인스(J. Keynes)의 유효수요의 이론에 따라서 다음 식을 만들고 있다.

$$y = f(\dot{k} + \gamma(t)) \tag{2.3}$$

단 $\gamma(t)$: 적절하게 정의된 공공지출

모든 요인은 불변가격으로 표시되고 있다. 그는 정부의 경기대책은 논하지 않고 있으므로 이하의 논의에서는 $\gamma(t)$는 생략된다.

식 (2.3)으로 표시되는 함수의 기울기는 승수이며 그 역수는 총저축함수이다(시차는 모두 무시되고 있으며 저축과 투자의 균등이 가정되고 있다).

듀젠베리에 따라서 굿윈은 이 함수의 형을 〈그림 2〉와 같은 것으로 표시하고 있다. 이것은 소득 y가 감소할 때에는 저축은 더 급하게 감소하며 새로운 더 높은 고수준의 소득범위에 다시 돌입할 때 비로소 저축은 다시 완만하게 성장한다는 것을 나타낸 것이다. 즉 그는 '순환' 국면에서 저축의 변동과 '성장'의 국면에서의 변동이 비대칭적이라고 하는 듀젠베리의 착상을 도입하고 있다.5) 이 듀젠베리의 착상은 실은 마셜(A. Marshall)의 유명한 '장기'와 '단기' 구별의 한 표현으로 간주할 수 있는데, 이 변칙적인 저축함수에 대해서 굿윈은 흥미로운 새 해석을 부여하고 있다. 그것은 다음과 같다.

---

4) 이 식은 투자함수이다. $\dot{k} = \phi(\xi - k)$로 하는 것이 더 관례적일 것이다.
5) J. S. Duesenberry, *Income, Saving and the Theory of Consumer Behavior*, 1949.

〈그림 2〉

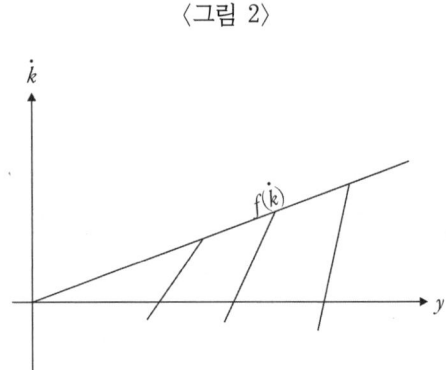

장기는 상승과정에서보다도 하강과정에서 훨씬 더 길다. 따라서 생산의 규모가 확대됨에 따라 모든 지출은 쉽게 상승하지만 지출의 일부는 '동결'되어 '고정'되게 되므로 생산감소의 경우에 급속히 지출을 줄일 수 없게 된다. '고정적'인 이자, 안정적인 배당정책, 줄일 수 없는 경영·판매·연구조사의 스태프(직원), 해고할 수 없는 다수의 노동자 등으로 해서 기업에게나 사회에게나 고정비용이 점차로 증가해왔다. 이것이 듀젠베리가 표시한 바와 같은 소비자지출의 비대칭적인 움직임(상승과정과 하강과정에 있어서의)이라든가 정부지출의 비순환적인 움직임과 합쳐서 〈그림 2〉와 같은 형의 저축함수를 정당화한다.

그러나 이 밖에도 호황의 초기단계에서 자본설비의 증가가 필요하게 되기까지 생산의 큰 증가가 발생하여 거액의 이윤을 가져오게 하며, 따라서 저축을 급증시키지만 번영이 지속됨에 따라서 자본의 축적이 이윤을 감소시키며, 따라서 저축도 감소시킨다고 하는 사정(로빈슨 여사가 그의 저서 《이자율》에서 강조한 사정)도 〈그림 2〉와 같은 형의 저축함수를 정당화한다. 요컨대 침체기에서도 큰 축적 감퇴는 번영기의 정반대가 될 수 없다.

상술한 3개의 방정식 (2.1) (2.2) (2.3)을 결합하면

$$\xi - k = vf(\dot{k}) + \beta(t) - k = g(\dot{k})$$

가 되며, 다시 이것을 정리하면

$$k = vf(\dot{k}) - g(\dot{k}) + \beta(t) \tag{2.4}$$

가 된다.

식 (2.4)를 그림으로 나타낸 것이 〈그림 3〉이다.

〈그림 3〉

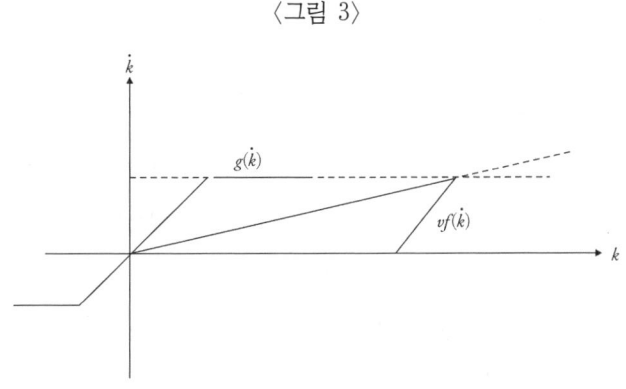

$vf(\dot{k})$에서 $g(\dot{k})$를 뺀 것을 $\phi(\dot{k})$로 하고 이에 $\beta(t)$를 합치면 〈그림 4〉로 나타낸 것과 같은 결과가 얻어진다. 이에서 알 수 있는 바와 같이 $\beta(t)$의 증가는 $\phi(\dot{k})$선을 우측으로 이동(shift)시킨다. 모든 시차는 단순화를 위해서 그리고 순환을 위해서는 2차적 중요성밖에 못 갖는다는 확신에서 제거되었다.

우선 $\beta(t)$가 일정하여 완전히 진보하지 않는 경제의 경우를 생각하자. $\beta(t)$가 일정하다는 것은 생산성도, 노동력도 변화하지 않는다는 것을 의미한다.

상방전환에서 시작하면 우리는 k_1의 자본을 가지며 피크율로 축적

을 개시한다. 이것은 피크의 생산을 의미하므로 현존 스톡보다 훨씬 대량의 자본이 필요하게 된다. 자본재의 생산은 이 주문을 최대가능률로 충족하며 드디어 k_3에 도달한다. 이 점에서 기업가들은 신투자율을 완만화하기 시작하지만 그들이 투자를 완만화하면 할수록 소득과 생산은 더욱더 낮아지며, 따라서 필요자본도 그 몇 배로 하락하므로 투자의 완만화도 드디어 불가능하게 된다. 기업가들은 조투자를 영 이하로는 할 수 없기 때문이다. 이 모형에서는 기업가들은 호황의 정점에서 조투자 영의 위치로 순간적으로 비약하게 되는데 완전호황에서 완전침체로의 이 순간적 비약은 시차를 제거하는 직접적인 결과이며 뒤에 이 가정은 제거된다.

조투자가 영이므로 지금 생산은 저수준이며 현존 자본 스톡 k_3은 크게 필요자본을 초과한다. 따라서 자본은 최대 가능한 율로 잠식되어 k_1으로 되돌아오게 되며 동일한 과정이 거기에서 다시 되풀이된다. 만약 전쟁 등의 큰 교란의 결과로 자본이 (낮은 순투자율과 결부되는) 균형량 k_2를 약간 초과하게 되면 k_3의 가속도적 상승이 일어난다. 이 행동은 주지의 '승수·가속도의 과정'에 대응한다. 그러나 이 모형에서는 이 과정은 전쟁과 같은 예외적 사정 아래서만 수행되는 점이 다르다.

그러나 이 모형은 침체의 증명으로서는 전혀 비현실적이다. 유리한 사정 아래서조차 그것은 호황기에서보다 훨씬 더 오래 침체된 채로 남을 것이다. 〈그림 4〉의 곡선은 아마 자본 스톡의 물적 감모율의 실제를 과대평가할 것이다. 이 모형은 실제로 동일하지 않은 두 가지 것을 식별해준다. 조투자 영은 감가상각 충당금의 무(無)지출을 의미하며, 따라서 더 낮은 소득수준을 결정한다. 그러나 불행하게도 이것은 자본재의 실제의 소멸을 나타내지 않는다.

〈그림 4〉

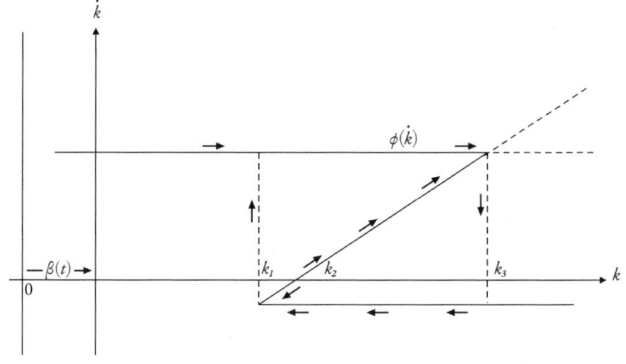

앞에서 본 바와 같이, 굿윈은 기술의 개선과 노동력의 증가를 성장
요인으로 보고 있으며 또 이들을 지속적으로 성장하는 것으로 보고
있다. 그리고 그는 또 완전고용의 상한은 호황기에만 제고되는 것으로
가정하고 있으며 침체기에는 변화하지 않는 것으로 간주하고 있다. 이
것은 호황기에 자본의 축적이 급속히 행해지며 최신 기술이 증대된
노동력과 결부되며 또 호황기에서 완전고용 생산이 이전의 피크 수준
을 초과하여 증대하며, 승수가속도의 상호작용이 원활하게 진행하는
데 기인한다. 상술한 성장요인에 따라 완전고용의 상한은 상승하며 자
본재의 피크생산은 이 완전고용의 상한과 일정한 비율로 상승한다. 이
것은 $\phi(\dot{k})$선이 서서히 상승하여 요구되는 자본을 증가시키며 호황을
연기시키는 것을 의미한다. 이 상태를 그림으로 표시한 것이 〈그림 5〉
이다.

그러나 충분한 자본축적이 행해지면 투자가 점차 감소하여 마침내
호황기의 종말이 초래된다. 그러나 호황기는 연기되지만 불황기는 단
축된다. 왜냐하면 호황기에 팽창한 고정지출에 의해서 생산의 필요자
본에 앞서 더 높은 하한이 설정되기 때문이다.

〈그림 5〉

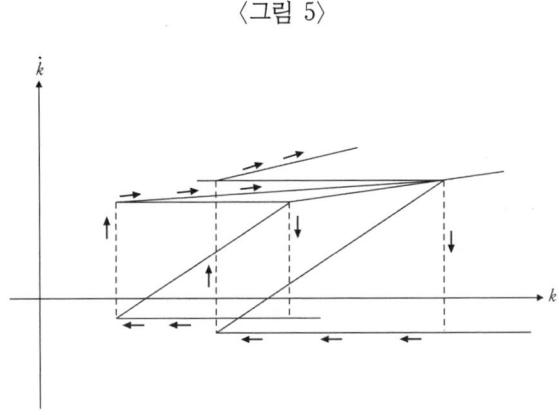

경제는 전진하며 후퇴한다. 그러나 결코 그것은 과거의 낮은 수준으로는 돌아가지 않는다.

침체기 중에는 '진보'가 없다. 모든 것은 호황기에 일어나며 혹은 적어도 호황기 중에 실현된다고 그는 본다.

그는 또 장기성장은 어떤 자발적 혹은 혁신적 지출 없이도 일어난다고 본다. 그는 $\beta(t)$의 비교적 원활한 상승을 허용한다. 이 상승은 부가적 자본지출을 요구한 새로운 생산방법에 대한 아이디어의 연속적인 흐름이 자본주의에 있었음을 의미한다. 많은 작은 사건의 누적물인 $\beta(t)$는 비교적 연속적인 것이다. 규칙적으로 상승하는 $\beta(t)$의 효과는 $\phi(\dot{k})$선의 우측으로의 규칙적인 이동이다.

이상의 굿원의 생각은 잠재적인 '신결합'(new combinations)의 착실한 축적에 의해서 경제발전의 폭발이 생기며 그것이 마침내는 힘을 다 배출하여 침체로 빠져버린다는 슘페터의 생각과 통하는 것이다. 물론 굿원의 경우에는 그와 같은 경제발전은 반드시 개척자적인 기업가의 행동만에 의해서 초래되는 것일 필요는 없으며 사업상태(state of trade)와 기업가의 혁신적 활동의 더 밀접한 상호제약 관계에 의해서 초래

된다. 즉 슘페터의 혁신적 투자와 가속도원리의 유발투자수요를 혼합
하여 파악하고 있는 점에 굿윈의 생각의 특징이 있다.

이상의 모형에서는 신자본재의 발주와 그 거치 사이의 시차를 무시
하고 신자본재의 발주와 거치가 동시에 행해지는 것으로 간주하여 소
득에 대한 완전효과가 즉시 발생하는 것으로 가정되고 있다. 그러나
굿윈은 끝에 가서 무시했던 시차의 효과를 모형에 도입하고 있다. 그
는 각종의 시차 중에서 생산의 결의와 신자본재의 현실의 거치 사이
의 그것을 가장 주요한 것으로 생각하고 있다. 지금 투자결의와 이에
부수하는 지출 사이의 평균시차와, 화폐지출과 그것의 완전 승수효과
사이의 시차를 생각하여 양자를 합해서 θ로 한 뒤 $g(\dot{k}_{t+\theta})$ 대신에 $1/$
$\alpha[\dot{k}_{t+\theta}]$로, 쓰고 또 $f(\dot{k}_t)$ 대신에 $m\dot{k}_t$로 쓰면 식 (2.4) 대신에 다음 식이
얻어진다. 단 m은 승수이며 a는 자본부족량이 보충되고 있는 율을 나
타내는 상수이다.

$$\dot{k}_{t+\theta} - avm\dot{k}_t + ak_t = a\beta(t)$$

$\dot{k}_{t+\theta}$를 '테일러' 전개하여 최초의 2항만 남기면 이 식은 다음과 같
이 된다.[6]

$$\theta\ddot{k} + (1 - avm)\dot{k} + ak = a\beta(t) \tag{2.5}$$

이것은 2계선형 미분방정식[7]이며 $avm > 1$이면 발산적 진동을 일으
킨다. v와 m은 모두 1보다 크며 a는 비록 1보다 작다 해도 매우 작은
일은 없으므로 $avm < 1$로 기대해도 무방하다. 식 (2.5)에서 기대되는
발산적 진동의 형은 〈그림 6〉에 표시되는 바와 같은 약간 일그러진 그

---

6) $\dot{k}_{t+\theta}$는 $\dot{k}(t+\theta)$이므로 테일러 전개식

$$f(x+h) = f(x) + \frac{f'(x)}{1}h + \frac{f''(x)}{2!}h^2 + \cdots + \frac{f^{(n)}(x)}{n!}h^n + \cdots$$

를 적용시켜 최초의 2항만 남기면 식 (2.5)가 얻어진다.

7) R. G. D. Allen, *Mathematical Economics*, 1956, Chapter 5(5.4).

리고 감기지 않은 대수 스파이럴(logarithmic spiral)이다.

〈그림 6〉

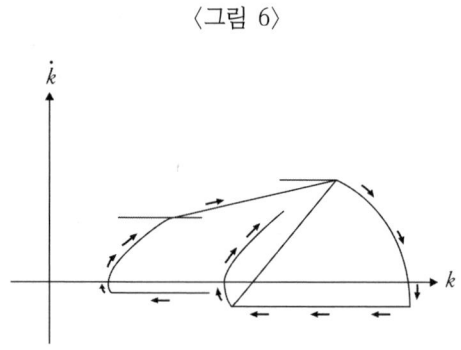

3. 칼도어의 설

칼도어는 그의 논문의 끝 절에 가서 그의 설을 제시하고 있다.

인간사회에서 경제성장률의 궁극적인 요인은 어디서 찾을 것인가? 영국의 고전학파 경제학자들은 그것을 절약(thrift)에서 찾고 있다. 경제성장의 근본적인 요인은 '자본축적률'(그들은 이것을 물질적 자본뿐 아니라 인구성장의 요인으로도 보고 있다)이라고 생각하고 자본축적은 주로 사람들의 절약 습관, 즉 현재의 향락을 기꺼이 버리고 미래의 이익을 취하려는 태도에 관한 문제로 보고 있다. 현 단계에서는 저축성향의 그토록 중요한 역할에 동의하려고 하지는 않는다. 왜냐하면 저축이 반드시 경제진보의 촉진요인이 되는 것이 아니고 커다란 장애물이 될 수도 있다는 것을 케인스 이후에 알게 되었기 때문이 아니라, 한 사회의 저축은 기본적인 심리적 태도와 성향의 결과라기보다는 도리어 사회적 요구에 (속도가 느리고 점진적이기는 하지만) 계속적으로 적응해 나가는 사회제도의 결과라는 것을 (아마 케인스 사상의 영향을 받고 있는 곳에서도) 이제는 깨닫게 되었기 때문이다. 기업이윤의 재투자는 산업 자본 축적의 주 원천이 되어왔으며 아직도 그러하다. 축적률은 동시에 자본조달에 이용할 수 있는 이윤액의 주 결정요인 가운데 하나라는 것을 우리는 알고 있다. 따라서 '저축과 자본축적'은 사회의 진보를 가능케 하는 궁극적인 요인이라기보다도 도리어 진보하는 사회를 특징짓는 여러 특징 가운데 하나로서 '기술진보나 인구성장'과 조금도 다른 것이 없다.

어떤 인간사회가 다른 사회보다 왜 훨씬 더 빠른 속도로 진보하는 가의 질문에 대한 가장 그럴듯한 대답은 주요한 발견과 같은 우발적인 사건이나 유리한 자연환경(물론 이들은 조건이 되는 요인으로서 중요하기는 하지만)에서가 아니고 위험을 부담하고 돈을 벌려는 인간태도에서 찾을 수 있다. 자기의 투기심과 관심 그리고 정력을 이윤획득에 쏟는 기업가(entrepreneur)는 자본주의사회의 산물임이 분명하다.

장기간에 걸쳐 상대적으로 높은 경제성장률을 나타내는 경제는 상당히 규칙적으로 또 상당한 강도로 완전고용의 상한에 계속해서 충돌하고 있는 경제라는 것이 거의 확실하다. 그것은 일단 급속한 확장경로에 돌입하면 생산능력이나 노동의 물리적 한계에 도달하기까지는 확장을 중단하지 않는 경제이다. 그리고 장기적인 동학적 성장의 주원동력은 그러한 한계를 극복하는 유인의 강도에서 찾아진다. 노동력의 부족은 특정 지역으로 이민을 시키고 효율적인 자연성장률을 더욱 제고시킴으로써 직접적으로 인구성장을 자극한다. 그러나 장기간의 노동력 부족은, 또 물리적인 생산능력의 부족이 새로운 생산능력의 창조에 대한 유인이 되는 것과 똑같이, 노동 절약적인 기계의 발명과 도입에 대한 가장 강력한 유인이 되는 것이다.

여기에서 나타나는 결론은 성장의 추세율이 붐(boom)의 강도와 기간을 결정하는 것이 아니라 붐의 강도와 기간이 바로 성장의 추세율을 형성한다는 것이다. 장기적으로 더 높은 진보율을 표시하는 경제는 기업가가 무모하고 투기적이며 기대가 가변적이지만 낙관적인 경향을 갖고 있으며, 높고 점증하는 이윤이 미래를 위해서 투자되고 과잉확장을 내포하는 '불건전'한 사업이 성급하게 채택되는 경제이다. 한편 느린 율로 성장하는 경제는 현 사태에 느리게 반응하는 건전하고 주의 깊은 기업가의 경제이다. 호황기의 과잉확장의 과정이 다음의 불황을 불가피한 것으로 만든다는 것은 물론 사실이다. 그러나 호황을 종식시키고 불황으로 전환시키는 것과 같은 순환적인 힘은 또 불황을 종식시키고 새로운 호황으로 전환시킨다. 이전의 호황기에서 과잉확장의 정도는 새로운 호황이 바로 이전의 호황의 피크를 초과하는 정도를 주로 결정한다.

물론 이것은 성장의 장기추세가 그 사회의 기업가의 무모한 정도에 불과하다는 것을 암시하는 것은 아니다. 극대의 달성 가능한 저축률, 극대의 달성 가능한 인구성장률 혹은 극대의 달성 가능한 새로운 아이디어의 흐름이 항상 존재하리라는 의미에서 외부적인 '제약요인'은 여전히 존재한다. 그러나 어떤 사회, 어떤 시대에 있어서나 이들 변수의 실제치는 이론적인 극대치에 의해서 결정되는 것이 아니고 기업가의 추진력과 견인력에 따라서 감속 또는 가속화될 수 있다.

여기에서 드디어 우리가 찾고 있던 추세와 순환 사이의 본질적인 관계를 알게 되었다. 왜냐하면 만약 상기 분석이 옳다면 경기순환과 경제성장은 둘 다 기업가의 특정 태도라기보다 정확하게 말하면 기업가의 기대의 가변성의 결과이기 때문이다. 모든 최근의 경기순환모형의 기초가 되고 있는 기본 가정은 장기투자 결의의 경상이윤에 대한 의존, 즉 현재의 경험에 비추어서 장기기대를 자주 그리고 광범하게 조정하는 인간의 투기적인 기분이다. 그것이 없다면 가속도원리나 어떤 다른 가정과 같은 생산-투자관계의 어떤 변형도 작용하지 않을 것이며 경제체계는 안정적인 장기균형으로 안착하려는 경향을 가질 것이다. 만약 기대가 민감하기는 하지만 완만하다면 약한 호황과 약한 불황 그리고 똑같이 약한 추세를 갖는 적도(適度)의 순환이 나타날 것이다. 경기순환의 확장국면이 활발하게 지속되며 또 경제의 기존 외부한계를 파괴하고 새롭고 더 높은 수준으로 이끌 강력한 호황을 반드시 초래하는 것은 기대가 매우 변하기 쉽기 때문이다. 일단 그러한 더 높은 수준에 도달하면, 심각하기는 하지만, 그 뒤의 불황은 이전의 침체수준으로 복귀하지는 않을 것이다. 즉 그것은 더 높은 하한에서 새로운 상한으로 이끄는 새로운 확장과정을 발생시킬 것이다.

따라서 비록 양자 사이의 관계가 너무나도 복잡해서 (현재로서는) 단순한 모형으로 요약할 수는 없지만 큰 호황과 불황을 발생시키는 같은 힘은 또 진보의 높은 추세율을 발생시키는 경향을 가질 것이다. 그리고 슘페터의 영웅, 즉 '혁신적인 기업가'가 결국 연극에서 명예로운 자리 혹은 주역을 담당하게 된다. 그는 추진자이며 투기가이며 도박사이자 또 새로운 생산기술뿐 아니라 일반적으로 경제확장의 담당자이다.

4. 스미시스의 설

스미시스는 다섯 가지 가정 아래 모형을 제시하고 있다.
그의 다섯 가지 가정은 다음과 같다.
(1) 가격들은 안정적이며 상대가격에 있어서 중대한 변화는 발생하지 않는다.

(2) 피용자보수의 GNP에 대한 비율은 일정하다. 이것은 (1)과 관련해서 화폐임금은 평균 노동생산력과 비례적으로 상승한다는 것을 의미한다.

(3) 투자재원으로서 신용의 공급은 은행제도가 일정한 기간과 조건을 가진 담보물을 얼마든지 담보로 빌려준다는 의미에서 신축적이다.

(4) 경제는 수출입이 항상 일치한다는 의미에서 봉쇄적이다.

(5) 정부예산정책은 그 효과 면에서 중립적이다. 이것은 정부예산이 균형예산이라는 것을 의미할 뿐 아니라 조세와 지출의 충격이 임금과 이윤 간 혹은 개인 간의 소득의 배분관계를 변경시키지 않을 정도로 분산적이어야 한다는 것을 의미한다.

그의 모형은 저축함수, 투자함수, 능력형성기술관계식, 단기균형식의 네 가지로 구성된다.[8] 그의 모형도 역시 승수-가속도 계수체계의 일종이다. 다음에서 알 수 있는 바와 같이 그의 모형은 선형이다. 그러나 불가역적이라는 의미에서 특이한 것이다.

$$S = \alpha_1 Y - \alpha_2 \overline{Y} \tag{4.1}$$

$$I = \beta_1 Y_{-1} + \beta_2 \overline{Y} - \beta_3 (Y_{F-1} - \overline{Y}) + k^t \tag{4.2}$$

$$Y_F - Y_{F-1} = \sigma L_1 - D_1 - D_2 + l^t \tag{4.3.1}$$

$$D_1 = \delta_1 Y_{F-1} \tag{4.3.2}$$

$$D_2 = \delta_2 (Y_{F-1} - Y_{-1}) \tag{4.3.3}$$

$$I = S \tag{4.4}$$

단 S: 조저축

　　Y: GNP 혹은 생산

---

8) 스미시스는 이와는 달리 투자함수, 소비함수 혹은 저축함수, 단기균형식, 능력형성기술관계식의 순서로 그의 모형을 제시하고 있다.

$\overline{Y}$: 이전의 최고 GNP 혹은 생산[9]

I: 조투자

Y_F: 완전능력 GNP 혹은 생산

k^t: 자발적 투자

D_1: 물리적 감가상각

D_2: 진부화

l^t: 능력의 자발적 변화

그리고 그리스문자들은 각각 파라미터이다.

여기서 완전능력생산은 현존 장비 스톡이 노동시간, 교대수 등에서 정상적인 상태 아래 생산할 수 있는 생산을 말한다. 이것은 완전고용 생산과 다르다. 그리고 k^t는 인구성장 같은 추세의 투자에 대한 독립적인 영향을 나타내며 l^t 역시 투자율과 독립적으로 일어나는 능력생산의 변화를 나타낸다.

식 (4.1)은 저축함수이다. 이 함수는 저축이 경상소득과 과거의 최고소득에 선형적으로 의존한다는 것을 가정하고 있다. 소득이 증가하고 있을 때에는 과거의 최고소득은 과거의 경기순환의 피크 수준에 도달한 뒤에는 바로 전기의 그것이 될 것이다. 소득이 감소하고 있을 때에는 과거의 피크 수준은 계속해서 과거의 최고소득이 된다. 따라서 일반적으로 과거의 영향은 소득이 증가할 때와 감소할 때가 다르다. 여기에 바로 불가역성(irreversibility) 혹은 톱니효과(ratchet effect)[10]가 있다.

식 (4.2)는 투자함수이다. 이 함수도 또 불가역성 혹은 톱니효과를

---

9) ratchet GNP라고도 한다.
10) 유사한 불가역성은 이미 본 바와 같이 굿윈에 의해서도 가정되고 있다. 그러나 그의 모형의 핵심은 비선형성이지 불가역성이 아니다.

갖는다. 이 밖에 스미시스는 굿원의 경우와 마찬가지로 특수한 가속도
원리를 이용하고 있다. 그는 능력생산을 도입하고 투자를 완전능력생
산이 과거의 최고 수준을 초과하는 양에 역으로 의존시키고 있다.

투자행동의 가속도원리는 한편에서는 자본투입이 어떻게 산출로 전
환되는가를 표시하는 기술관계로서 사용된다. 그러나 다른 한편에서
는 그것은 심리적인 투자성향을 표시하는 수요관계로서 더 흔히 사용
된다. 대부분의 이론은 가속도원리를 해석하는 이 두 가지 방법을 적
절하게 구별하지 않지만 스미시스는 그것을 구별한다. 그의 투자함수
는 수요 측에서 본 가속도원리에 의거하고 있다. 공급 측에서 그는 감
가상각과 진부화를 적절히 고려한 후에 어떻게 투자가 새로운 능력으
로 전환되는가를 표시하는 기술관계를 도입한다. 식 (4.3.1)은 바로 그
의 능력형성 기술관계식이다. 스미시스의 모형에서 감가상각과 진부
화는 내생변수이다. 따라서 그들의 설명을 위해서는 부가적인 방정식
이 필요하게 된다. 식 (4.3.2)와 (4.3.3)이 바로 그것이다. 두 식은 다
같이 1기의 시차를 갖고 있다.

식 (4.4)는 모형을 완결시키기 위해서 필요한 조건식이다.

이와 같은 모형을 제시한 뒤 스미시스는 더 나가서 지속적 성장의
경우와 생산 및 능력생산의 변동의 경우로 나누어서 그의 모형의 작
용을 기술하고 있다.

그러나 그 기술에 앞서서 그는 상태 ①(State 1)과 상태 ②(State 2)를
구별하고 있다. 전자는 $Y = \overline{Y}$의 경우를 말하며 후자는 $Y < \overline{Y}$의 경우
를 말한다. 즉 전자는 톱니효과가 존재하지 않는 상태를 말하며 후자
는 그 효과가 존재하는 상태를 말한다.

1) 지속적 성장

(1) 균형성장

균형성장은 경제가 $Y = Y_F$에서 지속적으로 성장하는 상태를 말한다. 이 상태에서는 $Y - Y_F$는 무시되며 톱니효과는 존재하지 않는다.

균형성장이 일어난다고 가정하면 추세의 영향을 무시할 때에는 모형은 다음과 같이 매우 간단한 것이 된다.

$$S = \alpha Y \tag{4.1}'$$

$$I = \beta Y_{-1} \tag{4.2}'$$

$$Y - Y_{-1} = \sigma L_1 - \delta_1 Y_{-1} \tag{4.3}'$$

$$I = S \tag{4.4}'$$

단 α: 한계(혹은 평균)저축성향

β: 한계(혹은 평균)투자성향

δ_1: D_1과 Y_{F-1}의 관계를 표시하는 계수

σ: 도마의 잠재적 사회생산성이다.

식 (4.1)′, (4.2)′ 및 (4.4)′은 총수요의 증가율을 결정하며 식 (4.3)′은 공급 측에서 생산의 증가율을 결정한다. 지속적 성장이 되기 위해서는 식 (4.1)′, (4.2)′ 및 (4.4)′에서 유도되는 생산의 증가율이 같아야 한다.

식 (4.1)′, (4.2)′ 및 (4.4)′에서

$$\alpha Y = \beta Y_{-1}$$

혹은

$$Y = \frac{\beta}{\alpha} Y_{-1} \tag{4.5}$$

따라서 성장률은

$$\frac{Y - Y_{-1}}{Y_{-1}} = \frac{\beta}{\alpha} - 1 \tag{4.6}$$

이 된다. 예컨대 $\alpha = 0.2$, $\beta = 0.21$로 가정하면 성장률은 5퍼센트가 된다.

다른 한편 $I = S$이므로 L_1대신 αY_{-1}을 사용하면 식 (4.3)'에서

$$Y - Y_{-1} = (\sigma\alpha - \delta_1) Y_{-1}$$

따라서 성장률은

$$\frac{Y - Y_{-1}}{Y_{-1}} = \sigma\alpha - \delta_1 \tag{4.7}$$

이 된다. 이 식은 해러드-도마의 보증성장률을 표시한다. 사실상 그들의 분석은 순생산과 순투자를 사용하고 있으므로 그들의 성장률은 $\sigma\alpha$가 된다.

예컨대 $\sigma = 0.60$(이것은 한계투자-생산 비율이 1.7임을 의미한다), $\alpha = 0.20$ 및 $\delta_1 = 0.07$로 가정하면 완전능력생산의 성장률은 5퍼센트가 된다.

지속적 성장이 되기 위해서는 식 (4.6)과 (4.7)이 같아야 한다. 식 (4.6)이 식 (4.7)보다 크면 총수요와 경상생산이 능력생산을 초과하는 지속적 경향이 있으며 작으면 경제가 과잉능력을 발생시키는 회귀적인 경향이 있다.

이상에서는 투자율과 완전능력생산의 성장률에 대한 추세의 영향을 무시했다. 그러나 그것은 고려되어야 한다.

투자의 상승추세는 소득과 생산의 성장률에 영향을 미칠 것이며 소비에 대해서 승수효과를 가질 것이며 또 내생적 투자율에 영향을 미칠 것이다. 경상소득에 대한 영향을 통해서 투자의 상승추세는 이윤수준에 영향을 미칠 것이며, 경제의 성장률에 대한 영향을 통해서 β 자체의 값에 영향을 미칠 것이다. 이것은 β가 내생적 혹은 외생적으로 발생된 성장률에 의존하고 있는 데에 기인한다. 성장의 비례적 추세율이 커지면 커질수록 β의 값은 더 커질 것이다. 요컨대 추세는 내생적 모형의 구조에 영향을 미친다.

그러나 완전능력생산의 성장률은 투자의 상승추세의 존재 유무와 상관없이 $\sigma\alpha - \delta_1$일 것이다. 이 성장률은 α에 의존하지만 어떻게 투자수요가 발생하는가에는 의존하지 않는다(물론 이것은 σ가 투자수요의 원천과 독립적이라는 점과 α가 소득수준과 독립적이라는 점을 가정하고 있다).

따라서 현실생산과 완전능력생산이 매년 동일한 비율로 증가하기 위해서는 현실생산도 일정률 $\sigma\alpha - \delta_1$으로 증가하여야 한다. 이것은 투자의 추세가 생산의 내생적 증가율과 동일한 율로 증가할 때만 일어날 수 있다. 예컨대 만약 추세를 기하급수 k^t로 표시한다면 추세투자의 연증가율은 $k - 1$이다.[11] 균형성장은

$$k - 1 = \frac{\beta}{\alpha} - 1 = \sigma\alpha - \delta_1 \text{[12]} \tag{4.8}$$

일 때에만 가능할 것이다.

만약 추세영향이 이 값보다 크면 그것은 내생적 균형성장의 상태를 과열경기(exhilaration)의 상태로 변화시킬 것이다. 만약 그 영향이 ($k < 1$의 경우의 하강을 포함하여) 더 작으면 경제는 과잉능력을 발생시킬 것이다. 추세는 능력의 성장을 감소시키는 것보다 더 많이 수요의 성장률은 감소시킬 것이다.

Y_F의 독립적인 상승추세는 균형성장과 일치하지 않는다. 추세는 능력을 추가시키지만 유효수요를 추가시키지 못한다. 만약 내생적 확장의 조건이 충족된다면 이러한 추세의 추가는 과잉능력을 창출할 것이며, 따라서 투자율은 균형률 이하로 하락시킴으로써 전체로서의 경제과정은 과잉능력을 발생시킬 것이다. 이와 달리 Y_F의 하강추세는 반

---

11) $(k^t - k^{t-1})/k^{t-1} = k - 1$이다.
12) 이것은 근사적으로만 정확하다. 이에 대한 상세한 것은 Smithies, *op. cit.*, p. 27의 각주를 참조하라.

대효과를 가질 것이다. 하강추세는 확장률을 내생적 균형률 이상으로 상승시킬 것이다. 이것은 Y_F의 상승추세는 불리한 것이 아니고 Y를 Y_F보다 빨리 증가시키는 내생적 조건에 의해서 상쇄될 필요가 있다는 사실을 가리킨다.

(2) 지속적 과열경기

Y가 지속적으로 Y_F보다 큰 상태를 지속적 과열경기라고 한다. 이 상태를 분석하기 위해서는 상태 ①을 위한 모형을 사용하여야 하며 또 특별히 $Y-Y_F$의 영향을 투자에 대한 자극요인으로서 그리고 진부화의 지연요인으로서 인식하여야 한다.

비록 상기한 균형조건이 충족된다 할지라도 전쟁 후에 발생하는 것과 같은 능력의 초기 부족은 직접적인 영향을 통해서 그리고 간접적으로 소득과 이윤의 상승을 통해서 투자를 증가시킬 것이다. 그리하여 Y의 증가율을 증가시키는 또 하나의 요인이 있는 셈이다. 그러나 이 첨가된 투자는 또 Y_F를 보다 신속하게 증가시킬 것이다. 시간이 경과함에 따라서 $Y-Y_F$는 확대 혹은 축소될 것이다. 전자의 경우에는 과열경기의 상태는 경제가 또다시 어떤 자발적 변화에 영향을 받을 때까지 지속할 것이다. 후자의 경우에는 그것은 균형경로로 돌아갈 것이다. 과열경기는 Y와 Y_F가 초기적으로 같다 할지라도 또 발생할 수 있다. 만약 $\frac{\beta}{\alpha}-1 > \sigma\alpha-\delta_1$이면 Y는 Y_F를 초과할 것이며 $Y-Y_F$의 투자에 대한 영향은 작용하게 될 것이다. 이것은 Y가 Y_F를 초과하는 경향을 촉진시킬 것이다. 총수요는 완전능력생산보다 지속적으로 더 클 것이다. 능력의 부족은 누적적으로 증가하는 것은 아니지만 현실생산과 완전능력생산의 일정 비율은 유지될 수 있다.

과열경기의 상태는 투자 혹은 완전능력생산의 추세에 따라 보강 혹은 상쇄될 수 있다. $\sigma\alpha - \delta_1$보다 더 신속히 상승하고 있는 투자의 추세는 내용적인 과열경기를 촉진시키거나 혹은 그것을 조성할 것이며 덜 신속하게 상승하거나 혹은 하강하고 있는 투자의 추세는 상쇄요인으로서 역할을 할 것이다. 또 완전능력생산의 추세는 그것이 어떤 율로 상승하고 있는가 혹은 하강하고 있는가에 따라서 과열경기를 상쇄 혹은 조성하는 경향을 가질 것이다.

추세가 존재하든 안하든 과열경기의 조건 아래에서는 해러드의 모든 조건이 충족되는 경우와 마찬가지로 경제는 규칙적으로 성장을 계속할 수 있다. 그러나 지속적 과열경기는 그 자체를 보강하도록 모형의 구조를 변경시킬 가능성이 있다. 만약 대다수의 투자가가 실현된 것보다 더 좋은 기대를 예견한다면 주어진 이윤 수준 등에 상응해서 투자 의욕이 증가할 것이다. 이러한 경향은 결국 노동과 장비의 어려움을 초래할 것이며 따라서 인플레이션을 야기할 것이다. 그러나 금융재정 당국은 과열경기의 정도를 적정한도 내로 억제할 수 있다.

(3) 지속적 과잉능력

Y가 Y_F보다 지속적으로 작은 상태를 지속적 과잉능력이라고 한다. 이 상태하에서도 확장은 가능하다.

균형조건이 충족되더라도 초기의 과잉능력은 경제가 성장하는 중에도 지속될 수 있다. $Y_F - Y$의 투자에 대한 영향의 크기에 따라서 체계는 균형경로로 돌아가거나 혹은 균형경로에서 이탈한 채로 머무르거나 할 것이다. 만약 Y와 Y_F가 초기에 있어서 같다면 경제는 $\frac{\beta}{\alpha} - 1 < \sigma\alpha - \delta_1$인 한, 지속적으로 과잉능력을 발생시킬 것이다. 그러나 모형은 그럼에도 불구하고 Y와 Y_F의 계속적인 확장을 초래할 것이다. 또 Y와 Y_F는 모두 규칙적으로 감소할 수도 있다. 이때 보통은 $Y_F > Y$

의 상태이지만 $Y > Y_F$의 상태일 수도 있다. 그러나 만약 이것이 상태 ①의 결과라고 하면 경제는 상태 ②로 들어갈 것이며 그 상태에서 감쇄변동을 경험할 것이다. 생각할 수 있는 바와 같이 상태 ②조차도 계속적 감소를 포함할 것이다.

그러나 후자의 경우들은 실제적으로 일어날 수 있는 경우로 생각할 수는 없다. 그들은 예컨대 투자의 상승추세의 영향에 의해서 상쇄되는 경제의 내생적 힘들의 작용을 나타낼 수도 있다. 만약 이러한 상쇄하는 영향들이 존재하지 않는다면 지속적인 성장경향과 지속적인 완전능력 발생경향은 경제의 불안정 상태 혹은 모형의 불만족 상태를 나타낼 것이다. 과잉능력의 투자에 대한 영향은 증가할 것이며 이것은 지속적 성장보다 변동을 발생시킬 것이다.

2) 생산과 능력생산의 변동

상태 ①을 위한 모형은 $\frac{\beta}{\alpha} - 1 < \sigma\alpha - \delta_1$이면 순환해를 가질 수 있다. 순환은 $Y - Y_F$의 투자에 대한 영향에서 발생한다. 만약 모형에서 이 영향이 충분히 크면(그러나 너무 크지는 않다), 그것을 지속적 성장 혹은 감소보다 변동을 발생시킬 것이다.

지금 경제가 초기에서 현실생산과 완전능력생산이 같은 상태에 있다고 하면 조투자는 이윤의 영향에 기인해서 확장할 것이며 생산은 증가할 수 있다. 생산의 확장은 더 큰 이윤과 더 큰 조이윤의 증가를 의미한다. 그러나 완전능력생산은 현실생산보다 더 빨리 증가할 것이며 처음부터 그것을 초과할 것이다. 이 초과능력은 투자를 주저케 할 것이다. 이것은 감소하는 증가율을 초래할 것이며 결국은 조투자의 감소와 생산의 감소를 초래할 것이다.

조투자의 감소에도 불구하고 완전능력생산은 순투자가 플러스인

한, 증가를 계속할 것이다. 그러나 감가상각과 진부화의 협력은 결국 완전능력생산의 감소를 초래할 것이다. 장비의 상실은 물리적 마모 때문에 계속해서 진행될 것이며 그에 더해서 총수요의 감소는 진부화를 촉진할 것이다. 침체는 그 뒤 완전능력생산이 현실생산과 관련해서 떨어지고 능력의 상대적 부족이 투자의 회복을 초래할 때까지 계속될 것이다. 그에 뒤따라서 일어나는 번영은 그 뒤 증가하는 이윤과 장비의 부족에 의해서 자극될 것이다. 그러나 장비의 부족은 점차로 작아져서 마침내는 없어질 것이며 과잉능력이 또 생기게 된다. 그리하여 새로운 침체가 시작될 것이다. 침체가 진행되는 동안 조투자는 영까지 혹은 재고를 축소시키면 영 이하까지 떨어질 것이다. 영의 조투자는 영의 소비를 의미한다. 그러나 소비가 GNP의 일정 비율이 되지 않으며 더 감소하지 않고 단절점이 있다. 영의 조투자와 최소 소비는 모형의 하한을 이룬다. 이 하한은 또 그에 뒤따라서 일어나는 호황의 높이를 제한한다. 모형은 연속적인 순환과정을 나타내지 않는다. 그러나 그것은 적당한 기간 동안 하한에 머물러 있다가 새로이 출발한다. 만약 소비의 하한이 실현생산에 비추어서 일정하고 조투자의 하한이 영이면 모형은 비교적 긴 침체와 비교적 짧은 번영기간을 갖는 동일 진폭의 계속적인 순환을 발생시킬 것이다.

모형의 이 상태는 분명히 불만족스러운 것이다. 침체는 정상적으로는 호황에 견주어 길지 않다. 더욱이 모형이 순환적일 때에는 그것은 경제의 성장을 설명할 수 없게 된다. 이러한 까닭에서 힉스의 모형에서와 같이 흔히 외부에서 부여되는 추세가 경제성장을 설명하기 위해서 도입된다. 예컨대 투자 혹은 소비 수준의 상향 추세는 모형의 하한을 상승시킬 것이며 따라서 순환마다 피크를 상승시킬 것이다. 추세의 중요성은 부정할 수 없지만 그것에 의존하기에 앞서서 내생적 성장의 가능성이 추구되어야 한다. 이리하여 톱니효과가 등장하게 된다.

소비와 투자에 대한 톱니효과는 모형이 그 피크 이하로 떨어졌을 때 작용하며 그 뒤의 침체를 통해서 그리고 생산의 이전의 피크 수준이 통과될 때까지 회복 중에 계속된다. 그 점을 넘어서면 톱니효과는 없어지고 제동효과(brake effect)에 의해서 대치될 수도 있다. 소비에 대한 톱니효과는 재산 소유자, 특히 증권 및 주식 소유자가 번영기의 소득수준에서 이자를 취득했다는 사실과 소비자가 그 소득의 하락에도 불구하고 유지하려고 하는 새 소비수준을 경험했다는 사실을 반영한다. 투자에 대한 톱니효과는 이중으로 나타난다. 첫째로 투자가의 이윤기대는 당연히 침체기의 이윤수준뿐만 아니라 이전의 번영기 수준에 의해서도 영향을 받는다고 생각할 수 있다. 둘째로 능력이 과잉이냐 부족이냐에 관한 그들의 추정은 침체기의 수준보다도 그들이 정상적이라고 보는 생산에 따라서 이루어져야 한다.

톱니효과를 포함한 모형으로 설명되는 순환과정은 더 현실적이고 합리적인 것이 된다. 일단 침체가 시작되면 경제를 최고국면까지 하강시키지 않는 여러 힘이 생긴다. 그러나 이러한 하강은 회복의 힘들을 발생시키는 데 필요한 것은 아니다. 회복은 완전능력생산이 그 침체기 수준보다도 정상 수준과 관련해서 감소될 때 시작될 것이다. 톱니효과는 각 침체가 이전의 것보다 더 높은 수준에 꼭 도달되도록 할 만큼 강할 수 있다. 그러나 그 이상의 것이 요구된다. 침체를 완화시키는 힘들은, 또 그렇지 않다면 요구했을 순환적 확장을 위한 계기를 경제에 허용치 않음으로써, 그의 뒤에 따라서 일어나는 호황의 힘을 감소시킨다. 톱니효과는 상태 ②에 있을 때에는 경제가 이전의 피크를 초과하는 것을 막을 만큼 강해서는 안 된다. 바꾸어 말하면 상태 ②는 발산적이어야 한다. 상태 ①이 발산적이라고 하면 톱니효과는 필요한 조건을 충족시키는 것이 될 수 있다. 그리고 내생적인 순환적 성장이 가능하다. 톱니효과가 각 침체가 이전의 것보다 덜 심한 것이 되도록 할 만큼 강력한 것이 아니라면 경제는 상태 ①이 지배적인 경우에서와 마찬가지로 하한 혹은 추세수준을 중심으로 변동할 것이다. 상태 ②의 개입은 호황과 침체의 심각도를 감소시킬 것이지만 순환의 일반 성격에는 아무런 영향도 주지 못할 것이다.

또 하나 가능한 일은 상태 ②가 감쇄변동을 포함할 수도 있다는 것이다. 이것은 톱니효과가 너무 강하다는 사실 혹은 상태 ① 자체가 너무 약하다는 (상태 ②는 항상 상태 ①보다 더 감쇄적이거나 덜 발산적이다) 사실에 기인할 것이다. 이 경우에 일단 경제가 상태 ②로 들어가면 그것은 내생적 힘들만이 작용하는 한 영구히 거기에 머무르게 된다. 그러나 시간이 경과함에 따라서 톱니의 영향은 감소하며 상태 ②가 상태 ①에 접근하는 것은 예상할 수 있는 일이다.

이상에서는 추세의 영향이 무시되었다. 그러나 그 스미시스 모형에서 추세는 중요한 영향력을 갖는다. 예컨대 투자의 하향추세의 개입은 내생적 확장을 상쇄시키며 경제를 무한정으로 상태 ②에 머무르게 할 수 있다. 마찬가지로 투자의 상향추세는 비록 그 해가 감쇄적이라 할지라도 경제를 상태 ②에서 벗어날 수 있게 할 만큼 강할 수 있으며, 따라서 내생적 확장의 힘들은 추세의 그들과 합세하게 된다.

그러나 추세의 변화를 고려할 때에는 변화의 모형 그 자체에 대한 영향을 되도록 무시해서는 안 된다. 이 모형 또는 어떤 다른 모형의 계수의 값은 기대에 의존한다. 추세변화가 생산, 이윤 등의 기대에 영향을 미치는 한 그 변화는 투자방정식에 영향을 미칠 것이다.

급한 투자의 상향 추세의 출현은 내생적 모형을 변동 모형에서 지속적 확장 모형으로 변화시킬 수 있다. 순환의 유형은 〈그림 7〉에 예시된다. 이 그림은 Y와 Y_F의 행동을 표시한다. 실선은 Y를 그리고 점선은 Y_F를 나타낸다. Y선은 모형이 상태 ①에 있는 기간 동안은 굵고 진하다. 나머지 기간—사실은 대부분의 기간—동안에는 모형은 상태 ②에 머무른다. 〈그림 7〉 A는 각 피크와 각 침체가 이전의 것보다 더 높은 수준에서 일어나고 있는 내생적인 순환적 성장을 표시한다. 〈그림 7〉 B는 톱니효과가 성장을 보장할 만큼 강하지 않으며 또 모형이 Y의 어떤 영(零)의 수준을 중심으로 발산적 변동을 발생시키는 경우를 표시한다. 〈그림 7〉 C에서는 확장을 위한 내생적 힘들이 약하기 때문에 변동은 경제를 영구히 상태 ②에 머물러 있게 할 만큼 약하다. 〈그림 7〉 D에서는 추세영향은 〈그림 7〉 C에 중첩되어 있으며 번영기간 중에는 모형을 상태 ①로 가져올 만큼 강하다.

〈그림 7〉

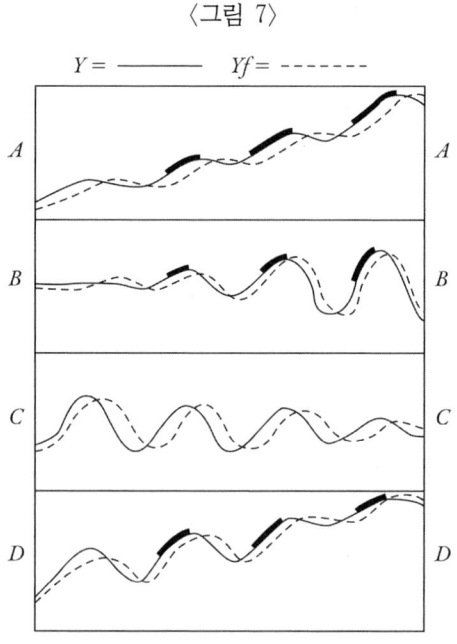

5. 구리하라의 설

구리하라는 정부부문과 외국부문을 갖지 않는 순수한 폐쇄모형을 가정하고 그의 모형을 제시하고 있다.

그는 다음의 비선형의 투자수요함수에서 시작하고 있다.

$$I_t = f(Y_{t-1}) - \eta K_{t-1}, \left(\frac{\partial I}{\partial Y} > 0, \frac{\partial I}{\partial K} < 0 \right) \tag{5.1}$$

단 I: 순실질투자 수요

　Y: 수요되는 순국민소득 혹은 유효수요

　K: 현존 실질자본

　η: 플러스의 상수

이다.

식 (5.1)은

$$I_{t+1} - I_t = [f(Y_t) - \eta K_t] - [f(Y_{t-1}) - \eta K_{t-1}] \tag{5.2}$$

을 의미한다. 이에서 순투자수요는 소득확장의 플러스 효과가 자본축적의 마이너스 효과보다 큰 한, 시간의 경과에 따라서 증가하여 그 반대의 경우에는 반대라는 것을 알 수 있다.

승수이론에 따르면

$$Y_{t+1} - Y_t = \frac{1}{s}(I_{t+1} - I_t)$$

이므로

$$Y_{t+1} - Y_t = \frac{1}{s}\{[f(Y_t) - \eta K_t] - [f(Y_{t-1}) - \eta K_{t-1}]\}, \ s \text{는 일정} \tag{5.3}$$

이다. 단 s는 한계-평균 저축성향이다.

지금 $\{[f(Y_t) - \eta K_t] - [f(Y_{t-1}) - \eta K_{t-1}]\}/Y_t = \delta_t$로 하고 식 (5.3)의 양변을 Y_t로 나누면 유효수요의 '순환적으로 변화하는' 성장률(cyclically variable rate of growth) g를 얻는다.

$$g = \frac{Y_{t+1} - Y_t}{Y_t} = \frac{\delta_t}{s} \tag{5.4}$$

이것은 유효수요의 성장률은 저축률이 일정할 때($s = \bar{s}$인 때)에는 부가적인 비선형 투자수요의 소득에 대한 비율의 동학적 행동에 의해서만 결정된다는 것을 말해주고 있다.

그는 또 생산을 자본투입의 일차동차함수로 하는 특수 생산함수의 가정 아래 다음의 식을 제시하고 있다.

$$Y'_{t+1} - Y'_t = \frac{1}{b}(K_{t+1} - K_t), \quad b\text{는 일정} \tag{5.5}$$

> 단 Y': 공급되는 순실질국민소득 혹은 현존 자본스톡을 완전
> 히 이용함으로써 얻어질 수 있는 능력
>
> b: 잠재적 완전능력생산에 대한 자본의 한계-평균비율
>
> $\frac{1}{b}$: 자본의 한계-평균생산성13)

초과수요 혹은 초과능력을 갖지 않는 균형성장은 다음의 조건이 충족됨을 요구한다.

$$Y_{t+1} - Y_t = Y'_{t+1} - Y'_t$$

혹은

$$\frac{1}{s}(I_{t+1} - I_t) = \frac{1}{b}(K_{t+1} - K_t) \tag{5.6}$$

식 (5.6)에서

$$I_{t+1} - I_t = s\frac{1}{b}(K_{t+1} - K_t) = g'(K_{t+1} - K_t) \tag{5.7}$$

이다. 단 g'는 능력의 장기적으로 일정한 균형성장률(secularly constant equilibrium rate of growth)이다. 왜냐하면 균형에 있어서는 $Y_t = Y'_t$,

---

13) b는 해러드의 C_r와 그리고 $1/b$은 도마의 σ와 같다.

$Y_{t+1} - Y_t = Y'_{t+1} - Y'_t$ 그리고 $(Y'_{t+1} - Y'_t)/(1/b) = s Y_t$ 혹은

$\Delta K \equiv I = \Delta Y'/(1/b)$ 이므로

$$g' = \frac{Y'_{t+1} - Y'_t}{Y'_t} = \frac{1/b(K_{t+1} - K_t)}{Y'_t} = \frac{1/b \, s Y_t}{Y_t} = \frac{1}{b} s \qquad (5.8)$$

이기 때문이다.

지금 $I_{t+1} - I_t = \Delta I, K_{t+1} - K_t = \Delta K$로 하면 이 식 (5.7)에서 다음을 알 수 있다.

$\Delta I > g' \Delta K$이면 자기제한적인 상방괴리가 일어난다.

$\Delta I < g' \Delta K$이면 자기제한적인 하방괴리가 일어난다.

$\Delta I = g' \Delta K$이면 괴리 없는 균형성장이 일어난다.

$\Delta I > g' \Delta K$(초과수요성장)에 기인하는 상방괴리는 식 (5.1)과 (5.2)에서 알 수 있는 바와 같이 잠정적이며 종국에는 ΔI 자체에 내포되는 비선형성, 즉 소득확장의 자극효과보다 큰 자본축적의 억제효과에 의해서 역전된다. 그리고 거꾸로 $\Delta I < g' \Delta K$(초과능력성장)에 기인하는 하방괴리는 경제수축의 억제효과보다 큰 자본감소의 자극효과에 의해서 역전된다. 그리하여 시간의 경과에 따른 순투자수요의 비선형적 변동은 플러스의 일정한 성장률을 갖는 동학적 균형의 규칙적 경로를 중심으로 한 제한순환을 발생시킬 수 있다. 그리고 또 자본은 ΔI에서는 수요 감소효과를 가지며 $g' \Delta K$에서는 능력 증가효과를 갖는다. 이와 같은 자본(혹은 내생적으로 결정되는 투자)의 이중적 역할이 바로 성장과 순환14)의 공통적인 결정요인을 이룬다.

식 (5.1)~(5.8)에서 표시되는 그의 모형을 그림으로 요약하면 〈그림 8〉과 같이 된다.

〈그림 8〉에서 상방경사의 g'곡선은 식 (5.8)에 의해서 부여되며 플

---

14) Kurihara, *ibid.*, p. 243.

〈그림 8〉

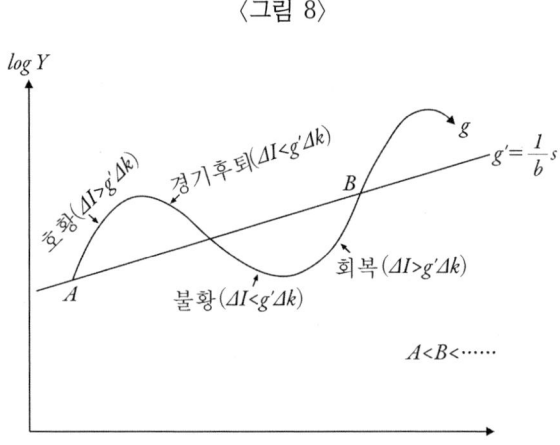

러스의 일정한 성장률을 갖는 동학적 균형의 규칙적 경로를 표시한다.
그리고 파동형의 g곡선은 식 (5.4)에 의해서 부여되며 유효수요의 가
변적인 성장률을 표시한다. g'선을 중심으로 하는 순환운동의 시간경
로는 식 (5.7)에 의해서 부여되는 기본적 내생기구의 작용에 따라서
규제된다. 경제는 t기에 선상의 A점에서 출발하여 $\Delta I > g' \Delta K$인 한 g
곡선을 따라 호황을 이루다가 $t+1$기에 정점에 도달하고, 비선형성으
로 해서 $\Delta I < g' \Delta K$가 되면 하강하여(g'선보다 상위에 있는 경우에는 경
기후퇴, 그것보다 하위에 있는 경우에는 불황을 이룬다) $t+2$기에 저점
(trough)에 도달한다. 그리고 또 비선형성으로 해서 $\Delta I > g' \Delta K$가 되면
상승을 시작하여 마침내는 더 높은 점($B > A$)에서 g'선으로 복귀한다.
한 제한순환이 완료되면 또 새로운 순환이 계속된다. 〈그림 8〉에서 볼
수 있는 바와 같이 순환의 진폭은 대체로 일정하다. 즉 그것은 영구적
으로 증가하지도 않으며 또 감소하지도 않는다.

6. 결 언

이상에서 다음을 알 수 있다.

굿윈은 투자함수의 비선형성과 자본축적에 따르는 완전고용의 상한
과 저축함수의 이동에 의거해서 성장과 순환을 통일적으로 파악하고
있다. 특히 그는 순환을 필요자본과 현존자본의 차의 영향에서 일어나
는 것으로 보고 있으며 순환의 상방전환과 하방전환의 설명을 투자함
수의 비선형성에 의존하고 있다.

칼도어는 슘페터적 기업가의 특수한 태도—더 정확하게 말하면 슘
페터적 기업가의 기대의 가변성을 성장과 순환의 공통적인 발생요인
으로 보고 있다. 그러나 그는 분석적인 설명을 하고 있지는 않다.

스미시스는 현실생산(Y)과 완전능력생산(Y_F)의 차이의 투자에 대
한 영향과 톱니효과에 의거해서 성장과 순환을 통일적으로 파악하고
있다. 특히 그는 순환을 $Y-Y_F$의 투자에 대한 영향에서 일어나는 것
으로 보고 있다. 그러나 순환의 상방전환과 하방전환에 대한 설명이
불충분하다.

구리하라는 자본(혹은 내생적으로 결정되는 투자)의 이중성, 즉 자본
의 수요감소 효과와 능력증가 효과에 의거해서 성장과 순환을 통일적
으로 파악하고 있다. 특히 그는 순환을 ΔI와 $g'\Delta K$의 괴리에서 일어나
는 것으로 보고 있으며 순환의 상방전환과 하방전환의 설명을 투자함
수의 비대칭성에 의존하고 있다.

결국 비선형성을 투자함수에 도입함으로써 순환의 상방전환과 하방
전환을 내생적으로 설명할 수 있으며 또 톱니효과를 도입함으로써 '왜
순환의 한 하방전환점이 바로 이전의 그것보다 높아지게 되는가'를 설
명할 수 있다.

그러나 앞에서 든 굿윈 등이 속하는 케인지언들의 경기순환론에는 여러 가지 결함이 있다.[15] 그 가운데 특기해 둘 필요가 있는 것만을 들면 다음과 같다.

첫째로 국민소득의 변동을 중심으로 분석이 이루어지므로 사회계급 사이의 소득분배관계의 변화가 무시되기 쉽다. 단 칼레키는 경기순환 과정에서 소득분배관계의 변화를 임금과 이윤의 상대적 몫의 변화 형태로 고려하고 있다.[16]

둘째로 국민소득의 변동을 중심으로 분석이 이루어지므로 국민경제를 구성하는 산업 부문들에서 발전의 불균등이 무시된다.

셋째로 기업 간의 규모별 격차가 경기순환에 대해서 갖는 의미가 분석되지 않는다. 따라서 과점 대기업도 다수의 중소영세기업도 모두 획일적인 행동양식을 갖는 것처럼 평균적으로 파악되는 데 불과하다. 이와 같은 파악법은 다수 기업들 간의 규모별 격차가 그다지 크지 않는 자유경쟁적인 자본주의경제에 대해서는 적당한 분석법일지 모르나 독점단계의 자본주의경제에서는 독점자본의 주도적 지위를 은폐하는 결과가 되기 쉬운 것이다. 단 칼레키는 독점도의 개념을 이용하고 있다.[17]

그렇다면 이와 같은 결함들을 제거하면서 전술한 비선형성과 톱니효과를 어떻게 살릴 것인가가 새로운 내생적인 순환적 성장모형의 구성에서 추구하여야 할 방향의 하나라고 할 수 있지 않을까? 물론 지나치게 추상적인 것은 전혀 의미가 없으므로 현실적인 의미를 상실하지 않는 범위 내에서 추구되어야 할 것이다.

《경제논집》(서울대, 1966. 12)

---

15) 末永隆甫,《近代經濟學》, 1961, pp. 176~180.
16) M. Kalecki, *Theory of Economic Dynamics*, 1954.
17) M. Kalecki, *ibid.*

굿윈의 순환적 성장모형

굿윈(R. M. Goodwin)의 모형은 힉스(J. R. Hicks)의 모형과 마찬가지로 승수-가속도계수 결합형이지만 비선형 요소를 교묘하게 모형 중에 내장(built in)하고 있는 점에서 주목할 만한 가치가 있다. 그의 모형은 다음과 같다.

$$Y = C + I + A \tag{1}$$

$$C = cY \tag{2}$$

$$\overline{K} = vY + at \tag{3}$$

$$\begin{cases} K < \overline{K} \\ K = \overline{K} \\ K > \overline{K} \end{cases} \text{일 때} \qquad I = \begin{cases} L \\ a \\ -M \end{cases} \tag{4}$$

$$I = \frac{dK}{dt} \tag{5}$$

단 Y: 소득 혹은 생산

C: 소비

$\overline{K}$: 필요자본스톡

K: 현실자본스톡

I: 현실순투자 혹은 현실자본스톡의 변화율

A: 자발적 소비지출(=상수)

M: 자본재산업의 현존자본설비의 보전투자부분(=상수)

L: 자본재산업의 생산능력 $L+M$(=상수)에서 M을 감한 부분

c: 한계소비성향

v: 한계필요자본/소득비율(=플러스의 상수)[1]

a: 시간에 의한 기술진보를 나타내는 플러스의 상수(이것은 기술 진보의 추세치를 나타낸다.)

t: 시간

식(1)은 소득의 정의식이다.

식(2)는 시차를 갖지 않는 소비함수이다.

식(3)은, 필요자본스톡은 소득 Y와 시간 t의 함수임을 표시한다. vY 항은 가속도원리를 표시한 것이며 at항은 기술혁신에 의한 필요자본 스톡의 증가분을 시간의 선형함수로 표시한 것이다. 이 식(3)을 t에 관해서 미분하면

$$\frac{d\overline{K}}{dt} = v\frac{dY}{dt} + a$$

로 되는데 이것은 필요순투자 $\frac{d\overline{K}}{dt}$는 소득의 변화율 $\frac{dY}{dt}$의 v배임을 표시하는 보통의 가속도원리에 기술진보의 요인 a를 합쳐서 수정한 투자함수이다.

식(4)는 현실의 순투자 I를 설명하는 식이다. 현실자본스톡이 필요 자본스톡보다 작을 때에는 I는 L과 같아지고 현실자본스톡이 필요자 본스톡과 일치할 때에는 I는 a와 같아지며, 현실자본스톡이 필요자본 스톡보다 클 때에는 I는 $-M$과 같아짐을 표시한다. 이때 자본재산업 의 생산능력은 $L+M$으로 가정되며 또 자본스톡이 부족되는 한, 자본

---

1) 필요가속도계수라고 해도 무방하다.

재산업의 생산능력은 모두 자본재의 생산에 충당되며 되도록 필요자
본스톡에 도달하려고 하는 것으로 가정된다.

이 식(4)에 의해서 비선형요소가 내장되는 셈이다. 왜냐하면 K와
$\overline{K}$의 관계가 변함에 따라서 I가 L, a, $-M$과 같이 비선형의 변동을 하
기 때문이다. 식(5)는 현실순투자는 현실자본스톡의 변화율과 같다는
것을 표시하는 정의식이다. 상기 모형이 경기순환을 설명할 수 있는
완전한 모형이라는 것은 이하의 설명에서 명백할 것이다.

식(1)에 식(2)를 대입하여 정리하면 보통의 승수모형

$$Y = \frac{I+A}{1-c}$$

를 얻는데 이에 식(5)를 대입하면

$$Y = \frac{1}{1-c} \left(\frac{dK}{dt} + A \right) \tag{6}$$

를 얻는다. 또 식(3)에 식(6)을 대입하면

$$\overline{K} = \frac{v}{1-c} \left(\frac{dK}{dt} + A \right) + at \tag{7}$$

를 얻는다.

식(4), (6), (7)에 의해서 $K - \overline{K} < 0$의 국면, $K - \overline{K} = 0$의 국면 및
$K - \overline{K} > 0$의 국면이라는 세 국면에서 $\frac{dK}{dt}$, Y, $\overline{K}$, $\frac{d\overline{K}}{dt}$ 및 $\frac{d(K-\overline{K})}{dt}$의 값을
계산하면 〈표 1〉과 같다.

〈표 1〉을 보면 체계의 움직임이 명백하게 되지만 〈그림 1〉과 같은
위상도로 나타내면 그것은 더욱 분명하게 이해될 것이다. 이 그림은
횡축에 $K - \overline{K}$를, 종축에 $\frac{d(K-\overline{K})}{dt}$를 취하고 있다.

〈그림 1〉의 O에 의해서 표시되는 점이 (이동)균형점이다. 이 점에
서는 $\frac{dK}{dt} = \frac{d\overline{K}}{dt} = a$ 및 (승수에 의해서 부여되는) $Y = \frac{A+a}{1-c}$이다. 투자는 소
요의 추세율로 행해지며 일단 이 상태에 도달하면 균형은 지속된다.

그러나 이 균형은 불안정하다. 어떠한 초기의 교란이 부여되어도 체계는 균형으로는 향하지 않고 도리어 〈그림 1〉의 순환 $ABCDA$에 의해서 표시되는 규칙적인 진동을 한다. 그것을 설명하기 위한 이하의 논의에서는 〈표 1〉에 표시한 각 국면의 성질을 사용한다.

〈표 1〉

국면	$\dfrac{dK}{dt}$	Y	$\overline{K}$	$\dfrac{d\overline{K}}{dt}$	$\dfrac{d(K-\overline{K})}{dt}$
$K-\overline{K}<0$	L	$\dfrac{A+L}{1-c}$	$\dfrac{v}{1-c}(A+L)+at$	a	$L-a$
$K-\overline{K}=0$	a	$\dfrac{A+a}{1-c}$	$\dfrac{v}{1-c}(A+a)+at$	a	0
$K-\overline{K}>0$	$-M$	$\dfrac{A-M}{1-c}$	$\dfrac{v}{1-c}(A-M)+at$	a	$-(M+a)$

〈그림 1〉

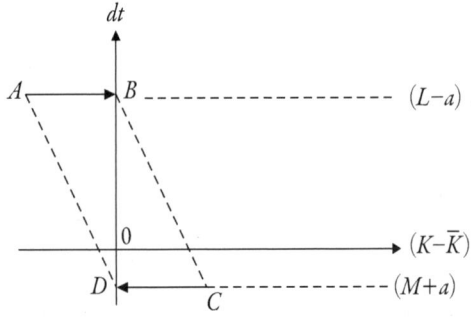

$K>\overline{K}$라고 가정한다. 따라서 $\frac{d(K-\overline{K})}{dt}=-(M+a)<0$. 따라서 $(K-\overline{K})$는 플러스이지만 시간의 경과와 더불어 0으로 감소한다. 이것은 〈그림 1〉의 C에서 D로의 운동이다. D에 도달했을 때에는 $K=\overline{K}=\frac{v}{1-c}(A-M)+at$이지만 그때 $\frac{d(K-\overline{K})}{dt}$는 0으로 되며 $\overline{K}$는 $\frac{v}{1-c}(A+a)+at$까지 상승한다. 곧 $K<\overline{K}$가 되며, 따라서 $\frac{d(K-\overline{K})}{dt}$는 $(L-a)>0$이 되고 $\overline{K}$

는 $\frac{v}{1-c}(A+L)+at$까지 상승한다. 따라서 일단 D에 도달하면 0에 머무르지 않고 곧 A까지 비약한다. 이 국면에서는 $(K-\overline{K})$는 마이너스이지만 시간의 경과와 더불어 0으로 증가한다. 즉 A에서 B에로의 운동이다. B에 도달했을 때에는 역의 과정을 더듬어서 곧 D로 돌아가며 다시 상술한 순환이 반복된다.

이것은 호황(AB)과 불황(CD)이 교대로 순환하는 규칙적 진동이다. 여기서 호황기간과 불황기간이 같지 않음에 주의할 필요가 있다. 호황기간은

$$\frac{dK}{dt}=L, \quad \frac{d\overline{K}}{dt}=a, \quad \text{및} \quad \overline{K}=\frac{v}{1-c}(L+A)+at$$

즉 $\overline{K}$는 증가하지만 K도 증가하고 있는 $\overline{K}$를 따를 때까지는 (L의 율로) 증가를 계속하지 않으면 안 된다. 불황기간은

$$\frac{dK}{dt}=-M, \quad \frac{d\overline{K}}{dt}=a, \quad \text{및} \quad \overline{K}=\frac{v}{1-c}(-M+A)+at$$

즉 $\overline{K}$는 낮은 수준에 있지만 그러나 앞서와 마찬가지로 증가를 계속하고 있다. 그리고 K는 (M의 율로) 감소하며 이 감소는 감소하고 있는 K와 증가하고 있는 $\overline{K}$가 같은 값이 될 때까지 계속한다. 시간의 경과에 따르는 K 및 $\overline{K}$의 움직임(〈그림 2〉)과 그것에 대응하는 Y의 움직임(뒤의 〈그림 4(1)〉)에 의해서 표시되는 바와 같이 호황은 불황보다 길어진다.

〈표 1〉에서 알 수 있는 바와 같이 Y의 값은 $\frac{A+L}{1-c}$와 $\frac{A-M}{1-c}$ 사이를 움직이며 $I=\frac{dK}{dt}$는 L과 $-M$ 사이를 움직인다. 이와 같은 변동은 Y와 I의 불연속적인 변동이며 전적으로 비현실적이다. 이것은 가속도계수에 시차가 없는 매우 특수한 형을 부여한 결과이다. 이 모형의 더 일반적인, 더 현실적인 형[2]은 다음과 같다.

〈그림 2〉

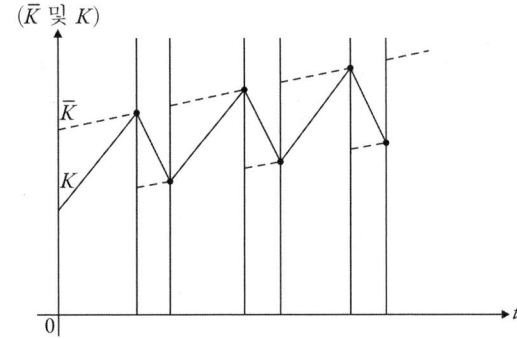

$$Z = C + I + A \tag{8}$$

$$C = cY \tag{9}$$

$$I(t) = B(t - \theta) \tag{10}$$

$$B(t) = \phi \left\{ \frac{d}{dt} Y(t) \right\} \tag{11}$$

$$B = \left\{ \begin{array}{ll} L & Y가 \ 크게 \ 증가할 \ 때 \\ -M & Y가 \ 크게 \ 감소할 \ 때 \end{array} \right\} \tag{12}$$

$$\frac{dK}{dt} = -\lambda(Y - Z)^{3)} \tag{13}$$

단　Z: 총수요

　　C: 소비수요

　　I: 투자수요

　　A: 자발적 지출

　　B: 투자결의

---

2) 알렌은 이것을 '확장된' 모형이라고 부르고 있다.
3) 굿윈이 실제로 채택한 것은 다음 식이다.

$$Y = Z - \epsilon \frac{dK}{dt} \quad 혹은 \quad \frac{dK}{dt} = -\frac{1}{\epsilon}(Y - Z)$$

여기서 ϵ는 통상의 지수적 시차 (13)의 상수이다.

Y, M, L, c, t: 전술한 소박한 모형의 경우와 동일함.

θ: 일정기간

λ: 반응의 속도[4]

식(10)에서 (12)까지는 수요 측을 나타내며 식(13)은 공급 측을 나타낸다. 그리고 식(11)의 ϕ는 비선형의 함수이며 이 함수 가운데 적당한 형은 〈그림 3〉에 표시되어 있다.

〈그림 3〉

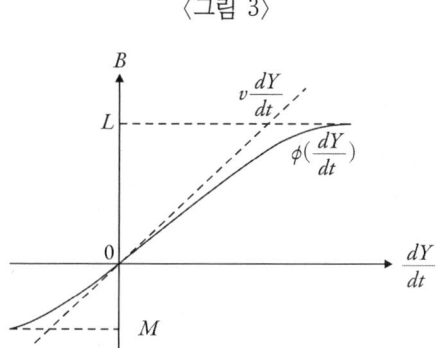

생산의 변화가 작을 때에는 그것이 증가이든 감소이든 통상의 가속도계수의 관계식 $B = v\frac{dK}{dt}$는 유효하게 작용하고 있는 것으로 간주한다. 생산이 크게 증가하면 B는 자본재산업의 생산능력에 따라서 규정되는 한계(L)까지 수준을 올린다. 그리고 생산이 크게 감소하면 B는 다시 대치 혹은 폐기율에 따라서 규정되는 마이너스의 한계($-M$)까지 수준을 낮춘다. 식(10)과 (11)에서

$$I(t) = B(t-\theta) = \phi\left\{\frac{d}{dt}Y(t-\theta)\right\}$$

가 얻어진다. 이것을 식(8)에 대입하면 다음 식이 얻어진다.

4) $\frac{1}{\lambda}$은 시차를 표시하는 상수이다.

$$Z(t) = c\,Y(t) + \phi\left\{\frac{d}{dt}\,Y(t-\theta)\right\} + A \qquad (14)$$

기술적 진보는 이 식의 A에 포함시킬 수 있다. A에는 어떠한 형도 부여할 수 있다. 예컨대 시간의 경과와 더불어 증가하는 $A = at$로 할 수도 있다. 수요 측과 공급 측을 결부하여 식(13)과 (14)에서 다음 식을 얻는다.

$$\frac{1}{\lambda}\frac{d}{dt}\,Y(t) = -\,Y(t) + c\,Y(t) + \phi\left\{\frac{d}{dt}\,Y(t-\theta)\right\} + A$$

즉

$$Y(t) = \frac{1}{1-c}\left[\phi\left\{\frac{d}{dt}\,Y(t-\theta)\right\} - \frac{1}{\lambda}\frac{d}{dt}\,Y(t)\right] + \frac{A}{1-c} \qquad (15)$$

이것이 굿윈의 일반화된 모형의 방정식이며 그 형은 정차·미분 혼합형이다. 만약 자발적 지출 A가 시간과 관계없는 상수이면 $Y(t) = Y$ (상수)는 $\overline{Y} = \frac{A}{1-c}$라는 조건 아래서 식(15)와 양립한다. 식(15)로 표시된 모형은 균형수준을 가지며 그것은 정학적 승수에 의해서 부여된다. 뒤는 부여된 임의의 초기교란에 대해서 $Y(t)$의 경로를 결정하는 것이 남아 있다. 그리고 그것은 식(15)의 해(解)로서 얻어진다.

이 모형과 전술한 소박한 모형을 비교하기 위해서 전자에서 $\theta = 0$, 그리고 가속도계수의 작용에도 시차가 없는 특별한 경우를 생각한다. 이때 식(15)는 다음의 미분방정식이 된다.

$$Y = \frac{1}{1-c}\left\{\phi\left(\frac{dY}{dt}\right) - \frac{1}{\lambda}\frac{dY}{dt}\right\} + \frac{A}{1-c} \qquad (16)$$

이것은 함수의 형이 구체적으로 정해지면, 즉 ϕ의 해석적 표시 혹은 도형적 표시가 부여되면, 해석적 혹은 도형적 방법에 따라서 풀 수 있다. 소박한 모형의 부응하는 방정식은 〈표 1〉에서

$$Y = \frac{1}{1-c}\frac{dK}{dt} + \frac{A}{1-c} \qquad (17)$$

〈그림 4〉

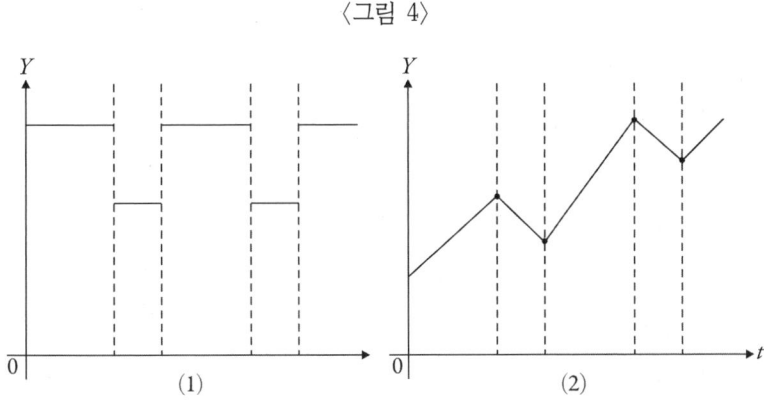

(1)   (2)

이다. 여기서 $\frac{dK}{dt}$는 호황기에는 L이며 불황기에는 $-M$이다. 식(17)에
서 생각되는 Y의 변동은 (A를 상수로 하여) 〈그림 4(1)〉의 계단함수이
다. 식(16)에서 나타나는 Y의 경로는 〈그림 4(2)〉[5]의 형이라는 것이
굿윈에 의해서 표시되어 있다. 단 A는 상수이며 ϕ는 〈그림 3〉에 표시
한 형을 갖는 것으로 한다. 소득 Y는 비약을 갖지 않는다. 공황기에는
방향은 비연속적으로 변화하지만 그 경로는 연속이다. 호황기의 길이
는 불황기의 그것에 견주어 길다.

소득 Y의 증가는 호황기의 초기에서 가장 급속하며 후기로 감에 따
라서 점차로 완만해진다. 동일한 것은 불황기의 소득변화에 대해서도
말할 수 있다.

---

5) 굿윈의 논문의 그림은 다음과 같다(Goodwin, "The Non-linear Accelerator and
the Persistence of Business Cycles," *Econometrica* 19, 1951, p. 14).

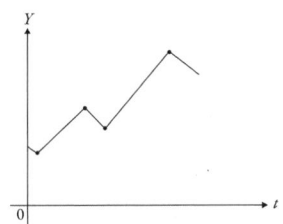

정차·미분혼합형 (15)는 가속도계수의 기능에 일정의 시차가 있다
고 한 가정에서 얻어진 것이다. 굿윈은 이 가정을 단순화를 위해서 도
입한 것이며, 경제적 '현실'의 표시로서 도입한 것은 아니다. 사실 θ는
투자결의와 투자지출 간의, 하나의 평균적인 시차이며, '근사적으로 제
조를 위해서 필요한 시간 길이의 반'[6]과 같다. 이 시차는 연속적인
(지수적) 시차로 대치하는 것이 좋을 것이다. 아마 이는 경제학적 관점
에서 선호될 것이며 또 수학적 분석도 분명히 용이한 것으로 만든다.

굿윈은 전기공학자들에게 힘입어 발전된 방법에 의거해서 식(15)의
도식적분(혹은 해)을 부여하고 있다.

《경제논집》(서울대, 1968. 9)

---

6) Goodwin, *op. cit.*, 1951, p. 12 참조.

필립스의 순환적 성장모델

1

필립스(A. W. Phillips)는 '필립스곡선'으로서 유명하다. 그는 1958년의 논문 "The Relation between Unemployment and the Rate of Change of Money Wage Rates in the United Kingdom, 1861~1957"(*Economica*)에서 화폐임금상승률과 실업률 사이에 트레이드 오프(trade off) 관계가 성립함을 밝혔는데, 이 관계를 표시하는 곡선이 다름 아닌 필립스곡선이다.[1] 그러나 그는 경기순환론에서도 주목을 받고 있다. 그는 1954년의 논문 "Stabilization Policy in a Closed Economy"(*Economic Journal*)에서 그의 승수-가속도계수 모델을 제시하고 있다. 그의 모델은 승수-가속도계수 결합형이라는 점에서 새뮤얼슨, 힉스 등의 모델과 동일하지만

---

[1] 이 필립스곡선은 화폐임금상승률과 물가상승률 그리고 경제성장률과 실업률 사이에는 적어도 경제적으로는 밀접한 관계가 있으므로, 최근에 와서는 더 나아가서 실업률과 물가상승률 또는 경제성장률과 물가상승률 사이의 트레이드 오프 관계를 표시하는 것으로도 해석되고 있다. 그러나 토빈에 따르면, 필립스 자신은 이 곡선과 관련된 학설의 제창자가 아니라고 한다(J. Tobin, "Inflation, and Unemployment," *The American Economic Review*, March 1972, p. 4).

그들의 모델의 목적이 경기순환 현상의 이론적 분석에 있었던 것에 대해서 합리적인 경제안정화 정책의 방식의 탐구에 목적을 두고 있는 점에서는 상이하다. 그의 모델의 최대 특징은 바로 여기에 있다.[2] 그는 또 1961년의 논문 "A Simple Model of Employment, Money and Prices in a Growing Economy"(*Economica*)에서 그의 순환적 성장모델을 제시하고 있다. 이 글에서는 바로 이 순환적 성장모델이 다루어진다.

2

필립스의 모델은 순환과 성장의 종합뿐 아니라 실질적 수량과 화폐적 수량의 종합도 아울러 마련해 주기 위한 단순한 총량모델이다. 그는 이 모델에 '정상능력산출'이라는 개념을 도입하고 있다.[3]

이것은 기업이 어떤 수년의 기간 동안에 가장 만족스러운 평균이용률(백분비)이라고 생각하는 이용 가능한 물적자원의 이용률(백분비)로 가동하고 있다고 하면 얻어질 산출을 말한다. 이 개념은 정밀한 것은 아니지만 실업과 성장을 논의할 때에는 불가결한 것이라고 한다. 그는 정상능력산출은 생산자원을 개선하려는 투자의 결과 계속적으로 증가하는 것으로 가정하고 있으며, 이 정상능력산출의 변화율을 경제성장률로 보고 있다. 그리고 그는 현실산출은 정상능력산출의 비율로써 표시되는 것으로 보고 있다. 따라서 현실산출의 변화율이라는 개념이 또 존재하게 된다. 그러나 이 밖에도 그는 기대성장율, 즉 기업가에 의해서 기대되는 성장률이라는 개념을 사용하고 있다. 또 그의 모델에서는 물가수준의 변화율은 정상능력산출에 대한 현실산출의 비율과 생산성

2) 이 글 뒤의 〔부주〕 2를 참조하라.
3) 이하에서 산출은 실질개념이다.

의 변화율에 의존하고 이자율은 화폐수량, 현실산출 및 물가수준에 의
존하는 것으로 가정되고 있으며 투자수요는 정상능력산출에 대한 현
실산출의 비율, 기대성장률 및 이자율의 함수로 다루어지고 있다.

그리고 그는 어떤 변수를 통상적인 경제변수의 대수 혹은 비율로
정의하고 행동방정식4)에서 연속적으로 배분된 시차5)를 가정하여 선
형적인 접근을 행함으로써 그의 모델을 1차 미분방정식 체계로 표시
할 수 있게 하고 있다.

그리고 또 그는 노동에 대한 수요, 즉 고용수준은 현실산출의 일정
비율이라고 가정하고 있다.6)

그의 모델은 정상능력산출과 함께 4개의 변수 즉 현실산출, 자본량
(자본스톡), 물가수준 및 이자율을 갖고 있다. 이제 이들을 나타내는
식을 중심으로 하여 그의 모델을 표시하면 다음과 같다.7)

$$y_n = DY_N / Y_n = D log Y_n \tag{1}$$

$$Y_n = vK \tag{2}$$

$$y_n = k \tag{3}$$

$$C = (1 - s) Y \tag{4}$$

$$Y = I / S \tag{5}$$

$$I = DK \tag{6}$$

---

4) 행동방정식의 예는 수요함수, 공급함수 등에서 찾아진다.
5) 연속적으로 배분된 시차에 대해서는 뒤의 〔부주〕 1을 참조하라.
6) R. G. D. Allen, *Macro-Economic Theory*, 1967, p. 388. 한편 버그스트롬은 필립
   스의 모델이 "고용되는 노동력의 비율은 오로지 자본량(자본스톡)에 대한 산출
   의 비율과 관계를 갖고 있을 뿐이다"라고 가정하고 있는 것으로 해석하고 있다
   (A. R. Bergstrom, "A Model of Technical Progress, the Production Function and
   Cyclical Growth," *Economica*, 1962, p. 358).
7) (*)표를 한 식은 알렌이 그의 1967년 저서에서 들고 있는 것을 표시한다. 그리
   고 이하에서 식 뒤에 있는 ( ) 안의 번호는 필립스의 논문상의 번호를 표시한
   다. 즉 (1)은 그의 논문상의 식(1)을 표시한다.

$$x = Y/Y_n \tag{7}$$

$$\frac{I}{K} = (\frac{N\lambda}{D+N\lambda})^N \{\alpha g + \gamma(x-1) + \rho(c-r)\} \tag{8}$$

$$g = \frac{\eta}{D+\eta} y \tag{9}$$

$$y = D\log Y \tag{10}$$

$$(*)p = \beta(x-1) - y_n + g \tag{11)8}$$

$$p = D\log P \tag{12}$$

$$(*)\gamma = \kappa + \mu(\log Y + \log P - \log M) \tag{13}$$

$$\log Y = \log Y_n + (Y - Y_n)/Y_n \tag{14}$$

(5), (6)에서

$$(*)DK = sY \tag{15}$$

(8)에서 $N=1$의 경우

$$(*)D\log K = (\frac{\lambda}{D+\lambda})\{\alpha g + \gamma(x-1) + \rho(c-r)\} \tag{8}'$$

단 Y_n: 정상능력산출, t: 시간, y_n: 경제성장률(정상능력산출고의 변화율), D: 미분연산자($\frac{d}{dt}$), K: 자본량(자본스톡), v: 산출-자본비율, k: 자본량의 성장률, Y: 현실산출, s: 저축률 혹은 한계저축성향, I: 실질순투자, x: 정상능력산출에 대한 현실산출의 비율, g: 기대성장률(기업가가 기대하는 성장률), r: 이자율, c: 정상능력산출에서 자본의 한계생산성, α: 기대의 확실도를 나타내는 플러스의 소수치를 갖는 상수, γ: 이자율의 투자에 대한 영향을 나타내는 플러스의 상수, ρ: 이자율과 자본의 생산성의 투자에 대한 영향을 나타내는 플러스의 상수, λ: 반응속도를 나타내는

---

8) 이 식의 y_n은, 노동력과 정상적인 노동시간이 일정한 경우에는 생산성의 변화율의 척도가 될 것이다.

플러스의 상수, N: 플러스의 정수, y: 현실산출의 변화율, η: 반응속도를 나타내는 플러스의 상수, P: 물가수준, p: 물가수준의 변화율, β: 미이용능력이 있을 때의 물가감소율 즉 가격효과를 나타내는 플러스의 상수, δ: 현실산출이 정상능력산출과 같을 때의 요소가격변화율, 즉 요소가격 효과를 나타내는 플러스의 상수, M: 통화량, k: 마셜의 k를 δ로 나눈 치를 나타내는 플러스의 상수, μ: 이자율과 통화량 간의 반응을 나타내는 플러스의 상수

(6)에서

$$I/K = DK/K = k \tag{16}$$

혹은 $I/K = D\log K = k$ $\tag{16}'$

(2), (5) 및 (16)에서

$$x = DK/svK = k/sv \tag{17}$$

③ 및 ⑰에서

$$y_n = svx \tag{18}$$

이제 g는 일정, $N=1$이라고 하면 (16), (17), (18) 및 (8)에서 1차 미분방정식

$$\{D+\lambda(1-r/sv)\}y_N = \lambda\{\alpha g - \gamma + \rho(c-r)\} \tag{19}$$

및

$$\{D+\lambda(1-r/sv)\}x = \lambda\{\alpha g - \gamma + \rho(c-r)\}/sv \tag{20}$$

가 구해진다. $t \geq 0$일 때의 ⑲와 ⑳의 해는

$$y_n(t) = y_{ns} + \{y_N(0) - y_{ns}\}\exp\{-\lambda(1-\gamma/sv)t\} \tag{21}$$

및

$$x(t) = x_s + \{x(0) - x_s\}\exp\{-\lambda(1-\gamma/sv)t\} \tag{22}$$

이다. 단

$$y_{ns} = sv \frac{\alpha g - \gamma + \rho(c-r)}{sv - \gamma} \tag{23}$$

및

$$x_s = \frac{\alpha g - \gamma + \rho(c-r)}{sv - \gamma} \tag{24}$$

해 $y_n(t)$, $x_n(t)$와 주어진 초기 조건을 이용하여 $y_n(t)$ 및 $y_{(t)}$의 해는 (1) 및 (7)에서 구할 수 있다.

y_{ns} 및 x_s는 각각 (19) 및 (20) '성장균형'해라고 불리며 $y_n(t) - y_{ns}$ 및 $x(t) - x_s$는 단기해라고 불릴 것이다. 정상능력산출의 '성장균형'해 $Y_{ns}(t)$, 현실산출의 '성장균형'해 $Y_s(t)$ 및 현실산출 변화율의 '성장균형'해 y_s는 (1), (7) 및 (10)에서 유추함으로써 각각 $y_{ns} = D log Y_{ns}(t)$, $Y_s(t) = x_s Y_{ns} r(t)$ 및 $y_s = D log Y(t)$로서 정의된다. 이들 정의로 해서 y_{ns}는 해러드의 자연성장률, y_s는 그의 적정성장률과 같으며, y는 현실산출의 변화율이다. (22) 및 (24)에서 $yr = c$, $\alpha = 1$, $g = sv$일 때에는 $y_{ns} = sv$ 및 $x_s = 1$이며, 따라서 해러드의 적정성장률과 동일한 $y_s = sv$임을 알 수 있다.

(21)과 (22)에서 일정의 이자율을 갖는 체계는 $\gamma < sv$일 때에만 안정적이라는 것을 알 수 있다. $\gamma > sv$일 때에는 현실산출의 성장균형경로부터의 괴리는 그 경로에서 더욱더 괴리하는 누적운동을 야기할 것이다.

$g = sv$라는 가정이 (9)에 의해서 대체될 때에도 $r = c$, $\alpha = 1$이면 '성장균형'해는 $y_{ns} = y_s = sv$ 및 $x_s = 1$이다. 그러나 체계는 이전보다 더욱더 불안정적이다. 안정조건의 하나는 $\gamma < sv \cdot (1-\alpha)$이다. 단 그것은 $\alpha = 1$일 때에는 충족될 수 없는 조건이다.

역시 g를 일정, $N = 1$이라고 하면 (13)을 (20)에 대입하고 (11), (12), (14)를 이용함으로써 x에 관한 미분방정식

$$[D^2+\lambda\{1-(\gamma-\rho\mu)/sv\}D+\lambda\rho\mu/sv]x$$

$$=\lambda\rho\mu(m-\delta+\beta)/sv\cdots\textcircled{25} \tag{25}$$

이 구해진다. 단 m은 통화량의 변화율이다. y_n 및 p에 관한 미분방정
식은 (18)과 (11)을 이용하여 (26)에서 쉽게 유도된다. 여기서 m은
일정한 값으로 가정된다.

D를 0으로 놓고 x, y_n 및 p에 관해서 풀면 이들의 '성장균형'해 x_s,
y_{ns} 및 p_s가 구해진다.

$$x_s = 1+(m-\delta)/\beta \tag{26}$$

$$y_{ns} = svx_s \tag{27}$$

및

$$p_s = m-y_{ns} \tag{28}$$

$m=\delta$이면 (26)에서 $x_s=1$ 즉 정상능력산출은 경제가 '성장균형'
경로상에 머물러 있는 한, 유지된다는 것을 알 수 있다. 그리고 또
$y_{ns}=y_s=sv$ 즉 '성장균형'성장률은 해러드의 적정성장률과 같으며
$p_s=\delta-y_{ns}$이다. $m=y_{ns}$이면 물가수준은 규칙적 성장 즉 '성장균형'
성장상태에서 일정하다. 이 경우에는 (26)과 (27)에서

$$x_s = (\beta-\delta)/(\beta-sv) \tag{29}$$

가 구해진다. 이에서 정상능력산출은 $\delta=sv$일 때에 한해서 일정의 물
가수준과 양립한다는 사실을 알 수 있다. '성장균형'이자율 r_s도 (8)′,
(16)′, (17) 및 (26)에서 구해진다.

$$r_s = c+(\alpha g+\gamma)/\rho+(\gamma-sv)(m-\delta+\beta)/\beta\rho \tag{30}$$

여기서 r_s는 통화의 절대량과 독립적임을 알 수 있다. 그리고 $m=\delta$,
$\alpha=1$ 및 $g=sv$이면 $r_s=c$ 즉 '성장균형'이자율은 자본의 한계생산성과
같음을 알 수 있다.

(25)의 좌측에 있는 상수는 모두 플러스이므로 체계의 안정조건은

$r < sv + \rho\mu$이라고 할 수 있다. 여기서 $\rho\mu$는 통화량의 변화의 투자에 대한 영향의 강도를 표시한다. 따라서 화폐적 영향이 충분히 강하면 체계는 안정적일 것이다.

이상에서 N이 1인 경우의 (8) 즉 (8)′의 형태로 지수적으로 배분된 시차가 투자함수에서 다루어졌다. 그러나 이 경우의 시차는 더 일반적인 시차의 특수한 경우에 불과하다. 그리하여 $N=2$ 혹은 $N=3$의 경우에는 체계는 더욱더 불안정적이라고 한다. 그리고 다음에 체계의 안정은 그의 경제안정정책 가운데 하나인 미분안정화정책[9])의 도입에 의해서 개선될 수 있다는 것이 밝혀지고 있다. 이때 가정으로 들고 있는 관계식 (31)이 원용되고 있다.

$$\log M = \log M_s - \theta Dx \tag{31}$$

단 M_s는 경제안정화정책이 존재하지 않았을 때의 통화량이고, θ는 제로 혹은 플러스의 소수치를 취하는 상수이다. 또 그 다음에 기대성장률 g가 상수 대신에 (9)에 의해서 정의될 때에는 안정조건이 도리어 더 엄격해진다는 것이 밝혀지고 있다. 끝으로 소비함수 (4)를 대체한 다음의 (32)를 원용해서 θ의 값이 주어졌을 때 안정영역이 어떻게 되는가가 다루어지고 있다.[10])

---

9) 〔부주〕 2의 2)를 참조하라.

10) 알렌에 의하면 필립스 모델이 컴플리트 모델(완전한 모델)이 되기 위해서는 노동시장에 관한 두 가지 조건식

$L_s = L + U$

$D\log W = \beta'\log(L/L^*)$, $\beta' > 0$과 이윤율을 나타내는 식

$\dfrac{PY - WL}{K}$

의 첨가가 필요하다고 한다. 단 L_s: 노동의 공급, L: 노동에 대한 수요 즉 고용수준, U: 실업수준, W: 임금률 L^*: 노동공급의 최저수준, β': 플러스의 상수(R. G. D. Allen, *op. cit.*, p. 303)

$$\frac{C}{Y_s} = \left(\frac{3}{D+3}\right)^3 (1-s)\frac{Y}{Y_n} \tag{32}$$

3

이상에서 알 수 있는 바와 같이 필립스의 모델은 순환과 성장의 종합일 뿐 아니라 실질적 수량과 화폐적 수량의 종합도 아울러 마련해 주기 위한 단순한 총량모델이다.

또 그의 모델은 가장 단순한 해러드-도마 모델의 전개형태이다.[11] 그리고 또 그의 모델은 노동에 대한 수요, 즉 고용수준은 현실산출의 일정 비율이라는 것을 가정으로 하고 있는 모델이다.

이상의 세 가지를 주 특징으로 한다고 볼 수 있는 그의 모델은, 그가 논문의 결론에서 밝히고 있는 바와 같이, 경제상태와 경제정책에 관한 우리의 생각을 구성하는 것을 돕는데 어떤 가치를 갖고 있는 데 불과하다. 그러나 그 모델은 가장 단순한 혹은 클레이-클레이(clay-clay) 케이스의 빈티지 모델(vintage model)의 전개형태인 버그스트롬의 모델[12]에 크게 영향을 미치고 있다. 사실 버그스트롬은 그의 1962년의 논문에서 필립스의 모델에 크게 영향을 받았음을 밝히고 있다.[13]

---

11) 알렌은 이 점을 명문으로 밝히고 있다(R. G. D. Allen, *op. cit.*, p. 387).
12) R. G. D. Allen, *op. cit.*, p. 387을 참조하라. 그리고 빈티지 모델(vintage model)에 대해서는 같은 책 제15장을 참조하라.
13) A. R. Bergstrom, *op. cit.*, p. 358.

〔부주〕

1. 동학모델의 시차

기간분석에서 가장 단순한 시차는 1기간의 시차이다. $t = 0, 1, 2, \cdots$ 에 대한 잠재치는 $Z_t = \alpha + aX_t$이며 실제의 시차가 있는 값은 다음의 식에 의해서 부여된다.

$$Y_t = Z_{t-1} = \alpha + aX_{t-1} \cdots\cdots\cdots (1)$$

시차의 일반적인 형에서는 실제치 Y_t가 전기뿐 아니라 과거의 전 (全) 계열의 잠재치에 의존한다.

$$Y_t = \lambda_1 Z_{t-1} + \lambda_2 Z_{t-2} + \lambda_3 Z_{t-3} + \cdots\cdots\cdots (2)$$

단 $\lambda_1 + \lambda_2 + \lambda_3 + \cdots = 1$

이것이 배분된 시차의 경우이다. λ의 합계는 1이 되지 않으면 안 된다. 왜냐하면 만약 Z가 시간과 더불어 변화하지 않는다면 Y도 또 동일한 일정치를 취하지 않으면 안 되기 때문이다. Z_t에 대입해서

$$Y_t = \alpha + a_1 X_{t-1} + a_2 X_{t-2} + a_3 X_{t-3} + \cdots\cdots\cdots (3)$$

단 $a_1 + a_2 + a_3 + \cdots = a$

배분된 시차는 (2) 혹은 (3)의 형으로 표시할 수 있다. 단 $a_1 = a\lambda_1$, $a_2 = a\lambda_2$, $\cdots$

특히 중요한 경우는 기하급수적으로 배분된 시차의 경우이다. (2) 의 계수는 고정비 r만큼 감소한다. 단 r는 플러스의 소수이며($0 < r < 1$)계수는 무한히 계속하며 그들은

$$\lambda, \lambda r, \lambda r^2, \cdots$$

단 λ는 최초의 계수이며 그들을 합치면 1이 된다.

즉 $\lambda + \lambda r + \lambda r^2 + \cdots = 1$ 혹은 $r = 1 - \lambda$

위 식은 무한기하급수의 합계에 대한 공식에 따라서 구해진다. 실제
치는

$$Y_t = \lambda(Z_{t-1} + rZ_{t-2} + r^2Z_{t-3} + \cdots) \cdots \cdots (4)$$

(4)는 정차연산자를 Δ로 하면 다음과 같이 된다.

$$Y_t = \frac{\lambda}{\Delta + \lambda} Z_t \text{ 혹은 } \Delta Y_t = -\lambda(Y_t - Z_t) \cdots \cdots (5)$$

기하급수적 시차의 해석은 간단하다. (5)에서 보면 어떤 기간에서
다음 기간까지의 실제(시차가 있는)치의 증가 ΔY_t는 그 기간의 잠재치
와 비교했을 때 실제치의 부족분 $-(Y_t - Z_t)$에 비례한다. 시차가 있는
값 Y_t는 비례적인 속도로 잠재치에 접근한다.

연속분석에서도 시차와 배분된 시차의 구별이 존재한다. 독립변수
와 종속변수의 잠재치 $Z(t)$와 실제치 $Y(t)$는 모두 다 연속적으로 변
화하는 기간 t의 함수이다. 길이 θ가 고정적인 시간의 시차는 (1)과
마찬가지로 다음의 식에 따라서 표시된다.

$$Y(t) = Z(t - \theta) = \alpha + aX(t - \theta) \cdots \cdots (6)$$

(2) 혹은 (3)의 배분된 시차를 연속의 경우로 고치는 것도 쉬운 일
이다. 사실 기하급수의 경우 (4)를 (5)의 형으로 고쳐 쓰면 연속적인
경우로 곧 확장할 수 있다. (5)에서는 시간의 단위는 편의상 1기간으
로 되어 있다. 만약 기간의 측정단위가 고정되고 그리고 기간 Δt가 변
화할 수 있는 경우에는 ⑤에서 λ대신에 $\lambda \Delta t$를 사용하여 차원을 옳게
유지하지 않으면 안 된다. ⑤형의 기간 Δt를 가진 기하급수적으로 배
분된 시차는 다음과 같이 된다.

$$\frac{\Delta Y(t)}{\Delta t} = -\lambda(Y_t - Z_t)$$

$\Delta t \to 0$이 되면 극한에서는 계수와 기하급수$(\lambda, \lambda r, \lambda r^2, \cdots)$를 지수함
수 $e^{-\lambda}$의 종좌표가 취하는 값이 되며 그리고 시차가 있는 관계(Y의 Z

에 대한)는 다음의 식과 같이 된다.

$$\frac{dY}{dt} = -\lambda(Y-Z)$$

즉 $DY = -\lambda(Y-Z)$ 혹은 $Y = -\frac{\lambda}{D+\lambda}Z$ ··········(7)

단 D는 미분연산자 $\frac{d}{dt}$이다. 이것이 연속적으로 배분된 (지수형) 시차의 정식화이다. (7)의 해석은 (5)의 해석과 완전히 동일하다. 즉 시차가 있는 값 Y의 증가율은 잠재치에 대한 시차가 있는 값의 현재 부족분에 비례한다. (5) 혹은 (7)에서 계수 λ은 시차가 있는 값의 잠재치에 대한 반응속도를 표시한다.

〈그림 1〉은 시차의 세 가지 종류를 표시하고 있다. 그들은 다음과 같다.

(1) 고정시간의 시차: 기간분석 혹은 연속분석의 경우 $Y(t) = Z(t-T)$

(2) 기하급수적으로 배분된 시차: 기간 Δt에 대해서 $\Delta Y = -\frac{1}{T}(Y-Z)\Delta t$

(3) 지수형의 시차: 연속분석의 경우 $\frac{dY}{dt} = -\frac{1}{T}(Y-Z)$

단 각각에 대해서 동일한 시간상수 T를 사용하고 있다($T = \frac{1}{\lambda}$ =반응속도). 이들은 모두 연속적으로 변화하는 시간 t를 위해서 고쳐 쓰여질 수 있다. 기간의 시차는 시간 Δt의 간격으로 비약하는 단계함수로서 표시할 수 있기 때문이다.

〈그림 1〉은 잠재치가 $t=0$에서 일정치 Z_0로 비약했을 때 시차가 있는 값 Y의 반응을 표시하고 있다. $t=0$에 이르기까지 $Y=Z=0$이다. 계속해서 $Z=Z_0$가 되어 Y는 시간과 더불어 그것으로 조정된다. (1)의 경우의 반응은 $t=T$에서 0에서 Z_0으로의 비약이다. (2)의 경우의 반응은 $\Delta t = \frac{1}{3}T$ 즉 $\Delta Y = -\frac{1}{3}(Y-Z_0)$의 경우를 표시하고 있다.

t	ΔY	Y
0에서 $\frac{1}{3}T$까지	$\cdots$	0
$\frac{1}{3}T$에서 $\frac{2}{3}T$까지	$\frac{1}{3}Z_0$	$\frac{1}{3}Z_0$
$\frac{2}{3}T$에서 T까지	$\frac{1}{3}(Z_0 - \frac{1}{3}Z_0) = \frac{2}{3}Z_0$	$\frac{5}{9}Z_0$
T에서 $\frac{4}{3}T$까지	$\frac{1}{3}(Z_0 - \frac{5}{9}Z_0) = \frac{4}{27}Z_0$	$\frac{19}{27}Z_0$

(3)의 경우의 반응은 곡선

$$Y = (1 - e^{\lambda t})Z_0 \qquad (\lambda = \frac{1}{T}) \cdots\cdots\cdots\cdots(8)$$

이다. 이것은 미분방정식의 해이다.

〈그림 1〉

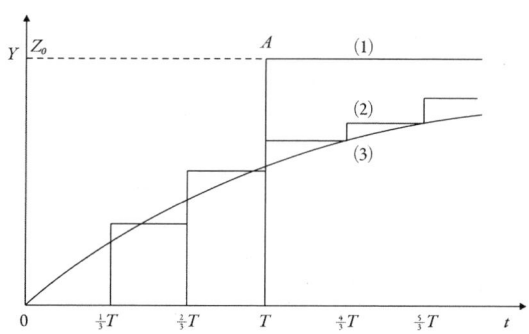

〈그림 1〉의 (2)와 (3)의 기하급수형과 지수형의 시차는 배분된 시차의 특수예에 불과하다. 그들은 쉽게 임의의 형의 배분된 특차로 확장할 수 있다. 연속형의 시차에 대해서는 특수한 형의 반응 (8)은 다음과 같이 일반화할 수 있다.

$$Y = F(t)Z_0 \qquad \text{단 } F(t) = \int_0^t f(\tau)d\tau$$

여기서 $f(\tau)$는 Y의 Z에 대한 반응의 시간형식이며 $F(t)$는 누적형식이다.

2. 필립스 모델(1954)

1) "Stabilization Policy in a Closed Economy," *Economic Journal*, 64(1954)에서 제시된 필립스 모델은 승수-가속도계수 모델이라는 점에서는 새뮤얼슨-힉스의 모델과 동일하다. 그러나 다음의 세 가지 점에서 주목할 만하다.

(1) 정차방정식이 아니고 미분방정식이다.

(2) 승수이론 및 가속도원리에 독자적인 시차를 도입하고 있다.

(3) 모델을 기초로 하여 안정화정책이 검토되고 있다.

필립스 모델은 다음의 식으로 표시할 수 있다.

$$Z = C + I + A \cdots\cdots (1)$$

$$C = cY = (1-s)Y \cdots\cdots (2)$$

$$J = v\frac{dY}{dt} \cdots\cdots (3)$$

$$\frac{dI}{dt} = -\kappa(I - J) \cdots\cdots (4)$$

$$\frac{dY}{dt} = -\lambda(Y - Z) \cdots\cdots (5)$$

단 Z: 유효수요, C: 소비, I: 현실순투자

A: 독립적지출, c: 한계소비성향, s: 한계저축성향

J: 필요순투자, v: 가속도계수 혹은 투자계수

κ, λ: 반응속도

(1)은 유효수요의 정의식이다. (2)는 소비가 국민소득의 선형(1차)

함수임을 나타내는 소비함수이다. (3)은 필요순투자가 국민소득의 변화율의 선형함수임을 나타내는 가속도원리형 투자함수이다. (4)는 투자활동에서 연속적으로 배분된 시차 혹은 연속적인 지수형의 시차를 정식화한 것이며, 현실투자의 필요투자에 비한 부족액 $(J-I)$에 비례한 율(κ)로 현실투자가 증가함을 나타낸다. (5)는 공급 면에서 연속적으로 배분된 시차를 정식화한 것이며, 현실국민소득(=총공급)이 유효수요에 견주어 부족할 때에는 그 부족액 $(Z-Y)$에 비례한 율(λ)로 현실국민소득이 증가함을 나타낸다. 미분연산자를 사용하면 (3), (4) 및 (5)는 각각 다음과 같이 고쳐 쓸 수 있다.

$$J = vDY \cdots\cdots\cdots (3)'$$

$$DI = -\kappa(I - J) \cdots\cdots\cdots (4)'$$

$$DY = -\lambda(Y - Z) \cdots\cdots\cdots (5)'$$

(4)'를 고쳐 쓰면

$$(D + \kappa)I = \kappa J \cdots\cdots\cdots (4)''$$

가 되며 (5)'를 고쳐 쓰면

$$(D + \lambda)Y = \lambda Z$$

$$Y = \frac{\lambda}{D + \lambda} Z \cdots\cdots\cdots (5)''$$

가 된다.

(4)''에 (3)'를 대입하면

$$I = \frac{\kappa}{D + \kappa} vDY \cdots\cdots\cdots (6)$$

가 되며 (5)''와 (1), (2), (6)에서 다음의 식을 얻는다.

$$Y = \frac{\lambda}{D + \lambda}\left\{(1 - s)Y + \frac{\kappa v}{D + \kappa}DY + A\right\} \cdots\cdots\cdots (7)$$

(7)을 정리하면

$$(D+\lambda)(D+\kappa)\,Y=(D+\kappa)\lambda(1-s)\,Y+\lambda\kappa v DY+\lambda(D+\kappa)A$$

$$D^2Y+\{(\lambda+\kappa)-\lambda(1-s)-\lambda\kappa v\}DY-\{\lambda x-\lambda\kappa(1-s)\}\,Y$$
$$=\lambda(D+\kappa)A$$

$$D^2Y+\{\lambda s+\kappa(1-\lambda v)\}DY+\lambda\kappa s\,Y=\lambda(D+\kappa)A$$

가 되므로 필립스모델에서 결국 다음의 1차 2계미분방정식을 유도할
수 있다.

$$D^2Y+aDY+bY=\lambda(D+\kappa)A \quad\cdots\cdots\cdots\cdots(8)$$

$$a=\lambda s+\kappa(1-\lambda v), \quad b=\lambda\kappa s$$

A를 상수로 가정하여 (8)을 풀면

$$Y=\frac{A}{s}+B_1e^{p_2t}+B_2e^{p_1t}\quad\cdots\cdots\cdots\cdots(9)$$

가 된다. 단 p_1, p_2는 특성방정식

$$p^2+ap+b=0$$

의 근이며 B_1, B_2는 2개의 초기조건 즉 제로기의 Y와 DY의 값 Y_0와
Y_0'에 따라 정해지는 임의상수이다.

(9)를 기초로 하여 다음과 같은 질적분석을 행할 수 있음은 힉스
등의 경우와 동일하다.

(1) p_1, p_2가 실수일 때에는 Y는 진동하지 않지만 p_1, p_2가 공액복
소수일 때에는 Y는 진동한다.

(2) p_1, p_2의 실수부분이 마이너스일 때에는 Y는 결국 균형수준 $\frac{A}{s}$
로 수렴하고 체계는 안정적이지만 p_1, p_2의 실수부분이 플러스일 때에
는 Y는 시간이 경과함에 따라서 (진동하면서든지 진동하지 않으면서) 균
형수준 $\frac{A}{s}$에서 더욱더 멀리 괴리하며 따라서 체계는 불안정적이다.

힉스 등은 경기순환 현상을 해명하기 위해서 경기순환론을 전개하
고 있는 데 대해서 필립스는 그의 모델에서 유도된 (8)을 중심으로 하

여 경제안정화정책의 방식을 연구하고 있다. 힉스 등이 노린 바가 이론적 분석에 있었다고 하면 필립스 모델이 노린 바는 합리적 정책방식의 탐구에 있었다고 할 수 있을 것이다. 여기에서 필립스 모델의 최대 특징을 찾아볼 수 있다.

2) 필립스는 경제안정화정책으로서 세 가지 형을 생각하고 있다. ① 비례적안정화정책(proportional stabilization policy), ② 적분안정화정책 (integral stabilization policy) 및 ③ 미분안정화정책(derivative stabilization policy)의 세 가지가 그것이다.

(1) 비례적안정화정책: 이것은 국민소득 Y가 완전고용수준 이하로 하락하면 그 부족액에 비례하여 정부수요를 증가시킴으로써 유효수요를 창조하는 정책이며 계획된 정부수요를 $\bar{G}$로 하면 $\bar{G}$는 이 형의 정책에서는 $\bar{G} = -f_p Y$로 정식화된다.

(2) 적분안정화정책: 이것은 국민소득의 완전고용수준에 대한 부족액의 누적액(적분)에 비례해서 정부수요를 증가시킴으로써 유효수요를 창조하는 정책이며 계획된 정부수요 $\bar{G}$는 이 형의 정책에서는 $\bar{G} = -f_i \int_0^t Y dt$로 정식화된다.

(3) 미분안정화정책: 이것은 국민소득의 감소율에 비례하여 정부수요를 증가시킴으로써 유효수요를 창조하는 정책이며 계획된 정부수요 $\bar{G}$는 이 정책에서는 $\bar{G} = -f_d DY$로 정식화된다.

이상의 세 가지 형의 경제안정화정책이 동시에 실시될 때에는 계획된 정부수요 $\bar{G}$는 다음의 식으로 표시할 수 있다.

$$\bar{G} = -\left(f_p Y + f_i \int_0^t Y dt + f_d DY\right)$$

이 계획된 정부수요가 현실적으로 유효한 정부수요 $\bar{G}$가 되는데 반응속도 β의 연속적으로 배분된 시차 혹은 연속적인 지수형의 시차를 수반하는 것으로 하면 유효한 정부수요 $\overline{G}$는 다음의 식으로 정의된다.

$DG = -\beta(G - \overline{G})$ 혹은

$$G = \frac{\beta}{D+\beta}\,\overline{G}$$

따라서 이와 같은 안정화정책을 내장한 경제체계의 모델은 다음의 식으로 표시될 수 있다.

$$Z = C + I + G + A \cdots\cdots\cdots\cdots(10)$$

$$C = (1-s)\,Y \cdots\cdots\cdots\cdots(11)$$

$$I = \frac{\kappa}{D+\kappa}\,vDY \cdots\cdots\cdots\cdots(12)$$

$$Y = \frac{\lambda}{D+\lambda}\,Z \cdots\cdots\cdots\cdots(13)$$

$$\overline{G} = -\left(f_p Y + f_i \int_0^t Y dt + f_d DY\right) \cdots\cdots\cdots\cdots(14)$$

$$G = \frac{\beta}{D+\beta}\,\overline{G} \cdots\cdots\cdots\cdots(15)$$

단 (12)는 (4)″와 (3)″에서 유도된 것이며 (13)은 (5)″와 동일하다.

이 모델이 원래의 필립스 모델과 다른 점은 (10)에 유효한 정부수요 G를 새로운 내생변수로서 하나 추가하고 이 G를 설명하는 식, 즉 정부의 정책을 정식화한 식 (14)와 (15)를 추가한 것이다.

참고문헌

A. W. Phillips, "A Simple Model of Employment, Money and Prices in a Growing Economy," *Economica*, Nov. 1961.

R. G. D. Allen, *Macro-Economic Theory*, 1967.

_____, *Mathematical Economics*, 1956.

柴山幸治, 《計量經濟學》, 1962.

《경제논집》(서울대, 1972. 3)

칼레키의 경기순환론에 관하여

1. 서 언

경기순환에 관한 칼레키(K. Kalecki)의 주요 저서 및 논문으로서는
다음의 것들이 있다.

(1) "A Macrodynamic Theory of Business Cycles," *Econometrica*, 1935,
   pp. 327~344.
(2) *Essays in the Theory of Economic Fluctuations*, 1939.
(3) *Studies in Economic Dynamics*, 1943.
(4) *Theory of Economic Dynamics*, 1954.
(5) "Observations on the Theory of Growth," *Economic Journal*,
   March 1962.
(6) "Trend and Business Cycles Reconsidered," *Economic Journal*, June
   1968.

이들을 통해서 칼레키의 경기순환론의 변천과정을 밝히고자 하는

것이 이 글이 시도하는 바다. 그러나 여기서는 1939년의 저서, 1954년의 저서, 1962년의 논문 및 1968년의 논문만을 다루기로 한다. 왜냐하면 1939년의 저서는 1935년의 논문[1]을 추고한 것이라고 볼 수 있고 1954년의 저서는 1939년의 저서와 1943년의 저서를 합쳐서 고쳐 쓴 것이기 때문이다.

2. *Essays in the Theory of Economic Fluctuations*, 1939[2]

1) 가 정

㉠ 재고량은 일정하다. 그리고 재고투자는 무시할 수 있고 투자는 고정자본에 한하는 것으로 한다.

㉡ 소득 중에서 차지하는 임금소득의 비율은 일정하다.

㉢ 소비재와 자본재의 상대가격은 일정하다. 따라서 상대가격 변화를 고려할 필요는 없다.

㉣ 장기이자율은 안정적이며 경기순환에 영향을 미치지 않는다.

㉤ 투자는 감가상각을 포함한 총투자를 의미한다. 따라서 저축과 소득도 총개념이다.

㉥ 노동자는 저축을 행하지 않으며 소득을 모두 소비한다.

㉦ 경제체계는 봉쇄형이며 예산은 균형이다.

---

1) 이 글의 대요는 L. R. Klein, *An Introduction to Econometrics*, 1962, pp. 209~210, R. G. D. Allen, *Mathematical Economics*, 1956, pp. 251~254 등을 참조하라.

2) 이하는 篠原三代平 外 編, 《近代經濟學講座》, 基礎理論 4, 1968, pp. 165~170과 N. Kaldor, "A Model of Trade Cycle," *Essays on Economic Stability and Growth*, 1960의 부록으로 소개한다.

2) 승수이론과 투자결정론

칼레키의 체계는 승수이론과 투자결정론의 두 가지를 지주로 삼고 있다.

(1) 승수이론

① Y, I, S를 소득, 투자, 저축, y, c를 노동자 이외의 사람들의 소득, 소비로 하면 $Y-y$는 임금이 된다. 따라서 α를 소득(Y) 중에서 차지하는 임금소득의 비율($Y-y/Y$)로 하면 가정 ㉡에서 이것은 일정하게 된다. 따라서

$$y = (1-\alpha)Y \tag{2.1}$$

가정 ㉂에서 노동자 이외의 사람들의 저축($y-c$)이 사회 전체의 저축이며 그것은 투자와 같다.

$$I = y - c \tag{2.2}$$

다른 한편 노동자 이외의 사람들의 소비(c)를 그들의 소득(y)의 함수로 하면

$$c = \eta(y) \tag{2.3}$$

가 된다. (2.1), (2.2), (2.3)에서 투자(I)가 정해지면 소득(Y)이 정해짐을 알 수 있다. 이것을 함수관계로 표시하면

$$Y = f(I) \tag{2.4}$$

가 된다. 따라서 소득과 투자 사이에 시차가 있는 것으로 하면 이 (2.4)는

$$Y_t = f(I_{t-\lambda}) \tag{2.5}$$

가 된다. 즉 λ기 전의 투자가 금기의 소득을 결정한다.

② I는 자본재의 산출고이다. 따라서 자본재에 대한 주문량, 즉 투자결정량을 D, 그 인도량을 L, 주문받고서 인도하기까지의 기간(생산

〈그림 1〉

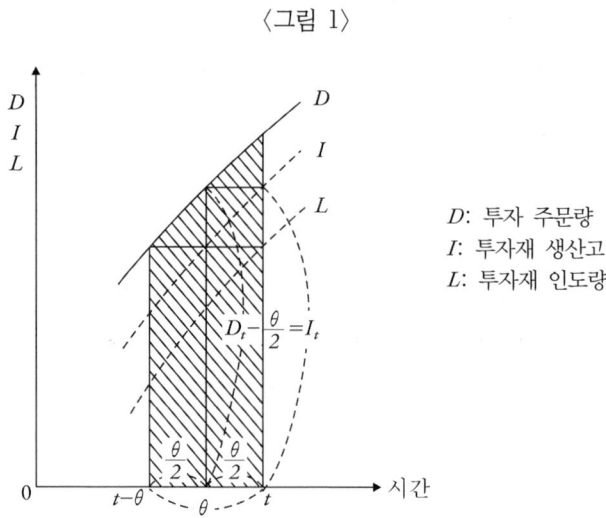

D: 투자 주문량
I: 투자재 생산고
L: 투자재 인도량

기간)을 θ로 하면 t시점에서 인도되는 양 L_t는 θ기 전, 즉 $t-\theta$시점에서 주문된 양 $D_{t-\theta}$이다. 지금 〈그림 1〉과 같이 D와 L이 다 같이 증가하고 있는 경우를 생각하면 t시점에서는 $t-\theta$기 이후에 주문된 것 즉 사선 부분의 생산에 종사하고 있으며, 또 각각의 생산은 θ기간 걸리므로 t시점에서는 그 주문량 합계의 $\frac{1}{\theta}$만큼 자본재의 생산을 행하고 있는 셈이다. 이것은 D곡선이 직선에 가까우면 대체로 $\frac{\theta}{2}$기 전의 주문량과 같다. 따라서 t시점의 산출량 I_t는

$$I_t = D_{t-\frac{\theta}{2}} \tag{2.6}$$

이다. 따라서 (2.5), (2.6)에서

$$Y_t = f(D_{t-\lambda-\frac{\theta}{2}})$$

이다. 지금 $\lambda + \frac{\theta}{2}$를 τ로 놓으면

$$Y_t = f(D_{t-\tau})$$

혹은

$$Y_{t+\tau} = f(D_t) \tag{2.7}$$

가 된다. 즉 투자주문량(투자결정량)은 τ기 이후의 소득을 결정하게 된다.

③ 저축함수인 f함수의 구체적인 형(型)을 통계자료에서 구하면 '선형'이다.

(2) 투자결정론

① 지금 자본설비가 일정한 단기의 경우를 생각하기로 한다. 투자주문량은 예상 순이윤율이 증대하면 증가한다. 그런데 "기업가는 현재의 사업이 호황이면 낙관주의자가 되고 불황이면 비관주의자가 되는 경향이 있다." 즉 예상 이윤율은 현행 이윤율에 의존한다.

가정 ㉣에서 이자율은 일정하므로 현행 순이윤율은 현행 이윤율에 의존한다. 그런데 자본설비기 일정하므로 이윤율은 이윤량에 의존하고 이윤량은 비임금소득자의 소득 y에 따라서, 가정 ㉡에서 그것은 소득 Y에 의존한다. 즉 투자주문량의 현재량은 현재의 소득에 의해서 정해진다.

$$D_t = \phi_e(Y_t) \tag{2.8}$$

단 ϕ의 첨자 e는 자본설비를 표시하며 그 양에 따라서 ϕ함수가 정해짐을 의미한다.

이와 같이 투자결정량이 소득의 함수라는 것을 속도원리라고 하기도 한다.

② 투자결정함수 즉 투자함수인 ϕ함수의 형은 '비선형'이다. 왜냐하면 경기가 불황에서 상승과정으로 옮겨감에 따라서 "기업가는 장래에 대해서 낙관적으로 되며 투자결정량이 현저히 증대하지만 어떤 점을 초과하면 이와 같은 발전의 지속에 회의를 품기 시작하여 투자결정량

은 급속히는 증가하지 않게 되기" 때문이다.

③ (2.8)은 자본설비가 일정함을 가정하고 있다. 그러나 (2.8)에 의해서 정해지는 투자주문량은 가정 ㉥과 ㉫에 의해서 고정자본에 대한 총투자이므로 그것이 감가상각량을 상회하면 자본설비는 증가하게 된다. 자본설비의 증가는 소득(Y)이 일정한 한, 자본당 평균이윤을 감소시킨다. 이것은 투자에 억압적인 영향을 주어 함수를 하방으로 이동시킨다. 반대로 마이너스의 순투자가 있어 자본존재량이 감소하는 경우에는 ϕ함수가 상방으로 이동한다.

3) 경기순환

자본설비가 일정하다는 가정에서 ϕ곡선과 f곡선이 〈그림 2〉와 같이 만난다고 하자.

$$Y_{t+\tau} = f(D_t) \tag{2.9}$$
$$D_t = \phi(Y_t) \tag{2.8}'$$

〈그림 2〉

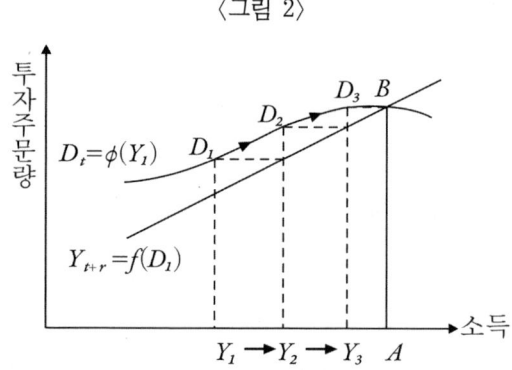

위의 두 식을 충족시키는 소득과 투자주문량은 두 곡선의 교점 B로 표시된다. 지금 현실의 소득이 균형소득 A 이하의 Y_1이었다고 하자.

(2.8)′에서 이 소득 Y_1에 대응하는 투자주문량 D_1은 동시에 결정된다. 그림에서 그 크기는 Y_1D_1이다. 그런데 D_1에 대응하는 소득은 (2.7)에서 τ기만큼의 시차를 갖고 결정된다. 그 크기는 그림에서는 Y_2이므로 소득은 점차 증가하지만 동시에 소득의 증가는 곧 투자주문량을 증가시키므로 결국 D_1은 ϕ곡선상을 이동하여 B점으로 향하게 된다. 즉 소득은 증가한다.

이때 투자가 감가상각량을 상회하여 순투자가 존재했다고 하자. 소득과 투자주문량은 증가하지만 그것은 동시에 자본설비의 증가를 야기시키므로 자본축적에 억압적 효과가 가해져서 ϕ곡선은 〈그림 3〉의 ϕ_{e1}, ϕ_{e2}, ϕ_{e3}……와 같이 하방으로 이동한다.

〈그림 3〉에서 ϕ_e곡선과 f곡선의 교점은 단기균형점이며 이 점에서는 저축=투자이며 ϕ_e곡선이 f곡선을 위에서 자르면 균형은 안정적이며 밑에서 자르면 불안정적이다. 그리고 RR은 투자결정량이 갱신량에 일치하며 순투자가 영인 ϕ_e곡선상의 점의 궤적을 표시하며 약간 우상향의 직선이 된다. 그것은 자본설비량이 커지면 갱신을 위한 필요투자량도 커지기 때문이다. C점은 저축=투자이며 또 순투자가 영인 장기(또는 정상) 균형점을 표시하며 임의의 점 K에서 출발하면 누적적 여러 힘이 소득과 투자결정량을 증대시켜서 체계를 I점까지 이르게 하며 그 이후는 자본설비의 점차적 증가로 인해서 소득은 f곡선을 따라서 감소한다. 그리고 F점에 이르면 균형은 불안정하게 되어 하방으로의 누적 운동이 시작되어 체계를 A점에 이르게 한다. A점에서는 투자는 갱신량을 상회하며 이용가능한 자본설비의 점차적 감소와 더불어 소득은 증가하고 체계는 G점에 이른다.

여기에서 균형은 다시 불안정하게 되어 상방으로의 누적 운동이 발생하며, 체계를 B점으로 밀어 올린다. 이와 같이 $AGBF$라는 궤도 밖

〈그림 3〉

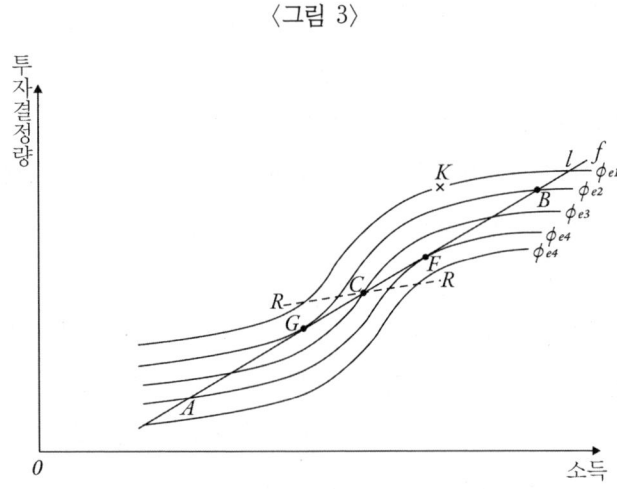

에 있는 임의의 점에서 출발하면 결국 체계는 이 궤도상을 운동하며 궤도 안의 점에서 출발해도 마찬가지이다.

그리고 ϕ함수와 f함수를 결정하는 모든 기본적 여건 즉 기호, 기술, 인구, 금융정책, 예상탄력성 등이 변화하지 않는다면 순환운동은 일정한 진폭과 주기를 갖고서 무한히 계속될 것이며 추세(계속되는 순환 사이의 자본축적)는 영이 될 것이다.

이상이 경기순환론의 골자이다. 그러나 칼레키는 ϕ_e곡선의 기울기는 f곡선의 기울기보다 작다고 가정하고 있음을 잊어서는 안 된다. 이와 같은 가정 아래서는 단기의 균형은 모두 안정적으로 되는데 투자결정량과 소득 간에 시차를 도입함으로써 순환을 설명하고 있다. 그리고 그는 순환의 진폭은 처음에 가해지는 충격(즉 초기충격)의 크기에 의존하는 것으로 가정하고 있다.

끝으로 그의 경기순환은 장기적 경제성장과 분리되어서 자기완료적으로 형성된 것이므로 현실 경제의 접근에서는 경기순환론과 경제성장론이 외면적으로 결합된 것이 되지 않을 수 없다.

3. *Theory of Economic Dynamics*, 1954

1) 가 정

재고량 일정이라는 가정을 제외하고서는 1939년의 저서의 가정을 그대로 채택하고 있다.[3]

2) 기초모델

(1) 우선 투자(I)는 저축(S)과 같다.

$$S = I$$

그런데 노동자는 저축하지 않고 자본가만이 저축하므로 자본가의 소득 즉 이윤을 P로 하면

$$S = P - (qP + A)$$

단 $(qP+A)$는 자본가의 소비, A는 단기에서는 일정한 소비부분, q는 0과 1 사이의 수치를 취하는 자본가의 소비와 이윤의 관계를 표시하는 계수이다. 따라서

$$(1-q)P - A = I$$

$$P = \frac{I+A}{1-q}$$

여기서 시차를 도입하여 과거의 투자가 금기(今期)의 이윤을 발생시킨다고 가정하면

$$P_t = \frac{I_{t-w} + A}{1-q} \tag{3.1}$$

단 w는 시차이다.

---

3) 이 밖에 투자를 디플레이트하기 위한 물가지수는 민간부문의 총생산을 디플레이트하기 위한 그것과 동일하다는 가정이 더 있다.

다음에 임금총액(V)이 소득(Y)에서 차지하는 크기를 $\alpha Y + B$로 표시하면

$$P_t = Y_t - (\alpha Y_t + B)$$

$$Y_t = \frac{P_t + B}{1 - \alpha} \tag{3.2}$$

단 B는 단기에서는 일정한 부분, α는 0과 1 사이의 수치를 취하는 임금총액과 소득 사이의 관계를 표시하는 계수이다.

그러나 이 P를 과세 후의 이윤으로 하고, 이 P와 과세 전의 이윤 (π)의 관계식을 1차식으로 하면

$$Y_t = \frac{P_t + B'}{1 - \alpha'} \tag{3.2'}$$

로 바뀐다. 여기서 상수 B'와 계수 α'는 소득분배의 요인과 이윤세 체계를 반영하지만 B'는 주로 고정적인 봉급을 표시한다.

따라서 (3.1), (3.2)에서

$$Y_t = \frac{I_{t-w}}{(1-\alpha)(1-q)} + \frac{A + (1-q)B}{(1-\alpha)(1-q)}$$

혹은

$$\Delta Y_t = \frac{\Delta I_{t-w}}{(1-\alpha)(1-q)} \tag{3.3}$$

이 얻어진다.[4]

(2) 우선 고정자본투자(F)는 투자결정량(D)과 같다. 지금 τ의 시차를 인정하면

$$F_{t+\tau} = D_t \tag{3.4}$$

---

[4] 여기서 q는 이윤의 증가분 중에서 소비되는 부분을 표시하는 계수이고, α는 소득의 증가분 중에서 임금과 급료로 지불되는 부분을 표시하는 계수임을 잊어서는 안 된다.

다음에 투자결정량은 저축(S)과 이윤변화율($\frac{\Delta P}{\Delta t}$)의 증가함수이며 자본설비량변화율($\frac{\Delta K}{\Delta t}$)의 감소함수이다. 지금 관계식을 1차식으로 하면

$$D_t = aS_t + b\frac{\Delta P}{\Delta t} - c\frac{\Delta K}{\Delta t} + d \tag{3.5}$$

단 a는 투자결정량과 저축의 관계를 표시하는 계수, b는 투자결정량과 이윤변화율의 관계를 표시하는 계수, c는 투자결정량과 자본설비량변화율의 관계를 표시하는 계수, d는 장기적인 변화를 받는 상수이다.

(3.4), (3.5)에서

$$F_{t+\tau} = aS_t + b\frac{\Delta P_t}{\Delta t} - c\frac{\Delta K_t}{\Delta t} + d \tag{3.5$'$}$$

셋째로 자본설비변화율은 감가상각을 제외한 고정자본투자와 같다.

$$\frac{\Delta K_t}{\Delta t} = F_t - \delta$$

단 δ는 마모 및 진부화에 기인하는 감가상각을 표시한다.

따라서 (3.5)$'$는 다음과 같이 된다.

$$F_{t+\tau} = aS_t + b\frac{\Delta P_t}{\Delta t} - c(F_t - \delta) + d$$

$$\frac{F_{t+\tau} + cF_t}{1+c} = \frac{a}{1+c}S_t + \frac{b}{1+c}\frac{\Delta P_t}{\Delta t} + c\frac{c\delta + d}{1+c} \tag{*}$$

$\theta < \tau$로 하면

$$F_{t+\theta} = \frac{a}{1+c}S_t + \frac{b}{1+c}\frac{\Delta P_t}{\Delta t} + \frac{c\delta + d}{1+c} \text{5)}$$

다시 $\frac{b}{1+c} = b'$, $\frac{c\delta + d}{1+c} = d'$로 하면

$$F_{t+\theta} = \frac{a}{1+c}S_t + b'\frac{\Delta P_t}{\Delta t} + d' \tag{3.6}$$

---

5) (*)의 좌측은 $t+\tau$기의 F와 t기의 F를 1과 c로 가중평균한 것이므로 $\theta < \tau$로 하면 $t+\theta$기의 F, 즉 $F_{t+\theta}$와 같은 것으로 가정할 수 있다.

끝으로 재고투자(J)는 산출고(O)의 변화에 비례한다. 지금 θ의 시차를 인정하면

$$J_{t+\theta} = e\frac{\Delta O_t}{\Delta t} \tag{3.7}$$

단 e는 재고투자와 산출고변화율의 관계를 표시하는 계수이며 $O_t = Y_t + E$(E: 총간접세)이다.

투자는 고정자본투자와 재고투자의 합계이다.

$$I_{t+\theta} = F_{t+\theta} + J_{t+\theta}$$

따라서 이에 (3.6), (3.7)을 대입하면

$$I_{t+\theta} = \frac{a}{1+c}S_t + b'\frac{\Delta P_t}{\Delta_t} + e\frac{\Delta O_t}{\Delta t} + d' \tag{3.8}$$

이 투자함수를 1939년의 저서의 그것과 비교하면

① 자본의 내부축적이 강조된 것. (3.8)에서는 aS로 표시되어 있다.

② 자본설비의 증가가 투자에 미치는 억압적 효과, 즉 ϕ곡선이 자본축적과 더불어 하방으로 이동하는 효과가 일정계수로서 부여되어 (계수 c) 선형이론으로 단순화된 것.

③ 재고변동을 도입하여 이에 가속도원리를 도입한 것 ($e\frac{\Delta O_t}{\Delta_t}$)의 세 가지를 특징으로서 들 수 있다. 우선

$$I_t = S_t$$

그리고 (3.1)에서

$$\frac{\Delta P_t}{\Delta_t} = \frac{1}{1-q}\frac{\Delta I_{t-w}}{\Delta t}$$

또 앞에서 본 바와 같이 $O_t = Y_t + E$, $Y_t = \frac{P_t + B'}{1-\alpha'}$ 고로 $O_t = \frac{P_t + B'}{1-\alpha'} + E$이다. 따라서

$$\frac{\Delta O_t}{\Delta t} = \frac{1}{1-\alpha'}\frac{\Delta P_t}{\Delta t}$$

혹은

$$\frac{\Delta O_t}{\Delta t} = \frac{1}{(1-q)(1-\alpha')} \frac{\Delta I_{t-w}}{\Delta_t}$$

이들을 (3.8)에 대입하면

$$I_{t+\theta} = \frac{a}{1+c} I_t + \frac{b'}{1-q} + \frac{\Delta I_{t-w}}{\Delta t} + \frac{e}{(1-q)(1-\alpha')} \frac{\Delta I_{t-w}}{\Delta t} + d'$$

혹은

$$I_{t+\theta} = \frac{a}{1+c} I_t + \frac{1}{1-q} \left(b' + \frac{e}{1-\alpha'}\right) \frac{\Delta I_{t-w}}{\Delta t} + d' \tag{3.9}$$

지금 투자(I)가 감가상각(δ)와 같은 수준을 균형치로 하면 $\frac{\Delta I}{\Delta t} = O$이므로 그것은 $\delta = \frac{a}{1+c} \delta + d'$가 된다. 따라서 $1-\delta$를 i로 그리고 $\frac{1}{1-q}(d' + \frac{e}{1-\alpha'})$를 μ로 표시하면 δ는 상수이므로 $\frac{\Delta i}{\Delta t} = \frac{\Delta I}{\Delta t}$가 성립되며

$$i_{t+\theta} = \frac{a}{1+c} i_t + \mu \frac{\Delta i_{t-w}}{\Delta_t} \tag{3.10}$$

가 얻어진다. 이것이 투자의 균형치로부터의 변동을 표시하는 식이다.

3) 경기순환

경기순환은 (3.10)의 투자의 변동으로 표시된다. 이때 $\frac{a}{1+c}$는 1보다 작다. 따라서 변동경로는 $\frac{a}{1+c}$와 μ의 배합에 의존한다. 투자가 증대하고 있을 때 즉 〈그림 4〉의 A점에서 C점으로 움직일 때에는 $\frac{\Delta i_{t-w}}{\Delta t}$는 플러스이며 그것이 $\frac{a}{1+c}$의 억압적 효과 이상의 경우에는 i는 증가하지만 그 힘이 같아지면 투자의 증가가 멈추어 $\frac{\Delta i_{t-w}}{\Delta t}$는 영이 되며 $\frac{a}{1+c} < 1$에서 투자는 감소로 향한다. 단 계수의 수치 여하에 따라서는 발산체계가 되며 투자는 증가를 계속하지만 이 경우에는 완전이용 또는 완전고용의 수준에 부딪치게 되어 투자증가가 멈추어 경기는 하향한다.

경기의 하향과정은 마이너스의 투자가 감가상각 이상으로는 되지

않으므로 머지않아 마이너스의 투자가 증가하지 않게 되므로 $\frac{\Delta i_{t-w}}{\Delta t}$ 는 영이 되어 투자는 거꾸로 증가로 전환한다. 이리하여 투자의 변동이 발생하며 그와 더불어 경기순환이 발생하게 된다.

칼레키는 이상과 같은 설명 뒤에 현실적으로는 체계는 발산적이 아니고 수렴적이라고 보고 그것이 경기순환의 형태를 취하는 것은 체계 밖으로부터 랜덤 쇼크가 가해지는 것에 기인하는 것으로 생각한다. 더욱이 이 랜덤 쇼크가

〈그림 4〉

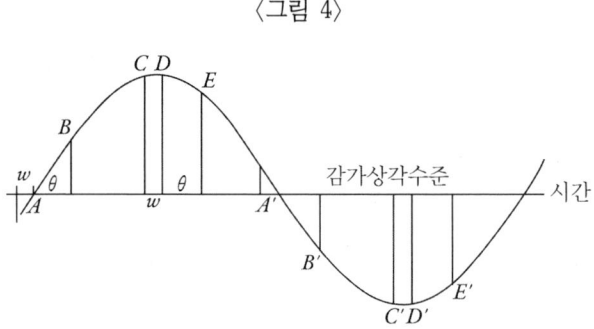

정규분포의 경우에는—즉 작은 외부충격은 많고 큰 것은 작으면— 이것과 이것을 막는 (3.10)으로 표시되는 수렴적 체계가 결합하면 규칙적인 순환변동을 표시하는 것을 명백히 하고 이 변동을 경기순환으로 생각한다.

그러나 그는 이에서 더 나가서 단기에서 일정하다고 가정했던 상수 A, B', E, d'가 장기적으로는 변화한다고 보고 그러한 경우의 경기순환을 설명한다. 이 경우에는 상수 A, B', E, d'에 첨자 t를 부칠 필요가 있다. 따라서

$$P_t = \frac{I_{t-w} + A}{1 - q}$$

$$O_t = \frac{P_t + B'}{1 - \alpha'} + E$$

$$I_{t+\theta} = \frac{a}{1+c} S_t + b' \frac{\Delta P_t}{\Delta t} + e \frac{\Delta O_t}{\Delta t} + d'$$

는 다음과 같이 된다.

$$P_t = \frac{I_{t-w} + A_t}{1 - q}$$

$$O_t = \frac{P_t + B'_t}{1 - \alpha'} + E_t$$

$$I_{t+\theta} = \frac{a}{1+c} S_t + b' \frac{\Delta P_t}{\Delta t} + e \frac{\Delta O_t}{\Delta t} + d'_t$$

따라서

$$I_{t+\theta} = \frac{a}{1+c} I_t + \frac{1}{1-q}(b' + \frac{e}{1-\alpha'}) \frac{\Delta I_{t-w}}{\Delta t} + L_t + d'_t \qquad (3.11)$$

단 $L_t = \frac{1}{1-q}(b' + \frac{e}{1-\alpha'}) \frac{\Delta A_t}{\Delta t} + \frac{e}{1-\alpha'} \frac{\Delta B'_t}{\Delta t} + e \frac{\Delta E_t}{\Delta t}$ 이다.

지금 $\frac{1}{1-q}(b' + \frac{e}{1-\alpha'})$ 를 μ 로 표시하면

$$I_{t+\theta} = \frac{a}{1+c} I_t + \mu \frac{\Delta I_{t-w}}{\Delta t} + L_t + d'_t \qquad (3.11)'$$

단 $L_t = \mu \frac{\Delta A_t}{\Delta t} + \frac{e}{1-\alpha'} \frac{\Delta B'_t}{\Delta t} + e \frac{\Delta E_t}{\Delta t}$ 이다.

(3.11)′의 $L_t + d'_t$는 투자의 장기변화의 영향을 받아 변화하며 이 변화는 또 (3.11)′를 통해서 새로운 투자의 장기변화를 야기할 것이다.

지금 투자의 장기변화를 표시하는 평활한 선의 종좌표를 y_t로 표시하면 y_t는 (3.11)′를 충족시키는 평활하게 변화하는 변수이므로 다음의 (3.12)가 얻어진다.

$$y_{t+\theta} = \frac{a}{1+c} y_t + \mu \frac{\Delta y_{t-w}}{\Delta t} + L_t + d'_t \qquad (3.12)$$

따라서 $I_t - y_t$ 를 i_t 로 표시하면 (3.1)′와 (3.12)에서

$$i_{t+\theta} = \frac{a}{1+c} i_t + \mu \frac{\Delta i_{t-w}}{\Delta t} \qquad (3.13)$$

(3.13)은 i_t 가 $I_t - y_t$ 라는 것을 제외하고는 (3.10)과 동일하다. 이 식은 (3.10)이 투자가 감가상각 수준을 나타내는 영 수준을 중심으로 변동한다는 것을 나타내는 데 대해서 투자가 장기추세선을 중심으로 변동한다는 것을 나타내고 있다(〈그림 5〉 참조).

〈그림 5〉

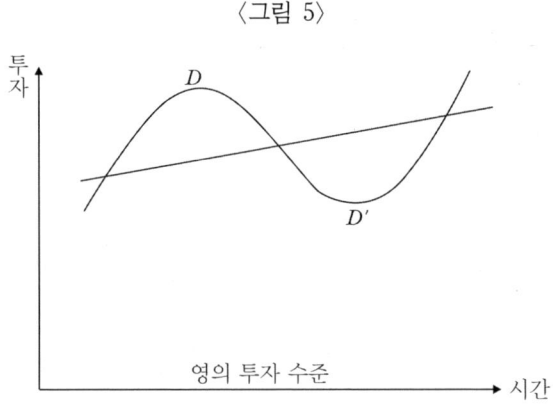

4. "Observations on the Theory of Growth," *Economic Journal*, March 1962

1) 가 정

㉠ 경제체계는 봉쇄형이다.

㉡ 노동자는 저축하지 않는다.

㉢ 재고변동은 없다.

㉣ 정부지출 및 세입은 없다.

㉤ 소비지출에는 시차가 존재하지 않는다.

1954년의 저서에서는 ㉢~㉤을 가정으로 삼지 않았다. 그 결과 논의가 복잡해져서 그의 기본적인 구상이 불분명해졌다는 사실을 감안하여 그는 이 논문에서는 이들을 가정하고 있다.

2) 기초모델

우선 $t+1$기의 투자는 t기의 투자와 투자변화율에 의해서 결정된다.

$$I_{t+1} = \alpha I_t + \beta \Delta I_t \tag{4.1}$$

단 $1 > \alpha \geq 0$ 및 $\beta > 0$이다.

다음에 실질저축(즉 자본가의 실질저축)을 S, 실질이윤을 P, 그리고 실질소득을 Y로 하면 이들 사이에 다음의 관계가 있다.

$$P = gS + M \tag{4.2}$$

및

$$Y = hS + N \tag{4.3}$$

단 계수 g, h와 상수 M, N은 플러스, 즉 $g > 0$, $h > 0$, $M > 0$, $N > 0$이다.

셋째로 재고변동은 없다고 가정했으므로 I는 총투자를 나타내며 S와 같다. 따라서 (4.2), (4.3)에서

$$P = gI + M \tag{4.4}$$

및

$$Y = hI + N \tag{4.5}$$

넷째로 투자의 확대와 축소를 결정하는 경제적 요인은 대체로 다음의 두 가지, 즉 (ㄱ) 기업의 자본축적, 이것은 증가하는 위험부담, 자본시장의 한계성에 기인하는 투자한계선을 넓힌다. (ㄴ) 이윤의 변화 및 고정자본존재량의 변화, 이들도 공동으로 이윤율을 결정한다고 볼 수 있다.

t기에 있어서의 감가상각을 제외한 투자결정량을 D_t로 표시하면 요인 (ㄱ)은 D_t를 기업의 자본축적의 증가함수로 가정함으로써 고려될 수 있다. 그런데 다시 기업의 자본축적은 저축 S와 플러스의 상관관계를 갖는다고 가정하면 D_t는 S_t의 증가함수라고 결론지을 수 있다. 다음에 요인 (ㄴ)은 D_t를 이윤변화율(ΔP_t)의 증가함수로 그리고 고정자본존재량 변화율(ΔK_t)의 감소함수로 가정함으로써 고려될 수 있다.

그와 같은 함수관계를 1차식으로 가정하면

$$D_t = aS_t + b\Delta P_t - c\Delta K_t + d \tag{4.6}$$

체계가 정상적이고 즉 장기성장을 하지 않고 D와 S가 감가상각을 제외한 것이라고 하면 d는 영이 된다. 따라서

$$D_t = aS_t + b\Delta P_t - c\Delta K_t \tag{4.7}$$

또 고정자본투자는 저축과 같고 고정자본존재량의 증가는 고정자본에 대한 순투자와 같으므로

$$D_t = (a-c)I_t + b\Delta P_t \tag{4.8}$$

또 (4.4)에서 $\Delta P = g\Delta I$이므로

$$D_t = (a-c)I_t + bg\Delta I_t \tag{4.9}$$

끝으로 D와 I의 시차는 1, 즉

$$I_{t+1} = D_t \tag{4.10}$$

이므로 (4.10)과 (4.9)에서

$$I_{t+1} = (a-c)I_t + bg + bg\Delta I_t \tag{4.11}$$

이것은 $\alpha = a - c$, $\beta = bg$이면 (4.1)과 동일하다. (4.1)은 $\alpha < 1$의 조건하에서는 순환변동을 야기시킨다. 따라서 $a - c < 1$의 가정이 필요하다. (4.7)에서 a가 저축 가운데 재투자되는 부분이라는 것을 알 수 있다. 따라서 a가 1보다 작다면 $a - c < 1$의 조건이 충족된다는 것은 분명하다. 그는 또 $a - c > 0$이라고 가정한다.

일반적으로 (4.11)의 해가 투자의 순환변동을 나타낸다는 것은 알려져 있는 사실이다. 이윤과 소득은 (4.4), (4.5)를 통해서 투자와 관련되어 있으므로 그들은 투자와 함께 변동한다.

그러나 (4.1)은 정상상태라는 가정 아래서 유도된 것이다. 따라서 장기성장경제에 적용될 때 이 식은 수정을 필요로 한다. 첫 수정은 저축, 이윤 및 소득 사이의 관계가 장기추세의 존재에 따라서 어느 정도 수정된다는 사실에 연유한다. 정상경제에서는

$$P = gS + M \qquad\qquad (4.2)$$

$$Y = hS + N \qquad\qquad (4.3)$$

를 가정했다. 단 M과 N은 플러스의 상수이다.

그러나 성장경제에서는 M과 N은 다 같이 증가할 것이다. 즉 일단 M은 이윤의 추세치(P')와 자본존재량의 추세치(K')와 함께, 그리고 N은 소득의 추세치(Y')와 자본존재량의 추세치(K')와 함께 증가한다고 가정할 수 있다. 따라서

$$M = mP' + qK' \qquad\qquad (4.12)$$

$$N = nY' + rK' \qquad\qquad (4.13)$$

단 계수 m, n, q, r은 플러스, 즉 $m > 0$, $n > 0$, $q > 0$, $r > 0$이다. 따라서 (4.2), (4.3)은 다음과 같이 된다.

$$P = gS + mP' + qK' \qquad\qquad (4.14)$$

$$Y = hS + nY' + rK' \qquad\qquad (4.15)$$

또 이윤과 소득과 추세치는 저축과 자본존재량의 추세치로 나타낼 수 있다. 따라서 P, Y 및 S의 실제치가 그 추세치와 일치하는 추세선의 점에서는

$$P' = gS' + mP' + qK'$$

$$Y' = hS' + nY' + rK'$$

가 성립된다. 이로부터

$$P' = \frac{gS' + qK'}{1-m} \tag{4.16}$$

$$Y' = \frac{hS' + rK'}{1-n} \tag{4.17}$$

(4.16)과 (4.17)을 (4.14)와 (4.15)에 대입하면

$$P = gS + \frac{mgS' + qK'}{1-m} \tag{4.18}$$

$$Y = hS + \frac{nhS' + nK'}{1-n} \tag{4.19}$$

$S = I$이므로 (4.16), (4.17), (4.18), (4.19)에서

$$P' = \frac{gI' + qK'}{1-m} \tag{4.20}$$

$$Y' = \frac{hI' + rK'}{1-n} \tag{4.21}$$

$$P = gI + \frac{mgI' + qK'}{1-m} \tag{4.22}$$

$$Y = hI + \frac{nhI' + nK'}{1-n} \tag{4.23}$$

이들과 (4.8), (4.10)에서

$$I_{t+1} = (a-c)I_t + bg\Delta I_t + b\frac{mg\Delta I_t' + q\Delta K_t'}{1-m} \tag{4.24}$$

이것은 다음과 같이 표현할 수 있다.

$$I_{t+1} = \alpha I_t + \beta \Delta I_t + \gamma \Delta I'_t + \delta I'_t \tag{4.25}$$

단 $1 > \alpha \geq 0$, $\beta > 0$, $\gamma > 0$ 및 $\delta > 0$이다.

이 식은 (4.1)과 이윤의 변화 혹은 소득의 변화에 대한 영향을 통한 경제의 장기확장의 효과를 나타내는 $\gamma \Delta I'_t + \delta I'_t$ 만큼 차이를 갖고 있다.

정상경제에 적용되는 해러드 이론을 나타내는 식

$$I_{t+1} = I_t + \lambda(C\Delta Y_t - I_t)$$

는 성장경제에서는

$$\frac{I_{t+1}}{K'_{t+1}} = \frac{I_t + \lambda(C\Delta Y_t - I_t)}{K'_t} \tag{*}$$

에 의해서 대체된다. 단 C는 자본계수이고 λ는 투자결정이 필요경상투자와 현실경상투자 사이의 불비례를 위해서 수정되는 정도를 나타내는 계수이다. $\lambda \leq 1$로 가정된다.

($*$)는 (4.23)의 Y를 대입하면 다음과 같이 된다.

$$\frac{I_{t+1}}{K'_{t+1}} = \frac{\alpha I_t + \beta\Delta I_t + \gamma\Delta I'_t + \delta I_t}{K'_t} \tag{4.26}$$

단 $\alpha = 1 - \lambda$, $\beta = \lambda Ch$, $\gamma = \lambda C\frac{hn}{1-n}$ 및 $S = \lambda C\frac{r}{1-n}$이다.

(4.26)은 다음과 같이 쓸 수도 있다.

$$I_{t+1} = \frac{K'_{t+1}}{K'_t}(\alpha I_t + \beta\Delta I_t + \gamma\Delta I_t + \delta I'_t) \tag{4.26$'$}$$

이 식은 투자결정에 $\frac{K'_{t+1}}{K'_t}$에 반영된 경제의 규칙적 확장이 고려됨을 말해준다.

(4.26)은 순환변동과 추세를 포함하는 체계의 동학을 나타낸다. 현실투자가 추세선을 따라서 움직인다면 즉 $I_t = I'_t$라고하면

$$\frac{I'_{t+1}}{K'_{t+1}} = \frac{(\alpha+\delta)I'_t + (\beta+\gamma)\Delta I'_t}{K'_t} \tag{4.27}$$

이것은 추세방정식에 불과하다. 추세선은 사실 (4.27)을 충족하는 평활한 상승선으로 정의될 수 있다. 이 방정식에 의해서 정해지는 추세선을 중심으로 체계가 변동한다는 것을 보여주는 것은 쉬운 일이다. 그러나 이것은 (4.27)이 지속적인 성장과정을 발생시킬 때에만 적절한 의의를 갖는 것이다.

이상에서는 투자는 순내생적 요인에 의해서 결정된다고 가정하였

다. 그러나 칼레키는 기술혁신 같은 반(半)외생적 요인의 충격을 고려하고 있다. 그의 기술혁신은 기술의 변화는 물론 신 원료의 개척 같은 현상도 포함하는 개념이다. 기술혁신효과 $\epsilon K'$를 고려하는 경우에는 (4.26)는 다음과 같이 된다.

$$\frac{I_{t+1}}{K'_{t+1}} = \frac{\alpha I_t + \beta \Delta I_t + \gamma \Delta I'_t + \delta I'_t + \epsilon K'_t}{K'_t}$$

혹은

$$\frac{I_{t+1}}{K'_{t+1}} = \frac{\alpha I_t + \beta \Delta I_t + \gamma \Delta I'_t + \delta I'_t}{K'_t} + \epsilon \qquad (4.28)$$

단 ϵ는 기술혁신의 강도이다.

I'가 I와 같다면 다음의 추세방정식이 얻어진다.

$$\frac{I'_{t+1}}{K'_{t+1}} = \frac{(\alpha + \delta) I'_t + (\beta + \gamma) \Delta I'_t}{K'_t} + \epsilon \qquad (4.29)$$

(4.28)은 투자의 일반방정식이며 (4.29)는 $\phi(=\frac{I'}{K'})$의 율을 갖는 규칙적 성장을 나타내는 추세방정식이다.

(4.28)에서 (4.29)를 빼면

$$\frac{I'_{t+1} - I_{t+1}}{K'_{t+1}} = \frac{\alpha(I_t - I'_t) + \beta(\Delta I_t - \Delta I'_t)}{K'_t}$$

혹은

$$I'_{t+1} - I_{t+1} = \frac{K'_{t+1}}{K'_t} \alpha(I_t - I'_t) + \frac{K'_{t+1}}{K'_t} \beta \Delta(I_t - I'_t) \qquad (4.30)$$

$I_t - I'_t$는 현실투자의 추세치로부터의 편차를 나타낸다. 더욱이 $\frac{K'_{t+1}}{K'_t}$는 추세가 규칙적이기 때문에 상수이다. 따라서 (4.30)은 계수로서 $\frac{K'_{t+1}}{K'_t}\alpha$와 $\frac{K'_{t+1}}{K'_t}\beta$를 갖는 투자의 추세치로부터의 편차를 위한 경기순환방정식이다. 이와 같이 투자는 ϕ의 율을 갖는 규칙적 성장을 나타내는 추세선을 중심으로 변동한다.

5. "Trend and Business Cycles Reconsidered," *Economic Journal*, June 1968

1) 가 정

㉠ 경제체계는 봉쇄형이며 정부활동은 제외한다.

㉡ 노동자는 저축하지 않는다.

㉢ 소비지출의 시차는 존재하지 않는다.

㉣ 고정적인 봉급노동자(주로 월급생활자로 구성된다)는 제외한다.

㉤ 재고변동은 존재하지 않는다.

2) 투자, 저축, 이윤 및 소득

앞의 가정으로 말미암아 다음 식이 성립된다.

$$S = I \tag{5.1}$$

$$P = I + C_k \tag{5.2}$$

단 I: 고정자본투자(줄여서 현실투자라고도 한다)

　S: 저축

　C_k: 자본가소비

　P: 이윤

이다. 그리고 이들은 불변가격으로 표시된다. 다음에 자본가소비와 이윤 간의 시차를 무시하면

$$C_k = \lambda P + A \tag{5.3}$$

단 λ는 작은 소수이며 A는 과거의 경제적 사회적 발전에 의존하는 서서히 변화하는 변수이며 시간의 함수이다. 따라서 A는 $A(t)$로 표시된다.

(5.2)와 (5.3)에서

$$P_t = \frac{I_t + A(t)}{1 - \lambda} \tag{5.4}$$

혹은 $\frac{1}{1-\lambda} = m$ 으로 하면

$$P_t = m(I_t + A(t)) \tag{5.4'}$$

단 m은 1보다 약간 큰 수치이다.

끝으로

$$Y = \frac{P}{q} \tag{5.5}$$

단 Y는 소득이고 q는 $\frac{P}{Y}$를 나타내는 상수 즉 소득에서 이윤이 차지하는 비율이다. 이 q는 '독점도'에 크게 의존한다.

3) 투자결정(a)

π를 표준이윤율, $I(\pi)$를 이 π를 낼 수 있다고 생각되는 투자량이라고 하면

$$I(\pi) = \frac{nP + \alpha(Y - P)}{\pi} \tag{5.6}$$

단 n은 충분한 미이용생산능력이 존재한다는 가정에서 필요하게 된 작은 소수를 나타내는 상수, α는 기술진보에 기인하는 생산성의 상승률이 커지면 커지는 상수이다.

이 (5.6)은 $I(\pi)$가 두 가지 요인, 즉 이윤의 증가와 기술진보에 기인하는 구 설비에서 신 설비로의 이윤의 이전분에 의존함을 표시한다.

(5.5)에서

$$\alpha(Y - P) = \alpha\left(\frac{P}{q} - P\right) = P\alpha\left(\frac{1}{q} - 1\right) = \delta P \tag{5.7}$$

단 δ는 $\alpha\left(\frac{1}{q} - 1\right)$이다. 따라서 (5.6)은 다음과 같이 된다.

$$I(\pi) = \frac{n\Delta P + \delta P}{\pi} \tag{5.8}$$

4) 투자결정(b)

투자결정은 ㉠ 금기에 발생하는 기업가저축에 관한 고려와 ㉡ 기업가소득의 재투자를 위한 선결요건에 관한 고려에 의존하는 것으로 가정한다.

투자결정량을 D, 기업가저축을 E라고 하면

$$D = E + r(I(\pi) - I)$$

단 r은 $I(\pi) - I$, 즉 표준이윤율을 낼 수 있는 것으로 생각되는 투자와 현실투자의 차이에 대한 기업가의 반응도를 나타내는 계수이다.

이 식의 $I(\pi)$에 (5.8)을 대입하면

$$D = E + r(\frac{P + \delta P}{\pi} - I)$$

기업가저축이 임대자저축에 대하여 일정의 관계를 갖는다고 가정하면

$$E = eS \tag{5.9}$$

단 e는 1보다 약간 작은 수치이다. 이것은 저축에 대한 기업가저축의 비율을 표시한다.

$S = I$이므로

$$D = eI + r(\frac{P + \delta P}{\pi} - I) \tag{*}$$

이 식의 다른 식에 대한 특징은 δP항에 있다. 이 항은 구 설비에서 이윤을 흡수할 수 있는 신 설비의 더 높은 노동생산성에 기인하는 투자에 대한 자극을 명시적으로 설명해 준다.

5) 투자결정(c)

기술진보와 효과를 고려하면 (*)식은 다음과 같이 된다.

$$D_t = eI_t + \gamma(\frac{nP_t + \delta P_t}{\pi} - I_t) + B(t) \tag{5.10}$$

단 $B(t)$는 기술진보의 효과를 나타내는 시간의 함수이다.

6) 투자의 동학식

투자결정과 현실투자 사이의 시차를 t라고 하면

$$D_t = I_{t+\tau} \tag{5.11}$$

따라서 (5.10)은

$$I_{t+\tau} = (e-r)I_t + \frac{r}{\pi}(nP_t + \delta P_t) + B(t)$$

이에 (5.4)′를 대입하면

$$I_{t+\tau} = (e - r + \frac{r}{\pi}m\delta)I_t + \frac{r}{\pi}mn\Delta I_t + \frac{r}{\pi}m\delta A(t)$$

$$+ \frac{r}{\pi}mn\Delta A(t) + B(t) \tag{5.12}$$

지금

$$a = e - r + \frac{r}{\pi}m\delta = e - r(1 - m\frac{\delta}{\pi}) \tag{5.13}$$

$$b = \frac{r}{\pi}mn \tag{5.14}$$

$$F(t) = \frac{r}{\pi}m\delta A(t) + \frac{r}{\pi}mn\Delta A(t) + B(t)$$

$$= \frac{r}{\pi}m\delta A(t)\left\{1 + \frac{n}{\delta}\frac{\Delta A(t)}{A(t)}\right\} + B(t) \tag{5.15}$$

로 하면 (5.12)는

$$I_{t+\tau} = aI_t + b\Delta I_t + F(t) \tag{5.12}′$$

단 a는 1보다 작다고 가정되며, $F(t)$는 과거의 발전에 뿌리를 두고 있는 서서히 변화하는 시간의 함수이다.

7) 투자의 추세부분과 경기순환부분

$F(t)$에 대한 어떤 가정 위에서 (5.12)′는 특수해로서 시간의 플러스 함수 y_t를 갖는다.(5.12)′에서 다음의 (5.16)

$$y_{t+\tau} = ay_t + b\Delta y_t + (t) \tag{5.16}$$

를 빼면

$$I_{t+\tau} - y_{t+\tau} = a(I_t - y_t) + b\Delta(I_t - y_t) \tag{5.17}$$

이 (5.17)은 $I_t - y_t$의 순환변동을 발생시키는 것으로 알려져 있다.

F_t를 (5.16)으로 하여금 플러스의 서서히 변화하는 y_t에 의해서 충족되게 하는 함수라고 가정하자. 그와 같은 함수 $F(t)$는 지수함수 $F(t) = ce^{\beta t}$일 때 그와 같은 조건이 충족되므로 존재한다. 단 β는 작은 소수이다. 사실 (5.16)은

$$y_t = \frac{e^{\beta t}}{1 - a + e^{\beta t} - 1 - b^\beta}$$

에 의해서 충족된다. 단 분모는 β가 매우 작을 때에는 플러스이다.

(5.16)은 다음과 같이 표현할 수 있다.

$$y_{t+\tau} - ay_t - b\Delta y_t = y_{t+\tau} - y_t + (1-a)y_t - b\Delta y_t = F(t)$$

여기서

$$y_t = \frac{F(t)}{1 - a + \dfrac{y_{t+\tau} - y_t - b\Delta y_t}{y_t}}$$

y_t는 플러스의 서서히 변화하는 시간의 함수이고 투자와 투자결정 간의 시차 γ는 수년에 불과하므로

$$\left| \frac{y_{t+\tau} - y_t - b\Delta y_t}{y_t} \right| \leq \gamma$$

단 γ는 비교적 작은 수치이다. 그리하여 (5.12)′의 특수해로서 다음을 얻는다.

$$y_t = \frac{d_t}{1-a} F(t) \tag{5.18}$$

$$단 \quad \frac{1}{1+\dfrac{\gamma}{1-a}} \le d_t \le \frac{1}{1-\dfrac{\gamma}{1-a}} \tag{5.19}$$

지금 다음 식을 생각할 수 있다.

$$I_t = y_t + (I_t - y_t) \tag{5.20}$$

단 y_t는 추세부분이고 $(I_t - y_t)$는 (5.17)에 대응하는 경기순환부분이다. (5.4)′에서 대응하는 다음의 이윤방정식을 유도할 수 있다.

$$P_t = m(I_t + A(t)) = m(y_t + A(t)) + m(I_t - y_t) \tag{5.21}$$

분명히 $my_t + A(t)$는 이윤의 추세부분이고 $m(I_t - y_t)$는 이윤의 경기순환부분이다. (5.5)에서 소득방정식을 얻는다.

$$Y_t = \frac{P_t}{q} = \frac{m}{q}(y_t + A(t)) + \frac{m}{q}(I_t - y_t) \tag{5.22}$$

8) 감가상각, 고정자본 및 순투자

앞에서 밝힌 바와 같이 구 설비에 의해서 발생되는 이윤은 기술진보의 결과 연간 δ씩 감소한다. 따라서 설비의 이윤발생 능력도 δ씩 감소한다. 따라서 구 설비의 실질가치는 매년 $1-\delta$의 율로 감소한다고 가정할 수 있다. 그러므로 고정자본 존재량 K_t의 실질가치의 추세치는

$$K_t = y_t + y_{t-1}(1-\delta) + y_{t-2}(1-\delta)^2 + \cdots\cdots \tag{5.23}$$

과 같이 될 것이며 t년의 감가상각분은 δK_t가 될 것이다. 따라서 순투자의 추세치와 고정자본존재량의 증가율은 각각 다음과 같이 된다.

$$\Delta K_t = y_t - \delta K_t \tag{5.24}$$

$$\frac{\Delta K_t}{K_t} = \frac{y_t}{K_t} - \delta \tag{5.24}′$$

(5.23)에서 K_t의 하한을 추정할 수 있다. (5.18)을 이에 대입하면

$$K_t = \frac{1}{1-a}(d_t F(t) + d_{t-1} F(t-1)(1-\delta) + d_{t-2} F(t-2)(1-\delta)^2 \cdots)$$

(5.19)에서 $d_t \geq \dfrac{1}{1+\dfrac{\gamma}{1-a}}$ 이고

$F(t)$는 ξ보다 큰 율로 증가할 수 없기 때문에 다음의 부등식이 성립된다.

$$K_t \geq \frac{F(t)}{(1-a)(1+\dfrac{\gamma}{1-a})}(1 + \frac{1-\delta}{1+\xi} + (\frac{1-\delta}{1+\xi})^2 + \cdots)$$

$$= \frac{F(t)}{(1-a+\gamma)} - \frac{1}{1 - \dfrac{1-\delta}{1+\xi}} = \frac{(1+\xi)F(t)}{(1-a+\gamma)(\xi+\delta)}$$

$$> \frac{F(t)}{(1-a+\gamma)(\xi+\delta)}$$

단 ξ는 $\left|\frac{F(t)}{F(t)}\right|$ 즉 $F(t)$의 변화율의 극대치, 바꾸어 말하면 $F(t)$의 극대변화율이다. (5.18)과 (5.19)에서

$$y_t \leq \frac{F(t)}{(1-a)(1-\dfrac{\gamma}{1-a})} = \frac{F(t)}{1-a-\gamma}$$

따라서

$$\frac{y_t}{K_t} < (\xi+\delta)\frac{1-a+\gamma}{1-a-\gamma} \tag{5.25}$$

$$\frac{\Delta K_t}{K_t} = \frac{y_t}{K_t} - \delta < \xi\frac{1-a+\gamma}{1-a-\gamma} + \delta\frac{2\gamma}{1-a-\gamma} \tag{5.26}$$

여기서 $F(t)$의 극대변화율인 ξ가 자본축적율의 상한을 결정하는 데 매우 중요한 요인임을 알 수 있다. γ는 $1-a$에 견주어 작기 때문에 이 상한은 ξ에 근사함을 알 수 있을 것이다.

9) 생산능력의 장기적 이용

지금 생산기술의 가능한 변화를 고려하지 않는다면 현실생산능력과 고정자본존재량(K) 간에 정밀하지는 못하지만 일정한 비례관계가 있다고 가정할 수 있다. 따라서 생산능력은 hK로 나타낼 수 있다. 단 h는 평균적인 생산기술을 나타낸다. 소득의 추세부분은 (5.22)에서 $\frac{m}{q}(y_t + A(t))$ 혹은 $\frac{m}{q}y_t(1+\frac{A(t)}{y_t})$이다. 따라서 생산능력의 이용도 u_t는 다음과 같이 나타낼 수 있다.

$$u_t = \frac{\frac{m}{q}y_t(1+\frac{A(t)}{y_t})}{hK_t} = \frac{m}{hq}\frac{y_t}{K_t}(1-\frac{A(t)}{Y_t}) \tag{5.27}$$

$\frac{y_t}{K_t}$의 상한을 부여하는 (5.25)를 고려하면

$$u_t < \frac{m}{h}(1+\frac{A_t}{y_t})\frac{1-a+r}{1-a-r}\frac{\xi+\delta}{q} \tag{5.28}$$

따라서 설비의 이용도의 상한은 크게 비율 $\frac{\delta+\xi}{q}$에 좌우될 것이다. (5.7)에서

$$\delta = \alpha(\frac{1}{q}-1)$$

즉 소득에서 차지하는 이윤의 비율이 높아지면 높아질수록 구 설비와 관련된 '실질비용'의 증가가 이윤의 감소율 δ에 미치는 효과는 작아진다.

이와 같이 $\delta = \alpha(\frac{1}{q}-1)$이므로

$$\frac{\xi+\delta}{q} = \frac{1}{q}(\xi+\alpha(\frac{1}{q}-1))$$

따라서 설비의 이용은 q의 수준과 $F(t)$의 극대성장률 ξ에 크게 영향을 받는다. 이것은 다음에 의해서 예시될 수 있다.

ξ	0.05	0.05	0.04
α	0.04	0.04	0.04
δ	0.45	0.50	0.50
$\dfrac{\xi+\delta}{q}$	0.22	0.18	0.16

이에서 q와 ξ의 어떤 배합은 선진 자본주의경제에서 흔히 볼 수 있는 현상이었던 만성적인 설비의 과소이용을 초래하리라는 것은 명백하다.

이상과 같이 설명한 칼레키는 끝으로 다음과 같이 결론을 내고 있다. 즉 그는 "이상의 고찰에서 성장률은 경기순환의 경우처럼 방정식의 계수에 의해서 전적으로 결정되기보다는 과거의 경제적, 사회적 및 기술적 발전에 뿌리를 박고 있는 현상임을 알 수 있다. 이상의 접근은 (흔히 설비의 장기이용도 일정과 같은 그릇된 선험적 가정에 의거하는) 순수한 기계론적 접근과는 크게 다르지만 발전과정의 현실에 더 가까운 것 같이 생각된다. 따라서 앞으로 성장문제에 대한 연구는 $A(t)$ 및 $B(t)$와 같은 반자동변수를 무시하지 않을 뿐 아니라 여러 방정식에 포함되어 있는 계수도 과거의 발전에 뿌리를 박고 있는 서서히 변화하는 시간의 변수로 다루는 방향으로 나가야 할 것이다"라고 말하고 있다.

6. 결 언

자본주의경제의 특징은 성장과 순환에 있다고 말하기도 한다. 사실 우리가 현실세계에서 갖는 것은 구리하라가 말한 바와 같이 '순환적

성장'6)이라는 혼합된 현상이다. 따라서 경제변동 현상의 설명에는 성
장과 순환 가운데 어느 하나가 결여되어도 불충분한 것이 되어 버린
다고 할 수 있다. 그동안 케인지언들은 순환적 성장모델을 구성하기
위한 노력을 해오고 있다. 그러나 그들은 소득의 변동을 중심으로 분
석을 행하기 때문에 사회계급 간의 소득분배관계의 변화를 무시하고
있다.

그런데 칼레키는 이상의 고찰에서 알 수 있는 바와 같이 애당초부
터 경기순환과정에서 소득분배관계의 변화를 임금과 이윤의 상대적
몫의 변화의 형태로 고려하고 있다. 그리고 그는 가속도원리를 채택하
는 케인지언과는 달리 속도원리를 중시하고 있다.

그리고 그는 순환적 성장론을 1954년의 저서에서부터 전개하고 있
다. 그러나 그는 1968년의 논문에서 고백했듯이 그 이전까지는 순환에
추세를 얹어놓는 접근, 즉 정상경제에서 '순수경기순환' 이론을 전개
하고 다음에 추세를 도입해서 그것을 수정7)해 가는 접근을 취했던 것
이다. 그러나 그와 같이 단기영향과 장기영향을 분리하면 동학적 과정
에 영향을 미치는 기술진보의 파급효과를 간과하게 된다. 그러기에 그
는 분명히 1954년의 저서와 1962년의 논문에서 취한 자기의 접근, 즉
상술한 접근이 전적으로 불만족스러운 것이었다고 말하고 있다. 그리
하여 그는 이 점에 유의하여 1968년의 논문에서는 종전의 접근을 피
하는 동시에 현대 성장이론이 범하고 있는 과오인 이동균형의 접근을
성장의 문제에 적용시키는 것을 피하려고 노력하고 있다. 그는 장기추
세는 단기상태의 연쇄의 서서히 변화하는 구성요소에 불과한 것으로

---

6) K. K. Kurihara, "An Endogenous Model of Cyclical Growth," *Oxford Economic
   Papers*, Oct. 1960, p. 243.
7) 칼레키는 이 방법을 기계론적 접근이라고 부르고 있다.

보고 추세순환론을 전개하고 있다.

장기의 추세는 단기적인 경기순환과정을 통해서 확인할 수 있을 뿐이며 순환과정을 떠나서 독립적으로 설정할 수 없다면 칼레키의 이와 같은 접근은, 적정성장률 G_w와 자연 성장률 G_n의 승리에 기인하는 장기적 앤티노미로서 장기추세의 분석을, 현실성장률 G와 적정성장률 G_w의 괴리에 기인하는 단기적 앤티노미로서 경기순환의 분석을 매개로 해서 행하려고 한 해러드의 접근과 마찬가지로, 분명히 매우 현실적인 것이라고 아니할 수 없다. 그리고 해러드는 구체적인 모델을 제시하지 못했는데 칼레키는 그것을 제시했다는 점에서 진일보했다고 할 수 있을 것 같다. 어떻든 칼레키가 앞으로 그의 1968년 논문에서 제시한 접근을 어떻게 더 발전시킬 것인가는 주목할 만한 일이다.

《경제논집》(서울대, 1972. 12)

해러드의 경기순환론

1. 서 언

해러드의 *The Trade Cycle*(1936)에서 승수이론과 가속도원리의 결합에 대해서는 메츨러(Metzler)와 같이 거기에는 암시만 있을 뿐이며 한층 엄밀한 형태의 이론 전개는 새뮤얼슨에 의해 달성되었다고 하는 해석이 지배적이었는가 하면, 또 순환을 정적 균형을 중심으로 하는 진동으로 보지 않고 '원활한 발전의 선 또는 균형'을 중심으로 하는 진동으로 보는 그의 구상이 *Towards a Dynamic Economics*(1948)에 이르기까지 10년 가까이 거의 무시되었는가 하면, 또 그의 이 '원활한 발전의 선 또는 균형'이라는 개념이 힉스에 의해서 가치 있는 것으로 인식되었으나, 힉스가 그것을 새뮤얼슨적인 승수이론과 가속도원리의 종합 형식 속에 흡수하여 자신의 이론을 수립하는 방향을 취함으로써 힉스의 이론에 의해서 그의 이론이 가려졌는가 하면, 알렉산더(S. S. Alexander)와 같이 그의 이론은 장기이론 즉 성장의 이론이지 단기이론 즉 순환의 이론은 아니며 이 점에서는 힉스의 이론에 견주어 불충분하다고 하는 사람도 존재한다.[1]

한마디로 해러드의 이론은 제대로 이해되지 않았다고 할 수 있다.
그러나 그의 이론은, 뒤의 〔부표〕에서 보는 바와 같이, 다른 거시적 동
태론과는 판이하며, 또 순환운동을 계속하면서 경제성장이 이루어지는
것이 자본주의경제의 변동의 현실이라고 한다면, 이 점을 강조하는 그
의 이론이 더 현실적인 것이라고 할 수 있다. 그러기에 이 글에서는 이
와 같은 그의 이론을 *An Essay in Dynamic Theory*(1939)의 이전과 이후
로 나누어 고찰하기로 한다. 그러나 1939년 이전의 그의 주저는 *The
Trade Cycle*(1936)이고 그 이후는 *Towards a Dynamic Economics*(1948)이
므로, 자연히 이 두 저서가 그의 이론의 고찰에서 중심이 되는 것은 두
말할 나위가 없다.

2. *The Trade Cycle*(1936)의 이론

1) 이론상의 세 가지 원천

여기에서 그의 이론의 원천은 (1) 클라크(J. M. Clark) 이래의 가속
도원리, (2) 케인스의 승수이론, (3) 불완전경쟁론[2]의 세 가지이다.

(1) 해러드는 가속도계수를 'relation'이라고 부르고 있으며, 소비의
변화(즉 증분)와 투자[3]의 관계를 나타내는 것으로 파악하고 있다.

(2) 해러드는 케인스가 승수를 투자의 변화(즉 증분)와 소득의 변화

---

1) 杉本榮一 편, 《恐慌, 經濟學新大系 Ⅱ》, 1953, pp. 143~146 참조.
2) 해러드는 *The Trade Cycle*(1936)의 전반부에서, 이 불완전경쟁론(미시분석의
   이론)과 거시이론과의 관련, 그의 표현에 따르면 경기순환론과 가치의 이론과
   의 관련에 크게 역점을 두었음을 밝히고 있다(일본어 역서에 대한 그의 서문
   참조).
3) 가속도원리는 소비의 변화(즉 증분)와 유발투자의 관계를 나타내는 것이라고
   할 수 있다. 따라서 여기서 투자는 엄밀하게 따지면 유발투자를 의미하는 것으
   로 볼 수 있을 것이다.

(즉 증분)의 관계로 파악하고 있는 데 비해서, 투자와 소득(또는 산출)
의 관계로 파악하고 있다.

해러드는 이 승수이론과 관련하여 다음의 네 가지를 밝히고 있다.

① 어떤 기간에서나 투자는 저축과 같다.

② 단기에서는 기업가가 행하려고 의도하는 투자가 반드시 실현되
지는 않는다. 해러드는 이 양자의 불일치, 즉 의도된 투자와 현실 투자
의 불일치가 의도되지 않았던 재고의 변동을 야기시키는 것으로 보고
있으며, 이와 같은 양자의 불일치를 '단기불균형'이라고 부르고 있다.

③ 만약 전자가 후자보다 크면 산출(즉 소득)이 증가하게 되고, 저축
에 따라서 투자가 증가하게 된다. 반대로 만약 전자가 후자보다 작으
면 산출이 감소하게 되고 저축에 따라서 투자가 감소하게 된다. 해러
드가 승수이론이라고 부르고 있는 것은 이 조정 과정에 대한 것이며,
그것은 '의도된 저축이 소득의 변동을 통해서 투자에 적응되어 간다고
하는 원리'를 말한다.

④ 이와 같은 원리가 성립되기는 하지만, 그러나 소득의 변동이 투
자와 저축의 변동에 전적으로 비례한다고는 할 수 없다. 이것은 (i)
사람들은 소득이 클수록 저축을 많이 하는 경향이 있으며, (ⅱ) 호황
기(boom)에는 이윤으로의 소득이동(shift to profit)이, 불황기(slump)에
는 이윤으로부터의 소득이동(shift from profit)이 일어나며, 이윤소득자
는 소득이 클수록 저축을 많이 한다는 두 가지 사실에 기인한다.

(3) 해러드는 이윤으로의 소득이동과 이윤으로부터의 소득이동이
왜 일어나는가에 대해서는 불완전경쟁론이 더 정밀하게 설명해 줄 수
있다고 본다. 그러나 그가 말하는 이윤으로의 소득이동과 이윤으로부
터의 소득이동은 각각 생산물 단위당 이윤의 백분비(percentage rate)의
상승과 하락을 뜻한다는 것에 유의할 필요가 있다.

① 그는 불완전경쟁론에서는 한계수입과 한계비용의 일치를 이윤극대화의 조건으로 삼고 있다고 본다.

② 그는 기업가의 산출의 '결정요인'4)을 (i) 주요 생산요소(즉 노동)5)에 대한 지불률(즉 임금률), (ii) 주요 생산요소의 효율(즉 노동생산성), (iii) 생산물에 대한 수요의 탄력성의 셋으로 보고 있다. 그리고 이들을 안정화시키는 힘 또는 원리 즉 '안정화요인'으로서 (i), (ii), (iii)과 관련하여 각각 (i) 주요 비용의 가소성(plasticity of prime costs), (ii) 수확체감의 법칙, (iii) 수요의 탄력성 체감의 법칙을 들고 있다.

여기서 주요 비용의 가소성은 산출이 증가(혹은 하락)하는 데 따라서 주요비용이 상승(또는 하락)하는 것을, 수확체감의 법칙은 산출이 증가하는데 따라서 주요 생산요소의 한계 실물생산물이 감소한다는 명제를, 수요의 탄력성 체감의 법칙은 전체로서의 산출이 증가하고 개인(소비자)들이 더 부유해짐에 따라서 그들의 가격차에 대한 민감도가 감소한다는 명제를 각각 말한다. 그에 따르면 이 수요의 탄력성 체감의 법칙은 불완전경쟁 아래에서만 작용하게 된다고 한다(pp. 30, 50).

③ 그는 가격의 변동을 이 세 가지 안정화요인에 기인하는 것으로 본다. 즉 그는 만약 호황기의 후기 국면에서 가격의 상승이 발생한다면, 이것은 기업가가 이윤을 극대화한다고 가정할 때에는 주요 생산요소에 대한 보수의 상승, 주요 생산요소의 한계 실물생산물의 저하, 수요의 탄력성의 하락의 합계를 나타내는 것으로 본다(pp. 76).

이 세 가지 가운데 그는 첫째 것에 대해서는, 현대사회에서는 "하나의 꺾어진 갈대에 불과하다"(pp. 43), "별로 이에 의존할 수 없다"(pp.

---

4) 해러드는 이것을 정학적 결정요인이라고 부르고 있다. 그리고 그는 이 '결정요인'에 가격수준도 포함시키고 있다.
5) 이것은 해러드의 'human material'을 뜻하는 것으로 보면 된다(*op. cit.*, p. 29 각주).

31), "일반적으로는 이동을 야기시키는 경향을 갖지 않을 것이다"(pp. 81)라고 말하고 있는가 하면, 이윤으로의 소득이동과 관련하여 이것을 전혀 들고 있지 않는 경우마저 있고,[6] 둘째 것에 대해서는 생산활동이 매우 왕성한 상태(즉 호황기)를 제외하고서는 대부분의 경우 이것은 작용하지 않을 것이라고 말하고 있다. 그러나 그는 셋째 것에 대해서는 가장 중요한 것이라고 말하고 있다(pp. 31).

결국 그에 따르면 세 가지 요인의 작용을 종합할 때 불완전경쟁 아래에서는 생산량의 증가와 소득의 상승은 수요의 탄력성의 체감을 가져와서 가격의 상승 또는 생산물 단위당 임금에 비한 이윤의 증가(즉 이윤의 백분비의 증가)를 초래하게 된다고 할 수 있다. 이것이 바로 이윤으로의 소득이동인데, 이 이동이 행해지면 저축이 증가하게 되므로 호황기에는 저축이 증가하게 되는 셈이다.

그리고 그에 따르면 불황기에는 이와 반대로 이윤으로부터의 소득이동→저축감소가 일어난다고 한다.

2) 동학적 결정요인

(1) 해러드는 상술한 세 가지 '결정요인' 즉 정학적 결정요인과는 달리 ① 저축성향[7] ② 이윤으로의 소득이동 ③ 생산에 사용되는 자본량의 세 가지를 동학적 결정요인으로 보고 있다.[8]

(2) 해러드는 이 동학적 결정요인에 변동이 없는 경우에는 소득도, 소비재의 산출도, 자본재의 스톡도, 동일한 성장률을 갖는 것으로 보

---

6) 해러드에 따르면, 이윤으로의 소득이동은 주로 (i) 수확체감의 법칙의 작용과 (ii) 수요의 탄력성체감의 법칙에 기인한다고 한다(*op. cit.*, p. 75, p. 92).

7) 이것은 뒤에 나오는 저축률과 동일한 것이라고 할 수 있다.

8) 해러드는 이 동학적 결정요인을 그의 이론에서 중심적인 위치를 차지하는 것으로 보고 있다(*op. cit.*, p. 89).

고, 이와 같은 상태 즉 전기의 산출에 대한 산출 증분의 비율이 일정
한 상태를 '원활한 발전'(steady advance)이라고 부르고 있다.

(3) 해러드는 이 '원활한 발전'이 지속적인 것으로 보고 있다. 이것
은 그의 분석의 출발점을 이룬다.

(4) 해러드는 동학적 결정요인이 변동하는 것을 현실적인 것으로
보고, 그것의 변동이 무엇을 야기하는가를 밝히고 있다. 그에 따르면

① 소득성향의 변동은 산출에 대해서 억제적이며,

② 이윤으로의 소득이동의 진행은 억제적이며,

③ 생산에 사용되는 자본량의 변동은 혹은 확장적이고 혹은 억제적
이라고 한다. ③의 경우 발명, 기술혁신에 기인하는 그의 생산방법의
자본주의화는 확장적이다. 그러나 이자율의 하락은 확장적이지만 이
자율의 상승은 억제적이다. 따라서 호황기에 이자율의 변동은 억제적
이라고 할 수 있다.

그는 동학적 결정요인이 이와 같이 억제적인 작용 또는 확장적인
작용을 통해서 산출을 '원활한 발전의 균형'으로부터 괴리시키는 것으
로 보고 있다.

3) 경기순환의 과정

이 과정의 설명은 동학적 결정요인의 변동과 하강기에서 승수와 가
속도계수의 상호작용을 기축으로 삼고 있다.

(1) 호황: 만약 동학적 결정요인에 변동이 없으면 자본재의 증가는
같은 비율로 산출을 증가시킨다. 그러나 제1과 제2의 결정요인이 작용
하여 저축성향을 점차로 높이면 이 효과가 억제적으로 작용하지만, 제
3의 결정요인의 확장적 효과가 이것을 상쇄하는 한 호황은 지속된다.
즉 호황은 기술혁신 등에 따른 생산방법의 자본주의화에 의해서 초래

된다.

(2) 경기의 전환: ① 완전고용 수준에 접근하면 (ⅰ) 수확체감의 법칙이 작용하며, (ⅱ) 동시에 비록 임금률의 상승이 있어도 그 이상으로 가격은 상승하며, 이윤으로의 소득이동은 심해지고 저축성향은 급속히 증대한다.

② 다른 한편 해러드는 슘페터의 기술혁신의 고갈이라는 견해를 원용하여 자본주의화의 투자 감소가 머지않아 도래하는 것으로 본다.

③ 동시에 호황기에 이자율은 상승하며, 이는 자본주의화에 대한 억제적 요인이 된다. 이리하여 저축성향의 증대라는 억제요인이 생산에 사용되는 자본량의 증가라는 확장요인을 억제하여 자본의 과잉상태를 발생시키며, 투자량의 감퇴를 야기한다. 즉 경기의 전환을 일으키는 주역은 저축성향의 상승이다.

(3) 경기의 하강: 일단 투자가 감퇴하면 승수이론이 가리키는 바와 같이 소득과 소비는 감퇴하지 않으면 안 된다. 그러나 소비의 감퇴는 투자수준을 낮춘다. 투자의 감퇴는 다시 소비를, 그리고 소비는 다시 투자를 감퇴시킴으로써 불황을 초래한다. 즉 relation과 승수의 상호작용에 의해서 불황이 초래된다.

(4) 경기의 상승: ① 일정한 시간의 경과에 따라서 하강기에 억제되어 있던 자본의 보전 시기가 도래하여 보전이 일시에 행해짐으로써, 즉 내구자본재에 대한 대체가 일시에 행해짐으로써 투자가 발생한다.

② 이자가 낮기 때문에 자본주의화된 자본으로의 대치가 유인된다.

③ 발명과 개량이 진행되어 새로운 투자가 야기된다.

④ 해러드는 명시하지 않고 있지만, 저축성향은 소득의 하락과 더불어 하락한다.

이들 작용의 결과 다시 경기는 상승한다.

3. *An Essay in Dynamic Theory*(1939) 이후의 이론

1) 이론의 특징

해러드의 이론은 다음과 같은 특징을 갖는다.

(1) 불완전경쟁론으로부터의 이탈

(2) 성장률 이론

(3) 앤티노미 이론

(4) 불안정성원리의 명시

(5) 가속도원리의 명확화

(1) 해러드는 록펠러 재단의 원조를 받고 1935년부터 옥스퍼드 대학에서 행한 조사연구의 결과, 불완전경쟁론의 현실 타당성이 의심스럽다는 결론에 따라 그 이론으로부터 이탈하고 있다.

(2) 해러드는 그의 이론을 전개하면서 현실성장률, 적정성장률, 자연성장률을 이용하고 있다. 따라서 그의 이론은 성장률이론이라고 불리기도 한다. 이들 성장률을 표시하는 식이 다름 아닌 다음의 기본방정식이다.

① 제1방정식

$$GC = s \cdots\cdots\cdots (1)$$

G: 현실성장률

C: (한계) 자본계수(이것은 마이너스일 수도 있다)

s: 저축률

단, 이 식에 장기적인 성격을 갖는 자본지출을 도입하면 다음과 같이 된다.

$$GC = s - k \cdots\cdots\cdots (1)'$$

여기서 k는 금기의 장기 자본투자량을 소득의 비율로 표시한 것이다.

② 제2방정식

$$G_w C_r = s^{9)} \cdots\cdots\cdots (2)$$

G_w: 적정성장률

C_r: 필요(한계) 자본계수(이것은 항상 플러스이다)

s: 저축률

이 G_w는 기업가를 만족시키는, 즉 기업가의 입장에서 균형성장률이다.[10] 이것은 경기순환 중에 변동한다.[11]

③ 제3방정식

$$G_n C_r = \text{또는} \neq s^{12)} \cdots\cdots\cdots (3)$$

G_n: 자연성장률

C_r: 필요(한계) 자본계수

s: 저축률

이 G_n은 인구의 증가와 기술진보(즉 노동생산성의 증가)에 의해서 가능하게 되는 성장률이며 노동자를 만족시키는 균형성장률이다. 이 G_n은 장기에 걸친 G의 극대평균치이다. 그리고 이 G_n은 G_w와는 직접적인 관계를 갖고 있지 않다.

(3) 해러드는 ① 단기 및 장기에서 공급되는 저축의 양(즉 저축의 공급)은 주로 실질소득에 의존하며, ② 단기 및 장기에서 요구되는 저축의 양(즉 저축의 수요)은 주로 실질소득의 증가에 의존한다는 두 가지 명제로 표현되는 것을 기본적인 동적 앤티노미(basic dynamic antinomy)라고 부르고 있다. 그런데 그에 따르면 이 기본적인 동적 앤티노미가

---

9) 이 s는 *Economic Dynamics*(1973)에서는 sd로 표현되고 있다(p. 17).
10) (3.1)의 (4)를 참조하라.
11) (3.2)의 (2) 가운데 ②를 참조하라.
12) 이 s는 *Economic Dynamics*(1973)에서는 s_0으로 표현되고 있다(pp. 27~28).

바로 진동, 즉 순환을 발생시킨다고 한다. 따라서 그의 이론은 엔티노미 이론이라고 불린다.

(4) 해러드는 저축의 공급과 수요의 일치를 나타내는 선을 '원활한 발전의 선'(a line of steady advance)이라고 부르고 있다. 이 선은 그의 분석의 출발점을 이루는 것이며, 또 G_w를 나타내는 선[13]이기도 한데, 그는 이것을 '원활한 발전의 균형' 또는 동적 균형이라고 부르고 있기도 하다.[14]

그에 따르면, 이 선의 양측에서는 원심력이 작용한다고 한다. 즉 이 선으로부터의 괴리는 경제의 상향운동 또는 하향운동을 야기한다고 한다. 그는 $G > G_w$이면 경제의 상향운동이, 그리고 $G < G_w$이면 경제의 하향운동이 야기되는 것으로 보고 있다.[15]

이로부터 알 수 있는 바와 같이, 그는 순환 즉 호황과 불황의 현상을 이 선을 중심으로 하는 진동으로 파악하고 있다.

(5) 해러드는 *The Trade Cycle*(1936)에서는 가속도원리를 대부분의 경우 소비의 변화(즉 증분)와 투자의 관계로 파악하고 있지만, 일부분의 경우에는 산출고의 변화(즉 증분)와 투자의 관계로 파악하고 있기도 했다. 그러나 그는 *An Essay in Dynamic Theory*(1939) 이후에는 그것을 분명히 산출고의 변화(즉 증분)와 투자의 관계로 파악하고 있다.

---

13) 따라서 *The Trade Cycle*(1936)에서 명시되지 않았던 '원활한 발전'의 크기가 명시된 셈이다.
14) 해러드는 "Notes on Trade Cycle Theory"(1951)에서는 a line of steady advance 외에 a line of steady growth, equilibrium of advance, dynamic equilibrium, the line of warranted, advance, a warranted line of advance, a regular advance, steady line of advance 등을 사용하고 있다.
15) 해러드는 이것을 '불안정성원리의 에센스'(essence of instability principle)라고 부르고 있다.

2) 경기순환의 과정

(1) $G_n > G_w$이면 대체로 $G > G_w$라고 할 수 있으므로 경제는 호황으로의 경향을 나타내며, $G_n < G_w$이면 역시 대체로 $G < G_w$라고 할 수 있으므로 경제는 일반적으로 불황으로의 경향(만성적 불황의 경우)을 나타낸다. $G_n > G_w$인 경우에는 저축은 미덕이 되며, $G_n < G_w$인 경우에는 저축은 악덕이 된다. 고전학파의 저축미덕관은 전자의 경우의 요구를 충족시키며, 케인스의 저축악덕관은 후자의 경우의 요구를 충족시킨다.

(2) 하방으로의 전환: ① 회복기에 있어서는 유휴자원이 존재하고 그것이 다시 이용되므로 $G > G_n$이다. 따라서 G는 완전고용 수준에 도달할 때까지 상승을 계속한다. 그러나 완전고용 수준에 도달하면 G는 급락하여 G_n과 같아진다. 이때 만약 $G_n < G_w$이면 G_n으로 급락한 G는 G_w를 하회하며, 이 점에서 불황이 불가피하게 되어 G는 시간이 경과함에 따라 하락한다. 〈그림 1〉은 이것을 나타내고 있다(이 그림은 G_w와 G_n은 일정하며 $G_w > G_n$임을 가정하여 그린 것이다). 이 경우에 완전고용점이 전환점이다.[16)]

〈그림 1〉

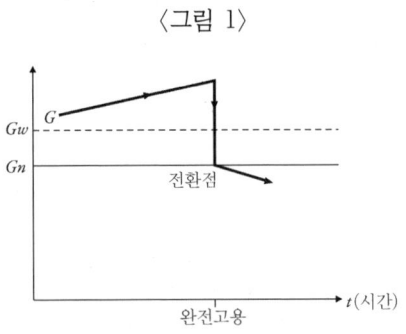

16) 여기서 전환점은 성장률의 전환점이며 산출의 그것이 아니라는 것에 주의할 필요가 있다.

② G_w 자신은 경기순환 중에 변동한다. 왜냐하면 저축률은 장기적으로는 상당히 안정적이라고 해도 단기적으로는 변동하기 때문이다. 저축률은 경기가 상승함에 따라 커진다.[17] 따라서 $G_n > G_w$가 정상적인 것이라고 해도 G_w는 점증하여 호황의 후기국면에서는 G_n을 초과할지도 모른다. 〈그림 2〉의 점선은 이것을 나타낸다. 이리하여 완전고용 수준에 도달하면 불황으로의 전환은 불가피하다. 〈그림 2〉의 G선이 이것을 나타내고 있다.

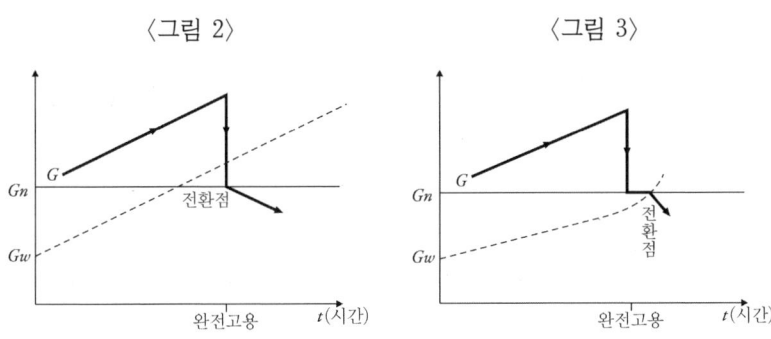

〈그림 2〉   〈그림 3〉

다음에 호황 기간 중에 $G_n > G_w$이며, 완전고용 수준에 도달해도 $G > G_w$이면 수요가 공급을 초과하므로, 인플레이션이 발생하여 물가와 이윤을 앙등시켜, 이것이 저축률을 급증시키고 G_w를 G_n과 같게 하여 불황으로의 전환점이 발생한다. 〈그림 3〉은 이것을 나타낸다. 이경우 완전고용 상태 즉 인플레이션의 상태가 얼마간 계속된 연후에 전환점이 발생한다.

③ 고용수준이 높아짐에 따라 노동과 기타 자원을 그 요구되고 있

---

17) 특히 법인저축은 이와 같은 경향을 갖는다.

는 용도로 이전하는 것이 점차로 곤란하게 되므로 완전고용 수준에 도달하기 전에 G는 감소하지 않으면 안 되게 된다. 만약 G_w가 G_n보다 꽤 크다고 하면 G는 완전고용 수준 이전의 어느 시점에서 G_w와 교차하여 불황으로의 전환이 불가피하게 된다. 〈그림 4〉가 이것을 나타낸다.

④ 만약 G_w가 G_n보다 매우 크다고 하면, G가 이전의 곤란으로 인해서 회복기간 중에 G_w를 훨씬 초과하는 일은 결코 없을 것이다. 이 경우에 회복을 계속하는 것은 곤란하게 되어 완전고용 수준에 도달하기 훨씬 이전에 불황으로의 전환점이 발생한다. 〈그림 5〉는 이것을 나타낸다. 이것이 바로 앞에서 말한 만성적 불황의 경우이다.

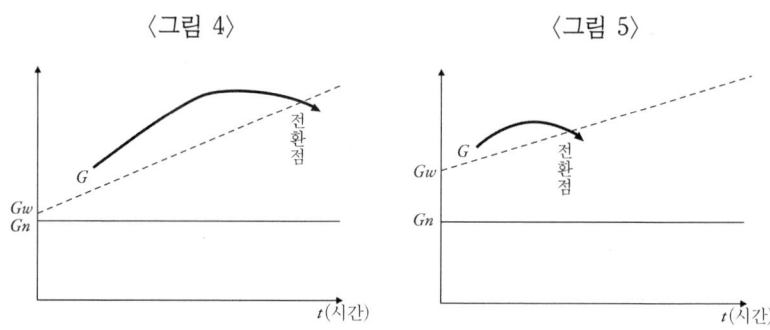

〈그림 4〉   〈그림 5〉

(3) 불황기에서는 자본재 스톡(혹은 자본스톡)의 과잉이 발생하여, 기업가는 생산을 감소시키는 결과, G는 더 작아지게 되어 G와 G_w의 괴리는 확대된다. 물론 G가 작아진다고 해도 그것이 제로로 될 때까지 산출은 상승한다. 그러나 그 이후에는 G가 마이너스가 되어 산출은 감소한다. 이 경우에 처음에는 마이너스 G, 플러스 저축률, 마이너스 자본계수가 된다. 이것은 저축과 투자가 플러스이면서 G가 마이너스인 불황기의 전기(前期) 국면을 나타낸다. 여기서 투자가 플러스이

면서도 자본계수가 마이너스로 되는 것은 산출의 변화(즉 증분)가 마이너스이기 때문이다. 자본계수는 투자와 산출의 변화(즉 증분)가 반대 방향일 때에는 마이너스가 되고 동일 방향일 때에는 플러스가 된다(앞에서 본 바와 같이 C_r이 항상 플러스인데 견주어 C는 마이너스일 수 있다).

그러나 경기가 더 악화하게 되면 마이너스 G, 마이너스 저축률,[18] 플러스 자본계수가 된다. 마침내는 저축도 투자도 마이너스가 되기 때문이다. 이것은 불황기의 후기 국면을 나타낸다. 그러나 마이너스 투자(disinvestment)는 투자를 I, 독립투자를 A, 유발투자를 I^i, 감가상각 즉 내구자본재[19]의 대체(또는 치환) 부분의 가치를 R로 할 때, $I = A + I^i$가 $I = A - R$로 될 때, 즉 $I^i = -R$로 될 때까지, 다시 말하면 I^i가 산출고의 변화(즉 증분)에 의존하지 않게 될 때까지 행해진다. 말하자면 마이너스 투자는 가속도계수가 영이 될 때까지, 즉 가속도원리가 작용하지 않게 될 때까지 행해지는 셈이다. 왜냐하면 현실적으로 내구자본재를 파괴하는 일은 일어나지 않는 관계로 마이너스 투자는 실제에서는 내구자본재의 대체부분의 가치를 초과할 수 없기 때문이다.[20] 일단 마이너스 투자가 $I = A - R$ 또는 $I^i = -R$로 될 때까지 행해지면, 그 뒤에는 이 마이너스 투자에 대응해서 산출 수준의 감소도 정지한다. 즉 마이너스 G의 하락이 정지한다.

한편 경기하강에 따르는 저축률의 하락은 G_w의 하락을 야기하며, 저축률의 마이너스로의 전환은 동시에 G_w를 마이너스로 만들며 또한

---

18) 해러드는 앞에서 본 바와 같이 $s - k$로 해서 저축률이 마이너스인 경우를 상정하고 있다.
19) 자본재는 내구자본재와 비내구자본재로 구분된다. 그런데 전자는 고정자본, 후자는 유동자본으로 불리기도 한다.
20) 따라서 C_r은 정상보다 작다.

그것의 저하를 야기한다. 이와 같이 G_w도 변화하는데, 이 마이너스 G_w의 하락은 마이너스 투자가 $I = A - R$ 또는 $I^i = -R$로 될 때까지 행해진 뒤에 역시 정지하게 된다.

그리하여 마이너스 G와 마이너스 G_w는 마이너스 투자가 $I = A - R$ 또는 $I^i = -R$로 될 때까지 행해진 뒤에 일치하게 되어 다음과 같은 일종의 불황 밑바닥에서의 균형(a sort of equilibrium of decline)이 성립하게 된다.

$$G = G_w = \frac{s-k}{C_r} \text{ 21)}$$

(4) 상방으로의 전환: 마이너스 G와 마이너스 G_w가 일치하는 일종의 불황 밑바닥에서 균형이 성립되어 어떤 산출이든 일정 수준으로 유지되면, 산출이 감소할 때에는 대체를 무시할 수 있었던 내구자본재에 대해서도 대체가 필요하게 되어 내구자본재의 주문이 발생한다. 해러드에 따르면 현실적으로는 불황의 밑바닥에 도달한 뒤 일정 시간이 지나서 집중적으로 이것이 행해진다고 한다. 그 결과 G의 값이 증대하여 $G > G_w$가 된다.22) 그리하여 상방으로의 전환이 이루어진다.23)

(5) 인구성장이 급속한 시기에는 일반적으로 $G_n > G_w$이다. 이 경우 장기를 취하면 G는 G_n에 제약되므로 $G > G_w$의 가능성이 많으며 호황

---

21) $G = G_w = \frac{s-k+a}{C_r}$로 하는 것이 *Towards a Dynamic Economics* 본문에 충실하다고 할 수 있다. 여기서 a는 불황에도 불구하고 여전히 확장을 하고 있는 산업에 필요한 자본의 산출 수준에 대한 비율이다.

22) 해러드는 C_r이 작아져서 $C > C_r$이 되어 $G > G_w$가 되는 것으로 보고 있다.

23) 해러드 자신은 전혀 그와 같이 명시한 바는 없으나, 그가 앞에서 이미 본 바와 같이 완전고용 수준에서 경기가 하방으로 전환하는 것으로 보고 있는 점과, 여기에서와 같이 마이너스 투자가 $I^i = -R$로 될 때까지 행해지면 경기가 상방으로 전환하는 것으로 보고 있는 점에서 미루어 보아 그의 이론은, 경제체계는 발산적이면서 제약순환을 하는 것으로 보는 이론이라고 할 수 있을 것이다.

이 비교적 장기간 계속된다. 반대로 인구성장이 완만한 시기에는 $G_n < G_w$로, 장기적으로는 $G < G_W$이며 불황이 장기화한다. 경기순환은 이와 같은 장기적 배경 아래 발생한다.

성장률에 의한 경기순환에 관한 이상의 설명에 대해서 해러드는 완전히 만족하고 있지는 않다. 그는 아직도 경기순환 연구의 다른 접근방법의 성과에 의해서 그의 이론이 보완되어야 하는 것으로 생각하고 있다.

4. 해러드 이론의 특징—결언을 대신하여—

이상에서 해러드 이론을 *An Essay in Dynamic Theory*(1939) 이전과 이후로 나누어서 고찰하였다. 이제 전체적인 그의 이론의 주요 특징을 들면 다음과 같다.

(1) 그의 이론은 동학이론의 일부분이다. 그는 순환을 동학현상으로 보고 있다.

(2) 그의 이론은 성장률이론이다. 그는 현실성장률, 적정성장률, 자연성장률을 이용하여 순환을 분석하고 있다.

(3) 그의 이론은 순환을 '시차'에 기인하는 것보다는 기본적인 요인에 기인하는 것으로 보는 이론이다(〈부표〉 참조).

그는 다른 거시적 동태론과 같이 '시차'에 의존하지 않고 '더 기본적인 요인'에 의존하여 순환을 밝히고 있다. 그는 '더 기본적인 요인'을 *The Trade Cycle*(1936)에서는 ① 의도된 투자가 실현되지 않는 것, 혹은 ② 자본의 축적과정, 혹은 ③ 저축자와 자본재를 주문하는 사람 간의 상이한 동기로 표현하고 있고, "Notes on Trade Cycle Theory"(1951)에서는 ④ 저축의 공급은 실질소득에 의존하는 데 비해서 저축의 수요는 그것의 증분에 의존한다고 하는 기본적인 동적 앤티노미로 표현하고 있다. 그의 이론이 앤티노미 이론이라고 불리는 것은 순환을 기본적인 동적 앤티노미에 기인하는 것으로 보는 데 그 까닭이 있다.

(4) 그의 이론은 '원활한 발전의 선'을 분석의 출발점으로 삼고 있는 이론이다. 그는 순환을 이 선을 중심으로 하는 진동으로 보고 있다.

(5) 그의 이론은 불완전한 이론이다. 그는 현실성을 부여하기 위해 의식적으로 완전모형을 피하고 있다.

〈부표〉 거시적 동태론(거시적 동학적 경기순환론) 유형

	해러드	새뮤얼슨	힉스	굿윈	칼레키
순환의 원인—시차		○	○	○	○
—앤티노미	○				
순환의 형태—단현(單弦)진동					○
—제약순환	○		○		
—수렴적 순환					○
투자결정이론—가속도원리	○	○	○	○	
—속도원리					○
투자의 기능					
—유효수요의 구성요소		○	○		
—수요창출효과·생산능력 확대효과	○				
순환과 성장을 파악하는 입장					
—합성으로 파악		○	○	○	○
—밀접·불가분한 것으로 파악	○				

(6) 그의 이론은 순환과 성장을 밀접·불가분한 것으로 보는 이론이다. 그는 순환과 성장을 합성으로 파악하는 다른 거시적 동태론과는 달리 양자를 밀접·불가분한 것으로 파악하고 있다. 즉 그는 성장을 초래하는 요인 그 자체가 필연적으로 순환을 발생시키는 것으로 보고 양자를 동시에 파악하고 있다.

참고문헌
The Trade Cycle(1936)
Towards a Dynamic Economics, 1948.
"Notes on Trade Cycle Theory," *The Economic Journal*, June 1951.
Economic Dynamics, 1973.
杉本榮一 編, 《恐慌, 經濟學新大系 Ⅱ》, 1953.
篠原三代平 其他 編, 《近代經濟學講座—基礎理論編 4》, 1968.

《효강 최문환박사 추도 논문집》(1977. 3)

콘드라티예프 장기파동에 관하여

1. 서 언

근년에 와서 콘드라티예프(N. D. Kondratieff)는 인기가 있다. 로스토 (W. W. Rostow)조차 그를 인용할 정도로, 또 MIT의 경영학교수인 포 레스터(J. Forrester)도 그를 들먹일 만큼 그에 대한 관심은 큰 편이다.

사실은 1920년대에 발표된 글[1])에서 밝혀진 그의 생각은 1930년대 중엽에 요약의 형태로 미국에서도 출판되어 전문가들 사이에서는 상 당히 활발하게 논의되었다. 그러나 제2차 세계대전 뒤의 대호황의 그 늘에 가려져 망각되었던 것이었다.

그러면 어찌해서 콘드라티예프가 근년에 와서 다시 인기를 얻게 되 었는가. 대체로 그것은 종래의 경제학이 1960년대 이후의 스태그플레 이션의 원인을 설명하지 못하는 것을 반영하는 것이라고 할 수 있다. 바꾸어 말하면 스태그플레이션의 원인을 구명하는 데 어떤 희망을 건

---

1) 독일어로 발표된 그의 1926년의 논문(N. D. Kondratieff, "Die Langen Wellen des Konjunktur," Archiv für *Sozialwissenshaft und Sozialpolitik*, Vol. 53, No. 3(1926)은 스톨퍼에 의해 1935년에 영역되었다(W. F. Stolper, "The Long Waves in Economic Life," *Review of Economic Statistics*, Nov. 1935).

것 가운데 하나가 콘드라티예프의 학설이라는 말이다.

그러나 그것이 과연 그런 구실을 할 수 있는 것인지 혹은 없는 것인지는 아직은 분명치 않다. 그러나 현재 콘드라티예프 파동의 하강기를 경험하고 있는 것 같은 예감이 들기 때문에 일단 여기서 이 파동을 다루어 보기로 한 것이다.

이하에서는 콘드라티예프 자신의 장기파동의 시기구분과 그 뒤의 주요 학자의 구분이 먼저 다루어지고, 다음에 이 파동의 주요인에 대한 학설 가운데 역시 주요한 것이 다루어질 것이다.

2. 장기파동의 시기구분

보통 경기순환에는 네 가지 종류가 있는 것으로 알려지고 있다(〈표 1〉 참조). 그 중에서 주기가 가장 긴 것은 콘드라티예프 장기파동이다. 이 파동은 소련의 콘드라티예프가 영국, 미국, 프랑스, 독일 등의 140년에 걸친 일반경제활동(생산량), 물가 등의 통계자료에서 찾아낸

〈표 1〉 경기순환의 종류

주 기	한 센	슘페터	헬 러
3년	소순환($3^1/_3$년)	키친 순환(3년)	40개월순환($3^1/_3$년)
9년	주순환(8년)	쥐글라순환($9^1/_2$년)	9년순환(9년)
50년	장기파동(48~56년)	콘드라티예프 파동(56년)	50년장기순환(50년)
20년	건축순환(16년)	−	−

주: 1. 주기는 평균치이며 이것을 기간으로 표시하면 각각 3~$3^1/_3$년, 8~10년, 50~56년, 18~20년이 된다. 물론 이들도 평균치이다.
2. ( ) 안의 수치는 주기를 표시한다.
3. 건축순환은 '쿠즈네츠순환'이라고 불리기도 한다.
4. 헬러는 40개월순환을 NBER순환 혹은 '미첼순환'이라고 부르기도 한다.
5. 주기를 3년, 9년, 20년으로 하는 순환은 재고순환, 설비순환, 건설순환이라고 부르기도 한다.
6. 주기를 3년, 9년, 50년으로 하는 순환은 단기순환, 중기순환, 장기순환이라고 부르기도 한다.

〈표 2〉 콘드라티예프 장기파동

나라 및 통계계열	제1 장기파동		제2 장기파동		제3 장기파동	
	상승 개시년	하강 개시년	상승 개시년	하강 개시년	상승 개시년	하강 개시년
〈프랑스〉						
1. 물가	−	−	−	1873	1896	1920
2. 이자율	−	1816*	1844	1872	1894	1921
3. 프랑스 은행의 유가증권	−	1810*	1851	1873	1902	1914
4. 저축은행예금	−	−	1844	1874	1892	−
5. 석탄광부임금	−	−	1849	1874	1895	−
6. 수입	−	−	1848	1880	1896	1914
7. 수출	−	−	1848	1872	1894	1914
8. 총무역	−	−	1848	1872	1896	1914
9. 석탄소비	−	−	1849	1873	1896	1914
10. 보리 식부 면적	−	−	1850	1875	1892	1915
〈영국〉						
1. 물가	1789	1814	1849	1873	1896	1920
2. 이자율	1790	1816	1849	1873	1896	1920
3. 농업노동자임금	1790	1812~7	1844	1875	1889	−
4. 섬유노동자임금	−	1810*	1850	1874	1890	−
5. 무역	−	1810*	1842	1873	1894	1914
6. 석탄생산	−	−	1850	1873	1893	1914
7. 선철생산	−	−	−	1871	1891	1914
8. 연 생산	−	−	−	1870	1892	1914
〈미국〉						
1. 물가	1790	1814	1849	1866	1896	1920
2. 선철생산	−	−	−	1875~80	1900	1920
3. 석탄생산	−	−	−	1893	1896	1918
4. 면(綿)경작 면적	−	−	−	1874~81	1892~5	1915
〈독일〉						
석탄생산	−	−	−	1873	1895	1915
〈전세계〉						
1. 선철생산	−	−	−	1872	1894	1914
2. 석탄생산	−	−	−	1873	1896	1914

* 비슷한 해(년)
자료: *Economic Impact*, 1979/2, p. 63.

50~56년을 주기로 하는 파동을 말하는데(〈표 2〉), 슘페터가 그 이름을 따라 콘드라티예프 파동이라 불렀다.

이 장기파동의 시기구분으로는 다음의 것들이 주된 것으로 들어질 것이다. 이 시기구분이 각자가 보는 장기파동의 주요인에 주로 의거하고 있음은 말할 나위도 없다.

1) 콘드라티예프의 구분

콘드라티예프에 따르면 일반경제활동에서는 1780~1920년 사이에 3개의 장기파동을 찾아볼 수 있고, 도매물가에서는 1789~1920년 사이에 3개의 장기파동을 찾아볼 수 있다고 한다(〈표 3〉, 〈그림 1〉 참조). 물론 제3 장기파동은 상승기만 명시하고 있지만, 그러나 보통 콘드라티예프 파동이라고 할 때에는 도매물가에서 찾아진 것을 말한다.

따라서 그의 장기파동은 다음과 같다고 할 수 있다.

① 1789년에서 1849년까지의 제1 장기파동

② 1849년에서 1896년까지의 제2 장기파동

③ 1896년 이후의 제3 장기파동

각 파동의 상승기와 하강기는 각각 다음과 같다.

제1 장기파동

상승기　　　1789~1814

하강기　　　1814~1849

제2 장기파동

상승기　　　1849~1873

하강기　　　1873~1896

제3 장기파동

상승기　　　1896~1920

〈표 3〉 콘드라티예프의 시기구분

(1) 일반경제활동

		최저점	최고점	최저점
제1 장기파동	상승기	1780~1790	1810~1817	
	하강기		1810~1817	1844~1851
	전(全)순환	1780~1790		1844~1851
제2 장기파동	상승기	1844~1851	1870~1875	
	하강기		1870~1875	1890~1896
	전순환	1844~1851		1890~1896
제3 장기파동	상승기	1890~1896	1914~1920	
	하강기		1914~1920	?
	전순환	1890~1896		?

(2) 도매물가

		최저점	최고점	최저점
제1 장기파동	상승기	1789	1814	
	하강기		1814	1849
	전순환	1789		1849
제2 장기파동	상승기	1849	1873	
	하강기		1873	1896
	전순환	1849		1896
제3 장기파동	상승기	1896	1920	
	하강기		1920	?
	전순환	1896		?

참조: H. Y. Byun ed., *Readings in Business Cycles*(1968), pp. 57~58.

그리고 콘드라티예프는 이와 같은 장기파동에서 다음과 같은 사실을 찾아내고 있다.

(1) 장기파동의 상승(확장)기에서는 번영(호황)의 기간이 더 긴 데 비해서 하강(수축)기에서는 침체(불황)의 기간이 더 길다.

(2) 장기파동의 하강기에서 농업은 일반적으로 특별히 두드러지고

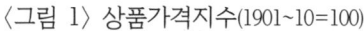

〈그림 1〉 상품가격지수(1901~10=100)

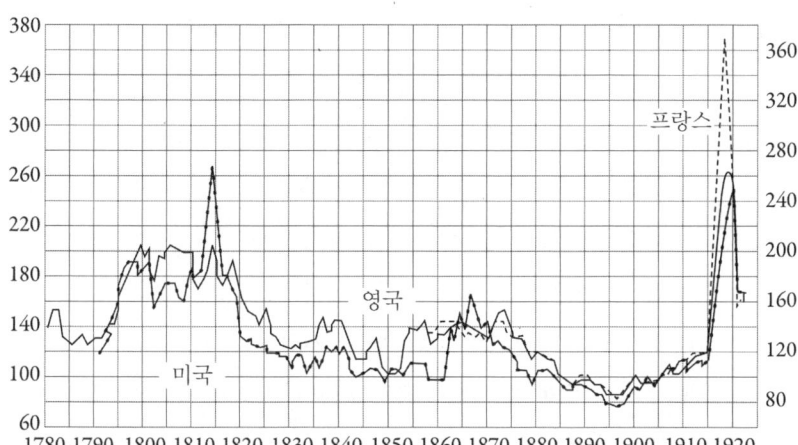

자료: *Economic Impact*, 1979/2, p. 61.

긴 침체(불황)에 빠진다. 이것은 나폴레옹 전쟁 뒤 1870년대와 제1차
세계대전 뒤의 수년간에 일어난 일에 의해서 실증된다.

　(3) 장기파동의 하강기에서 특별히 많은 수의 중요한 발견과 발명
이 생산기술과 교통부문에서 이루어진다. 그리고 그 발견과 발명은 보
통 다음의 상승기 초기에 대규모로 응용된다.

　(4) 장기파동의 상승기 초기에 일반적으로 금생산은 증가하며(상품
을 위한), 세계시장은 일반적으로 신생국 특히 식민지의 등장에 의해서
확장된다.

　(5) 장기파동의 상승기, 즉 경제가 급격하게 확장하는 시기에 일반
적으로 가장 참혹한, 그리고 대규모의 전쟁과 혁명이 발생한다.

　2) 슘페터와 한센의 구분

　슘페터(J. A. Schumpeter)와 한센(A. Hansen)은 각각 콘드라티예프의
구분과는 달리 그들 자신의 구분을 행하고 있다. 이것이 바로 〈표 4〉

와 〈표 5〉이다. 그러나 〈표 4〉에서 주의할 것은 슘페터 자신의 구분은
〈표 4〉의 (1)에 적혀 있다는 사실이다. 그는 한 순환의 주기를 한 최
저점(혹은 최고점)에서 그 다음의 최저점(혹은 최고점)까지로 보는 보통
견해와는 달리 한 균형위치에서 그 다음 균형위치까지로 보고 있다.
　그의 장기파동은 다음과 같다고 할 수 있다.
　① 1786년에서 1842년까지의 제1 장기파동
　② 1843년에서 1898년까지의 제2 장기파동
　③ 1898년에서 1953년까지의 제3 장기파동
　각 파동의 상승기와 하강기는 각각 다음과 같다.
　　　제1 장기파동
　상승기　　　1786~1814
　하강기　　　1814~1842
　　　제2 장기파동
　상승기　　　1842~1870
　하강기　　　1870~1898
　　　제3 장기파동
　상승기　　　1898~1925
　하강기　　　1925~1953
　다른 사람들의 구분과 비교를 위해서 참고삼아 든 것이 〈표 4〉의
(2)이다. 이 표에 의하면 1953년은 1939년에 해당함을 알 수 있다.
　그리고 이 표와 〈표 3〉의 (2)의 비교에서 슘페터의 균형위치는 콘
드라티예프의 최저점과 매우 비슷하며, 또 〈표 4〉의 (1)과 (2)에서 슘
페터의 최저점과 최고점이 그의 균형위치보다 약 14년 앞서고 있다.
따라서 슘페터의 최저점과 최고점은 콘드라티예프의 최저점과 최고점
보다 평균 약 14년을 앞서고 있다고 할 수 있다.

〈표 4〉 슘페터의 시기구분

(1)

		균형위치		균형위치
제1 장기파동	상승기	1786	1814	
	하강기		1814	1842
	전(全)순환	1786		1842
제2 장기파동	상승기	1842	1870	
	하강기		1870	1898
	전순환	1842		1898
제3 장기파동	상승기	1898	1925	
	하강기		1925	1953(?)
	전순환	1898		1953(?)

(2)

		최저점	최고점	최저점
제1 장기파동	상승기	?	1800	
	하강기		1800	1828
	전순환	?		1828
제2 장기파동	상승기	1828	1856	
	하강기		1856	1884
	전순환	1828		1884
제3 장기파동	상승기	1884	1911	
	하강기		1911	1939(?)
	전순환	1884		1939(?)

자료: H. Y. Byun, ed., *Readings in Business Cycles*(1968), p. 63.

이 밖에 슘페터는 키친순환, 쥐글라순환, 콘드라티예프 장기파동의 호황의 국면이 일치하거나, 그 불황의 국면이 일치하는 경우에는 그 호황과 불황의 기간과 정도가 길거나(호황의 경우) 짧으며(불황의 경우) 심하다는 사실을 밝히고 있다.

한편 한센의 장기파동은 다음과 같다.

① 1787년에서 1843년까지의 제1 장기파동

② 1843년에서 1895년까지의 제2 장기파동

③ 1985년 이후의 제3 장기파동

각 파동의 상승기와 하강기는 각각 다음과 같다.

제1 장기파동

상승기　　　1787~1815

하강기　　　1815~1843

제2 장기파동

상승기　　　1843~1873

하강기　　　1873~1895

제3 장기파동

상승기　　　1895~1920

하강기　　　1920~?

〈표 5〉 한센의 시기구분

		최저점	최고점	최저점
제1 장기파동	상승기	1787	1815	
	하강기		1815	1843
	전순환	1787		1843
제2 장기파동	상승기	1843	1873	
	하강기		1873	1895
	전순환	1843		1895
제3 장기파동	상승기	1895	1920	
	하강기		1920	?
	전순환	1897		?

자료: H. Y. Byun, ed., *Readings in Business Cycles*(1968), p. 13.

3) 로스토의 구분

제3 장기파동의 종료시기(혹은 제4 장기파동의 개시시기)를 언제로 보

는가에 대한 의견은 여러 가지로 갈린다. 콘드라티예프가 살아있었더
라면 그 나름대로 제시했겠지만 이미 1920년대에 자취를 감추었기 때
문에 그것은 바랄 수 없는 일이었다. 물론 앞에서 본 것처럼 슘페터는
1953년(혹은 1939년)을 종료시기를 보고 있다. 그러나 《이코노미스트》
지(1976. 1. 6)는 1940년대 중엽을 종료시기로 보는가 하면, 어떤 사람
들은 1950년대 초를 종료시기로 보기도 한다. 또 그런가 하면 로스토
가 말하는 것처럼 영어를 사용하는 세계에서 제2차 세계대전 뒤에 최
초로 콘드라티예프 장기파동을 부활시킨 사람들인 슈만(J. B. Schuman)
과 로즈노우(D. Rosenau)는 1930년대를 종료시기로 보고 있다.

한편 제4 장기파동의 상승기는 대체로 1970년대 초 또는 1972년 무
렵에 종료한 것으로 보는 것이 오늘날 통설인 것 같다. 슈만과 로즈노
우도 그렇게 보고 있다. 또 〈그림 2〉도 비록 미국의 물가에 관한 것이
기는 하지만 그것을 뒷받침해주고 있다고 할 수 있다.

그러나 제3 장기파동의 종료시기를 1930년대인 1933년으로 보고 있

〈그림 2〉 콘드라티예프 장기파동

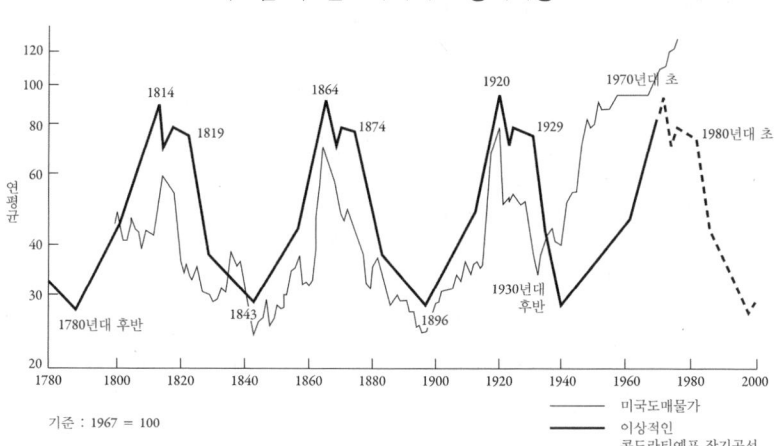

기준 : 1967 = 100

자료: W. W. Rostow, *Why the Poor Get Richer and the Rich Slow Down*(1980), p. 53.

으면서도, 그 이후에 대해 오늘날 통설이 되다시피 한 견해와 달리하는 사람이 있다. 로스토가 바로 그 사람이다. 그는 1933년부터 시작된 제4 장기파동은 1951년을 최고점으로 하여 1972년에는 종료하고, 제5 장기파동이 1972년부터 개시된 것으로 보고 있다.

  그의 구분은 다음과 같다(〈표 6〉 참조).

  ① 1790년에서 1848년까지의 제1 장기파동

  ② 1848년에서 1896년까지의 제2 장기파동

  ③ 1896년에서 1933년까지의 제3 장기파동

  ④ 1933년에서 1972년까지의 제4 장기파동

  ⑤ 1972년 이후의 제5 장기파동

각 파동의 상승기와 하강기는 각각 다음과 같다.

        제1 장기파동

  상승기   1790~1815

  하강기   1815~1848

        제2 장기파동

  상승기   1848~1873

  하강기   1873~1896

        제3 장기파동

  상승기   1896~1920

  하강기   1920~1933

        제4 장기파동

  상승기   1933~1951

  하강기   1951~1972

        제5 장기파동

  상승기   1972~(?)

〈표 6〉 로스토의 시기구분

		최저점	최고점	최저점
제1 장기파동	상승기	1790	1815	
	하강기		1840	
	전순환	1790		1848
제2 장기파동	상승기	1848	1873	
	하강기		1873	1896
	전순환	1848		1896
제3 장기파동	상승기	1896	1920	
	하강기		1920	1933
	전순환	1896		1933
제4 장기파동	상승기	1933	1951	
	하강기		1951	1972
	전순환	1933		1972
제5 장기파동	상승기	1972	(?)	
	하강기			
	전순환	1972		(?)

자료: W. W. Rostow, *Why the Poor Get Richer and the Rich Slow Down*(1980), pp. 28~30.

3. 장기파동의 원인

장기파동의 원인에 관한 학설에는 보통 기술혁신설, 전쟁설, 금생산설의 세 가지가 받아들여지고 있다. 〈표 7〉에서 알 수 있는 바와 같이 기술혁신설은 장기파동의 주원인을 기술진보·기술혁신 등에서 찾는 학설을 말하며, 이 설의 대표적 주장자로서는 슘페터와 한센을 들 수 있다. 전쟁설은 장기파동의 주원인을 전쟁 등에서 찾는 학설을 말하며, 이 설의 대표적인 주장자로서는 원트럽(Ciriacy-Wantrup) 등을 들 수 있다. 금생산설은 장기파동의 주원인을 금생산의 변동 등에서 찾는 학설을 말하며, 이 설의 대표적인 주장자는 카셀(G. Cassel) 등을 들 수 있다.

〈표 7〉 장기파동의 주원인에 관한 학설

학설	주원인	대표적인 주장자
기술혁신설	기술진보, 기술혁신, 신자원의 개발, 신영토의 개척 등	슘페터, 한센 등
전쟁설	전쟁 등	윈트럽, 콘트라티예프 등
금생산설	금생산의 변동	카셀, 월렌, 피어슨 등

1) 기술혁신설

슘페터는 그의 제1 장기파동의 주원인은 산업혁명, 제2 장기파동의 주원인은 철도건설의 융성·철도수송의 발달, 제3 장기파동의 주원인은 자동차·전력·화학공업의 발달에 있는 것으로 보고 있다. 말하자면 그에 따르면 제1 장기파동의 기간은 산업혁명의 시대로, 제2 장기파동의 기간은 증기와 철의 시대 혹은 철강과 철도의 시대로, 제3 장기파동의 기간은 자동차, 전력, 화학공업의 시대로 각각 특징지을 수 있다고 한다.

한편 한센도 장기파동의 주원인은 기술진보와 기술혁신에서 찾아야 한다고 강조하고 있다. 그에 따르면 금이나 화폐요인은 부차적인 역할을 한 데 불과하며, 또 정부의 재정정책(지금까지 주로 전쟁수행에 관계됨)도 때때로 다소의 역할을 했을 뿐이라고 한다. 사실 그는 제1 장기파동의 주원인을 산업혁명, 제2 장기파동의 주원인을 세계의 철도화, 제3 장기파동의 주원인을 유럽 국가들의 전기·전화·자동차의 발달에서 각각 찾고 있다.[2]

---

2) 제4 장기파동기는 항공기, 전자제품, 우주산업, 석유, 원자력에너지, 컴퓨터의 시대로 특징지을 수 있다.

2) 전쟁설

원트럽은 장기파동의 상승기의 주원인은 전쟁준비 및 전쟁 자체와 관련된 막대한 정부지출에 있고, 그 하강기의 주원인은 전쟁지출의 급속한 삭감에 있는 것으로 보고 있다.

사실 제1 장기파동기에는 나폴레옹 전쟁이, 제2 장기파동기에는 크리미아 전쟁, 미국의 남북 전쟁, 비스마르크의 세 전쟁(덴마크-프러시아 전쟁, 오스트리아-프러시아 전쟁, 보불 전쟁)이, 제3 장기파동기에는 제1차 세계대전이 있다.[3]

그런데 콘드라티예프도 이 학설을 채택하고 있다. 그런가 하면 제2차 세계대전 뒤에는 슈만과 로즈노우도 이 학설을 채택하고 있다.

그들은 미국의 도매물가 등에 관한 자료 분석을 통해서 장기파동이 전쟁과 밀접한 관계에 있음을 밝히고 있다. 그들에 따르면 제1의 물가의 피크기 직후인 1812년에 나폴레옹과의 전쟁이, 그 최저기 직후인 1843년에 멕시코 전쟁이 일어났고(제1 장기파동기), 제2의 물가 피크기 직후인 1851년에 남북 전쟁이, 그 최저기 직후인 1897년에 미-스페인 전쟁이 일어났고(제2 장기파동기), 제3의 물가 피크기 직후인 1914년에 제1차 세계대전이, 그 최저기 직후인 1950년에 한국동란이 일어났고(제3 장기파동기), 제4의 물가 상승기에 속하는 1965년에 베트남 전쟁이 일어났다(제4 장기파동기)고 한다. 단, 제2차 세계대전만은 그 예외로 보고 있다. 그것은 1950년 무렵에 일어났어야 하는데 약 10년 앞당겨졌다고 보고 있다. 이것은 1950년 무렵까지 보여야 했을 물가하락세가 제2차 세계대전 전에 시작된 군비지출에 의해서 10년 정도 일찍 역

---

3) 만약 제3 장기파동이 1940년대 중엽에 종료한 것으로 본다면 이 기간에 제2차 세계대전을 포함시킬 수 있으며, 또 만약 1953년에 종료한 것으로 본다면 이 기간에 제2차 세계대전과 한국동란을 포함시킬 수 있음은 말할 나위도 없다.

전된 데 기인한다고 한다.

그들에 따르면 제2차 세계대전만을 예외로 하고 이처럼 물가상승이 정점에 이른 직후에 전쟁이 일어났고, 또 물가하락이 최저점에 이른 직후에도 전쟁이 일어났는데, 물가의 변동과 이자율의 변동 사이에는 물가가 상승할 때에는 이자율도 상승하고 물가가 하락할 때에는 이자율도 하락한다고 하는 병행관계가 인정된다고 한다. 따라서 물가의 변동과 전쟁의 관계는 그대로 이자율과 전쟁 사이에 적용된다고 할 수 있다.

3) 금생산설

카셀은 금의 공급량은 금 생산량과 상거래량에 의해서 결정되는데 그것은 물가를 변동시키므로 따라서 장기적인 경제의 변동을 일으킨다고 보고 있다.

그는 제2 장기파동과 제3 장기파동의 전반기에 해당하는 1850년부터 1913년까지를 관찰하여 금의 유효공급이 1850년부터 1870년대 초까지는 증가하고, 1870년대 초부터 1890년대의 중엽까지는 감소하고, 다시 1913년까지 증가했다는 사실과 이 금의 운동이 일반 상품가격의 운동과 병행관계를 갖고 있다는 사실을 발견했다.

그러나 이 학설은 1850년에서 1913년까지의 기간을 상정하고 있다는 점에 유의할 필요가 있다. 따라서 이런 한계를 인정하여 최근에 와서는 금을 통화량(money supply)으로 대체시켜서 생각하는 사람들도 있다.[4]

그러나 이상의 세 가지 학설 외에 최근에는 식량 과부족설 또는 식

---

4) 예를 들면 일본의 篠原三代平과 같다.

량·원재료 과부족설이 등장하고 있다. 이것은 로스토의 학설이다.

4) 식량 과부족설

로스토는 1978년의 책에서는 "식량 및 원재료의 상대적 과부족이 세계경제에 미친 영향과 기술변화의 흐름을 종합한 형태로 설명해야 한다"(일역서 p. 28)고 하고 있고, 1980년의 책에서는 "선도 성장부문 계열의 식량 및 원재료의 수급에서의 변화, 인구·가족구성·주택건설·노동력 간의 관계들을 포괄하는 틀(framework)로 설명하기로 했다"(동, p. 28)고 하고 있다.

그러나 이들 책에서의 시기구분에는 차이가 없고 다만 맨 마지막 시기인 1972년 이후를, 1978년 책의 경우에는 1972~1977년으로 하고 있는데 대해서 1980년 책의 경우에는 1972~1979년으로 하고 있는 것이 다를 뿐임을 감안할 때, 역시 그의 설명은 "식량 및 원재료와 공업제품의 상대가격에 초점을 맞추고 있다"(일역서, p. 25)고 할 수 있을 것 같다.

그에 따르면 앞에서 본 그의 장기파동의 상승기는 식량 및 원재료가 상대적으로 부족한 시기이고, 식량 및 원재료 가격이 상대적으로 높은 시기이며, 그 하강기는 식량 및 원재료가 상대적으로 과잉한 시기이고, 식량 및 원재료 가격이 상대적으로 낮은 시기라고 할 수 있다고 한다.[5]

---

5) 또 질서설을 주장하는 사람도 일부 있는 것 같다. 이것은 세계질서체제의 확립을 주원인으로 보는 학설이라고 할 수 있다. 이 설에 따르면 제1, 제2 및 제3의 장기파동은 봉건국가의 붕괴에 의한 근대시민국가의 성립, Pax Britanica에 의한 자유무역체제의 확립과 관련을 갖고 있고, 제4 장기파동은 Pax Americana에 의한 IMF·GATT 체제의 확립과 관련을 갖고 있는 것으로 보는 것 같다.

4. 결 언

앞에서 언급된 바에서 로스토의 경우를 제외한다면, 현재 세계 각국은 네 번째 콘드라티예프 장기파동의 하강기에 있음을 알 수 있을 것이다. 그런데 콘드라티예프에 따르면, 장기파동의 상승기에서는 번영(호황)의 기간이 더 긴 데 견주어 그 하강기에서는 침체(불황)의 기간이 더 길고, 또 슘페터에 따르면 키친순환, 쥐글라순환, 콘드라티예프 파동의 호황의 국면이 일치하거나 그 불황의 국면이 일치하는 경우에는 그 호황과 불황의 기간과 정도가 길거나(호황의 경우) 짧으며(불황의 경우) 심하다고 한다.

만약 콘드라티예프 장기파동이 현재의 우리에게 시사하는 바가 있다고 하면 그것은 바로 이 점이 아닐까 생각된다. 그리고 비록 로스토의 말처럼 그가 장기파동의 적절한 이론을 제시하지 못했다고 하더라도 이 점이야말로 콘드라티예프의 주장으로 하여금 우리의 관심을 끌도록 만든 것이라고 볼 수 있다.

그리고 앞에서 장기파동의 주원인에 관한 학설이 다루어졌다. 그러나 아직까지는 그 중에서 가장 납득이 가는 것으로 받아들여지고 있다고 할 수 있는 것은 기술혁신설이라고 보는 것이 상례인 것 같다. 그렇다고 하더라도 기술진보·기술혁신만으로는 설명이 충분히 안 되는 데에 문제가 있는 것이다. 따라서 이와 관련해서는 한센의 주장이 주목할 만한 것이라고 할 수 있다. 그는 앞에서 본 바와 같이 장기파동의 주원인은 기술진보·기술혁신에 있다고 보면서도 금이나 화폐요인이 부차적인 역할을 한 점이나, 전쟁을 위한 지출이 때때로 역할을 한 점을 결코 간과하고 있지 않을 뿐 아니라 이들의 상호보강성을 소홀히 하지 않고 있다. 따라서 장기파동의 시기구분, 나아가서 각 장기파동의 상승기나 하강기의 구분을 행할 때에는 이런 입장을 취하는 것이 중요하다고 할 수 있을 것이다.

참고문헌

Byun, H. Y., ed., *Readings in Business Cycles*(1968).

Economic Impact, 1979/2(No. 26), pp. 60~64.

Rostow, W. W., *Getting from Here to There*(1978), Chapter Two(坂本二郎·足立文彦 譯, 《21世紀の出發》 第2章).

_____, *Why the Poor Get Richer and the Rich Slow Down*(1980), Chapter One.

Schuman, J. B. and D. Rosenau, *The Kondratieff Wave*(1972)(桑原一史 譯, 《景氣の波》).

《안당 신태환박사 고희 기념논문집》(1982. 12)

New Inflation

서

Thorp와 Quandt는 뉴 인플레이션을 비용인플레이션의 뜻으로 해석하고 있다.[1] 그러나 여기서는 뉴 인플레이션을 그와 같이 협의로 해석하지 않고 2차 대전 뒤에 새로이 등장한 인플레이션의 뜻으로 해석한다. 결국 여기서 뉴 인플레이션은 현재의 베트남, 인도네시아 등이 겪고 있거나 혹은 1차 대전 직후의 독일, 2차 대전 직후의 일본, 6·25 뒤의 우리나라 등이 겪은 일이 있는 하이퍼 인플레이션(hyperinflation) 또는 갤로핑 인플레이션(galloping inflation)이 아니고 주로 선진국이 겪고 있는 크리핑 인플레이션(creeping inflation)을 의미하는 셈이다.[2]

물론 이 뉴 인플레이션의 기본적 유발요인이 무엇인가에 대한 견해에는 여러 가지가 있다. 그러나 재화, 생산요소 및 자산시장의 수요 측

---

1) W. Thorp and R. Quandt, *The New Inflation*, 1959.
2) 갤로핑 인플레이션과 크리핑 인플레이션 외에 트로핑 인플레이션(troffing inflation)이 있다. 이것은 양자의 중간 것에 해당한다(M. Bronfenbrenner and F. D. Holzman, "A Survey of Inflation Theory," in *Surveys of Economic Theory*, Vol. L, 1966, p. 47).

에서 유발하는 것으로 보는 디맨드풀설(demand-pull theory), 공급 측에서 유발하는 것으로 보는 코스트푸시설(cost-push theory), 양 설의 결합의 하나인 구조론자설(structuralist theory)의 세 가지[3]를 지배적인 설로 보아도 큰 잘못은 아닐 것이다.

수요인플레이션(demand inflation)

디맨드풀설의 인플레이션이다. 디맨드풀설은 과수요를 인플레이션의 기본적 유발요인으로 본다.

그런데 이 설에는 두 가지 조류가 있다. 하나는 화폐수량설이고 다른 하나는 지출설이다. 화폐수량설은 케인스 이전의 대부분의 학자들이 주장한 수세기의 전통을 가진 것으로서 스톡(stock)인 화폐수량의 증대가 비화폐적 자산에 대한 초과수요로 나타나서 가격을 상승시킨다는 설이고, 지출설은 케인스의 '전비조달론' 이후에 주장된 것으로서 플로(flow)인 국민지출의 수준을 가격수준의 주 결정요인으로서 강조하며 국민지출의 증대가 완전고용이 달성된 후에 인플레 갭을 발생시켰다는 설이다.[4]

2차 대전 뒤에 인플레이션 이론은 신속히 발전되었다. 그러나 프리

---

3) 이 외에 주목할 만한 설로서 경제성장에 수반해서 일어나는 부문 간의 생산성 상승률의 격차를 인플레이션의 기본적 유발요인으로 보는 생산성격차설이 있다. Morgan도 생산성격차에 의해서 인플레이션이 유발될 수 있다는 것을 말하고 있지만(E. V. Morgan, "Is Inflation Inevitable?," *The Economic Journal*, March 1966, p. 10), 특히 이 설을 강조하는 것은 일본인들이다(エコノミスト, 1962. 5. 1, pp. 6~28). 그러나 이 설도 구조적인 면을 중시한다는 점 등에서 구조론자설의 일종으로 볼 수 있을 것 같다.

4) 이것은 진정 혹은 풀 인플레이션(true or full inflation)이라고 불린다. 이 밖에 A. P. Lerner의 semi-inflation이 있다(M. Bronfenbrenner and F. D. Holzman, *op. cit.*, p. 48).

드먼의 시도를 제외하고서는(하이퍼 인플레이션 이외의)[5] 인플레이션에 관한 화폐수량설의 새로운 이론적 발전은 거의 없었다. 주로 발전한 것은 케인지언들의 지출설이다.

가장 단순한 지출설은 〈그림 1〉에 의해서 표시된다. 이 그림에서 $C+I+G$는 총지출곡선 혹은 총수요곡선이며

〈그림 1〉

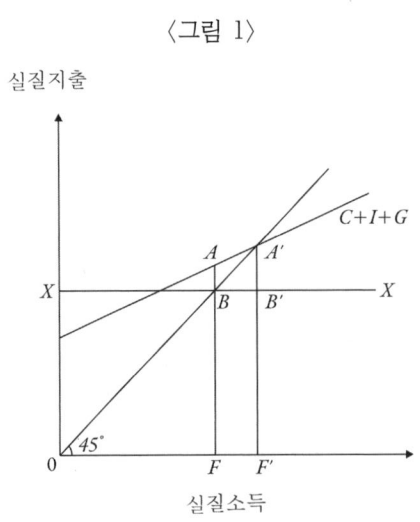

OX는 초기가격으로 표시한 총완전고용능력이며 OF는 초기가격으로 표시한 완전고용소득이다(여기서 C는 민간소비지출, I는 투자지출, G는 정부지출이다). OF에서 총지출이 총공급능력 OX를 초과하면 그 차이 AB는 인플레 갭 혹은 확장갭이 될 것이다. 그리고 갭 $A'B'$는 AB에 승수 $\frac{1}{1-C}$을 곱한 것이 된다. 단 C는 국내재화에 대한 한계지출성향

---

5) 그는 수량화할 수 있는 '가격변화의 기대율'을 유통속도의 주 결정요인으로 도입하고 있다(M. Friedman, "The Quantity Theory of Money: A Restatement," in M. Friedman, ed., *Studies in the Quantity Theory of Money*, 1956).

이다. 인플레이션의 정도는 $\frac{AB}{OF}$ 및 $\frac{A'B'}{O'F}$ 와 정비례하는 것으로 가정된다. G의 감소를 통한 AB의 삭감, 조세의 증가, 혹은 화폐공급량의 감소는 인플레 압력을 제거한다. 총지출곡선과 총완전고용능력선의 교점(B)은 완전균형점이라고 불린다. 왜냐하면 가격수준은 완전고용에서 안정적이기 때문이다.

2차 대전 후에 이와 같은 단순한 지출설은 먼저 정차방정식6)의 사용에 따라 동학화되었다. 이 방향을 대표하는 사람은 Duesenberry, Holzman 등이다.7)

다음에 그것은 Hansen에 의해서 발전되었다.8) 케인지언의 이론은 대체로 재화시장에서의 초과수요만을 고려했다. 그러나 Hansen은 이에서 더 나가서 생산용역(요소)시장도 고려했다. 그의 설은 비록 화폐요인을 포함하고 있지는 않지만 억압인플레이션(supressed inflation), 구조실업 등의 경우에 적용 가능하다. 그에 따르면 재화에 대한 초과수요 혹은 재화갭은 주로 노동과 관련되는 생산요소갭과 분리해서 측정되어야 한다. 풀 인플레이션9)의 경우에는 각각 플러스의 초과수요를 포함하는 재화갭과 생산요소갭이 틀림없이 존재한다. 예컨대 플러스의 재화갭이 마이너스의 생산요소갭과 결합된다면 이것은 인플레이션보다도 생산용역의 과도한 가격형성을 의미하는 불균형의 결과이다.

Ackley10)에 따르면 수요인플레이션은(집단적 기술혁신, 신영토의 개척

---

6) 시차(time lag)를 갖는 방정식을 말한다. 가장 간단한 예를 들면 $C_t = aY_{t-1}$이다. 여기서 C_t는 t기의 민간소비지출, Y_{t-1}은 $t-1$기의 국민소득, a는 한계소비성향이다.

7) J. Duesenberry, "Mechanics of Inflation," *Review of Economics and Statistics*, May 1950; F. D. Holzman, "Income Determination in Open Inflation," *Review of Economics and Statistics*, May 1950.

8) B. Hansen, *A Study in the Theory of Inflation*, 1951.

9) 주 4를 참조하라.

등에서 발생하는) 강한 투자붐 기간에 발생하기 쉽지만 이의 주요한 경우는 정부지출, 특히 전쟁 혹은 전쟁준비와 관련되어 발생하며 또 신속한 경제개발을 추구하는 저개발지역에서는 사회간접자본에 대한 정부의 과다투자계획에 의해서도 발생된다고 한다.

비용인플레이션[11](cost inflation)

코스트푸시설의 인플레이션이다. 코스트푸시설은 비용의 상승을 인플레이션의 기본적 유발요인으로 본다.

이 설은 케인스의 《화폐론》에서 주창되었다. 그러나 그것은 《전비조달론》과 《일반이론》에 계승되지 않았다. 이 설이 재기(再起)한 것은 1950년대의 일이며 이것은 Thorp와 Quandt의 저서에서 입증된다.

Morgan[12]에 따르면 비용을 상승시키는 최초의 요인은 (ㄱ) 노조에 의한 임금인상 요구[13] (ㄴ) 수입가격비용 상승[14] (ㄷ) 고용주에 의한 자본의 목표수익력, 즉 이윤 인상의 세 가지 가운데 어느 하나라고 한다. 따라서 여기서 말하는 비용인플레이션은 (ㄱ)을 시동인(始動因)으로 하는 임금인플레이션(wage inflation)보다는 광의의 것이다[15]. 그러나 국민소득의 자기분배율을 유지 또는 증가시키는 시도에서 가격과 비용을 인상하는 모든 판매자(조직적 및 비조직적 노동, 반수요독점적 경영자, 과점적판매자)의 협동적 행동을 시동인으로 하는 Lerner의 판매자

---

10) G. Ackley, *Macroeconomic Theory*, 1961, p. 426.
11) Bronfenbrenner와 Holzman은 이것을 공급인플레이션(supply inflation)이라고 부르고 있기도 하다(M. Bronfenbrenner and F. D. Holzman, *op. cit.*, p. 64).
12) E. V. Morgan, *op. cit.*, p. 8.
13) 비용인플레이션을 참조하라.
14) 봉쇄경제의 경우에는 제외된다.
15) 보통 비용인플레이션이라고 할 때에는 임금인플레이션을 말하는 경우가 많다.

인플레이션(sellers inflation)16)보다는 협의의 것이다.

그리고 임금 및 이윤의 푸시가 일어날 수 있는 조건은 Bronfenbrenner 와 Holzman에 따르면 '(ㄱ) 시장은 비경쟁적이어야 한다 (ㄴ) 노동에 대한 수요는 완전히 탄력적이어서는 안 된다 (ㄷ) 노동자와 경영자는 불변하는 수요에도 그의 공급함수를 위로 이동시킬 수 있어야 하며 또 이동시키려고 하여야 한다'의 세 가지라고 한다.17) 따라서 임금과 이윤의 푸시는 노동과 생산물시장의 수요와 공급의 두 조건을 다 고려하여야 한다.

① 노동에 대한 수요

노동에 대한 수요가 비탄력적일수록 더 많은 임금이 인상될 수 있는데 Marshall에 따르면 노동에 대한 수요는 (ㄱ) 노동과 협동적 요소 (co-operating factor) 간의 대체의 탄력성이 작을수록 (ㄴ) 최종생산물에 대한 수요가 비탄력적일수록 (ㄷ) 총비용에 대한 임금의 비율이 작을수록 (ㄹ) 협동적 요소의 공급이 비탄력적일수록 더욱더 비탄력적이다.

이론적으로 볼 때 수요의 현실적인 증가 없이도 임금인상을 획득할 수 있는 기회는 과점적인 시장구조에서 움직이고 있는 기업이 훨씬 크다. 그리고 임금푸시가 있다면 그러한 산업에서 가장 크게 나타난다. 왜냐하면 과점자가 직면하는 생산물 수요곡선은 경쟁적 시장에 비하면 덜 탄력적이며 또 가격의 인상에서도 과점자는 큰 자본의 필요 (강철), 기술적 지식(판유리), 마케팅상의 유리한 위치(자동차, 연초) 등

16) *American Economic Review*, May 1969, p. 177; P. A. Samuelson, *Economics*(6th ed.), pp. 343~344 및 pp. 788~789; A. P. Lerner, *Essays on Economic Analysis*, 1953.
17) M. Bronfenbrenner and F. D. Holzman, *op. cit.*, p. 65.

에 의해서 새로운 경쟁으로부터 보호되기 때문이다.

일부의 과점적 산업에서 이윤마진은 노조로 하여금 큰 임금인상을 추구하게 함으로써 인플레이션을 촉진할 것이다(이러한 관련성에 대한 통계는 미국에서만 뚜렷하게 나타나지만 영국에서는 반드시 그렇지는 않다). 그러나 인상된 임금이 이윤으로부터 나올 수도 있으므로 이와 같은 임금인상이 반드시 가격을 상승시키는 것이라고는 볼 수 없다. 또 이들을 반드시 푸시로만 분류할 수도 없다. 왜냐하면 (ㄱ) 큰 이윤은 전기(前期)에서 수요 증가의 결과일 수도 있는데 그렇다면 그 경우의 임금인상은 시차를 가진 디맨드풀에 기인하는 것으로 보는 것이 더 타당하기 때문이며 (ㄴ) 경영자 선호 때문에 생산성의 증가에 따른 이윤의 증가는 기업의 유보이윤으로 남거나 가격을 낮추기보다는 임금을 인상시키는 데 쓰이는 수가 많기 때문이다.[18] 이와 같은 임금인상은 노조가 없어도 일어날 수 있다.

② 노동의 공급

말할 것도 없이 노조의 주요 목적은 임금인상에 있다.[19] 여기서 노조의 임금요구의 범위를 결정하는 것은 무엇이며 그들은 이를 위해서 어떠한 능력을 갖고 있는가가 문제가 된다. 요구하는 임금을 결정하는 데 노조의 가이드 라인이 되는 것으로 볼 수 있는 것은 적어도 생계비 지수의 변화, 기업의 경영상태(이것은 이윤과 생산성에 의해서 표시된다),

---

18) 이것은 (ㄱ) 큰 단기이윤은 새로운 기업의 참여를 촉진하여 장기이윤을 감소시키며 (ㄴ) 임금인상은 노동자들의 능률을 향상시키고 훌륭한 노동자들을 계속 보유할 수 있게 하며 (ㄷ) 경영자들이 가격의 인하를 환영하지 않는 데 기인한다.

19) 이 밖에 프린지 베니피츠(fringe benefits)와 작업조건의 개선도 주요 목적이 될 수 있다.

임금격차의 세 가지 변수이다.[20]

③ 마크업 프라이싱[21]

수요가 안정적이거나 완만히 상승하는 상태에서는 마크업 프라이싱 (markup pricing)은 '(ㄱ) 가격상승은 직접 그리고 더 신속하게 임금상 승을 뒤따른다 (ㄴ) 가격이 수요에 민감하지 않을 때 이윤율은 보합하 는 경향이 있다 (ㄷ) 마크업 프라이싱이 행해지고 있을 때에 경영자는 임금상승에 덜 반대한다'의 세 가지 이유에서 코스트푸시를 촉진하는 경향이 있다.

그리고 수요가 감소하는(혹은 실업수준이 비교적 높은) 상태 아래서 마크업 프라이싱은 (하방)경직가격을 촉진하는 경향이 있다.

그리고 또 수요가 급격히 상승하는 상태에서는 마크업 프라이싱은 가격상승을 늦춘다. 수요보다는 실용을 고려하여 정해지며 또 수요의 증가가 비용의 상승을 넘어서기 때문에 가격은 수요의 상태에 의해서 보장되는 것보다도 낮은 수준에서 정해질 것이다.

④ 이윤푸시

관리가격[22](administered price)은 이윤푸시 인플레이션의 가능성을

---

20) Bronfenbrenner와 Holzman은 이 세 가지 가운데서 세 번째 것, 즉 임금격차의 존재를 임금푸시의 기본적인 것으로 보고 있으며 또 노조의 임금푸시 능력은 기업 혹은 산업 내의 노동공급에 대한 지배력에 크게 의존하는 것으로 보고 있 다(M. Bronfenbrenner and F. D. Holzman, *op. cit.*, p. 68 및 p. 71).

21) 이것은 마지날 코스트 프라이싱(marginal cost pricing)에 대비된다. 이에 의해 서 결정되는 가격은 바로 관리가격이다.

22) 마크업 프라이싱에 의해서 결정되는 가격, 즉 사전에 결정한 마크업 혹은 마 진을 단위직접비용에 합쳐서 결정되는 가격을 말한다. 마크업은 대개의 경우 물적 비용에만 적용된다. 이것이 Means에 의해서 처음에 제시된 관리가격의 개 념이다. 그러나 Ackley는 노동계약하의 노동가격(즉 임금)도 관리가격으로 보

높여준다. 즉 마크업을 높임으로써 기업은 비용 혹은 수요의 증가 없이도 가격을 인상할 수 있다. 이윤푸시는 임금푸시보다 크기가 작다고 볼 수 있다. 왜냐하면 이윤이 가격에서 차지하는 비율은 작고 또 임금푸시는 계속적인데 반해서 이윤푸시는 한 번 일어나기 때문이다. 후자의 이유의 타당성은 다음에 기초를 두고 있다. 첫째로 기업의 이윤은 높은 가격에 의존할 뿐 아니라 대량판매와 낮은 단위비용에도 의존한다. 그리고 낮은 단위비용은 매겨진 가격에 일부 의존한다. 둘째로 이윤→이윤의 악순환(profit-profit spiral)은 임금→임금의 악순환(wage-wage spiral)보다 존재의 가능성이 더 적다. 더욱이 기업 간에 이윤을 증대시키는 경쟁이 있다고 해도 그것은 가격인상에 의해서보다도 생산성이나 판매량의 증대와 연관해서 이루어진다. 셋째로 임금증가의 플러스의 지출효과는 이윤증가의 그것보다 더 크며 따라서 초기의 인플레이션의 작용력을 계속 유지한다.

이상과 같은 비용인플레이션의 과정은 처음에 Reder에 의해서 그리고 다음에 Duesenberry, Holzman[23] 등에 의해서 소득인플레이션[24]

고 있다(*American Economic Review*, May 1959, pp. 410~430 및 p. 480). 그에 따르면 기업이 채택하는 마크업은 일반비용(overhead capital)과 이윤을 합친 것을 말하며 노동자가 채택하는 마크업은 생계비를 초과하는 일정액을 말한다(G. Ackley, *op. cit.*, p. 452).

이 관리가격은 시장에 의해서 결정되는 가격(market determined price)과 대비되는데, Hansen에 따르면 이것이 무대에 등장하는 것은 주로 경기후퇴국면에서이며, 또 많은 산업에서 3~4개의 거대회사가 80~90% 혹은 그 이상을 지배하고 있는 시장에서이다. 이의 좋은 예로는 강철과 자동차 가격이다(A. H. Hansen, *Economic Issues of the 1960's*, p. 12). 따라서 이것은 독점가격과 동의어로 사용되는 수가 많다.

23) M. W. Reder, "The Theoretical Problems of a-National Wage-Price Policy," *Canadian Journal of Economics*, Feb. 1948; J. Duesenberry, *op. cit.*; F. D. Holzman, *op. cit.*

24) Turvey의 용어이다(R. Turvey, "Some Aspects of the Theory of Inflation in a Closed Economy," *Economic Journal*, Sept. 1951, pp. 532~43).

(income inflation)으로서 최초로 일반화되었다. Ackley의 관리가격 혹은
마크업 인플레이션[25]은 이들 초기모형의 응용이다. 수요인플레이션에
대비되는 소득인플레이션의 기본 아이디어는 완전고용에서 인구의 상
이한 소득집단들이 화폐소득을 높임으로써 실질임금을 높이거나 유지
하려고 시도한다는 것이다. 이 과정은 소득을 변화시킬 능력이 없는
자들(예컨대 이자취득자)이 완전히 '몰수당하거나'〔다른 집단의 수요를 충
족시키기 위한 가격상승이나 화폐착각(money illusion)을 통해서〕, 혹은 인플
레이션의 진행이 고용이나 실질지출의 충분한 감소를 일으켜서 초과
소득을 요구하는 힘이 중단될 때에 비로소 그치게 된다.

〈그림 2〉

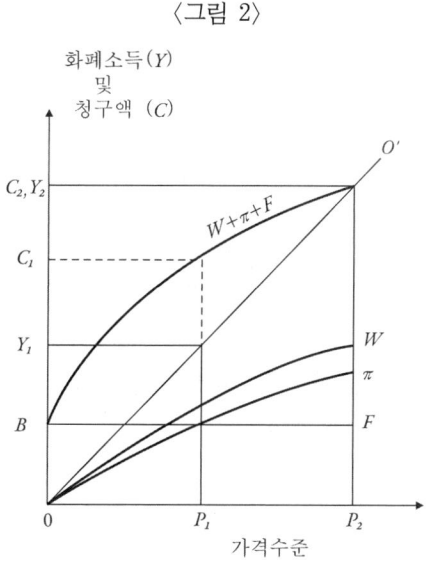

---

25) 기업 혹은 노동자가 채택하는 마크업의 증가를 기본적 유발요인으로 하는 인
플레이션을 말하는데 Ackley는 이것을 비용인플레이션에 포함하지 않고 독립적
인 것으로 다루고 있다(C. G. Ackley, *op. cit.*, pp. 452~57).

이 과정은 〈그림 2〉에 의해서 표시된다. 이 그림에서 *OB*는 임대료와 장기이자를 받는 이자취득자의 고정화폐청구액을 나타내며 *W*와 π 선은 각각 임금과 총이윤취득자들의 청구액을 나타낸다. $W+\pi+F=$ 총청구액으로 할 때 만약 $W+\pi+F$ 곡선이 위로부터 직선 *OO'*로 수렴하지 않으면 안정적인 해는 존재하지 않으며 가격은 무한정으로 상승할 것이다.

구조론자 인플레이션[26](structuralist inflation)

구조론자설의 인플레이션이다. 구조론자설은 구조적 특징을 인플레이션의 기본적 유발요인으로 본다.

이 설은 남미에 그 기원을 갖고 있고[27] 그것의 선진경제에 적용은 주로 Schultze[28]에 힘입고 있는데 Morgan에 따르면 다음의 세 가지 상태를 가정하고 있다고 한다.

(ㄱ) 임금과 가격은 수요가 증가할 때 상승하지만 수요가 감소할 때에는 적어도 감소가 용납할 수 없는 실업량을 발생시킬 만큼 클 때까지는 하락하지 않는다.

(ㄴ) 어느 한 때에는 수요와 자원 간의 균형에는 제 부문 혹은 제 지역 간에 상당한 불균등이 있다.

---

26) Bronfenbrenner와 Holzman은 이것을 수요인플레이션에 포함하고 있지만 Samuelson과 Solow는 비용인플레이션의 변종으로 보고 있다(M. Bronfenbrenner and F. D. Holzman, *op. cit.*, pp. 61~6, *American Economic Review*, May 1960, p. 181).

27) 이에 대해서는 G. M. Meier, *Leading Issues in Development Economics*, 1964, pp. 203~26.

28) C. Schultze, Study Paper No. 1 in Joint Economic Committee, *Recent Inflation in the United States*, 1959.

(ㄷ) 장기에 걸쳐서 기호와 생산요소 및 기술의 이용가능성에서 오는 변화는 이 균형을 계속적으로 변화시키고 있다.

이와 같은 상태에서 타 부문에 상당한 유휴자원이 있을 바로 그때에 어떤 부문에 초과수요가 존재할 수 있다. 초과수요가 존재할 때에는 그것은 통상의 수요인플레이션에서와 마찬가지로 가격과 임금에 작용을 가한다. 해당산업에서 사용된다면 그들 산업에서 비용이 증가될 것이다. 그리고 또 한편 경기가 상승하는 산업에서 임금증가는 공평의 원칙에 따라서 타 부문의 임금인상을 유발시킬 것이다. 이와 같은 방법으로 가격의 상승은 상당한 유휴자원이 존재하는 부문에까지 파급된다.

〈그림 3〉

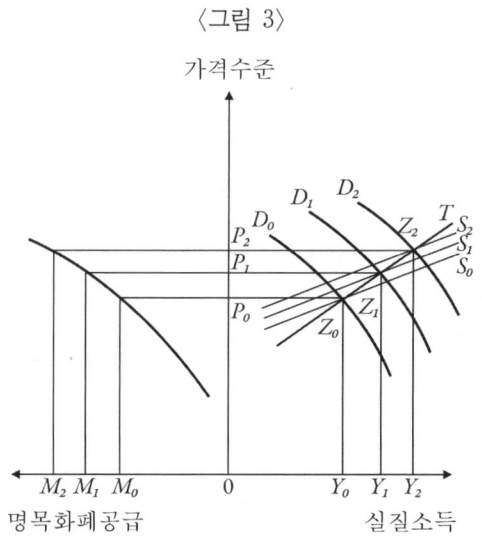

구조론자설은 〈그림 3〉에 의해서 표시된다. 이 그림에서 D와 S곡선은 경상국내생산에 대한 수요곡선과 공급곡선, T곡선은 수요곡선과 공급곡선의 교점인 Z를 연결한 곡선이다. 그리고 $S_0 \rightarrow S_1 \rightarrow S_2$의 공급증가는 화폐임금과 기타비용의 증가를, $D_0 \to D_1 \to D_2$의 수요증가는 화폐소득수준의 증가를 각각 반영하며, 또 T곡선의 플러스의 기울기는 총생산과 고용이 가격수준에 따라서 변화하며 화폐의 억제가 생산과 고용의 증가를 늦추거나 감소로 역전시킨다는 것을 나타낸다.

Schultze의 설은 특히 부문 혹은 디맨드 시프트설(sectoral or deniand-shift theory)이라고 불린다. 그의 설은 〈Eckstein 보고서〉[29]에서 채택되었는데 그의 설은 Bronfenbrenner와 Holzman에 따르면 대공황의 가격경직성론자의 설에까지 소급시킬 수 있지만,[30] 주로 1930년대에 그를 유명하게 만든 가격의 하방경직성을 관리인플레이션(administered inflation)이라는 새로운 이름 아래 재적용한 Means의 설이라고 한다.[31]

구조론설은 그 성격상 코스트푸시설과 마찬가지로 금융재정정책에 대해서 비교적 소극적인 역할밖에 부여하지 않는다.[32]

이상에서 주로 선진국을 바탕으로 한 인플레이션 이론의 2차 대전 후 동향을 개관했다. 2차 대전전까지만 해도 인플레이션 이론은 소박한 단계를 벗어나지 못한 것이었으나 2차 대전 후에 각국에서 경험하게 된 인플레이션에 자극을 받아 크게 발전을 보았다. 사실 새로운 분석방법에 의해서 본격적으로 인플레이션이 연구되게 된 것은 2차 대전 후의 일이다.

---

29) E. V. Morgan, *op. cit.*, p. 9.
30) O. Eckstein(Study Director), *Staff Report on Employment, Growth and Price Levels*, Joint Economic Committee, 1959.
31) G. C. Means, "Administered Inflation and Public Policy," Washington: Kramer Associates, 1959, *Pricing Power and the Public Interest: A Study Based on Steel*, 1962.
32) 여기서 설명한 인플레이션은 경제성장에 수반하는 각종의 경제구조의 변화를 기본적 유발요인으로 하는 인플레이션(이것은 구조인플레이션이라고 불리기도 한다)과 차이가 있다. 구조인플레이션에 대해서는 水野正一, 《日本の物價變動》, p. 226을 참조하라.

물론 선진국을 바탕으로 한 인플레이션 이론이 우리나라의 현실에 그대로 적용될 수는 없다. 그러나 적어도 그것이 우리나라의 인플레이션을 구명하는 데 많은 참고가 되는 것만은 사실이다.

《Fides》(서울대 법과대학, 1968. 2)

노동생산성, 임금 및 물가

1. 머리말

후진국의 문제는 한마디로 말하면 경제발전의 문제이다. 경제발전이란 것은 인간이 도구를 가지고 생산을 행하는 노동-생산 과정이 개선·향상되어 이전보다 더 많은 산출량을 생산하는 것으로 요약될 수 있다. 따라서 노동-생산 과정의 계기를 이루는 노동력과 생산수단이 경제발전을 좌우하는 기본이 되는 것이다.

하나의 국민경제가 발전하려면 노동력의 질이 개선·향상되고 양이 증대될 뿐만 아니라 생산수단이 개선되어야 한다. 바꾸어 말한다면 노동과 자본이라는 두 요소로 표현되는 생산함수에서 노동과 자본의 보다 적은 투입량으로 보다 많은 산출량을 생산할 때 국민경제는 발전하게 되는 것이다. 산출량을 생산요소 투입량으로 나눈 것을 보통 생산성이라고 부른다. 그러므로 후진국의 경제발전에서 생산성의 상승은 매우 중요한 위치를 차지하고 있다.

그런데 생산성이 상승한다는 것은 결국 낮은 비용으로 더 많은 상품을 생산하게 되는 것이므로, 생산성의 상승은 이윤분배율의 증가로 자본가를 이롭게 하고 임금률의 상승으로 노동자를 이롭게 할 뿐만 아니라 상품가격의 하락으로 소비자를 이롭게 할 수 있는 가능성을 주게 되는 것이다. 따라서 국민의 생활수준을 향상시키는 데에도 생산성의 상승은 매우 중요한 요인을 구성하고 있다.

이 논문에서는 생산성을 중심으로 하여 임금과 물가를 분석할 것인 바, 먼저 생산성의 개념과 그 상승요인을 고찰하고 우리나라의 생산성 수준과 생산성 상승의 이익배분을 분석한 뒤 임금수준과 그 격차를 서술하며, 임금과 물가의 상호관계를 해명하게 될 것이다. 그리고 마지막으로 우리나라의 경제발전과 노동생산성, 임금, 물가를 종합적으로 다루게 될 것이다.

2. 노동생산성의 개념과 상승요인

일반적으로 생산과정이란 생산요소들의 결합에 의한 기술적 변형을 통하여 생산물을 획득하는 과정을 말하는바, 이 과정에 투입되는 여러 가지 생산요소가 생산물의 생산에 공헌하는 정도를 각각 그 요소의 생산성이라 한다.

원래 산출량은 노동, 자본, 토지, 기술, 경비 및 기타 투입량이 결합된 결과이기 때문에 생산성이라는 것은 이들 투입량의 조합 1단위당 산출량이라고 파악하는 것이 타당할 것이지만, 투입량은 대단히 이질적인 요소들로 구성되어 있어서 동질적인 투입량의 조합을 각 산업마다 추출하여 비교할 수 없으므로, 투입량의 조합 1단위당 산출량은 실제의 측정상의 지표로 사용할 수 없다. 따라서 노동을 제외한 자본이나 토지 등의 다른 투입요소는 노동의 생산성을 제고하는 수단이라고 해석하여 노동생산성만을 중요시하고 있는 것이다.

노동생산성이란 노동투입량을 분모로 하는 투입 단위당 산출량을 가리키는데, 여기에는 가치생산성과 부가가치생산성이라는 두 개의 개념이 있다. 가치생산성은 종업원 1인당 총생산량을 가리키고, 부가가치생산성은 종업원 1인당 부가가치액을 가리키는데, 부가가치액이란 총생산액에서 중간원재료액을 공제한 것을 가리킨다. 따라서 가치생산성은 물가변동에 의한 가치인상이 포함되지 않은 실질적인 생산성이고, 부가가치생산성은 명목적인 생산성이라고 할 수 있다.

이하에서는 가치생산성을 노동생산성이라 일컫고 부가가치생산성은 그대로 부가가치생산성이라고 일컬을 것이지만 두 개의 개념은 모두 광의의 노동생산성의 측정에 유효·적절하다고 볼 수 있다. 그러면 생산성은 어떠한 요인에 의하여 결정되는가? 부가가치생산성을 풀어보면 다음과 같다.

$$부가가치생산성 = \frac{부가가치액}{종업원수}$$

$$= \frac{총자본}{종업원수} \times \frac{부가가치액}{총자본} \quad\cdots\cdots\cdots\cdots (1)$$

$$= \frac{기계장치}{종업원수} \times \frac{부가가치액}{기계장치} \quad\cdots\cdots\cdots\cdots (2)$$

$$= \frac{유형고정자산}{종업원수} \times \frac{부가가치액}{유형고정자산} \quad\cdots\cdots\cdots (3)$$

여기에서 (1)식의 전자는 자본집약도, 후자는 총자본투자효율, (2)식의 전자는 기계장치율, 후자는 기계투자효율, (3)식의 전자는 노동장비율, 후자는 설비투자효율을 가리키며, 이러한 제 지표가 생산성의 수준을 결정한다. 그런데 (1), (2), (3)식의 전자는 자본 및 설비에 관련된 것이고 후자는 효율에 관련된 것이므로, 대별하여 전자는 자본 측의 요인, 후자는 노동 측의 요인이라 할 수 있을 것이다. 따라서 생산성이란 자본 측의 요인과 노동 측의 요인이 상호 작용함으로써 결정된다고 할 수 있을 것이다.

자본 측의 요인이란 기술혁신, 최신기계 및 설비의 도입, 동력 사용량의 증대 등을 가리키며, 노동 측의 요인이란 노동의 숙련도, 노동강도, 노동조건, 작업조직, 작업방법 등의 개선을 가리킨다. 따라서 생산성을 상승시키기 위해서는 자본 측 요인의 개선뿐만 아니라 노동 측 요인의 개선·향상도 마찬가지로 필요하다.

최근 우리나라에서는 최신 기계설비의 도입뿐만 아니라 고율의 설비투자를 기반으로 자본 측 요인에 의한 생산성 상승을 주로 기도하고 있으며, 그 성과는 상당한 것으로 나타나고 있다. 자본이 부족한 우리나라가 자본 측의 요인에 크게 의존하면 결국 외국자본을 대량 도입하는 수밖에 없으며 실제로 외자는 최근 놀랄 정도로 도입되고 있다. 그런데 외자도입에는 원리금 상환의 문제뿐만 아니라 경제의 대외의존성의 문제가 제기되고 있다. 따라서 생산성의 상승에서 자본 측의 요인이 아니라 노동 측의 요인에 더욱 큰 역점을 두어 기술교육 및 직업훈련의 강화, 기업 경영의 합리화 등을 도모함은 물론, 노동조건의 개선을 통하여 노동자로 하여금 자신이 가진 모든 창조적, 능동적 에너르기를 충분히 발휘하도록 하는 것이 더욱 시급한 과제가 아닐까 생각한다.

3. 경제발전과 노동생산성

산출량을 O, 노동투입량을 I 라고 할 노동생산성은 O/I이다. 이때 산출량을 GNP라 하고 노동투입량을 총고용량이라 하여 GNP를 등식으로 나타내면 $O = I \times O/I$가 되며, 노동생산성 O/I를 π로 나타내어 이 등식을 증가율로 나타내면 $\Delta O/O = \Delta I/I + \Delta \pi/\pi$가 된다. 즉 GNP

증가율(경제성장률)은 고용의 증가율과 노동생산성(이하 생산성)의 상
승률을 합계한 것으로 나타낼 수 있다.

〈표 1〉 경제성장과 생산성 상승

(단위: %)

		경 제 성장률	고 용 증가율	생산성 상승률	성장률에 대한 노동생산성 상승률의 기여율
한 국	1964	8.3	3.3	3.7	52.9
	1965	7.4	3.8	3.6	48.6
	1966	13.4	1.6	11.4	87.7
	1967	8.9	3.0	5.8	66.0
	평 균	9.5	2.9	6.1	67.8
일 본	1947~1955	9.0	2.7	6.2	70.0
	1955~1963	9.7	1.5	8.1	84.5
	1947~1963	9.4	2.1	7.2	77.4
미 국	1955~1961	4.4	1.0	3.4	77.3
영 국	1955~1961	5.8	0.7	5.1	88.0
이탈리아	1955~1961	7.8	1.9	5.9	75.6

자료: 각국의 국민소득통계.

　　이것을 통계에서 보면 〈표 1〉과 같다. 선진국에서는 경제성장이 우
리나라와 비교하여 생산성 상승에 훨씬 크게 의존하고 있다. 즉 우리
나라에서는 1964~1967년간 연평균 9.5퍼센트의 경제성장률을 달성하
였는데 그 가운데 67.8퍼센트는 생산성 상승에서 기인하였고, 일본은
1955~1963년간 연평균 9.7퍼센트의 경제성장률을 이룩하였는데, 그
가운데 84.5퍼센트가 생산성 상승에 기인하였다. 미국, 영국 및 이탈리
아도 경제성장률의 75.6~88.0퍼센트를 생산성 상승에 의존하고 있다.
이와 같이 선진국에서 경제성장에 대한 생산성 상승의 기여율이 높은
것은 국민경제가 완전고용상태에 거의 도달하여 노동력이 애로(bottle-
neck)를 형성하고 있기 때문에 고용증가가 곤란할 뿐만 아니라 다른

면에서는 기술혁신과 경영합리화가 크게 진전되고 있기 때문이다.

한편 경제발전에 따라 산업구조도 변화하며, 구조 변화의 방향은 역사적으로 볼 때 농림 및 어업→광공업→사회간접자본 및 기타 서비스로 비중의 이행이었다. 농림 및 어업은 자연조건에 크게 좌우되므로 현대적 시설과 기술을 이용할 수 있는 광공업보다 그 생산성이 훨씬 낮다. 따라서 광공업 특히 제조업의 비중이 커지면 생산성이 상승한다고 볼 수 있다. 〈표 2〉는 산업별 취업인구의 구성비를 나타내는데 선후진국 간의 차이가 분명하다.

〈표 2〉 산업별 취업인구 구성비의 국제 비교

(단위: %)

국 가	연 도	1차	2차	3차	국 가	연 도	1차	2차	3차
한 국	1960	79.5	5.8	14.7	일 본	1965	24.3	31.9	43.8
	1967	55.2	16.1	28.7	이 탈 리 아	1951	40.0	30.0	30.0
태 국	1947	84.8	2.3	12.9		1966	10.2	47.9	41.9
	1960	81.9	4.1	14.0	영 국	1951	5.2	47.3	47.5
필 리 핀	1948	71.3	8.8	19.9	서 독	1958	15.4	46.7	37.9
	1959	59.0	13.8	27.2		1966	10.2	47.9	41.9
	1965	57.4	14.7	27.9	미 국	1950	12.2	34.7	53.1
대 만	1956	50.2	14.2	35.6		1966	5.5	33.1	61.4
일 본	1950	48.4	21.4	30.2					

자료: 각국의 국민소득 통계.

즉 한국, 태국, 필리핀, 대만 등에서는 취업인구의 과반이 농림 및 어업에 종사하고 있는데 반해서 미국, 영국, 서독, 이탈리아는 취업인구의 5~10퍼센트만이 1차산업에 종사하고 있는 것이다. 또한 GNP 가운데 산업별 구성을 보더라도 고도의 경제발전을 달성한 선진국은 2차 및 3차산업의 비중이 압도적으로 크다(〈표 3〉).

이와 같은 산업구조의 후진성과 밀접히 관련된 노동생산성의 저수
준은 우리나라의 1인당 국민소득을 미국의 1/28.4, 영국의 1/14.2, 일
본의 1/6.9의 수준에 불과하게 만들고 있다. 따라서 우리나라가 생산
성의 상승을 도모하고 국민소득을 늘리기 위해서는 2차산업 부문의
급속한 확대, 즉 공업화에 대한 노력이 절실히 요구된다.

<표 3> 산업별 국민총생산의 국제 비교

(단위: %)

국 가	연 도	농림·어업	광공업(제조업)	사회간접자본 및 기타 서비스
한 국	1953	48.2	8.8 (7.8)	43.0
	1960	41.4	15.1(13.7)	43.5
	1967	32.7	22.3(20.6)	45.0
대 만	1960	31.4	19.5(17.3)	49.1
	1965	26.0	21.4(19.4)	52.6
프 랑 스	1960	9.7	39.5(37.4)	50.8
	1965	7.8	36.6(35.2)	55.6
서 독	1960	6.0	46.5(41.2)	47.5
	1965	4.4	45.0(40.9)	50.6
이 탈 리 아	1960	15.1	29.6(28.6)	55.3
	1965	13.4	28.6(27.9)	58.0
일 본	1960	15.0	30.7(29.0)	54.3
	1965	11.8	28.7(27.7)	59.5
필 리 핀	1960	33.2	18.8(17.1)	48.0
	1965	33.5	20.0(17.8)	46.5
태 국	1960	38.9	11.9(10.5)	49.2
	1965	32.8	14.2(12.1)	53.0
영 국	1960	4.1	39.3(36.3)	58.2
	1965	3.5	37.9(35.5)	61.9
미 국	1960	3.9	31.7(30.3)	63.9
	1965	3.6	31.6(30.5)	64.4

자료: 각국의 국민소득 통계.

〈표 4〉 각국의 1인당 소득수준(1965년도)

(단위: 달러)

국 가	1인당 국민소득	한국을 1로 한 격차	국 가	1인당 국민소득	한국을 1로 한 격차
한 국	101	1.0	프 랑 스	1,447	14.5
미 국	2,873	28.4	이 탈 리 아	884	8.7
영 국	1,447	14.4	일 본	694	6.9
서 독	1,502	14.8	필 리 핀	121	1.2

자료: 일본은행, 《국제비교통계》.

4. 우리나라 노동생산성의 상승

1960~1967년간의 연평균 노동생산성의 증가를 보면 〈표 5〉에서 보는 바와 같이 전 산업은 9.3퍼센트의 증가율을 나타내었고 제조업은 9.5퍼센트, 광업 6.0퍼센트, 전기업 16.2퍼센트였다. 전기업의 생산성 증가율이 이와 같이 높은 것은 전원(電源)개발을 위해 투입된 막대한 자본과 기술도입 등으로 생산능률이 크게 향상된 데 기인한다.

그러나 산업구조상에서 차지하는 비중을 참작해 볼 때, 우리나라 전산업의 노동생산성이 9.3퍼센트나 증가하게 된 것은 제조업의 생산성 상승에 크게 의존하였다고 할 것이다.

한편 노동생산성의 증가율을 국제적으로 비교하여 보면, 우리나라는 1960~1966년간에 연평균 8.5퍼센트의 증가율을 나타내어 일본 (9.0%) 다음으로 높은 수준이다(〈표 6〉).

이와 같이 증가율이 우리나라가 선진국을 훨씬 능가하고 있는 것은 공업부문을 중심으로 한 새로운 시설투자와 기술도입 및 가동률의 향상과 생산규모의 확대 및 노동력의 질적 향상 등에 기인한다고 볼 수 있다.

〈표 5〉 노동생산성 요인 분석

(1965=100)

	1960	1961	1962	1963	1964	1965	1966	1967	평균증가율
〈제조업〉									
노동생산성	63.9	71.7	73.4	78.2	85.1	100.0	103.8	119.7	9.5
산출량	56.3	58.8	68.6	77.6	82.9	100.0	117.9	144.3	14.6
노동투입량	88.1	82.0	93.5	99.2	97.4	100.0	113.6	120.6	4.8
〈광업〉									
노동생산성	75.1	84.6	90.9	91.1	92.9	100.0	100.6	112.5	6.0
산출량	56.9	64.5	76.6	87.4	96.2	100.0	110.8	119.5	11.3
노동투입량	75.5	76.3	84.3	95.9	103.6	100.0	110.1	106.2	5.2
〈전기업〉									
노동생산성	52.6	51.6	57.4	62.9	80.9	100.0	119.3	146.8	16.2
산출량	52.2	54.5	60.8	67.9	83.1	100.0	119.6	151.1	16.6
노동투입량	99.2	105.6	106.0	108.0	102.7	100.0	100.2	102.9	0.6
〈전산업〉									
노동생산성	64.8	72.4	75.1	79.4	86.3	100.0	103.9	119.9	9.3
산출량	56.2	59.4	69.5	78.6	84.9	100.0	117.3	142.1	14.5
노동투입량	86.7	82.0	92.5	99.0	98.4	100.0	112.9	118.5	4.8

자료: 한국생산성본부, 《노동생산성지수》.

〈표 6〉 노동생산성지수의 국제 비교(제조업)

(1960=100)

국 명	1960 지수	1961 지수	1961 증가율	1962 지수	1962 증가율	1963 지수	1963 증가율	1964 지수	1964 증가율	1965 지수	1965 증가율	1966 지수	1966 증가율	1960~66 평균 증가율
미 국	100.0	102.8	2.8	110.2	7.2	113.9	3.4	120.4	5.7	125.0	3.8	127.8	2.2	4.2
일 본	100.0	110.2	10.2	113.4	2.9	124.4	9.7	141.7	13.9	148.8	5.0	166.9	12.2	9.0
한 국	100.0	112.2	12.2	114.8	2.4	122.4	6.5	133.2	8.8	156.5	17.5	162.4	3.8	8.5
프 랑 스	100.0	104.5	4.5	107.9	3.2	112.3	4.2	115.7	3.0	121.3	4.9	128.1	5.6	4.2
서 독	100.0	103.5	3.5	107.0	3.4	110.5	3.3	119.3	7.9	124.6	4.4	127.2	2.1	4.1
이탈리아	100.0	106.6	6.6	117.4	10.1	124.0	5.6	131.4	6.0	141.3	7.5	158.7	12.3	7.9
영 국	100.0	98.2	-1.8	100.0	1.8	105.4	5.4	111.7	6.0	113.5	1.6	115.3	1.6	2.4
이스라엘	100.0	103.3	3.3	105.6	2.2	111.1	5.3	120.0	8.0	130.0	8.3	134.4	3.4	5.1

자료: ILO, *Year Book of Labor Statistics*, 1967.

이제 생산성의 절대수준을 국제적으로 비교하여 보자.

〈표 7〉에서 보는 바와 같이 부가가치생산성을 산업별·나라별로 비교해 보면, 1966년에 제조업의 부가가치생산성은 일본의 1/4, 광업은 1/3, 전기업은 1/4, 건설업은 1/5, 도매 및 소매업은 1/5, 운수업은 1/8, 서비스업은 1/3이다.

이와 같은 부가가치생산성의 격차의 원인을 제조업을 중심으로 고찰해 보면 〈표 8〉 및 〈표 9〉와 같은데, 노동장비율과 설비투자율 및 자본집약도 면에서 일본과 미국에 훨씬 뒤떨어지고 있음을 알 수 있다. 즉 우리나라 제조업의 생산성이 낮은 원인은 자본력의 빈약과 기술수준의 후진성에 있다고 할 것이다. 이와 같은 사실은 제조업 업종별 국제 비교를 통해서도 분명히 나타난다. 그런데 〈표 10〉에서 특징적인 것은 식품, 제1차금속, 금속제품공업은 설비투자효율이 일본보다 높다는 사실이다.

그러나 이것은 노동장비율의 현격한 격차를 고려하여 볼 때 우리나라의 자본설비가 일본에 견주어 빈약할 뿐만 아니라 단순하여 일본의 기술체계와 상이하기 때문에 일어나는 현상이며, 우리나라의 기술수

〈표 7〉 부가가치생산성의 국제 비교

(단위: 천 원)

	1966		1967		
	한 국	일 본	한 국	일 본	미 국
제 조 업	320	1,334	314	1,571	3,396
광 업	365	972	220	941	−
전 기 업	871	3,204	1,169	3,460	−
건 설 업	492	2,402	973	2,742	−
도 소 매 업	440	2,222	447	2,627	−
운 수 업	220	1,722	301	1,903	−
서 비 스 업	327	1,049	292	1,388	−

자료: 한국은행, 《기업경영분석》; 일본은행, 《주요기업경영분석》.

〈표 8〉 제조업의 생산성지표

(단위: 천 원)

	1965			1966		
	한 국	일 본	일본/한국	한 국	일 본	일본/한국
부가가치생산성	271	1,218	4.49	341	1,591	4.67
노 동 장 비 율	387	1,532	3.96	460	1,715	3.73
설비투자효율(%)	70.0	79.2	1.13	74.2	92.8	1.25
자 본 집 약 도	1,003	5,356	5.34	1,301	6,085	4.68

자료: 한국은행, 《기업경영분석》; 일본은행, 《주요기업경영분석》.

〈표 9〉 미국의 생산성 관련지표(제조업)

	1960	1961	1962	1963
부가가치생산성 (천 원)	2,665	2,989	2,913	3,039
기계장비율 (천 원)	1,521	1,566	1,540	1,588

자료: *Statistical Abstract of the United States*, 1965.

〈표 10〉 부가가치생산성의 국제 비교(1966)

(단위: 천 원)

	연(年)부가가치생산성			설비투자효율(%)			노동장비율		
	한국	일본	일본/ 한국	한국	일본	일본/ 한국	한국	일본	일본/ 한국
제 조 업 평 균	320	1,453	4.54	76.6	89.4	1.17	418	1,626	3.89
식 품	353	1,614	4.57	80.6	69.5	0.86	438	2,333	5.33
섬 유	219	659	4.38	68.3	84.1	1.23	321	1,141	3.55
화 학	408	1,742	4.27	84.1	81.5	0.72	485	2,138	4.41
석유 및 동제품	1,500	3,448	2.30	75.1	45.8	0.61	1,998	7,532	3.77
토석 및 유리	496	1,685	3.40	59.5	77.4	1.30	833	2,177	2.61
제 1 차 금 속	427	2,089	4.89	88.4	68.0	0.77	483	3,070	6.36
금 속 제 품	314	1,433	4.56	157.0	107.8	0.69	200	1,330	6.65
기 계	175	1,102	6.30	66.6	137.4	2.06	262	802	3.06
전 기 기 기	273	1,076	3.94	81.6	133.1	1.63	334	808	2.42
수 송 용 기 기	277	1,508	5.44	65.4	135.0	2.06	423	1,117	2.64

자료: 한국은행, 《기업경영분석》; 일본은행, 《주요기업경영분석》.

준이 일본보다 높기 때문에 일어난 현상은 아니다.

규모별 노동생산성을 비교하여 보면 〈표 11〉과 같다. 중소기업(종업원 5~199인)의 부가가치생산성은 대기업(종업원 200인 이상)의 그것보다 낮을 뿐만 아니라 그 생산성의 격차는 해마다 증대하고 있다. 이것은 노동장비율과 기계장비율 및 자본집약도가 중소기업에 견주어 대기업이 훨씬 높다는 사실에 기인한다.

〈표 11〉 규모별 생산성의 관련지표(제조업)

	부가가치 생산성 (천 원)	총자본 투자효율 (%)	설비투자 효 율 (%)	기계장비 효 율 (%)	노 동 장비율 (천 원)	기 계 장비율 (천 원)	자 본 집약도 (천 원)
중 1964	221	31.33	77.18	191.22	286	116	705
소 1965	232	26.69	67.28	158.03	344	147	868
기 1966	306	32.88	84.70	201.59	362	152	932
업 1967	255	33.33	94.96	217.67	368	117	765
대 1964	243	27.64	64.04	102.76	379	236	879
기 1965	278	27.05	70.48	123.99	394	224	1,028
업 1966	322	27.88	75.46	130.75	427	247	1,156
1967	366	25.09	70.98	139.81	516	262	1,459

자료: 한국은행, 《기업경영분석》.

그런데 세 개의 투자효율은 오히려 중소기업 측이 높은데, 이것은 중소기업이 설치하고 있는 기계 및 설비의 대부분이 간편한 소규모의 경기계류로서 그 조업도가 대기업이 보유한 기계류의 그것을 상회하기 때문이라고 할 수 있고, 실제로 이 숫자는 질적으로 서로 다른 기계설비류의 생산효율을 동일기준에서 비교한 의미가 적은 수치라고도 볼 수 있을 것이다. 대기업은 외자도입을 통하여 근대시설과 혁신된 기술을 설치·적용함으로써 생산성이 급격히 상승하고 있는 데 반하여 중소기업에서는 아직도 미숙련 과잉노동력을 발판으로 한 인습적이며 전근대적인 기업경영을 탈피하지 못하고 있으므로 대기업과 중소기업 사이의 생산성 격차는 점차 확대되고 있다.

5. 생산성 상승에 따른 이익의 배분

노동생산성이 상승한다는 것은 결국 더욱 적은 투입량으로 더 많은 산출량을 얻는 것을 의미하므로 비용의 하락과 가격의 하락을 초래하며 따라서 자본가에게는 이윤분배율의 상승, 노동자에게는 임금률의 상승, 소비자에게는 물가 하락의 형태로 이익이 배분될 가능성이 있다. 1952년 ILO는 제조공업 생산성 전문가회의를 개최하고, 다음과 같은 결론을 내렸다. 즉 생산성의 상승은 전반적인 생활수준 향상의 기회를 줌과 동시에, (1) 가장 저렴한 비용과 가격으로 소비재와 생산재의 공급을 풍부히 하고, (2) 실질소득을 높이고, (3) 노동시간의 단축과 작업조건 및 생활조건의 개선을 가져오며, (4) 일반적으로 인류 복지의 경제적 기초를 강화하는 기회를 준다.

또한 생산성 상승이 실제로 생활수준의 향상을 가져다주기 위해서는 다음과 같은 조건이 필요하다. (1) 생산성 향상에 의한 이익을 자본가, 노동자 및 소비자에게 균등하게 배분할 것, (2) 재화 및 용역에 대한 수요를 높은 수준으로 유지할 것, 그리하여 생산성 향상에 의해 발생하는 실업을 방지하기 위하여 적절한 조치가 취해질 것, 자본부족 때문에 고용기회가 제한되고 있는 나라에서는 자본형성률을 적절히 확보하는 문제에 특별한 주의를 기울일 것.

이러한 것은 사회정의와 경제적 필요성의 문제이고, 생산성 향상에 따른 이익이 널리 배분되지 않고 수요와 고용의 유지가 불가능한 경우는 생산성 향상 지속화의 조건이 존재하지 않는 것을 의미할 것이다.

  이상이 전문가회의의 결론인데, 생산성 상승에 따른 이익의 배분에 관하여 간단히 요약하고 있다고 할 것이다. 이제 생산성 상승의 이익 배분의 원리에 대하여 요약하면 다음과 같다. 지금 실질국민총생산을 Y, 물가를 P, 명목임금률을 W, 고용노동량을 L, 국민총생산에 대한 노동소득 분배율을 S라고 하면

$$W = SP\left(\frac{Y}{L}\right) \cdots\cdots\cdots (1)$$

의 관계가 성립하며, 이것은 다시

$$\frac{Y}{L} = \frac{W}{SP} \cdots\cdots\cdots (2)$$

로 고쳐 쓸 수 있다.

  또한 노동생산성 Y/L를 π로 나타내고 또 변수들의 변화율을 생각하여

$$\Delta W/W = W, \ \Delta S/S = S, \ \Delta P/P = P, \ \Delta\pi/\pi = \pi$$로 나타내면 (2)식은 다시

$$\pi = W - S - P \cdots\cdots\cdots (3)$$

으로 된다.

  즉 노동생산성이 상승하면, 명목임금률이 상승하든지, 노동소득 분배율이 하락하든지(이윤분배율이 증가하든지), 물가가 하락한다. 그러나 경우에 따라서는 두 개의 요인이 동시에 변화할 수도 있으며, 세 개의 요인이 동시에 변화할 수도 있다. 이 가운데서 노동소득 분배율의 하락은 결국 이윤분배율의 상승으로 자본가의 이익으로 되고, 물가의 하락은 소비자의 이익으로 나타나며, 명목임금률의 상승은 노동자의 이익을 나타낼 것이지만 노동자의 실질적인 이익은 실질임금 $\left(r = \frac{W}{P}\right)$의

상승에 의하여 발생한다. 따라서 (3)식을 변형하면

$$\pi = r - S \cdots\cdots\cdots\cdots (4)$$

가 된다.

즉 노동생산성의 상승에 의하여 실질임금이 상승하지 않는다면 그
것은 결국 노동소득 분배율의 저하, 즉 이윤분배율의 상승으로 자본가
에게 생산성의 모든 이익이 귀속하게 되는 것이다.

〈표 12〉는 생산성 향상에 따른 이익의 배분을 밝히기 위한 국제통
계이며 〈그림 1〉에서 〈그림 5〉까지는 이것을 각국별로 나타낸 것이다.

우리나라의 경우를 우선 살펴보자. 우리나라는 1960~1967년까지
총 87.3퍼센트의 생산성 상승이 있었는데, 이것을 추세적으로 볼 때
물가지표 > 명목임금지표 > 노동생산성지표 > 실질임금지표로 되어 있
다. 즉 노동생산성이 상승되는 속도보다 물가지수와 명목임금지수가
더욱 급속히 상승하고 있으며, 실질임금은 1966년까지 1960년의 수준
을 회복하지도 못하고 있다.

이것을 생산성 상승의 이익배분이란 측면에서 설명하면, 노동자는
명목임금이 상승하였으나 그 이상의 물가상승에 의하여 실질소득이
계속 하락하여 생산성 상승의 이익을 분배받지 못하고 있으며, 소비자
의 실질구매력도 물가의 폭등에 의하여 오히려 낮아지게 되었다. 따라
서 오직 자본가만이 실질임금의 하락과 물가의 상승에 의하여 노동생
산성의 이익을 전유하였던 것이다. 이렇게 볼 때 생산성의 상승이 자
본가, 노동자, 소비자를 동시에 이롭게 하여 국민의 일반 생활수준을
끌어올린다는 것은 우리나라의 경우에서는 실현되지 못해 왔음을 발
견할 수 있다.

그러면 우리나라에서는 왜 생산성 상승의 이익이 노동자나 소비자
에게는 균등히 배분되지 않았는가? 그것은 생산성 상승의 성격에 말

〈표 12〉 노동생산성과 임금과 물가(제조업)

		1960	1961	1962	1963	1964	1965	1966	1967
한국	노동생산성지수	100.0	112.0	114.8	122.4	133.2	156.5	162.4	187.3
	명목임금지수	100.0	109.2	115.0	127.3	154.6	180.8	210.8	259.0
	물 가 지 수	100.0	108.1	115.2	139.0	180.0	204.4	229.7	249.2
	실질임금지수	100.0	101.0	99.8	91.6	85.9	88.5	91.8	104.0
일본	노동생산성지수	100.0	110.2	113.4	124.4	141.7	148.8	166.9	190.0
	명목임금지수	100.0	111.2	121.0	134.5	149.1	162.9	180.8	–
	물 가 지 수	100.0	105.3	112.5	121.0	125.6	135.2	142.1	–
	실질임금지수	100.0	105.9	108.5	111.4	118.6	119.8	127.2	138.8
서독	노동생산성지수	100.0	103.5	107.0	110.5	119.3	124.6	127.2	–
	명목임금지수	100.0	111.1	123.9	132.5	142.7	156.4	–	–
	물 가 지 수	100.0	102.3	105.4	108.5	111.1	114.9	118.9	–
	실질임금지수	100.0	108.6	117.6	122.1	128.4	136.1	–	–
영국	노동생산성지수	100.0	98.2	100.0	105.4	111.7	113.5	115.3	–
	명목임금지수	100.0	106.1	110.5	115.8	124.6	136.8	–	–
	물 가 지 수	100.0	103.4	107.8	109.9	113.5	119.1	123.7	–
	실질임금지수	100.0	102.6	102.5	105.4	109.8	114.9	–	–
미국	노동생산성지수	100.0	102.8	110.2	113.9	120.4	125.0	127.8	–
	명목임금지수	100.0	102.8	105.6	109.3	112.1	115.9	–	–
	물 가 지 수	100.0	101.1	102.2	103.5	104.8	106.6	109.7	–
	실질임금지수	100.0	101.7	103.3	105.6	107.0	108.7	–	–

자료: 한국은행, 《조사월보》, 1968. 7.

미암는 것이 아니라, 우리나라의 절대적인 생산성 수준이 낮다는 것도 하나의 이유가 되겠지만, 노동력 수급에서 노동력 과잉이 임금수준의 상승을 억압하고 있다는 것과 만성적인 인플레 과정에서 급속한 물가 상승이 생산성 상승에 따른 물가하락을 초과하고 있다는 것이 더욱 큰 이유일 것이다.

그러면 노동생산성 상승에 따른 이익은 외국에서 현실적으로 어떻게 배분되고 있는가?

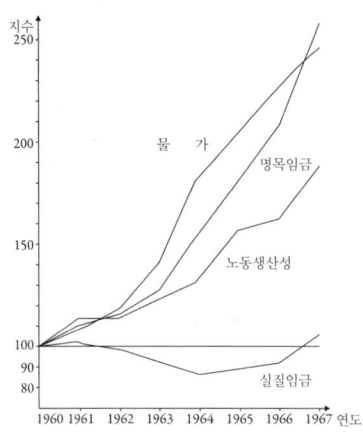

〈그림 1〉 우리나라의 노동생산성,
임금 및 물가

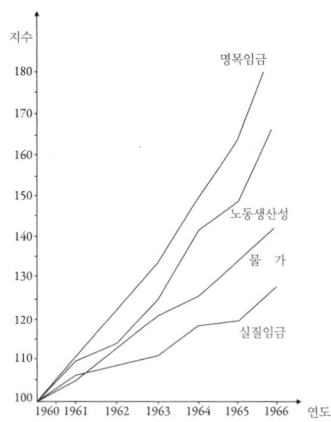

〈그림 2〉 일본의 노동생산성,
임금 및 물가

일본의 경우는 〈그림 2〉에서 보는 바와 같이 추세적으로 명목임금
지수＞노동생산성지수＞물가지수＞실질임금지수로 되어 있으며, 실질
임금은 1960년 이래 계속 상승하고 있다. 따라서 노동생산성의 상승은
(4)식에서 보는 바와 같이 노동자 및 자본가를 모두 이롭게 하고 있
다. 다만 물가의 상승은 소비자를 불리하게 하지만 소비자란 결국 임
금취득자를 의미하므로 실질임금
의 상승은 소비자에게도 생산성
상승의 이익이 배분되고 있다고
할 수 있을 것이다.

〈그림 3〉 영국의 노동생산성,
임금 및 물가

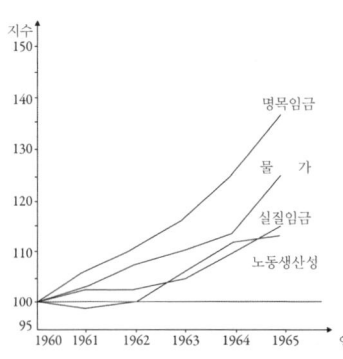

영국에서는 〈그림 3〉에서 보는
바와 같이 명목임금지수＞물가지
수＞실질임금지수＞노동생산성지
수의 관계를 가지고 있으므로 노
동생산성 상승의 이익은 대부분

〈그림 4〉서독의 노동생산성, 임금 및 물가

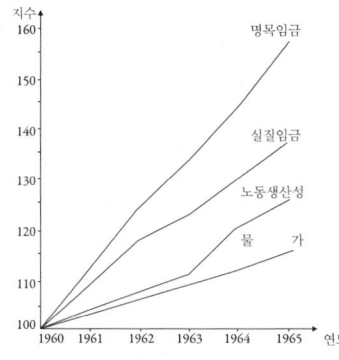

〈그림 5〉미국의 노동생산성, 임금 및 물가

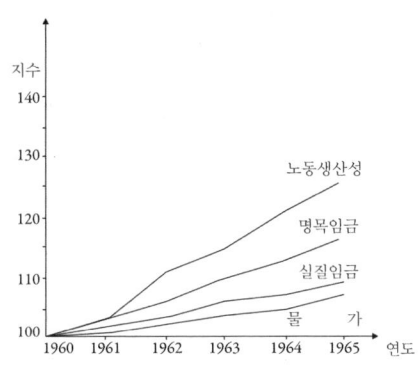

노동자에게 배분되고 있다. 이러한 이익배분의 형태는 서독의 경우 명목임금지수＞실질임금지수＞노동생산성지수＞물가지수(〈그림 4〉)에서 더욱 분명히 나타난다.

그러나 미국에서는 〈그림 5〉와 같이 노동생산성지수＞명목임금지수＞실질임금지수＞물가지수의 관계를 가지고 있으므로 노동생산성 상승의 이익은 자본가 및 노동자 쌍방에 배분되고 있으며, 이는 고도로 발달한 안정된 국민경제의 모습을 반영하는 것이라 할 수 있다.

6. 임금수준과 임금격차

우리나라의 임금수준(명목)은 〈표 13〉에서 보는 바와 같다. 즉 1967년에 광업은 월당 1만 1,740원이며 제조업은 월당 6,740원으로서 광업부문에 종사하는 노동자는 1개월을 노동해서 겨우 쌀 2가마를 살 수 있고 제조업부문의 노동자는 쌀 한 가마 남짓을 구입할 수 있을 뿐이다. 이 임금수준을 국제적으로 비교하면 더욱 현저하게 낮은 수준임을 알 수 있다.

〈표 13〉
광업 및 제조업의 임금(월당)

연　　도	광　　업	제 조 업
1960	3,900	2,600
1961	4,400	2,840
1962	4,860	2,990
1963	5,320	3,310
1964	6,220	4,020
1965	7,680	4,700
1966	8,920	5,480
1967	11,740	6,740

자료: 한국은행, 《조사월보》.

즉 각국 공업부문의 시간당 임금은 〈표 14〉에서 보는 바와 같은데 우리나라의 임금수준은 1967년에 미국의 1/23, 서독의 1/9, 일본의 1/5, 대만의 1/1.3이며, 그 격차는 1962년보다 더욱 확대되고 있다. 한편 제조업 임금수준을 국제적으로 비교하여 보아도 낮은 수준임이 분명하다.

우리가 노동자의 실질구매력이라는 각도에서 우리나라의 임금수준을 국제적으로 비교하여 보면 그 격차는 훨씬 더 확대된다. 즉 우리나라에서는 명목임금의 상승률보다 물가의 상승률이 훨씬 높아 실질임금은 계속 하락하였으므로 외국과 임금 격차는 더욱 확대되고 있는 것이다(〈표 15〉).

이와 같이 우리나라의 임금수준이 낮은 것은 근본적으로 노동력 수급상의 불균형과 노동조합의 미약성 및 노동생산성의 낮은 수준에 말미암는다고 볼 수 있다.

〈표 14〉 공업 임금수준의 국제 비교

(단위: 달러)

	1962		1967		1962년에 대한 1967년의 증가율(%)
	시간당 임 금	지 수	시간당 임 금	지 수	
한　　국	0.115	100.0	0.123	100.0	7.0
미　　국	2.32	2,017.4	2.83	2,300.8	22.0
서　　독	0.73	634.8	1.15	935.0	57.5
일　　본	0.34	295.7	0.63	512.2	85.3
대　　만	0.12	104.3	0.16	130.1	33.3

자료: UN, *Monthly Bulletin of Statistics*; 일본, 《經濟指標のかんどころ》, 1968.

〈표 15〉 제조업 임금수준의 국제 비교

(단위: 월당 급여액, 천 원)

	한 국		일 본		미 국		영 국		서 독	
	명목	실질	명목	실질	명목	실질	명목	실질	명목	실질
1960	2.6	2.6	17.0	17.0	123.1	123.1	42.0	42.0	35.7	35.7
1961	2.8	2.6	18.6	18.0	126.4	125.2	44.5	43.1	39.5	38.8
1962	3.0	2.6	20.4	18.4	130.2	127.2	46.4	43.0	44.0	42.0
1963	3.3	2.4	22.7	18.9	134.0	130.0	48.5	44.3	47.1	43.6
1964	4.0	2.3	24.8	20.2	137.9	131.7	52.2	46.1	50.7	45.8
1965	4.7	2.3	27.1	20.4	142.2	132.8	57.4	48.3	55.6	48.6

주: 실질임금은 1960년의 물가를 100으로 하여 환산하였음.
자료: 일본은행, 《국제비교통계》.

〈표 16〉 취업상황

(단위: 천 명)

	1963	1964	1965	1966	1967
경 제 활 동 인 구	8,652	8,893	9,199	9,325	9,504
취 업 자 수	7,647	8,210	8,522	8,659	8,917
대(對)전년증가율(%)	–	3.3	3.8	1.6	3.0
실 업 자 수	705	683	677	666	590
실 업 률(%)	8.1	7.7	7.4	7.1	6.2
불 완 전 취 업 자 수	1,597	1,765	1,712	1,792	1,587
불 완 전 취 업 률(%)	20.1	21.5	20.1	20.7	17.8

주: 불완전취업자는 주당 취업시간이 30시간 미만인 자로 하였음.
자료: 경제기획원.

우리나라에서는 완전실업자 및 불완전실업자가 많다. 완전실업자는 1967년에 59만 명으로 경제활동 인구의 6.2퍼센트에 지나지 않는다 (〈표 16〉). 그러나 여기서 말하는 완전실업은 '조사기간 중 1시간도 일에 종사하지 않았으나 일할 의사와 능력을 가지고 있으며 구직운동을 행하는 자'이기 때문에 완전실업의 개념은 우리나라의 고용문제에 큰 도움을 주지 못한다. 왜냐하면 우리나라와 같이 실업보험제도가 제대로 발달하지 않은 곳에서는 실업이 현화되지 않고 잠재화되기 때문이

〈표 17〉 한국과 일본의 임금수준 비교

	단 위	연 도	제 조 업		광 업		전 기 업	
			한 국	일 본	한 국	일 본	한 국	일 본
임 금 수 준	천 원	1966	115	548	216	614	216	875
	천 원	1967	132	633	239	683	357	950
노동소득 분배율	%	1966	35.9	41.5	59.1	64.5	24.8	27.5
	%	1967	38.8	40.7	72.4	75.7	30.5	27.6
부가가치 생산성	천 원	1966	320	1,334	365	972	871	3,204
	천 원	1967	341	1,571	220	941	1,169	3,460

자료: 한국은행, 《기업경영분석》; 일본은행, 《주요기업경영분석》.

다. 즉 직업을 가지지 못하는 노동자는 그 최저한의 생활을 영위하기 위하여 제아무리 노동조건이 나쁘더라도 어떤 일에 종사하지 않을 수 없는 것이다. 따라서 우리나라의 고용문제의 핵심은 불완전취업자(잠 재실업자)에 있다고 보아야 할 것이다.

그러면 이 불완전취업자를 어떻게 파악할까? 가장 손쉬운 방법은 취업자를 주당 취업시간이 30시간 미만인 자를 추출하는 것인데, 이것에 따르면 1967년의 불완전취업자 수는 158만 7천 명에 이르며 이것은, 취업자 가운데 17.8퍼센트를 차지하고 있다.

이러한 막대한 완전실업자 및 불완전취업자군의 존재는 임금을 낮은 수준에 머물게 하는 가장 중요한 요인이다.

다음으로 노동생산성의 낮은 수준은 임금의 낮은 수준으로 이어진다. 〈표 17〉에서 보는 바와 같이, 일본과 비교해 우리나라의 종업원 1인당 부가가치 생산성이 낮기 때문에 임금수준이 낮다는 것은 하나의 명백한 사실이다. 왜냐하면 임금수준은 부가가치 생산성(부가가치액/종업원수)에 노동소득 분배율(인건비/부가가치액)을 곱한 것이기 때문에 부가가치생산성이 증가하거나 노동소득 분배율이 증가하면 당연히 임금수준은 상승하기 때문이다. 그런데 문제는 우리나라의 실질임금 수

〈표 18〉 규모별 노동생산성 및 임금의 격차(제조업)

(단위: 노동생산성임금, 천 원)

	1958				1960			
	임 금	격 차	노 동 생산성	격 차	임 금	격 차	노 동 생산성	격 차
5~29인	19	84	48	79	21	85	177	82
30~99인	22	100	55	91	23	92	198	91
100~199인	22	100	60	99	25	103	194	90
중소기업 평균	20	91 (75)	51	84 (56)	22	87 (65)	184	85 (56)
200인 이상	27	122 (100)	91	151 (100)	34	137 (100)	330	152 (100)
총 평 균	22	100	61	100	25	100	217	100

	1963				1966			
	임 금	격 차	노 동 생산성	격 차	임 금	격 차	노 동 생산성	격 차
5~29인	31	78	312	75	51	76	480	65
30~99인	37	93	403	97	61	91	623	85
100~199인	42	105	493	119	64	96	675	92
중소기업 평균	33	83 (65)	344	83 (67)	60	98 (72)	531	72 (53)
200인 이상	52	130 (100)	512	123 (100)	83	124 (100)	1,009	137 (100)
총 평 균	40	100	415	100	67	100	737	100

주: 금액은 1인당 연간 수치임.
자료: 산업은행, 《광공업센서스보고서》.

준은 생산성의 상승에도 불구하고 오히려 하강하고 있다는 사실이다.
　이와 같은 실질임금의 상승 억제는 말할 것도 없이 대기 상태에 있는 막대한 예비노동력 및 불완전취업의 만성화에서 오는 압력과 여기에 격심한 인플레에 따른 소비물가의 앙등이 가중된 데에 기인한다.
　또 저임금의 원인으로서 노동조합이 결성되어 있지 않거나, 결성되어 있다 해도 노동조합의 힘이 미약한 점을 들 수 있다. 노동조합에 의한 단체교섭이 활발하면 임금수준은 상향으로 움직이기 쉬우며 하방으로는 움직이지 않게 된다. 임금의 하방경직성이라는 것이 그것이다. 그런데 한국노동조합 총연맹은 1968년 12월 말 현재 16개 산업별 노조에 노조원 40만 4,066명(전체 근로자의 36%)을 거느리고 있을 따름이다. 뿐만 아니라 이 결성된 노동조합마저 노동자가 무권리 상태에 놓여 있음으로 해서 제 구실을 못하거나 또는 간부들이 정치적으로 이용됨으로써 본래의 사명을 다하지 못하는 경우가 많은 것이다. 이와 같은 노동조합의 미약함은 자본가와 노동자 사이의 분배의 불공평을 더욱 확대하여 임금상승을 자본가의 자의에 맡기도록 하는 하나의 큰 요인이 되고 있다.

우리나라의 임금은 저수준임과 동시에 규모별로 상당히 큰 격차를 나타내고 있다.

규모별 임금격차는 〈표 18〉과 같다. 즉 1966년에 대기업을 100으로 한 중소기업의 임금수준은 72로서, 양자 간에는 상당한 격차가 있다. 그런데 이 격차는 1958년 이후 격화되고 있다. 이와 같은 규모별 임금격차는 제품의 품질 규격과 원가 면에서 대기업에 견주어 열세에 놓여 있는 중소기업을 지탱해 온 주요인이라고 볼 수 있다. 그러면 규모별 임금격차의 원인은 무엇인가? 그것은 앞에서도 말한 바와 같이 대기업과 중소기업의 생산성의 격차 때문이다. 즉 대기업은 외자도입을 통하여 근대시설과 혁신된 기술을 도입·적용함으로써 생산성 향상이 급속한 것과 달리 중소기업에서는 아직까지도 미숙련과 과잉노동력을 발판으로 한 인습적이며 전근대적인 기업경영을 탈피하지 못하고 있기 때문에 규모별 생산성 격차가 생겨나고 이것이 임금격차를 일으키고 있는 것이다. 한편 업종별 임금격차는 〈표 19〉에서 보는 바와 같이 생산성과 노동소득 분배율의 상이에 따라 매우 심하다.

〈표 19〉 생산성의 관련지표

	단 위	연 도	제조업	광 업	전기업	건설업	도소매업	운수업	서비스업
부가가치 생산성	천 원	1966	320	365	871	492	440	200	327
	천 원	1967	341	330	1,169	973	447	301	292
임 금 수 준	천 원	1966	115	216	216	352	110	89	167
	천 원	1967	132	239	357	701	113	97	166
노동소득 분배율	%	1966	35.9	59.1	24.8	71.6	25.1	44.3	50.9
	%	1967	38.8	72.4	30.5	72.0	25.3	32.2	56.9

자료: 한국은행, 《기업경영분석》.

〈표 20〉 전국 도매물가지수

(1965=100)

	1962	1963	1964	1965	1966	1967	1962~67 연평균
총 지 수	56.0	67.5	90.0	100.0	108.8	115.8	−
(대전년상승률)	9.6	20.5	34.7	10.0	8.8	6.4	15.0
곡 물	53.3	84.5	106.7	100.0	105.0	117.0	−
(대전년상승률)	6.0	58.5	26.3	6.3	5.0	11.4	16.8
비 곡 물	56.5	64.2	87.8	100.0	109.4	115.7	−
(대전년상승률)	9.9	13.6	36.8	13.9	9.4	5.8	14.9
생 산 재	57.6	63.9	85.0	100.0	108.0	110.9	−
(대전년상승률)	9.7	10.9	33.0	17.6	8.0	2.7	13.7
소 비 재	54.9	70.0	95.1	100.0	109.4	119.4	−
(대전년상승률)	8.9	27.5	35.9	5.2	9.4	9.1	16.0
수 입 상 품	49.7	59.5	83.3	100.0	102.3	103.9	−
(대전년상승률)	8.3	19.7	40.0	20.0	2.3	1.6	15.3

자료: 한국은행, 《물가총람》.

7. 임금과 물가

우리나라는 급속한 물가상승을 경험하고 있다. 즉 〈표 20〉에서 보는 바와 같이 전국 도매물가는 1962~1967년 기간 중 연평균 15.0퍼센트의 고율로 상승하였다. 이 물가상승의 원인에 대하여 여러 가지의 견해가 있는데 그 가운데 하나는 임금상승이 노동생산성을 초과하기 때문에 물가상승이 일어난다고 하는 것으로서 이것은 현재 우리나라의 정계 및 재계의 인사들이 일상적으로 내세우는 주장이다.

이 주장의 타당성 여부는 국민의 생활에 직결되는 문제일 뿐만 아니라 국민경제의 장기적인 발전 방향에서도 매우 중요한 문제이므로 올바른 시각에서 해명하여야 할 것이다.

이 주장은 $P = W - \pi - S$의 공식, 즉 물가상승률은 명목임금 상승률에서 노동생산성 상승률과 노동소득 분배율을 공제한 것과 같다는 것을 논거로 삼아왔는데, 그 공식은 자명의 이치이다. 그런데 그들은 그 공식을 사용하여 명목임금 상승률이 노동생산성 상승률보다 크므로 (우리나라의 경우 전술한 바와 같이 정당하다) 기업은 이윤분배율의 감소를 저지하기 위해 가격을 인상하지 않을 수 없었으며, 이러한 과정에서 물가가 상승하였다고 주장하고 있다. 그러나 그들은 이 공식의 사용에서 전혀 논리적인 오류를 범하고 있다. 왜냐하면 이 공식은 그들의 주장과 같이 명목임금 상승률과 물가상승률의 인과관계를 나타내는 공식이 아니라 그 두 요인 사이의 상관관계를 나타내고 있는 데 불과하기 때문이다.

따라서 이 공식을 가지고 '임금상승 →물가상승'이라는 인과관계를 해명하는 것은 전혀 불가능하다. 그들의 주장에는 또 기업의 이윤이 감소할 위험이 있으면 그것을 보상하기 위하여 자유로이 가격을 인상할 수 있다는 것이 전제되고 있다. 즉 상품의 가격은 기업의 자유의사로 일방적으로 결정할 수 있다는 것이다. 그러나 이것은 경제원칙상 예외적인 특수한 경우이다. 왜냐하면 기업은 언제나 가격을 올려 많은 이윤을 얻으려고 희망하면서도, 한편으로는 가격인상으로 오히려 구매자를 잃고 상품판매가 부진해지지 않을까 걱정하여 가격인상을 회피하고 있기 때문이다. 그런데 이러한 예외적인 특수한 경우가 일어날 때가 있다. 즉 어떤 이유로 수요가 현저히 증가하여 가격을 인상하여도 구매자가 감소하지 않는 경우이다. 이 경우에는 임금의 상승률이 기업의 이윤을 감소시킬 위험이 있다면 기업은 그 감소를 보상할 정도의 가격인상을 할 수 있을 것이다.

그러나 이 경우에도 가격상승의 원인은 임금의 상승에 있는 것이 아니라 수요가 현저히 증가한 것, 가격을 올려도 구매자가 감소하지 않는다는 특수한 경제 사정 때문이라고 말하지 않으면 안 된다. 다시 말하면 임금이 크게 상승하여 기업의 이윤이 감소하더라도 특수한 경제 사정에 의한 수요의 현저한 증가가 여건으로 주어져 있지 않으면 기업은 자유로이 일방적으로 가격을 인상할 수 없으며, 따라서 물가의 상승은 일어날 수 없는 것이다.

그런데 우리나라의 경제는 항상 총수요가 총공급을 초과하는 저개발경제이다. 방대한 국방비를 부담하면서 개발투자를 위해 거대한 자금을 방출하는 과정에서 총수요와 총공급 사이의 격차가 더욱 확대되었기 때문에 물가의 상승은 더욱 가속화된 것이다.

이와 같이 우리나라 물가상승의 근본원인은 임금상승에 있는 것이 아니라 총수요가 총공급을 초과하고 있는 데 있다.

이제 우리는 총수요가 총공급을 초과하기 때문에 물가가 상승한다는 기본적 입장에 서서 우리나라의 물가상승률을 고찰해 보자.

총공급은 재화와 용역의 공급량을 의미하므로 실질국민총생산을 가리킨다고 볼 수 있으며, 총수요는 통화량으로 대치할 수 있으므로 이러한 두 요인을 서울 소비자물가지수와 대비시켜 보면 〈표 21〉과 같다.

결국 이러한 접근은 화폐수량설의 $MV = PT$(M: 통화량, V: 유통속도, P: 물가수준, T: 거래총량)와 비슷하며, 다만 다른 점은 통화량의 증대 때문에 물가가 상승한다는 인과개념을 염두에 두고 있는 것뿐이다. 표에서 보는 바와 같이 통화량과 실질국민총생산과의 격차(M/T)가 확대됨에 따라서 통화량 유통속도에 의한 수정을 받으면서 물가의 상승은 격화되고 있다. 대체로 말해서 통화량(총수요)의 증가율이 실질국민총생산의 성장률보다 크게 되면 될수록 물가는 더욱 상승하고 있다. 따라서 물가상승을 억제하기 위하여 임금수준을 억제할 것이 아니라 재정금융정책의 합리적 운용에 의하여 통화량의 규제를 강화하여 총수요를 조정하는 것이 더욱 문제의 핵심에 가까운 방법이라 할 것이다.

〈표 21〉 총수요와 총공급 및 물가

	단 위	1960	1961	1962	1963	1964	1965	1966	1967
실질 GNP	10억 원 (65년가격)	589.10	613.60	635.00	693.00	750.30	805.90	913.80	995.40
(지수)(T)	1960=100	100	104.20	107.80	117.60	127.40	136.80	155.10	169.00
통 화 량	10억 원	24.91	34.41	40.82	41.36	48.58	64.70	84.18	120.03
(지수)(M)	1960=100	100	140.40	166.50	168.70	198.20	264.00	343.50	489.70
M / T		100	134.70	154.50	143.50	155.60	194.40	221.50	289.80
유 통 속 도	회수	8.40	7.10	5.80	6.80	8.90	9.00	9.30	9.20
(지수)(V)	1960=100	100	84.50	69.00	81.00	106.00	107.10	110.70	109.50
서울소비자 물 가 지 수	1960=100	100	108.20	115.50	138.20	176.70	200.80	225.10	249.40

주: 유통속도는 일반은행 요구불예금 회전율로서 월평균임.
자료: 한국은행, 《경제통계연보》.

8. 맺는말

여기에서는 우리나라의 경제발전과 관련해서 노동생산성, 임금, 물가를 종합적으로 논술한다.

경제발전에서는 자본 측 요인 및 노동 측 요인의 개선향상에 따른 노동생산성의 상승이 크게 요망된다. 그런데 지금의 정책은 자본 측의 요인에 너무 집착하고 있다. 이것은 자본이 부족한 우리나라에서는 외채증가를 의미한다. 따라서 상대적으로 풍부하며 질이 높은 노동력을 합리적으로 이용하여 노동생산성을 제고시키는 방향이 크게 요망된다. 우리나라의 임금수준은 여러 가지의 요인에 따라 극히 낮은 수준을 유지하고 있다. 물론 이 저임금 노동력의 효과적 활용에 따라 공업화 및 수출증대를 달성하고 있는 것은 사실이다. 그러나 이 극단의 저임금 수준은 노동자로부터 모든 창의력과 능동적 에네르기를 말살해 버리는 결과를 초래하며 노동자의 노동의욕이나 노동능률을 급강하시킬 위험이 있다. 원래 저임금정책이란 16세기의 중상주의 시대에 유행하던 것으로 애덤 스미스의 고임금-고생산성의 증명에 따라 저임금의 이론적 타당성이 붕괴된 지 이미 2백여 년이 경과했는데도 그 낡은 사고방식이 우리나라에 널리 퍼져 있다.

더욱이 노동생산성 상승의 이익을 자본가가 전유함으로써 소득구조의 극단한 불균형이 발생하고 있다. 이러한 극단의 소득 불균형은 근로대중의 소득수준이 지극히 낮다는 것과 결합하여 국내시장의 규모를 협애화하지 않을 수 없으며, 그리하여 내포적 공업화(intensive industrialization)의 모든 시도는 실패할 가능성이 크다. 따라서 내포적 공업화의 길 외에 수출증대에 의한 공업화의 길을 걷게 되는데, 만약 지속인 수출증대의 가능성이 없다면 이 외향적 공업화도 실패할 것이다.

이와 같이 우리나라의 임금 문제는 상당히 심각한 성격을 가지고 있다. 그럼에도 임금상승은 물가의 상승을 일으키는 근본 요인이라는 그릇된 주장으로 임금상승을 억제하려 하고 있다. 우리나라의 물가상

승은 근본적으로 총수요가 총공급을 초과하는 '디맨드 풀 인플레이션'
이지 임금인상이 물가상승을 일으키는 '코스트 푸시 인플레이션'은 결
코 아니다. 따라서 물가상승을 억제한다 하여 임금수준을 억압할 것이
아니라 전반적인 수요증대, 특히 통화량의 과대방출을 억제하여야 할
것이다.

끝으로 물가상승은 경제성장의 필연적 산물이며, 오히려 경제성장
에 이로움을 준다는 말이 있는데 이것은 전혀 허무맹랑한 학설이다.
왜냐하면 우리나라의 자본축적 성향이 고리대, 재고투기, 부동산투기,
상업, 용역업에 투자, 귀금속 매입 등에 치중하게 되어 건전한 생산적
투자를 위한 저축흡수가 불가능하게 된 것은 근본적으로 인플레이션
의 진행에 말미암았기 때문이다. 또한 물가상승은 수출을 저해하며 사
회계층 간의 소득격차를 확대한다. 따라서 경제성장에서 물가수준의
안정이 반드시 필요한 전제로 되는 것이다.

《산업과 노동》(1969. 1~2)

기술진보
: 중립성의 형태를 중심으로

1. 서 언

기술진보를 극히 일반적인 형태로 정의하면 생산효율의 개선이라고 할 수 있을 것이며, 좀 더 구체적으로 말하면 생산함수의 일률적인 상방 시프트(이동)라고 할 수 있을 것이다. 따라서 기술진보는 경제성장에 대해서 커다란 의미를 갖는다. 사실 칼도어가 밝힌 바와 같이 기술진보는 저축성향, 인구성장과 함께 성장률의 추세를 결정하는 매우 중요한 요인이다.[1] 또 켄드릭, 솔로가 밝힌 바와 같이 기술진보는 1인당 산출고 증가의 매우 중요한, 아니 가장 중요한 결정요인이다.[2] 그러함에도 대체로 1950년대 초반까지 기술진보는 저축성향, 인구성장과 함

---

1) N. Kaldor, "A Model of Economic Growth," *The Economic Journal*, December, 1957, pp. 591.

2) J. E. Stiglitz and H. Uzawa eds., *Readings in the Modern Theory of Economic Growth*, 1969, pp. 119; J. G. Kendrick, *Productivity Trends in the United States*, National Bureau of Economic Research, 1961; R. M. Solow, "Technical Change and the Aggregate Production Function," *Review of Economic Studies*, August 1957, pp. 312~320.

께 성장 모델의 파라미터(매개변수)로서, 즉 다른 변수들의 변화와 무관한, 말하자면 그 변화에 따라서 변하지 않는 비경제적 변수로서 간주되고 있었다. 그러나 대체로 1950년대 후반부터는 1인당 생산성의 증가율, 즉 기술진보율은 (물론 저축률, 인구증가율도) 생산증가율에 대해서 독립변수가 아니라는 것을 점차로 인식하기 시작했다.

그리하여 본격적으로 기술진보를 경제성장이론에 도입하는 연구가 시작되었고, 또 따라서 기술진보를 포함하는 생산함수 연구가 행해지게 되었다. 분명히 기술진보를 무시하는 경제성장이론은 현실에 대한 설명력을 상실하게 되는 것은 사실이며, 또 성장에서 기술진보의 역할이라든가, 기술진보의 성격을 다루는 논문이 많이 발표되게 된 것은 사실이다. 그러나 이와 같은 연구는 역시 기술진보의 여러 가지 정의, 특히 기술진보의 중립성에 관한 정의에서 시발한 것이라고 할 수 있다. 그러기에 여기서는 기술진보의 중립성만을 다루기로 한다(기술진보의 중립성에 관한 연구는 원래는 힉스, 로빈슨, 해러드에 의해서 행해졌지만,3) 1950년대 후반에 부활되었다).

2. 중립적 기술진보의 형태

사토와 베크만4)에 따르면, '중립적' 기술진보는 9개의 케이스로 구분된다고 한다(〈표 1〉). 즉 힉스적 중립의 기술진보, 해러드적 중립의

---

3) J. R. Hicks, *The Theory of Wages*, 1932; J. Robinson, "The Classification of Inventions," *Review of Economic Studies*, February 1938; R. F. Harrod, *Towards a Dynamic Economics*, 1948.
4) R. Sato and M. Beckmann, "Aggregate Production Functions and Types of Technical Progress, A Statistical Analysis," *American Economic Review*, March 1969, pp. 88~101; 佐藤隆三, 《經濟成長理論》, 1968, pp. 111~134.

기술진보, 솔로적 중립의 기술진보, 노동결합적 중립의 기술진보, 자본
결합적 중립의 기술진보, 준힉스적 중립의 기술진보(1), 준힉스적 중
립의 기술진보(2), 자본부가적 중립의 기술진보로 구분된다고 한다(기
술진보 대신에 기술변화, 기술혁신, 발명이라는 용어를 사용해도 무방하다).
이 9개의 케이스에 대해 간단히 설명하면 다음과 같다.

〈표 1〉 중립의 분류(1)

	R	r	w
$\dfrac{K}{L}$	힉스적(케이스 I)	노동부가적(케이스 IX)	자본부가적(케이스 VIII)
$\dfrac{Y}{K}$	준힉스적(1)(케이스 IV)	해러드적(케이스 II)	노동결합적(케이스 IV)
$\dfrac{Y}{L}$	준힉스적(2)(케이스 VII)	자본결합적(케이스 V)	솔로적(케이스 III)

K: 자본, Y: 생산(혹은 소득), L: 노동, R: 한계대체율, r: 이자율(실질), w: 임금률(실질)

    단, 이하에서 전제되는 생산함수 $Y = F(K, L, t)$로 한다. 여기서 Y는
생산액(혹은 소득), K는 자본, L은 노동, t는 시간이다. 그리고 이 함
수에 포함되는 기술진보를 나타내는 변수는 $A(t)$, $B(t)$, $C(t)$로 한다.

케이스 I : 힉스적 중립(Hicks neutrality)의 기술진보

    자본-노동비가 일정한 경우에 자본의 노동에 대한 한계대체율에 변
화를 일으키지 않는 기술진보를 말한다. 자본의 노동에 대한 한계대체
율은 노동의 한계생산력-자본의 한계생산력비[5]이므로 이 비에 변화

---

5) 이는, 노동의 한계생산력을 $\frac{\partial F}{\partial L} = F_L$, 자본의 한계생산력을 $\frac{\partial F}{\partial K} = F_K$로 하면
$\frac{F_L}{F_K}$ 를 말한다. 이 노동의 한계생산력, 자본의 한계생산력은 각각 임금률(실질),

를 일으키지 않는 기술진보를 말한다. 이것은 다음의 생산함수로 표시된다.

$$F(K, L, t) = A(t)F(K, L), \ A(t) > 1$$

케이스 II : 해러드적 중립(Harrod neutrality)의 기술진보

이자율(실질)이 일정한 경우에 자본계수(혹은 소득-자본비)에 변화를 일으키지 않는 기술진보를 말한다. 이것은 다음의 생산함수로 표시된다.

$$F(K, L, t) = F(K, B(t)L), \ B(t) > 1$$

케이스 III : 솔로적 중립(Solow neutrality)의 기술진보

임금률(실질)이 일정한 경우에 노동 1인당 소득(즉 소득-노동비 혹은 노동생산성)에 변화를 일으키지 않는 기술진보를 말한다. 이것은 다음의 생산함수로 표시된다.

$$F(K, L, t) = F(B(t)K, L), \ B(t) > 1$$

이 케이스는 케이스 II 와 대칭적인 것이다.

케이스 IV : 노동결합적(labor-combining) 중립의 기술진보

임금률이 일정한 경우에 소득-자본비에 변화를 일으키지 않는 기술진보를 말한다. 이것은 다음의 생산함수로 표시된다.

$$F(K, L, t) = F(K, L + C(t)K)$$

이 생산함수가 의미하는 바는, 이와 같은 기술진보는 노동과 자본의 결합에 의해서 제3의 생산요소 $L + C(t)K$를 만들며, 노동은 이미 독립

이자율(실질)과 같다.

적인 생산요소가 아니라는 것이다.

케이스 V : 자본결합적(capital-combining) 중립의 기술진보

이자율이 일정한 경우에 노동 1인당 소득(즉 소득-노동비)에 변화를 일으키지 않는 기술진보를 말한다. 이것은 다음의 생산함수로 표시된다.

$$F(K, L, t) = F(K + C(t)L, L)$$

이 케이스는 케이스 Ⅳ와 대칭적인 것이다.

케이스 Ⅵ : 준힉스적 중립(quasi-Hicks neutrality)의 기술진보(1)

자본계수(혹은 소득-자본비)가 일정한 경우에 자본과 노동 사이의 한계대체율에 변화를 일으키지 않는 기술진보를 말한다. 것은 다음의 음복적(陰伏的) 또는 비명시적인(implicit) 생산함수로 표시된다.

$$\Phi(\frac{K}{Y}) + \frac{L}{Y} + C(t) = 0 \quad 또는 \quad \Phi(\frac{K}{Y}) + \frac{L}{Y} = C(t)$$

케이스 Ⅶ : 준힉스적 중립의 기술진보(2)

노동 1인당 소득(즉 소득-노동비)가 일정한 경우에 자본과 노동 간의 한계대체율에 변화를 일으키지 않는 기술진보를 말한다. 이것은 다음의 음복적인 생산함수로 표시된다.

$$\frac{K}{Y} + \varphi(\frac{L}{Y}) + C(t) = 0 \quad 또는 \quad \frac{K}{Y} + \varphi(\frac{L}{Y}) = C(t)$$

케이스 Ⅷ : 자본부가적(capital-additive) 중립의 기술진보

임금률이 일정한 경우에 자본-노동비에 변화를 일으키지 않는 기술진보를 말한다. 이것은 다음의 생산함수로 표시된다.

$$F(K, L, t) = C(t)K + F(K, L)$$

케이스IX : 노동부가적(labor-additive) 중립의 기술진보

이자율이 일정한 경우에 자본-노동비에 변화를 일으키지 않는 기술진보를 말한다. 이것은 다음의 생산함수로 표시된다.

$$F(K, L, t) = C(t)L + F(K, L)$$

이상 9개의 케이스는, ① 생산물 증대적(product augmenting) 기술진보 ② 생산요소 증대적(one factor augmenting) 기술진보, ③ 생산물 부가적(additive to product) 기술진보, ④ 신생산요소 창조적(creation of a new factor) 기술진보, ⑤ 음복적 혹은 비명시적 기술진보로 재분류할 수도 있다(〈표 2〉)(분배율을 기준으로 해도 9개의 케이스에 포함되지 않는 새로운 케이스는 존재하지 않는다).

〈표 2〉 중립의 분류(2)

힉스적(케이스 I)	········· 생산물(혹은 산출물) 증대적
해러드적(케이스 II) : 솔로적*(케이스 III)	········· 생산요소 증대적
노동부가적(케이스 IX) : 자본부가적(케이스 VIII)	········· 생산물 부가적
노동결합적(케이스 IV) : 자본결합적(케이스 V)	········· 신생산요소 창조적
준힉스적(1)(케이스 VI) : 준힉스적(2)(케이스 VII)	········· 비명시적(음복적)

* 해러드적 중립은 노동증대적 중립이며, 솔로적 중립은 자본증대적 중립임.

그러나 이상의 9개 케이스 외에 대체의 탄력성[6]을 기준으로 해서 분류된 4개의 케이스와 1개의 기술진보 불가능케이스가 더 있다. 즉

---

6) 자본과 노동의 대체의 탄력성 σ는

$$\sigma = \frac{d(\frac{K}{L})}{\frac{K}{L}} \Big/ \frac{dR}{R}$$

즉, $\frac{K}{L}$의 상대적 변화율을 자본의 노동에 대한 한계대체율 R의 상대적 변화율로 나눈 값을 말한다.

〈표 3〉 중립의 분류(3)

	$\dfrac{L}{K}$	$\dfrac{Y}{K}$	$\dfrac{Y}{L}$	R	r	β
$\dfrac{L}{K}$						
$\dfrac{Y}{K}$	기술진보 불가능 (케이스 XV)					
$\dfrac{Y}{L}$						
R	힉스적 (케이스 I)	준힉스적(1) 케이스(VI)	준힉스적(2) (케이스 VII)			
r	노동부가적 (케이스 IX)	헤러드적 (케이스 II)	자본결합적 (케이스 V)	기술진보 불가능 (케이스 XV)		
w	자본부가적 (케이스 VIII)	노동결합적 (케이스 IX)	솔로적 (케이스 III)			
σ	일반화된 힉스적 (케이스 X)	일반화된 헤러드적 (케이스 XI)	일반화된 솔로적 (케이스 XII)	일반화된 준힉스적 (XIII)		생산요소 증대적 (케이스 XIV)

L: 노동 K: 자본 Y: 생산액(혹은 소득) R: 한계대체율 r: 이자율(실질) w: 임금률 (실질) σ: 대체의 탄력성 β: 노동의 분배율(=1-자본의 분배율)

일반화된 힉스적 중립의 기술진보(케이스 X), 일반화된 해러드적 중립의 기술진보(케이스 XI), 일반화된 솔로적 중립의 기술진보(케이스 XII), 일반화된 준힉스적 중립의 기술진보(케이스 XIII), 생산요소 증대적 기술진보(케이스 XIV)와 기술진보불가능케이스(케이스 XV)가 더 있다(〈표 3〉). 일반화된 힉스적 중립(generalized Hicks neutrality)의 기술진보는 자본-노동비가 일정한 경우에 대체의 탄력성에 변화를 일으키지 않는 기술진보를, 일반화된 해러드적 중립(generalized Harrod neutrality)의 기술진보는 자본계수가 일정한 경우에 대체의 탄력성에 변화를 일으키지 않는 기술진보를, 일반화된 솔로적 중립(generalized Solow neutrality)의 기술진보는 노동 1인당 소득(즉 소득-노동비)이 일정한 경우에 대체의 탄력성에 변화를 일으키지 않는 기술진보를, 일반화된 준힉스적 중립(generalized quasi-Hicks neutrality)의 기술진보는 한계대체율이 변화하지 않는 경우에 대체의 탄력성에 변화를 일으키지 않는 기술진보를, 생산요소 증대적(factor augmenting) 중립의 기술진보는 소득분배율이 일정한 경우에 대체의 탄력성에 변화를 일으키지 않는 기술진보를 각각 말한다(단, 이 설명에서는 기술진보를 표시하는 생산함수는 복잡하기 때문에 생략되어 있다). 기술진보 불가능케이스는 예컨대 임금률과 이자율의 배합의 경우처럼 기술진보가 불가능한 경우를 말한다. 사실 임금률이 일정한 한, 이자율에 변화를 일으키지 않는 기술진보는 있을 수 없다.

3. 결 언

이상에서 사토와 베크만의 분류에 따라서 14개 케이스의 중립적 기술진보와 1개의 기술진보 불가능케이스를 간단히 살펴보았다. 그러나 이들 중에서 가장 널리 알려져 있는 것은 케이스 I, 케이스 II 이고, 표준적인 것은 케이스 I, 케이스 II, 케이스 III 이다. 따라서 여기서는 이 세 가지 케이스에 국한시켜서 다시 보면 다음과 같다.

힉스적 중립의 기술진보(케이스 I)는 자본-노동비가 일정한 경우(더 일반화하면 생산요소 결합비율에 변화가 없는 경우)에 자본의 노동에 대한 한계대체율에 변화를 일으키지 않는(즉 소득분배율을 일정으로 하는) 기술진보를 말하며, 그것은 생산물(혹은 산출물) 기술진보이다. 따라서 힉스에 따르면, 자본의 노동에 대한 한계대체율을 증가시키는(즉 노동분배율을 증가시키는) 기술진보는 자본절약적 기술진보이며, 자본의 노동에 대한 한계대체율을 감소시키는(즉 자본분배율을 증가시키는) 기술진보는 노동절약적 기술진보이다(노동절약적 대신에 자본사용적 혹은 자본가유리형7)이라는 용어를, 자본절약적 대신에 노동사용적 혹은 노동자 유리형이라는 용어를 사용해도 무방하다).

해러드적 중립의 기술진보(케이스Ⅱ)는 이자율(실질)이 일정한 경우에 자본계수(혹은 소득-자본비)에 변화를 일으키지 않는 기술진보를 말하며, 이것은 노동증대적 기술진보이다. 해러드는 이와 같이 이자율을 일정으로 하여 자본계수의 변화를 추구하는 방법을 취하고 있지만, 자본계수를 일정으로 하여 이자율(실질)의 변화를 추구하는 방법을 취해도 논의의 본질은 바뀌지 않는다. 즉 해러드식 정의의 방법을 거꾸로 해서 자본계수가 일정한 경우에 이자율(실질)에 변화를 일으키지 않는 기술진보를 중립적 기술진보라고 할 수 있다. 만약 이자율(실질)을 자본이윤율과 같다고 하면 기술진보가 해러드의 의미에서 중립적이면 소득분배율도 일정으로 된다. 왜냐하면, 자본계수에 자본이윤율을 곱한 것은 이윤분배율에 불과하기 때문이다. 따라서 해러드식 정의의 방법을 거꾸로 한다면, 자본계수가 일정한 경우에 자본이윤율(즉 이자율(실질))을 증가시키는(즉 소득분배율을 자본에 유리하게 하는) 기술진보는 노동절약적 기술진보이며, 자본이윤율(즉 이자율(실질))을 감소시키는 기술진보는(즉 소득분배율을 노동에 유리하게 하는) 기술진보는 자본절약적 기술진보이다.

솔로적 중립의 기술진보(케이스Ⅲ)는 임금률(실질)이 일정한 경우에 노동 1인당 소득(즉 소득-노동비) 혹은 노동생산성에 변화를 일으키지 않는 기술진보를 말하며 이것은 자본증대적 기술진보이다. 이 경우에도 거꾸로 해서 노동 1인당 소득을 일정으로 하여 임금률(실질)의 변화를 추구하는 방법을 취해도 논의의 본질은 바뀌지 않는다. 즉 '노동

---

7) 伊藤肇, 《經濟成長と所得分配》, 1971, pp. 240, 302.

1인당 소득이 일정한 경우에 임금률(실질)에 변화를 일으키지 않는' (즉 소득분배율을 일정으로 하는) 기술진보를 중립적 기술진보라고 할 수 있다. 따라서 노동 1인당 소득이 일정한 경우에 임금률(실질)을 증가시키는(즉 소득분배율을 노동에 유리하게 하는) 기술진보는 자본절약적 기술진보이며 임금률(실질)을 감소시키는(즉 소득분배율을 자본에 유리하게 하는) 기술진보는 노동절약적 기술진보이다.

이렇게 볼 때, 발명(즉 기술진보)은 그것이 노동분배율을 감소시키는가, 자본분배율을 감소시키는가, 혹은 소득분배율을 일정으로 하는가에 따라서 노동절약적, 자본절약적, 혹은 중립적이라고 불린다는 새뮤얼슨의 정의는 나올 만하다.[8] 이와 같은 기술진보의 중립성의 정의에 관한 구명은 현재 많은 관심사로 되어 있는 문제, 즉 경제가 기술진보를 수반하여 성장하고 있을 때 어떤 형태의 기술진보가 안정적 성장을 이끄는가의 문제의 해명과 가령 어떤 종류의 기술진보를 상정할 때 현실적으로 어떤 방법으로 기술진보의 속도를 추계할 수 있는가의 문제분석의 시발을 이루는 것이라고 할 수 있다.[9]

《한국경제경영논총》(박영사, 1974)

---

8) P. A. Samuelson, *Economics*, 8th edition, p. 725.
9) 다중립적 기술진보, 즉 상술한 9개 케이스의 배합형 예컨대 힉스-해러드적 중립, 힉스-솔로적 중립, 힉스-해러드-솔로적 중립 등의 기술진보에 대해서는 E. R. Brufaker, "MultiNeutral Technical Progress: Compatibilities, Conditions, and Consistency with some Evidence," *American Economic Review*, December 1972, pp. 997~1003을 참조하기 바란다.

경제성장과 기술진보

1

한 나라의 경제활동 수준을 나타내는 지표로서 경제활동의 성과인 한 나라 전체의 산출량을 사용할 수도 있으며, 또 한 나라 전체의 생산요소의 투입량을 사용할 수도 있다. 전자는 GNP 등이며 후자는 보통 총고용량이다.

그러나 대개의 경우 이 양자 가운데서 GNP가 사용된다. 따라서 한 나라의 경제성장이라고 할 때에는 GNP의 증가를, 그리고 한 나라의 경제성장률이라고 할 때에는 GNP의 증가율, 즉 '(금년의 GNP-작년의 GNP)/작년의 GNP'를 말한다.

GNP 혹은 국민총생산은 한 나라의 경제활동을 생산 면에서 파악한 것이며 한 나라에서 1년 동안 생산된 모든 경제적인 재화·서비스의 가치를 합계한 것이다.

여기서 세 가지 점에 주의하지 않으면 안 된다.

하나는 대상이 경제적인 생산물 즉 매매되는 것으로 한정된다는 것이다. 예컨대 술집에서 산 술은 GNP의 일부가 되지만 자기 집에서 만든 술은 GNP에 계산되지 않는다. 요리라든가 세탁 같은 주부의 노동은 어느 것도 GNP에 계산되지 않는다. 단, 농가의 자가소비용 농산물은 시장가격으로 평가해서 GNP에 계산된다.

둘째는 생산물의 가치를 계산할 때 이중계산을 피하는 것이다. 예컨대 빵에 대해 생각하면, 빵을 만드는 데에는 밀가루를 제분회사에서 사지 않으면 안 되며 밀가루 값에는 밀의 값이 포함되어 있다. 빵, 밀가루, 밀은 모두 경제적인 생산물이지만 이들을 모두 합계하면 밀이라든가 밀가루의 가치를 이중계산하게 된다.

GNP의 계산에는 그 의미에서 밀이라든가 밀가루 같은 원료 또는 중간생산물을 포함하지 않으며 빵과 같이 최종사용자에게 판매되는 재화·서비스(최종생산물이라고 부른다)만을 합계하지 않으면 안 된다. 이중계산을 피해 GNP를 계산하는 또 하나의 방법은 생산의 각 단계(앞의 예에서는 밀, 밀가루, 빵)에서 부가가치(생산액−원재료비)만을 합계하는 것이다.

셋째는 GNP는 명목상 화폐금액으로 표시되는 한, 예컨대 실질적인 변화가 없어도 화폐가치 변화에 따라 움직인다는 것이다. 따라서 명목 또는 경상 GNP 외에 실질 GNP가 있다. 이 실질 GNP는 명목적인 화폐금액으로 표시된 명목 GNP를 종합적인 물가지수로 보정하는 것 즉 디플레이트하는 것에 의해 얻어진다.

예컨대 1980년을 100으로 한 종합적인 물가지수가 1983년에 120일 때 1983년의 명목 GNP가 48억 달러라고 하면 1980년을 기준으로 하는 1983년의 실질 GNP는 40억 달러가 된다. 이때 사용되는 종합적인 물가지수가 곧 GNP 디플레이터이다.

2

경제학사에서 기술진보에 대해 가장 웅대한 전개를 시도한 사람은 슘페터(J. A. Schumpeter)일 것이다. 그는 기술진보보다도 넓은 기술혁신이라는 개념으로 사회적 변혁까지도 포함한 기술이 경제에 주는 일련의 충격을 설명했다(단 보통은 양자를 동일시한다).

그에 따르면 기술혁신은 ① 신제품의 창출 ② 새로운 생산방법의 발견 ③ 신시장의 개척 ④ 원료 혹은 중간재의 신공급원 획득 ⑤ 어떤 산업의 신 조직 형성 등을 내용으로 한다고 한다. 그리고 그것은 발명·혁신·모방의 과정을 밟는다고 한다.

우선 발명가가 실험실에서 무엇인가를 발명했다고 하자. 혁신적인 기업가는 이들 발명 가운데 제품화가 가능한 것으로 판단되는 것을 선택해서 그것에 의해 신제품을 만들어서 시장에 공급한다. 이때 필요한 자금의 대부분은 은행의 신용창조에 의존하게 된다. 이 기업가의 시도는 대개의 경우 실패로 끝날는지도 모른다. 그러나 성공할 경우에는 거액의 창업자 이윤을 획득한다. 이러한 기업가의 성공은 아마 많은 모방자의 쇄도를 초래할 것이다.

그리하여 실험실에서 발명가의 발명은 소수 기업가에 의해 제품화되고 그를 뒤따르는 많은 모방자에 의해 보급된다.

그러나 보통은 혹은 한정적인 의미에서는 기술진보는 슘페터의 기술혁신의 두 번째 것, 즉 새로운 생산방법의 발견을 말한다고 할 수 있다. 사실 기술진보는 자본의 질적 개선이나 자본의 사용효율 또는 생산성 향상을 말하는 것이 상례이다. 그러나 자본생산성의 향상은 노동생산성의 향상을 초래하기도 하는 것에 유의할 필요가 있다. 따라서 기술진보는 기술적 지식의 수준 향상에 따르는 생산함수(즉 생산량과 생산요소 투입량의 기술적 관계를 나타내는 수식)를 나타내는 곡선, 즉 생산 또는 산출 곡선의 상방 방향으로 이동을 말한다고도 할 수 있다.

기술진보에 관한 이런 해석은 새로운 생산기술은 그것을 구체화 또는 실제화하는 데 아무런 수단도 필요로 하지 않는다는 것을 상정하고 있다. 따라서 그 경우의 기술진보는 '구체화 또는 실체화되지 않는' 기술진보라고 할 수 있다.

그러나 생산기술 대부분은 그것을 구체화 또는 실체화하기 위한 새로운 자본재의 건설 또는 제작을 통해서만 실현 가능하다고 보는 것이 현실적인 상정이다. 이러한 상정에 바탕을 둔 기술진보는 '구체화 또는 실체화된' 기술진보라고 불린다. 바로 이런 구체화된 기술진보 분석의 기초가 되는 생산함수의 형태가 이른바 '빈티지 생산함수'이다. 여기서 빈티지(vintage)는 자본재의 건설 또는 제작 연차를 말한다.

이상의 경제학적 접근과는 달리 경영관리적 접근에서는, 기술진보는 개인이나 사회조직이 새로운 아이디어를 받아들이고 개발하고 실용화하는 전 과정으로 정의되는 것이 실정이라고 할 수 있다. 그 접근에서는 발명으로도 새로운 아이디어 자체로도 해석되지 않는 셈이다.

한편 기술진보율은 기술진보의 공헌부분이 산출량에서 차지하는 비중, 즉 기술진보에 의해 가능하게 된 산출량의 증가분을 산출량으로 나눈 값을 말한다.

3

생산곡선의 상방으로 이동은 곧 산출량의 증가를 의미하므로, 보통 또는 한정적인 의미로 보아도, 기술진보는 경제성장을 초래하는 것이 사실이다.

그러나 기술진보는 생산요소의 투입량을 절약하는 효과를 가지므로 비록 천연자원의 공급이 불변이라고 해도 그것이 증가한 것과 동일한 결과를 초래하는 한편, 새로운 천연자원의 창출을 초래한다(즉 천연자원의 제약을 타개해 준다). 이것은 곧 경제성장에 대한 공헌을 의미한다.

분명히 기술진보는 이른바 한 나라의 생산가능곡선을 상방으로 이동시킨다. 즉 경제성장을 초래한다. 생산가능곡선은 〈그림 1〉의 AB곡선을 말한다.

〈그림 1〉 생산가능곡선

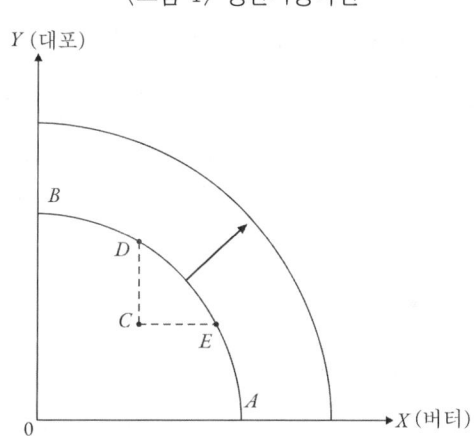

지금 경제 전체로서 이용 가능한 자원(즉 생산요소 다시 말하면 노동, 자본, 천연자원)의 양과 생산기술의 지식이 주어져 있는 것으로 하고 또 생산되는 재화(상품)는 일단 버터와 대포의 두 종류만이라고 한면 X축에 버터의 생산량, Y축에 대포의 생산량을 취함으로써 AB곡선을 그릴 수 있다.

이 AB곡선은 그것과 양축에 의해 둘러싸인 영역 안의 점으로 표시되는 두 재화의 배합(조합)은 모두 생산 가능하지만 예컨대 그림의 C

와 같은 점에서는 생산이 효율적으로 행해지고 있지 않음을 말해준다. 왜냐하면 주어진 자원의 이용 방법을 바꾸어 예컨대 E와 같은 점으로 이동하면 대포의 생산량을 감소시키지 않고 버터의 생산량을 증가시킬 수 있기 때문이다.

그뿐 아니다. 기술진보는 새로운 수요분야의 개척이라든가, 신규산업의 형성 등을 통해 산업활동을 활발하게 하고, 즉 경제성장을 촉진시키고, 또 국민생활의 향상을 초래하기도 한다.

한편 슘페터는 기술진보와 경제성장(그는 경제발전이라 하고 있다)의 관계를 어떻게 보고 있는가? 그는 기술혁신 없이는 경제성장도, 또 붐(호황)과 슬럼프(불황)의 교대현상인 경기변동 또는 경기순환도 존재할 수 없는 것으로 보고 있다. 그러기에 그의 경제성장과 경기변동에 관한 이론은 기술혁신이론으로 불리고 있다.

그는 발명→혁신적인 기업가에 의한 제품화→모방자에 의한 모방의 과정을 붐의 국면으로, 그리고 발명의 보급으로 기술혁신이 끝난 과정을 슬럼프의 국면으로 보고 있으며, 이런 붐과 슬럼프의 교대과정을 통해 장기적으로 경제성장이 실현되는 것으로 보고 있다.

어떻든 슘페터의 생산함수의 특징은 생산요소인 노동, 자본, 천연자원의 투입량과 함께 기술수준을 변수로 도입하고 있는 점에서 찾아볼 수 있다. 그에게는 기술수준의 향상, 즉 기술진보는 생산요소의 투입량의 증가와 동일한 효과를 갖고 있는 셈이다.

4

기술진보는 경제성장의 (유일한 것은 아니더라도) 유력한 원동력임에는 틀림없다. 골드스미스(M. Goldsmith)가 펴낸 책(1970)을 보아도 오늘날의 선진국의 경우 경제성장의 50퍼센트 이상이 기술진보에 의해서 이루어졌다고 한다. 또 일본의 경우에는 1960년 이후 기술진보의 경제성장에 대한 기여도는 60퍼센트나 되는 것으로 되어 있다. 그렇다면 기술진보는 경제성장을 위해서 꼭 필요한 요건이라고 할 수 있다.

그런데 한 나라의 기술진보를 실현시키는 수단으로서는 ① 기술개발(국내의 자주적 또는 독자적 기술개발) ② 외국으로부터의 기술도입(수입 또는 차용기술의 활용) ③ 기술을 갖고 있는 기업의 직접투자(경영참가) 유치 ④ 수입상품과의 접촉에 의한 자극 ⑤ 시찰·유학·훈련 등의 인적교류 등이 들어지는 것 같다. 그러나 이 가운데에서 주된 것은 기술개발과 외국기술도입임은 말할 나위도 없다. 따라서 오늘날의 후진국 또는 저개발국은 주로 이 두 가지를 놓고 어느 것을 우선하느냐의 문제에 직면하고 있다 해도 과언이 아니다.

이때 대개의 경우 2차 대전 후의 일본의 경험이 참고로 삼아지는 것 같다. 일본의 경우에는 전후에 기술도입에 적극적이었고 그러기에 전후 일본의 고도성장기의 기술진보는 수입기술에 의한 그것이라는 지적이 통설로 되어 있다시피 하다. 물론 이런 통설에 대해서 이의를 제기하는 사람도 있지만 어떻든 일본은 적극적으로 기술도입을 행했고 그것을 경제성장이라든가 경제 전체의 기술발전으로 결부시키는 데 성공한 것만은 틀림없다고 할 수 있다.

우리나라도 기술진보를 실현시키는 데 일본의 선례를 따르고 있다고 말해도 큰 잘못은 아닌 것 같다. 이것은 조사 대상기업의 60퍼센트 이상이 적극적으로 기술개발을 추진하고 있기는 하지만 기술개발투자/매출액 비율은 아직도 저수준에 머물고 있다는 한국산업기술진흥회의 최근의 실태조사 결과가 잘 실증해 주고 있다고 할 수 있다.

그런가 하면 한국은행의 최근 자료에서도 그것을 알 수 있다. 이 자료에 따르면 올해 7월 말 현재로 우리나라가 외국에서 기술을 도입한 데 따른 로열티(기술도입대가) 지급액은 9.41억 달러나 되며 올 들어서만도 7월 말까지 1.17억 달러나 된다. 그것도 지역별로는 미국과 일본에 약 73퍼센트나 의존하고 있으면서 말이다. 그리고 매년의 로열티 지급액은 최근으로 올수록 급격히 커지고 있고 또 기술도입은 업종별로는 기계·전기·전자·정유화학 등의 중화학공업에 편중되어 있다.

5

물론 어떻게 보면 오늘날의 후진국에서는 도리어 해외기술도입이 기술진보를 실현하는 수단의 주종을 이루고 있는 것이 사실이다. 한 모델에 따르면 해외기술도입의 발전은 도입기술의 실용, 소화, 개량의 3단계를 거치는 것으로 되어 있다. 그것을 표시한 것이 〈표 1〉이다 (KDI,《기술혁신의 과정과 정책》참조).

그러나 하루빨리 도입기술 의존형의 기술진보에서 벗어나야 한다. 즉 자주적 기술개발 의존형의 기술진보를 실현시켜 가야 한다. 그것은 기술 면에서 외국에 의존성을 방지하고 로열티의 지급부담을 경감시켜 주기 때문이다. 또 이제는 그동안의 외국기술도입으로 적지 않은 분야에서 자체 개발할 수 있는 기반이 상당한 정도로 마련되었다고 할 수 있기 때문이다. 그런가 하면 선진국의 첨단기술 공급에는 어느 정도 한계가 있다는 것도 또 다른 이유가 될 것이다. 이 점은 최근에 우리나라에 왔다가 간 일본의 경단련회장의 "일본 산업계의 일부에서 첨단기술의 한국 이전을 꺼리고 있는 것이 사실이다"라는 말에서 잘 알 수 있다.

우리나라에서도 1970년대 후반부터 특히 1980년대에 들어와서 기술개발이 강조되어 오고 또 여러 가지로 그것을 위한 노력이 강화되어 오고 있는 것을 모르는 바 아니다. 또 한 나라의 기술개발 능력 또는 기술개발력을 측정하는 지표로서 잘 알려져 있는 연구개발비/명목 GNP 비율, 기업체의 연구개발투자/매출액 비율, 연구자수/총취업자수 비율, 대외특허 신청건수 등을 통해서 볼 때 우리나라의 기술개발력은 아직도 매우 미약하다고 할 수 있으므로 이런 강조나 노력은 충분히 이해가 간다.

기술개발을 위해서는 1978년 OECD에서 발간한 《산업기술 혁신 촉

〈표 1〉 해외기술도입의 발전단계

발전단계 특성	제1단계 (실용기)	제2단계 (소화기)	제3단계[1] (개량, 자체 개발기)
생산개체의 설립수단	외국기술의 도입	국내기술자의 이동	국내기술자의 이동
기술적 과제의 초점	도입기술의 실천	도입기술의 소화	도입기술의 개량 및 자체 기술개발
중요한 인력자원	외국인 기술자	국내기술인력 (기술, 기능공)	국내기술인력 (과학, 기술자)
생산공정의 형태	비효율적	비교적 효율적	극도로 효율적
기술변화의 중요한 원천	일괄기술의 도입	→[2]	자체개발능력
외국기술도입의 중요한 형태	일괄집합형태	→	분리된 핵심기술
기술변화에 영향을 미치는 외적과제 환경	공급자, 정부	→	수요시장, 경쟁자
시장의 형태	보호된 국내시장	→	경쟁적 국내외 시장
연구개발의 초점	엔지니어링(E)	개발 및 엔지니어링 (RD & E)	
원료부품의 공급원	대부분 수입	→	대부분 국산
중요 정부정책	수입대체		수출촉진
국내연구개발 연구소의 역할	도입과 실천에 필요한 기술상담	도입기술의 소화에 필요한 엔지니어링[3]	연구개발

주: [1]. 도입기술의 소화 및 모방기(제2단계) 이후에 와야 할 제3단계.
　　[2]. 실용기의 특성에서 개량 및 자체개발기의 특성으로 점진적으로 변하여 간다는 표시.
　　[3]. 산업기술에 관련된 것은 엔지니어링이 주를 이루겠지만 기타의 경우 연구개발 활동이 필요한 것.

진을 위한 정책》이 많은 참고가 될 것이다. 단, 거기서는 슘페터의 경제학적 접근과는 달리 경영관리적 접근을 취하고 있는 점에 유의할 필요가 있다.

OECD 모델은 기술혁신의 촉진이 크게 기업의 능력과 기업의 환경에 달려 있다는 것을 전제로 하고(〈그림 2〉 참조), 기업의 기술혁신 성향제고를 위해서는 기업능력의 측면에서는 경제적 자금능력(위험부담 보호자금 가용성, 시장정보), 조직능력(인력의 이동, 신축성), 과학기술 능력(기존 지식의 활용, 새로운 지식의 창출)의 제고가 필요하며 기업 환경의 측면에서는 그 제고에 유리한 경제환경(호의적 시장여건, 일반적 경제상황, 인력의 이동), 조직 및 사회환경(소비자 보호, 환경보전, 피용자 보호), 과학기술환경(일반적 연구개발 노력, 혁신적 분위기, 산업연구시설의 성장, 기술정보 전파)의 조성이 필요하다는 것을 명시하고 기본적 정책

〈그림 2〉 기술혁신의 영향요인

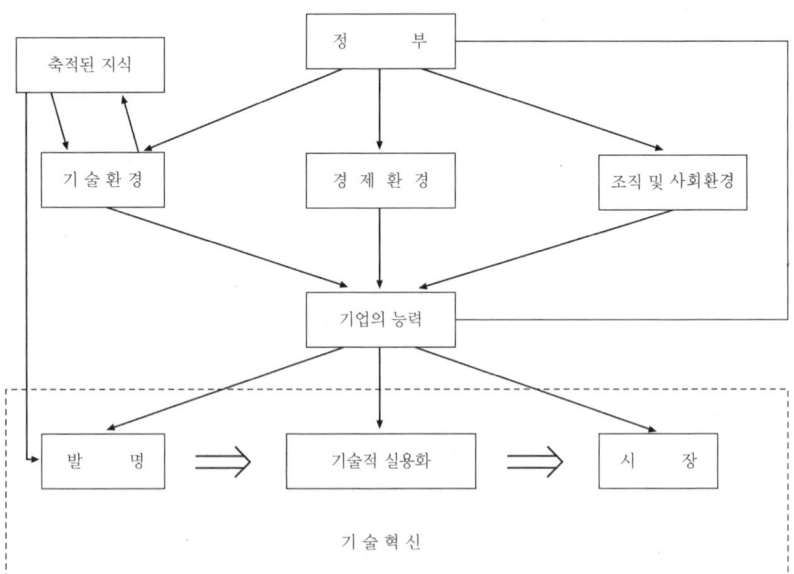

수단으로서 다음의 8가지를 들고 있다.

① 기업의 연구개발 프로젝트에 대한 직접금융(연구비 지원, 연구비
대부, 자본 공동부담 등) ② 발명보조(일반금융 유인, 개발자금지원 등) ③
정부의 정책 프로그램(공공연구 능력의 동원 및 창시, 민간연구 능력의 동
원, 산업정책에 결합된 연구개발 촉진 등) ④ 시장력 개입을 통한 기술혁
신 촉진(수요금융 타당성 조성과 통합, 공공구매 등) ⑤ 산업정책의 활용
(신규생산 기법 도입, 신규산업 창설 등) ⑥ 공공연구 개발의 산업계 접근
촉진(산업계를 위한 장기 연구개발, 연구개발 프로그램의 관리를 위한 산업
계와의 공동조정 등) ⑦ 정부 및 공공연구 결과의 기술이전(정부 연구결
과의 기술이전 연구, 거대연구 및 과학의 정보배포를 위한 제도 및 기구 등)
⑧ 산업체 간의 정보 및 기술이전(정보 및 기술이전의 중앙 매개기구, 연
구조합 등)이 그것이다.

비록 경제적 접근에 선 것이 아니라고는 하지만, 신시장의 개척도
옛날처럼 식민지가 생겨 새로운 수요가 생긴다는 것보다도, 오늘날에
는 소비자에게 구매의욕을 자극하는 형태로 제품을 바꾸거나 이제까
지 철강재를 사용하던 곳에 합성수지를 사용하는 바와 같이 됨으로
해서 급속하게 시장이 확대되는 면이 큰 점, 방대한 사무기구를 오토
메이션 장치로 대치함으로써 전반적으로 경영조직을 바꾸어 노동과
자본의 생산성을 비약적으로 증대시킨 예가 많은 점, 뜻하지 않은 창
의고안이 경영조직을 개선시키고 돈을 들이지 않고 능률 향상에 이바
지한 예가 많은 점 등을 감안할 때, 도리어 앞에서 든 것이 오늘날의
현실에 비추어 보아 더 실감을 주는 기업의 기술혁신 성향의 제고를
위한 정책수단이라고 할 수 있지 않은가 생각된다.

6

기술진보는 슘페터의 기술혁신, 그의 기술혁신에 포함되는 새로운 생산방법의 발견, 바꾸어 말하면 생산곡선의 상방 방향으로 이동, 개인이나 사회조직이 새로운 아이디어를 받아들이고 개발하고 실용화하는 전 과정 등으로 정의된다. 그러나 어떻게 정의되든 기술진보는 경제성장의 유력한 원동력임에 틀림없다. 분명히 기술진보와 경제성장은 병행관계에 있다. 기술진보는 또한 국제경쟁력을 강화시키며 수출증대를 초래하기도 한다. 따라서 각국은 기술진보에 주력하고 있으며 우리나라에서도 현재 그것이 강조되고 있다.

기술진보를 위해서는 투자증대, 유리한 사회환경, 기업환경의 조성 등이 무엇보다도 필요함은 두말할 필요가 없다. 또 기술진보는 외국으로부터의 도입기술 의존형에서 되도록 탈피하고 기술개발에 의존해서 실현되도록 하는 것이 바람직스럽다.

기술개발은 필요한 자원(자본·인원), 유리한 사회적 환경 등에 의존한다. 따라서 기술개발의 촉진을 위해서는 기업은 연구개발투자의 증대, 연구인원의 확보 등에 주력하고 정부는 그러한 기업의 노력을 뒷받침해 주는 일과 유리한 사회적 환경의 조성에 진력하는 것이 무엇보다 긴요한 일이라고 할 수 있다. 다시 말하면 기업은 기업대로 기술개발을 위해서 필요한 노력을 다하도록 하고, 정부는 정부대로 그런 노력을 하는 기업을 금융·세제 면에서 적극적으로 지원하고 기술개발에 따른 위험부담을 적극적으로 보호하는 한편 기초과학의 강화, 연구시설의 확충, 혁신적 연구분위기의 조성, 새로운 기술정보의 입수·전파의 강화 등을 지속적으로 추진해 가도록 하는 일이 기술개발에서 가장 절실한 셈이다.

이때 요는 알찬 결실에 있음을 간과해서는 안 될 것이다. 이 말은 최근에 발표된 한국산업은행이 525개 기업을 대상으로 조사한 산업기술 실태분석을 볼 때 더욱이 강조되지 않을 수 없다. 동 조사에 따르면 도입한 기술을 80퍼센트 이상 활용하고 있는 업체가 조사대상업체의 72.5퍼센트나 되지만 실제로 도입한 기술을 소화·흡수하여 공업소유권을 등록한 적이 있는 기업은 전체의 12.8퍼센트에 불과하다고 한다. 그리고 자체적으로 기술을 개발할 경우 자금부족이 가장 큰 애로요인으로 되어 있다고 한다.

《국민은행 조사월보》(1984. 12)

경제성장과 GNP의 의미

1. GNP의 특징

GNP(국민총생산)는 이미 우리에게 친숙해진 개념이다. 그러면 GNP 는 무엇을 말하는가. 한마디로 말해서 그것은 일정기간(보통 1년) 동안 에 한 나라의 국민에 의해서 생산된 순생산물을 시장가격으로 평가하 여 합계한 것이라고 할 수 있다. 여기서 생산물은 유형재뿐 아니라 사 환의 봉사 같은 무형재인 용역도 포함한다.

따라서 GNP는 다음과 같은 특징을 갖는다고 할 수 있다.

(1) 합계개념이다. 따라서 내용(혹은 구성)이 은폐된다. 지금 세 가 지 경우를 각각 75·0·0, 50·25·0, 25·25·25라고 하자, 분명히 구성에 는 차이가 있지만 합계치는 세 가지 경우 모두 75이다. GNP는 바로 이 경우의 75와 같은 합계치이다.

(2) 생산활동에서 발생한 것을 나타내는 개념이다. 따라서 기존 자 본의 단순한 등귀 혹은 저락에 기인하는 자본손익이라든가, 증여, 유 산상속, 자선 기부금, 정부 보조금 등은 포함하지 않는다.

(3) 순계개념이다. 따라서 생산에 사용된 원재료 및 연료 등의 중간

생산물(혹은 중간재)은 포함하지 않는다. 지금 노동을 투입해 생산된 10의 밀을 원료로 해서 생산된 20의 밀가루를 다시 원료로 해서 30의 빵을 생산했다고 하면, GNP는 60(=10+20+30)이 아니고, 중복된 부분인 30(=10+20)을 60에서 공제한 30(=10+10+10)이다. 말하자면 중복 계산을 배제한 값이다.

(4) 일정기간에 새로이 생산된 것을 나타내는 개념이다. 따라서 과거의 축적을 나타내는 국부에 새로이 첨가되는 부분을 나타낸다. 국부가 스톡(stock) 개념이라면 GNP는 흐름을 나타내는 플로(flow) 개념이다.

(5) 유형재뿐 아니라 무형재인 용역을 포함하는 개념이다. 따라서 용역을 포함하지 않는 애덤 스미스(Adam Smith) 등의 경우와 구별된다. 스미스는 유형재를 생산하는 노동을 생산적 노동, 무형재인 용역을 생산하는 노동을 비생산적 노동으로 구별하고, 생산적 노동에 의해서 생산되는 유형재만을 포함시키고 있다.

(6) 시장가격으로 평가된 개념이다. 즉 원칙적으로 시장에서 거래되는 재화와 용역을 가격으로 평가한 개념이다. 따라서 이에는 여가, 근무시간의 단축, 전원의 아름다움, 신선한 공기 등은 말할 것도 없고, 공해, 자연자원의 고갈, 환경 파괴, 도시 문제, 인간 소외 등이 반영되지 않는다. 그리고 시장에서 거래되지 않고 직접 소비되는 재화라든가 용역을 어느 범위까지 포함시키느냐의 문제가 야기되며, 또 어떤 특정의 기준이 되는 해의 가격 즉 불변가격으로 평가되느냐 혹은 그 해의 가격 즉 경상가격으로 평가되느냐에 따라서 불변시장가격 표시의 GNP(실질 GNP)와 경상시장가격 표시의 GNP(명목 GNP)로 나뉘게 된다. 이 가운데서 비교를 위해서는 불변시장가격 표시의 GNP나 경상시장가격 표시의 GNP를 미국 달러로 환산한 것이 사용된다.

그런데 이 GNP는 각종의 생산에 관한 기초통계를 이론에 의거해서 결합하여 추계된다. 바꾸어 말하면 GNP 통계는 제2차 통계 또는 가공통계이다.

2. 광의의 국민소득

GNP는 국민소득(광의)의 하나이다. 광의의 국민소득에는 GNP 외에 NNP 및 NI 등이 있다. NNP(국민순생산)는 기계 등 자본설비의 감가상각분을 GNP에서 공제한 것을 말하며, NI(협의의 국민소득)는 NNP에서 간접세를 빼고 보조금을 더한 것, 즉 간접세와 보조금이 없다고 규정하는 경우에 성립되는 가격인 요소가격으로 평가한 NNP를 말한다. NI는 마셜(A. Marshall)이 말하는 국민소득이다.

한편 GNP는 GNE(국민총지출 혹은 GNP에 대한 지출)와 일치한다. 이 GNE는 민간소비, 민간 총투자, 정부의 재화와 용역 구입의 합계에 해외로부터 받는 요소소득과 수출에서 해외에 지불하는 요소소득과 수입을 공제한 값을 합친 것을 말한다. 여기서 요소소득은 임금 혹은 투자수익으로서 주식배당 및 은행이자 등을 뜻한다. 이 GNE는 케인스(J. M. Keynes)가 말하는 국민소득이다.

그리고 GNP에서 해외로부터의 순요소소득, 즉 해외로부터 받는 요소소득에서 해외에 지불하는 요소소득을 공제한 값을 제외한 것이 GDP(국내총생산)이다. 따라서 해외에 지불하는 요소소득이 해외로부터 받는 그것보다 큰 경우에는 GNP는 GDP보다 작아진다. 대체로 후진국에서는 이런 현상이 일어난다고 볼 수 있다.

GNP는 생산국민소득, NI는 분배국민소득, GNE는 지출국민소득이라고 불리기도 한다. 물론 NI와 GNE의 추계방법은 GNP의 그것과 다

르지만 동일한 국민소득을 각각 생산, 분배, 지출 면에서 파악한 것이
므로, 3자는 필요한 가감을 행하면 일치하게 된다. 즉 국민소득의 삼
면등가의 원칙이 성립된다(그러나 실질국민소득의 경우에는 교역조건이
변동하고 있을 때에도 이 원칙이 성립된다는 보장은 없다고 한다).

3. GNP와 경제성장과의 관계

경제성장은 바로 국민소득 혹은 1인당 국민소득(국민소득/인구수)의
증가를 말한다. 그러나 그것은 실질국민소득 혹은 1인당 실질국민소득
의 증가로 정의되는 것이 관례라고 할 수 있다. 그런데 국민소득 가운
데 가장 널리 이용되고 있는 것은 다름 아닌 GNP이다. 따라서 보통
경제성장은 실질 GNP 혹은 1인당 실질 GNP의 증가로 알려지고 있
다. 그렇다면 보통 말하는 경제성장률은 실질 GNP 혹은 1인당 실질
GNP의 증가분을 실질 GNP 혹은 1인당 실질 GNP로 나눈 값의 백분
비라고 할 수 있을 것이다. 물론 GNP는 감소하는 수도 있으므로 마이
너스의 경제성장과 마이너스의 경제성장률도 존재한다.

이 경제성장은 생활의 향상, 고용증대(실업감소), 국부나 국력의 증
가, 국제적 지위의 향상 등을 초래한다. 그러나 경제성장과 관련해서
는 다음과 같은 점에 유의할 필요가 있을 것이다.

(1) 경제성장은 반드시 소득분배의 공평을 보장하지 않는다. 지금
한 나라에 Ⅰ, Ⅱ, Ⅲ의 3인이 살고 있고 그들의 개인소득은 각각
21(1), 29(2), 41(3), 56(4)─(Ⅰ), 20(1), 26(2), 36(3), 47(4)─(Ⅱ),
19(1), 20(2), 25(3), 32(4)─(Ⅲ)이라고 하자, 여기서 괄호 안의 숫자
는 연도를 나타낸다. 분명히 Ⅰ, Ⅱ, Ⅲ의 합계는 60(1), 75(2),
102(3), 135(4)…… 그 산술평균은 20(1), 25(2) 34(3), 45(4)로 되어,

해가 갈수록 합계와 산술평균은 증가하고 있다. 이 합계는 국민소득이고, 그것의 산술평균은 1인당 국민소득이므로, 국민소득과 1인당 국민소득은, 해가 갈수록 증가하고 있는 셈이다. 즉 경제성장이 실현되고 있는 셈이다.

그러나 그러는 가운데에서도 개인소득이 가장 큰 I과 가장 작은 Ⅲ의 소득의 격차는 2(1), 9(2), 16(3), 24(4)……와 같이 커지고 있음을, 즉 소득분배의 불평등은 확대되고 있음을 알 수 있다. 쿠즈네츠(S. Kuznets)도 이런 점에 착안하여 오늘날의 후진국에서는 분배의 공평을 위해서 사전적인 노력이 필요하다는 것을 밝히고 있음을 잊어서는 안된다.

사실 중동 산유국의 경우처럼 대부분의 국민은 빈곤하면서도 지배자에게 돌아가는 막대한 석유와 조세 등으로 해서 GNP, 나아가서 1인당 GNP의 급격한 증가, 즉 급격한 경제성장은 가능하다. 이것은 GNP의 특징 (1)과 (3)에 관련되는 것이다.

(2) 경제성장은 공해, 자연자원의 고갈, 환경 파괴, 도시 문제 등을 야기한다. 그리고 그것은 또 ① 사회적 시설이 불충실한 데에 말미암은 사적 소비와 사회적 소비 사이의 불균형, ② 생산자에 의한 욕망의 자의적인 창출, 경제성장 과정에서 생활 패턴의 변화에 의한 욕망의 강제, ③ 인간소외 등을 야기한다. 말하자면 경제성장은 그 폐해를 갖고 있는 셈이다. ②에 대해서 좀 더 설명하면 다음과 같다. 첫째 것은 경제성장에 의해서 충족되는 수요의 대부분이 경제성장 그 자체에 의해서 창출되었거나 경제성장의 수익자에 의해서 유발된 것이라는 뜻이다. 갤브레이스(J. K. Galbraith)는 이 사실을 산업은 소비자가 바라는 바를 생산하고 있는 것이 아니고 소비자가 그 생산물을 원하도록 만들고 있다고 표현하고 있다. 둘째 것은, 예컨대 영양 수준이 불충분하

면서도 국제적 전시효과(후진국 국민으로 하여금 소득수준이 더 높은 선진국 국민의 소비생활을 모방케 하는 유혹)에 영향을 받아 자동차, 냉장고, 텔레비전 등의 내구 소비재에 무리한 지출을 하게 하거나, 불건전한 여가에 빠지게 하는 것을 뜻한다. 이것은 GNP의 특징 (6)과 관련되는 것이다.

(3) 경제성장은 취약한 산업구조와 시장 및 자본의 높은 해외의존도 아래서도 실현될 수 있다. 즉 경제성장이 행해졌다고 해서 반드시 산업구조가 개선되고, 국제수지가 개선되고, 경제의 자립도가 제고되는 것은 아니다. 그리고 경제성장은 구조적 변화 즉 사회적, 문화적, 제도적 변화 없이도, 또 이중적인 경제구조 아래서도 실현될 수 있다. 우리는 그 실례를 중동, 아프리카, 중남미 등의 여러 나라에서 찾아볼 수 있다.

(4) 경제성장은 단순히 재화와 용역의 시장거래화 정도의 증대나 국민소득에 계상되지 않던 재화와 용역의 기초통계를 새로이 작성하여 그것을 계상하는 것 등에 의해서도 실현될 수 있다. 즉 생산수준의 상승에 뒷받침되지 않은 채 추계의 개선에 기인하는 데 불과한 통계상의 경제성장이 있을 수 있다. 이것은 GNP의 특징 (6)과 GNP가 기초통계에 의해서 작성된다는 것과 관련이 있다.

바로 이런 것들이 경제성장의 한계를 나타내는 것이다(GNP의 한계를 나타내는 것이라고도 할 수 있다). 이 네 가지 가운데 특히 (1)과 (2)는 1인당 GNP나 경제성장이 누구를 위한 것이냐, 즉 자기와 무슨 상관이 있느냐는 느낌을 갖는 사람이 나오게 할 뿐 아니라 여가, 소득분배, 경제성장의 폐해 등을 반영하는 지표를 필요하게 만들었다고 할 수 있다. 그리고 (3)은 경제성장과 경제체질 강화의 병진, 경제성장과 경제개발의 구별을, (4)는 실질적인 경제성장과 통계상의 경제성장의 구별을 각각 필요하게 만들었다고 할 수 있다.

현재 GNP 대신에 복지지표로서 NEW(순경제복지), GNW(국민총복지), NNW(국민순복지) 혹은 사회지표(생활수준에 관계 있는 각종 통계를 합성한 것)의 사용이 주장되고 있는 것은 사실이며, 또 OECD(유럽경제협력개발기구)는 베커만(W. Beckerman, 옥스퍼드대 교수)에게 MEW(measurable economic welfare, 가측경제복지)에 관한 연구를 위촉한 일이 있다. 베커만은 여가와 소득분배의 변화를 GNP에 반영시키는 방법에 연구를 집중했다. 그러나 그것은 아직도 어디까지나 시도 또는 연구의 영역에 머물고 있는 것에 불과하다고 할 수 있다. 그것이 일반화 또는 실용화되기까지에는 시간이 필요할 것이다.

경제체질 강화는 산업구조의 개선 또는 고도화, 국제수지의 개선, 자립도의 제고(해외의존도의 저하)를 뜻한다. 그리고 경제개발은 경제성장 플러스 구조적 변화를 뜻한다. 따라서 후진국에 필요한 것은 경제성장과 경제체질 강화를 병진하는 경제개발이라고 할 수 있다. 생산수준의 상승이 뒷받침되지 않은 통계상의 경제성장이란 전혀 의미가 없음은 말할 나위도 없다.

이렇게 보면 환경의 보호, 사회간접자본의 육성, 사회보장의 충실, 분배의 공평화, 소비자 보호 등을 생활의 질의 향상을 위한 노력이라고 할 때, 우리가 바라는 경제성장은 어디까지나 이 '생활의 질'의 향상과 경제체질 강화, 구조적 변화를 실현하는 것이며, 또 생산수준의 상승을 의미하는 것이다. 즉 생활의 질의 향상, 경제체질 강화, 구조적 변화, 생산수준의 상승이 결합된 상태이다. 그리고 이런 상태가 빠른 속도 혹은 율로 실현되는 것을 우리가 바라는 것은 재론의 여지가 없다. 이런 상태를 실현시키는 높은 경제성장률을 누군들 바라지 않겠는가.

4. 신 SNA의 도입

앞에서 본 바와 같이 국민소득은 경제성장을 측정하는 지표 또는
척도로서 사용되고 있다. 그런데 이 국민소득은 국민계정 또는 국민소
득계정으로 파악된다. 즉 국민소득 통계는 국민계정표에 의해 작성된
다. 그러나 국민계정표는 국민경제를 종합적 다면적으로, 그리고 일목
요연하게 파악할 수 있게 하는 국민경제 계산체계(SNA, system of
national accounting)의 하나에 불과하다. SNA에는 국민계정표 이외에 산
업연관표, 자금순환표, 국민대차대조표(이것은 국부통계에 의해서 작성된
다), 국제수지표가 있다. 말하자면 그것은 5개 계정표로 구성되는 셈이
다. 종래에는 이들 5개 계정표는 각각 독립적으로 작성되는 것이 관례
였다. 그러나 현재는 구미 국가들의 태반이 1968년 UN에 의해서 제안
된 신 SNA에 의거하여 5개 계정표를 동일한 개념 정의 범위에 따라서
체계적 제합적으로 작성하고 있다. 일본도 금년 제2/4분기(4~6월)
GNP 추계부터 이 신 SNA를 채택하게 되었다. 따라서 선진국에서는
종래와는 달리 다른 4개 계정표와의 관련하에 국민소득 통계표가 작
성되게 되었다. 신 SNA에 의거해서 작성된 GNP는 일본의 경우에는
명목과 실질 할 것 없이 1975년에는 종래의 국민소득계정표에 의거해
서 작성된 그것보다 2.7퍼센트 큰 것으로 나타났다.

우리나라도 이 신 SNA의 채택을 위해서 그것의 조사 및 검토를 행
하고 있는 중에 있다. 따라서 머지않아 이 신 SNA에 의거해서 작성되
는 국민소득통계가 이용될 수 있을 것이다.

UN은 또 국민소득의 국제비교에 도움을 주기 위해 빈곤국(후진국),
중진국, 부유국(선진국)이 포함된 16개국의 가격패턴과 소비패턴에 관
한 세밀한 국제비교 프로젝트(ICP)를 수행했다. 이 프로젝트는 통화에

의한 왜곡으로부터 영향을 받지 않고 실질적인 생활비와 더 밀접하게 연결된 정확한 빈부의 지표를 고안해 보려는 노력에서 나온 것인데, 사실 환율을 기초로 한 미국 달러 표시의 GNP에는 문제가 있다고 할 수 있다. 즉 IBRD(세계은행) 자료에 따르면 1976년에는 쿠웨이트의 1인당 GNP가 15,480달러로서 세계 제1위이고, 미국의 그것은 7,890달러로서 제6위이다. 그러나 과연 쿠웨이트의 국민이 미국의 국민보다 2.0배나 더 잘사느냐 하면 반드시 그렇지는 않다고 볼 수 있다. 그리고 이 1인당 GNP에서 볼 때 정상경제회담의 참가국인 7개국 가운데 미국과 캐나다만이 7대 부국에 포함된다. 캐나다는 제7위를 차지하고 있다. 그리하여 이들 국가의 환율을 기초로 하는 명목 GDP가 아니고 구매력을 기초로 하는 실질 GDP를 추산할 수 있게 되었다(여기서 말하는 명목과 실질이라는 용어는 보통 사용되는 명목 및 실질과 다른 것에 유의할 필요가 있다). 크래이비스(I. B. Kravis, 펜실베이니아대 교수) 등은 이 프로젝트의 결과를 이용하여 1백여 개국의 1인당 실질 GDP를 추산하고 있다. 이 실질 GDP를 이용할 때에는 명목 GDP를 이용할 때보다 빈곤국과 부유국의 갭은 줄어들고 있다.

5. GNP와 국민경제

우리는 이상에서 GNP와 경제성장에 관해서 알고 있을 필요가 있다고 생각되는 최소한의 것을 간단히 살펴보았다. 우리가 GNP를 사용하거나 경제성장을 생각할 때에는 이런 정도는 이해하고 있을 필요가 있을 것이다.

한마디로 말해서 GNP로 한 나라 국민경제를 파악하려고 하는 것은 마치 사람을 신장(키)으로 파악하려고 하는 것과 같다고 할 수 있다.

신장이 자라면서도 몸이 쇠약해지거나 기형적으로 되는 사람이 있듯이 GNP가 증가하면서도(경제성장이 행해지면서) 경제체질이 약화되거나 경제가 기형화해 가는 나라도 있을 수 있는 것이다. 여기서 기형화는 경제구조 혹은 산업구조의 왜곡화, 소득분배의 불평등화, 생활의 질의 악화 등을 말한다고 할 수 있다.

그리고 왕왕 우리 주위에는 경제성장만 되면 만사가 다 해결되는 것처럼 착각하고 있는 듯한 인상을 주는 사람이 있다. 그러나 결코 그런 것은 아니며 경제성장 과정에서 여러 가지 문제점을 제거하기 위해서 적극적으로 노력할 필요가 있는 것이다. 어디까지나 우리가 바라는 바는 앞에서 밝힌 것과 같이 생활의 질의 향상, 경제체질 강화, 구조적 변화, 생산수준의 상승이 결합된 상태이며 이런 상태를 실현시키는 큰 경제성장률인 것이다.

《이대학보》(1978. 9. 22)

성장인가 안정인가

성장이냐 안정이냐는 일단 경제성장이냐 경제안정이냐로 해석된다고 할 수 있다. 즉 경제성장을 우선할 것이냐 경제안정을 우선할 것이냐로 말이다. 그러나 경제안정화(economic stabilization)는 제한된 경기변동, 물가안정, 국제수지균형 및 고수준 고용과 양립되는 극대 경제성장의 촉진을 의미한다고 할 수 있다.[1] 그렇다면 지금 이상의 네 가지와 양립되는 극대 경제성장을 안정성장이라 하고, 그 대부분과 양립되지 않을 만큼 고율의 혹은 급속한 경제성장을 고도성장이라고 한다면, 성장이냐 안정이냐는 고도성장이냐 안정성장이냐로 귀결된다고 할 수 있을 것이다. 여기서 특히 유의할 것은 경제안정 우선이라고 해서 그것은 결코 경제성장을 포기하는 것을 뜻하지 않는다는 사실이다.

이 글에서는 이러한 의미부여를 할 수 있는 성장이냐 안정이냐를 물가 안정에 초점을 두고 다루기로 한다. 물가안정은 국민생활의 안정을 유지하기 위해 우선 고려하여야 할 목표라고 할 수 있기 때문이다.

영국의 필립스(A. W. H. Phillips)는 자기 나라의 화폐임금의 상승률

---

1) M. W. Lee, *Macroeconomics*, 1967, p. 462 참조.

과 실업률에 관한 장기적인 시(時)계열 자료에서 실업률이 낮을 때에는 임금상승률이 크고, 반대로 실업률이 높을 때에는 임금상승률이 작다는 사실을 찾아냈다. 말하자면 실업률과 화폐임금 상승률 사이에 비양입(非兩入)관계(트레이드 오프)가 존재함을 찾아냈다. 그리하여 이 관계를 표시하는 곡선이 '필립스곡선'이라고 불린다.

이 곡선은 최근에 와서는 한걸음 더 나아가서 경제성장률과 물가상승률 사이의 병행관계를 표시하는 것으로도 해석되고 있다. 〈그림 1〉은 이 필립스곡선을 표시하고 있다. 이것은 〈표 1〉의 내용을 도시한 것이다.[2]

〈표 1〉 실업률, 물가상승률, 경제성장률

실업률	경제성장률	물가상승률
1	5	4
2	4	2.5
3	3.5	1
4	3	0
5	2.5	0
6	2	−0.5
7	1	−1

〈그림 1〉 실업률, 물가상승률, 경제성장률

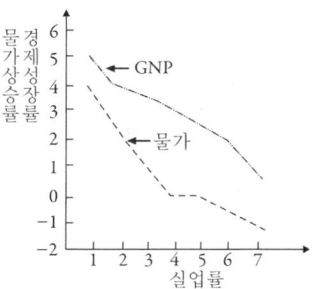

주요 선진국의 경험을 보아도 경제성장과 물가 사이에는 병행관계가, 즉 경제성장률이 크면 물가상승률도 크다고 하는 플러스의 상관관계가 성립되고 있음을 알 수 있다(〈표 2〉 참조).

2) *Ibid.*, p. 460 참조.

〈표 2〉 주요 선진국의 경제성장률과 물가상승률(1972~1977)

(단위: %)

	1인당 경제성장률			물가상승률		
	성장률	순위		상승률	순위	
		A	B		A	B
미국	10	6	5	45	6	4
일본	17	1	1	82	3	1
서독	12	4	4	32	7	5
영국	8	7		110	2	
프랑스	15	2	2	64	4	2
이탈리아	11	5		115	1	
캐나다	14	3	3	53	5	3

주: 순위 B는 영국과 이탈리아를 제외한 경우의 순위임.

이와 달리 물가상승률이 클 때에는 경제성장률은 작으며, 반대로 물가상승률이 작을 때에는 경제성장률이 큰 경우도 있다. 말하자면 물가상승률과 경제성장률 사이에는 역병행관계가, 즉 마이너스의 상관관계가 성립된다고 할 수 있다. 전자는 최근에 일본이 겪은 스태그플레이션에 의해서, 그리고 후자는 1953~1960년의 미국, 영국, 서독, 일본, 이탈리아의 예에 의해서 각각 잘 실증되었다고 할 수 있다(〈표 3〉 참조).

그렇다면 물론 경미한 인플레이션은 고율 경제성장을 위해서 불가피하다고 하는 입장이나 인플레이션은 고율의 경제성장을 위해서 바람직한 자극제가 된다고 하는 적극적인 입장을 취할 수도 있지만, 도리어 물가안정이 고율의 경제성장의 기반이 된다고 할 수 있지 않을까? 어디까지나 물가안정은 고율의 경제성장을 위한 필요불가결한 전제조건이라고 할 수 있을 것이다.

〈표 3〉 경제성장률과 물가상승률

(1) 일본 (단위: %)

	경제성장률		물가상승률	
	명목	실질	도매	소비자
1970	17.3	10.4	3.6	7.2
1971	11.7	7.3	−0.8	6.3
1972	16.1	9.8	0.8	4.4
1973	22.1	6.4	15.8	11.8
1974	17.9	−0.2	31.4	24.3
1975	9.7	3.4	3.0	11.9
1976	13.1	5.7	5.1	9.3
1977	11.3	5.4	1.8	8.1
1978	12.0	7.0	−	−

(2) 미국, 영국, 서독, 일본, 이탈리아(1953~1960) (단위: %)

	1인당 경제성장률	도매물가상승률
미 국	6	9
영 국	18	13
서 독	48	7
일 본	68	1
이탈리아	44	−1

인플레이션의 원인으로는 주로 초과수요 또는 수급(需給) 갭과 과도한 임금인상 및 관리가격 인상의 두 가지를 들 수 있다. 그리고 인플레이션의 원인으로서 전자를 드는 설을 디맨드 풀(demand-pull)설, 후자를 드는 설을 코스트 푸시(cost-push)설이라고 한다.

초과수요는 고율의 경제성장에 의해서 야기됨은 말할 나위도 없다. 사실 경제성장률이 매우 클 때에는 급속한 수요증가를 통해서 초과수요가 야기된다. 그리고 또한 노동력의 부족현상, 일부 품목의 수요구조 변화에 따른 공급의 적응불능 현상 등이 야기되기도 한다. 그러나 초과수요는 기타 요인에 기인하는 통화팽창 등에 의해서도 야기될 수

〈표 4〉 경제정책의 목표와 수단

		완전고용	물가안정 (인플레이션대책)	국제수지개선 (적자감소)	생산확대 (경제성장)
재정	재정수지	흑자감소 (적자증가)	흑자증가 (적자감소)	흑자증가 (적자감소)	흑자증가 (저축증가)
	세출	증액	감액	감액	증액 (경제기반, 교육 등)
	세입	감세	증세	증세	감세
금융	금리	인하	인상	인상	인하
	신용통제	완화	강화	강화	완화
환 율		-	평가절상	평가절하	평가절하
직접 통제	수입통제	제한	완화	제한	완화
	수출통제	완화	제한	완화	수출설득
	가격통제	완화	인상제한	인상제한	인상제한
	임금통제	완화	인상제한	인상제한	인상제한
	투자통제	완화	제한	제한	완화
제도 변경	이전지출 제도	-	-	-	-
	조세제도	간접세 사용 권한의 확대	간접세 사용 권한의 확대	간접세 사용 권한의 확대	개혁 (간접세, 법인세)
	경쟁조건	-	-	-	경쟁제한규제설정 (독점금지법의 활용)

있다. 이러한 초과수요가 존재하지 않아도 노동조합과 기업이 독점력을 갖고 있을 때에는 임금의 인상과 관리가격의 인상은 가능한 것이다. 따라서 이들을 인플레이션의 원인으로 주장할 수 있다. 그러나 이들 중에서 전자가 활발하게 논의되기 시작한 시기나 나라 수에서 빠르며 또 훨씬 많다. 과도한 임금인상이 새로운 인플레이션의 원인으로서 활발하게 논의된 것은 이미 1950년대에 들어서부터의 일이며, 또 많은 구미 국가들에서였다. 이와 달리 과도한 관리가격의 인상이 논의된 것은 주로 1957년 이후의 미국에서였다.

한편 인플레이션의 대책으로서는 재정정책, 금융정책, 환율정책, 직접 통제, 제도 변경 등을 들 수 있다. 이들의 구체적 내용 가운데 주요한 것을 표시한 것이 〈표 4〉이다.3) 이들이 인플레이션의 원인으로서의 초과수요와 과도한 임금인상 및 관리가격 인상에 대처하기 위한 것들임은 재론의 여지가 없을 것이다.

그러나 인플레이션의 대책과 관련해서는 '인플레이션 예상의 제거가 관건'이라는 랭커스터의 말4)과 다음의 〈맥크라켄 보고서〉(McCracken Report)의 구절에 특별히 유의할 필요가 있을 것이다. 이 보고서는 1977년 6월에 OECD 가맹 8개국의 8명으로 이루어진 전문가 그룹(위원장은 맥크라켄)에 의해서 제출된 《완전고용과 물가안정을 향해서》(*Toward Full Employment and Price Stabilization*)를 말한다. 이것은 1970년대에 현저하게 된 스태그플레이션의 원인을 분석하여 불황으로부터 벗어나서 다시 완전고용과 물가안정으로 되돌아가기 위한 경제정책의 목표를 논하고 있는 것인데, 그 가운데 특별히 유의할 필요가 있다고 생각되는 "정책의 기본적인 목표는 적정의 성장률로 돌아가 높은 고용을 달성하는 것이지만 이 목표는 인플레이션을 제압할 수 없는 한 달성할 수 없다. 사람들은 인플레이션에 대해서는 종래보다도 높은 율이 지속되리라는 예상을 갖고 있고, 생산이라든가 고용에 대해서는 이전보다 비관적인 전망밖에 갖고 있지 않기 때문에 이 목표를 달성하기 위한 환경조건은 매우 나쁘다. 따라서 초기에는 인플레이션율이 저하할 때까지 완만하고 지속적인 확대를 도모해 가야 한다. 급속한 회복은 인플레이션의 재연(再燃)을 가져올 우려가 있으며 그 결과로 경기 회복을 중단시키게 한다……"라는 구절이 있다.5)

그리고 물가안정은 어디까지나 물가수준의 안정이지 개별가격을 기계적으로 고정하는 것이 아니라는 점에 대해서도 유의할 필요가 있다.

3) E. S. Kirschen et al., *Economic Policy in Our Time*, 1964(일역)에서 발췌.
4) K. Lancaster, *Modern Economics: Macroeconomics*, 1973, p. 504.
5) 金森久雄, 香西泰 편, 《日本經濟讀本》, 1978, p. 289.

물가안정은 부단히 개별가격이 변하면서도 총체로서 일반 물가수준이 안정되어 가는 상태를 의미한다.

현재 우리가 겪고 있는 인플레이션은 기본적으로는 고율의 경제성장에 따른 수요의 급속한 증대에 기인함은 분명한 일이다. 그러나 고율의 경제성장에 따른 노동력 부족과 농수산물 등의 일부 품목의 수요구조 변화에 따른 공급의 적응불능 등에 기인하는 것도 사실이다. 경제성장률은 1976년, 1977년에 각각 15.5퍼센트, 10.3퍼센트인데다가 금년에도 10퍼센트를 상회할 것으로 예상되고 있다. 이렇게 3년간을 계속해서 10퍼센트 이상을 상회한 일은 이제까지 없었다.

따라서 인플레이션의 대책으로서는 우선 경제성장률의 하향조정을 들 수 있을 것이다. 비록 경제성장률을 낮춘다고 하더라도 제1차산업 광업 및 중소기업처럼 고용흡수 효과가 큰 산업을 적극적으로 육성하기만 하면 경제성장률은 높으면서도 고용흡수 효과가 작은 산업을 적극적으로 육성하는 경우보다도 더 많은 고용증대를 가능케 할 것이다. 따라서 필요할 때에는 일시적으로 혹은 일정기간 동안 경제성장률은 하향조정 할 수 있을 것이다. 그리고 금융정책과 재정정책을 통해서 수요를 적절하게 관리할 필요가 있으며, 또 노동력 부족의 해결과 농수산물 등의 일부 품목 공급 확대를 꾀하여야 할 것이다.

그러나 인플레이션은 작년에 있은 통화팽창, 주로 금년 초부터 있기 시작했다고 할 수 있는 왕성한 건축활동과 부동산 붐, 인플레이션 예상, 환물심리의 작용, 통화팽창 예상 등에 기인하기도 한다는 사실을 간과할 수 없다. 따라서 인플레이션의 대책으로서는 통화팽창의 억제 또는 철저한 통화관리, 부동산투기 억제, 인플레이션 예상의 진정 등을 들 수 있을 것이다. 이 가운데서 부동산투기 억제는 이미 8·8조치, 즉 부동산투기 억제와 지가안정을 위한 종합대책으로 실시 중에 있다.

이 조치는 인플레이션 예상과 환물심리의 진정에도 도움을 주는 것이라 할 수 있지만, 그 진정을 위해서는 그 외에 역시 물가안정을 위한 정부의 강한 의지표명과 적극적인 노력이 필요하다고 할 수 있을 것이다. 이와 관련해서 랭커스터의 말이나 〈맥크라켄 보고서〉의 구절을 상기할 필요가 있을 것이다.

통화팽창의 억제를 위해서 금융정책과 재정정책이 동원되어야 함도 말할 나위 없다. 재정 부분에서 철저한 통화관리가 필요할 것이다. 그러나 통화팽창의 억제를 위해서는 해외 부문에서 원천적으로 계획치 이상의 통화증발을 야기시키지 않도록 하는 조치를 취하는 것이 필요할 것이다. 그 조치로서는 외화예치제의 실시 확대, 외화의 필요원자재 수입에 활용, 차관도입의 억제, 외화의 산업에 링크 등을 들 수 있을 것이다. 물론 이 조치에는 어려움이나 문제가 있을 것이다. 그러나 적어도 확실한 외화수입의 액수가 예상되는 동안에는 이들 조치를 한 번 생각해 볼 만한 것이라고 할 수 있을 것이다.

그러나 이 밖에도 인플레이션의 대책으로서는 소비억제의 적극적인 추진, 경영합리화의 적극적인 추진 또는 장려, 수입의 활용 등을 들 수 있을 것이다. 소비억제는 수요억제를, 기술개발 및 노동생산성 향상 등의 경영합리화는 원가절하를, 수입은 공급증대와 통화환수를 각각 초래한다. 물론 소비억제는 저축여력을, 경영합리화는 국제경쟁력의 강화 및 임금인상의 흡수를, 수입은 국내산업과 기업의 국제경쟁력 강화 및 소비자 보호를 실현시키기도 한다.

소비억제를 위해서는 역시 국제적 전시효과의 슬기로운 방지를 빼놓을 수 없을 것이다. 사실 이 효과의 슬기로운 방지는 건전한 소비풍토의 조성을 통해서 소비억제에 기여한다고 할 수 있다. 이 효과의 슬기로운 방지를 위해서는 조세정책은 말할 것도 없고, 사회 지도층 인

사의 건전한 소비생활에서 솔선수범과 외자도입정책, 수입정책, 수입
대체산업 육성정책, 매스컴정책, 출판정책 등에서 그것에 대한 특별배
려가 필요하다고 할 수 있을 것이다.

경영합리화의 장려를 위해서는 연구개발투자, 기술도입, 기업공개
등을 적극적으로 지원하는 것이 필요할 것이다.

수입의 활용은 국제수지 불균형의 확대를 초래하지 않는 범위 내에
서 행해져야 할 것이다. 물가안정만을 위한다면 국제수지 불균형의 확
대도 불사하겠지만 경제안정은 국제수지의 균형을 요청하고 있는 것
이다. 수입은 국내산업과 기업을 도리어 위축하는 수도 있고 또 소비
를 조장하는 수도 있다. 따라서 일시적으로 행해지는 경우나 농수산물
과 같이 그 공급이 비탄력적인 경우를 제외하고는 수입의 활용은 어
디까지나 신중하게 행해져야 할 것이다. 그리고 수입은 수요억제, 철
저한 수급점검을 전제로 해서 활용되어야 할 것이다. 고삐 풀린 것 같
은 수요에 공급을 맞추려고 하는 것이 아닌 한, 일단 수요억제를 도모
해 가면서 그래도 부족한 공급을 수입으로 메워가도록 하며 지나친
수출로 말미암아 거꾸로 수입해 오지 않을 수 없는 우를 범하지 않기
위해 수급 점검을 철저히 해가도록 하는 것은 바람직한 일이라고 할
수 있을 것이다.

끝으로 필요한 경우에는 직접통제, 제도변경 등(〈표 4〉 참조)이 인플
레이션의 대책으로서 활용될 수 있을 것이다.

그러나 이러한 인플레이션 대책과 병행해서 인플레이션은 고율의
경제성장의 필연적인 수반물이라든가 고율의 경제성장 아래서는 어느
정도의 인플레이션은 당연하다고 하는 인플레이션에 대한 관용적인
풍조의 불식을 위한 노력이 지속적으로 추구되어야 한다는 사실을 망
각해서는 안 될 것이다. 인플레이션을 감수하여야 한다는 더 적극적인

주장은 말할 것도 없이 불식되어야 할 것이다.

〈그림 2〉 이동안정화대(帶)

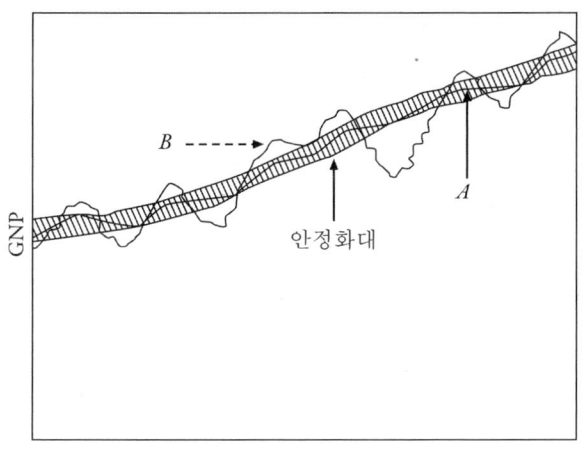

우리가 바라는 바는 물론 고율의 경제성장과 물가안정의 양립, 말하자면 작은(혹은 낮은) 물가 상승률에서의 큰(혹은 높은) 경제성장률의 실현이라고 할 수 있다. 그러나 그것은 어디까지나 제한된 경기변동 속에서 실현하는 것, 즉 〈그림 2〉의 *A*선 모양으로 실현되는 것,[6] 급격한 무역수지 불균형의 확대를 초래하지 않는 것, 높은 수준의 고용을 유지 또는 실현시키는 것임은 말할 필요도 없다. 결국 우리는 고수준 혹은 고율의 안정성장을 바란다고 할 수 있다. 그리고 그 실현을 위해서 필요한 때에는 언제나 일시적으로 혹은 일정기간 동안 경제성장률을 하향조정할 수 있음도 재론할 나위가 없다.

그렇다면 각 정책수단 간의 비양입관계를 감안하면서(〈표 4〉 참조) 필요한 조정을 가하여 고율의 안정성장을 추구할 필요가 있다고 할

---

6) M. W. Lee, *op. cit.*, p. 469 참조.

수 있을 것이다. 일시적인 혹은 일정 기간 동안의 경제성장률의 하향 조정도 불사하면서. 대체로 우리가 바라는 바의 상태에 가깝다고 볼 수 있는 상황은 1955~1960년의 서독, 1966~1970년의 일본, 1976년 이후의 대만에서 찾아 볼 수 있지 않을까 생각된다(앞의 〈표 1~4〉 참조). 상기의 표에서 우리 경제는 아직도 이 상태에서 꽤 떨어져 있음을 알 수 있을 것이다.

《중앙대 개교 60주년 기념 경제문제 심포지움 논문집》(1978. 10)

제2장 에세이/칼럼

경제성장과 고용증대

잘 알고 있는 바와 같이, 우리나라는 1962년부터 경제개발 5개년계획을 실시하였다. 그리하여 국민총생산은 1962~1968년 기간 중에 연평균 9.1퍼센트씩 증가했으며, 1963~1968년 기간 중에는 연평균 10.0퍼센트씩 증가하였다. 그리고 1인당 국민총생산도 연평균으로 각각 6.3퍼센트와 7.3퍼센트씩 증가하였다. 이것은 1963~1968년 기간 중에 국민총생산이 62.7퍼센트 증가한 것과 1인당 국민총생산이 43.4퍼센트 증가한 것을 의미한다.

고용도 같은 기간에 증가하여 1968년에는 취업률은 94.9퍼센트, 취업자 수는 926만 1천 명으로 되었다. 이것은 1963년에 비해서 16.5퍼센트의 고용증가를 의미한다. 그리고 산업별 취업자 구성비도 1963년의 제1차산업 63.2퍼센트, 제2차산업 11.1퍼센트, 제3차산업 25.7퍼센트에서 1968년에는 52.5퍼센트, 17.4퍼센트, 30.1퍼센트로 변화하였다. 동 구성비에서는 농림업(52.5%)이 단연 큰 비중을 차지하고 있고, 서비스업(14.3%), 상업(13.9%), 제조업(13.8%) 등도 각각 비교적 큰 비중을 차지하고 있다. 이들 네 산업의 비중은 전 산업의 90퍼센트나 된다. 농림업이 영세규모의 가족경영으로 행해지고 있고, 상업에도 영세적인 가족경영이 많고, 제조업에도 가족경영이 큰 비중을 차지하고 있는 중소규모가 그동안 50퍼센트를 초과해 오고 있음은 주지의 사실이다.

취업률이 94.9퍼센트이므로 1968년의 실업률은 5.1퍼센트이며, 완전실업자 수는 49만 6천 명이다. 이와 같이 공식 통계에 따르면 실업률은 매우 낮다. 그러나 여기서 말하는 완전실업자는 "조사기간 중 1시간도 일에 종사하지 않았으나 일할 의사와 능력을 가지고 있으며 구직운동을 하고 있는 자"이기 때문에 우리나라와 같이 실업보험제도가 제대로 발달하지 않고 있고 빈곤한 노동자층이 광범하게 존재하는 곳에서는 실업률이 낮아지는 것은 도리어 당연한 일이다.

왜냐하면 실업으로 인해서 곤궁한 노동자는 그 최저한의 생활을 유지하기 위해서 제아무리 노동조건이 나쁠지라도 어떤 일에 종사하지 않을 수 없기 때문이다. 따라서 실업률이 매우 낮은 것은 고용상태가 양호함을 나타내는 것이 아니고, 거꾸로 그것이 매우 불량함을 나타내는 것에 불과하다. 그뿐 아니라 우리나라에는 각 산업에 걸쳐서 광범하게 불완전취업자층 혹은 잠재실업자층(3백만을 넘는 것으로 추산된다)이 존재하고 있음을 부인할 수 없다. 이와 같은 불완전한 취업상태는 우리나라의 산업구조와 불가분의 관계에 있는 것이지만 이것은 또 경제 사회구조와 밀접하게 관련한다.

일반적으로 경제성장과 고용의 관계로서는 다음의 두 가지를 든다.

경제성장률은 1인당 국민소득성장률과 인구증가율의 합계로 표시된다. 물론, 인구증가율은 그대로 고용증가율이 되지 않는다. 그러나 인구증가율과 고용증가율이 같다고 하면 경제성장률과 고용증가율이 병행하는 것, 즉 경제성장률이 커지면 고용증가율이 커진다는 것을 알 수 있다.

노동 생산성의 상승으로 말미암아 경제성장률이 증가해도 도리어

고용증가율이 감소하는 경우도 생각할 수 있다. 그러나 미국에서 보는
바와 같이 생산성 향상과 고용증가를 동시에 이룰 수 있다.

다음에 경제성장에 따라서 제1차산업 인구(제1차산업 취업인구)의 비
중은 낮아지고 제2차, 제3차산업 특히 제3차산업 인구가 증대한다는
것이 알려져 있다. 이것은 클라크(C. Clark)의 이름을 따서 '클라크법
칙'이라고 불린다.

앞에서 본 바와 같이 1963~1968년 기간 중에 국민총생산이 62.7퍼
센트 증가한 데 대해서 취업자는 16.5퍼센트밖에 증가하지 못하고 있
다. 이것을 다시 산업별로 보면 부가가치가 제1차산업에서는 22.3퍼센
트, 제2차산업에서는 131.3퍼센트, 제3차산업에서는 66.3퍼센트 증가
한 데 견주어 취업자는 제1차산업에서는 3.1퍼센트 감소하고 있고, 제
2차, 제3차산업에서는 각각 81.4퍼센트, 36.6퍼센트 증가하고 있다. 따
라서 그간의 경제성장은 고용의 증가를 수반하는 것이었다고 할 수
있다. 그러나 경제성장에 견주어 고용증가는 극히 미미하다.

또 앞에서 본 바와 같이 제2차, 제3차산업 인구율이 높아진 것만은
사실이다. 그러나 우리나라의 경우 제3차산업 가운데에는 영세적인 가
족경영이 큰 비중을 차지하고 있는 상업과 서비스업이 포함되어 있다.
따라서 제3차산업 인구율이 높은 것을 가지고 곧 서구식으로 고용구
조의 근대화의 지표로 간주하는 데에는 문제가 있다.

전 취업자 가운데서 고용자, 즉 근대적인 고용관계 아래 일정한 임
금을 받고 있는 취업자가 차지하는 비율(고용자의 비율)이 높을수록 근
대적인 고용구조를 지닌 사회로 간주된다. 사실 전형적인 자본주의국
인 영국에서는 취업자 중에서 차지하는 가족종사자의 비율은 0.2퍼센
트에 불과하며 고용자의 비율은 90퍼센트에 달하고 있다. 그런데 우리
나라에서는 1968년에 가족종사자 비율은 27.7퍼센트나 되고, 고용자

비율은 36.4퍼센트(상근고용의 비율 19.4%, 임시고용의 비율 5.6%, 일일고용의 비율 11.4%)에 불과하다. 이에서 알 수 있는 바와 같이 우리나라의 고용구조는 비근대적이다. 그러나 근대적 산업부문의 고용구조는 비교적 근대적인 것임에 틀림없다. 따라서 고용구조도 이중성을 갖고 있다고 할 수 있다.

그동안의 고용증가를, 1963~1968년의 평균에서 고용자 비율이 80퍼센트 이상의 산업 Ⅰ, 그 비율이 20퍼센트 이하의 산업 Ⅱ, 및 그 중간에 위치하는 산업 Ⅲ으로 나누어서 볼 때, 1963년에 대한 1968년의 고용증가율은 산업 Ⅰ에서 32.6퍼센트, 산업 Ⅱ에서 87.0퍼센트, 산업 Ⅲ에서 4.5퍼센트이다. 여기에서 산업 Ⅰ은 광업, 건설업, 전기업, 운수업, 서비스업을, 산업 Ⅱ는 제조업을, 산업 Ⅲ은 농업과 상업을 포함하며, 전 취업자 가운데 차지하는 그들의 비율은 각각 21.6퍼센트, 12.8퍼센트, 65.6퍼센트이다. 이에서 알 수 있는 바와 같이 고용자의 비율이 높은 산업 Ⅰ에서는 그다지 크게 고용이 증가되지 않았다.

다음에 고용증가를 종사상 지위별 구성에서 볼 때 1968년에는 1963년에 견주어 고용자는 38.5퍼센트(상근고용은 85.2%, 임시고용은 41.5%, 일일고용은 104.5%) 증가한 데 비해서 자영업주는 9.8퍼센트, 가족종사자는 2.6퍼센트 증가하였다.

이미 앞에서 말한 바와 같이 우리나라에는 불완전취업자층이 상당히 많다. 이 불완전취업자층이 많은 것은 고용구조가 비근대적인 데 기인한다. 따라서 고용구조만 근대화되면 불완전취업자층은 해소될 것이다. 그런데 비근대적인 고용구조가 지속되는 큰 원인의 하나는 인구 또는 노동력인구의 증가에 견주어 경제성장이 불충분한 데 있다. 만약 근대적 산업부문의 성장률이 크고 이 부문에서 농업이라든가 상업 및 중소기업으로부터 대량의 노동력을 흡수할 수 있다면 농업, 상업, 중소기업의 고용구조의 근대화는 진행될 것이다.

결국 이렇게 보면 어떻게 하면 높은 경제성장률을 지속시키느냐가 고용증가, 고용구조의 근대화, 불완전취업자층의 해소를 위한 관건이 되는 셈이다. 거기에 우리나라는 부단히 과잉인구의 압력을 받고 있다. 고로 더욱더 고도성장의 지속이 절실히 요청된다. 그뿐 아니다. 앞에서 말한 바와 같이 경제성장과 고용증가는 반드시는 일치하지 않지만 경제성장률이 큰 발전적 경제에서는 그것이 일치한다.

그러면 높은 경제성장률의 기본 동인은 무엇인가. 역시 그것은 높은 투자수준이 아닌가 생각한다. 그러나 투자의 급격한 증대는 인플레와 국제수지 악화의 위기를 수반함으로써 도리어 장기적으로는 경제성장률을 낮추게 되어 완전고용의 달성을 지연시킬 수 있다. 따라서 장기적인 성장정책의 목표는 경제성장의 극대화와 안정화를 어떻게 조화시키는가에 있다고 할 수 있다.

그런데 안정적 성장을 위해서는 저축의 범위 내에서 투자가 필요하므로 결국 저축(국내저축)의 증대, 즉 자본축적이 관건이 되는 셈이다. 이렇게 보면 높은 자본축적을 통한 높은 안정적 성장, 바로 이것이 장기적으로 본 우리나라 고용정책의 기본선(基本線)이 된다. 따라서 높은 안정적 성장을 장기적으로 추구해 가면서 불완전취업자층의 해소와 새로이 추가되는 노동력의 흡수를 꾀하여야 할 것이다. 그리고 동시에 불완전취업자층이 머무르고 있는 농업, 상업, 중소기업 같은 부문 자체의 근대화도 서둘러야 할 것이다. 그러나 우리나라의 현 실정에서 볼 때 어떠한 고용정책도 단기적으로는 별로 커다란 성과를 올리지 못할 것이고, 장기적으로 비로소 성과를 올리게 되어 있다. 따라서 현재 필요한 것은 장기적으로 본 고용정책의 기본선을 제대로 설정하는 일이라는 것을 잊어서는 안 될 것이다. 《조선일보》(1969. 12)

경제성장과 소득격차 해소

19세기 영국의 경제발전 방식은 부의 불균등분배 및 저임금→높은 저축→높은 경제성장이었다. 그리고 오늘날의 선진국들은 대체로 이 패턴을 밟아왔다. 특히 일본은 메이지유신에서 시작하여 2차 대전 전까지 대체로 이 패턴을 밟아왔다고 할 수 있다. 그래서 그런지는 모르겠지만 우리 주위에서도 이런 패턴의 경제성장을 주장하는 사람들을 흔히 본다. 그러나 이들은 과언인지는 모르나 일종의 시대착오주의자라고 아니할 수 없다. 왜냐하면 그 당시와 오늘날 사이에는 많은 시간적인 차이가 있어서 당시는 근면 저축을 미덕으로 간주한 것이라든지, 기업가 지주들의 전진적 자세라든지, 전시효과가 크게 작용되지 않았다든지, 또는 일반대중의 교육수준 또는 의식수준이 낮아 경제의 성과 배분에서 소외감이 작았다는 등등 기업가 및 소비대중을 둘러싼 사회적 여건이 지금과 크게 달랐기 때문이다. 이러한 점을 간과하지 않는 한, 결코 과거 영국식 경제발전 방식을 그대로 오늘날의 저개발국가에 적용시킬 수가 없다.

흔히 인구과잉형 저개발국가에서는 농업 부문에 방대한 실업자 및 불완전취업자(위장실업자)층이 존재하기 때문에 공업화를 추진하여 그들을 농업 부문으로부터 흡수해야 된다고 한다. 우리나라도 인구과잉형 국가로서 이와 같은 방향에 맞추어 공업화를 추진해 왔다. 그러나 지금까지의 공업화를 돌이켜볼 때 공업화가 경제개발을 위한 수단임에도 불구하고 그것을 목적인 양 착각한 것 같은 느낌이 든다. 그 때문에 경공업 우선개발에 기울었고, 그것은 경제의 자립적 기반을 아직도 구축하지 못하게 하였으며, 최근에는 또한 매년 2억 달러 가량의 식량을 외국에서 사들여 오는 등 중공업개발과 농업개발을 결국 제3차 5개년계획으로 미루는 결과를 초래하였다.

그리고 경제성장을 국민소득의 증가로 파악할 때 경제성장률은 소득 증가율임에 불과하게 된다. 그런데 국민소득은 총계개념이며 1인당 국민소득은 평균개념이다. 총계개념이나 평균개념은 다 같이 개별적인 구성을 무시하는 개념이다.

지금 한 국가 안에 3인의 국민만이 있다고 하자. 이때 세 가지 경우를 생각해 볼 수 있을 것이다. 첫째 경우는 갑의 소득 30, 을의 소득 0, 병의 소득 0의 경우이고, 둘째 경우는 갑 20을 10, 병 0의 경우이며, 셋째 경우는 갑, 을, 병 모두 각각 10의 경우이다. 이 세 가지 경우 모두 국민소득은 30이고 1인당 소득은 10임을 잊어서는 안 된다. 이와 같이 소득개념으로 파악된 경제성장은 질적성장(경제구조의 개선)이나 분배의 불평등을 제대로 반영하지 못한다.

또한 경제개발계획은 부정부패를 모르고 정직하고 유능한 정부, 물가의 안정, 국민의 협조 등을 전제로 하고 있다. 이 가운데 특히 국민의 협조는 경제개발계획의 성패를 좌우하는 것임을 잊어서는 안 된다. 국민의 협조를 얻으려면 경제개발계획의 과실의 국민 균점이 선행되어야 함은 불 보듯 뻔한 일이다. 끝으로 지적할 수 있는 것은 성장과 안정 또는 성장과 분배의 양립은 우리가 그리는 이상이지 결코 언제

나 성립되는 것은 아니라는 것이다. 즉 성장과 안정 또는 성장과 분배
는 오히려 교대적으로 일어나기 쉬운 현상이지 결코 언제나 동시적으
로 양립될 수 있는 것은 아니다.

우리나라는 1960년대를 통하여 높은 경제성장을 이룩하였고, 산업
구조도 크게 개선되었으며 수출이 괄목할 만큼 신장되었고 수입대체
산업도 상당히 육성되었다. 그러나 같은 기간에 외채부담의 격증, 부
실기업의 속출, 자금수지의 악화, 인구의 도시집중 등 많은 문제가 노
출되었고 특히 각종의 소득격차가 현재화되었다. 말하자면 저소득 부
문 및 저소득 계층의 상대적 빈곤감이 현재화된 셈이다.

그 예를 보면 고소득층과 저소득층 사이의 격차확대는 말할 것도
없고 도시와 농촌 사이에도 농가의 실질소득이 1965~1969년 기간에
26.4퍼센트 증가한 데 견주어 도시근로자 가구의 그것은 93.0퍼센트
증가했다. 그리고 1965년을 100으로 한 제조업 임금지수는 1969년에
245.0 이고 농업 부문 임금지수는 216.4이어서 제조업의 임금상승이
더 크다. 어떻든 소득격차의 현재화 또는 확대가 문제인데 그것이 점
차 현실화하고 있는 것이 사실이다.

쿠즈네츠(S. Kuznets)는 소득분배가 선진국에서보다 저개발국에서
더 불균형하며, 경제성장에 따라(즉 소득수준이 높아짐에 따라) 균등화
한다는 것을 밝히고 있다. 그리고 동시에 그는 적어도 오늘날의 몇몇
저개발국에서는 고소득층의 소비성향이 오늘날 선진국이 저개발상태
에 있던 때의 청교도적 고소득층의 그것보다 훨씬 높으며 반대로 저
축성향은 훨씬 낮다는 것을 지적하고 있다. 사실 오늘날 저개발국의
고소득층은 기업의 사회적 책무를 충분히 깨닫지 못하고, 저축 및 투
자될 자산을 낭비하고, 국민소비성향을 높이는 데 앞장서고 있다고 해
도 과언은 아니다.

그뿐 아니라 뮈르달(G. Myrdal)이 지적한 것처럼 고도의 정치수준에 있는 영국이 국민경제를 복지 향상의 방향으로 끌고 가고 있는 것은 오늘날의 저개발국가에 그대로 영향을 미치고 있다.

그러므로 이러한 추세에서 볼 때, 우리나라와 같이 국민의 교육수준이 높고 따라서 의식수준이 높아 소득격차에 민감한 경우, 소득격차의 현재화 또는 확대는 경제성장과 병행하여 사회적 정치적 불안을 축적시킬 가능성이 크다.

저개발국의 경제성장 과정이 명실상부한 국민경제의 발전이 되기 위해서는 이러한 측면에서 1차적인 책임이 있는 고소득층이나 정부가 태도를 변경한다든지·필요한 제도적 조치를 함으로써 정책적으로 이를 시정하는 등의 노력을 기울여야 할 것이다. 우리는 그와 같은 조치에 다음 것들이 포함되기를 바란다.

첫째, 고소득층이 자율적인 소비억제를 통하여 전체 국민에게 소비 풍조를 자극하지 말고 소득격차의 거리감도 해소시키도록 해야 할 것이다.

둘째, 국민 각자는 좀더 개성 있는 생활을 추구하여 황금만능의 폐풍을 박차고 분수에 맞는 생활태도를 갖도록 해야 할 것이다.

셋째, 제도적으로도 고소득층에 대한 누진과세와 저소득층에 대한 감면세율의 제고를 강화해야 할 것이다. 끝으로 소득보상적인 의미를 가질 만큼 농산물 가격과 근로자의 임금수준을 높여주어야 할 것이다.

《경향신문》(1971. 7)

경제성장의 비용과 성과

노벨 경제학상 수상자이며 미국의 국민소득통계를 발전시킨 미국 하버드 대학교 명예교수인 쿠즈네츠(S. Kuznets)는 일본에서 벌인 〈경제성장—그 비용과 성과〉라는 강연에서 다음과 같이 말하고 있다.

첫째로, 경제성장에 대해서 현재 행해지고 있는 측정은 제1차적인 개산(槪算)이지만, 이 개산은 매우 유익하다. 그것에 의해서 당초의 합의가 대표되기 때문이며 정책결정 및 분석도 가능하게 되기 때문이다. 사실 제2차 대전 후의 가속도적인 경제성장은 그 배후에 국민소득계정의 작성 및 이용의 급속한 증가를 갖고 있었다.

둘째로, 그와 같은 계산은 제1차적인 개산이기 때문에 여러 가지 생략이 있다. 즉 그것의 마이너스 부분과 플러스 부분이 누락되어 있다. 단 현재에서는 마이너스 면에 매우 큰 관심이 집중되어 있다. 그러나 그것은 기술혁신의 방향설정을 옳게 중점적으로 행함으로써 이들 마이너스 면을 해결하려고 바라고 있기 때문일 것이다. 여기에서 유의해야 할 것은, 모든 경제활동과 금후의 마이너스 면에 대한 대책을 옳게 추정하는 것은 아직 기술의 방향설정에 대해서 우리 인류의 경험이 적기 때문에 오늘날에는 불가능하다는 점이다. 따라서 아마 오늘날의 추정은 과대하게 되어 있을 것이다.

셋째로, 과거의 기술개발은 매우 커다란 문제를 해결해 왔다. 따라서 금후 문제가 기술에 의해서 해결될 수 없다고 생각하는 것은 적당하지 않다. 예컨대 19세기 인간의 사망률은 도시가 지방의 2배였다. 그러나 근대의료기술의 발전에 의해서 50년 걸려서 이 문제는 해결되어 오늘날 도시의 사망률은 지방보다 훨씬 낮아졌다.

넷째로, 경제 외의 사회적인 비용 및 수익을 측정하는 것은 불가능할는지 모르지만 연구할 수 없다고 하는 의미는 아니다. 현재 행해지고 있는 바와 같은 경제성장의 연구를, 단순하고 측정 가능한 경제적인 규모의 것에 대해서만 행해지는 연구에서 더 나아가서, 사회적 귀결로까지 연구대상을 확대하는 것이 중요하다. 그것을 위해서는 먼저 국민소득의 분배 면의 연구를 행해야 할 것이다. 누가 이익을 어디서, 얼마큼, 어떻게 해서 얻는가와 같은 분배 면의 연구가 행해져야 한다. 그럼으로써 인간의 경제생활에 참여하는 사람들이 어떻게 배분을 받을 수 있는가를 주의 깊게 연구할 수 있게 될 것이다.

경제성장이 가져오는 사회적 이익은 무어라고 해도 매우 크다. 아마 역사를 읽고 전근대사회에서 낮은 계급의 사람들이 얼마큼 어려움을 겪어 왔는가를 알고 있는 사람이면 경제성장이 오늘날 거대한 사회이익과 혜택을 초래해 왔음을 의심할 수 없을 것이다. 그러나 분명히 말할 수 있는 것은 더 나은 방법을 만들어내는 것도 가능하다는 사실이다. 그것을 위해서는 경제학뿐 아니라 계량경제학, 통계학 및 사회, 역사 등의 학문을 모두 종합하는 형태로 연구를 행하고 있는 사람들의 힘을 더 한층 집결시켜서 사회의 옳은 결정에 뒷받침된 경제성장을 달성하는 것이 중요하다.

이상과 같은 쿠즈네츠의 말은 경제성장을 지나치게 강조하거나 국

민소득통계를 맹신하는 사람들에게는 하나의 좋은 경고로 받아들여져
야 하는 것이라고 할 수 있지 않을까 생각된다. 역시 바람직스러운 것
은 그와 마찬가지로 균형 잡힌 경제성장관, 국민소득통계관을 갖는 일
임에 틀림없으니까.

게재지 미상(1981. 6)

제3장 서 평

서평

《경기순환론》*

경기순환론 관계의 논문집으로서는 ① G. Haberler, ed., *Readings in Business Cycle Theory*, 1944 ② A. H. Hansen and R. V. Clemence, eds., *Readings in Business Cycles and National Income*, 1953 ③ R. A. Gordon and L. R. Klein, eds., *Readings in Business Cycles*, 1965의 세 가지 논문 집이 있다. 대체로 중요한 논문은 이들에 수록되어 있다.

①에는 1917년에서 1941년까지 특히 1930년대 후반에 발표된 논문 이 많이 수록되어 있다. 따라서 P. A. Samuelson의 승수-가속도원리의 상호작용의 모델이 수록되어 있을 뿐 아니라 J. A. Schumpeter, F. A. von Hayek 등의 고전적 논문이 포함되어 있다.

②에는 1952년경까지의 논문이 수록되어 있다. 따라서 제2편 '경기 순환이론'에서는 Keynes 이론 이전의 것이 주로 다루어지고 있고, 제4 편 '계량경제학'에는 낡은 방법을 다루고 있는 논문이 많으며, 거기에 다 수리적 방법이어서 좁은 의미의 계량경제학의 방법이라고 할 수 없는 것을 다루고 있는 논문도 포함되어 있다. 그러나 제3편 '경제동

* R. A. Gordon and L. R. Klein(eds.), *Readings in Business Cycles*, Homewood, Illinois: Richard D. Irwin, Inc., 1965.

학'에서는 Keynes 이론의 동학화(동태화)가 주로 다루어지고 있다. 이 논문집에는 이상의 3개 편 외에 제1편 '역사적 사건', 제5편 '국제 및 지역적 국면', 제6편 '장기파동', 제7편 '순환정책'의 4개 편이 더 있다.

③은 바로 여기서 서평을 쓰기로 되어 있는 논문집이다. 이에는 ⊙ 미국경제학회 총서 가운데 다른 책 혹은 쉽게 입수할 수 있는 다른 논문집에 이미 수록되어 있는 학술논문은 제외한다. ⓒ ① 즉 G. Haberler 편의 논문집(1944)이 발간된 제2차 대전 말기 이후의 논문을 수록한다(단 R. Frisch의 1933년 논문과 L. A. Metzler의 1941년 논문은 예외임). ⓒ 수학적 방법과 계량경제학적 방법을 다루고 있는 논문에 치중한다. ② 동태경제학 일반 특히 경제성장론 관계의 논문은 제외한다 등의 원칙 아래서 선정된 31개 논문이 수록되어 있다. 그러나 별도의 상세한 참고문헌의 나열 대신에 각 편(모두 8개 편)마다 〈서론〉을 두어 거기에서 각 편을 소개하는 외에 이 논문집에 포함되어 있지 않은 다른 읽을 만한 연구문헌도 소개하고 있으므로 이 논문집은 39개 장으로 구성되어 있다.

제1편 '이론'은 7개 장으로 구성된다. 제1장은 〈서론〉이다. 제2장은 R. M. Goodwin의 1955년 논문 〈순환적 성장모델〉이다. 여기서는 순환 국면에 상응하는 가속도계수의 수치 변화를 고려하여 하나의 비선형 방정식으로 표현하고 자본축적에 따르는 완전고용 한계의 상승 및 저축함수의 시프트(shift)를 도입함으로써 성장과 순환을 통일적으로 파악하는 생각이 제시되어 있다. 이 생각의 원천은 J. A. Schumpeter의 혁신이론이지만 Schumpeter의 그것이 전망(vision)에 불과했던데 대해서 그것을 분석적으로 구현한 데에 Goodwin의 독창성이 있다. 제3장은 J. R. Hicks의 1949년 논문 〈Harrod 씨의 동학이론〉이다. 이것은 그의 주저인 1950년의 *A Contribution to the Theory of the Trade Cycle*에서

전개된 이론의 원형이며 어떻게 그의 이론이 R. F. Harrod의 성장이론에서 발전되었는가를 보여주고 있다. 말하자면 이 논문은 그의 주저에서 전개되고 있는 이론의 골자를 나타내고 있는 것인 셈이다. 제4장은 A. Smithies의 1947년 논문 〈경제변동과 성장〉이다. 이 논문은 내생적인 제력의 작용을 통해서 순환과 성장을 설명하는 모델을 구성하려는 목적 아래 Tinbergen형의 경기순환이론과 Harrod형의 성장이론의 종합을 시도한 것이며 특히 거치효과(ratchet effect)에 크게 의존하고 있고, 또 투자가 자본스톡 조정과정의 가변적인 요인에 의존하게 되어 있는 최근모델의 좋은 예를 나타내는 것이다. 제5장은 H. P. Minsky의 1959년 논문 〈순환적 성장의 선형모델〉이다. 이 논문은 초기조건에서 변화의 바닥(floor)과 천정(ceiling)에 의해서 부여되는, 의미내용을 구명함으로써 Hicks 모델을 정교화하고 있다. Minsky 모델은 외생적으로 부여된 율로 증가되는 천정소득(ceiling income)과 자본소비율에 의존하는 바닥소득(floor income)을 갖고 있다. 그리고 모델에 의해서 발생되는 소득의 시간경로는 천정소득의 성장률이 해방정식의 소(小)해보다 큰가, 그것과 같은가, 그것보다 작은가에 의존한다. 또 소비함수에 거치효과(ratchet effect)를 고려함으로써 (a) 지속적 성장 (b) 순환 (c) 붐 혹은 (d) 장기침체를 발생시킬 수 있게 되어 있다. 제6장은 L. A. Metzler의 1941년 논문 〈재고변동의 성질과 안정〉이다. 이 논문은 Keynes의 흐름에 속하고 2차 대전 직전에 논의되고 있던 여러 아이디어의 동학적 일반화이기는 하지만, 그것은 오늘날에서도 크게 공헌하고 있는 고전적인 논문이라고 할 수 있다. 왜냐하면 재고변동은 경기순환에 있어서 항상 중요한 위치를 차지해 왔지만 지난 20년 동안(즉 2차 대전 후의 20년)에 있어서 상대적으로 보다 더 중요한 위치를 차지했다고 할 수 있기 때문이다. 사실 2차 대전 후의 순환은 교과서에서

254 제1편 경제변동론, 경제성장론, 국민소득론: 3. 서평

설명하는 표준형 즉 8~10년을 주기로 하는 순환보다 일반적으로 그 주기가 짧았고 또 재고의 영향을 강하게 받아왔다. 어떻든 재고변동에 관한 많은 실천적인 연구는 아직도 Metzler의 이 논문에 의존하고 있는 것은 분명하다. 제7장은 G. Haberler의 1956년 논문 〈경제안정에 영향을 주는 화폐적 및 실질적 요인: 현대경제이론의 어떤 경향에 대한 비판〉이다. 새로운 경기순환이론의 대부분은 실질적 요인을 강조해 왔고 화폐를 부차적으로만 혹은 전혀 다루지 않고 있다. 그러나 화폐적 요인은 초기의 경기순환이론에서는 커다란 역할을 했다. 그러기에 Haberler는 이 논문에서 화폐적 요인과 가격 및 임금경직성을 적절히 고려하여야 한다는 것을 우리에게 상기시키고 있다. 그리고 그는 수학적 모델을 전혀 이용하지 않고 있다. 이것은 이제까지 수학적 모델빌딩의 결과가 가장 실망적인 것이었다고 해도 거의 의심할 여지가 없다(p. 137)는 그의 관찰에 기인하는 것 같이 생각된다.

제2편 '방법론'은 6개 장으로 구성된다. 제8장은 〈서론〉이다. 제9장은 R. Frisch의 1933년 논문 〈동태경제학에서 파급문제와 충격문제〉이다. 이 논문은 그 자체가 순환적인 내생적 메커니즘을 확률적이거나 자생적인 외부충격과 연결짓고 있다. 이 논문은 Jan Tinbergen의 선구적인 계량경제학적 연구와 더불어 경기순환 분야에서 많은 최근의 경험적 연구업적의 기초를 이루고 있다. 즉 이 논문은 가속도원리와 승수이론의 종합을 시도한 Samuelson-Hicks형의 균형론적 경기순환이론의 선구적 업적으로 여겨지고 있다. 제10장은 Koopmans의 1947년 논문 〈이론 없는 측정〉이다. 이 논문은 계량경제학자인 Koopmans가 쓴 NBER(The National Bureau of Economic Research, 국민경제조사회)의 비계량경제학적인 경험적 연구를 대표하는 A. F. Burns 및 W. Mitchell의 공저 《경기순환의 측정》의 비판적인 평론이다. 이 논문은 R. Vining과

방법론상의 논쟁을 야기시켰다. 바로 이 논쟁을 위해서 쓰인 논문이 제11장의 Vining의 1949년 논문 〈Koopmans와 변수 및 측정방법의 선택〉, 제12장의 Koopmans의 1949년 논문 〈회답〉, 제13장의 Vining의 1949년 논문 〈재론〉과 Koopmans의 1957년 논문의 일부 인용인 〈재코멘트〉이다. Koopmans의 〈재코멘트〉는 〈이론 없는 측정〉보다 10년 뒤에 쓰인 논문의 일부 인용인데 여기서 NBER의 연구방법에 대한 Koopmans의 태도는 〈이론 없는 측정〉에서보다 더 동정적이다.

제3편 '계량경제모델'은 4개 장으로 구성된다. 제14장은 〈서론〉이다. 제15장은 J. S. Duesenberry, O. Eckstein 및 G. Fromm의 1960년 논문 〈경기후퇴기의 미국경제의 시뮬레이션(모의)〉이다. 이 논문은 사분기 자료를 이용할 수 있는 미국경제의 계량경제모델을 구성하고 다음에 이 모델과 어떤 독립변수의 사전에 부여된 수치계열에 의해서 발생되는 시간계기를 계산함으로써 여러 가지 가정적인 충격에 대한 경제의(주로 1957~59년의) 반응을 측정하고 있다. 이 모델의 독립변수는 인구, 재화 및 용역의 정부구매, 총민간국내고정자본투자, 외국투자 등이며 이 모델의 방정식은 소비와 재고투자의 운동을 설명해 준다. 즉 이 모델의 행동방정식은 소비와 재고투자를 설명해 주는 방정식이다. 제16장은 I. Adelman 및 F. L. Adelman의 1959년 논문 〈Klein-Goldberger 모델의 동태적 성질〉이다. 이 논문은 경기순환의 만족스러운 내생적인 설명을 위해서 1955년에 발간된 L. R. Klein 및 A. S. Goldberger의 공저 《미국경제의 계량경제모델, 1929~52》에서 제시된 미국경제의 가장 복잡한 계량경제모델, 즉 Klein-Goldberger의 1955년 예측모델을 검토하고 있다. 25개의 정차방정식(따라서 25개의 내생변수를 갖고 있는)을 갖는 이 모델은 비선형이며 5차까지의 시차를 갖고 있다. 따라서 이 모델은 그 성격상 동태적 세계를 기술하고 있는데,

Adelman 및 Adelman은 이 모델을 이용하여 가정된 외생적 조건 아래 장차의 미국경제를 모의실험하고 있다. 이 모의실험에는 IBM 전자계산기가 이용되고 있다. Adelman과 Adelman은 이 모의실험에서 그 모델이 현실적인 경기순환과 유사하지 않은 심한 감쇠형 파동만을 발생시킨다는 것을 찾아냈다. 그러나 다른 한편 그 모델이 반복적인 우연적 충격 아래서는 과거 10년 동안 NBER에 의해서 기록된 것과 매우 비슷한 평균적인 특징을 갖고 있는 파동을 파급시키고 있음을 찾아냈다. 이 논문은 경기순환의 내생적 혹은 외생적인 성격에 대한 기본적인 문제를 제기하고 있다. 제17장은 C. F. Christ의 1956년 논문 〈총량적 계량경제모델〉이다. 이 논문은 1955년에 발간된 Klein 및 Goldberger의 공저 《미국경제의 계량경제모델, 1929~52》에 대한 평론이다. 이 논문에서 Christ는 Klein-Goldberger 모델 즉 Tinbergen 형의 계량경제모델의 일반적인 성질을 기술하고 있고, Tinberger 형의 5개 계량경제모델 즉 자기모델(Christ 모델), Tinberger 모델, Klein 모델 3, Klein-Goldberger 모델 1, Klein-Goldberger 모델 2를 비교하고 있고, 방정식의 파라미터의 추정법으로서 최소자승법과 제한정보법의 상대적인 장점을 논하고 있고, Klein-Goldberger 모델의 예측능력을 논하고 있다.

제4편 '특수변수의 연구'는 8개 장으로 구성된다. 제18장은 〈서론〉이다. 제19장은 A. Kisselgoff 및 F. Modigliani의 1957년 논문 〈발전업에 있어서 민간투자와 가속도원리〉이다. 이 논문은 특수산업이기는 하지만 총투자에서 큰 비중을 차지하는 주요산업인 발전업에서 투자를 다루고 있고 투자행동의 가속도원리를 시험하고 있다. 제20장은 D. W. Jorgenson의 1963년 논문 〈자본이론과 투자행동〉이다. Jorgenson의 연구는 신고전적인 기업이론에 비추어서 투자행동을 서술하고 있고,

또 산출고의 움직임에 대한 반응의 시간적 모습을 추정하는 유명한
Koyck법을 일반화한 점에서 중요한 의의를 갖고 있다. 그리고 방대한
사분기 통계자료에 의거하고 있는 Jorgenson의 연구는 경기순환운동에
대해서 매우 중요하게 여겨지는 단기의 시차를 갖는 반응에 관한 유
용한 정보를 제공하고 있다. 제21장은 M. J. Farrel의 1955년 논문 〈소
비함수의 새로운 이론〉이다. 이 논문은 소비행동에 관한 최근의 연구
즉 장기에 걸친 소비(혹은 저축)의 동태적 계획과 이 장차계획이 현재
의 총량적 행동에 미치는 측정된 충격을 다루는 연구에 대한 유용한
전망을 제공하고 있다. 제22장은 A. Ando 및 F. Modigliani의 1963년
논문 〈저축의 라이프 사이클 가설〉이다. 이 논문은 소비행동에 관한
최근 연구의 또 하나의 예를 보여주는 것이다. Ando 및 Modigliani는
이 논문에서 M. Friedman의 항상소득가설 대신에 가계의 소득과 소비
필요의 '라이프 사이클'과 관련을 갖고 있는 고려사항에 의거하는 소
비자 지출이론을 제시하고 미국의 자료에 의해서 이 가설이 뒷받침됨
을 밝히고 있다. 제23장은 M. Friedman의 1959년 논문 〈화폐에 대한
수요: 이론적 및 경험적 결과〉이다. 이 논문은 유동성 선호에 의거하
는 Keynsian의 화폐수요연구가 아니고 화폐수량설의 흐름을 잇는 화폐
수요연구를 나타낸다. 그리고 이 논문은 Friedman의 통화주의 혹은 이
른바 미국의 통화학파의 주장의 내용을 알려 주는 것이라고 할 수 있
다. 제24장은 R. G. Lipsey의 1960년 논문 〈영국에서 실업과 화폐임금
률의 변화율의 관계(1862~1957)〉이다. 이 논문은 A. W. Phillips에 의
해서 행해진 임금변화와 실업의 관계에 관한 연구를 좀 더 상세하게
다루고 있다. 즉 Lipsey는 이 논문에서 Phillips 모델을 검토하고 있고,
Phillips의 결과를 수량화하고 있고, Phillips에 의해서 정립된 여러 가지
부차적 가설의 조직적인 시험을 하고 있고, 가능한 대체적 모델에서

끌어낼 수 있는 가설을 시험하고 있다. 제25장은 G. H. Moore의 1962 년 논문 〈경기순환의 테스트된 지식〉이다. 이 논문은 A. Burns의 제13 차 NBER 연차보고서, 즉 《경기순환에 관한 새로운 사실》이 쓰여진 이후에 행해진 여러 가지 연구에 중점을 두고서 그들 연구의 실천적인 이용을 밝히고 있고, 장차의 연구가 취할 방향에 관해서 논하고 있다. 말하자면 이 논문은 NBER에 의한 연구계획의 계속성을 유지하기 위해서 쓰여진 논문인 셈이다.

제5편 '장기파동'은 3개 장으로 구성된다. 제26장은 〈서론〉이다. 제 27장은 M. Abramovitz의 1961년 논문 〈Kuznets 파동의 성질과 유의 성〉이다. 이 논문은 미국의 통계자료를 이용하여 15~20년을 주기로 하는 장기파동(50~60년을 주기로 하는 Kondratief 파동에 비하면 중기파동 이라고 할 수 있음)인 Kuznets 파동의 존재를 밝히고 있다. 이 연구는 이 장기파동을 발생시키는 상호관계의 형(型)을 찾아내려는 시도로 해서 특별히 흥미있는 것이라고 할 수 있다. 제28장은 J. O'Leary 및 W. A. Lewis의 1959년 논문 〈생산과 무역의 장기파동(1870~1913)〉이다. 이 논문은 미국 이외의 다른 나라(물론 선진국)에서 Kuznets 파동이 일어났는가 아닌가를 확인하기 위해서 이제까지 행해진 시도 중에서 가장 조직적이고 포괄적이다. 15~20년을 주기로 하는 장기파동은 이 논문에서 처음으로 Kuznets 파동이라고 불리게 되었다.

제6편 '국제적 국면'은 2개 장으로 구성된다. 제29장은 〈서론〉이다. 제30장은 J. J. Polak 및 R. R. Rhomberg의 1962년 논문 〈국제경제의 경제적 불안정〉이다. 이 논문은 한 나라에서 다른 나라로의 경기확장 의 국제적 파급을 다룬 많은 계량경제학적 연구 가운데서 가장 좋은 것의 하나이다. Polak 및 Rhomberg는 이 논문에서 세계모델에 비추어 서 국제적 안정문제를 분석하고 있다. 그들은 세계를 3대 무역권(북미,

기타 선진국 및 저개발국)으로 나누어서 계량경제모델을 구성하고 그것을 이용하여 국제무역에서 소득과 상대가격효과를 다루고 있다. 그들의 체계는 약간의 암묵적인 동태적 요소를 갖고 있으며 또 일어날 수 있는 현실적인 전달과정에 근접할 수 있다.

제7편 '예측'은 4개 장으로 구성된다. 제31장은 〈서론〉이다. 제32장은 D. B. Suits의 1962년 논문 〈계량경제모델을 이용한 예측과 분석〉이다. 이 논문은 경기예측을 위한 Klein-Goldberger 모델형의 계량경제모델의 계속적인 테스트에서 우리가 얻고 있는 가장 오랜 경험의 하나에 관한 보고를 하고 있다. 이 논문은 또 이 논문집에 수록되어 있는 계량경제모델에 관한 논문들에 대한 귀중한 보완물 또는 입문이라고 할 수 있다. Suits는 이 논문에서 32개의 방정식으로 구성되는, 그리고 변수의 1차계차(정차)가 쓰이고 있는 모델을 이용하여 1962년의 미국경제를 예측하고 있다. 제33장은 S. S. Alexander의 1958년 논문 〈예측에 대한 변화율 접근—디퓨전 인덱스와 1차계차〉이다. 이 논문은 경제예측에서 제2의 연구방향의 업적, 즉 통계지표 및 디퓨전 인덱스에 관한 NBER와 연구업적을 약간 비판적인 논조이기는 하지만 소개하고 있다. NBER의 연구업적은 G. Moore의 선구적인 노력에 힘입었다고 할 수 있다. Alexander는 이 논문에서 경상 디퓨전 인덱스(CDI)의 가치를 비판적으로 검토하고 있고, 또 그 인덱스에 의한 측정치를 총량치의(적절히 평활화된) 단순한 1차계차에서 유도된 측정치와 비교하고 있다. 제34장은 H. Theil 및 D. B. Jochems의 1960년 논문 〈비지니스 테스트자료의 분석에 관한 연구의 전망〉이다. 이 논문은 독일 뮌헨에 있는 IFO 경제연구소에 의해서 고안된 뮌헨 비지니스 테스트의 영문으로 번역된 전망이다. 그러나 이 논문은 네덜란드 경제대학의 계량경제연구소에 의해서 행해진 이 분야 업적을 요약 제공하기 위한 것이

다. 영문으로 된 이에 관한 논문이 없음을 감안할 때 이 논문은 뮌헨 비지니스 테스트가 어떤 내용의 것인가를 이해할 수 있게 해주는 데 큰 도움이 되는 것이라고 할 수 있다.

제8편 '정책'은 5개 장으로 구성된다. 제35장은 〈서론〉이다. 제36장은 A. W. Phillips의 1957년 논문 〈안정화정책과 시차반응의 시간형식〉이다. 이 논문은 경제체계의 동태적 성질과 안정화정책의 유효성의 관계에 관한 Phillips의 두 가지 선구적인 논문 중에서 쪽수가 작은 논문이다. 다른 하나는 〈폐쇄경제에서의 안정화정책〉(1954)인데, 이것은 보다 기본적인 것이기는 하지만 쪽수가 더 많다. 분명히 Phillips는 오늘날 현실적인 모델에 관한 연구가 더 행해질 필요가 있는 중요한 연구분야를 개척해 왔다. 제37장은 W. A. Salant의 1957년 논문 〈조세, 소득결정 및 균형예산정리〉이다. 이 논문은 조세와 정부지출의 상대적 승수효과를 연구하는 연구자들의 연구문헌상의 주 관심사를 잘 종합해서 제시하고 있다. 그들의 주 관심사는 조세변화의 소득발생 효과와 소비에 소득과 관련을 갖고 있는(수입과 같은) 기타변수를 포함시킴으로써 초래되는 복잡성의 두 가지이다. 제38장은 W. W Heller의 1957년 논문 〈10년 후의 CED의 예산안정화정책〉이다. 이 논문은 미국에서 자동적 신축성의 가장 유명하고 시종일관한 주창자인 CED(Committee for Economic Development, 경제발전위원회)의 예산안정화 정책에 대한 비판적인 평가를 행하고 있는 논문이다. Heller는 Kennedy-Johnson 대통령의 경제자문위원회의장을 지낸 바 있는데, 그는 이 논문에서 재정정책을 '내재적으로 소극적인 역할을 하는 것'이라고 낙인을 찍고 있다. 마지막 장인 제39장은 J. R. Schlesinger의 1960년 논문 〈금융정책과 그 비판자〉이다. Schlesinger는 이 논문에서 금융정책에 관한 일부 연구문헌의 유용한 전망과 금융정책의 적절한 범위 내에서

이용에 대한 슬기로운 방어를 하고 있다.

 이상에서 알 수 있는 바와 같이, 이 논문집은 8개 편 39개 장으로 구성되는 방대한 책이다. 사실 이 논문집은 무려 731쪽에 달한다. 그리고 이 논문집은 최근에 발전해 온 수리적·계량경제학적 방법을 구사한 논문을 많이 수록하고 있다. 따라서 이 논문집은 난해한 편이며 특히 그에 대한 소양이 없는 사람에게는 그러할 것이다. 그러나 이 논문집은 A. H. Hansen 및 R. V. Clemence 편의 논문집(1953)이 나온 뒤의 비교적 최근의 논문들을 수록하고 있을 뿐 아니라 최근의 새로운 경향을 반영하고 있고, 또 비교적 새로운 계량경제학적 방법에 의한 실증의 성과 등을 대폭 수록하고 있는 점에서 새로운 맛을 갖고 있는 것이라고 할 수 있다. 따라서 경기순환론에 관심을 갖고 있는 사람들에게는 필독의 책이라고 아니할 수 없다. 물론 이 논문집을 읽은 뒤에는 그것의 각 편 첫머리에 있는 〈서론〉에 들어 있는 연구문헌도 읽어보기를 권한다.

《경제논집》(서울대, 1967. 6)

제2편

수리 · 계량경제학

제1장 논 문

사회과학에 있어서의 수학적 방법

1. 서 언

1956년 1월호 《이코노메트리카》지에 게재되어 있는 논문 〈사회과학자의 수학교육을 위한 시책에 대한 건의〉 가운데에,

사회과학자가 수학을 배워야 하느냐에 관해서 논의할 필요가 없음은 다행한 일이다. 왜냐하면 수학교육에 대한 수요가 적절한 과정의 설치를 정당화하기에 이미 충분하기 때문이다. 사회과학자들이 수학교육을 바라는 특별한 이유 가운데는 ① 비수리통계학을 이해하기 위한 것 ② 수리통계학의 연구를 위한 준비를 위한 것 ③ 수학이 사용되고 있는 사회과학 서적을 읽기 위한 것 ④ 수학자 및 수리통계학자와 전문적으로 접촉하기 위한 것 ⑤ 수학을 사용하여 사회과학의 제 문제를 수식화하며 처리하며 분석하기 위한 것(즉 수학적 모형을 형성하며 처리하며 분석하기 위한 것) ⑥ 사회과학에서 일어나는 수학적 문제를 풀기 위한 것 ⑦ 수학적 방법의 유용성과 한계를 인식하기 위한 것과 푸는 데 수학자 또는 통계학자와 상의를 필요로 하는 문제의 식별을 위한 것 ⑧ 수학적 개념

과 수학적 추리의 성질을 이해하기 위한 것 ⑨ 수학 이용에 대한 개인
적인 심리적 장애를 극복하기 위한 것 등이 있다.

라는 내용이 있다. 우리나라에 있어서는 거의 전부라고 말해도 무방할
정도로 사회과학에는 수학적 방법이 필요 없는 줄 생각하고 있지만
수학적 방법이 사회과학에 필요하다는 것은 위의 글이 증명해 주고도
남음이 있으며, 또 그것이 왜 필요한가에 대한 이유도 위의 글이 설명
해 주고 남음이 있다고 하겠다. 최소한도로 항상 접하는 서적을 옳게
이해하기 위해서라도 수학적 방법에 관한 지식은 필요한 것이다. 그러
나 여기서 말하는 수학은 중학교, 고등학교에서 배우는 수학이 아님은
물론이다. 그것은 소위 말하는 고등수학인 것이다.

  그러면 수학적 방법은 현재 사회과학에서 어떻게 이용되고 있는가.
이하의 2, 3, 4에서는 사회과학 중에서 가장 정량적인 학문이어서 수
학적 방법을 가장 일찍이 이용했으며, 또 그 이용 범위와 정도에서도
가장 넓고 가장 높은 경제학을 중심으로 ① 수학적 기호의 이용 ② 미
적분법의 이용 ③ 근대수학(선형대수학, 위상기하학, 집합론, 확률론 같은)
의 이용의 순서로 이에 관해서 설명을 하도록 한다.[1] 다행히도 이렇
게 하면 이때까지의 전문가의 업적에 대해서 어느 정도나마 언급할
수 있을 것 같다.

---

1) 19세기 중엽에 쿠르노에 의해 수학적 방법이 최초로 도입된 이후 이는 경제이
  론의 발달과 더불어 그 이용의 범위와 정도를 확장해 왔다. 즉 수학은 미적분학
  →미분방정식, 적분방정식, 변분법, 함수론→행렬식, 행렬, 이차형식, 정차방정
  식 등의 고등 대수학에 속하는 부문→해석기하학, 위상기하학, 집합론, 확률론
  과 같이 그 범위를 확장해 왔으며, 또 그 정도도 동시에 확장해 왔다. 그리하여
  그 이용되는 수학의 범위가 넓은 것과 정도가 높은 것에 있어서 자연과학 중에
  서 가장 수학적이라고 말하여지는 물리학에 비길 만한 성황을 이루고 있다.

2. 수학적 기호의 이용

수학적 기호의 이용례의 하나로서는 새뮤얼슨의 승수 및 가속도 원리에 의한 모형[2]을 들 수 있다. 그 모형은 다음과 같다.

$$Y(t) = C(t) + A(t) + I(t) \cdots\cdots\cdots\cdots\cdots\cdots(1.1)$$

$$(1) \quad C(t) = \alpha Y(t-1) \cdots\cdots\cdots\cdots\cdots\cdots(1.2)$$

$$I(t) = \beta[C(t) - C(t-1)] = \beta \Delta C(t-1)$$

$$= \alpha\beta[Y(t-1) - T(t-2)]$$

$$= \nu[Y(t-1) - Y(t-2)] \cdots\cdots\cdots\cdots(1.3)$$

여기서 $Y(t)$, $C(t)$, $A(t)$, $I(t)$와 α, β, ν는 각각 t기의 국민소득, 소비, 자생적(독립적) 투자(정부공공투자), 파생적(유발적) 투자와 한계소비성향, 상관율, 가속도계수를 표시한다. (1.2)와 (1.3)을 (1.1)에 대입하면 2계의 선형정차방정식[3]이 얻어지는데, α, ν의 값 여하에 따라서 감리형, 증폭형의 진동해 또는 비진동해가 구해진다.

분명히 이 모형은 지나치게 간단하다. 그러나 이 간단한 모형 중에도 수학적 방법의 유용성에 대한 하나의 중요한 사실이 표시되어 있다. 즉 피드백이 간취된다. 예컨대 소득이 증가하면 소비와 투자의 증가가 일어나며, 곧 소득에 작용하여 다시 이것을 증가시킨다. 경제학에서는 이 과정 그 자체를 파급이라고 부르며, 또 이런 점에서 경제적 수량 상호 간의 상호의존관계에 주의한다. 위의 모형은 이와 비슷한 메커니즘을 표현하는 것이다.

---

2) 모형(model)이라는 말은 보다 넓은 의미로도 사용되지만, 여기서는 수학적 이론모형의 의미로 사용되고 있다. 이 모형에는 정학적 모형과 동학적 모형, 거시적 모형과 미시적 모형, 개방적 모형과 폐쇄적 모형 등이 있다.
3) 변형윤, 《경제수학》 제15장을 참조하라.

3. 미적분법의 이용

1) 제1의 이용

예는 쿠르노의 《부의 이론의 수학적 원리에 관한 연구》(1838)에서 들 수 있다. 독점기업의 최유리생산규모의 문제를 예로 들어 그의 문제를 설명하면 다음과 같다.

기업은 총이윤이 극대가 되도록 생산규모를 정한다고 보아도 무방하다. 지금 기업의 생산물 시장에서 단가를 p, 기업의 생산량을 x로 하면 그 총매상액은 px다. 이에 대해서 기업은 x만큼 생산에 총생산비 $\pi(x)$를 요한다. 따라서 기업의 총이윤은

$$(2)\quad px - \pi(x)$$

로 표시되며, 기업은 (2)가 극대로 되도록 생산규모를 정할 것이다.

지금 문제로 삼는 기업이 시장에서 경쟁자를 갖지 않고 완전히 독점자의 지위에 서는 것으로 한다. 그러나 시장에서는 많이 팔려고 할수록 가격을 낮추지 않으면 안 된다. 즉 생산량 x를 팔기 위한 가격 p는 x의 감소함수다. 이것을

$$(3)\quad p = F(x) \qquad F'(x) < 0$$

로 표시하면, 이 기업은 이 제약조건 (3) 아래서 (2)의 극대를 목표로 하지 않으면 안 된다. 이때 기업의 최유리생산규모는 어떻게 되는가 (또 그에 대해서 독점가격은 어디에 정해지는가).

문제는 미분법의 극대극소의 문제, 특히 라그랑주의 미정승수법과 결부된 조건부 극대극소의 문제에 딱 알맞는다. 즉

$$(4)\quad \frac{d}{dx}(px) - \frac{d}{dx}\pi(x) = 0$$

을 만족하며, 동시에 거기서

(5) $2\dfrac{d}{dx}F(x) + x\dfrac{d^2}{dx^2}F(x) - \dfrac{d^2}{dx^2}\pi(x) < 0$

이 되는 바와 같은 생산량에서 총이윤은 극대로 된다. 독점가격은 이 생산량에 응해서 수요함수 (3)에서 정해진다. 이것이 쿠르노의 답이었다. 그는 경쟁에서 독점까지의 각종 시장형태에서 기업의 정책을 이런 수법으로 분석했다.[4]

그의 이러한 수법은 그 뒤 광범하게 사용되었다. 즉 1870년대에 멩거, 제번스, 왈라스는 소비자의 행동을 동일한 요령으로 분석하여 한계효용학설을 유도했으며, 마찬가지로 또 생산재 수요자로서의 기업을 분석하여 한계생산력설에 의한 분배론을 수립했으며, 또 왈라스는 이러한 개인의 행동의 분석을 포함한 형태로 일반균형의 정학적 도식을 구성했다. 이 이론은 파레토(V. Pareto), 슬루츠키(E. Slutsky), 힉스(J. Hicks) 등에 의해 그 뒤 더욱더 세련되어 갔는데, 이러한 주체의 행동의 분석은 그들의 형식적으로 공통된 측면에 주의해서 '선택이론'이라고 불리고 있다.

이 선택이론은 대체로 일반균형의 정학적 도식과 결부돼서 나타나는데, 그것에 의해서 경제일반의(형식적이기는 하지만) 매우 통일된 이론이 얻어지므로 오늘날에서도 그것은 경제이론 가운데서 지배적인 지위를 유지하고 있다.

2) 제2의 이용

예는 도마(E. D. Domar)의 논문 《자본확장 성장률 및 고용》(1946)에서 들 수 있다. 이 논문의 목적은 자본축적과 고용의 관계를 명백히

---

4) 쿠르노 자신은 (3)을 (2)에 대입해서—따라서 라그랑주의 미정승수 등을 사용하지 않고—직접 결과를 유도했다.

하는 데 있다.

도마는 잠재적 사회생산력을 다음과 같이 정의하고 있다.

$$(6)\quad \sigma = \frac{\frac{dp}{dt}}{I}$$

여기서 p는 생산능력, 즉 모든 생산요소가 전부 사용되었을 때의 전생산물의 가치를 나타내며 dp/dt는 이런 생산능력의 발전속도다(t는 시간을 나타낸다). 또 I는 1년간의 투자액이다. 지금 한계저축성향을 α로 하면 $\frac{1}{\alpha}$은 투자승수이므로

$$(7)\quad \frac{dY}{dt} = \frac{dI}{dt}\frac{1}{\alpha}$$

이 얻어진다. p를 소득 Y와 같은 것으로 하면 (6)과 (7)에서

$$(8)\quad I\sigma = \frac{dI}{dt}\frac{1}{\alpha}$$

이 얻어진다. 이것을 도마의 기본방정식이라 한다. 이 기본방정식은 "(1) 일반물가 수준은 불변이다 (2) 시차(time lag)는 존재하지 않는다 (3) 저축과 투자는 동일기간의 소득에 관련된다 (4) 양자는 공히 '순' 개념이다 (5) 감가는 역사적 생산비에 비추어서가 아니고 감가한 자산이 동일한 생산력을 갖는 타 자산에 의해서 치환되는 경우의 치환비용에 비추어서 측정된다 (6) 자산 또는 경제 전체의 생산력은 가측(可測)적인 개념이다"의 여섯 가지를 전제로 해서 유도된 것이다.

이 (8)을 풀면

$$(9)\quad I = I_0 e^{\alpha\sigma t}$$

가 얻어진다. 이 식의 $\alpha\sigma$는 균형성장률이라고 불린다. I_0는 최초의 투자조건에 의해서 결정되는 상수이며, e는 자연대수의 밑수다. 이 (9)는 "이것($\alpha\sigma$)이 불변인 한 완전고용의 유지는 투자가 불변의 복리율로 증가하는 것을 요구한다"는 것을 표시해 준다. 그는 이로부터 더

나가서 $\sigma = S$의 경우에는

$$(10) \quad K = K_0 + I_0 \int_o^t e^{rt} dt = K_0 + \frac{I_0}{r}(e^{rt} - 1) \text{과}$$

$$(11) \quad \theta = \frac{r}{\alpha\sigma} \text{5)}$$

를 유도했으며, 또 $\sigma < S$의 경우에는

$$(12) \quad \frac{dk}{dt} = I - \frac{I(S-\sigma)}{S} = I\frac{\sigma}{S} \text{와}$$

$$(13) \quad K = K_0 + I_0 \frac{\sigma}{S} \int_0^t e^{rt} dt = K_0 + I_0 \frac{\sigma}{Sr}(e^{rt} - 1)$$

을 유도했다. 여기서 S는 P/I(이것은 σ가 도달할 수 있는 극대치다)이며, K는 자본존재량이며, r은 현실의 성장률이며, dk/dt는 매해의 자본증가다.

3) 제3의 이용

예는 모스크바 대학 교수인 보얄스키의 논문 〈이코노메트릭스와 경제분석에 수학의 적용〉6)에서 들 수 있다.

보얄스키는 우선 생산부문을 제1부문과 제2부문으로 나누고, 다음에 생산고의 흐름을 p, 임대한 생산수단을 C, 생산고 1단위당의 비율을 H, 이전가치의 비율을 s, 펀드 필요도(생산물 1단위당의 생산 펀드의 크기)를 S로 하여 생산의 발전 속도 또는 총생산물의 종합적 발전 속도 k를 나타내는

$$(14) \quad k = \frac{P'}{P} = \frac{H-s}{S} - \frac{S'}{S}$$

와 총생산물 가운데 제1부문 비율의 증가속도는 총생산물의 종합적

---

5) 이 식의 θ는 도마의 이용계수라고 불린다.
6) 日本 評論新社, 《經濟評論》, p. 108 이하를 참조하라.

발전 속도에 제1부문의 우선적 발전계수 α를 곱한 것과 같다는

(15) $H' = \alpha k$

와 각각 제1부문의 발전 속도와 제2부문의 발전 속도를 나타내는

(16) $k_1 = \dfrac{\alpha + H}{H} k$와

(17) $k_2 = (1 - \dfrac{\alpha}{1 - H}) k$

를 유도한 뒤 α, s, S 일정이라는 전제 아래 k_2를 미분하여

(18) $k_2' = \dfrac{\alpha k}{S} [1 - \alpha \dfrac{1 - s}{(1 - H)^2}]$

를 유도하여 제2부문의 발전 속도를 일정하게 유지하든가 더 한층 증대시키기 위해서는 제1부문의 발전 속도가 적어도

(19) $\alpha = \dfrac{(1 - H)^2}{1 - s}$

만큼 커지지 않으면 안 된다는 결론을 내리고 있다.[7]

　이 밖에도 미분법을 써서 "α, s, S가 변화할 때에는 계획 속도를 유지하기 위해서는 제1부문의 우선적 발전계수는 결국 이전가치의 비율의 기초와 차기의 차와 생산지수의 비율과 같지 않으면 안 된다"는 또하나의 결론을 내리고 있는데, 곧 이어서 "이와 같이 수학적 방법은 확대재생산 표식의 풍부한 내용을 더 완전히 해명할 수 있게 한다. 그러나 우리의 견해에 따르면 이것은 경제적 연구와 계획화에 수학적 방법을 이용하는 많은 문제들의 기초적인 단 하나의 예에 불과하다"는 말을 하고 있다. 대개는 마르크스 경제학에서는 수학적 방법이 이용되지 않는 것처럼 생각하기 쉬우나, 이로부터 알 수 있듯이, 이 경제학에서도 수학적 방법은 분명히 이용되고 있는 것이다. 보얄스키의 논문의

---

7) 상기 제식에 나오는 기호(대시)는 물론 제1차 도함수를 표시한다.

일부를 소개한 것도 이 점을 강조하는 의미에서다.

4. 근대수학의 이용

1) 제1의 이용

예는 게임이론에서 들 수 있다. 《게임이론과 경제행동》(1944)의 저자인 노이만(J. Neumann)과 모르겐슈테른(O. Morgenstern)이 목적으로한 바는 종래의 균형이론에서는 전혀 사용되고 있지 않던 새로운 분석방법에 의해서 경제이론의 기초적인 문제들을 정확하게 고찰하는 것이었다. 이 새로운 방법이란 미니맥스 원칙(minimax principle)이며, 기초적인 문제들이란 소수자 간에 행해지는 교환 현상이다.

그들에 따르면 종래의 경제이론에서 수학적 처리가 부정확했던 이유는 수학이 너무나도 복잡하고 광범한 대상에 지나치게 응용되어 그 엄밀한 검증을 기대할 수 없다는 데 있다. 수학적 처리를 허용할 수 있는 문제는 이론의 현 단계에서는 단순한 교환현상에 한정되는 것이며, 이러한 단순한 문제에 대해서 우선 가능한 것을 정확하게 알지 않으면 안 된다. 가능한 것을 정확하게 알려고 하면 로잔 학파의 분석방법은 전혀 무력하게 된다. 로잔 학파에서는 로빈슨 크루소와 같은 고립적인 개인들이 서로 독립한 각자의 만족을 극대로 한다고 하는 단순한 극대원칙이 문제가 되며, 상호관계하며 결탁하는 개인들의 행동은 일체 배제되어 버린다. 경제사회에서 개인들의 행동은 극히 복잡한 양상을 표시하는 것이며, 한 개인의 극대는 다른 개인의 극소를 야기시키는 경우가 자주 일어난다. 이러한 행동의 메커니즘은 게임의 그것과 비슷하다. 이러한 복잡한 극대문제의 고찰은 종래와 같은 단순한 극대원칙을 갖고서는 도저히 처리할 수 없는 것이며, 미니맥스 원칙이 요구되는 이유는 여기에 있다.

지금 1, 2, ……, n은 행위자를 표시하며, t_i는 i라는 행위자가 사용하는 전술을 표시하는 것으로 한다. 전술의 수를 유한개로 하면 t_i의 변역(變域)은 유한개의 자연수로 간주된다. 행위자가 여러 전술을 사용해서 게임을 하다가 그것이 끝났을 때에 승패는 결정된다. 이것을

$$(20)\ \ r_k = r_k(t_1, t_2, \cdots\cdots, t_n),\, k = 1, 2, \cdots\cdots, n$$

으로 표시하고 이득함수(pay-off function)라고 한다. r_k는 승패, 점수 혹은 금액을 표시한다. 게임이론의 문제는 구체적인 여러 게임 가운데에 존재하는 성질을 추상하여 (20)이라는 함수계를 만들고, 이 함수계의 성질을 고찰하는 것이다, 영합(零合)은 이득의 총합계가 영으로 되는 것, 즉

$$(21)\ \ \sum_{k=1}^{n} r_k = 0$$

을 의미하며, n명 게임은 행위자의 수가 n인 게임을 의미하므로, 영합 2명 게임(a two person zero sum game)의 경우에는 이득함수는

$$(22)\ \ r_1 = r_1(t_1, t_2),\ r_2 = r_2(t_1, t_2),\ r_1 + r_2 = 0$$

이 된다. 미니맥스 원칙이란 함수계 (22)의 수학적 기대치에 새들 포인트(鞍點)[8]가 존재하는 것을 의미한다. 수학적 기대치란 각 전술의 이득에 그 전술이 사용되는 확률을 가중한 쌍일차형식[9]의 이득함수

---

[8] 미니맥스점이라고도 한다. 이의 예는 〈표 2〉의 제2행 제2열의 0항에서 찾아볼 수 있다. 이 새들 포인트는 원래는 평활한 곡면에 관한 용어다. 위상적으로 말하면 등고선의 결목(結目)이다. 여기서는 이 용어를 불연속의 경우에 전용하고 있다.

[9] 2조의 n개의 변수$(x_1, x_2, \cdots\cdots, y_n)(y_1, y_2, \cdots\cdots, y_n)$의 각 조에서 하나씩 취해서 만든 적(積) $x_i y_k (i, k = 1, 2, \cdots\cdots, n)$에 상수계수 a_{ik}를 곱한 항의 총합계 $\sum a_{ik} x_i y_k$를 x_i, y_k에 관한 쌍일차형식이라고 한다.

$$(23) \quad r_1(x,y) = \sum_{t_1=1}^{a} \sum_{t_2=1}^{b} r_1(t_1, t_2) x_{t1} y_{t2}$$

$$\sum_{t_1=1}^{a} x_{t1} = \sum_{t_2=1}^{b} y_{t2} = 1, \quad x_{t1} \geqq 0, \ y_{t2} \geqq 0$$

을 말한다. a,b는 각 행위자의 전술의 수이며, x, y는 가중할 확률의 벡터[10] $(x_{t1}, \cdots, x_{ta})(y_{t1}, \cdots, y_{tb})$를 표시한다. 이 경우에 새들 포인트가 존재한다는 것은 $r(x,y)$의 값이 x에 대해서는 극대로 되며 y에 대해서는 극소로 되는 점이 존재한다는 것을 말한다.

이러한 영합 2명 게임에서는 각 행위자의 이해는 전혀 상반하므로 양자가 극대를 추구하는 행동은 함수계 (23)에 해가 존재하는 것을 보증하지 않는다. 이 경우에 양자는 그 수학적 기대치를 극대로 한다고 생각하면, 이 확률적인 극대를 추구하는 행동은 함수계 (23)에 새들 포인트가 존재하는 것에 의해서 수학적 기대치의 해를 보증하는 셈이다.

〈표 1〉 갑의 이득표(pay-off table)

갑 \ 을	1	2	3	행의 극소치
1	0	+1	−1	−1
2	−1	0	+1	−1
3	+1	−1	0	−1
열의 극대치	+1	+1	+1	

주: 행극소치의 극대≠열극대치의 극소

〈표 2〉 갑의 이득표(pay-off table)

갑 \ 을	−1	0	+1	행의 극소치
−1	+2	−1	−2	−2
0	+1	0	+1	0
+1	−2	−1	+2	−2
열의 극대치	+2	0	+2	

주: 행극소치의 극대=열극대치의 극소

이것을 갑과 을 두 사람이 가위, 바위, 보 하는 경우의 예로 설명하

[10] R. G. D. Allen, *Mathematical Economics*, Chapter 12를 참조하라.

면 다음과 같다. 이것은 영합 2명 게임이다. 가위, 바위, 보를 각각 1, 2, 3으로 표시한다. 지금 이득함수를 표로 표시하면 〈표 1〉과 같이 된다. 위의 가로행은 갑의 전술, 좌의 세로열은 을의 전술을 표시한다. 각 칸에 있는 숫자는 승패를 표시하며, 이기면 +1, 지면 -1, 무승부의 경우에는 영이 된다. 을이 1(가위)을 내고 갑이 2(바위)를 내면 갑이 이기므로 표에는 +1로 표시된다. 을의 이득표는 이 표의 갑, 을을 바꾸면 된다. 갑의 이득의 수학적 기대치는 (23)에 의해서

$$(24) \quad r_1 = -x_2y_1 + x_3y_1 + x_1y_2 - x_3y_2 - x_1y_3 + x_2y_3$$

이 된다. (24)의 새들 포인트는 $x_1 = x_2 = x_3 = \frac{1}{3}$, $y_1 = y_2 = y_3 = \frac{1}{3}$일 때 생기며 이득은 영이 된다.

　이것은 갑, 을이 함께 가장 유리한 이득을 얻으려고 가위, 바위, 보를 하는 경우에는 각 전술에 1/3씩의 확률을 붙인 혼합전술을 사용하면 된다는 것을 표시한다.

　바꾸어 말하면 여러 번 가위, 바위, 보를 하는 경우에 갑, 을이 함께 더 많이 이기려고 하면 각 전술을 무작위로(at random) 취하는 것이 좋으며, 그때 이기는 확률은 쌍방 함께 대체로 1/2이 된다는 것을 표시한다. 여기서 '무작위'란 예컨대 주사위를 던져서 1과 2의 눈이 나오면 가위, 3과 4의 눈이 나오면 바위, 5와 6의 눈이 나오면 보로 하는 것을 말한다. 만약 어느 한편이 무작위로 내지 않으면 그 사람은 더 많이 지게 된다.[11]

2) 제2의 이용

예는 리니어 프로그래밍(선형계주법)[12]에서 들 수 있다.

---

11) 비영합(非零合) 혹은 2명 이상의 게임을 분석하기 위해서는 결탁(coalition)의 조작을 도입할 필요가 있다.

리니어 프로그래밍의 이론을 일반적으로 기술하기 위해서는 선형대수학 특히 철집합(凸集合)의 이론을 사용하지 않으면 안 된다. 이들에 대해서는 도프만 등의 저서를 참조하기 바란다.[13] 여기서는 이 이론의 문제점을 소개하기 위해서 간단한 예를 사용하여 설명을 하기로 한다. 그러나 그에 앞서서 생산요소와 생산과정의 설명이 필요하다.

우선 생산요소는 토지, 노동, 원료, 기계 등은 물론 기업의 경영능력이라든가 자본조달 능력, 즉 신용 같은 것까지도 포함한 것을 말한다. 리니어 프로그래밍은 이들 생산요소의 효율적인 배치를 문제로 하는데, 이러한 문제가 우리의 고찰의 대상이 되는 중요한 이유의 하나는 이들 생산요소 중 적어도 한 종류의 공급 또는 존재량이 유한한 데 있다.

다음에 생산과정은 몇 가지 생산요소를 결합해서 생산물을 변형하는 기술적 과정을 말한다. 생산요소의 사용량을 투입량(input), 생산량을 산출량(output)이라고 한다. 생산은 단지 물리적인 변형뿐 아니라, 장소적·수량적·시간적인 일체의 변형을 포함하므로 상업이라든가 서

---

12) 이 리니어 프로그래밍은 문제에서는 전혀 다르면서도 방법에서는 게임이론과 공통한 부분이 많으며, 그 밖에 레온티예프의 투입산출분석(또는 산업연관분석) 등을 포함해서 활동분석(activity analysis)이라는 경제이론의 큰 부문을 형성하고 있다. 코프만스(T. C. Koopmans)에 따르면 이 분석의 원천은 ① 왈라스의 균형방정식의 해의 존재의 문제 ② 후생경제학의 이론 특히 그것의 생산이론에의 적용 ③ 레온티예프에 의해서 창시되어 발달된 산업부문 간의 관계의 문제, 즉 투입산출분석 국방 또는 전쟁 수행의 조직에 관련해서 일어난 자원 배치와 계획의 문제의 네 가지라고 한다. 이 활동분석은 한계분석에 대비되는 말이다. 한계분석에서도 다변수의 함수의 극대극소의 문제를 취급하기 위해서 행렬식, 행렬이차형식 등이 약간은 이용되어 왔지만 이들이 본격적으로 이용되고 있는 것은 이 활동분석에서이다.
13) R. Dorfman, *Application of Linear Programming to the Theory of the Firms*, 1951. R. Dorfman, P. A. Samuelson, R. M. Solow, *Linear Programming and Economic Analysis*, 1958.

비스업의 작업도 생산의 개념에 포함됨은 물론이다. 리니어 프로그래
밍에서 가장 중요한 가정의 하나는 어떤 한 생산과정에서는 생산요소
의 결합 비율이 일정하다는 것이다. 이것은 왈라스라든가 카셀이 가정
한 고정적인 생산계수의 경우에 대응한다. 따라서 만약 생산요소의 결
합비율이 변화하는 경우에는 그것은 다른 생산과정이 도입된 결과라
고 생각한다. 한 생산과정에서는 산출량은 임의의 한 생산요소의 투입
량에 정비례한다고 가정된다.

지금 생산요소를 원료와 노동으로 하고 원료 10단위와 노동 5단위
의 결합에 의해서 생산물 7단위가 생산되는 생산과정을 P로 표시한
다. 이 P에서 원료, 노동의 결합비율을 이대로 즉 10:5로 유지한 채로
투입량을 앞서의 x배로 높이면 그에 대응해서 산출량도 앞서의 x배
즉 $7x$로 높아지는 셈이며, 원료, 노동을 각각 10단위, 5단위씩 결합하
는 생산과정 P를 기본 생산과정으로 선정하면 동일한 비율로 결합하
는 다른 생산과정은 P를 x라는 수준에서 조업하는 것이 되어 이 새로
운 생산과정을 xP로 표시할 수 있다. 이 음수가 아닌 실수 x를 조업
도(또는 activity level)라고 한다.

지금 어떤 기업이 결합비율이 상이한 두 기본 생산과정 P_1, P_2 즉

P_1: 원료 10단위, 노동 5단위→산출량 7단위

P_3: 원료 8단위, 노동 7단위→산출량 6단위

를 갖는 것으로 한다. 구체적으로 말하면 P_1, P_2를 각각 제1공장, 제2
공장의 생산양식에 대응한다고 생각할 수 있다. x_1, x_2를 각각의 조업
도로 하면 이 기업은 x_1P_1과 x_2P_2를 동시에 조업하게 되어 원료 $10x_1$
$+8x_2$, 단위노동 $5x_1+7x_3$단위의 결합에 의해서 산출량 $7x_1+6x_2$를 생
산하는 셈이다. 이 신 생산과정을 $x_1P_1+x_2P_3$로 표시한다. 상술한 바와
같이 조업도를 곱하는 것은 생산과정의 일차동차성에 대응하는 셈이

며 목적조업은 생산과정의 가법성(加法性)에 대응하는 셈이다. 이 두 가정이 종래의 전통적 생산함수와 비교되는 리니어 프로그래밍의 기초다.

지금 이 기업이 원료 보유량 26단위, 노동 19단위를 갖고 있는 것으로 한다. 전술한 바와 같이 조업도를 x_1, x_2로 하면 원료, 노동의 필요량은 각각 $10x_1 + 8x_2$, $5x_1 + 7x_2$였으므로 기업이 실제로 채용할 수 있는 조업도는 무한히 크게 할 수는 없으며, 정확하게는 연립부등식

$$(25) \quad \begin{aligned} 10x_1 + 8x_2 &\leq 26 \\ 5x_1 + 7x_2 &\leq 19 \end{aligned}$$

의 제약을 받지 않으면 안 된다. 따라서 기업은 (25)의 제약 아래 총 산출량

$$(26) \quad 7x_1 + 6x_2$$

를 극대로 하려고 하는 셈이다. 이러한 문제를 조직적으로 연구하는 것이 리니어 프로그래밍의 목적이다. 따라서 리니어 프로그래밍이란 일차부등식 또는 일차연립부등식에 의해서 제약되는 변수들의 일차식을 극대 또는 극소로 하는 문제를 말한다고 할 수 있다.

이러한 리니어 프로그래밍의 해법으로서는 도해법과, 단치히(G. B. Dantzig)에 의해서 고안된 단체법(單體法, simplex method)을 들 수 있는데, 이들에 대해서는 기술한 도프만 등의 저서를 참조하면 된다. 끝으로 리니어 프로그래밍 문제의 일반형을 정식화하면 다음과 같다.

지금 m개의 생산요소를 사용하는 n개의 기본 생산과정이 있는 경우에 이것은 기술행렬

$$(27) \quad A = \begin{pmatrix} a_{11} & a_{12} & \vdots & a_{1n} \\ a_{21} & a_{22} & \vdots & a_{2n} \\ \vdots & \vdots & \vdots & \vdots \\ a_{m1} & a_{m2} & \vdots & a_{mn} \end{pmatrix}$$

로 표시된다. a_{ij}는 제j기본 생산과정에서 소비되는 제i생산요소의 투입량을 표시하며, 모두 음수가 아닌 실수로 한다. 제j기본 생산과정의 산출량을 c_1, 조업도를 $x_1, x_3, \cdots\cdots x_{n}$, 각 생산요소의 극대 가능사용량을 $f_1, f_2, \cdots\cdots f_m$으로 하면, 기업은

$$(28) \quad c_1 x_1 + c_2 x_2 \cdots\cdots + c_n x_n$$

을 조건

$$(29) \quad \begin{pmatrix} x_1 \\ x_2 \\ \vdots \\ x_n \end{pmatrix} \geqq 0, \quad \begin{pmatrix} a_{11} & a_{12} & \vdots & a_{1n} \\ a_{21} & a_{22} & \vdots & a_{2n} \\ \vdots & \vdots & \vdots & \vdots \\ a_{m1} & a_{m2} & \vdots & a_{mn} \end{pmatrix} \begin{pmatrix} x_1 \\ x_2 \\ \vdots \\ x_n \end{pmatrix} \leqq \begin{pmatrix} f_1 \\ f_2 \\ \vdots \\ f_m \end{pmatrix}$$

아래 극대로 한다. 이것이 리니어 프로그래밍의 하나의 문제가 된다. 이와 쌍대적(dual)으로 함수

$$(30) \quad f_1 y_1 + f_2 y_2 + \cdots\cdots + f_m y_m$$

을 조건

$$(31) \quad \begin{pmatrix} y_1 \\ y_2 \\ \vdots \\ y_m \end{pmatrix} \geqq 0, \quad \begin{pmatrix} a_{11} & a_{21} & \vdots & a_{m1} \\ a_{12} & a_{22} & \vdots & a_{m2} \\ \vdots & \vdots & \vdots & \vdots \\ a_{1n} & a_{2n} & \vdots & a_{mn} \end{pmatrix} \begin{pmatrix} y_1 \\ y_2 \\ \vdots \\ y_m \end{pmatrix} \geqq \begin{pmatrix} c_1 \\ c_2 \\ \vdots \\ c_n \end{pmatrix}$$

아래 극소로 하는 문제도 마찬가지로 리니어 프로그래밍의 문제가 되는데, 양자 간에는 밀접한 관계가 있다. 수학적 논증은 생략하지만, 전자의 극대치와 후자의 극소치는 일치한다.

5. 수학적 방법 이용의 상대적 한계

이상에서 본 바와 같이 경제학에서는 여러 가지 형태로 수학적 방법이 이용되고 있다. 그러나 경제학에서 수학적 방법의 이용에는 한계가 있음을 잊어서는 안 된다. 유명한 물리학자 프랑크는 젊었을 때 경

제학을 공부하려고 생각했었으나, 경제학은 너무나도 어려워서 자기의 수학으로서는 감당할 수 없다고 생각했으므로 비교적 쉬운 물리학에 전념하게 되었노라고, 한때 경제학자 케인스에게 말했다고 하는데, 이것은 무엇을 의미하는 것일까. 당시의 경제학에서 이용되고 있던 수학적 방법이 그에게 대단히 어려웠다는 의미는 결코 아니다. 아니 현재 경제학이 이용하려고 하고 있는 가장 복잡한 수학적 방법마저 그에게는 대수로운 것이 아니었을 것이다. 그가 거기서 생각하고 있던 경제학은 그런 유치한 것은 아니고, 아마 현대의 물리학이 사용하고 있는 수학적 방법보다도 더 복잡한 수학적 방법을 이용하는 경제학이었을 것이다.

따라서 이것은 경제학이 현재 이상으로 현저히 발달하여 현재의 수학적 물리학의 정도 이상으로 복잡하게 되었다 해도, 그래도 아직 거기에는 수학적 방법으로 다 표현할 수 없는 경제학의 영역이 남을 것이라는 것을 의미하는 것으로 보아야 할 것이다. 여기에 경제학에서 수학적 방법의 이용의 한계가 있으며, 여기에 경제학에서 비수학적 표현의 분야가 남아 있는 것이다. 그러나 이것은 물론 경제학에 대한 수학적 방법의 이용의 가능성에 한계를 부여하는 것은 결코 아니다. 가능성으로서는 거기에 절대적 한계는 없다. 단지 현실적인 문제로서 거기에 상대적 한계를 인정하지 않을 수 없다는 것뿐이다.

《현대사상강좌 Ⅶ―20세기 문명과 과학》(1960)

한국경제의 계량경제학적 모형

1. 서 언

경제문제에 대한 이론적·수량적 접근과 경험적·수량적 접근의 종합을 목표로 하는[1] 계량경제학적 연구는 그 주용도의 하나[2]를 정책 수립의 응용에서 찾고 있다. 사실 계량경제학적 연구는 오늘날 전체로서 균형 잡히고 모순 없는 정책을 수립하기 위해서 각국에서 널리 이용되고 있다.

이에 논자는 이와 같은 계량경제학적 연구의 용도에 착안하여 한국경제 전체에 적용될 계량경제학적 모형을 구성해 보기로 한 것이다.

그러나 계량경제학적 모형이라 해도 그것에는 틴베르헌형[3]과 레온

---

1) 계량경제학회의 회칙 제1조를 참조하라. 프리슈(R. Frisch)는 계량경제학회의 기관지인 *Econometrica*의 창간사에서 이것을 더 부연하여 계량경제학적 연구를 '경제이론, 통계학, 수학의 3자의 종합을 목표로 하는 것'이라고 밝히고 있다.
2) 이 밖에 계량경제학적 연구의 용도로서는 ① 경제의 운동법칙의 파악, 구조의 해명, ② 과거의 경제변동의 설명, ③ 장래의 경제변동의 예측을 들 수 있다.
3) 이 형(型)의 개척적이며 가치 있는 연구로서는, J. Tinbergen, *Statistical Testing of Business Cycle Theories*, Ⅱ: *Business Cycles in the United States of America 1919~1932*, 1939를 들 수 있다. 이 형에 속하는 주요한 모형에 대해서는, F.

티예프형4)의 두 가지가 있다. 여기서는 그 가운데 전자인 틴베르헌형의 계량경제학적 모형을 사용하기로 했다. 그리고 또 같은 틴베르헌형의 모형이라 해도 그 크기에는 상당한 차이가 있다. 어느 것은 40개의 방정식으로 구성되고 있는가 하면, 어느 것은 겨우 5, 6개의 방정식으로 구성되고 있는 것이 있다. 그러나 우리나라의 경우에는 주지하는 바와 같이 통계자료가 미비되어 있거나, 혹은 정비되어 있는 것이라 해도 그 신뢰성이 매우 의심스럽거나 하기 때문에, 또 우리나라의 경제에 정교한 모형을 적용시킬 필요가 없다고 생각했기 때문에 6개의 방정식으로 구성되는 간단한 계량경제학적 모형을 사용하기로 했다.

각 절의 내용은 다음과 같다. 제2절은 틴베르헌형 모형의 특성을 요약한 것이며, 제3절은 구조방정식의 파라미터의 추정법의 2대 산맥을 이루고 있다고 할 수 있는 고전적 최소자승법과 제한정보최우법의 상대적 특징을 기술한 것이며, 제4절은 한국경제 모형의 내용을 기술한 것이며, 제5절은 구성된 한국경제 모형의 추정을 기술한 것이다.

Christ, "On Econometric Models of the U.S. Economy," *Income and Wealth Series VI*, 1957와 M. Nerlove, "A Quarterly Econometric Model for The United Kingdom," *The American Economic Review*, March 1962를 참조하라. 그리고 특히 Klein 모형에 대해서는, L. R. Klein and A. S. Goldberger, *An Econometric Model of the United States 1929~1952*, 1955를 참조하라.

4) 이 형에 대해서는 주로 W. W. Leontief, *The Structure of American Economy*, 1951; W. W. Leontief et al., *Studies in the Structure of the American Economy*, 1933; W. D. Evans and M. Hoffenberg, "The Interindustry Relations Study for 1947," *Review of Economics and Statistics*, May 1952; Netherland Economic Institute, *Input-Output Relations*, 1953; "Conference on Research in Income and Wealth: Input-Output Analysis: An Appraisal," *Studies in Income and Wealth*, Vol. 18, 1955; T. Barna ed., *The Structual Independence of the Economy*, 1956을 참조하라.

2. 틴베르헌형의 모형

이 모형은 각각 경제의 어떤 중요한 부문 혹은 특징을 표시하는 방정식으로 구성되는 N개의 방정식 체계다. 방정식의 약간은 국민계정에서 찾아지는 형의 정의식(혹은 항등식)이다. 이들은 어느 때나 성립되는 것으로 가정되며, 또 미지수를 포함하지 않는다. 이의 예로서는 '소비+투자+정부지출+순수출=국민지출'과 '평균화폐임금률×노동투입량=화폐임금' 등이 들어진다.

나머지 방정식 즉 정의식 외의 방정식은 근사적으로만 성립하는 것으로 가정되며, 또 그들의 오차는 적고 확률적으로 결정되는 것으로 가정된다. 이의 한 예로서는 '소비=가처분소득의 일정비율+상수+확률오차'가 들어진다. 오차가 계통적이라기보다는 도리어 확률적이라는 가정은 통계적으로 상수의 값을 추정하는 데 매우 편리하다. 때로는 이 가정은 오차가 계통적 부분을 포함하는 경우에도 정당화된다.

확률오차를 포함하는 방정식은 확률방정식(stochastic equation)이라고 부른다. 왜냐하면 통계학에서는 '확률적'이라는 말은 확률적으로 결정된다는 것을 의미하기 때문이다. 확률방정식의 약간은 소비자, 투자자, 화폐보유자 등과 같은 경제 내의 중요집단의 행동을 기술한다. 그리고 약간은 생산함수, 조세함수 등과 같은 기술적 혹은 제도적 제약을 기술한다. 그리고 또 약간은 노동시장, 화폐시장, 재화시장 등과 같은 특정 시장에 불균형이 존재할 때 일어나는 조정과정을 기술한다. 이상의 네 가지 형의 방정식(정의식, 행동방정식, 제약식 및 조정방정식)은 구조방정식(Structural equation)[5]이라고 부른다. 왜냐하면 각 식은 경제의 어

---

5) 이 밖에 틴베르헌은 방정식으로서 최종방정식(final equation)을 들고 있다. 크라이스트(F. Christ)에 따르면 이 방정식은 다음과 같이 정의된다고 한다.

떤 잘 정의된 부분을 기술하는 것으로 가정되기 때문이다.

방정식은 변수와 파라미터를 포함한다. 파라미터는 값에 있어서 상수로 가정된다. 전형적으로는 방정식의 수보다도 변수의 수가 더 많기 때문에 체계는 모든 변수의 값을 결정할 수 없다. 변수의 약간은 체계 외부에서 완전히 결정되는 것으로 가정되며, 그들의 값은 부여된다. 이의 예로서는 기후(이것은 모형에서 이때까지 사용된 일이 거의 없다), 정부정책변수, 외국 수요 등을 든다. 이와 같은 외생변수(exogenous variable) 외에 변수로서는 내생변수(endogenous variable)가 있다. 이것은 파라미터, 외생변수 및 오차의 값이 부여될 때 체계에 의해서 결정된다. 만약 체계가 완전하려면 방정식의 수와 동수의 내생변수가 있어야 한다. 그러나 이 내생변수는 다시 금기(今期)의 내생변수와 시차내생변수(즉 전기에서 체계의 작용에 의해서 그 값이 결정되는 내생변수)로 나뉜다. 시차내생변수의 예로서는 전기(前期)소득, 과거의 최고소비 등을 든다. 따라서 금기의 내생변수를 외생변수 및 시차내생변수와 구별하는 것은 흔히 유용한 일이 되는데, 외생변수와 시차내생변수는 따로 선결변수(predetermined variable)라고 부르기도 한다(단 금기의 외생변수와

To analyze the time-path of an endogenous variable, one wants an equation expressing that variable in terms of lagged values of itself(but not other endogeneous variables) and exogenous variables. Such equations are called final equations, and in principle they may always be obtained from the reduced form by algebra. A final equation is a difference equation in one endogenous variable, with coefficients depending on the parameters and exogenous variables of the model(F. Christ, "On Econometric Models of the U.S. Economy," p. 5).

그리고 그는 이 방정식의 예로서 다음의 것을 들고 있다.

$$y_t = (\alpha+\beta)y_{t-1} - \beta y_{t-2} + g_t$$
$$c_t = (\alpha+\beta)c_{t-1} - \beta c_{t-2} + \alpha g_{t-1}$$
$$i_t = (\alpha+\beta)i_{t-1} - \beta i_{t-2} + \beta(g_{t-1} - g_{t-2})$$

(F. Christ, *ibid.*, p. 7.)

시차외생변수는 다 같이 체계 외부에서 결정되는 것이므로 구별할 필요가 없
다).6)

시차내생변수를 포함하는 체계는 동태적 성격을 갖는다. 왜냐하면
금기의 내생변수는 파라미터, 외생변수 및 오차에 의존하기 때문이다.
시차를 포함하는 단순체계는 파라미터 혹은 외생변수 혹은 오차에 변
수가 없을 때에도 순환 및(혹은) 장기성장 혹은 감퇴를 발생시킬 수
있다. 한 체계를 동학화하는 또 다른 방법은 과거의 순투자의 합계인
자본스톡과 같은 누적변수(cumulated variable)를 사용하는 것이다.7) 이
와 같은 누적변수는 동일모형에서 미분 혹은 도함수와 쉽게 결합될
수 있다.

구조방정식의 미지(未知)의 파라미터는 현재의 내생변수와 선결변
수의 값의 계열에 피팅(부합)시킴으로서 추정된다. 만약 각 방정식이
완전히 정확하며 자료가 오차를 포함하지 않는다면 피트(부합도)는 완
전할 것이며, 파라미터의 값은 정확하게 구해질 수 있다. 그러나 현실

---

6) 변수의 분류법에는 다음의 세 가지가 있다.

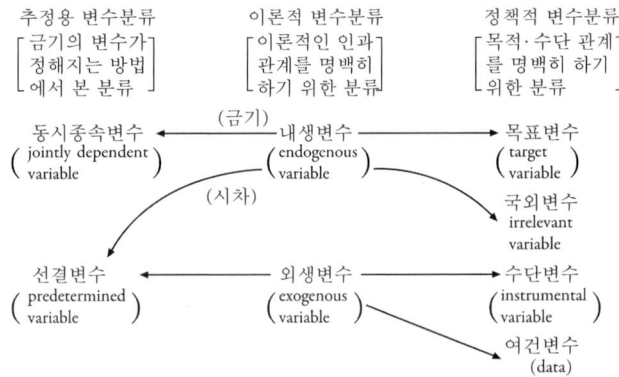

7) 한 체계를 동학화하는 또 다른 방법은 시차 대신에 해마다의 변수의 변화를
도입하는 것이다. 이에 대해서는 F. Christ, "Aggregate Econometric Models," *The
American Economic Review*, June 1956, p. 387의 주 3을 참조하라.

적으로는 방정식은 고작해야 근사적으로만 정확하며, 자료는 오차를
포함하며, 따라서 피트는 거의가 정확하지 않은 것이 사실이다.

3. 파라미터의 추정법

구조방정식의 파라미터의 추정법에는 여러 가지가 있다.[8] 그러나
틴베르헌형 모형에서 최근에 가장 많이 이용되고 있는 방법은 고전적
최소자승법과 제한정보최우법(limited information maximum likelihood
method)이다. 최소자승법은 방정식의 한 변수를 종속변수로 선정하고
이 변수의 실제치와 계산치의 편차를 구하여 이 편차의 자승의 합계
를 최소로 하는 파라미터의 값을 결정한다. 따라서 그 결과는 종속변
수의 선택 여하에 달려 있다. 제한정보최우법은 우선 한 방정식의 내
생변수를 모두 합침으로써 단일의 새로운 합성변수를 만들고 그 방정
식에 존재하는 모든 변수와 그 방정식에 존재하지 않는 약간의 변수
를 포함하는 많은 선결변수에 관한 그 합성변수의 최소자승회귀방정
식을 구한다. 다음에 이 방법은 그 방정식에 존재하지 않는 선결변수
의 계수가 이 회귀방정식에서는 영이 될 것이라는 조건을 부여하여,
그 합성변수를 그것의 구성부분으로 분해하고 각 내생변수의 파라미
터와 그 방정식에 존재하는 각 선결변수의 추정치를 구한다.

최소자승법은 비교적 계산이 쉽다. 그리고 이 방법에 따라서 구해지
는 추정치는 그들의 기대치(평균치)를 중심으로 해서 비교적 적은 분

---

8) 크게는 최소자승법, 도구변수법(instrumental variable method), 최우법으로 나뉜
다. 그러나 최소자승법은 다시 고전적 최소자승법, 이단최소자승법, 삼단최소
자승법으로 나뉘며, 최우법도 완전정보최우법, 제한정보최우법으로 나뉜다. 이
들 방법에 대해서는 L. R. Klein, *A Textbook of Econometrics*, 1953와 H. Theil,
Economic Forecasts and Policy, 1958를 참조하라.

산을 갖는다. 그러나 이 방법은 연립방정식 체계의 일부분을 이루고 있는 방정식에 적용될 때에는 편기된 추정치, 즉 그 기대치가 진정치와 차이를 갖는 추정치를 낳는다는 결점을 갖는다. 따라서 연립방정식 체계에 적용되는 최소자승법은 그 탄착점(즉 그 추정치)을 비교적 서로 가깝게 산포시키지만 집중적으로 표적을 명중시키지 못하는 산탄총에 비유될 수 있다. 제한정보최우법은 계산이 비교적 번거롭다.[9] 그리고 그 추정치는 최소자승추정치보다도 더 큰 그들의 기대치를 중심으로 한 분산을 갖는다. 이 추정치도 또한 편차를 갖는다. 단 모형 구성자가 행하는 전형적인 가정하에서 표본의 크기(관측의 회수)가 무한대에 가까워짐에 따라서 이들 편차가 더 적어지고 영에 가까워질 때에는 예외이다. 따라서 제한정보최우법은 그 탄착점(즉 그 추정치)을 최소자승법의 경우보다 덜 가깝게 산포시키며, 또 집중적으로 표적의 중심을 명중시키지 못하지만 표본의 크기가 무한대에 가까워짐에 따라서 보다 더 중심을 명중시키는 산탄총에 비유될 수 있다.

따라서 어떤 유한한 표본에 대해서 어느 방법을 사용하느냐의 문제는 아직도 해결되지 않고 있다. 왜냐하면 어떤 주어진 표본의 크기에서 제한정보최우법의 편차가 그보다 큰 분산을 능히 상쇄할 만큼 최소자승법의 편차보다 작으냐에 관해서 대답할 방법을 찾지 못했기 때문이다.[10]

---

9) 추정치와 그들의 추정표준 오차를 얻기 위해서는 최소자승법이 1회의 역행렬의 계산을 필요로 하는 데 대해서, 제한정보최우법은 4개의 역행렬의 계산을 필요로 한다. 4개의 역행렬 가운데 1개는 적어도 최소자승법에서 사용되는 것과 동수의 행과 열을 가지며(흔히는 행과 열의 수가 더 많다) 나머지 3개는 그것보다 적은 수의 행과 열을 갖는다.

10) 오차의 자승의 기대치를 두 방법의 선택의 기준으로서 사용하기로 하자. 어느 방법의 경우에나 이것은 편차의 자승+추정치의 기대치에 대한 분산과 같다. 따라서 최소자승법보다 좋기 위해서는 제한정보최우법은 두 방법의 분산의

이 점에 대해서는 두 가지 형의 경험적 증거가 서서히 집적되고 있는 중이다. 제1형은 몬테칼로법에 의해서 실험적으로 얻어지는 것이다. 이 방법은 기지(旣知)의 방정식과 파라미터를 갖고서 사전에 구성된 의제적 실세계에서 많은 수의 자료의 표본을 추출하고 각 표본에서 일정의 기지의 파라미터의 추정치를 계산하는 방법이다. 그와 같이 해서 얻어진 파라미터의 많은 추정치는 추정치의 상당히 좋은 표본분포를 부여할 것이다. 발간되지 않은 논고에서 바그너(H. M. Wagner)[11]는 한 의제적 실세계에서 추출된 100개의 표본과 또 다른 의제적 실세계에서 추출된 100개의 표본에 의거해서 한계소비성향의 최소자승 추정치와 제한정보 추정치를 비교했다. 어느 경우에나 그의 의제적 실세계는 3개의 방정식으로 구성되는 간단한 소득, 소비, 투자 모형이었다. 소비는 소득의 선형함수이며, 한계소비성향은 0.5이며(제한정보 추정과정에서 사용되는), 모형의 선결변수는 시차를 갖는 소득과 시간이었다. 그리고 표본의 크기는 20이었다. 한계소비성향의 100개의 추정치의 분포는 〈표 1〉에 요약되어 있다.

어느 경우에나 최소자승 추정치의 추정편차가 제한정보 추정치의 그것보다 크지만(제3행) 최소자승 추정치의 추정표준편차가 제한정보 추정치의 그것보다 최소자승 추정치의 평균자승근편차(root mean square error)[12]를 제한정보 추정치의 그것보다 약간 작게 할 정도로(제5행) 작음에 주의하라. 그러나 그 차는 매우 작으므로—사실 3퍼센트보다

차를 상쇄할 정도로 최소자승법의 편차의 자승보다 충분히 작은 편차의 자승을 가져야 한다.
11) F. Christ, "Aggregate Econometric Models," *The American Economic Review*, June 1956, p. 398.
12) 임의의 원점을 선정하여, 이 원점과 각 관측치의 편차의 자승을 구하고, 이것을 산술평균한 값의 자승근을 말한다. 이로부터 전 관측치의 산술평균과 임의의 원점의 차의 자승을 감한 값의 자승근이 바로 표준편차다.

〈표 1〉 바그너 추정치의 요약

	의제적 실세계 I		의제적 실세계 II	
	최소자승법	제한정보 최우법	최소자승법	제한정보 최우법
1. 진정치	0.5000	0.5000	0.5000	0.5000
2. 추정치 100의 평균	0.5137	0.4955	0.5087	0.5049
3. 추정편기 (100개의 추정치)	0.0137	-0.0045	0.0087	0.0049
4. 추정 표준편차 (100개의 추정치)	0.0107	0.0174	0.0453	0.0460
5. 평균자승근편차 (100개의 추정치)	0.0174	0.0179	0.0462	0.0463

주: F. Christ, "Aggregate Econometric Models," *The American Economic Review*, June 1956, p. 399.

작다—이 두 방법의 경쟁은 결국 무승부인 셈이다.

경험적 증거의 제2형은 최소자승법과 제한정보최우법이 사용된, 따라서 그 결과의 비교가 가능한 2, 3의 실질적 연구에서 찾아진다.[13) 이들의 대부분에서 2종의 추정치의 차는 매우 작으므로 어느 추정치가 더 좋은가를 말하는 것은 힘든 일이다. 그러나 계산이 더 간단한 최소자승 추정치에 유리한 방향으로 논의가 기울어지고 있는 것 같다. 2종의 추정치가 실질적으로 차이를 갖는 소수의 경우에서는 최소자승 추정치가 해당 파라미터에 대해서 이론적으로 기대할 수 있는 것에 비추어 볼 때 제한정보 추정치보다 거의 언제나 더 합리적이다.[14)

이 논쟁에 직면하기를 원하는 독자를 위해서는 불행하게도 클라인 (L. R. Klein)과 골드버거(A. S. Goldberger)는 제한정보 추정치와 비교를 위한 그들의 모형의 최소자승 추정치를 제시하지 않고 있다. 그러나

---

13) L. R. Klein, *Economic Fluctuations in the United States 1911~1941*, 1950, pp. 108~113.

14) 예컨대 F. Christ, "An Econometric Models of the U.S. Economy," *Income and Wealth Series VI*, 1957.

다행히도 폭스(K. A. Fox)는 그들의 자료를 사용하여 1929~1952년에 대한 그들의 모형 2의 최소자승 추정치를 계산해서 표시했다.[15] 그러나 대부분의 파라미터의 경우에는 최소자승 추정치와 제한정보 추정치는 양자 간의 차의 비율(%)에 따라서 측정되나 그들의 표준편차의 크기에 따라서 측정되나 대체로 동일하다.

따라서 크라이스트는 두 방법의 우열에 관한 논쟁은 아직도 해결되지 않은 채로 있지만, 최소자승법 편이 단순성으로 해서 유리하다는 인상을 확실히 주고 있다고 말하고 있다.[16]

4. 한국경제의 모형

한국경제가 직면하고 있는 가장 심각한 고민은 단적으로 말해서 '수입초과와 실업의 딜레마'에 있다. 수입초과의 상태가 영속하면 그 차액으로서 외국에 지불할 외화는 더욱더 증가해서, 마침내는 그 국민경제는 외국자본을 차입하든지 그렇지 않으면 수입을 삭감해서 무역 균형의 회복을 도모하든지 하여야 할 것이다. 그러나 외자의 도입에 한계가 있고, 또 외국자본에 대한 의존이 바라는 것이 못 되므로 수입초과의 해소는 단기적으로는 주로 수입의 삭감에 의존하게 된다.

만약 수입을 삭감하면 그만큼 국내에 공급되는 수입물자가 부족하게 되며, 따라서 다른 조건에 변화가 없는 한 국내시장에서 인플레 경향은 피할 수 없게 된다. 이와 같이 해서 일어나는 국내물가의 등귀는, 첫째로 우리나라의 수출품의 외국품에 대한 상대가격을 높임으로써

---

15) K. A. Fox, "Econometric Models of the U. S. Economy," *Jour. Pol. Econ.*, Apr. 1956.
16) F. Christ, "Aggregate Econometric Models," *The American Economic Review*, June 1956, p. 400.

해외의 구매의욕을 감퇴시키기 때문에, 둘째로 동일상품을 수출하기 보다는 도리어 국내시장에서 판매하는 편이 유리하며 또 용이하게 되는 결과 수출의욕을 상쇄하기 때문에, 마침내 수출을 감소시킨다. 이리하여 수출은 감소하며 수입초과 현상이 재현된다. 따라서 이와 같은 악순환을 반복하지 않으려면 수입을 삭감하는 동시에 그것에 따라서 일어나는 물가의 등귀를 회피하지 않으면 안 된다. 그러기 위해서는 소비, 투자, 정부지출 가운데 어느 것인가를 삭감해서 유효수요를 삭감시키는 정책, 즉 디플레 정책을 채용하는 수밖에 없다.

이와 같이 한편에서 수입이 삭감되고 다른 편에서 구매력이 억제되면, 그 결과 실업이 증대하게 됨은 뻔한 일이다. 왜냐하면 수입삭감이 수입원재료의 감소를 의미하며 유효수요의 감퇴가 판매의 감소를 의미하는 이상 생산규모의 감소, 피고용자의 정리, 따라서 실업자의 증가가 되지 않을 수 없기 때문이다. 이와 같이 수입초과를 해소하려고 하면 실업의 증대현상이 일어나게 된다. 그러나 거꾸로 실업을 해소하려고 하면 생산활동을 왕성하게 하지 않으면 안 된다. 그러기 위해서는 각종의 원재료가 필요하다. 그런데 우리나라와 같이 많은 원료를 외국에 의존하고 있는 경우에는 생산의 증가는 자연히 수입을 증대시킨다. 다른 한편 생산이 증대했다고 해서 수출이 반드시 확장되는 것은 아니다. 따라서 수입초과는 더욱더 확대되지 않을 수 없다. 즉 실업구제는 수입초과의 증가를 수반한다. 이와 같은 상호모순이 바로 여기서 말하는 '수입초과와 실업의 딜레마'다.[17]

그러면 이 딜레마는 어떻게 해결할 것인가. 우선 수출만 증가하면 수입초과가 해소될 뿐 아니라 무역규모의 확대에 따라서 생산활동의

---

17) 市村眞一,《日本經濟の構造》, 1957, pp. 3~4.

수준이 높아지며 고용의 증가가 가능하게 된다. 따라서 수입초과와 실업의 딜레마의 해결을 위해서는 우선 수출의 진흥이 필요하다. 그러나 수출의 증가요인에는 두 가지가 있다. 하나는 외국에서 국민소득의 증가, 해외무역의 등귀, 통상제한의 완화 등의 해외요인이며, 그 둘은 국내물가의 하락, 무역회사라든가 정부의 마케팅의 향상, 수출진흥을 위한 여러 방책의 채용 등의 국내요인이다. 이 두 가지 요인 가운데서 해외요인을 움직이는 것은 곤란한 일이기 때문에 주로 국내요인에 의존하지 않을 수 없다.

그런데 그 요결은 '좋은 상품을 싸게 만드는' 데 있다. 그리고 그것을 위해서는 기술의 개량과 경영의 합리화와 노동자의 능률의 향상이 필요함은 물론이다. 그러나 기술의 개량만 해도 새로운 자본설비의 구입을 필요로 하는 이상 수출진흥을 위한 이상의 필요조건의 해결을 위해서는 무어니 해도 자본축적이 요구된다. 그뿐 아니라 자본축적만 행해지면 상당한 정도로 자원의 부족도 극복될 수 있다. 그리고 자원의 부족이 극복되면 이에 기인하는 수입을 감소시킬 수 있다. 따라서 수입초과와 실업의 딜레마의 해결을 위해서는 수출진흥 다음으로 자본축적이 필요하다고 할 수 있다.

이와 같이 볼 때 수출진흥과 자본축적이 바로 우리나라 경제의 발전을 위한 열쇠가 되는 셈이다. 이것은 신기술을 게을리 하지 말고 채용해 가지 않으면 안 됨을 의미한다. 이것은 뒤집어 말하면 단기적으로는 고용의 관점에서 볼 때 바라는 바가 못 되는 것도 행하지 않으면 안 된다는 것을 의미한다.

따라서 여기서는 장기적인 관점에서 실질국민소득을 최고로 하는 것을 목표로 하여 한국경제의 모형을 구성하기로 했다.

그 모형은 2개의 정의식(4.1과 4.6)과 4개의 행동방리식(4.2, 4.3, 4.4,

4.5)으로 구성되는데, 다음과 같다.

$$(4.1) \quad Y = C + I + G + E - M \qquad \cdots\cdots (GNP \; 항등식)$$

$$(4.2) \quad G = \alpha_0 + \alpha_1 Y + u_1 \qquad \cdots\cdots\cdots (소비함수)$$

$$(4.3) \quad Y = \beta_0 + \beta_1 \sum_0^t I(t) + u_2 \qquad \cdots\cdots\cdots (투자함수)$$

$$(4.4) \quad G = \gamma_0 + \gamma_1 Y + u_3 \qquad \cdots\cdots\cdots (정부지출함수)$$

$$(4.5) \quad M = \mu_0 + \mu_1 Y + u_4 \qquad \cdots\cdots\cdots (수입함수)$$

$$(4.6) \quad B = E - M \qquad \cdots\cdots\cdots (국제수지 \; 항등식)$$

단 Y: GNP, C: 개인소비, G: 정부지출, I: 국내순자본 형성, E: 수출, M: 수입, B: 국제수지의 갭, α_1: 한계소비성향, β_1: 한계 자본계수의 역수, γ_1: 한계정부지출성향, $\alpha_0, \beta_0, \gamma_0, \mu_0$: 상수, u_1, u_2, u_3, u_4: 오차항

모든 변수는 1955년의 불변가격으로 표시된다.

이로부터 이 모형은 수출을 외생변수로 다루고 있음을 알 수 있을 것이다.[18] 다음에 소비함수, 투자함수, 정부지출함수, 수입함수의 형에는 여러 가지가 있다.[19] 그러나 이미 서론에서 말한 바와 같이, 대부분의 경우 통계자료가 미비되어 있거나, 혹은 그 신뢰성이 매우 의심스러운 것이 많기 때문에 이 모형은 이상과 같은 형의 함수를 사용하고 있다. 끝으로 오차항의 취급법에도 여러 가지가 있다.[20] 그러나 간단하게 이 모형은 이 정도로만 다루기로 한다.

---

18) 수출의 예측은 상품별과 상대국별로 행해진다. 그러나 이 수출도 GNP의 함수로 삼을 수 있음은 물론이다.

19) 예컨대 투자함수만 해도 상기 것 외에

$$I = \beta_0 + \beta_1 (Y_t - Y_{t-1})$$

$$Y = kK_0 + k(1-d) \int_0^t I(t) dt$$

의 형이 있다.

20) Three possible error assumptions are:

5. 한국경제모형의 통계적 추정

이미 3절에서 밝힌 바와 같이 최소자승법은 표본의 수가 유한일 때에는 결코 제한정보최우법에 뒤떨어지지 않는다. 도리어 계산이 간단하다는 점에서 제한정보최우법보다 유리하기조차 하다. 따라서 여기서는 최소자승법을 추정법으로서 사용하기로 했다.

이제 최소자승법을 사용하여 다음의 자료에서 $(4.2) \sim (4.5)$를 유도하면 다음과 같다.

(4.2) $C = 11.630 + 0.716\,Y$ $\qquad\qquad$ $S_2 = 5.94$

$$\frac{S}{Y} = \alpha + u$$

$$\frac{S}{Y} = \alpha u$$

$$S = \alpha Y + u$$

Each case implies a different statistical calculation for the estimate of α. In the first case, the savings income ratio is assumed to deviate randomly above and below a central value. The arithmetic average of sample values of $\frac{S}{Y}$ would give a desirable estimate of α. In the second case, the ratio is assumed to deviate above and below a central value with deviation proportional to size of the ratio. The geometric average of the ratios would seem to be suggested, but this method is not generally applicable since $\frac{S}{Y}$ can be either positive or negative. In years of serious economic depression the ratio may turn negative, and geometric averages of negative members have no meaning for us. In the third case, we have the ordinary linear regression model with zero intercept. If Y is an endogenous variable, not independent of u, the technique of the estimation of α will be more complicated than in the usual case of least square regression.

In many case, we can not decide upon one probability model or another, but careful study of the data may help to fix our choice. Not only do we want a close fit between mathematical theory and statistical fact, but we want to have an estimate that is consistant with the probability assumptions of the model. One assumption that is usually made is that the distribution of points in a scatter diagram have uniform variability about the estimated, or fitted, function(L. R. Klein, *An Introduction to Econometrics*, 1962, pp. 189~190).

$$(4.3) \quad Y = 82.18 + 0.544 \sum_{0}^{t} I(t) \qquad S_2 = 0.28$$

$$(4.4) \quad G = 0.815 + 0.120\,Y \qquad S_2 = 2.67$$

$$(4.5) \quad M = 7.958 + 0.036\,Y \qquad S_2 = 1.87$$

$$S: \ \text{추계오차}$$

〈표 2〉 1955년 불변시장가격에 따른 GNP 및 관련변량

(단위: 10억 원)

연 차	GNP	민간소비	정부지출	국내순자본형성*	수 입
1953	86.85	71.03	10.00	7.96	11.56
1954	91.35	73.50	9.71	8.59	8.54
1955	95.02	80.72	9.79	8.10	11.47
1956	95.28	85.44	11.06	3.61	12.20
1957	103.53	86.94	11.39	11.16	14.25
1958	110.70	90.66	13.48	9.62	12.57
1959	116.48	95.52	12.99	8.70	10.90
1960	118.89	98.55	13.61	8.63	12.46
1961	123.04	96.21	13.54	13.51	11.77

* 〈표 3〉을 참조하라.
자료: 한국은행조사부 발행, 1962년 《경제통계연보》 기타.

이들 식을 사용해서 계산한 수치와 실제치의 차를 표시한 것이 바로 〈표 4〉다. 이 표는 실제치와 계산치 사이에 별로 큰 차가 없음을 표시하고 있다. 즉 이 표는 가정적인 관계가 현실에서 그다지 크게 유리되어 있지 않음을 표시하고 있다. 따라서 일단 이들 식은 현실을 반영하는 식으로 간주할 수 있다. 그러할 때에는 한국의 한계소비성향, 한계자본계수, 한계정부지출성향, 한계수입성향은 각각 (4.2)식, (4.3)식, (4.4)식, (4.5)식에서 0.72,[21] 2.1,[22] 0.12, 0.036이 되는 셈이다.

⟨표 3⟩ 국내순자본형성의 계산

(단위: 10억 원)

연 차	국내총자본형성 (1)	고정자본소모충당금 (2)	국내순자본형성 (3)=(1)-(2)
1953	12.96	5.00	7.96
1954	13.45	4.86	8.59
1955	12.33	4.23	8.10
1956	7.87	4.26	3.61
1957	15.85	4.69	11.16
1958	14.92	5.30	9.62
1959	14.18	5.48	8.70
1960	13.92	5.29	8.63
1961	18.51	5.00	13.51

21) 따라서 한국의 투자승수(k)는

$$k = \frac{1}{1-MPC} = \frac{1}{1-0.72}$$

에서 3.6이 된다.

22) 이것은

$$Y(t) - Y(t_{-1}) = 0.544 I(t)$$

혹은

$$I(t) = \frac{Y(t) - Y(t-1)}{0.544}$$

에서 계산한 값 1.84를 기초로 해서 얻은 근사치다.

이제 참고삼아 실제의 자료에서 유도한 한계자본계수를 들어 두면 다음과 같다.

(단위: 10억 원)

	1953	1954	1955	1956	1957	1958	1959	1960	1961	1962[1]	비 고
1. GNP	86.8	91.4	95.0	95.3	103.5	110.7	116.5	118.9	123.0	125.8	
2. 국내순자본형성	8.0	8.6	8.1	3.6	11.2	9.6	8.7	8.6	13.5	–	
3. GNP의 증가	4.6	3.6	0.3	8.2	7.2	5.8	2.4	4.1	2.8	–	
4. 한계자본계수	1.74	2.40	27	0.44	1.55	1.60	3.62	2.10	4.82	–	(2)÷(3) (평균 2.27)[2]

주: 1) 잠정추계
 2) 1955년의 29를 제외한 평균이다.
   이 2.27과 1.84의 평균을 구하면 2.1이 된다.

〈표 4〉 GNP 민간소비 정부지출 및 수입의 실제치와 계산치

(단위: 10억 원)

연차	GNP			부문소비			정부소비			수 입		
	실제치	계산치	차	실제치	계산치	차	실제치	계산치	차	실제치	계산치	차
1953	86.8	86.5	0.3	71.0	73.8	−2.8	10.0	9.5	0.4	11.6	11.1	0.5
1954	91.4	91.2	0.2	73.5	77.1	−3.4	9.7	10.1	−0.4	8.5	11.2	−2.7
1955	95.0	95.5	−0.5	80.7	79.7	1.0	9.8	10.6	−0.8	11.2	11.4	−0.2
1956	95.3	97.5	−2.2	85.4	79.9	4.5	11.1	10.6	0.5	12.2	11.4	0.8
1957	103.5	103.6	−0.1	86.9	85.7	1.2	11.4	11.6	−0.2	14.2	11.7	2.5
1958	110.7	108.9	−1.8	90.7	90.9	−0.2	13.5	12.5	1.0	12.6	11.9	0.7
1959	116.5	113.6	2.9	95.5	95.0	0.5	13.0	13.2	−0.2	10.9	12.1	−1.2
1960	118.9	118.3	0.6	98.6	96.8	1.8	13.6	13.5	0.1	12.5	12.2	0.3
1961	123.0	125.6	−2.6	96.2	99.0	−2.8	13.5	13.9	−0.4	11.8	12.4	−0.6

이상과 같은 한국경제의 모형이 유도되면 GNP의 성장률과 수출을 부여함으로써 GNP의 관련변량의 예측이 가능하게 된다. 이 밖에 노동의 생산성(ρ)과 GNP(Y) 사이의 관계식[23]

$$\rho = l Y + n$$

l: 계수

n: 상수

와 취업 노동인구(N)와 GNP(Y) 사이의 관계식

$$Y = \rho N$$

에서

$$N = \frac{1}{l + \dfrac{n}{Y}}$$

이 유도되어 있기만 하면 GNP의 예측치를 사용하여 고용상태의 예측

---

23) 이 함수는 진보함수(progress function) 혹은 수득함수(learning function)라고 부른다.

도 가능하다.

이상 한국경제의 극히 간단한 계량경제학적 모형을 유도해 보았다. 위에서 본 바와 같이 이런 정도의 모형조차도 한국경제의 상태에 대해서 많은 것을 기술해 줄 수 있다. 그러나 이 모형은 어디까지나 시안에 불과한 것이다. 따라서 시행착오의 긴 과정을 거쳐 정밀한 모형으로 만들어가는 한편, 좀더 많은 수의 방정식으로 구성되는 모형으로 확장시켜 가야 할 것이다.

끝으로 우리나라의 학계의 현상을 볼 때 경제학자의 연구 중에는 한편 많은 사실에 소원하여 순 학술적인 성격을 띠고 있는가 하면, 다른 한편 너무나 저널리스틱하여 학문적 뒷받침을 결하고 있는 것이 없지 않아 있는 것 같다. 만약 이 글이 다소나마 이와 같은 결점을 면했다고 하면, 논자의 의도의 다른 반은 달성되었다고 말할 수 있겠다.

《인문사회과학》 10집(1964. 10)

경제학에 있어서의 요인분석의 적용

1. 서 언

스페어만(C. Spearman)이 1904년에 발표한 "General Intelligence, Objectively Determined and Measured"(*American Journal of Psychology*, No. XV)라는 논문이 요인분석(factor analysis)의 시초를 이루는 것이라고 한다. 이에서도 짐작할 수 있는 바와 같이 요인분석은 원래는 심리학의 영역에서 사용되기 시작한 것이다.

그러나 그 뒤 그것은 사회학, 경제학[1] 등에까지 그 영역을 확대했다. 그리하여 오늘날에 와서는 경제성장 또는 경제개발의 이론에서까지 요인분석의 적용례를 찾아볼 수 있게끔 되었다.

논자의 관심은 주로 이 새로운 적용분야에 있다. 그러나 그들을 살피기에 앞서서 우선 요인분석의 내용을 간단히 살필 필요가 있다. 그

---

1) 사회학에서의 적용례로서는 H. F. Goesnell and M. Schmidt, "Factorial and Correlation Analysis of the 1934 Vote in Chicago," *Journal of the American Statistical Association*(1936)을 들 수 있다. 그리고 이 글에서 다루어지는 것 외의 비교적 새로운 경제학에서의 적용례로서는 R. J. Meyer and E. Kuh, *The Investment Decision*(1956)을 들 수 있다.

리고 스톤(R. Stone)의 업적은 비록 통계기술적 적용례라고는 하지만, 이 통계기술적 적용의 분야에서 가장 선진된 것으로 간주되고 있는 클록(T. Kloek) 및 메네스(L. B. M. Mennes)와 업적의 선구를 이루고 있고, 또 요인분석의 내용을 이해하는데 도움이 된다는 의미에서 큰 의의를 갖고 있다.

따라서 이하에서는 우선 간단히 요인분석의 내용과 스톤의 업적을 살핀 뒤 경제성장 또는 경제개발의 이론에서 적용례인 메기(M. Megee)의 업적과 아델만(I. Adelman) 및 모리스(C. T. Morris)의 업적을 각각 살피고 끝으로 결론에 대해서 언급하는 순서를 취하기로 한다.

2. 요인분석

경제학에서 주로 응용되는 요인분석은 호텔링(H. Hotelling)이 고안한 주성분분석(principal-component analysis)[2]이다. 이 분석의 개요는 다음과 같다.

지금 표준화된 변수(standardized variable)[3] $z_1, z_2 \cdots z_p$를 생각하여 이것을 더 기본적인 변수 $u_1, u_2, \cdots, u_p$로 대치할 것을 시도한

---

2) H. Hotelling, "Analysis of a Complex of Statistical Variables into Principal Components," *Journal of Educational Psychology*(1933)

이 principal-component analysis 외에 principal-factor analysis가 있다.

3) $X_{it}(i=1, 2, \cdots, p; t=1, 2, \cdots, N)$를 확률변수의 집합, $\bar{X}_i = \frac{1}{N}\sum_{t=1}^{N} X_{it}(i=1, 2, \cdots, p)$, $x_{it}=X_{it}-\bar{X}_i(i=1, 2, \cdots, p; t=1, 2, \cdots, N)$, $S_{ij}=\sum_{t=1}^{N} x_{it}x_{ji}(i=1, 2, \cdots, p)$, $a_{ij}=\frac{S_{ij}}{N-1}(i, j=1, 2, \cdots, p)$로 할 때 다음의 Z_{it}

$$Z_{it}=\frac{x_{it}}{\sqrt{a_{it}}}$$

즉 X_{it}의 그 평균으로부터의 편차를 표준편차로 나눈 값을 표준화된 변수라고 한다.

다고 하자. u_1, u_2, $\cdots\cdots$, u_p를 다음과 같이 정의한다.

$$z_1 = k_{11} u_1 + k_{12} u_2 + \cdots\cdots + k_{1p} u_p$$
$$z_2 = k_{21} u_1 + k_{22} u_2 + \cdots\cdots + k_{2p} u_p \qquad (2.1)$$
$$\cdots\cdots\cdots\cdots\cdots\cdots\cdots\cdots\cdots$$
$$z_p = k_{p1} u_1 + k_{p2} u_2 + \cdots\cdots + k_{pp} u_p$$

이 u_1, u_2, $\cdots\cdots$, u_p를 주성분(principal component)이라고 한다. 이때 이들 u는 직교조건 즉

$$\sum_{t=1}^{N} u_{it}\ u_{jt} = 0\ (i \neq j) \qquad (2.2)$$

을 만족한다.

k_{ij}는 상수이며 z_i와 z_j의 상관계수 r_{ij}는

$$r_{ij} = k_{i1} k_{j1} + k_{i2} k_{j2} + \cdots\cdots + k_{ip} k_{jp}\ (i, j = 1, 2, \cdots\cdots, p) \qquad (2.3)$$

이다.

$$S_i = k_{1i}^2 + k_{2i}^2 + \cdots\cdots + k_{pi}^2\ (i = 1, 2, \cdots\cdots, p) \qquad (2.4)$$

로 하면 이 S_i는 i번째 주성분 z_i의 모든 표준화된 변수 u_i의 분산(variance)에 대한 기여도를 나타내는 것이 된다.

따라서 (2.3)의 제약 아래 첫 번째 주성분의 기여도,

$$S_1 = \sum_{t=1}^{p} k^2_{i1} \qquad (2.5)$$

를 극대로 하기 위해서는

$$F = \sum_{i=1}^{p} k_{i1}^2 - \sum_{i=1}^{p}\sum_{j=1}^{p}(\mu_{ij}\sum_{s=1}^{p} k_{is} k_{js} - r_{ij}) \qquad (2.6)$$

의 극대치를 구하면 된다. 단 (2.4)의 μ_{ij}는 라그랑주(J. L. Lagrange)의 미정승수이다. F를 첫 번째 주성분의 계수인 $k_{is}(i = 1, 2, \cdots\cdots, s = 1, 2, \cdots\cdots, p)$에 관해서 편미분하면 다음 식을 얻는다.

$$k_{i1} - \sum_{t=1}^{p} \mu_{ij} k_{j1} = 0 \qquad (2.7)$$

$$-\sum_{j=1}^{p} \mu_{ij} k_{js} = 0 \quad (s = 2, 3 \cdots, p)$$

단 $\mu_{ij} = \mu_{ji}$ 이다. 이 (2.7)의 양변에 k_{i1} 을 곱하고 i 에 관해서 합계하면 다음과 같이 된다.

$$\sum_{i=1}^{p} k_{i1}{}^2 - \sum_{i=1}^{p}\sum_{j=1}^{p} \mu_{ij} k_{i1} k_{j1} = 0 \qquad (2.8)$$

$$-\sum_{i=1}^{p}\sum_{j=1}^{p} \mu_{ij} k_{i1} k_{js} = 0 \quad (s = 2, 3 \cdots, p)$$

그러나 (2.7)의 제1식에서 $\sum_{j=1}^{p} \mu_{ij} k_{j1} = k_{i1}$ 이다. 따라서 $\sum_{i=1}^{p} k_{i1}{}^2 = \lambda_1$ 로 놓으면 (2.8)은 다음과 같이 된다.

$$\lambda_1 - \sum_{j=1}^{p} k_{j1}{}^2 = 0 \qquad (2.9)$$

$$-\sum_{j=1}^{p} k_{j1} k_{js} = 0 \quad (s = 2, 3 \cdots, p)$$

이 (2.9)의 각 식에 k_{is} 를 곱하고 s 에 관해서 합계하면 다음과 같이 된다.

$$\lambda_1 k_{i1} - \sum_{j=1}^{p}\sum_{s=1}^{p} k_{j1} k_{js} k_{is} = 0 \qquad (2.10)$$

$$(s = 1, 2 \cdots, p)$$

그러나 (2.3)을 고려하면 이 (2.10)은 다음과 같이 된다.

$$k_{11} + r_{12} k_{21} + \cdots + r_{1p} k_{p1} = \lambda_1 k_{11}$$
$$r_{21} k_{11} + r_{22} k_{21} + \cdots + r_{2p} k_{p1} = \lambda_1 k_{21}$$
$$\cdots\cdots\cdots\cdots\cdots\cdots\cdots\cdots \qquad (2.11)$$
$$r_{p1} k_{11} + r_{p2} k_{21} + \cdots + r_{pp} k_{p1} = \lambda_1 k_{p1}$$

이 (2.11)은 k_{i1} 에 관한 연립동차 선형방정식이므로 영이 아닌 근을 갖기 위해서는 다음의 행렬식이 0이 되지 않으면 안 된다.

$$\begin{vmatrix} (1-\lambda_1) & r_{12} & \cdots\cdots\cdots\cdots & r_{1p} \\ r_{21}(1-\lambda_1) & & \cdots\cdots\cdots\cdots & r_{2p} \\ \cdots\cdots\cdots\cdots\cdots\cdots\cdots\cdots\cdots\cdots\cdots\cdots \\ r_{p1} \, r_{p2} & \cdots\cdots & (1-\lambda_1) \end{vmatrix} = 0 \qquad (2.12)$$

이 행렬방정식(2.12)의 최대근은 첫 번째 주성분과 관련을 갖고 있다. 이것은 (2.9)의 제1식에서 알 수 있다. 첫 번째 주성분의 계수는 (2.11)에서 계산된다.

다음에 행렬방정식(2.12)의 두 번째로 큰 근을 계산한다. λ_1 대신에 이 근을 (2.11)에 대입하여 첫 번째 주성분이 제거된 뒤에 표준화된 변수의 분산에 가장 크게 기여하는 두 번째 주성분의 계수를 계산한다. 순차로 이와 동일한 요령을 써서 마지막 주성분까지의 계수를 계산할 수 있다.

이상이 주성분 분석의 개요이다. 이것을 좀더 구체적으로 설명하기 위해서 틴트너(G. Tintner)의 업적[4]을 들어둔다.

그는 미국의 내구재생산지수, 비내구재생산지수, 광업생산지수 및 농업생산지수를 각각 X_1, X_2, X_3 및 X_4로 표시하고 있다. 단 모든 지수는 1935~39년을 기준으로 한 1919~39년 동안의 것이다.

그리고 그가 계산해서 얻은 상관계수행렬은 다음과 같다.

〈표 1〉 상관계수행렬

	X_1	X_2	X_3	X_4
X_1	1.000000	0.495941	0.872836	0.4812240
X_2		1.000000	0.768279	0.709807
X_3			1.000000	0.712358
X_4				1.000000

4) G. Tintner, *Econometrics*, pp. 110~112(1953).

따라서 상기한 (2.11)은 다음과 같이 된다. 즉 첫 번째의 그리고 최대의 주성분의 계수를 부여하는 선형방정식 체계는 다음과 같이 된다.

$$1.000000k_{11} + 0.495941k_{21} + 0.872836k_{31} + 0.481240k_{41} = \lambda_1 k_{11}$$

$$0.495941k_{11} + 1.000000k_{21} + 0.768279k_{31} + 0.709807k_{41} = \lambda_1 k_{21}$$

$$0.872836k_{11} + 0.768279k_{21} + 1.000000k_{31} + 0.712358k_{41} = \lambda_1 k_{31}$$

$$0.481240k_{11} + 0.709807k_{21} + 0.712358k_{31} + 1.000000k_{41} = \lambda_1 k_{41}$$

$$\cdots\cdots (2.11)'$$

이 (2.11)'은 상술한 바에서 알 수 있는 바와 같이 그것의 행렬식이 0으로 될 때 해를 가질 수 있다. 즉 다음의 (2.12)'이 성립될 때 해를 가질 수 있다.

$$\begin{vmatrix} (1.000000-\lambda_1) & 0.495941 & 0.872836 & 0.481240 \\ 0.495941 & (1.000000-\lambda_1) & 0.768279 & 0.709807 \\ 0.872836 & 0.768279 & (1.000000-\lambda_1) & 0.7712358 \\ 0.481240 & 0.709807 & 0.712358 & (1.000000-\lambda_1) \end{vmatrix} = 0 \quad (2.12)'$$

이 (2.12)'를 풀면 $\lambda_1 = 3.033424$가 된다. 이것은 (2.12)'의 최대근이다. 이 λ_1을 (2.11)'에 대입하고, $\sum\limits_{i=1} k_{i1} = \lambda_1 = 3.033424$를 고려하면 첫 번째 주성분의 계수가 얻어진다. 그들은 다음과 같다.

$$k_{11} = 0.817391, \quad k_{21} = 0.888102, \quad k_{31} = 0.951934, \quad k_{41} = 0.818076$$

고로 첫 번째 주성분의 표준화된 변수의 분산에 대한 기여도는 다음과 같이 된다.

$$k_{11}{}^2 = 0.6724, \quad k_{21}{}^2 = 0.7921, \quad k_{31}{}^2 = 0.9063, \quad k_{41}{}^2 = 0.6724$$

따라서 첫 번째 주성분은 X_1의 분산의 약 67퍼센트, X_2의 분산의 약 79퍼센트, X_3의 분산의 약 91퍼센트, 그리고 X_4의 분산의 약 67퍼센트를 '설명한다'고 할 수 있다.

3. 통계기술적 적용에 대하여

스톤(R. Stone)[5]은 쿠즈네츠(S. Kuznets) 등이 작성한 1922년에서 1938년까지의 미국의 국민소득 및 지출관계의 17개 항목에 관한 자료에 대해서 주성분분석을 적용하여 3개의 주요인 다시 말하면 최대요인을 도출했다. 3개의 최대요인의 각각에 의해서 설명되는 각 변수의 분산과 잔차분산(residual variance)의 비율은 〈표 2〉에 표시한 바와 같다.

〈표 2〉 각 요인에 의해서 설명되는 분산의 비율

변 수	제1요인	제2요인	제3요인	잔 차
임금소득	0.9666	0.0229	0.0089	0.0016
소비자비내구재 및				
생산자내구재 구입	0.9068	0.0009	0.0851	0.0072
기업순저축+자본 재(再)평가	0.5018	0.4918	0.0006	0.0058
소비자반내구재 및 내구재 구입	0.9462	0.0087	0.0296	0.0155
소비자서비스 구입	0.8267	0.1215	0.0431	0.0087
건축투자	0.7311	0.0051	0.2581	0.0057
순공공지출	0.4992	0.0019	0.3367	0.1622
순재고증가	0.4230	0.1010	0.1093	0.3667
재고재평가조정	0.0889	0.7209	0.0252	0.1650
개인순임대료 수취	0.5467	0.0332	0.3961	0.0240
기업가소득	0.8430	0.0558	0.0849	0.0163
배당금	0.7184	0.1382	0.0590	0.0834
감가상각	0.8270	0.1333	0.0066	0.0331
이자	0.0000	0.7486	0.0001	0.2513
해외로부터의 배당소득 등	0.2108	0.0001	0.0537	0.7354
자본감모충당	0.7078	0.0885	0.0074	0.1963
해외수지	0.0447	0.0051	0.3883	0.5619
합 계	0.8076	0.1059	0.0609	0.0256

---

5) G. Tintner, *Econometrics*, pp. 107~109(1953).

이에서 알 수 있는 바와 같이 각 주요 항목에 대해서는 3개 요인에
의해서 그 분산의 대부분(즉 모든 변수의 총분산의 97% 이상)이 설명되
고 있다. 그러나 이에서 더 나가서 주목할 만한 일은 이 3개 요인의
각각이 경제학적으로 설명할 수 있는 것이라는 점이며, 스톤은 그 가
운데 제1요인을 국민소득(혹은 산출고), 제2요인을 국민소득의 변화율,
그리고 제3요인을 추세로 생각하고 있다. 이와 같이 생각한 근거로서
그가 들고 있는 것은 다음과 같은 3개의 상관계수이다(〈표 3〉 참조).

〈표 3〉

	제1요인	제2요인	제3요인
국민소득	0.995	−0.041	0.057
국민소득 변화율	−0.056	0.948	−0.124
추 세	−0.369	−0.282	−0.836

이에서 그의 해석의 타당성을 납득할 수 있다. 이와 같이 〈표 2〉의
17개 항목이 실은 3개 요인에 의해서 설명될 수 있음이 명백해졌다.
틴트너는 이 결과에 대해서 통계학적으로 변수절약의 의미는 인정하
면서도 경제학적 의미의 존재에 대해서는 의문을 표명하고 있다. 그러
나 클뢰크와 메네스의 업적은 이와 같은 스톤의 분석을 진일보시켜서[6]
경제학적으로 하나의 새로운 의미를 부여한 것으로 간주되고 있다.

4. 경제발전론에의 적용에 대하여(기1)

메기[7]는 두 가지 목적에서 그의 논문을 쓰고 있다. 첫째 목적은 수

---

6) T. Kloek and L. B. M. Mennes, "Simultaneous Equations Estimation Based on
Principal Components of Predetermined Variables," *Econometrica*(Jan. 1960)

학모형이 경제성장의 연구에서 지니는 유용성을 논하려는 것이며, 둘째 목적은 요인분석의 어떤 특수한 적용에서 얻은 제 결과를 간단히 분석하여 경제성장 분석과 장래의 성장계획에서 이 방법(요인분석)의 사용이 갖는 장단점과 의의를 구명하려는 것이다. 그러나 이 중에서 본 논고와 관련을 갖는 것은 둘째 목적이다. 따라서 여기서는 둘째 목적과 관련된 부분만을 다룬다.

그는 우선 R수법(R-technique)을 들고 있다. 이 수법은 수십 년 동안 표준수법으로 사용되어 오고 있는데 이 수법에서는 '변수에 대한 요인의 기여도'만이 계산된다. 다음에 스티븐슨(W. Stephenson)과 톰슨(G. H. Thomson)[8]이 1930년대에 도입한 Q수법(Q-technique)을 들고 있다. 이 수법에서는 '변수에 대한 요인의 기여도'와 '항목 혹은 개인에 대한 요인의 기여도 혹은 점수(score)'가 계산된다. 끝으로 M수법(M-technique)을 들고 있다. 이 수법은 시간에 따른 변화를 표시하기 위한 상기 두 수법의 보충물로서 역할을 행하는데 그것은 이 시점의 유사한(혹은 상이한) 행렬을 동시에 조작하는 것을 내용으로 하고 있다[9].

그에 따르면 이들 세 가지 수법은 경제발전과 관련된 세 가지 가설의 검정을 위한 수단으로서 사용된다고 한다. 즉 (1) R은 요인의 기여도를 사용하여 경제발전을 야기시키는 변수에 관한 가설을 검정할 수 있다. (2) Q는 요인의 점수를 사용하여 경제발전 유형의 지역적 격차에 관한 가설을 검정할 수 있다. 그리고 (3) M은 시간에 따른 변수 혹

---

7) M. Megee, "On Economic Growth and the Factor Analysis Method," *The Southern Economic Journal*(Jan. 1965).

8) W. Stephenson, *The Study of Behavior: Q-technique and Its Methodology*(1953). G. H. Thomson, "Factor Analysis, Its Hopes and Dangers," Proceedings of the X Ⅲth International Congress of Psychology(1951).

9) 이 수법은 'simultaneous programming of matrices'라고 부르기도 한다.

은 지역의 변화를 내포하는 가설을 검정할 수 있다고 한다.

그가 요인분석을 통해서 얻은 결론은 다음과 같다. 그는 이 결론을 얻기 위해서 1인당 소득과 제3차산업에 고용되는 높은 비율이 높은 경제성장 단계의 지표라는 것을 가정하고 있다. 즉 그는 제1차산업의 활동에 관련을 갖고 있는 변수가 특히 미국에서는 경제성장의 높은 단계를 설명하는 데 그다지 중요하지 않다는 것을 가정하고 있다. 다음의 표들은 바로 이와 같은 가정 아래 미국, 멕시코, 소련, 및 세계전체에 대해서 행한 연구에서 얻어진 요인을 표시한다.

이들 표는 다음의 점들을 시사하고 있다.

(ㄱ) 비록 각 행렬에서 상이한 변수들이 사용되어야 하긴 했지만 경제의 3부문(제1차, 제2차 및 제3차산업)은 연구대상이 된 모든 사회의 성장에서 강조되고 있다. 제3차산업 요인은 미국에서만 두 시기에서 두 번째로 큰 요인이 됨으로써 상대적으로 중요했다. 제1차산업 부문은 미국경제에서 1940년보다 1960년에서 상대적으로 덜 중요했다.

그러나 물론 제2차산업 부문은 두 시기에서 중요했다. 에너지 생산, 농업개혁 및 관개사업과 관련한 변수는 멕시코에서 제1차산업의 활동이 가장 크게 확장되어야 한다는 것을 표시해주고 있다. 그러나 이들 요인은 생존형 농업과 밀접히 관계되는 후진국 특유의 농업을 강조하는 것이 아니라 신흥도시인구를 상대로 하는 경제작물이나 수출용 특용작물과 관련 있는 제1차산업 부문의 선진된 분야의 개발을 의미하는 변수들로 구성되고 있음을 잊어서는 안 된다. 소련에서 도출된 요인은 제1차산업과 제2차산업의 제조업, 특히 금속제품 제조업에 중점을 둔 3부문에서 발전을 반영하고 있다.

(ㄴ) 미국에서는 4요인이 1940년에는 자승의 총합계(즉 총분산)의 53퍼센트를, 그리고 1960년에는 49퍼센트를 설명하고 있다. 이 두 시

미국의 요인들—1940	자승의 합계(%)	미국의 요인들—1960	자승의 합계(%)
1. 에너지 생산	26	1. 제조업과 건설	21
2. 소득과 제3차생산의 활동	11	2. 소득과 제3차산업의 활동	15
3. 후생과 건설	9	3. 직물과 식량	7
4. 농업과 교육	7	4. 서비스, 인구증가, 농업, 화학제품	6
	53		49

행렬의 크기: 48×75

멕시코의 요인들—1960	자승의 총합계, %
1. 관개와 에너지	13
2. 에너지와 도시화	10
3. 화학제품	8
4. 교육지출과 자본지출	8
	39

행렬의 크기: 32×98

소련의 요인들—1960	자승의 총합계, %
1. 제1차산업품과 금속제품	12
2. 비내구소비자재	5
3. 동력과 건설	3
4. 직물과 동력	2
	22

행렬의 크기: 15×29

Berry의 세계경제발전 요인들	자승의 총합계, %
1. 기술규모	84.2
2. 인구규모	4.2
3. 소득과 대외관계에서 차이	2.5
4. 대국과 소국	1.9
	92.8

행렬의 크기: 43×95

기에서 차이는 1940년 이후의 광범한 기술의 진보와 그에 따른 경제
의 다양화에 기인한다. 다음에 멕시코에서는 4요인이 자승의 총합계의
39퍼센트를, 그리고 소련에서는 22퍼센트를 각각 설명하고 있다. 그런
데 이 비율에서 차이는 행렬의 크기 차이, 계산기형의 차이, 계산에 사
용된 자료의 성질의 차이 및 변수의 크기의 차이에 기인한다고 한다.

끝으로 베리(B. J. L. Berry)는 순위화된 자료(ranked data)를 사용해서
'기술규모'라는 단일요인이 자승의 총합계의 84퍼센트나 설명하고 있
음을 찾아냈다. 이 수치는 행렬의 크기를 고려할 때 너무 큰 감이 드
는데 그것은 표준화된 자료나 조자료를 사용하지 않고 순위화된 자료
를 사용한 데 기인한다.

(ㄷ) 유사한 변수들이 두 시기 이상에 걸쳐서 사용된 때에도 기초
를 이루는 요인들은 미국의 예에서 볼 수 있는 바와 같이 달라지는 것
이 보통이다.

(ㄹ) 요인분석은 가정을 검정하는 데 유용하지만 베리와 캐틀(R. B.
Cattel)이 지적한 바와 같이 이들 가정을 필요로 하지 않고 미지의 요
인을 찾아내는 데서도 이상적인 방법으로 간주되고 있다. 경제적 사회
적 변수의 큰 자료행렬을 구성하여 아무런 선험적 가정 없이 요인분
석을 행하는 것은 가능한 일이다.

이어서 그는 경제발전 및 계획에 관한 연구를 위해서 사용하려고
할 때 요인분석의 결함을 들고 있다. 그것은 다음과 같다.

(ㄱ) 경제발전 행렬의 작성을 위해서 필요한 이용 가능한 자료의
결여: 이것은 특히 후진국에서는 실질적으로 문제가 된다. 그러나 이
것은 부분적으로는 자료가 결여되어 있는 지역에 대해서 변수치의 평
균이나 중위수를 대신 사용함으로써 극복할 수 있다. 이것은 또 연구
대상 지역으로서 넓은 지역을 사용하지 않고 도시를 사용함으로써 극

복할 수 있다. 그러나 지역적으로 광범한 농촌지역을 삭제하게 되므로 일국의 경제발전의 본질을 그릇 판단하게 할 가능성이 있다. 따라서 두 개의 요인분석(도시에 관한 것과 농촌에 관한 것)을 하는 것이 전체적 경제발전의 본질 파악을 위해서 보다 좋을 것이다.

(ㄴ) 주관의 개입: 행렬을 구성하는 변수의 선정, 요인을 구성하는 변수의 선택, 요인의 지정, 경제적 지역과 사회적 지역의 획정, 좌표축 회전 혹은 전환법의 선정 및 요인분석법 자체의 선택은 모두 어느 정도의 주관을 분석에 도입한다. 그러나 요인분석은 더 널리 사용되고 있는 중(重) 혹은 다원 회귀분석보다도 변수의 독립성과 종속성에 관한 선험적 가정 같은 제약을 덜 받고 있다.

(ㄷ) 지역 간 및 지역 내 구조와 플로의 표시불능: 이 점이 리니어 프로그래밍, 산업연관분석 및 기타의 다변량분석과 다르다. 그러나 여사한 플로는 Q수법에서 유도되는 유형의 지역적 분포를 관찰함으로써 추측해낼 수 있다. 예컨대 제조업부문의 점수가 높은 지역은 공산품 공급지역을 나타낼 수 있으며, 낮은 지역은 공산품 수요지역을 나타낼 수 있다.

더 나아가서 그는 요인분석의 용도를 밝히고 있다. 그에 따르면 그것은 다음과 같다.

사회과학에서 요인분석의 가장 중요한 용도는 연구의 초기단계에서 더 연구를 진행하기 위하여 중요한 혹은 전략적인 변수를 분리하며, 또 별로 관계가 없는 정보를 제거하는 것이다. 그 연후에 문제에 관한 더 복잡한 가설은 다른 방법으로 검정하기 위해서 설정될 수 있다. 요인분석 모형은 경제문제를 다루기 위해서 구성되는 다른 통상적인 모형보다 훨씬 많은 변수를 포함할 수 있는 매우 복잡한 모형이다. 그것은 경제의 어떤 부문의 상대적 중요도를 확인하고 측정하기 위해서 사용될 수 있으며, 또 지역격차를 나타내기 위해서 사용될 수 있다.

끝으로 그는 경제발전과 계획에 관한 연구를 위해서 요인분석을 사용하려 할 때 앞으로 더 행하여야 할 일을 다음과 같이 들고 있다.

(ㄱ) 경제성장 분석에서 변수 중요도(weight)를 찾아내기 위한 행렬의 구성.

(ㄴ) 경제성장 및 성장의 선진, 중진 및 후진경제에서 비슷한 요인을 포함하고 있는 정도를 고찰하기 위한 비교연구의 구상.

(ㄷ) 각종의 경제활동의 지방화를 확인하기 위한 도시에 관한 경제발전 행렬의 구성.

(ㄹ) 더 많은 정치적, 사회적 및 심리적 변수의 경제성장 연구에의 도입.

(ㅁ) 요인의 성격에서 있을 수 있는 중요한 변화를 보기 위한 어떤 연구에서 다루어지는 변수의 종류와 수의 변경.

5. 경제발전론에의 적용에 대하여(기2)

아델만 및 모리스[10)는 각종의 사회적, 정치적 변화와 경제개발수준의 상호작용에 관한 반(半)수량적인 통찰력을 얻을 목적에서 그들의 논문을 쓰고 있다. 그들은 이 목적을 위해서 1957~62년 동안의 74개 후진국에 관한 1인당 소득과 사회적, 정치적 구조를 나타내는 많은 지수에 요인분석 기술을 적용하고 있다. 그러나 그들은 광범한 경제개발수준과 공업화 및 도시화와 관련된 사회적, 정치적 기구 및 문화가치

---

10) I. Adelman and C. T. Morris, "Factor Analysis of Interrelationship between Social and Political Variables and Per Capita Gross National Product," *The Quarterly Journal of Economics*(Nov. 1965).

의 변혁 사이의 상호의존관계의 성질을 분석하기 위해서 (1인당 소득 이외의) 순수경제변수를 제거하고 있다.

그들은 요인분석을 행하기 위해서 우선 다음의 22개의 사회적, 정치적 변수(혹은 지표)를 선택하고 있다.

① 전통적인 농업부문의 크기 ② 기초적 사회조직의 성격 ③ 교육수준 ④ 매스컴의 범위 ⑤ 문화적, 인종적 동질성의 정도 ⑥ 토착 중간계급의 중요성 ⑦ 장래전망의 근대화 정도 ⑧ 사회적 이동성의 정도 ⑨ 민주적 기구의 유효성 ⑩ 야당과 언론의 자유도 ⑪ 정당의 당파화도 ⑫ 정당제도의 기초 ⑬ 노동운동의 강력도 ⑭ 군대의 정치적 강력도 ⑮ 행정능률의 정도 ⑯ 정치력의 집중도 ⑰ 전통적인 엘리트의 강력도 ⑱ 민족주의와 민족통일의식의 정도 ⑲ 지도자의 경제개발의욕의 정도 ⑳ 정부의 경제활동에의 관여도 ㉑ 사회적 긴장의 정도 ㉒ 정치제도의 안정도. 여기서 ②의 기초적 사회조직의 성격은 덜 분화된 친족관계(즉 부족, 종족 및 대가족)이냐 핵가족(즉 부모자녀의 단위)이냐를 의미하며, ③의 교육수준은 교육의 근대화 정도를 의미하며 ⑫의 정당제도의 기초는 '이데올로기'적인 것에 기초를 두거나 혹은 개성적인 것에 기초를 두는 다원정당제도냐 대중을 지도하거나 혹은 그것에 기초를 두는 단일정당제도냐를 의미한다. 그런데 높은 1인당 GNP는 ②의 경우에는 덜 분화된 친족관계에서 핵가족으로의 분화와, ⑫의 경우에는 단일정당제도에서 다원정당제도로의 이동과 관련되어 있다.

다음에 전기한 22개의 변수를 다음의 세 가지로 분류하고 있다.

(ㄱ) 공표된 통계에 전적으로 의존하는 것.

(ㄴ) 통계적인 요소와 정성적인 요소를 결합할 필요가 있는 것.

(ㄷ) 본질에 있어서 순전히 정성적인 것.

그러고서 이 분류에 의거해서 74개국을 분류하고 있다.

셋째로 22개의 변수 하나 하나 별로 74개국의 각각에 A, A⁻, B, B⁺ 등과 같은 문자점수(letter score)를 부여하고 있다.

끝으로 이를 문자점수에 다음과 같은 간단한 선형척도법을 사용하여 숫자점수(numerical score)를 부여하고 있다.

분류범위가 A에서 C까지일 때의 점수매기는 요령		분류범위가 A에서 D까지일 때의 점수매기는 요령	
문자점수	숫자점수	문자점수	숫자점수
A^+	100	A^+	97
A	90	A	90
A^-	80	A^-	83
B^+	60	B^+	67
B	50	B	60
B^-	40	B^-	54
C^+	20	C^+	41
C	10	C	35
C^-	1	C^-	29
		D^+	16
		D	10
		D^-	4

그들은 이상의 요령을 거쳐 요인분석을 행했지만 실지의 요령은 밝히지 않고 요인분석의 결과만을 제시하고 있다.[11] 그들의 결과는 요인행렬 혹은 요인기여도행렬(factor loadings matrix)이라고 불리는 〈표 4〉에 요약되어 있다.

이 표의 수치, 즉 일반적으로 표시해서 a_{ij}는 요인 j의 사회적, 정치적 지표 i에 대한 영향의 중요성을 나타낸다. 보다 더 구체적으로 말하면 요인기여도라고 불리는 이 a_{ij}는 각 요인과 관찰된 변수 사이의

---

11) 그들은 요인분석에 대한 참고문헌으로서 H. H. Harman, *Modern Factor Analysis*(1960)와 L. Thurstone, *Multiple Factor Analysis*(1961)를 추천하고 있다.

〈표 4〉 회전된 요인행렬(74개의 후진국)

정치적, 사회적 지표	회전된 요인기여도				
	F_1	F_2	F_3	F_4	$hi^2(R^2)$
1. 1인당 GNP	0.64	0.43	−0.22	0.12	0.661
2. 전통적인 농업부문의 크기	−0.83	−0.32	0.21	0.03	0.832
3. 기초적 사회조직의 성격	0.86	0.26	−0.05	−0.04	0.819
4. 교육수준	0.83	0.37	−0.08	0.09	0.840
5. 매스컴의 범위	0.85	0.34	−0.08	0.04	0.843
6. 문화적, 인종적 동질성의 정도	0.72	−0.30	0.07	0.17	0.646
7. 토착중간계급의 중요성	0.63	0.31	−0.40	0.05	0.658
8. 장래전망의 근대화도	0.64	0.46	−0.33	0.13	0.753
9. 민주적 기구의 유효성	0.36	0.79	−0.17	0.19	0.815
10. 야당과 언론의 자유도	0.27	0.86	0.04	0.08	0.829
11. 정당의 당파화도	0.33	0.78	0.07	−0.30	0.810
12. 정당제도의 기초	0.42	0.68	−0.06	−0.11	0.657
13. 노동운동의 강력도	0.29	0.71	−0.34	0.08	0.715
14. 군대의 정치적 강력도	0.38	−0.58	0.29	0.36	0.690
15. 행정능률의 정도	0.30	0.53	−0.48	0.20	0.636
16. 정치력의 집중도	−0.03	−0.76	0.20	−0.07	0.617
17. 사회적 이동성의 정도	0.42	0.14	−0.55	0.24	0.549
18. 전통적인 엘리트의 강력도	−0.03	0.15	0.82	−0.04	0.700
19. 민족주의와 민족통일의식의 정도	0.61	−0.05	−0.57	−0.01	0.694
20. 지도자의 경제개발 의욕의 정도	0.11	0.21	−0.75	0.29	0.696
21. 정부의 경제활동에 관여도	0.27	−0.41	−0.48	−0.41	0.638
22. 사회적 긴장의 정도	−0.23	0.03	0.08	−0.84	0.771
23. 정치제도의 안정도	0.04	0.08	−0.24	0.86	0.808

순상관을 나타낸다. 이 요인기여도는 이 표의 수치의 자승을 사용하면 그 해석이 더 쉬워진다. 각 $(a_{ij})^2$은 다른 요인의 기여도를 고려한 뒤의 요인 j에 의해서 설명되는 변수 i의 총단위분산의 비율을 나타낸다. 이 표의 제1행을 보면 1인당의 GNP의 국가간 변동의 41.5퍼센트[12]

---

12) $(0.64)^2 \times 100\% = 41.5\%$, $(0.43)^2 \times 100\% = 18.5\%$, $(0.22)^2 \times 100\% = 4.8\%$, $(0.12)^2 \times 100\% = 1.4\%$

가 요인 I 즉 F_1에 의해서 그것의 18.5퍼센트가 요인 II 즉 F_2에 의해서, 그것의 4.8퍼센트가 요인 III 즉 F_3에 의해서 그리고 그것의 1.4퍼센트가 요인 IV 즉 F_4에 의해서 설명됨을 알 수 있다.

이 표의 최우측렬은 각 변수의 요인기여도의 자승의 합계 혹은 공통도(communality)를 표시하고 있다. 이 공통도는 공통요인 전부에 의해서 설명되는 총단위분산의 비율을 나타내며 따라서 회귀분석의 R^2 13)과 비슷하다. 예컨대 1인당 GNP의 공통도는

$$(0.64)^2 + (0.43)^2 + (-0.22)^2 + (0.12)^2 = 0.661$$

이다. 즉 1인당 GNP의 국가간 변동의 66퍼센트가 22개의 사회적, 정치적 변수에서 추출된 4개의 공통요인과 관련되어 있다.

요인기여도 행렬은 관찰된 변수를 설명하는 데 각 요인의 중요도(weight)를 나타내는 것 외에 변수를 공통요인으로 그룹화하는 기초를 제공한다. 〈표 4〉는 우선 요인 I 에서 가장 큰 기여도를 갖는 지표를 들고 다음에 요인 II, 요인 III 및 요인 IV에서 가장 큰 기여도를 갖는 지표를 차례로 들고 있다. 볼드체 숫자는 각 지표가 배속되어 있는 요인에서 기여도를 나타낸다.

일단 변수를 공통요인에 배속시키면 이 요인의 '식별'이 필요하게 된다. 이제 각 요인을 식별한 것을 보면 다음과 같다.

요인 I (F_1)

이 요인은 앞에서 본 바와 같이 총단위분산의 41.5퍼센트를 차지하고 있다. 즉 요인 I 은 1인당의 GNP의 국가간 변동의 41.5퍼센트를 설명하고 있다. ②에서 ⑧까지의 지표를 포괄하고 있는 데서 알 수 있는

---

13) 중상관계수의 자승을 말한다.

바와 같이, 이 요인은 도시화 및 공업화에 따르는 사회적, 문화적 변화를 나타낸다. 좀더 구체적으로 말하면 이 요인은 전통적인 사회조직의 붕괴와 관련된 태도 및 기구에서 변화과정을 나타낸다.

볼드체 숫자에서 알 수 있는 바와 같이 (ㄱ) ③의 기초적 사회조직의 성격, ④의 교육수준, ⑤의 매스컴의 범위, ⑥의 언어적 동질성의 정도, ⑦의 토착중간계급의 중요성 및 ⑧의 장래전망의 근대화도는 1인당 GNP와 순상관의 관계에 있다. 그리고 (ㄴ) ②의 전통적인 농업부문의 크기는 1인당 GNP와 역상관의 관계에 있다. 즉 더 작은 전통적인 농업부문의 크기, 더 큰 핵가족으로의 분화도, 더 높은 교육수준, 더 큰 매스컴의 범위, 더 큰 언어적 동질성의 정도, 더 큰 토착중간계급의 중요성 및 보다 큰 장래전망의 근대화도가 더 높은 1인당 GNP와 관련되어 있다.

요컨대 요인 I 은 경제개발과 사회행동, 가치 및 기구의 합리화도 사이에 강한 상호작용이 있음을 표시한다.

요인 II (F_2)

이 요인은 앞에서 본 바와 같이 총단위분산의 18퍼센트를 차지하고 있다. 즉 요인 II 는 1인당 GNP의 국가간 변동의 18.5퍼센트를 설명하고 있다. ⑨에서 ⑯까지의 지표를 포괄하고 있는 데서 알 수 있는 바와 같이 이 요인은 정치제도에서 국가간 변동을 나타낸다.

볼드체 숫자에서 알 수 있는 바와 같이 (ㄱ) ⑨의 민주적 기구의 유효성, ⑩의 야당과 언론의 자유도, ⑪의 정당의 당파화도, ⑫의 정당제도의 기초. ⑬의 노동운동의 강력도, 및 ⑮의 행정능률의 정도는 1인당 GNP와 순상관의 관계에 있다. 그리고 (ㄴ) ⑭의 군대의 정치적 강력도 및 ⑯의 정치력의 집중도는 1인당 GNP와 역상관의 관계에 있다.

즉 더 큰 민주적 기구의 유효성, 더 큰 야당과 언론의 자유도, 더 큰 정당의 파당화도, 더 큰 다원정당제도로의 이동, 더 큰 노동운동의 강력도, 더 큰 행정능력의 정도, 더 작은 군대의 정치적 강력도 및 더 작은 정치력의 집중도가 더 높은 1인당 GNP와 관련되어 있다.

요인Ⅲ(F_3)

이 요인은 앞에서 본 바와 같이 총단위분산의 4.8퍼센트를 차지하고 있다. 즉 요인Ⅲ은 1인당 GNP의 국가간 변동의 4.8퍼센트를 설명하고 있다. ⑰에서 ㉑까지의 지표를 포괄하고 있는 데서 알 수 있는 바와 같이 이 요인은 지도자의 성격과 지도자의 전략의 성질을 나타낸다.

볼드체 숫자에서 알 수 있는 바와 같이 (ㄱ) ⑰의 사회적 이동성의 정도, ⑲의 민족주의와 민족적 통일의식의 정도, ⑳의 지도자의 경제개발 의욕의 정도 및 ㉑의 정부의 경제활동에 관여도는 1인당 GNP와 순상관의 관계에 있다.14) 그리고 (ㄴ) ⑱의 전통적인 엘리트의 강력도는 1인당 GNP와 역상관의 관계에 있다. 즉 더 큰 사회적 이동성의 정도, 더 큰 민족주의와 민족통일의식의 정도, 더 큰 지도자의 경제개발 의욕의 정도, 더 큰 정부의 경제활동에 관여도 및 더 적은 전통적인 엘리트의 강력도가 더 높은 1인당 GNP와 관련되어 있다.

요인Ⅳ(F_4)

이 요인은 앞에서 본 바와 같이 총단위분산의 1.4퍼센트를 차지하고 있다. 즉 요인Ⅳ는 1인당 GNP의 국가적 변동의 1.4퍼센트를 설명

---

14) -0.22와 대조하여 생각하라.

하고 있다. ㉒와 ㉓의 지표를 포괄하고 있는 데서 알 수 있는 바와 같이, 이 요인은 사회적 정치적 안정성의 성격을 나타낸다.

볼드체 숫자에서 알 수 있는 바와 같이 (ㄱ) ㉓의 정치제도의 안정도는 1인당 GNP와 순상관의 관계에 있다. 그리고 (ㄴ) ㉒의 사회적 긴장의 정도는 1인당 GNP와 역상관의 관계에 있다. 다시 말하면 사회적 안정의 정도는 1인당 GNP와 순상관의 관계에 있다. 즉 더 큰 정치제도의 안정도와 사회적인 안정의 정도가 더 높은 1인당 GNP와 관계되어 있다. 이상은 요인분석을 74개의 후진국에 적용시켜서 얻은 결과이다. 그러나 그들은 이에서 더 나가서 74개국을 아프리카, 근동 및 극동, 라틴아메리카의 3개 지역그룹으로 묶고 이 3개 그룹에 요인분석을 적용시키고 있다. 그 결과는 다음과 같다.

아프리카(〈표 5〉 참조)

아프리카에 대한 요인분석의 결과는 74개국의 그것과 매우 비슷하다. 이 결과의 중요한 특징은 경제개발 수준의 국가간 변동의 매우 큰 비율이 전통적인 농업부문의 크기, 교육수준, 매스컴의 범위 및 장래 전망의 근대화도를 포괄하는 요인 I에 의해서 설명되고 있는 점이다. 이 지역에서는 요인 I이 1인당 GNP의 국가간 변동의 3/4 이상[15]을 설명하고 있다. 이것은 대부분의 아프리카 국가들이 아직도 전통적인 사회구조가 성장의 치명적인 장해요인이 되고 있는 '테이크 오프'의 전 단계에 놓여 있음을 말해주고 있다.

이와 달리 요인 II와 III이 설명하는 비율은 무시할 수 있을 정도이며, 요인 IV가 설명하는 비율은 2퍼센트 이하이다[16]. 그런데 이 II, III,

---

15) $(0.88)^2 = 0.7744$이다.
16) $(0.04)^2 \times 100\% = 0.2\%$, $(0.02)^2 \times 100\% = 0.0\%$, $(0.13)^2 \times 100\% = 1.7$이다.

〈표 5〉 회전된 요인행렬(27개의 아프리카 국가들)

정지적, 사회적 지표	회전된 요인기여도				
	F_1	F_2	F_3	F_4	$hi^2\,(R^2)$
1. 1인당 GNP	−0.88	0.04	0.02	0.13	0.800
2. 전통적인 농업부문의 크기	0.73	−0.20	−0.36	−0.31	0.796
3. 교육수준	−0.67	0.43	0.21	0.21	0.724
4. 매스컴의 범위	−0.93	0.17	0.01	−0.17	0.929
5. 장래전망의 근대화도	−0.71	0.22	0.30	0.36	0.775
6. 민주적 기구의 유효성	−0.27	0.83	−0.14	0.02	0.776
7. 야당과 언론의 자유도	0.08	0.81	−0.26	−0.12	0.739
8. 정당의 당파화도	−0.24	0.85	−0.04	0.33	0.888
9. 정당제도의 기초	−0.12	0.64	−0.30	0.15	0.532
10. 노동운동의 강력도	−0.20	0.75	0.04	0.02	0.596
11. 행정능력의 정도	−0.31	0.56	0.40	0.18	0.598
12. 정치력의 집중도	−0.36	−0.66	−0.16	0.08	0.593
13. 전통적인 엘리트의 강력도	−0.39	−0.08	−0.75	0.15	0.745
14. 사회적 이동성의 정도	0.15	0.24	0.47	−0.43	0.485
15. 민족주의와 민족통일의식의 정도	−0.22	−0.26	0.68	−0.01	0.576
16. 지도자의 경제개발의욕의 정도	−0.22	−0.07	0.76	−0.10	0.639
17. 정부의 경제활동에의 관여도	−0.25	−0.18	0.51	0.08	0.357
18. 군대의 정치적 강력도	−0.43	−0.33	−0.01	0.61	0.675
19. 정치제도의 안정도	0.02	−0.15	0.19	−0.83	0.743
20. 사회적 긴장의 정도	−0.28	0.17	−0.04	0.84	0.817
21. 문화적, 인종적 동질성	−0.39	−0.16	−0.16	−0.50	0.456

Ⅳ의 3개 요인이 설명하는 비율이 매우 낮은 것은 아프리카 국가들이 아직도 최소한의 사회적 기구의 변혁을 경험하지 못했음을 입증하고 있다. 아프리카에 대한 요인분석 결과의 또 다른 중요한 특징은 요인 Ⅵ의 성격이다. 이 요인에서 더 높은 1인당 GNP가 더 심각한 사회적 긴장, 더 작은 정치적 안정, 더 강한 군대의 영향력 및 더 낮은 문화적 동질성과 관련되어 있다. 아프리카에서 단기적인 사회적, 정치적 안정성과 소득수준 사이의 역상관은 전통적인 사회구조와 규범이 붕괴되며 변혁되고 있는 경제개발의 초기단계에서 볼 수 있는 긴장과 불안에 일부 기인한다.

근동 및 극동(〈표 6〉 참조)

근동 및 극동에 대한 요인분석의 결과는 74개국의 그것과 매우 비슷하다. 앞에서와 마찬가지로 요인 I 은 경제개발 수준의 차이와 관련된 가장 중요한 요인이다[17]. 이 경우에는 요인 I 속에 사회적 이동성의 정도가 포함되어 있는데 이것은 논리적이라고 할 수 있다. 왜냐하면 요인 I 은 공업화에 따르는 사회적, 문화적 변화를 나타내기 때문이다. 사실 전근대적인 사회구조의 붕괴는 이동을 자유스럽게 만든다.

요인 II 는 아프리카의 경우와는 대조적으로 총단위분산의 큰 비율을 차지하고 있으며(즉 1인당 GNP의 국가간 변동의 큰 비율을 설명하고 있으며), 또 74개국의 경우보다도 그 비율이 약간 크다[18]. 이것은 이 지역의 경제성장이 아프리카의 경우보다도 전통적인 사회구조의 제약을 덜 받고 있는 데 기인한다.

요인 III은 1인당 GNP의 국가 간 변동의 2퍼센트[19]를 설명하고 있다. 단 이 요인에는 중앙 정부의 행정력을 특징짓는 3개의 지표 외에 사회적, 정치적 안정성을 나타내는 2개의 지표가 포함되어 있다. 볼드체 숫자에서 알 수 있는 바와 같이 (ㄱ) ⑯의 장래전망의 근대화도, ⑰의 지도자의 경제개발 의욕의 정도, ⑲의 정치제도의 안정도, ⑳의 행정능률의 정도는 1인당 GNP와 순상관의 관계에 있다. 그리고 (ㄴ) ⑱의 사회적 긴장의 정도는 1인당 GNP와 역상관의 관계에 있다. 즉 더 큰 장래전망의 근대화도, 더 큰 지도자의 경제개발의욕의 정도, 더 덜한 사회적 긴장, 더 큰 정치제도의 안정 및 더 나은 행정능률이 더 높은 1인당 GNP와 관련되어 있다. 요인 IV는 1인당 GNP의 국가 간

---

17) 그 비율은 $(0.72)^2 \times 100\% = 52.0\%$이다.
18) 그 비율은 $(0.47)^2 \times 100\% = 22.0\%$이다.
19) $(0.14)^2 \times 100\% = 2.0\%$이다.

〈표 6〉 회전된 요인행렬(25개의 중동 및 근동 국가들)

정치적사회적 지표	회전된 요인기여도 F_1	F_2	F_3	F_4	$hi^2(R^2)$
1. 1인당 GNP	0.72	0.47	-0.14	-0.03	0.762
2. 전통적인 농업부문의 크기	-0.77	-0.41	0.17	-0.29	0.881
3. 기초적 사회조직의 성격	0.58	0.35	0.04	0.58	0.793
4. 교육수준	0.64	0.38	-0.15	0.29	0.655
5. 매스컴의 범위	0.82	0.33	-0.03	0.25	0.850
6. 문화적, 인종적 동질성	0.79	-0.43	-0.11	-0.15	0.831
7. 토착중간계급의 중요도	0.70	0.32	-0.09	0.37	0.747
8. 사회적 이동성의 정도	0.77	-0.03	-0.16	0.38	0.765
9. 민주적 기구의 유효성	0.27	0.85	-0.26	0.25	0.926
10. 야당과 언론의 자유	0.31	0.88	-0.02	0.25	0.935
11. 정당의 당피화도	0.28	0.58	0.32	0.54	0.800
12. 노동운동의 강력도	0.28	0.63	-0.11	0.39	0.639
13. 군대의 정치적 강력도	-0.04	-0.81	0.14	-0.08	0.688
14. 정치력의 집중도	-0.11	-0.87	-0.07	-0.18	0.810
15. 정부의 정치활동에 관여도	-0.00	-0.71	0.18	0.34	0.654
16. 장래전망의 근대화도	0.40	0.52	-0.52	0.43	0.882
17. 지도자의 경제개발 의욕의 정도	0.08	0.09	-0.73	0.49	0.781
18. 사회적 긴장의 정도	-0.23	0.01	0.81	0.10	0.714
19. 정치제도의 안정도	-0.01	0.19	-0.92	-0.05	0.883
20. 행정능률의 정도	0.47	0.33	-0.50	0.51	0.851
21. 민족주의와 민족통일의식의 정도	0.48	-0.19	-0.48	0.61	0.871
22. 전통적인 엘리트의 강력도	-0.51	-0.13	0.09	-0.60	0.650
23. 정당제도의 기초	0.18	0.52	0.00	0.60	0.658

변동의 매우 작은 비율(약 0.1%[20])만을 설명하고 있다.[21]

라틴 아메리카(〈표 7〉 참조)

라틴 아메리카에 대한 요인분석의 결과는 3개 지역그룹의 가장 전형적인 지역적 유형을 나타낸다.

요인 I 은 역시 1인당 GNP의 국가간 변동의 큰 비율(약 38%)[22]을

---

20) $(-0.03)^2 \times 100\% = 0.1\%$이다.
21) 여기서는 생략했지만 요인기여도에 대한 그들의 해석에는 잘못이 있는 것 같다. I. Adelman and C. T. Morris, op. cit., p. 575 참조.

〈표 7〉 회전된 요인행렬(21개의 라틴아메리카 국가들)

정치적 사회적 지표	회전된 요인기여도				
	F_1	F_2	F_3	F_4	$hi^2(R^2)$
1. 1인당 GNP	0.62	0.46	−0.32	−0.13	0.706
2. 전통적인 농업부문의 크기	−0.81	−0.29	0.08	0.08	0.760
3. 교육수준	0.87	0.24	−0.09	0.17	0.856
4. 매스컴의 범위	0.71	0.23	−0.41	−0.18	0.761
5. 문화적, 인종적 동질성의 정도	0.80	−0.26	0.15	−0.14	0.753
6. 토착중간계급의 중요성	0.59	0.32	−0.24	−0.26	0.581
7. 민주적 기구의 유효성	0.52	0.68	−0.27	−0.02	0.814
8. 노동운동의 강력도	0.23	0.79	−0.08	−0.28	0.771
9. 군대의 정치적 강력도	−0.17	−0.70	0.24	0.03	0.577
10. 행정능률의 정도	0.57	0.60	−0.38	−0.04	0.862
11. 정치력의 집중도	−0.12	−0.70	0.31	0.41	0.770
12. 장래전망의 근대화도	0.55	0.70	−0.05	−0.20	0.838
13. 사회적 이동성의 정도	0.35	0.74	0.36	−0.04	0.808
14. 전통적인 엘리트의 강력도	−0.07	−0.87	−0.22	0.17	0.841
15. 지도자의 경제개발 의욕의 정도	0.05	0.83	−0.27	−0.03	0.770
16. 정치제도의 안정성	0.52	0.51	0.15	0.37	0.688
17. 사회적 긴장의 정도	−0.37	−0.46	−0.26	−0.48	0.647
18. 야당과 언론의 자유도	0.45	0.27	−0.72	0.07	0.799
19. 정당의 당파화도	0.07	−0.07	−0.82	0.05	0.677
20. 정당제도의 기초	0.00	0.41	−0.52	−0.48	0.671
21. 민족주의와 민족통일의식의 정도	0.30	0.19	−0.06	−0.82	0.808
22. 정부의 경제활동에 관여도	0.02	0.19	0.19	−0.78	0.681

설명하고 있다.

요인Ⅱ는 근동 및 극동지역의 경우와 거의 같은 비율(약 21%)을 설명하고 있다. 그러나 그것이 포괄하고 있는 내용에 특색이 있다. 그것은 74개국의 경우의 요인Ⅱ에 포함되어 있는 5개의 지표 즉 민주적 기구의 유효성, 노동운동의 강력도, 행정능률의 정도, 군대의 정치적 강력도 및 정치력의 집중도뿐 아니라 지도자의 특징과 사회적, 정치적 안정성을 나타내는 지표를 포함하고 있다.

---

22) $(0.62)^2 \times 100\% = 38.4\%$이다. 마찬가지로 해서 $(0.46)^2 \times 100\% = 21.2\%$, $(-0.32)^2 \times 100\% = 10.2\%$, $(-0.13)^2 \times 100\% = 1.7\%$이다.

요인Ⅲ은 1인당 GNP의 국가 간 변동의 약 10퍼센트를 설명하고 있다. 볼드체 숫자에서 알 수 있는 바와 같이 ⑱의 야당과 언론의 자유, ⑲의 정당의 당파화도 및 ⑳의 정당제도의 기초는 1인당 GNP와 순상관의 관계에 있다.

요인Ⅳ는 1인당 GNP의 국가 간 변동의 약 1.7퍼센트를 설명하고 있다. 볼드체 숫자에서 알 수 있는 바와 같이 ㉑의 민족주의와 민족통일의식의 정도와 ㉒의 정부의 경제활동에 관여도는 1인당 GNP와 순상관의 관계에 있다. 즉 더 강력한 민족주의와 더 큰 정부의 경제활동에 관여도가 더 높은 1인당 GNP와 관련되어 있다.

끝으로 그들은 이상의 결과를 요약하고 있는데 끝부분에 가서 특히 경제개발 수준과 사회적, 정치적 구조의 차이에서 발견된 관계가 결코 인과관계가 아니라는 것을 강조하고 있다.

6. 결 언

메기가 밝히고 있는 바와 같이 요인분석은 요인행렬의 작성에 필요한 이용 가능한 자료의 결여, 주관의 개입, 지역 간 및 지역 내 구조와 플로의 표시불능 등의 결함을 갖고 있다. 또 요인분석을 경제발전과 계획에 관한 연구에 적용시키려면 앞으로 할 일이 많다. 즉 경제성장 분석에서 변수의 중요도를 찾아내기 위한 행렬의 구성, 더 많은 정치적, 사회적 및 심리적 변수의 경제성장 연구에 도입, 변수의 종류와 수의 변경 등을 행하여야 한다. 이 밖에도 요인분석은 복잡한 계산이라는 결함을 갖고 있다. 이 점에서 요인분석은 계산기의 제약을 받는다.

그러나 이 요인분석은 역시 메기가 밝히고 있는 바와 같이 앞으로 더 연구를 진행하기 위해서 중요한 혹은 전략적인 변수를 분리하며 또 별로 관계가 없는 정보를 제거하는 일을 가능케 해준다. 이것이 바로 사회과학에서 요인분석의 가장 중요한 용도이다. 따라서 요인분석은 앞으로의 연구를 위한 준비작업으로서 의의도 갖는다고 할 수 있다. 그리고 요인분석 모형은 경제문제를 다루기 위해서 구성되는 다른 통상적인 모형보다 훨씬 많은 변수를 포함할 수 있는 매우 복잡한 모형이다.

우리나라에서도 점차로 계량경제학적 연구가 행해지게 되었다. 이 연구를 위해서는 무엇보다도 우선해서 모형구성(model building)이 행해져야 한다. 요인분석의 용도가 상술한 바와 같은 것이라면 이 모형구성의 과정에서 요인분석은 많은 암시를 줄 수 있을 것이다. 그리고 요인분석을 행하여 구성된 모형을 사용해서 예측을 하는 편이 더 근사한 예측치를 부여하지 않을까? 이런 의미에서 우리나라에서도 이 요인분석에 관한 본격적인 연구를 할 필요가 있을 것이다.

또 우리나라에서는 점차로 GNP 혹은 1인당 GNP에 대해서 많은 관심을 갖게 되었다. 그러나 아직 아델만 및 모리스의 그것과 같은 시도가 이루어지지 않고 있다. 비경제적 요인 즉 정치적, 사회적 요인이 얼마만큼 1인당 GNP의 제고에 기여하는가를 구명하는 일은 매우 의미 있는 일이라고 할 수 있다. 이 일은 더 나가서 계량경제학적 연구에서 비경제적 요인을 어떻게 다룰 것인가에 대해서 어떤 암시를 줄 수도 있을 것이다. 이런 의미에서도 요인분석에 대한 본격적인 연구는 우리나라에서 요청된다고 하겠다.

《경제논집》(서울대, 1966. 6)

노이만 모형에 대한 고찰

1. 서 언

현재 이론경제학의 중심과제의 하나로서 턴파이크 정리(turnpike theorem)가 들어진다. 이 정리는 "일정의 가정 아래서는 선형성장모형의 최적해는 초기점에서 출발하여 장기의 계획기간의 대부분을 노이만 경로에 연하거나 근접해서 움직이다가 기말(期末) 가깝게 가서 그 방향을 바꾸어 목표점을 향해서 움직이는 성질을 갖는다"는 것을 내용으로 하고 있다. 즉 〈그림 1〉에서 말하면, 선형성장모형의 최적해는 점선 PR을 따라서 움직이는 성질을 갖는다는 것을 내용으로 하고 있다. 이 그림에서 점 P는 기초에서 재화 1과 재화 2의 구성을 나타내는 초기점이며, R은 기말에서 두 재화의 소망의 구성을 나타내는 목표점이고, 곡선 NR은 기말에서 생산가능곡선이며, 직선 ON은 노이만 경로이다. 이로부터 알 수 있는 바와 같이, 노이만 경로는 이 정리에서 턴파이크 즉 고속도로의 역할을 하고 있다. 그런데 이 노이만 경로는 바로 노이만 모형의 시간경로(time path)이다. 따라서 노이만 모형은 턴파이크 정리의 전제가 되고 있는 셈이다.[1]

〈그림 1〉

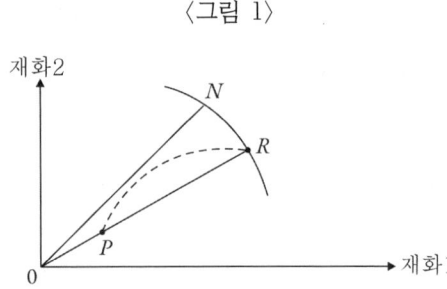

그러나 이 모형은 이 밖에도 뒤에서 보는 바와 같이 이자, 가격 및 생산의 경제이론에 대해서 실질적인 공헌을 했으며, 또 '발전하는 경제'에서 일반균형이론의 구상을 위한 유력한 실마리가 될 가능성을 갖고 있다. 이에 더하여 이 모형은 수학적으로 난해하기 때문에 많은 사람들에 의해서 반드시 정확하게 이해되고 있는 것 같지는 않다.

이에 필자는 노이만 모형을 이 글에서 다루기로 한 것이다. 노이만 (J. v. Neumann)은 1932년 프린스턴 대학의 수학 세미나에 보고한 논문에서 이 모형을 처음으로 발표했다. 그 6년 뒤에 그의 논문은 맹거(K. Menger) 주재의 수학 세미나의 기관지에 실렸으며,2) 다시 1945년에 모르겐슈테른(O. Morgenstern)에 의해 영역되어 *Review of Economic Studies*에 실렸다. 따라서 이 글에서는 이 영역된 논문 "A Model of

---

1) 턴파이크 정리에 대해서는 R. Radner, "Paths of Economic Growth That Are Optimal with Regard Only to Final States, a Turnpike Theorem," *Review of Economic Studies*, Feb. 1961; M. Morishima, "Proof of a Turnpike Theorem: The No Joint Production Case," *Review of Economic Studies*, Feb. 1961; L. W. Mackenzie, "The Dorfman-Samuelson-Solow Turnpike Theorem," *International Economic Review*, Jan. 1963 및 "Turnpike Theorems for a Generalized Leontief Model," *Econometrica*, Jan-Apr. 1963; R. Dorfman, P. A. Samuelson, and R. M. Solow, *Linear Programming and Economic Analysis*, 1958; *Eccmomic Journal*, Dec. 1964 등을 참조하라.

2) 제목은 "Über ein ökonomisches Gleichungsystem und eine Verallgemeinerung des Brouwerschen Fixpunktsatzes"이다.

General Economic Equilibrium"과 샴퍼나운(D. G. Champernowne)의 주석 "A Note on J. v. Neumann's Article on a Model of Economic Equilibrium"을 중심으로 이 모형을 다루기로 한다.

2. 노이만 모형의 내용

경제에는 m종의 생산과정 $P_1,\cdots,P_m$과 n종의 재화 $G_1,\cdots,G_n$이 존재한다고 하자. 또 재화는 자연적 생산요소에 의해서뿐 아니라 그들 서로에 의해서도 생산된다고 하자. 이 재화에는 자본재도 포함된다. 그리고 또 생산과정은 순환적이라고 하자. 가령 재화 G_1은 재화 G_2의 도움을, 거꾸로 재화 G_2는 재화 G_1의 도움을 받아 각각 생산된다고 하자.

지금 생산과정 $P_i(i=1,\cdots,m)$에서 각 재화 $G_j(j=1,\cdots,n)$를 a_{ij}단위만큼씩 투입하여 각 재화 G_j를 b_{ij}단위만큼씩 산출하는 과정으로 정의한다면(a_{ij}와 b_{ij}는 각각 투입계수와 산출계수라고 불린다), 이 P_i는 다음과 같이 표시된다.

$$P_i : \sum_{j=1}^{n} a_{ij}G_j \rightarrow \sum_{j=1}^{n} b_{ij}G_j \qquad \cdots\cdots\cdots\cdots(1)$$

(노이만에 따르면 이 (1)식은 재화 G_j가 어떤 딴 재화와 결합되어서만 생산될 수 있는, 말하자면 항구적인 결합생산물의 특별한 경우도 기술할 수 있다고 한다.)

그러나 현실의 경제에서 각 생산과정 P_i는 어떤 생산활동 수준(혹은 조업수준) x_i하에 가동된다. 따라서 규모에 관한 수익의 불변성을 가정한다면, (1)식은 다음의 (2)식으로 바뀌게 된다.

$$E = \sum_{i=1}^{m} x_i P_i \qquad\qquad \cdots\cdots\cdots\cdots (2)$$

이상에서는 시간을 무시하여 재화의 투입과 산출의 관계를 설명했다. 그러나 현실적으로는 재화가 원료를 투입함과 동시에 순간적으로 산출되는 일은 결코 없다. 재화가 투입되어서 산출되기까지에는 어떤 시간 즉 생산기간이 경과하지 않으면 안 된다. 따라서 우리는 다음과 같은 방법으로 생산기간을 고려하기로 한다. 즉 어떠한 생산과정의 경우에도 재화는 일제히 투입되고 단위기간이 경과한 뒤에 재화는 일제히 산출되는 것으로 생각한다. 일견하면 이와 같은 생산기간의 취급법은 비현실적인 것으로 느껴질 것이다. 그러나 노이만처럼 필요한 경우에는 중간재를 부가적인 재화로 도입함으로써 더 긴 기간을 갖는 생산과정을, 단위기간을 갖는 단일생산과정으로 분할할 수 있다. 따라서 이와 같은 취급법은 그다지 비현실적인 것은 아니라고 할 수 있다.

시점 t에서 P_i의 생산활동 수준을 $x_i(t)$로 할 때, 시점 t서 투입되는 재화 G_j의 양은 $\sum_{i=1}^{m} a_{ij} x_i(t)$로 표시되며 단위기간 뒤의 시점 $t+1$에 산출되는 재화의 양은 $\sum_{i=1}^{m} b_{ij} x_i(t)$로 표시될 것이다.

단 여기서 시점 $t+1$에 산출되는 재화의 양은 바로 앞의 시점 t에 생산활동의 결과이므로, b_{ij}에 곱해지는 생산활동 수준은 시점 t에 생산활동 수준 $x_i(t)$이지 결코 $x_i(t+1)$이 아니라는 것에 주의할 필요가 있다. 노이만은 이로부터 더 나아가, 그의 모형을 위해서 다음 사항을 가정하고 있다.

(1) 자유경쟁이 행해진다.

(2) 노동을 포함한 자연적 생산요소는 무제한으로 확장될 수 있다.

(3) 피고용자에 의해서 소비되는 생활필수품을 포함한 재화의 소비는 생산과정을 통해서만 행해진다. 바꾸어 말하면 생활필수품을 초과

하는 소득은 전부 재투자될 것이다.

그러고서 그는 다음의 세 가지 조건을 충족하는 상태에서 (1) 어떤 생산과정이 가동될 것인가(즉 유리할 것인가). (2) 재화의 총수량이 증가할 상대적 속도 즉 확장계수는 무엇일 것인가. (3) 재화의 가격은 얼마일 것인가. (4) 이자인자(利子因子)는 얼마일 것인가의 문제를 고찰하고 있다. 단 여기서 확장계수는 '1+확장률'이며 이자인자는 '1+이자율'이다.

그 세 가지 조건은 다음과 같다.

(1) 각 생산과정의 생산활동 수준은 어떤 시점에서 다른 시점으로 옮기는 경우, 일제히 동일한 율로 확장(또는 수축)한다. 즉 동일한 확장(또는 수축)계수를 갖는다. (따라서 전체 경제에는 구조의 변화가 없는 셈이다.)

(2) 이 확장(또는 수축)계수는 시점과 관계없이 항상 일정하다.

(3) 가격은 시점과 관계없이 항상 일정하다.

따라서 그의 모형에서 미지수는 ① 생산과정 $P_1, \cdots, P_m$의 생산활동 수준 $x_1, \cdots, x_m$ ② 전체 경제의 확장계수 α(확장률을 g로 하면 $\alpha = 1 + g$, 따라서 $g = \alpha - 1$) ③ 재화 $G_1, \cdots, G_n$의 가격 $y_1, \cdots, y_n$ ④ 이자인자 β(이자율을 z로 하면 $\beta = 1 + z$, 따라서 $z = \beta - 1$)의 네 가지가 된다.

이 네 가지를 미지수로 삼고 있는 모형을 구체화하면 다음과 같다.

$$x_i \geqq 0 \qquad\qquad \cdots\cdots\cdots\cdots(3)$$

$$y_i \geqq 0 \qquad\qquad \cdots\cdots\cdots\cdots(4)$$

$$\sum_{i=1}^{m} x_i > 0 \qquad\qquad \cdots\cdots\cdots\cdots(5)$$

$$\sum_{j=1}^{n} y_j > 0 \qquad\qquad \cdots\cdots\cdots\cdots(6)$$

$$a\sum_{i=1}^{m}a_{ij}x_i \leq \sum_{j=1}^{m}b_{ij}y_j \qquad \cdots\cdots\cdots(7)$$

(7)식에서 <이면 $y_j = 0$ $\qquad \cdots\cdots\cdots(7)'$

$$\beta\sum_{j=1}^{n}a_{ij}y_j \geq \sum_{j=1}^{n}b_{ij}y_j \qquad \cdots\cdots\cdots(8)$$

(8)식에서 >이면 $x_i = 0$ $\qquad \cdots\cdots\cdots(8)'$

(3)과 (4)식은 생산활동 수준과 가격이 플러스라는 것을 나타낸다.

(5)와 (6)식은 $x_1 = \cdots = x_m = 0$, 혹은 $y_1 = \cdots = y_n = 0$의 각해(角解)는 무의미하다는 것을 나타낸다.

(7)과 (7)′식은 재화 G_j를 산출하는 것보다 더 많이 소비할 수 없다는 것을 나타낸다.

그러나 만약 산출된 것보다 덜 소비된다면, 즉 G_j의 과잉생산이 행해진다면 G_j는 자유재가 되며 그 가격은 0 즉 $y_j = 0$이 된다는 것을 나타낸다. 이것은 다음 (7)식의 유도과정에서 명백해질 것이다.

지금 시점 $t+1$에서 생각하면 그 시점에서 산출되는 재화 G_j의 양은 $\sum_{i=1}^{m}b_{ij}x_i(t)$이며, 투입되는 재화 G_j의 양은 $\sum_{i=1}^{m}a_{ij}x_i(t+1)$이다.

산출량만큼 공급되고 투입량만큼 소비된다고 한다면, $\sum_{i=1}^{m}b_{ij}x_i(t)$가 공급을 나타내고 $\sum_{i=1}^{m}a_{ij}x_i(t+1)$이 소비를 나타내게 된다. 그러나 공급 이상의 소비를 계획한 경우에는 그 계획은 실행 불가능하게 된다. 따라서 실행 가능한 소비계획은 공급량을 결코 초과할 수 없으며, 고작해야 공급량과 같다. 따라서

$$\sum_{i=1}^{m}a_{ij}x_i(t+1) \leq \sum_{i=1}^{m}b_{ij}x_i(t)$$

그러나 상기 조건 (1), (2)에 의해서

$$x_i(t+1) = ax_i(t)$$

고로

$$\alpha \sum_{i=1}^{m} a_{ij} x_i(t) \le \sum_{i=1}^{m} b_{ij} x_i(t)$$

따라서

$$\alpha \sum_{i=1}^{m} a_{ij} x_i \le \sum_{i=1}^{m} b_{ij} x_i$$

이다.

만약 (7)식에서 <가 성립하면 $y_j = 0$이다. 고로 y_j를 이 (7)식의 양변에 곱했을 때에는 <가 소실한다. 따라서

$$\alpha \sum_{i=1}^{m} y_j a_{ij} x_i = \sum_{i=1}^{m} y_j b_{ij} x_i \qquad \cdots\cdots\cdots\cdots(7)''$$

이다.

(8)과 (8)′식은 균형에서는 어떠한 생산과정에서도 이윤은 존재할수 없다. 그러나 만약 손실이 존재한다면, 즉 P_i가 불리하다면 P_i는 가동되지 않을 것이며, 그 생산활동 수준은 0 즉 $x_i = 0$이 된다는 것을 나타낸다. 이것은 다음 (8)식의 유도과정에서 명백해질 것이다.

지금 시점 t에서 생각하면 시점 t에서 생산과정 P_i를 채택한 경우의 단위수입(혹은 단위매상고)은 $\sum_{j=1}^{n} b_{ij} y_j(t+1)$이며, 단위비용은 $\sum_{j=1}^{n} a_{ij} y_j(t)$이다. 그러나 시간이 경과하고 있으므로 비용과 비교되는 것은 수입 그 자체가 아니고 수입의 할인현재가이다. 따라서 시점 t에서 이자율을 $z(t)$로 하면 단위수입을 $1 + z(t)$로 나눌 필요가 있다. 그러나 경쟁경제에서는 균형조건이 명하는 바에 따라서 어떤 생산과정의 단위수입의 할인현재가는 단위비용을 초과할 수 없다. 즉 이윤이 존재할수 없다. (만약 그렇지 않으면 생산과정의 확장이 야기되며 이 확장은 투입재가격의 등귀와 생산재가격의 하락을 초래하여 결국 이윤을 소멸시킬 때까지 계속될 것이다.) 따라서

$$\sum_{j=1}^{n} a_{ij}y_j(t) \geq \frac{\sum_{j=1}^{n} b_{ij}y_j(t+1)}{1+z(t)}$$

즉

$$\{1+Z(t)\}\sum_{j=1}^{n} a_{ij}y_j(t) \geq \sum_{j=1}^{n} b_{ij}y_i(t=1) \quad \cdots\cdots\cdots(\Delta)$$

그런데 $1+z(t) = \beta(t)$

고로

$$\beta(t)\sum_{j=1}^{n} a_{ij}y_j(t) \geq \sum_{j=1}^{n} b_{ij}y_i(t+1)$$

그러나 상기조건 (3)에 따라서

$$y_j(t+1) = y_j(t)$$

고로

$$\beta(t)\sum_{j=1}^{n} a_{ij}y_j(t) \geq \sum_{j=1}^{n} b_{ij}y_i(t)$$

즉

$$\beta(t)\sum_{j=1}^{n} a_{ij}y_j(t) \geq \sum_{j=1}^{n} b_{ij}y_i$$

이다.

그러나 가격이 일정한 경우에는 이자율 $z(t)$도 일정하다.[3] 따라서 가격의 일정은 이자율의 일정을 의미한다. 따라서 $\beta(t)$도 일정하다.

------

3) (Δ)식에서

$$z(t) \geq \frac{\sum_{j=1}^{n} b_{ij}y_j(t)}{\sum_{j=1}^{n} a_{ij}y_j(t)} - 1 \quad \cdots\cdots\cdots(\Delta\Delta)$$

이다. 이 $(\Delta\Delta)$식의 우변은 a_{ij}, b_{ij}, $y_j(t)$가 각각 일정하므로 일정이다. 따라서 $z(t)$는 일정이다.

고로

$$\beta\sum_{j=1}^{n}a_{ij}y_j \geq \sum_{j=1}^{n}b_{ij}y_j$$

이다.

만약 (8)식에서 >가 성립하면 $x_i=0$이다. 고로 x_i를 이 (8)식의 양변에 곱했을 때에는 >가 소실한다. 따라서

$$\beta\sum_{j=1}^{n}x_i a_{ij}y_j = \sum_{j=1}^{n}x_i b_{ij}y_j \qquad \cdots\cdots\cdots(8)''$$

이다.

이상과 같은 모형을 제시한 후 노이만은

$$a_{ij}+b_{ij}>0 \qquad\cdots\cdots\cdots(9)$$
$$a_{ij}+b_{ij}\geq 0 \qquad\cdots\cdots\cdots(9)'$$

라는 가정 아래 그의 모형이

(1) 해를 갖는다는 것, 즉 x_i, y_j, α,β의 값이 존재한다는 것,

(2) 해를 가지면 $\alpha=\beta$ $\qquad\cdots\cdots\cdots(\#)$

가 되며 이들은 일의적(一義的)으로 결정되며 또 $\alpha,\beta\geq 0$이라는 것,

(3) 이때의 α는 가격을 무시하면 최대의(순수하게 기술적으로 가능한) 확장계수이며, β는 생산활동 수준을 무시하면 최소의 이자인자라는 것을 밝히고 있다.[4] $\qquad\cdots\cdots\cdots(*)$

이상이 노이만 모형의 내용이다.

3. 노이만 모형의 결함

앞 절에서의 설명을 요약하면 다음과 같다.

---

4) 따라서 $\alpha=\beta$이며, α=최대, β=최소이다.

(1) 노이만 모형은 선형모형이다. 이것은 노이만이 모형에 관한 수익의 불변성을 전제로 하고 있다는 데서 알 수 있다.

(2) 노이만 모형은 폐쇄모형이다. 가정 (2)에서 알 수 있는 바와 같이, 노동을 포함한 자연적 생산요소는 무제한으로 확장될 수 있다. 다음에 모든 재화는 전기의 생산활동 결과의 생산물로 간주되고 있다. 따라서 모형 외부로부터 재화의 유입이 전혀 이루어지지 않고 있으므로 그의 모형은 폐쇄적이라고 할 수 있다.

(3) 노이만 모형은 단순한 생산모형이다. 여기서 단순한 생산모형이란 소비를 갖지 않는 모형을 말한다. 이것은 가정 (3)에서 알 수 있다. 그러나 이 점은 뒤에 가서 구체적으로 밝혀진다. 도프만(R. Dorfman) 등에 따르면 노이만 모형에서는 노동은 소비재를 투입재로 하여 가계에 의해서 '생산되는 것'으로 간주된다고 한다.[5]

(4) 노이만 모형에서는 생산과정은 단위기간을 가지며 투입계수와 산출계수는 고정적이다.

(5) 노이만 모형에서는 재화는 자본재와 중간재를 포함한다. 그리고 이 모형에는 결합생산이 존재한다.

(6) 노이만 모형에서는 이자율은 $(\Delta\Delta)$식에서 알 수 있는 바와 같이 생산의 기술조건에 따라서 결정되며, 또 어떤 재화의 비용은 (Δ)식에서 알 수 있는 바와 같이 그 재화를 생산하는 데 투입된 재화의 가치에 이자를 합친 것과 같다.

(7) 노이만 모형에서는 화폐적 문제는 일어나지 않는다. 즉 화폐는 아무런 역할도 하지 않는다.

(8) 노이만은 일정의 가격과 일정의 이자율 아래서 각 생산과정의

---

5) R. Dorfman, P. A. Samuelson, and R. M. Solow, *op. cit.*, p. 382.

생산활동 수준이 일정한 상대적 관계를 유지하면서 일정률 α로 항상적으로 일제히 확장(또는 수축)해 가는 상태, 바꾸어 말하면 일정한 가격과 일정한 이자율에서 항상적인 균등확대재생산(또는 축소재생산)의 상태를 그의 모형에서 문제로 삼고 있다. 즉 그는 샴퍼나운의 준정상균형(quasi stationary equilibrium)을 그의 모형에서 문제로 삼고 있다.

(9) 노이만 모형의 해의 조건과 성질은 다음과 같다.[6]

① 어떤 재화의 투입량은 전기의 산출량을 초과할 수 없다. 그러나 만약 투입량이 산출량보다 적다면 그 재화는 자유재(free goods)이며 그 가격은 0이다[(7)과 (7)'식]. 이것은 샴퍼나운의 자유재 규칙(free goods rule)에 해당한다.

② 어떠한 생산과정도 플러스의 이윤을 갖지 못한다. 그러나 마이너스의 이윤을 가지면 그 생산과정은 가동되지 않는다[(8)과 (8)'식]. 이것은 샴퍼나운의 profitability rule에 해당한다.

③ 확장계수는 최대의 기술적으로 가능한 치이다[따라서 확장률도 최대치이다(*)]. 이것은 샴퍼나운의 생산 규칙의 체계(system of production rule)에 해당한다.

④ 이자인자는 플러스의 이윤을 허용치 않는 가격체계 아래서 최소의 가능한 치이다[따라서 이자율도 최소치이다(*)]. 이것은 샴퍼나운의 가격체계 규칙(price system rule)에 해당한다.

⑤ 균형성질은 '확장계수=이자인자'이다.[7] 이들은 일의적으로 결정된다[(#)식]. 이것은 샴퍼나운의 rate of interest rule에 해당하는 것이다.

---

6) D. G. Champernowne, *op. cit.*, pp. 13~15; R. G. D. Allen, *Mathematical Economics*, 1956, p. 606.
7) 즉 균형은 '확장계수=이자인자'에서 성립된다.

그러나 이 노이만 모형은 다음의 세 가지 점에서 비현실적인 모형이라고 할 수 있다.

(1) 노이만은 (9)와 (9)′식 아래 그의 모형에서 해의 존재를 증명하고 있다. 이 (9)식은 $a_{ij} + b_{ij}$는 반드시 플러스이며 결코 0이 아니라는 것을 나타낸다. 즉 임의의 생산과정 P_i를 취했을 때 만약 이 생산과정에 따라서 재화 G_j가 산출되지 않으면($b_{ij} = 0$이면) 이 생산과정은 반드시 재화 G_j를 사용하지 않으면 안 되며($a_{ij} > 0$이 아니면 안 되며), 거꾸로 이 생산과정이 재화 G_j를 사용하지 않으면($a_{ij} = 0$이면) 이 생산과정은 반드시 재화 G_j를 산출하지 않으면 안 된다($b_{ij} > 0$이 아니면 안 된다)는 것을 나타낸다. 이와 같이 (9)식에서는 어떠한 생산과정도 투입 면이나 산출 면의 어느 한편에서 모든 재화와 관계를 갖고 있다. 그러나 이 가정은 매우 비현실적이다. 왜냐하면 예컨대 미싱을 생산하는 생산과정에서는 사과가 부산물로서 산출되지 않을 뿐 아니라 원료로서도 사용되지 않기 때문이다.

(2) 노이만은 그의 균형 즉 샴퍼나운의 준정상균형의 성립을 위해서 특별히 다음의 네 가지를 가정하고 있다.

① 수익은 규모에 관해서 불변이다.

② 자유경쟁이 행해진다.

③ 노동을 포함한 자연적 생산요소는 무제한으로 이용 가능하다.

④ 생산필수품을 초과하는 소득은 전부 재투자될 것이다.

이 네 가지 가정은 그의 모형을 독점, 대량생산의 법칙, 기술적 진보, 혹은 토지와 관련된 문제를 해명할 수 없는 것으로 만들고 있다. 즉 이 네 가지 가정은 그의 모형을 비현실적인 것으로 만들고 있다. 이에 더해서 그의 모형에서는 화폐가 아무런 역할도 하고 있지 않는데, 이것 또한 그의 모형을 비현실적인 것으로 만들고 있다.

(3) 노이만 모형이 전제로 하고 있는 경제 즉 노이만의 경제에서는 소비는 0이다. 이것은 가정 (3)에서도 알 수 있는 바이지만, 사회회게 (social accounting)의 지식을 빌려서 이것을 구체적으로 밝히면 다음과 같다.[8]

노이만의 경제에서는 어떤 시점(지금 이것을 시점 t로 하자)에 $\sum_{i=1}^{m} x_0 a_{ij} y_0$가 투입되고 다음 시점(즉 시점 $t+1$)에 $\sum_{i=1}^{m} x_0 b_{ij} y_0$가 산출된다. 그리고 시점 $t+1$에는 전(前) 시점의 α배인 $\alpha \sum_{i=1}^{m} x_0 a_{ij} y_0$가 투입된다. 시점 $t+1$의 투입량 $\alpha \sum_{i=1}^{m} x_0 a_{ij} y_0$는 두 부분 즉 $\sum_{i=1}^{m} x_0 a_{ij} y_0$와 $(\alpha-1) \sum_{i=1}^{m} x_0 a_{ij} y_0$로 나누어서 생각할 수 있다. 전자는 시점 t의 단순한 반복 즉 재투입이며 후자는 시점 $t+1$의 신규투입이다. 다른 한편 시점 $t+1$의 순산출액 또는 순국민소득은 $\sum_{i=1}^{m} x_0 b_{ij} y_0 - \sum_{i=1}^{m} x_0 a_{ij} y_0$이다. 지금 신규투입을 투자라고 부른다면 (7)″식에서

순국민소득=투자 ············(7)‴

가 유도된다. 즉

$$\alpha \sum_{i=1}^{m} x_0 a_{ij} y_0 = \sum_{i=1}^{m} x_0 a_{ij} y_0 \qquad \cdots\cdots\cdots(7)''$$

에서

$$\sum_{i=1}^{m} x_0 a_{ij} y_0 + (\alpha-1) \sum_{i=1}^{m} x_0 a_{ij} y_0 = \sum_{i=1}^{m} x_0 b_{ij} y_0$$

$$\sum_{i=1}^{m} x_0 b_{ij} y_0 - \sum_{i=1}^{m} x_0 a_{ij} y_0 = (\alpha-1) \sum_{i=1}^{m} x_0 a_{ij} y_0$$

이 유도된다.

그러나 현실의 경제에서는 다음의 식이 성립된다.

순국민소득 = 소비 + 투자

이 식과 (7)‴식의 비교에서 노이만의 경제에서는 소비가 0이라는 것이 명백해진다. 이로부터 알 수 있는 바와 같이 노이만의 경제는 현실의 경제에서 떨어져 있다. 따라서 그의 모형은 비현실적인 것이 된다. 이것은 그의 모형이 순수한 생산모형이라는 데서 나오는 당연한 결과이다. 그러나 여기서 소비는 도프만 등이 말하는 '외생적인 최종소비'(extraneous final consumption)라는 것을 잊어서는 안 될 것이다. 노이만의 경제에서는 노동자를 포함한 모든 사람들에 의한 생활필수품의 소비는 소비라기보다도 필요한 생산비, 혹은 소모되는 중간재(intermediate goods used up)로 간주되고 있다.[9]

이상의 세 가지 가운데에서 (1)의 문제는 케메니와 모르겐슈테른 및 톰슨에 의해서 해결되었다.[10] 그들은 (9)와 (9)′식 대신에 다음의 세 가지 가정을 세우고 있다. 제1의 가정은 (9)′식인 $a_{ij}, b_{ij} \geq 0$이다. 제2의 가정은 어떠한 생산과정에서나 반드시 어떤 재화가 투입된다는 $\sum_{j=1}^{n} a_{ij} > 0$이며, 제3의 가정은 어떠한 생산과정에서나 반드시 어떤 재화가 산출된다는 $\sum_{j=1}^{n} b_{ij} > 0$이다. 제2, 제3의 가정은 (9)식을 대신하는 것이지만 그것보다 한층 더 현실적인 가정임은 말할 나위도 없다.

다음에 (3)의 문제는 모리시마(森嶋通夫)에 의해서 해결되었다. 그는 현실의 경제는 생산기구인 동시에 소비기구 및 분배기구라는 관점에서 노이만 모형에 소비를 도입하여 그것을 수정하고 있다.[11]

그러나 (2)의 문제는 여전히 노이만 모형을 비현실적인 것으로 만들고 있다. 따라서 그의 모형은 비현실적인 모형이라고 할 수 있다. 그러나 샴퍼나운이 말하고 있는 바와 같이 노이만 모형은 어떤 재화가

---

9) R. Dorfman, P. A. Samuelson and R. M. Solow, *op. cit.*, pp. 325~326.

10) J. Kemmeny, O. Morgenstern, and G. Thompson, "A Generalization of the von Neumann Model of an Expanding Economy," *Econometrica*, Apr. 1956.

11) 森嶋通夫, 擦原三代平, 内田忠夫 편, 앞의 책, pp. 39~45.

자유재인가, 자유재가 아닌 재화의 가격의 결정, 어떤 생산과정과 생산규모가 최적인가, 어떤 것이 불리한가, 각 최적과정이 사용되는 수준, 생산될 상이한 재화의 상대적 수량, 이자율과 확장률을 결정하는 기구(mechanism)를 처음으로 밝히고 있다.[12] 그리하여 그의 모형은 이자, 가격 및 생산의 경제이론에 대해서 실질적인 공헌을 했다.

그리고 또 노이만 모형은 발전경로의 균형을 문제로 삼고 있기 때문에 '발전하는 경제'에서 일반균형이론의 구상을 위한 실마리가 될 가능성을 갖고 있다.

따라서 비현실적인 것이기는 하지만, 이런 점에서 노이만 모형은 오늘날 경제학자들의 관심사의 하나가 되어 있다.

《소파 권오익박사 환력기념논총》(1966)

---

12) D. G. Champernowne, *op. cit.*, p. 10.

제2장 에세이/칼럼

새로운 경영통계 확립을 위한 과제

1. 새로운 경영통계의 필요성

지금까지 경영관리의 도구로서의 경영통계는 경영계산제도에 의한 회계보고서류와 이것을 보족하기 위한 부수적, 단편적 및 부분적인 통계보고에 의해서 얻어지고 있었다. 그러나 최고경영자는 장차의 일을 알고 싶어하며, 또 현재 기업 내의 어디서 어떤 문제가 일어나고 있는가를 한때라도 빨리 파악하여 기업에 불리한 사항은 유리한 방향으로 조금이라도 빨리 전환하는 대책을 강구하고 싶어하는 것이다.

그러나 이러한 요구를 충족하기 위해서는 종래의 경영통계는 너무나도 늦기 때문에 소용에 닿지 못했으며 또 기업이 지향할 방향을 정하는 데서도 종래의 경영통계는 필요한 도구의 일부분에 지나지 못했다. 지금까지는 그것으로 충분했을는지 모른다. 그러나 앞으로도 그것으로 충분하리라고 생각해서는 안 된다. 미국의 RCA회사의 컬리(J. R. Curley)는 회계보고서류에 의거해서 시도된 종래의 모든 통제방법에 다음과 같은 근본적인 결함이 있음을 지적하고 있는데, 이 지적은 바로 요점을 찌르고 있는 것이라고 할 수 있겠다.

(1) 발행일자가 너무 늦어서 유효한 통제가 불가능하다. 보통 회계보고서류가 최고경영자의 수중에 도달하게 되는 것은 빨라야 당해월의 익월 중순경이 되므로, 분석 검토될 문제와 시기는 적어도 15일 이상의 시차를 갖게 되어 모처럼 결론을 얻어도 효과적으로 실행할 수 없게 된다.

(2) 회계보고서류의 절대적인 정확성은 통제의 목적을 위해서는 필요하지 않다. 회계사무에 종사하고 있는 사람들은 다소 시간은 걸려도 정밀 정확을 기하도록 훈련을 받고 있다. 그러나 경영관리자는 수치의 끝자리까지 알 필요가 없고, 그저 대충 알고 빨리 손을 쓰는 것만을 원하고 있다.

(3) 회계보고서류는 통제에 필요한 지식의 일부분밖에 보여주지 않는다. 경영관리자는 동향을 명확하게 파악할 수 없는 한 전혀 통제를 할 수 없다. 따라서 경영관리자는 경영의 동향을 표시하는 실제의 커브가 그것의 이상형인 다른 커브와 어떤 차이를 갖고서 움직이고 있는가를 알고 싶어한다. 그런데 현재의 회계보고서류는 일련의 불완전한 숫자의 나열을 갖고서 경영관리자에게 그 커브를 머릿속에 그리도록 강요하고 있다.

(4) 회계보고서류는 보통 경영에서 통제를 필요로 하는 요소를 표시하지 않는다. 경영관리자는 경영관리상 예컨대 판매액을 늘리고 원가를 낮추는 계획이 실제에서는 어떻게 되어 있는가, 또 이 계획대로 추진하는 대책은 무엇인가 등에 대해서 알고 있지 않으면 안 된다. 그런데 회계보고서류는 이러한 사항에 관해서는 전혀 소용이 없다.

이상의 네 가지 가운데서 처음의 두 가지는 회계보고서류가 시기적으로 적절하지 않다는 것을 말하고 있으며, 나머지 두 가지는 회계보고서류 이외에도 경영관리상 파악하지 않으면 안 될 중요한 사실이 수없이 존재한다는 것을 강조하고 있다.

이들 사항은 종래에서도 경영관리자가 자주 체험한 바다. 따라서 과학적 경영관리를 기하는 경영관리자는 더욱 진보한 도구를 찾고 있던 것이 사실이다. 그러나 대다수의 경영관리자는 이른바 '감'을 사용해서 그 불비(不備)를 보충하고 있었다.

그러나 현대는 자유경쟁의 시대다. 따라서 동업자보다 하루라도 빨리 이 결함에 유의해서 경영관리의 도구로서 새로운 경영통계를 정비하고 활용하는 기업은 그만큼 빨리 경영효율을 높임으로써 격심한 경쟁에 이기는 터전을 굳건히 하게 될 것이다.

2. 새로운 경영통계의 구상

현대기업의 경영관리는 이미 경영관리자의 개인적 자질에만 의존할 수 없을 만큼 광범하게 또 복잡하게 되어오고 있다. 따라서 과학적 경영관리를 위해서는 각 경영관리자에 맞추어서 가장 적절한 도구로서 경영통계를 확립하지 않으면 안 된다. 그러나 각 경영관리자의 담당책무나 직제는 기업에 따라서 당연히 다르며 이것을 일일이 분석하는 것은 곤란하므로, 여기서는 개괄적으로 ① 경영정책 및 계획의 설정을 위한 경영통계와 ② 경영활동의 관리통제 및 재무관리를 위한 경영통계로 분류해서 설명하기로 한다.

(1) 경영정책 및 계획의 설정을 위한 통계로서는 ① 경영의 기본방책의 결정 예컨대 경영할 사업 내용 및 규모, 증감자, 공장입지, 설비확장, 이익금 처분 등의 기본요강의 결정 ② 사업계획의 책정 예컨대 장기계획—5개년계획 같은 비교적 장기의 장래계획과 단기계획—장기계획의 선에 따라서 경제정세의 변화를 고려하여 앞으로의 반년 또는

1개년 동안의 사업계획의 책정 ③ 경영관리상의 각 표준의 결정, 예컨대 적정재고량, 적정판매경비, 표준원가 등의 각종 표준의 설정 등에 각각 필요한 과학적 기초를 제공할 기업 내부뿐 아니라 기업 외부의 각종 통계 및 정보가 망라되어야 한다.

(2) 경영활동의 관리통제 및 재무관리를 위한 경영통계로서는 생산, 판매, 근로, 자재, 시설, 기술 등의 경영 전반에 걸쳐서 투입 및 산출의 실태 파악과 그 효율의 측정을 위한 각종 통계가 포함되어야 한다. 그리고 이들 중에도 기업 내부와 기업 외부의 각종 통계 자료 및 정보가 포함되지 않으면 안 된다.

이상과 같은 새로운 경영통계의 구상과 앤더슨(D. R. Anderson)의 분류형식을 결합하면 새로운 경영통계에 포함될 기본적 통계항목은 늘어날 것이다. 따라서 이러한 의미를 갖는 앤더슨의 분류형식을 다음에 들어 두겠다.

앤더슨은 관리자(controller)가 갖는 경영에 대한 보좌적 직능을 완수하기 위해서 경영에 제출할 보고서를 업무보고서와 재무보고서로 대별하고 있다. 그에 따르면 업무보고서는 경영활동의 결과에 관한 보고서이며, 재무보고서는 경영 전체 혹은 그 부분의 재정 상태를 명백히 하는 것이다.

(1) 업무보고서(operating reports)

업무보고서는 관리보고서(control reports)와 정보보고서(information reports)로 분류된다. 전자는 경영활동의 직접적인 관리통제에 사용되는 데 비해서 후자는 경영관리자가 합리적인 계획과 정책을 결정하는 데에 필요로 하는 자료 제공을 목적으로 하고 있다.

우선 관리보고서는 다시 단기적 관리보고서(current control reports)와 총괄적 보고서(summary reports)로 분류된다. 전자는 경영활동에 이상이 일어났을 때 계획으로부터의 편차로서 이것을 발견하여 되도록 속히 대책을 강구해서 이것을 정상화하기 위한 것이며 일보, 주보 및 월보 등의 형태를 취한다. 후자는 관리보고서의 연간총괄이며 경영활동에 대한 계획과 실제의 편차를 총괄적으로 표현하며 예산상의 이익에 대한 영향을 표시하는 것이다. 이것의 기본적인 것은 월차 손익계산서와 그 부속표로 되어 있다.

다음에 정보보고서는 경영관리자에게 계획과 제 정책의 결정을 위한 사내외의 정확한 정보를 제공하는 것이다. 앤더슨은 이것을 추세보고서(trend reports)와 분석보고서(analytical reports)[1]로 분류하고 있다. 전자는 주로 경영활동의 시계열적 파악을 내용으로 하는 데 대해서 후자는 일정 기간의 경영활동에 대한 비교분석을 주로 하고 있다.

(2) 재무보고(financial reports)

재무보고서는 정태적 보고서(static reports)와 동태적 보고서(dynamic reports)로 분류된다. 전자는 어떤 시점에서 대차대조표와 그것의 비율분석을 포함하며, 후자는 다시 재무관리보고서(financial control reports), 자금사용효율측정보고서(measurements of effectiveness of the use of funds) 및 자금변화보고서(reports of changes in financial condition)로 세분된다.

첫 번째의 재무관리보고서는 실행예산의 일부로서 작성된 예상 대

---

1) 분석보고서는 ① 기업 내의 투입 및 산출에 관한 제 지표의 분석보고서 ② 보다 경제적 및 효과적인 경영의 표준이 될 모든 적정량(예 적정조업도, 적정규모 등)의 분석보고서 ③ 시장분석보고서로 분류해 볼 수 있다. 이들 보고서에 의해서 얻어지는 통계 즉 분석적 통계는 경영관리의 도구로서 새로운 경영통계에서 앞으로 가장 유용하며 또 가장 중시되는 것이며 경영관리서 통계방법이 가장 기대되는 분야다.

차대조표에 대한 실제의 대차대조표와의 대비에 따른 재정상태의 관리를 목적으로 하는 것이다.

두 번째의 자금사용효율측정보고서는 경영활동 수행을 위해서 투하된 자금의 효율을 각종 회전율을 갖고서 측정하는 것이다.

맨 끝의 자금변화보고서는 일정 기간의 자금변화상황에 대한 총괄 및 분석을 표시하는 것이다.

3. 새로운 경영통계의 구비요건

컬리는 그가 근무하는 RCA회사에서 실제의 경험에 비추어서 다음의 7가지 사항을 경영관리의 도구로서 새로운 경영통계가 구비하여야 할 기본적 요건으로서 들고 있다.

(1) 시기에 알맞은 것이어야 한다.

(2) 간단명료한 것이어야 한다.

(3) 관리될 문제의 요점을 표시하는 것이어야 한다. 최고경영자에게 제출되는 재무보고서류는 왕왕 각종의 공통된 요소를 한 항목으로 일괄하려는 습관이 있기 때문에 너무 지나치게 간단화되어서 어떤 부분의 양호한 성적이 타 부분의 불량한 성적을 불명료하게 하는 수가 있다. 따라서 재무보고서류만으로는 이러한 사실을 최고경영자에게 명료하게 표시할 수 없게 된다. 따라서 보고의 내용은 관리를 필요로 하는 문제의 요점을 표시하는 것이어야 한다.

(4) 현상과 더불어 경향을 표시하는 것이어야 한다.

(5) 뚜렷한 목표를 확립할 수 있는 것이어야 한다. 거의 모든 경영자는 기계적으로 목표에 대한 진척의 상황을 생각하여 이 수준에 도달하려는 의지를 그 기업에 철저화하려고 노력하고 있다. 그러나 일반

적으로 기존의 기록은 경영자의 이러한 요구를 충분히 충족시키지 못
한다. 따라서 좋은 관리의 도구는 명확한 목표의 확립의 기초인 동시
에 이 목표에 대한 진척을 정확하게 측정하기 위해서 사용되는 것이
어야 한다.

(6) 강력성을 갖는 것이어야 한다. 경제정세의 변동에 따라서 미리
설정한 계획은 변경을 하기 마련인데, 경영자는 미리 계획한 예산에
맞추는 데 시간을 소비하거나 또는 예측하지 않은 정세가 나타났을
때 당초의 방침변경을 연기하거나 하는 일이 많다. 따라서 좋은 관리
의 도구는 충분히 강력성을 가지며 변경을 필요로 할 때에는 곧 실행
할 수 있는 것이어야 한다.

(7) 경영관리자 자신의 도구여야 한다. 경리의 통계를 관리의 목적
에도 유용하게 하는 것은 근본적으로 곤란한 일이므로 각 경영자에게
는 경영관리상 필요로 하는 각기 전용의 도구를 부여하지 않으면 안
된다. 그리고 그 도구는 각 경영자가 기업의 상태에 관한 논의의 근거
로서 항상 사용할 수 있는 것이어야 한다.

이상에서 소개한 7가지 구비요건은 우리나라의 기업에도 그대로 적
용할 수 있는 것이며 새로운 경영통계를 작성하는 경우에 충분히 고
려하지 않으면 안 될 사항들이다.

4. 새로운 경영통계 확립을 위한 과제

새로운 경영통계라는 말을 사용했다. 그러나 위에서 기술한 것은 당
연히 그래야 할 것뿐이다. 따라서 이 정도의 것을 갖고 그러느냐고 생
각하는 사람도 있을는지 모르겠다. 그러나 한번 우리나라 회사의 실제
를 정밀하게 검토해 보면 개선할 점이 얼마나 많은가를 발견하고서

우선 놀랠 것이며, 다음에는 이러한 상태 아래서 경영관리가 가능할
것인가 비명을 지르게 될 것이다.

앞으로 경영의 합리화는 계속 중요한 과제가 될 것이지만 그것의
첫걸음은 합리적 경영관리의 도구로서 불가결한 새로운 경영통계의
확립을 제외하고서는 아무것도 있을 수 없다. 그러면 새로운 경영통계
의 확립을 위해서 필요한 과제는 무엇인가. 필자는 ① 최고경영자의
새로운 경영통계에 대한 인식과 이의 확립을 위한 적극적 협력 ② 리
포트 시스템의 확립 ③ 통계사무의 기계화 ④ 통계적 연구의 추진의
네 가지 점을 특히 강조하고 싶다.

(1) 최고경영자의 인식과 적극적 협력

새로운 경영통계는 기술한 바와 같이 최고경영자 자신을 위한 도구
이므로 경영관리의 일을 하기 위해서는 우선 그 도구부터 정비하지
않으면 안 된다는 사실을 각 경영관리자 자신이 인식해서 가장 적절
한 도구의 정비에 스스로 적극 나서는 일이 무엇보다도 필요하다. 경
영자가 통계를 절대 필요로 하며 적극적·건설적인 요소로 생각하지
않는 한, 기업의 통계적 관리의 수행은 곤란하며 또 아무리 유능한 통
계가라 해도 그 연구를 실제에 이용하려는 경영자와 직무상의 결합이
없는 한 통계적 관리의 기초의 확립은 곤란하다.

(2) 리포팅 시스템(reporting system)의 확립

종래에 경영관리자는 왕왕 조직을 무시하고서 개인적 결합에 의해
서 이른바 특명조사를 행하게 했다. 그러나 새로운 경영통계의 확립을
위해서는 리포트 시스템의 확립이 필요하다. 여기서 말하는 리포트 시
스템은 최고경영자가 필요로 하는 경영통계를 조직적·계획적으로 정

비하는 제도를 말한다. 바꾸어 말하면 종래의 경영통계가 부문관리자의 업무수행상의 필요에 따라 각 부문에서 개별적으로 작성되고 있는데 대해서 리포트 시스템은 기업 전체의 입장에서 최고경영자의 직능을 과학적으로 수행하는 데 필요한 통계라든가 조사보고를 체계적으로 보고시키는 제도를 말한다.

물론 최고경영자 자신이 이 시스템의 상세한 부분까지 정하는 것은 곤란하므로 당연히 최고경영자는 기본요강을 정하고 그 대신 상세한 계획은 사내통계 전반에 정통한 유능한 통계가에 명해서 준비시켜야 하며, 이러한 형태로 최고경영자와 경영통계가의 결합이 가능하게 될 때 비로소 이 리포트 시스템은 본궤도에 오를 것이다.

리포트 시스템에 의해서 기업 전반에 걸치는 여러 통계자료 및 제보고가 조직적·계획적으로 적시에 수집되며, 또 수집된 이들 각종 자료가 유능한 경영통계가에 의해서 분석·가공되어 최고경영자의 각 계층의 각 경영관리자에게 가장 적절한 형태로 제출되게 될 때 비로소 새로운 경영통계는 그 진가를 발휘하게 된다.

(3) 통계사무의 기계화

경영관리의 도구로서 경영통계는 기술한 바와 같이 경영자가 필요로 할 때 곧 사용할 수 있는 것이어야 한다. 그러나 기업의 규모가 커질수록 기업 내 현황들의 통계적 파악에는 시간이 걸리며 또 인력에 의한 분석적 통계의 작성에는 한계가 있으므로 통계사무의 기계화라는 것도 새로운 경영통계의 확립에 필요한 한 과정이다.

통계사무를 위해서 필요한 기계에는 예컨대 가감승제 등의 계산을 행하는 계산기(수동, 전동)가 있는가 하면 전기, 검사, 분류, 집계 등의 일련의 통계표 작성까지의 사무를 조직적으로 행하는 통계회계기도 있다. 따라서 기업의 규모에 따라서 또 통계사무의 내용에 따라서 가장 적절한 기계를 사용해서 신속·정확하게, 그리고 더 적은 경비로 소요의 통계를 작성해 내도록 계획하여야 한다.

(4) 통계적 연구의 추진

기업이 영위하는 경영활동에는 통계적 방법에 따라서 처리할 수 있는 것이 많다. 그러나 현재까지 통계학으로부터의 접근은 겨우 품질관리와 시장조사(특히 소비자 조사)에 응용되고 있는 정도에 불과하다. 또 기업이 놓여 있는 경영적 환경에서 오는 필연적 결과로서 기업경영의 안팎에서 여러 경제함수의 통계적 확정에 관한 계량경영학적 연구는 시장조사라든가 품질관리가 기업에 응용되고 있는 만큼은 개척되고 있지 않은 분야라고 말할 수 있다.

따라서 새로운 경영통계를 확립함에 있어서는 통계기술적으로 개척하여야 할 문제라든가 앞으로 더욱더 연구하지 않으면 안 될 문제가 매우 많으며, 이런 문제들이 학구적으로 그리고 실제적으로 해결될 때 비로소 진정으로 유용한 새로운 경영통계가 쌓이는 셈이다.

미국의 벨 전화회사, 제너럴 일렉트릭 회사 등의 대기업에서는 로지스틱스 콘퍼런스(logistics conference) 또는 오퍼레이셔널 리서치[2] 그룹

2) 오퍼레이셔널 리서치는 오퍼레이션즈 리서치(operations research)라고도 한다. 우리나라에서는 '작전연구'라고 번역 사용되는데, 이 오퍼레이셔널 리서치라는 말은 2차 대전 중에 미·영의 군 당국이 작전상의 제 결정을 행함에서 기초가 되는 정보의 수집 분석을 행하기 위하여 많은 과학자를 모아서 오퍼레이셔널 리서치팀(operational research team)을 조직한 데서부터 나온 것이다. 이 팀의 활약은 장비의 개선, 장병의 훈련 및 전술에 대해서 큰 공헌을 행했다. 모스(P. M. Morse)와 킴벌(G. E. Kimball)에 따르면 오퍼레이셔널 리서치란 "집행부에 그 관리 아래 있는 작전(operation)에 대해서 결정을 행하기 위한 수량적 기초를 제공하는 과학적 방법"이라고 한다. 그런데 이 오퍼레이셔널 리서치의 방식은 종전 후 미국의 산업에도 적용되어 상당한 효과를 거두고 있는 중이다.

(operational research group)이라고 부르는 통계기술자를 중심으로 하는 그룹이 있어서 경영관리상의 문제점을 최고경영자의 자문에 응해서 과학적으로 해결하고 있다고 한다. 새로운 경영통계 확립을 위해서 우리나라의 각 기업에서도 하루속히 이러한 전문적 연구 그룹의 활약을 기대해 마지않는다.

다음에 기업 내에서 통계적 연구그룹의 활약과 더불어 기대되는 것은 기업 외에서 경영통계에 관한 연구다. 더욱이 우리나라에서는 정부통계와 민간통계의 긴급한 협력이 필요하다. 민간기업은 정부 앞으로 각종의 통계보고를 제출하고 있지만 한편 정부통계를 이용하는 입장에도 선다. 따라서 관청이 통계보고를 민간기업으로부터 받는 경우에 민간기업 내에서 통계의 정비 상황을 충분히 고려해서 조사표의 설계 조사항목(조사사항)의 결정을 하지 않는다면 쓸데없이 민간기업에 과중한 부담을 안길 뿐 아니라 모처럼 수집한 통계가 전혀 의미 없는 것이 되는 수도 있을 것이다. 그러나 정부는 어떤 경우에는 민간기업 내 통계의 수준을 한 차원 높이는 통계조사를 실시할 필요가 있다.

그리고 반대로 정부통계가 미비한 경우에는 민간기업의 통계가는 그 개선에 대해서 적극적으로 협력하여 이것의 수준을 높일 필요가 있다. 정부통계가 개선되면 그만큼 정부통계의 이용자로서 안심하고서 그것을 이용할 수 있게 되는 것이다. 이와 같이 정부통계와 민간기업통계가 긴밀하게 새로 계몽·지도하는 것은 우리나라의 통계의 발전을 위해서는 물론 민간기업의 통계 발전을 위해서도 매우 중요한 일이다.

《기업경영》(1961)

계량경제학: 노벨상 신설부문의 첫 영광

경제학을 하는 사람에게 대단히 큰 희소식이 전해졌다. 그것은 노르웨이 오슬로 대학의 프리슈(R. Frisch) 교수(74)와 네덜란드의 네덜란드 경제대학의 틴베르헌(J. Tinbergen) 교수(66)가 스웨덴 왕립한림원이 수여하는 제1회 노벨경제학상의 공동수상자로 27일에 결정되었다는 소식이다. 원래 이 상은 작년 5월에 스웨덴 중앙은행이 창립 300주년을 기념하여 설정한 것이다. 그간 스웨덴 왕립한림원은 금년 10월에 제1회 수상을 하기 위해서 전 세계의 경제학자 중에서 수상자를 선정해 왔다고 한다.

프리슈, 틴베르헌 두 교수가 공동수상자로 결정된 것은 '경제과정의 분석을 위한 동태모형'을 개발·응용하여온 공적에 기인한다고 한다. 말하자면 경제적 변화의 시간상의 경로를 다루는 동태경제학에서의 그들의 공적을 인정받은 셈이다. 그런데 필자가 보기에는 이 두 교수가 공동수상을 하게 된 것은 결코 우연한 일이 아닌 것 같다. 왜냐하면 동태경제학 특히 경기변동론의 분야에서 계량경제학적 연구가 본격적으로 시도되었는데 바로 프리슈 교수는 이 분야에서 계량경제학적 연구를 개시했다고 할 수 있고, 그것을 실증단계에까지 끌어올려 계량경제학적 연구로 하여금 꽃을 피게 만든 사람이 틴베르헌 교수이기 때문이다.

사실 틴베르헌 교수는 프리슈 교수에 의해서 그의 논문 〈동태경제학에서 파급문제 및 충격문제〉(1933)에서 계량경제학적 모형이 경기변동의 설명을 위해서 사용될 수 있다는 것이 지적된 뒤 많은 개척적인 초기업적을 내다가 드디어 1939년에 국제연맹의 후원을 얻어 2권으로 되어 있는 《경기변동이론의 통계적 검증》을 발간했다. 그런데 이 책은 계량경제학적 연구 분야에서 고전으로 되어 있으며 제2권의 연구, 즉 1919~32년 동안에 미국의 경기변동에 관한 연구는 그 후 미국 시카고 대학의 코울즈 위원회의 학자 그룹 특히 클라인(L. R. Klein)에 의해서 더욱 발전을 보았다.

프리슈는 계량경제학의 원어인 '이코노메트릭스'의 제정자이며 1930년에 결성을 본 세계계량경제학회의 창립자의 한 사람이며 동 학회의 기관지인 《이코노메트리카》의 창간멤버이다. 이와 같이 그는 계량경제학계의 최고 원로이며 지대한 공헌자이다. 그러나 그는 또 오슬로 대학 경제학자 그룹의 보스이며 많은 저개발국의 경제고문으로 활약해오고 있다.

한편 틴베르헌 교수도 프리슈 교수에 못지않게 학적 업적이 다채롭다. 그는 동태경제학에서의 업적 외에도 경제정책, 경제계획, 경제성장론 분야에서도 많은 업적을 냈다. 오늘날 여러 나라에서 경제계획에 사용하고 있는 경제모형은 '틴베르헌형'이 지배적으로 되어 있다. 그러기에 그는 계량경제학과 경제계획의 개척자라고 불리기도 한다.

이렇게 보면 계량경제학계의 최고원로와 개척자가 최초의 노벨상 수상의 영예를 차지한 셈이라고 할 수 있다. 그러면 계량경제학이란 무엇인가. 그것이 무엇인가는 계량경제학적 연구의 순서에 관한 다음

의 설명에서 짐작할 수 있을 것이다. 계량경제학적 연구를 할 때에는
① 우선 경제이론을 형성한다. ② 다음에 형성된 경제이론을 수식화한
다. 즉 모형구성을 행한다. 여기에서 수학이 원용된다. ③ 끝으로 수식
화에서 얻은 식(혹은 함수)에 통계방법을 이용하여 해당하는 통계를
대입해서 식의 계수 즉 '파라미터'의 구체적인 치(値)를 계산하고 그
치를 검정한다. 여기에서 통계학이 원용된다.

이와 같이 계량경제학적 연구는 경제이론의 형성, 경제이론의 수식
화(즉 모형구성), 수식화에서 얻는 식(즉 구성된 모형)의 통계적 확정과
검정의 세 가지 국면으로 구성된다. 예컨대 지금 경제이론은 케인스의
이론을 취하기로 했다고 하자. 그러면 저축방정식 즉 저축함수의 형은
$S=a+bY$(단 S: 저축, Y: 소득, b: 한계저축성향, a: 상수)가 된다. 경제
이론의 수식화가 행해진 셈이다. 이에 과거 10년 동안의 국민소득통계
와 저축통계를 이용하여 일정의 통계방법으로 b와 a를 계산해서 0.12
와 10.5를 얻었으며 다시 일정의 통계방법으로 이 b와 a의 구체적인
치를 검정한 결과 그 검정에 합격했다고 하자. 그러면 이들 구체적인
치(値)를 저축방정식에 대입함으로써 구체적인 저축방정식 $S=$
$10.5+0.12Y$를 얻는다. 일단 이와 같은 구체적인 저축방정식이 얻어지
면 Y에 어떤 치(値)를 부여함으로써 S의 치(値)를 계산할 수 있다.

수식은 이론의 정밀화를 기할 수 있게 하고 통계는 경제현실을 반
영함으로써 이론에 구체성을 부여하는 것이라고 한다면, 계량경제학
적 연구는 경제이론의 정밀성과 구체성을 초래하는 것이라고 할 수
있다. 창립된 지 40년밖에 안 되는 세계계량경제학회가 눈부신 활동을
할 수 있는 것도, 또 선진국에서 계량경제학이 경제학의 히로인으로서
군림할 수 있는 것도 모두 이와 같은 계량경제학적 연구의 특징에 기
인한다.   《서울신문》(1969. 10. 30)

통계의 신빙성
: 피부로 느끼는 현실과의 거리현상을 경계한다

근자에 와서 통계에 대한 불신이 농후해졌다. 이것은 두 가지 요인에 기인하는 것 같이 생각된다. 하나는 작성해서 발표되는 통계가 피부로 느끼는 현실과 괴리되고 있는 것이고, 다른 하나는 통계를 남용·오용·악용하는 것이다. 전자에 기인하는 것은 통계작성기술의 미숙 또는 그 기술이 지니는 한계에 기인하는 것이므로 어느 한도까지는 통계작성기관과 조사대상자(피조사자)의 노력에 따라서 불식될 수 있다. 그러나 후자에 기인하는 것은 통계작성기술과는 관계없이 비록 정확하게 작성되었더라도 고의로 혹은 발표자 자신의 구미에 맞도록 취합·선택하는 것에 기인한다. 따라서 이것은 통계가 강조되는 시대일수록 더욱더 경계되어야 한다. 그러나 이것은 발표자의 양식 및 통계에 대한 올바른 인식과 일반국민의 고발정신에 호소하는 길밖에 없다.

따라서 여기서는 통계작성기술과 관련해서 어디에 통계의 불신을 초래할 소지가 있는가를 살펴보기로 한다.

통계는 실무적으로 계획·준비·실사·내용검사 및 집계·발표의 5단계를 거쳐서 작성 발표된다. 따라서 이 5단계에서의 오류에 기인해서 통계의 불신을 초래하는 오차는 발생하게 되어 있다. 여기서 발표단계에서의 오류 또는 오차는 발표자의 고의 또는 구미에 맞도록 한 데 기인하는 것을 말하지 않고 단순한 오류만을 말한다.

이 중에서 실사를 제외한 나머지 단계에서 발생하는 오차는 통계작성기관의 노력 여하에 따라서 축소될 수 있다. 그러나 통계작성의 중추를 이루는 실사에서 발생하는 오차만은 그렇지 않다. 조사대상자의 노력이 뒤따라야 하는 경우가 많다.

실사는 통계작성기관의 조사원이 조사표(질문표)에 대한 답을 얻는 절차를 말한다. 물론 이때 답해 줄 조사대상자가 존재하지 않는 경우에는 조사표에 답을 조사원이 기입하고 답해 줄 조사대상자가 있는 경우에는 조사표에 대한 조사대상자의 답을 조사원이 기입하거나 조사대상자가 기입한다. 전자의 경우에는 조사대상자가 관련되지 않으나 실사는 대개 조사대상자가 관련되는 후자의 경우가 많다. 그렇다면 심사계층에서 발생하는 오차에는 당연히 조사대상자에 기인하는 오차가 포함되게 된다. 이 오차는 보통 피조사자의 고의 또는 무지에 기인하는 오차라고 불린다.

이 오차는 우선 이해관계에 의해서 발생된다. 예컨대 사실대로 답하면 세금이 많아지는 것을 두려워해서 수입을 적게 답하는 경우가 그것이다. 다음에는 알지 못하는 데 기인해서도 발생된다. 물론 잊어서 답할 수 없거나 기억을 잘못해서 틀린 답을 하는 수가 있다.

즉 사실을 알지 못하거나 정확하게 알지 못하는 데 기인하는 오차도 많다. 예컨대 가계지출에 대한 답은 대개 주부가 하게 되는데 남편이라든가 자녀의 용돈이 무엇에 쓰이는지 모르거나 정확한 수입을 모르는 수가 있다. 또 농가는 자기의 실지농작면적이라든가 수확량의 정확한 값을 모르는 것이 보통이다. 셋째로 허영심에 기인해서도 발생된다. 사실대로 말하면 허영심을 손상시키기 때문에 흔히 보는 이야기를 하거나 혹은 과장해서 답하는 경우가 많다. 예컨대 날품팔이를 하거나 부업을 갖고 있는 것을 숨기거나 적게 답하여 생활이 궁한 것을 숨겨서 보통의 생활을 하고 있는 것 같이 답하는 것. 목수·운전사의 아내가 남편의 직업을 토건업·운수업으로 답하는 것 등이다. 넷째로 미신(迷信)에 기인해서도 발생된다. 예컨대 백말 띠에 얽힌 미신 때문에 그해에 난 딸을 다음해 또는 지난해에 출생신고하는 경우가 그것이다. 끝으로 적당히 답하는 데 기인해서 발생된다. 귀찮아서 적당히 답하는 수가 많다. 소비자가격 조사에서 조사원이 회수하기 직전에 '메모'없이 조사표를 기입하는 것 등은 이의 극단한 예이다. 또 정확하게 숫자를 기입하지 않고 절사하는 경우가 많다.

따라서 이와 같은 회답오차가 크면 클수록 통계의 오차는 커지지 않을 수 없다. 이와 같은 통계의 오차를 줄이기 위해서는 이와 같은 조사대상자에 기인하는 오차를 줄여야 할 것이며, 따라서 조사대상자의 통계의 인식수준을 높여야 할 것이다.

그러나 통계작성의 5단계에서의 오류 또는 오차에 기인하는 오차 외에 표본조사를 하는 경우에는 표본오차가 더 있게 마련이다. 표본조사는 전체집단에 관한 것을 알기 위해서 추출된 부분집단에 대해서 행해지는 조사를 말한다. 따라서 전체집단에 대한 조사결과와 전체집단에서 추출된 부분집단에 대한 조사결과에서 추정된 전체집단에 관한 값 사이에는 어느 정도의 차가 있는데 이 차를 표본오차라고 한다. 그러나 이 표본오차는 임의(혹은 확률) 추출법에 의하는 경우에는 통제할 수 있다.

이렇게 보면 통계작성기술과 관련해서 발생하는 통계의 불신을 불식하는 길은 통계작성자의 기술의 향상, 업무의 기계화, 조사대상자의 통계의 인식수준의 제고 등이라고 할 수 있다.

전술한 바에서 어느 경우를 막론하고 일반국민의 통계의 인식수준의 제고가 통계불신을 불식하기 위하여 반드시 필요한 요건임을 알 수 있다. 왜냐하면 일반국민의 통계의 인식수준이 높아지면 일반국민의 고발정신이 투철해질 것이므로 통계의 악용이 방지될 것이고 통계가 남용·악용되는 일이 적어질 것이고 조사대상자에 기인하는 오차도 축소될 것이고 또 통계작성자도 업무상의 오차를 줄이기 위해서 노력하지 않을 수 없게 될 것이기 때문이다.

이렇게 보면 우리 일반국민은 통계하면 골치 아픈 것으로 생각하는 일이 없어야 할 것이다. 그리고 적어도 흔히 쓰이는 산술평균·상관계수 등의 단점은 잘 알고 있을 필요가 있다. 산술평균·상관계수 등을 흔히 이용하면서도 그들의 단점을 따지지 않고 이용하는 수가 많다. 그러나 산술평균의 경우를 예로 들면 75, 0, 0의 산술평균도 25이고 25, 25, 25의 산술평균도 25이기 때문에 양자의 산술평균은 같지만 그 내용에는 차이가 대단히 많음을 알 수 있다. 물론 이때 산술평균 25가 믿을 수 있는 경우, 즉 현실을 잘 반영하고 있는 경우는 25, 25, 25에서 계산된 경우이다. 따라서 산술평균에 대해서는 이 점에 유의할 필요가 있다. 그리고 또 우리 일반국민은 통계의 작성과정에 대해서 잘 알고 있을 필요가 있으며 통계에는 오차가 포함되게 마련이라는 것을 잘 알고 있을 필요가 있다. 통계표로 인쇄되어 출판되면 권위 있는 정확한 숫자로 보기 쉽다. 말하자면 활자의 마술에 걸리기 쉽다. 그러나 실무적으로 여러 가지 단계를 거쳐서 작성되기 때문에 통계에 오차가 없을 수 없다. 따라서 통계작성기관은 부단히 오차의 축소를 위해서 노력해가고, 한편 우리 일반국민은 통계에 오차가 있게 마련이라는 것을 똑바로 인식하고 그것을 제대로 이용할 수 있는 능력을 갖추어가야 비로소 통계의 불신은 제거될 수 있다고 하겠다. 우리 일반국민이 통계를 제대로 이용할 수 있는 능력만 갖춘다면 구미에 맞추어서 통계의 호오(好惡)를 평가하는 통계 이용자도, 통계를 무비판적으로 이용하는 일도, 통계작성기술의 불신도 자연히 줄어들 것이다.

《현대경제일보》(1970. 12. 13)

경제학교수와 우리 현실

    명색이 경제학교수라고 하여 대학 강단에서 경제이론, 통계학, 계량경제학 등을 강의하다 보니, 자연히 우리나라에 독특한 이론과 현실참여의 문제 등에 대해서 느낌이 없을 수 없고, 통계 불신풍조에 대해서 민감하지 않을 수 없고, 또 붐을 이루고 있는 듯한 계량경제학적 연구에 대해서 소견이 없을 수 없다. 따라서 아래에서는, 이 세 가지 점으로 범위를 좁혀서 나 자신의 솔직한 생각을 적어 보기로 한다.

    1

    흔히 우리나라에 독특한 이론이 필요하다든가, 그것을 가르치거나 가르쳐 주어야 한다든가 하는 이야기를 듣는다. 이것은 선진국의 이론만이 전부이고 옳은 것인 양, 또 그것을 모르는 사람은 무식한 사람인 양 그것을 앵무새처럼 전달하는 데 그치는 것에 대한 회의 또는 반발에서 나온 이야기인 줄 안다. 이와 같은 주장은 그 범위 내에서는 타당한 것이라고 아니할 수 없다. 물론 나 자신도 그와 같은 주장을 하는 사람의 하나라고 할 수 있다. 그러나 나는 결코 국수주의적인 입장

에서 그와 같은 주장을 하는 것은 아니다. 나는, 어떤 이론이든 일반성
과 특수성을 갖기 마련인데, 그 가운데 특수성은 나라를 달리하는 데
따라서 수정받을 수 있다는 입장에서 그와 같은 주장을 할 따름이다.
그리고 또 나는, 독특한 이론이 독특한 비전을 갖는 이론을 뜻하는 것
이라고 한다면, 그것은 오랜 시일과 오랜 지식의 축적 없이는 형성될
수 없는 것이라는 생각을 갖고서 그와 같은 주장을 할 따름이다.

　우리에게 현재 필요한 것은 선진국의 이론의 직수입도 아니고 전적
인 배척도 아니고, 우선 그것을 열심히 배우도록 하고, 다음에 잘 소화
하고 옳게 소화하며 활용하도록 하는 노력인 것이다. 바꾸어 말하면
'선택의 슬기로움'을 갖고서 그것을 열심히 배우려는 노력인 것이다.
예컨대 경제원론에 따르면, 노동공급곡선으로서는 후방경사형(後方傾
斜型), 수평선형, 케인스형(型)의 세 가지를 생각할 수 있는데, 우선 이
세 가지의 하나하나를 배워서 잘 소화하고, 다음에 수평선형을 선택해
서 분석하도록 하기까지의 노력이 필요하다. 후방경사형과 케인스형
은 선진국에서만 적용 가능한 것이며, 우리나라와 같은 실업자를 많이
갖고 있는 인구과잉형 저개발국에서는 수평선형이 적용되어야 한다.
왜냐하면 실업자가 없어질 때까지 어느 일정한 임금수준에서 노동공
급이 계속 행해질 것이기 때문이다. 즉 무턱대고 선진국에서만 적용
가능한 후방경사형을 이용하여 분석하려는 우(愚)를 범하지 말고, 배
워서 잘 소화하고 우리나라에 적용 가능한 수평선형을 선택하되 그것
을 이용하며 분석하는 슬기로움이 필요한 것이다. 이때 슬기로운 선택
을 위해서는 우리나라 경제의 현실과 고뇌 등을 잘 인식하기 위한 노
력이 병행되어야 할 것이다. 이와 같은 노력이 오랜 동안에 걸쳐 행해
져서 지식의 축적이 이루어지면, 우리나라 경제에 밀착된 독특한 이론
이 형성될 수도 있을 것이다.

또 근자에 와서 대학교수의 현실참여가 눈에 뜨일 정도로 많아졌다. 이것은 경제학교수에 한하는 현상이 아닌 것 같다. 원래 경제학은, 피구가 말한 바와 같이 빛과 과실(果實)을 동시에 추구하는 것인 한, 경제학교수라고 해서 상아탑에 파묻혀 있으리라는 법도 없고, 또 현실문제에 대해서 외면하라는 법도 없을 것이다. 그뿐 아니라, 나는 우리나라에서도 경제학교수가 직면한 중요한 문제에 관심을 표시하고, 경제정책상의 발언을 적극적으로 행하여야 한다고 생각한다. 왜냐하면 우리나라에서는 경제정책상의 중요 문제가, 경제학 전공자가 아니거나 별로 경제학적 배경을 갖지 않고 있는 사람들의 의견에 따라서 결정되는 경우가 많다고 해도 과언이 아니기 때문이다. 물론 선진국에서도 반드시 전문적인 경제학교수의 의견이 실제의 경제정책에 강력하게 반영되고 있다고는 말할 수 없지만, 우리나라에서는 그것이 보다 더 심하지 않은가 생각된다.

그러기에 나는 의식적으로 현실 문제를 다루는 것을 회피하려는 경제학교수들의 입장에 반대하지 않을 수 없다. 그러나 그렇다고 해서 경제학교수의 직접적인 현실참여를 찬성하는 것은 결코 아니다. 나는 미국 같은 나라에서 흔히 볼 수 있는 형식의 현실참여에 찬성하고 있을 따름이다. 미국 같은 나라에서는 많은 경제학교수가 경제정책상의 중요 문제에 대해서 적극적인 의견을 갖고서 그때그때 학회지에 발표한다든가, 공청회, 교실 또는 세미나 등에서 발언을 하여, 그릇된 정책을 비판하기도 하고 또 새로운 건의를 하기도 한다. 그리고 그들은 결코 발언에 있어서 경제이론을 망각해 버린다든가, 정부 혹은 산업계의 주장에 안이하게 타협해 버리는 일이 없다. 장황하게 말할 것도 없이 대학은 연구기관인 동시에 교육기관이다. 물론 이 두 성격 가운데 어느 것에다 더 비중을 두는 가는 사람에 따라서 다르겠지만, 대학이 연구기관으로서의 성격을 상실하거나 무시당할 때에는 대학의 생명은 죽은 것이나 마찬가지라고 할 수 있다. 그리고 대학교수는 원래가 원리적인 것 및 기초적인 것을 추구하며 이해관계에 초연한 입장을 취하며 모든 것을 장기적으로 또 종합적으로(즉 부분을 전체와 관련지어서) 보려고 한다. 그렇기 때문에 현실을 모른다든가, 실무를 모른다는 이야기를 듣기 마련이다. 그러나 새뮤얼슨(P. A. Samuelson)은 〈달러와 圓〉이라는 제목 아래 1971년 10월 20일 일본의 모 연구소에서 행한 강연 가운데서 다음과 같이 말하고 있다. "…… 대학교수라는 것은 언제나 비현실적이며 상아탑에만 파묻혀 있다고 일반적으로 믿어지고 있지만, 사정은 그와 정반대이다. 경제학자는 약 10년 전에 이미 이와 같은 문제의 해결책(현 브레튼우즈 체제하의 환율에 탄력성을 부여하는 와이더 밴드, 크롤링 페그 등과 같은 방법)을 제시해 주고 있었다. 이에 대해서 관료는 대학교수들보다 대체로 5년 정도 늦으며, 정치가는 그 보다도 5년 정도 늦고 있는 것이 법칙인 것 같다." 나는 이와 같은 말을 할 만한 자격이 없는 사람이지만, 이 새뮤얼슨의 말은 귀담아 둘 만한 이야기가 아닌가 생각된다.

그렇다면 대학교수의 현실참여는 학계와 정부나 정계의 양편에서, 대학이 연구기관이라는 사실과 대학교수의 본연의 자세를 망각하지 않거나 외면하지 않는 범위 안에서만 이루어지는 것이 필요하다고 할 수 있지 않을까? 그것은 결코 직접적인 현실참여가 아니고, 미국 같은 데서 볼 수 있는 형식의 현실참여인 것이다. 근자에 와서 논의되고 있고 또 실지로 이루어지고 있는 산학협동에서도, 대학교수의 참여는 대학교수의 현실참여의 경우와 마찬가지로, 학계와 산업계의 양편에서 대학의 연구기관으로서의 성격과 대학교수의 본연의 자세를 망각 또는 외면하지 않는 범위 안에서만 이루어져야 할 것이다.

2

1960년대 초에 와서 경제개발 계획이 수립·실시되기 시작하면서부터 통계의 이용도는 매우 높아졌고, 또 통계숫자를 잘 외고 있는 것이 대단한 일인 것 같이 생각하는 사람이 많아졌다. 그러나 그런가 하면 다른 한편에서는 특히 근자에 와서 통계에 대한 불신풍조가 농후해지고 있는 것 같이 생각된다. 그러면 왜 근자에 와서 통계에 대한 불신풍조가 농후해지고 있는가? 이것은 두 가지 요인에 말미암는 것 같이 생각된다. 하나는 작성해서 발표되는 통계가 피부로 느끼는 현실과 괴리되고 있는 것이고, 다른 하나는 통계를 남용·오용·악용하는 것이다. 전자에 말미암는 것은 통계작성 기술의 미숙 또는 그 기술이 지니는 한계에 말미암는 것이므로, 어느 한도까지는 통계작성기관과 조사대상자(피조사자)의 노력 여하에 따라서 불식될 수 있다. 그러나 후자에 말미암는 것은 통계작성 기술과는 관계없이, 비록 정확하게 작성되어 있다 하더라도, 고의로 혹은 발표자 자신의 구미에 맞도록 취사선택하는 것에 말미암는, 따라서 이것은 통계가 강조되는 시대일수록 더욱더 경계되어야 한다. 그러나 이것은 발표자의 양식 및 통계에 대한 올바른 인식과, 일반국민의 고발정신에 호소하는 길밖에 없다.

따라서 여기서는 통계작성 기술과 관련해서, 어디에 통계의 불신을 초래할 소지가 있는가를 살펴보기로 한다.

통계는 실무적으로 계획, 준비, 실사, 내용검사 및 집계, 발표의 5단계를 걸쳐서 작성·발표된다. 따라서 이 5단계에서의 오류에 기인해서 통계의 불신을 초래하는 오차는 발생하게 되어 있다. 여기서 발표단계에서의 오류 또는 오차는, 발표자의 고의 또는 구미에 맞도록 하는 데 말미암는 것을 말하지 않고 단순한 오류만을 말한다.

이 중에서 실사를 제외한 나머지 단계에서 발생하는 오차는 통계작성기관의 노력 여하에 따라서 축소될 수 있다. 그러나 통계작성의 중추를 이루는 실사에서 발생하는 오차만은 그렇지 않다. 조사대상자의 노력이 뒤따라야 하는 경우가 많다.

실사는 통계작성기관의 조사원이 조사표에 대한 답을 얻는 절차를 말한다. 물론 이때에 답해 줄 조사대상자가 존재하지 않는 경우에는 조사표에 답을 조사원이 기입하고, 답해 줄 조사대상자가 있는 경우에는 조사표에 대한 조사대상자의 답을 조사원이 기입하거나 조사대상자가 기입한다. 전자의 경우에는 조사대상자가 관련되지 않으나, 실사는 대개 조사대상자가 관련되는 후자의 경우가 많다. 그렇다면 실사단계에서 발생하는 오차에는 당연히 조사대상자에 말미암는 오차가 포함되게 된다. 이 오차는 보통 피조사자의 고의 또는 무지(無知)에 말미암는 오차라고 불린다.

이 오차는 우선 이해관계에 의해서 발생된다. 예컨대 사실대로 답하면 세금이 많아지는 것을 두려워해서 수입을 적게 답하는 경우가 그것이다. 다음에는 알지 못하는 데 말미암아도 발생된다. 물론 잊어서 답할 수 없거나, 기억을 잘못해서 틀린 답을 하는 수도 많다.

즉 사실을 알지 못하거나 정확하게 알지 못하는 데 기인하는 오차도 많다. 예컨대 가계지출에 대한 답은 대개 주부가 하게 되는데, 남편이라든가 자녀의 용돈이 무엇에 쓰이는지 모르거나, 정확한 수입을 모르는 수가 있다. 또 농가는 자기의 실지경작면적이라든가, 수확량의 정확한 값을 모르는 것이 보통이다. 셋째로 허영심에 말미암아도 발생된다. 사실대로 말하면 허영심을 손상시키기 때문, 흔히 보는 이야기를 하거나 혹은 과장해서 답하는 경우가 많다. 예컨대 날품팔이를 하거나 부업을 갖고 있는 것을 숨기거나 적게 답하여 생활이 궁한 것을 숨겨서 보통의 생활을 하고 있는 것 같이 답하는 것, 목수, 운전사의 아내가 남편의 직업을 토건업, 운수업으로 답하는 것 등이다. 넷째로 미신에 기인해서도 발생된다. 예컨대 백말띠에 얽힌 미신 때문에, 그해에 난 딸을 그 다음해 또는 그 전해에 출생신고하는 경우가 그것이다. 끝으로 적당히 답하는 데 기인해서 발생된다. 귀찮아서 적당히 답하는 수가 많다. 소비자가격 조사에서 조사표를 회수하기 직전에 메모 없이 조사표를 기입하는 것 등은 이의 단적인 예이다. 또 정확하게 숫자를 기입하지 않고 절사(切捨)하는 경우가 많다.

따라서 이와 같은 회답오차(回答誤差)가 크면 클수록 통계의 오차는 커지지 않을 수 없다. 이와 같은 통계의 오차를 축소시키기 위해서는 이와 같은 조사대상자에 말미암는 오차를 축소시켜야 할 것이며, 따라서 조사대상자의 통계의 인식수준을 높여야 할 것이다.

그러나 통계작성의 5단계에서의 오류 또는 오차에 말미암는 오차 외에, 표본조사를 하는 경우에는 표본오차가 더 있게 마련이다. 표본조사는 전체집단에 관한 것을 알기 위해서 추출된 부분집단에 대해서 행해지는 조사를 말한다. 따라서 전체집단에 대한 조사결과와 전체집단에서 추출된 부분집단에 대한 조사결과에서 추정된 전체집단에 관한 값 사이에는 어느 정도의 차가 있는데, 이 차를 표본오차라고 한다. 그러나 이 표본오차는 임의(혹은 확률)추출법에 따르는 경우에는 컨트롤 할 수 있다.

이렇게 보면 통계작성 기술과 관련해서 발생하는 통계의 불신을 불식하는 길은 통계작성자의 기술의 향상, 업무의 기계화, 조사대상자의 통계의 인식수준의 제고(提高) 등이라고 할 수 있다.

전술한 바에서, 어느 경우를 막론하고 일반국민의 통계의 인식수준의 제고가 통계불신을 불식하기 위한 필요불가결의 요건임을 알 수 있다. 왜냐하면 일반국민의 고발정신이 투철해질 것이므로 통계의 오용이 방지될 것이고, 통계가 남용·악용되는 일이 적어질 것이고, 조사대상자에 기인하는 오차도 축소될 것이고, 또 통계작성자도 업무상의 오차를 줄이기 위해서 노력하지 않을 수 없게 될 것이기 때문이다.

이렇게 보면 우리 일반국민은 통계 하면 골치 아픈 것으로 생각하는 일이 없어야 할 것이다. 그리고 적어도 흔히 쓰이는 산술평균, 상관계수 등의 단점은 잘 알고 있을 필요가 있다. 산술평균과 상관계수 등을 흔히 이용하면서도 그들의 단점을 따지지 않고 이용하는 수가 많다. 그러나 산술평균의 경우를 예로 들면 75, 0, 0의 산술평균도 25이고 25, 25, 25의 산술평균도 25이기 때문에, 양자의 산술평균은 같지만 그 내용에는 차이가 대단히 많음을 알 수 있다. 물론 이때 산술평균 25가 믿을 수 있는 경우, 즉 현실을 잘 반영하고 있는 경우는 25, 25, 25에서 계산된 경우이다. 따라서 산술평균에 대해서는 이 점에 유의할 필요가 있다. 그리고 또 우리 일반국민은 통계의 작성과정에 대해서 잘 알고 있을 필요가 있으며, 통계에는 오차가 포함되게 마련이라는 것을 잘 알고 있을 필요가 있다. 통계표로서 잘 인쇄되면 정확한 권위 있는 숫자로 보기 쉽다. 그러나 실무적으로 여러 가지 단계를 거쳐서 작성되기 때문에, 통계에 오차가 없을 수 없다. 따라서 통계작성기관은 부단히 오차의 축소를 위해서 노력해 가고, 한편 우리 일반국민은 통계에 오차가 있게 마련이라는 점을 똑바로 인식하고, 그것을 제대로 이용할 수 있는 능력을 갖추어 가야 비로소 통계의 불신은 제거될 수 있다고 하겠다. 우리 일반국민이 통계를 제대로 이용할 수 있는 능력만 갖춘다면, 구실에 맞추어서 통계의 호오(好惡)를 평가하는 통계의 이용자도, 통계를 무비판적으로 이용하는 일도, 통계작성기관의 만심(慢心)도 자연히 적어질 것이다.

3

경제개발계획이 수립·실시되기 시작하면서부터 또한 계량경제학적 연구가 성행하게 되었다. 이것은 계량경제학적 연구가 주로 경제개발계획, 나아가서 경제정책의 수립에 기여하는 데에 기인한다. 사실 경제정책의 수립을 위해서는 "소득이 증가하면 소비도 증가한다"는 식의 이론, 즉 정성적(定性的)인 이론은 교훈적 역할밖에 못한다. 그것을 위해서는 적어도 소득의 얼마의 증가는 소비의 얼마의 증가를 초래하리라는 정도의 정량적(定量的)인 파악이 필요하다. 계량경제학적 연구는 이것을 가능케 한다(뒤의 예에서 말하면 3의 단계에서 얻어지는 $C = 10,000 + 0.851 Y$는 분명히 소득이 100억 증가하면 소비가 약 85억 증가하리라는 것을 말해 준다).

그런데 뒤에서 알 수 있는 바와 같이, 이 계량경제학적 연구에는 수학과 통계학이 원용된다. 따라서 경제학적 배경을 전혀 갖고 있지 않으면서도 수학 또는 통계학의 지식을 갖고 있는 사람들은 그것을 기화로 하여 계량경제학적 연구를 하며, 마치 이코노메트리시언(계량경제학적 연구를 행하는 사람)인 양 행세하는가 하면, 수학 또는 통계학의 지식이 거의 없는 사람들은 계량경제학적 연구를 무턱대고 높이 평가하거나, 무턱대고 그것의 무용론을 펴거나 한다. 또 그런가 하면 계량경제학적 연구가 모든 문제를 해결해 줄 수 있는 것 같이 생각하는 만능론자도 있다.

그러나 아직 우리나라에서는 경제학적 배경을 전혀 갖고 있지 않으면서도 수학 또는 통계학의 지식을 갖고 있는 사람은 이코노메트리시언이라고 할 수 없으며, 계량경제학적 연구는 무턱대고 높이 평가받을 만한 것도 아니고, 무턱대고 무용한 것도 아니고, 만능약도 아니다. 이것은 (1) 계량경제학적 연구가 무엇인가 (2) 계량경제학적 연구의 무용론의 근거와 잘못이 무엇인가 (3) 계량경제학적 연구의 한계가 무엇인가를 살펴봄으로써 밝혀질 것이다.

(1) 계량경제학적 연구란 무엇인가? 이 물음에 답하기 위해서는 이 연구의 순서에 관해서 설명해 둘 필요가 있다. 계량경제학적 연구를 행할 때에는 ① 우선 경제이론을 형성한다. ② 다음에 형성된 경제이론을 수식화한다. 즉 모델빌딩을 행한다. 여기에서 수학이 채용된다. ③ 끝으로 수식화에서 얻은 식(혹은 함수)에 과거의 통계를 부합시켜서(즉 피팅해서) 식의 파라미터의 구체적인 치(値)를 결정하고 그 결과를 검증한다. 여기에서 통계학, 좁혀서 말하면 추측통계학(推測統計學)이 원용된다.

지금 형성된 경제이론을 "소비는 소득만에 의해서 변동한다"로 하자. 이때 소비(C)와 소득(Y)의 관계를 선형(線形, 혹은 1차식)으로 상정하여 $C = \alpha_0 + \alpha Y$로 표시하는 것이 ②의 단계이며, 추측통계학의 한 분야인 추정론(推定論)에서 다루어지는 추정방법의 하나인 최소자승법을 이용하여 과거의 통계에서 이 식의 파라미터인 α_0와 α의 구체적인 치를 결정하고, 추측통계학의 또 다른 분야인 가설검정론에서 다루어지는 가설검정의 요령에 따라서 이들 구체적인 치(値)를 검정하는 것이 ③의 단계이다. 만약 α_0와 α의 구체적인 치(値)가 각각 10,000 혹은 0.851이라고 한다면 이 식(이 경우에는 소비함수)은 $C = 10,000 + 0.851 Y$로 된다. 그리고 만약 가설검정의 결과로 이 식이 채택된다면, 즉 합격된다면 이 식은 이용 가능한 것으로 간주된다. 그러나 이 때 만약 가설검정의 결과 기각된다면, 즉 불합격된다면 합격될 때까지 ②의 단계와 ③의 단계를 되풀이해서 거치게 된다.

이상에서 알 수 있는 바와 같이 계량경제학적 연구는 경제이론의 형성, 경제이론의 수식화(모델빌딩), 수식화된 결과(즉 빌딩된 모델)의 통계적 추정과 가설검정의 세 가지 단계를 거쳐서 행해지며, 경제이론, 수학, 통계학의 결합 아래 행해진다. 따라서 3자가 결합된 연구는 어떤 형태의 것이든 계량경제적 연구라고 할 수 있다. 그러나 이 연구에서는 경제이론이 선행되고 있음을 잊어서는 안 된다.

(2) 우리나라의 현상을 볼 때 아직도 많은 사람은 선진국에서는 몰라도 저개발국인 우리나라에서는 다음의 이유로 아직은 필요 없는 학문이라고 말하고 있는 것 같다.

첫째로 계량경제학적 연구는 '계측가능'과 사용하는 통계의 정확성을 전제로 한다. 그런데 우리나라의 경우에는 통계가 불비되어 있거나, 혹은 부정확한 수가 많다.

둘째로 계량경제학적 연구에는 고도의 수학적 방법과 통계적 방법을 채용하고 있는 것이 있다. 그런데 우리나라의 경우에는 별로 이 고도의 수학적 방법과 통계적 방법의 채용의 필요성을 느끼지 않는다.

셋째로 계량경제학적 연구는 경제이론의 형성을 위해서 대상의 특질 혹은 성격의 구명(究明)을 전제로 한다. 그런데 우리나라의 에코노메트리시안 중에는 대상의 차이를 고려하지 않고, 무턱대고 선진국에서 사용되는 이론을 그대로 우리나라에 적용하려는 사람이 더러 있다.

넷째로 계량경계학적 연구는 경제이론, 수학, 통계학의 3자의 결합의 소산물이지만, 그것이 기도하는 바는 어디까지나 경제정책에 응용을 통한 현실의 경제문제 혹은 현재의 경제현상의 해명에 있다. 이것은 1930년에 결성된 계량경제학회가 세계 1차 대전 뒤의 경제위기에 대해서 별로 해결책을 제시해 주지 못했던 로잔학파를 주로 한 그 당시의 추상적인 경제이론 즉 '측정 없는' 이론과 이 이론에 대한 반동으로서 등장했던 미국을 주로 한 통계실증론자의 움직임, 즉 '이론 없는'

측정의 지양을 목표로 하는 경제학자들의 학회라는 사실이 증명해 주고 있다. 그러나 최근에 와서는 본래의 목적에서 벗어나서 추상화의 길을 걷고 있는 사람이 많아진 것 같다. 즉 수학적인 전개라든가 통계적 방법의 발전에 열중한 나머지 현실의 경제문제 혹은 현재의 경제현상의 해명을 소홀히 하는 사람이 많아진 것 같다. 이런 경향에 대해서는 선진국의 학자들 사이에서도 논란되고 있다. 그런데 우리나라의 이코노메트리시언 중에도 이런 경향을 띠고 있는 사람이 더러 있다.

이렇게 보면 우리나라에서 계량경제학적 연구의 무용론은 충분히 이유가 있다고 하겠다. 그러나 이것은 다음과 같은 이유에서 타당한 것이라고 할 수 없다.

첫째로 우리나라 경제에 알맞은 경제이론의 형성은 가능하다.

둘째로 우리나라에서도 경제정책은 불가결의 것이다.

셋째로 통계가 정비되어 있는 범위 내에서 계량경제학적 연구는 가능하다.

넷째로 통계적으로 확정된 결과는 맹신하지 않고 신중히 검토한 뒤에 그것을 사용하면 된다.

다섯째로 무턱대고 선진국에서 사용되는 수법을 우리나라에 그대로 적용하려는 사람이 있거나, 추상화의 길을 걷는 사람이 있다고 해서 계량경제학적 연구의 무용을 말할 수는 없다. 이것은 꼭 법률을 악용하는 악질변호사가 있다고 해서 법률의 무용을 말하거나 법률 자체가 나쁘다고 말할 수 없는 것과 마찬가지이다.

여섯째로 경우에 따라서는 고도의 수학적 방법과 통계적 방법의 채용이 허용되는 수가 있다. 따라서 계량경제학적 연구는 우리나라에서도 분명히 필요한 것이라고 할 수 있다.

(3) 이미 앞에서 본 바와 같이 계량경제학적 연구는 계측가능을 전

제로 한다. 따라서 계량경제학적 연구는 통계가 없거나, 숫자로 표시할 수 없는 현상에 대해서는 행해질 수 없다. 사실 계량경제학적 연구가 행해질 수 없는 경제학의 영역은 얼마든지 있을 수 있다. 그러나 이것은 물론 계량경제학적 연구의 가능성에 절대적인 한계를 부여하는 것은 결코 아니다. 단지 현실적인 문제로서 그것의 상대적 한계를 인정치 않을 수 없다는 것뿐이다.

4

그러면 끝으로 계량경제학적 연구에 대해서 취하여야 할 우리의 태도는 무엇인가? 우선 이코노메트리시언이 아닌 사람은 계량경제학적 연구에 대한 인식과 이해를 높여가며, 또 그것에 대한 지식을 갖추어 가도록 한다. 어느 분야에 대한 비판도 그러하겠지만, 특히 계량경제학적 연구에 대한 비판은 계량경제학 자체에 대한 올바른 인식과 지식에 기초를 두고 행하여야 한다. 이 점과 관련해서 우리에게 필요한 태도는 바로 수학에 대한 마셜(A. Marshall)의 태도이다. 그는 경제학에서 수학의 필요성을 주장하면서도 다른 한편에서 수학 이용의 한계를 분명히 했다. 그는 굉장한 수학자이면서도 이런 태도를 취했던 것이다.

만약 이와 같은 마셜의 태도를 취하면 어느 누구가 계량경제학적 연구의 맹신론자 또는 만능론자가 될 것인가?

다음에 이코노메트리시언은 첫째로 계량경제학적 연구의 필요성을 일반에게 인식시키도록 한다.

둘째로 계량경제학적 연구와 무용론 혹은 불신론을 자초하는 행동을 삼가도록 한다. 즉 무턱대고 선진국에서 사용되는 이론이나 수법을 우리나라에 그대로 적용하려고 하지 말며, 추상화의 길을 걷지 않도록 하며, 얻은 결과를 맹신하지 않도록 한다. 그리고 이와 아울러 다른 경제분석가들이 그와 같은 과오를 범하지 않도록 주의를 환기시키도록 한다.

셋째로 불비한 통계의 정비와 통계의 정확성을 높이는 일의 중요성을 역설한다.

넷째로 통계가 없거나 숫자로 표시할 수 없는 현상의 분석까지도 행하려는 일이 없도록 한다.

다섯째로 필요 이상으로 고도의 수학적 방법과 통계적 방법을 사용하는 일이 없도록 한다. 수학적 방법과 통계적 방법은 어디까지나 수단이라는 것을 잊지 말고, 형성된 경제이론이 요청하는 범위 내의 것에 한정해서 사용하도록 한다.

여섯째로 마흐로프(F. Machlup)가 말하는 계량광(計量狂)이 되어서는 안 된다. 그는 계량적 분석만이 경제학에 유일한 과학적 방법이라는 편협한 태도를 취하는 사람을 그렇게 부르고 있다.

만약 이코노메트리시언이 필요한 계량경제학적 연구는 현실의 경제문제와 밀접한 형의 계량경제학적 연구라는 인식 아래 선진국에서 논의되고 있는 경제이론과 계량경제학적 수법에 정통하도록 부단히 노력하되, 우리나라 경제의 특질 혹은 성격을 잘 파악하고서 이에 알맞은 이론을 선택 혹은 형성하여 이 이론에 비추어 필요한 수법을 선택 사용함으로써 우리나라의 경제문제를 해명해 주거나, 혹은 따로 그 특질 혹은 성격에 알맞은 새로운 수법을 고안하여 사용함으로써 우리나라의 경제문제를 해명해 준다면, 어느 누구가 계량경제학적 연구의 무용론 혹은 불신론을 부르짖을 것인가?

《지성》(1972. 6)

오픈 엔드적인 것

요사이 와서 통계가 자주 이용되는 것 같다. 이 통계를 표의 형식으로 나타낸 것이 다름 아닌 통계표이다. 그런데 통계표와 관련하여 급이라는 말이 있다. 예컨대 3만 원에서 5만 원까지의 임금을 받는 직공 수가 몇 사람인가를 밝히는 경우, 이 3만 원에서 5만 원까지를 급(級)이라고 한다. 말하자면 이것은 어떤 일정의 범위를 정하고 그 범위에 들어가는 사람, 혹은 물건이 얼마인가를 밝히려고 할 때 이 일정 범위를 말한다고 일반화할 수 있다. 급은 이처럼 양단(兩端)을 갖는 것이 보통이다. 그러나 경우에 따라서는 양단 가운데 어느 하나가 없고 열려 있는 수가 있다. 3만 원까지라든가 5만 원 이상이라든가와 같이, 바로 이 경우를 '오픈 엔드'(open end)라고 한다.

우리 주위에서는 둘을 짝지어서 다루어야 정상적인데도 불구하고 어느 한쪽만을 떼어서 특별히 강조하거나 중시하는 것 같은 생각이 드는 일이 흔히 있다. 이것은 마치 급의 양단 가운데 어느 한 단이 열려 있는 것처럼 다루고 있는 것으로 비유될 수 있기에 지금 그렇게 하는 것을 '오픈 엔드적'이라고 하자. 그러면 수입을 고려하지 않고 수출만을 강조하는 일이나, 저축을 고려하지 않고 투자만을 강조하는 일

등을 바로 '오픈 엔드적'인 것의 예라고 할 수 있을 것이다.

　물론 수출과 투자는 각각 그것만으로도 충분히 큰 의의를 갖는다. 수출은 생산을 자극하고 고용을 증대시키고 외화를 획득하고, 나아가서 국제수지를 개선시키는 등의 효과를 가지며, 투자는 고도성장을 초래하고 고용을 증대시키고 우리의 소비수준을 높이는 등의 효과를 갖는다. 그리고 수출업자와 기업가는 그들대로 각각 수출과 투자만을 강조하지 않을 수 없을 것이다.

　그러나 만약 수출의 증대가 수입의 증대를 초래하여 국제수지의 개선은커녕 그것의 악화를 가져온다면, 또 증대되는 투자의 재원이 국민저축에 의해서 조달되지 않고 외자에 의해서 조달된다고 하면, 수출의 강조도 투자의 강조도 그 의의의 대부분을 상실하게 된다고 할 수 있지 않을까. 그리고 개별적인 입장에서가 아니고 적어도 전체적 또는 종합적인 입장에서 보려고 할 때에는 일면만을 강조해서는 안 될 것이 아닌가. 특히 몰라서 그런다면 몰라도 알면서도, 또 알 만하다고 생각되는 사람이 그런다면 더욱이 그렇게 말할 수 있지 않을까. 심하게 말하면 후자의 경우에는 고의적이고 자기 기만적이라는 말을 들어도 할 말이 없을 것이다.

　그렇다면 지성인이라고 자처하는 사람, 종합적인 입장에서 보아야 할 정책당국에 있는 사람 등은 적어도 정부의 정책과 관련해서는 '오픈 엔드적'이어서는 안 된다고 말할 수 있을 것이다. 아니 그들은 적극적으로 한 단과 다른 단을 함께 보는, 다시 말하면 둘을 짝지어서 다루는 것이 정상적인 경우에는 둘을 항상 짝지어서 생각하는 사람이 되어야 할 것이다. 현재 과정보다도 결과를 더 중시하는 풍조가 성행하는 것 같은 느낌이 든다고 하면 더욱이 그러하다고 할 수 있을 것이다.

《전경련회보》(1977. 1)

그레샴 법칙

　널리 알려져 있는 말 가운데에 '그레샴 법칙'이 있다. 이것은 원래 '악화(惡貨)가 양화(良貨)를 구축한다'는 것을 내용으로 하는 것이다. 말하자면 질이 나쁜 돈이 범람하게 되면 질이 좋은 돈은 장롱이나 금고 속으로 들어가게 되니까, 시중에 유통되지 않게 되어 결과적으로 질이 나쁜 돈에 질이 좋은 돈이 밀리게 되는 현상이 일어나게 된다는 것이다.

　이 현상은 그레샴(Thomas Gresham)이라는 영국인이 처음에 지적했기 때문에 그의 이름을 따서 '그레샴 법칙'이라고 불린다. 이처럼 이 법칙은 원래는 화폐와 관계지어 사용된 것이다. 그러나 그것은 오늘날에 와서는 사람과도 관련지어 사용되는 것 같이 생각된다. 예컨대 무능한 것으로 알려져 있는 사람들이 범람하는 사회나 직장에서는 유능한 사람을 찾아보기가 매우 어려운데 바로 이 현상을 가리켜 '그레샴 법칙'의 반영이라고 말하는 것과 같이.

　그러나 그것은 그에 그치지 않고 여러 가지 것과 관련지어서도 사용될 수 있음은 말할 나위도 없다. 그 가운데 통계와 관련지어 생각해 보자. 만약 어떤 사회에 부정확한 통계라든가 별로 유능치 못한 통계인(統計人)이 범람한다면 거기에서는 정확한 통계라든가 유능한 통계인을 찾아보기란 매우 어려운 일이겠는데 바로 이 현상이 다름 아닌 '그레샴 법칙'을 나타내는 것이라고 할 수 있을 것이다. 만약 어떤 사회에서 이 현상이 일어난다면 대체로 그것은 그 사회의 통계에 대한 인식수준이 낮은 경우와 통계인의 사기(士氣), 좁혀서 말하면 정확한 통계를 만들려고 노력하는 진정한 의미의 통계인의 사기를 앙양시키기 위한 그 사회의 노력이 결여되어 있는 경우일 것이다.

그렇다면 어떤 사회에서 통계와 관련지어서 '그레샴 법칙'이 운위되지 않도록 하려면 그 사회의 통계에 대한 인식수준을 높이기 위한 노력과 적어도 진정한 의미의 통계인의 사기를 앙양시키기 위한 노력이 최소의 필요조건이라고 할 수 있을 것이다.

여기서 만약 우리 모두는 우리나라에서 통계와 관련지어 '그레샴 법칙'이 운위될 소지를 사전에 제거하기 위해서라도 통계에 대한 인식수준을 높이고, 또 통계인의 사기를 북돋는 일에 적극적으로 참가 또는 협조할 필요가 있다고 한다면, 그 말은 불필요한 것이라고 할 수 있을까.

《통계》(1978)

통계, 불신과 과장에서 벗어나자

철학자 헤겔의 어느 책인가를 보면 그 당시의 중국의 인구수가 매우 믿을 수 없다는 것이 서구인에게는 당연시되고 있다는 사실이 언급되어 있다. 그러면 왜 옛 중국의 인구수가 매우 믿을 수 없는 것으로 받아들여졌는가. 그 이유를 아는 것은 매우 흥미 있는 일이라고 아니할 수 없다. 바로 최근에 우리가 미곡수확량과 관련해서 경험하고 있는 일이 헤겔 당시, 혹은 그 이후의 중국에서 일어난 일의 재판이라고 할 수 있을 것같이 생각되기 때문이다.

옛 중국에서는 자주 인구수에 큰 차이가 발생했는데 그것은 바로 왕(王)이 인구수를 물었을 때 그것에 대답하는 것을 듣고 왕이 짓는 얼굴 표정에 좌우된 데 기인했다고 한다.

다시 말하면 왕이 그것밖에 안 되는가 하고 실망의 빛을 보이면 그것을 잘 기억해 두었다가 그 다음에 다시 물을 때 훨씬 늘려서 보고를 한 데 기인했다는 것이다.

물론 크게 기뻐할 때에는 그 다음에는 더 늘려서 대답하곤 했을 것이다. 그러니 자연히 왕의 물음이 있을 때마다 인구수가 급작스럽게 늘게 마련이 아니겠는가.

최근에 우리나라에서 드러난 이제까지의 공식적인 미곡수확량이 실제보다 과장된 것이라는 사실, 더욱이 그것도 모르고 쌀막걸리로 떠들썩하게 한 사실은 과연 앞에서 든 예와 다를 바가 없다고 말할 수 있을는지? 식량자급을 내세우고 그것의 조속한 달성에 집념을 보이는 최고통치자의 비위를 맞추기 위해서 조작한 결과가 빚은 것이 아니라고 과연 말할 수 있을는지?

원래 인구수라든가 미곡수확량 같은 통계를 작성하는 방법에는 두 가지가 있다. 하나는 조사이고 다른 하나는 보고이다. 그런데 보고는 바로 이런 식으로 최고통치자의 성향에 따라서 통계가 과장되거나 과소하게 될 수 있게 한다는 단점을 갖고 있다. 따라서 일반적으로는 조사라는 방법이 자본주의 국가들에서는 채택되고 있는 것이 사실이다. 사실 행정계통을 통해서 보고되고 그것이 집계되어 작성되는 통계라면 장관, 지방장관을 비롯한 공무원들이 최고 통치자의 성향을 어떻게 파악했는가에 따라서 달라지는 것은 당연한 일이 아니겠는가. 더욱이 국민 대다수가 개성이 강하지 않은 것으로 알려져 있는 나라의 경우에는, 그리고 장관, 지방장관을 비롯한 공무원들이 아첨을 일삼는 사람들의 경우에는 더욱 그러할 것임은 말할 나위도 없을 것이다.

그러나 경우에 따라서는 조사하는 방법이라고 해서 보고라는 방법이 갖는 결점을 갖지 말라는 법은 없지 않겠는가? 또 조사라는 방법에는 그것대로 결점이 있는 것이다.

이렇게 보면 외국의 전문가에 용역을 주어서라도 우리나라의 주요 농업통계를 검토시킬 필요가 있다는 최근의 이야기는 일응 수긍이 가는 것임에 틀림없다. 그러나 그런 이야기를 하기에 앞서서 과연 이런 주요 농업통계의 불신이 무엇에 기인하는지를 곰곰이 음미·검토할 필요는 없는 것인지. 즉 장관, 지방장관을 비롯한 공무원들의 최고 통치자에 대한 아첨에 기인하는 것은 아닌지, 조사를 제대로 할 수 있도록 여건을 조성하는 일 혹은 뒷받침을 하는 일이 부족한 데 기인하는 것은 아닌지, 국내에 전문가들이 있는데도 그들을 제대로 활용하지 못한 데 기인하는 것은 아닌지, 공무원들의 독선에 기인하는 것은 아닌지, 장관, 지방장관의 통계에 대한 몰이해 또는 무성의에 기인하는 것은 아닌지, 일반 국민들의 통계에 대한 인식부족에 기인하는 것은 아닌지 등을 음미 검토할 필요는 없는지.

나에게는 도리어 현 시점에서는 이런 음미·검토에서 얻어지는 결론을 토대로 하여 적절한 구체적이고도 적극적인 노력 또는 조치를 취해 나가도록 하는 정부의 자세가 더 아쉽고, 또 그런 정부의 자세정립이 더 급선무인 것같이 느껴진다.

《상의주보(商議週報)》(1980. 1. 14)

경제현실은 경제예측의 최종심판자

　새해에 가까워지면 으레 새해의 경제전망 또는 경제예측이 발표되기 마련이다. 물론 이 경제예측에는 계량경제학적 방법이 이용되는 것이 보통이다. 계량경제학적 방법은 다름 아닌 계량경제 모델을 이용하는 방법이다. 그리고 계량경제 모델은 경제이론을 수식으로 나타내고 그것에 통계자료를 대입해서 만든 것을 말한다. 따라서 계량경제학적 방법은 '이론' 있는 경제예측 방법이라고 할 수 있다. 경제예측에 보통 이 방법이 이용되는 까닭도 바로 여기에 있다. 그러나 제아무리 이론이 있는 경제예측 방법이라고 해도 그것이 이용하는 계량경제 모델에는 한계가 있고 또 우리로 하여금 희의를 품게 만드는 요인이 있다는 사실을 간과해서는 안 된다.

　계량경제 모델의 한계로서는 우선 의사결정의 초점이라고도 할 수 있는 특정의 목적에 관한 한계가 들어진다. 보통 모델은 어떤 특별한 목적을 위해서 구성된다. 따라서 그것은 다른 목적을 위해서는 부적당하게 되는 수가 많다. 또 모델에 따라서는 현재의 지식과 통계자료에 의해서는 효과적으로 모델을 구성할 수 없는 경우가 있다.

　둘째의 한계는 집계(集計)에 관한 것이다. 너무 거시적으로 집계된

통계자료를 사용할 경우 정책이라든가 내생변수(모델의 해(解)로서 구해지는 변수. 예컨대 정책적으로 중요한 GNP, 물가상승률, 실업률 등)의 반응을 상세하게 추구하는 일은 불가능하다. 통계자료의 집계방법에 따라서는 세제 개정 등의 효과가 모델 속에 분명하게 나타나지 않는 경우가 그 한 예이다.

셋째로 들어지는 한계는 정확성에 관한 것이다. 모델 자체가 현실의 근사(近似)이므로 정확성은 이 근사의 질에 좌우된다. 실제에서는 근사도가 큰 경우가 있는가 하면 그렇지 않은 경우가 있다. 이에 더해서 우연 요인(랜덤 요인)도 정확성을 좌우한다. 우연 요인은 모델의 구조에 관한 것인데 예컨대 낙관주의나 비관주의와 같은 것이다. 민간기업이 예상수익률을 생각할 때 낙관주의라든가 비관주의의 영향이 강하면 모델에서 정확한 결과를 얻는 것은 불가능하다. 또 동태적인 경제주체의 반응을 모델에 의해서 파악하는 것은 매우 어렵다. 석유위기전에 구성된 모델이 석유위기에 잘 반응하지 못한 것은 잘 알려져 있는 사실이다. 또 우리가 다루는 많은 통계자료는 오차라든가 편기(偏倚)를 갖고 있다. 경제이론에서 전제하는 바와 같은 정확한 통계자료는 현실적으로는 거의 존재하지 않는다고 볼 수 있다.

계량경제 모델에는 이러한 한계가 있는 외에 우리로 하여금 회의하게끔 만드는 요인이 있다. 모델 구성자는 어떠한 예측결과도 얻을 수 있기 때문이다. 모델 구성자는 추가요소라고 불리는 변수를 모델에 추가하는 것에 의해서, 혹은 외생변수(내생변수를 결정하는 요인. 이에는 세율, 수출 등과 같이 정부라든가 기업 등의 경제주체가 통제할 수 있는 변수와 곡물의 흉작 등의 자연현상이라든가 산유국의 수출량의 제한에 기인하는 변화 등과 같이 통제할 수 없는 변수가 있다)의 장래 추측치를 임의로 변경하는 것에 의해서 자기가 바라는 예측결과를 유도할 수 있다.

물론 이러한 주관적인 조정은 어느 정도는 피할 수 없는 일이다. 예컨대 예측자가 특정의 사람에 대해서 얻은 특정의 정보와 하나 혹은 복수의 수식으로 표현되는 상황 사이에 괴리가 있는 경우에는 어떤 조정을 하는 것은 불가피하다. 그러나 이 주관적인 조정은 필시 모델의 공헌도(貢獻度)를 감소시킨다.

그러면 도달 가능한 계량경제 모델의 정확성은 어느 정도인가. 미국 MIT 교수인 쿠(E. Kuh)에 따르면 적어도 미국에서는 예측이 유효한 것은 4/6~8분기라고 한다. 그 이상의 기간에서는 주로 다음의 두 가지 이유에 따라서 정확성이 급속히 떨어지기 때문이다. 하나의 이유는 우연요인에 따른 오차가 시간의 경과와 함께 누적적으로 커지는 것이고, 나머지 하나의 이유는 외생변수의 추측치가 실적치와 괴리되는 것이다.

그러나 분명한 것은 예측기간 중에 역사적인 경험을 초월한 범위에서 변동이 일어난 경우에는 정확성을 확보하는 일은 불가능하다는 사실이다. 예컨대 그때까지의 통계자료에 의해서 원유가격이 1973년에서 1980년까지 사이에 8배로 상승하는 것을 예측하는 일은 누구에게나 불가능한 일이었다. 이러한 예지(豫知)할 수 없는 충격은 특히 예측을 어렵게 만든다.

일반적으로 정확성은 어느 경우에는 높고 어느 경우에는 낮다. 따라서 앞으로 정확성에 대해서는 더욱더 연구해가지 않으면 안 된다. 또 실제에서 계량경제학자는 모델을 더 정확하게 하고 신뢰도를 보다 높이기 위해서 노력을 계속하고 있는 것이 사실이다. 이러한 노력이 지속되는 한, 앞으로 더욱더 모델의 질이 개선되며, 모델이 무엇을 달성할 수 있고 무엇을 달성할 수 없는가가 분명하게 되며, 모델은 더 견고한 과학적인 수단으로 될 것이다.

그러나 이에 못지않은 것, 아니 어떻게 보면 가장 중요한 것이라고 할 수 있는 것은 경제현실에 대한 '감'(感)을 날카롭게 하기 위한 경제예측자의 부단한 노력이라는 점을 결코 잊어서는 안 된다. 경제현실이야말로 경제예측의 최종심판자라고 할 수 있기 때문이다. 또 경제현실에 대한 날카로운 '감'을 갖고 있는 경제예측자는 추가요소를 모델에 추가하거나 외생변수의 장래의 추측치를 변경하는 데서 경제현실에 잘 부합하는 방향으로 처리할 수 있음으로써, 앞에서 말한 경제예측자의 자의성이라는 계량경제 모델에 대한 우리의 회의가 덜어질 가능성이 커지기도 한다.

사실 미국의 펜실베이니아 대학 교수인 클라인(L. R. Klein)도, 그의 지도를 받고 최근에 귀국한 사람에 따르면, 경제현실에 대한 '감'을 날카롭게 하기 위해서 많은 시간을 각종의 신문, 잡지류, 조사결과 등을 읽는 데 들이고 있다고 한다. 그는 계량경제학의 발전, 계량경제 모델에 의한 경제예측의 발전 등에 대한 공헌으로 해서 일찍이 노벨 경제학상을 수상한 바 있다.

분명히 유명한 점쟁이가 신통하게 점칠 수 있듯이, 또 유명한 한의사가 신통하게 진맥할 수 있듯이, '장인'(匠人)의 경지에 이른 경제예측자도 경제현실의 파악을 위한 그의 오랜 노력의 결정물(結晶物)로서 얻어진 독특한 '감'으로 경제현실에 잘 부합하는 예측을 할 수 있다고 말할 수 있다. 그러나 그 '감'을 객관화시킬 수 있는 수단을 갖지 못할 때에는 그 예측 결과가 객관성을 인정받지 못하는 데 문제가 있다. 그러기에 그것을 객관화시키는 수단이 필요하게 되는데 바로 계량경제 모델이 그 역할을 하는 것이라고 할 수 있다.

결국 이렇게 보면 객관화된 그리고 유명한 '장인'의 경제예측 이것이 우리에게 진정으로 필요한 것이 되는 셈이다. 그것은 곧 부단히 경제현실에 대한 '감'을 날카롭게 해가는 사람들에 의한, 계량경제 모델을 이용한 경제예측이다.

《주간매경》(1984. 12. 20)

어느 왕자의 이야기

독일의 통계학자인 바게만(E. Wagenmann)의 《통계의 도화경(道化鏡)》(1935)이라는 책에는 통계에 관한 재미있는 이야기가 실려 있다. 그것은 다음과 같다.

유럽의 어떤 작은 왕국에 지독하게 인색한 왕이 있었다. 이 왕에게는 아름다운 귀염둥이 공주가 있었다. 그 공주도 이미 나이가 찼으므로 이웃나라의 왕자나 귀족청년 가운데서 사윗감을 고르게 되었는데 프러포즈해 오는 후보자에게 왕은 직접 대면을 해서 "그대 나라의 국력은 앞으로 5년 뒤에는 얼마만큼 신장하리라고 전망하는가 숫자로 대답하라"는 질문을 하고 있었다. 물론 그 왕이 마음에 드는 답변을 하는 후보자를 택하기로 하고 있은 것은 말할 나위도 없다.

거기에 어떤 자신에 찬 한 왕자가 나타났다. 왕으로부터의 이 질문에 답해서 왕자는 다음과 같이 자기 나라의 국력의 전망을 계산해 보았다.

"우리나라의 산업은 농업과 광업의 두 가지입니다. 현재를 100으로 하면 광업은 5년 뒤에 반인 50으로 될 것이 예상되지만 농업은 3배인 300으로 예상되므로 전체로서는 평균해서 175가 되어 75퍼센트의 국력 증가가 예상됩니다. 공주를 저에게 주십시오."

이 말을 듣고 있던 왕은 원래가 계산에 능한 사람답게 즉석에서 다음과 같은 역(逆)계산을 하여 왕자의 전망을 뒤집어 버렸다. "물론 자네의 계산에 따르면 자네 나라는 장차 신장하는 나라처럼 보이지만 나의 계산법에 따르면 그렇지는 않고 거꾸로 장차 쇠퇴하는 것으로 되네. 자네는 현재를 100으로 했지만 나는 5년 뒤를 100으로 하고 거꾸로 현재의 크기를 계산해 보았네. 그러면 현재의 농업은 33.3이 될 것이고 광업은 200이 될 것일세. 이것을 평균하면 현재가 116.7인데 대해서 5년 뒤는 100이 되는 셈이네. 그런 나라에는 나의 귀염둥이 공주를 줄 수 없네."

공주는 이 대담을 곁듣고 있었는데, 어찌된 셈인지 부왕의 역습을 슬프게 생각하면서 이 왕자의 프러포즈가 성립되기를 바라고 있었다. 그래서 면담 실패를 안 공주는 급히 자기의 유모에게 구원을 청했다. 유모는 생각 끝에 늘상 궁정을 드나드는 마술사를 불러들여 급한 장면을 타개하기로 했다. 불려들어 온 마술사는 다음과 같이 말했다.

"잠깐만 기다리십시오. 임금님과 왕자님의 계산은 정반대의 결과로 되어 있는 것 같지만 제가 보기에는 실은 같으며, 결국 왕자님의 나라는 현재를 100으로 할 때 5년 뒤에는 122.5로 국력이 신장합니다. 농업과 광업의 숫자를 합친 것을 2로 나누지 않고 곱한 것을 2로 열면 그렇게 됩니다(여기서 2로 연다는 것을 평방근 또는 제곱근을 구한다는 것을 말한다)."

계산에 능한 왕은 이 마술사의 설명을 듣고서도 아직 납득을 하지 않았다. 비록 그 계산에 따르면, 왕자의 나라는 100에서 122.5로 신장하게 된다고는 해도 5년 걸려서 실현되는 경우 22.5퍼센트의 국력신장으로는 부족하다는 생각이 들어서였다.

그래서 제2의 구원자가 유모에 의해서 불려 왔다. 이번에는 정직한 양치기이었다. 양치기는 지금까지 사정을 듣고 거꾸로 "나에게는 세 분의 계산처럼 어려운 계산은 잘 모릅니다. 그러나 무엇보다도 알고 싶은 것은 처음에 왕자님이 현재를 100으로 한 그 실제의 크기는 도대체 얼마였습니까" 하고 질문을 했다.

이 실액(實額)은 농업 5억 마르크, 광업 1억 마르크임을 곧 알 수 있었다. "그러면 현재의 왕자님의 나라는 도합 6억 마르크의 생산량이 있는 셈이며, 5년 뒤에는 농업은 3배가 되어 15억 마르크, 광업은 반인 0.5억 마르크 도합 15.5억 마르크가 되므로 그 신장률은 288이 됩니다." 양치기가 이렇게 설명을 드리자 계산에 능한 왕도 5년 사이에 2배 반 이상으로 국력이 신장하게 되는 것을 알고서 비로소 공주를 이 왕자에게 줄 것을 허락했다. 이상이 바게만의 통계에 관한 이야기의 줄거리이다. 이 이야기의 핵심은 네 사람의 등장인물에게 동일한 농업 3배 증(增), 광업 반감(半減)이라고 하는 자료를 사용하게 하여 네 가지 상이한 방법으로 평균 신장률을 계산시키는 데 있는데, 통계방법상의 용어로 말하면 왕자와 왕은 기준을 반대로 취하면서 산술평균으로, 마술사는 기하평균으로, 양치기는 소위 총화법지수(總和法指數) 형식으로 각각 계산을 행한 데 지나지 않는다. 그러면서 맨 끝의 방식으로 계산하는 것이 옳다는 것을 말하려고 한 것이라고 할 수 있다.

그러나 만약 왕자의 계산에 현재 시점의 금액가중치인 농업 5억 마르크와 광업 1억 마르크, 즉 5와 1을 100과 300에 곱해서 계산하면 양치기의 계산결과와 일치하며, 왕의 계산도 또 5년 뒤의 금액가중치인 15억 마르크와 0.5억 마르크, 즉 30과 1을 곱해서 계산하면 역시 양치기의 계산결과에 일치하게 된다. 결국 이렇게 보면 왕자, 왕, 양치기의 계산은 잘못을 고치면 동일한 것이 되며 단지 마술사만이 다른 결과를 제시한 셈이 된다. 이 이야기에서 하나의 같은 사실이 계산하는 방법에 따라서 여러 가지 수치로 표현될 수 있음을 알 수 있을 것이다. 바로 이 점 때문에 우리는 통계수치를 이용하거나 판단하려고 할 때 특별히 신경을 곤두세워야 할 필요가 있다. 고의적으로 사실과는 거리가 먼 수치를 계산해서 마치 그것이 옳은 것인 양 발표되는 수가 있는가 하면, 잘 모름으로 해서 그렇게 되는 수가 있을 것이다. 그러나 사실 혹은 현실은 어디까지나 하나뿐이라는 것을 잊어서는 안된다. 그런데 불행하게도 통계수치는 말이 없고 또 통계학의 지식은 그 사실 혹은 현실을 제대로 알 수 있게 해주지 못한다. 그것을 알 수 있게 해주는 것은 바로 우리의 건전한 상식, 그 사실 혹은 현실과 관련 있는 학문의 지식인 것이다. 따라서 제대로 통계수치를 이용하거나 판단하려고 하면 부단히 그런 것들을 갖추기 위해서 노력할 필요가 있다. 이때 날카로운 판단력이 전제가 되기도 하므로 부단히 판단력을 날카롭게 해가는 노력도 뒤따라야 할 것이다.

그리고 적어도 가장 널리 이용되는 산술평균 같은 기본적인 통계에 대해서는 잘 알고 있을 필요가 있을 것이다. 산술평균은 계산하기 쉽고 이해하기 쉽고 편리하기 때문에 평균으로서 가장 널리 이용된다. 그러나 그것에는 추상적인 것이라는 결점과 구성을 은폐해 버리는 것이라는 결점이 있다. 이 결점은 어떻게 보면 결정적인 것이라고 할 수도 있다. 사실 모드[最頻値]나 메디안[中位値]은 구체적인 평균이기 때문에 실재하는 것이 상례이지만, 3인의 소득이 90, 0, 0인 경우, 80, 10, 0인 경우, 70, 15, 5인 경우에서 알 수 있듯이 산술평균은 대개의 경우 실재하지 않는 것이 상례이다. 또 이 경우 산술평균은 다 같이 30이지만 그 구성은 각각 다름을 알 수 있다. 따라서 예컨대 가계수입의 평균을 낼 때에는 고수입 가계와 저수입 가계 혹은 흑자가계와 적

자가계를 한데 뭉뚱그려서 계산한 것은 별 의미가 없게 된다. 이때에
는 고수입 가계와 저수입 가계 혹은 흑자가계와 적자가계로 각각 구
분해서 평균을 계산한 것을 아울러 표시할 필요가 있다. 그럴 때 비로
소 그 전체평균도 의미를 갖게 되는 것이다. 어떻든 많은 사람들이 적
어도 건전한 상식, 관련 있는 학문의 지식, 날카로운 판단력, 산술평균
같이 자주 이용되는 기본적인 통계에 대한 지식 등을 갖추기 위해서
부단히 노력할 때 우리나라의 통계도 질적으로 향상되어 갈 수 있다
고 말한다면 그것은 과욕의 말이라고 할 수 있을까.

《재정》(1984. 11)

원점으로의 회귀

1930년대 이후 경제학에서도 "과학은 측정이다"라는 표어가 내걸리기 시작했다. 이것은 애매하고, 비체계적이고, 불확정적이고, 조잡한 상식에 대해서 과학이 명료하고, 체계적이고, 확정적이고, 정확하지 않으면 안 된다는 점을 강조한 것이라고 할 수 있다.

바로 이 표어를 내걸고 등장한 것이 계량경제학이다. 그러나 이 계량경제학을 주장하는 학자들이라고 해도 경제이론에서는 상당한 견해 차를 갖고 있는 것이 사실이다. 그러나 그들은 경제이론을 통계학 및 수학과 관련 아래서 전개하려고 하는 점에서는 공통점을 갖고 있다.

따라서 계량경제학이 무엇인가에 대해서는 여러 가지 설이 있겠지만 그것이 "경제이론, 통계학 및 수학의 3자의 종합을 목표로 하는" 경제학의 1분야라는 것만은 확실하다고 할 수 있다.

사실 계량경제학의 기관지인 《이코노메트리카》에 실린 프리슈(R. Frisch)의 창간사를 보아도 "…… 모름지기 경제학의 수량적 접근에는 약간의 국면이 있으며, 이들 국면의 어느 하나도 그 자체로서는 계량경제학과 혼동되어서는 안 된다. 이리하여 계량경제학은 결코 경제통계학과 동일하지 않다. 또 그것은 우리가 일반경제이론이라고 부르는 것과도 동일하지 않다. 비록 이 이론의 대부분이 결정적으로 수량적 성질을 갖고 있다고 해도 그러하다. 그리고 또 계량경제학은 경제학에 수학의 응용과 동의어로 생각해서도 안 된다. 경험이 표시하는 바에 따르면 이들 세 가지 관점 즉 통계학, 경제이론 및 수학의 각각은 현대 경제생활에서 수량적 관계의 진정한 이해를 위한 필요조건이기는 하지만 충분조건은 아니다. 강력한 것은 이들 세 가지의 종합이다. 그리고 계량경제학을 구성하는 것은 이 종합이다. ······"로 되어 있다. 또 서머스(H. M. Summers)도 "그(계량경제학자)는 경제이론가가 아니면 안 되며 그는 수학자가 아니면 안 되며 또 그는 통계학자가 아니면 안 된다"고 말하고 있다.

계량경제학은 앞에서 말한 것처럼 1930년대에 등장했다. 물론 그 이전에 이미 선구적인 연구가 행해진 것은 사실이다. 그러나 본격적인 연구가 행해진 것은 무어니 해도 그 당시 지배적인 경제학이었던 왈라스(L. Walras)류(流)의 일반균형이론의 추상성 즉 측정 없는 이론의 지양과 일반균형이론의 추상성에 대한 반발로서 받아들여질 수 있는 미국의 통계적 실증론과 경제통계학의 무이론(無理論), 즉 이론 없는 측정의 지양이라는 1920년대의 두 가지 시대적 요청에 호응해서 1930년 12월에 계량경제학회가 결성을 본 이후의 일이라고 할 수 있다. 앞에서 행한 정의에서 알 수 있듯이 계량경제학은 바로 이론 있는 측정(measurement with theory)을 지향하는 것이기 때문이다. 그 뒤 계량경제학은 현재 선진국에서 발간하고 있는 각종의 경제잡지에서 계량경제학적인 연구논문을 찾아볼 수 없는 일이 거의 없을 정도로 눈부신 발전을 거듭해 오고 있다. 또 그런 경향은 후진국에서도 점차 강화되고 있기도 하다.

그러면 그것은 무엇에 기인한다고 할 수 있는가. 주로 경제정책의 수립 또는 평가에 기여한다는 계량경제학의 용도에 기인한다고 할 수 있다. 우리는 그 예를 우리나라에서 행해지고 있는 각종의 경제예측에서 찾아볼 수 있다. 그러나 계량경제학은 이 밖에도 통계기술(統計記述)적인 경제법칙의 발견과 경제이론의 통계적 검증이라는 용도를 갖고 있다. 따라서 이들 용도도 계량경제학으로 하여금 오늘날처럼 눈부신 발전을 거듭하게 만든 원인의 하나라고 할 수 있다. 그러나 무어니 해도 그것의 주원인은 경제정책의 수립 또는 평가에 대한 기여라는 용도에 있는 것이다.

이제 계량경제학과 경제정책의 관계를 좀더 명백히 하는 의미에서 계량경제학의 정책적 응용의 방향에 대해서 간단히 말하면 다음과 같다. 우선 정치적으로 (1) 정책의 대강(大綱)이 결정되어 목표의 종류와 목표치, 예컨대 (ㄱ) GNP의 대(對) 전년비 7퍼센트 성장과 (ㄴ) 물가의 2~3퍼센트 상승이 들어졌으며 또 수단의 종류, 예컨대 공공투자가 결정되었다고 하자. 경제정책의 주 임무는 다음의 (2)에서 (7)까지의 단계이다.

우선 알맞은 경제이론을 적용하여 (2) GNP, 물가, 공공투자에 관한 방정식 체계, 즉 모델(모형)을 만든다. 다음에 최소자승법 등의 계산방법 가운데서 가장 적당한 방법을 이용하여 (3) 파라미터(매개변수)치를 산정한다. (4) 정책을 변경하지 않은 채로 장래의 예측을 행한다. (5) 이 예측치를 정치적으로 결정된 목표치와 비교한다. 예측치가 5퍼센트라고 하면 목표치는 7퍼센트이므로 목표괴리치는 2퍼센트가 된다. 따라서 정부가 적극적으로 성장정책을 추진하여 2퍼센트를 보충하지 않으면 정책목표는 달성불가능이 되는 셈이다. 그러므로 (6) 목표괴리치를 보충하는 데 필요한 수단변수를 움직이는 방법과 조작범위를 결정한다. 끝으로 (7) 이에 의거하여 장래의 예측을 행한다. 이와 같이 (2)에서 (7)까지의 단계를 거쳐서 전반적인 검토를 행하면 정책 목표를 달성하는 데 필요한 조치를 결정할 수 있으며 전체로서 밸런스가 취해져 모순 없는 정책이 결정될 수 있게 된다.

겨우 50여 년의 역사밖에 갖지 않으면서도 그동안 눈부신 발전을 거듭해 오고 있는 계량경제학의 위력은 이번 미국의 MIT에서 개최된 계량경제학회의 제5차 세계회의에서도 절실히 실감할 수 있었다. 5년마다 개최키로 하여 1965년 9월에 로마에서 제1차 세계회의가 개최되었으므로 이번이 제5차가 되는데, 세계 각국에서 1,000여 명의 유명 학자들이 참석하여 8월 18일에서 동 24일까지 사이의 6일간(8월 20일은 휴회) 그야말로 알찬 발표와 토론을 벌였다. 수적으로 보아, 또 공산권 각국에서도 다수 참가했다는 면에서 보아, 마땅히 세계회의라고 할 수 있었다. 이 회의에서는 국내학자는 아니지만 외국에서 활약하고 있는 한국인 학자들의 발표도 있었다.

그러나 제1차 회의와 1970년 9월에 영국의 케임브리지 대학에서 개최되었던 제2차 회의가 경제학적인 성격을 띠었고 또 회의에 계량경제학의 창시자들, 경제학의 거목과 대가들이 대거 참석했던 데 견주어 이번 회의는 어딘지 수리경제학적 또는 통계학적인 성격을 띠었고 또 회의에는 계량경제학과 경제학의 제2세들이 참석한 감이 있다.

20년의 세월이 흘렀으므로 계량경제학의 창시자, 경제학의 거목과 대가는 사망했거나 노쇠했으므로 그들 모습을 볼 수 없는 것은 어떻게 보면 당연한 일이라고 할 수 있을는지 모르지만, 경제학적인 성격이 퇴색해 가는 회의의 분위기에 대해서는 서운한 감을 피할 수 없었다. 원래가 계량경제학은 통계학, 경제이론 및 수학의 3자의 종합을 지향하는 경제학의 1분야라고 해도 자칫하면 경제이론과 수학의 결합인 수리경제학이나 방법론으로서 통계학에 치우치는 과오를 범하기 쉽기 마련인데, 바로 그것을 이번 회의에서 직접 목격한 듯한 감이 들었기 때문이다.

어디까지나 계량경제학과 관련해서는 계량경제학을 등장시킨 1920년대의 시대적 요청을 항상 상기할 필요가 있다. 그 요청은 이론과 현실의 조화, 다시 말하면 이론 있는 측정 바로 이것이었던 것이다. 아니 그것은 오늘날에서도 마찬가지로 시대적 요청인 것이다. 그런 의미에서 계량경제학자들의 연구방향은 어디까지나 경제학적인 성격을 띤 것이어야 한다는 점을 강조하고 싶다. 이것은 계량경제학의 선구자들의 생각을 재생시키는 것이기도 하다. 이런 나의 강조는 우리나라의 계량경제학 연구자들에게도 그대로 적용됨은 말할 나위도 없다.

《재정》(1985. 9)

통계청 설립 시급하다
: '통계수요급증'에 대비 전문인력 확보해야

우리는 정부수립 이후 여러 차례의 행정개혁을 경험해 왔다. 사실 그동안 새 정부가 출범할 때마다 합리적인 행정기구의 수립 또는 행정합리화라는 명분을 내걸고 행정개혁이 시도되었으며 그 결과 행정기구는 많은 변화를 겪어 왔다. 그러나 이제까지의 행정개혁은, 어찌 보면 내건 명분과는 달리, 결국에는 힘의 논리에 좌우되었다고 해도 과언이 아닐 것이다. 즉 합리성은 결여된 채, 힘이 있는 부처의 주장이 관철되는 식으로 개편의 결말을 보기 일쑤였다.

그러기에 현재 활동 중에 있는 새 행정개혁위원회에 대한 기대는 자못 큰 바가 있다. 더욱이 들리는 바에 따르면 정부 또는 행정기능을 전반적으로 재검토하고 있다니 더욱 그러하다. 그런 의미에서 한 가지 동 위원회에 요망의 말을 해볼까 한다. 그것은 다름 아닌 통계기능의 강화와 관련된 것이다.

물론 통계기능의 강화가 이 시점에서 그렇게도 중요한가, 혹은 그것보다 더 강화시켜야 할 행정기능은 얼마든지 있지 않은가라는 반문이 있을 수 있다. 그러나 통계가 각종 정부계획 또는 정책의 수립과 실적

평가의 기초자료일 뿐 아니라 기업경영의 기초자료이기도 하다는 점을 감안한다면, 왜 통계기능의 강화가 강조되어야 하는가쯤은 이해가 가고도 남음이 있으리라고 생각된다.

그런데 지난 20여 년 동안에 우리나라의 경제와 사회, 그리고 기업은 그 규모와 활동이 급격히 확대되었고, 따라서 정부기능도 크게 확대됨으로써 정부·기업·사회에서 통계수요가 급증하고 있다. 게다가 의사결정에서 통계를 이용하는 개인이 많아지는 탓으로 개인의 통계수요도 증대하고 있다고 볼 수 있으며, 학계에서 실증주의적 경향의 확대 또한 통계수요를 증대시키고 있다고 할 수 있다.

그러나 이러한 통계수요 면의 실정과는 달리, 그에 부응해야 할 통계공급 면에 문제가 있는 것이 사실이다. 즉 통계공급을 담당하고 있는 정부의 통계조직은 답보 상태에 있거나 오히려 축소되기까지 한데다가 우수한 통계인력의 확보가 어려운 것이 실정이다.

사실 현재 중앙부처 가운데서 과 단위 이상의 통계조직을 갖고 있는 부처는 4개(경제기획원, 농림수산부, 보건사회부, 노동부)뿐이며 70년대 이후의 기구개편에서 재무부, 상공부, 교통부, 환경청은 기왕에 있던 통계과를 없애거나 축소시켰다.

또 통계인력 면에서도 공무원들 사이에서 통계업무는 아무런 권한이나 이권도 없는 음지영역이라는 인식이 강하게 자리 잡고 있어 우수한 인력이 좀처럼 오려고 하지 않으며, 현재 중앙통계국으로서 역할을 하고 있는 경제기획원 조사통계국에서는 인력부족으로 약 350명의 일용잡급 직원까지 취업자물가, 도시가계소득 등 주요 통계의 조사업무에 투입되고 있는 형편이다.

이상에서 알 수 있는 바와 같이 통계공급 능력이 조직과 인력 면에서 급증하는 통계수요를 충족하지 못하고 있는 것이 틀림없는 사실이라면 통계의 중요성, 통계수요의 급증, 행정의 과학화·전문화 지향 등에 비추어 볼 때 그러한 상태를 그대로 방치해 둘 수는 없는 것이 아닌가. 마땅히 어떤 조치가 취해져야 할 것이다. 이런 의미에서 이번의 행정개혁에서는 통계기능의 강화를 위한 필요 불가결의 우선조치로 현재의 경제기획원 조사통계국을 청(廳)으로 승격시키도록 하는 것이 바람직하다는 것을 강력히 주장하지 않을 수 없다. 이것은 통계기능 가운데 통계작성 및 종합조정 기능의 강화와 직접 관련된 것이지만 통계연구소의 설치와 연구수당의 지급 또는 통계업무 근무평점 가산제 등 나머지 통계기능의 강화는 이 기구에 맡겨 해결하도록 하면 되리라고 생각한다.

이러한 청으로의 승격은 통계인의 오랜 숙원이며 82년 이후 수차례 신문에 보도된 바 있는 그들의 간절한 바람을 이루게 한 것이 되어, 그동안 떨어졌던 그들의 사기를 틀림없이 회복·앙양시킬 뿐 아니라, 이번의 행정개혁은 자율과 균형을 고려한 새로운 시대의 행정환경을 염두에 두는, 그리고 진정으로 강화되어야 할 행정기능을 강화시킨 것이라는 말을 듣게 되리라고 확신한다.

《목민심서》의 저자인 다산은 통계를 '치국의 근본'이라고 말했다. 그렇다면 그 조치는 《목민심서》를 행동지침으로 삼으려는 공무원들, 다산을 숭배하거나 따르는 사람들을 기쁘게 하는 것이 되기도 한다고 할 수 있지 않을까.

《한국일보》(1989. 7. 7)

제3장 서 평

서평

《경제예측》[*]

본서는 저자인 네덜란드 경제대학의 계량경제학 담당 앙리 데일 (Henri Theil) 교수가 편집을 맡고 있는 총서, *Studies in Mathematical and Managerial Economics*의 제4권으로 출간된 것이다. 본 총서는 그 서문에서 밝히고 있는 바와 같이 행동과학 분야의 문제들에 관한 계량적 접근방법에 관한 것으로서 이는 수리경제학, 계량경제학, O. R. 및 경영과학에 공통적으로 관련되는 영역을 다루고 있다. 그리고 이 총서는 순연한 이론과 실제의 응용의 양면을 균형있게 융합하여 대학에서의 연구와 기업체 및 정부의 조사연구 담당자들에게 다 같이 유용하게 쓰일 수 있도록 의도하고 있다. 그리하여 본서 이외에 Vol. 1: Henri Theil, *Optimal Decision Rules for Government and Industry*; Vol. 2: John C. G. Boot, *Quadratic Programming* 및 Vol. 3: Yuji Ijiri, *Management Goals and Accounting for Control*이 이미 출간되어 있다.

본서도 이 총서 전체의 정신을 살려, 이론적인 전개와 실제적인 응용을 다 같이 중시하면서 경제예측의 실제에서 가장 중요한 문제인

---

* Henri Theil, *Applied Economic Forecasting*, Amsterdam: North-Holland Publishing Company, 1966, xviii+474pp.

오차의 식별 및 처리문제를 과학적으로 다루고 있다. 즉 본서는 경제예측의 절차의 개요를 설명하려는 책은 아니며, 과거에 나온 경제예측의 정확성을 이론적으로 그리고 경험적으로 분석하고 있다. 이러한 분석을 통하여 실제로 경제예측을 담당하는 사람은 자기의 과거 예측치가 가지는 오차의 발생원을 식별할 수 있고 그에 따라서 필요한 수정을 할 수 있게 된다. 본서에서 예측치의 분석은 기존의 계량경제학적 및 통계학적 수법을 이용하여 행해지고 있다. 그러나 비수량적 예측을 수량적 분석도구로 평가할 수 있도록 이를 추정치로 바꾸는 새로운 방법을 전개하기도 한다.

본서는 13개 장으로 구성되어 있는데, 이것은 다음과 같이 5개 부로 나눌 수 있다.

제1부는 제1장 〈서론〉과 제2장 〈점예측치의 정확성 측정〉으로 구성되며 여기서는 방법론상의 여러 가지 일반적인 문제를 다루고 있다. 제2부는 제3장 〈네덜란드의 거시경제적 예측치, 1953~1962〉, 제4장 〈조건부 예측치 대 비조건부 예측치: 비교〉 및 제5장 〈장래의 예측과 과거의 추정〉의 3개 장으로 구성되는데, 여기서는 1953~1962년의 네덜란드의 거시경제적 예측치와 추정치의 분석을 하고 있다. 제3부는 제6장 〈중간수요의 투입산출표에 의한 예측치〉, 제7장 〈투입산출예측의 추가적 실험〉 및 제8장 〈분해예측치의 평가에 대한 정보 이론적 접근〉의 3개 장으로 구성되며, 여기서는 투입산출 모형을 예측에 적용하는 문제를 다루고 있다. 제4부는 제8장 〈분해예측치의 평가에 대한 정보이론적 접근〉과 제9장 〈기후 및 건설부문에 관한 여러 가지 예측치〉로서 구성되는데, 여기서는 예측치의 평가에 정보이론을 적용하고 있다. 제8장은 응용의 면에서는 투입산출에 관한 것이므로 제3부에 포함되며 방법론적 관점에서는 제4부에 포함된다. 마지막으로 제5부는

제10장 〈두 개의 상이한 투자조사〉, 제11장 〈무(無)변화의 분석과 수량화의 문제〉, 제12장 〈조사에서 얻은 예상자료의 예측적 가치〉 및 제13장 〈조사자료에 기초한 제 관계의 계량경제학적 분석〉의 4개 장으로 구성되며, 여기서는 주로 정보이론을 이용하여 조사자료가 가지는 여러 가지 문제를 분석하고 있다.

이제 각 부별로 개요를 제시하면 다음과 같다.

제1부: 가능한 여러 가지 예측 유형을 나열하고 또 예측의 기능을 논의한 뒤에 실제의 예측 절차는 모두 입증될 수 있어야 한다고 결론 내린다. 이 입증 가능성을 위해서는 (1) 맞을 가능성과 틀릴 가능성이 둘 다 원칙적으로 실현될 수 있는 것이어야 하며, (2) 모호하지 않게 정의된 개념이 사용되어야 하며, (3) 예측시점 또는 기간에 모호함이 없어야 하며, (4) 특히 점예측치의 경우에 예측치와 실현치 사이의 관계에 관한 확률의 언급이 있어야 한다. 이 결론은 직관적 방법에 의한 예측을 배제한다. 왜냐하면 직관적 판단에 의한 예측의 절차는 모두 입증될 수 있는 것은 아니기 때문이다. 예측절차가 입증 가능하다는 것은 (1) 그러한 사고절차가 존재하고, (2) 예측자 자신 이외의 다른 사람이 이해할 수 있고, (3) 이 다른 사람들이 그 절차가 합리적이라고 동의함을 의미한다. 예측법이 기술에 불과한 것이 아니라 과학적인 것이 되기 위해서는 입증될 수 있는 방법이 선택되어야 한다는 것이 본 저자의 주장이다. 이렇게 함으로써만 정확하지 않은 예측치의 원인을 식별할 수 있고 수정 절차를 마련할 수 있다는 것이다. 그러나 이것은 모든 예측이 계량경제학 모형에 기초하여야 한다는 말은 아니다. 만일 직관적인 판단의 방법이 사용될 때는 특정한 변수에 주어진 가중치와 작용력의 크기를 명백히 진술할 것을 요구하는 것이며, 이렇게 함으로써 예측치의 정확성 또한 평가될 수 있다.

예측치의 가치는 결정을 내리는 데서 그것의 이용에 따라 결정된다. 저자는 불완전한 예측치에 근거하여 내려진 결정과, 예측이 완전하였더라면 내려졌을 결정 사이의 손실은 예측오차의 크기의 함수임을 보이고 있다. 그리하여 예측치와 실현치 사이의 오차의 단순한 표현수단으로서 예측-실현도표(Prediction-realization diagram)를 전개하고 이 오차 크기의 숫자적 표현으로서 부등계수(inequality coefficient)의 개념을 제시한다. 이 부등계수는

$$U^2 = \frac{\sum (P_i - Ai)^2}{\sum Ai^2}$$

으로 표현되는 U를 말하는데 여기서 (P_i, A_i)는 예측된 변화와 실현된 변화의 짝이다. $U=0$이 되려면, 예측이 모두 완전할 때 즉 모든 i에 관하여 $(P_i = A_i)$일 때이며, 예측의 RMS(root mean square) 오차 $\sqrt{\frac{1}{n}\sum(P_i - A_i)^2}$가 소박한 무변화를 가정한 경우의 보외(補外)와 같은 RMS 오차를 가질 때 $U=1$이 된다. 그런데 U에는 상한이 없다. 이것은 예측치가 무변화의 기초 위에서 보외보다도 나쁜 경우를 포함할 수 있음을 나타내는 것으로 이러한 점에서 이 U는 저자가 그의 전(前) 저서 *Economic Forecasts and Policy*에서 제시했던 상한이 1인 U보다 우수하다고 할 수 있다. 그리고 이 부등계수 U는 P와 A의 평균차에 의한 편기성분(U^M)과 분산차에 의한 분산성분(U^S)과 공분산이 1이 아니기 때문인 공분산성분(U^C)으로 나눌 수 있음을 보이고 있다. 또 이는 편기성분(U^M), 회귀성분(U^R) 및 교란성분(U^D)으로도 분해할 수 있다.

제2부: 여기에서는 제1부에서 전개된 부등계수 및 기타 척도가 네덜란드의 거시경제계열에 적용된다. 그리하여 변화의 예측치와 잠정적 추정치의 정확성이 평가된다. 이 분석은 변화를 그 분석대상으로 하지만 변화율을 쓰지 않고 전년도 수치에 대한 당년도 수치의 로그

를 변화의 척도로서 사용하고 있다. 변화의 표현으로서 이처럼 로그변
화를 쓰는 것은 본서의 이하에서 일괄된다.

1953~1962년 동안의 관측치 전체인 210개에 관해서 보면, 전환점
오차(turning point error)를 나타내는 도수가 15퍼센트이며, 변화의 저평
가는 고평가보다 2.5배나 많이 나타나고 있다. 그리고 개별변수의
RMS 예측오차는 0.5퍼센트 정도에서부터 10퍼센트 이상에 이르기까
지 광범하게 분포되어 있으며, 부등계수는 하나의 예외가 있기는 하지
만 나머지는 모두 1보다 작으며 그 중위수는 0.56으로, 대체로 무변화
보외보다는 우수하다. 또 좀더 엄격한 기준으로 10년 동안의 관측된
로그변화에 기초한 기계적 예측보다도 그 예측이 더 우수해야 한다는
기준에 따르더라도 21개 변수 가운데 3분의 2가 이 검증에 통과된다.

대부분의 변수에 관해서 U^C 및 U^D의 비율은 0.5가량 되며 U^M의
비율도 0.25나 되어 무시할 수 없을 정도이다.

다음에 네덜란드에서 사용된 거시적 계량경제모형을 설명하고, 사
전적인 비조건부 예측치와 사후적인 조건부 예측치를 비교하고 있다.
그리하여 선결변수가 결정된 뒤에 계산된 조건부 예측치는 비조건부
예측치보다 그리 우수하지 못하다는 것과 변화의 저평가 경향은 조건
부나 비조건부의 경우나 비슷하다는 것을 발견하였다.

네덜란드의 거시적 경제변수에 관해서는 7단계에 걸친 예측 및 추
정이 행하여진다. 제1단계의 예측은 전년도 9월에 행하여지며, 제2단
계에서 제7단계의 예측 및 추정은 전년도 12월, 당년도 9월, 당년도
12월, 후년도 9월, 2년 뒤 9월 및 3년 뒤 9월에 행하여지는데, 이 마지
막 제7단계의 추정치를 정확한 진치로 본다. 이때 변화의 저평가오차
는 제1단계에서는 매우 커서 고평가에 대한 저평가의 도수가 3배나
된다. 이 오차는 점차로 줄어들어 마지막 두 단계에서는 그 차이가 없

다고 보아도 무방하다. 그리고 RMS 오차도 단계가 높아짐에 따라 줄어들어 제1단계 예측의 RMS에 견주어 제6단계에서는 3분의 1밖에 안 된다. 그러나 이 하락은 주로 당년도 말 이전의 예측치와 추정치인 제4단계까지에서 완료된다.

제3부: 여기에서는 최종수요가 알려졌을 때 투입산출표를 써서 중간수요 및 본원적 투입 등을 예측 및 추정하는 문제를 다루고 있다. 먼저 중간수요의 경우를 보면, 1년 뒤에 대한 RMS 예측오차의 중위수는 7~8퍼센트 정도이며, 예측대상년도가 멀어질수록 그 오차는 커지며, 그러나 연도수에 비례해서 증가하지는 않는다는 것이 발견되었다. 그리고 투입산출표가 예측 또는 추정하려는 연도에 견주어 너무 시차가 크지 않는 한(2~3년 내의 것이라면) 투입산출표를 사용한 예측치, 또는 추정치가 최종수요와 중간수요가 비례한다고 가정하고 계산한 단순한 예측치 또는 추정치보다 우수하다는 것도 발견되었다. 본원적 투입에 대한 예측 및 추정의 경우에도 중간수요에서와 비슷한 결과를 얻었다.

다음 관측된 오차를 진정한 예측오차와 측정오차 성분으로 구분하기 위한 간단한 통계적 모형을 구성하여 이를 검증하였는바, τ년 뒤의 예측에서 MS(mean square) 예측오차는 대체로 정($\mathbb{E}$)의 절편을 가지는 τ의 1차함수가 되는데 이 절편이 측정오차성분의 분산을 나타내는 것으로 보고, 따라서 MS 오차가 비례적 증가보다 작은 원인을 여기서 찾았다.

제4부: 여기에서는 예측치가 모두 정이고 그 합이 1인 예측치의 집합을 평가하는 한 분석도구로서 정보이론이 도입된다. 정보의 개념은 보통 모호한 것이지만 정보이론에서는 정밀한 수량적 개념을 사용한다. 어떤 사상(事相)이 발생했다고 하는 메시지의 정보량은 그 사상이

기대되는 확률 P와 관련된다. 그 사상의 확률 P가 작으면 작을수록 그 사상이 일어났다고 하는 메시지가 가지는 정보량은 커지게 되는데 이 정보량은

$$\log \frac{1}{P}$$

로 정의된다. 그리고 로그의 밑을 2로 한 값을 bit라고 하여 정보량의 단위로 삼는다. 이 이론을 예측의 판단에 사용할 때는 예측치가 주어졌을 때 실현치에 의해서 제공되는 정보량이 크면 클수록 그 예측은 부정확하다고 한다. 이 접근방법은 1948~1957년 동안의 네덜란드의 투입산출표의 15개 부문의 투입구조에 적용되었는데, 이에 따르면 1년 뒤의 투입예측의 평균적 정보 불정확성은 중위수인 1퍼센트 bit 근방에 분포되며, 예측과의 시차가 멀어질수록 이 중위수는 증가하는데 비례 이하로 증가하며, 7~9년 뒤에 대한 예측에 대해서는 약 5퍼센트 bit가 되고 있다. 이는 앞의 분석과 일치하는 결과이다.

제5부: 여기에서는 예측조사 특히 변화의 방향(증가, 무변화, 감소)만을 물은 조사에서 얻은 자료의 분석을 다룬다. 이러한 조사는 그 조사의 통상적 통계자료와의 관련, 예측적 정확성, 이 자료로부터 행태적인 관계를 추정할 수 있는 가능성 여부 등 여러 가지 문제가 제기되는데, 여기서는 앞의 제4부에서 전개된 정보이론을 분석도구로서 주로 사용하고 있다.

먼저 독일의 개별기업의 투자계획과 실현된 투자를 비교하였던바, 증가를 예상했던 기업이 모두 증가를 실현하고 감소를 예상했던 기업이 모두 감소를 실현한 것은 아니지만, 증가를 실현한 기업은 증가를 예상했던 기업의 비율이 높고 감소를 예상했던 기업의 비율이 낮은 것이 발견되었다. 그러나 증가보다는 감소를 더 쉽게 예상한다는 점에

서 기업가들은 낙관적인 예상을 삼가는 경향이 있음도 뚜렷이 나타났
다.

그리고 다음으로 무변화라는 응답의 변화구간의 한계를 추정하는
몇 가지 수법이 예시되었고 변화의 방향만을 조사한 자료를 통상의
통계로 수량화하는 방법이 제시되었는데, 그 중 한가지로 증가를 예상
하는 사람의 비율을 X_t^1, 감소를 예상하는 사람의 비율을 X_t^3라 하고
무변화를 예상하는 사람의 비율을 X_t^2라 할 때 X_t의 로그 변화를

$$\log \frac{X_t}{X_{t-1}} = \alpha (X_t^1 - X_t^3)$$

로 나타내는 방법이 제시되었다. 단 $\alpha > 0$이다.

끝으로 조사자료를 써서 행태적 관계를 공식화하는 문제가 다루어
진다. 이 관계는 조건부확률로서 공식화되는데, 즉 설명변수 X_1은 증
가하고, 다른 설명변수 X_2는 감소하고…… 등의 조건이 주어졌을 때
어떤 종속변수 Y가 증가할 확률은 얼마인가 하는 것이다. 그 설명변
수들에 의해서 획득되는 적합도의 평가에는 정보이론의 판정기준이
이용될 수 있다.

이상에서 본서의 개요를 살펴보았다. 본서의 가장 특징적인 점은 오
차의 판정에 정보이론을 도입했다는 데 있을 것이다. 이 새로운 방법
은 투입산출표의 계수의 예측에서 그 유용성을 과시할 수 있었다. 또
예측조사의 평가에서도 유용하게 사용되었다. 그러나 이 방법을 채용
하는 데 따르는 통계적 처리의 분량은 막대하다. 그러므로 이 방법이
널리 채택될 수 있게 하기 위해서는 방법론적인 개선이 더 진행되어
야 할 것이다. 그리고 이 방법은 특수한 형의 예측의 평가에만 한정되
고 있는데, 이것이 예측 일반에 적용될 수 있을 것인지, 아닌지는 두고
볼 일이다. 요컨대 본서는 예측의 과학성을 강조하고 있다. 이러한 과

학적 접근방법에 집착함으로써 예측방법의 이론적 진보를 기대할 수 있을 것이다. 주먹구구식의 예측이 아니라 입증 가능한 과학적인 방법을 찾으려는 노력은 이론 면에서뿐만 아니라 실제예측을 담당하는 사람도 지녀야 할 값진 태도라고 할 수 있다.

우리나라에서도 대·소기업으로부터 정부에 이르기까지 각종 예측의 필요성이 차츰 높아지고 있다. 그러나 아직까지 예측의 오차가 가지는 중요한 문제를 진지하게 다루는 일이 별로 없었던 것 같다. 본서는 이런 점에서 이론가는 이론가대로 실무자는 실무자대로 예측에 대해서 가졌던 자기의 태도와 견해를 반성하고 더 합리적인 방법을 모색하게 하는 데 일조가 되리라 믿는다.

《상대평론》(서울대, 1968. 7)

《리니어 프로그래밍과 경제분석》[*]

1

2차 대전 뒤에 특히 주목을 끌게 된 새로운 경제학의 하나로서 선형경제학이 있다. 선형경제학이 어떤 것인가에 대해서는 이론이 있지만 대체로 1930년대의 왈트(A. Wald)와 폰 노이만(von Neumann)의 업적을 선구로 하고 2차 대전 뒤에 주로 미국에서 발전한 리니어 프로그래밍, 산업연관론(투입산출이론), 게임이론의 총칭이라고 할 수 있다. 이들 영역이 각각 상이한 목적을 가지고 출발한데도 불구하고 현재 선형경제학이라는 명칭으로 총괄되는 것은 그들이 다 같이 ① 경제문제의 선형(1차)적 측면을 이론의 기초로 삼고 있는 것, ② 종래의 전통적 이론의 수학적 수법(주로 미적분학)에 대하여 더 새로운 테크닉[철집합론(凸集合論)]을 사용하고 있는 것, ③ 수치계산의 가능성의 의미에서 실용성도 겸비하고 있는 것 등에 기인하는 것 같다. 그러나 이들 세 가지 영역 가운데에서 선형경제학의 핵심을 이루는 것은 리니어

---

[*] R. Dorfman, P. A. Samuelson, R. M. Solow, *Linear Programming and Economic Analysis*, New York: McGrow-Hill Book Company, Inc., 1958, pp. ix+527.

프로그래밍이라고 한다.

이 선형경제학의 안내서에는 여러 가지가 있다. 그러나 그들 가운데서 가장 정평이 있는 것은 여기서 서평을 쓰기로 되어 있는 본서이다. 본서는 현재 미국의 제1급의 경제학자 3인이 쓴 선형경제학의 포괄적인 해설서이며, 단지 이 종류의 시도로서 최초의 것일 뿐 아니라 다루어진 주제의 넓이에서도, 또 서술의 평역에서도 타의 추종을 불허하는 것이다. 독자는 본서에서 2차 대전 뒤의 '새로운 경제학'이 어떤 것인가를 난해한 고등수학의 괴로움을 겪지 않고서 배울 수 있으며 특히 후반에서는 저자들 자신이 전개한 몇 가지 독창적인 견해에도 접할 수 있다. 이런 의미에서는 본서는 뛰어난 해설서의 영역을 넘어서서 선형경제학에 대한 중요한 신(新) 공헌도 포함하고 있다.

본서의 입장은 서론에서도 밝히고 있는 바와 같이 리니어 프로그래밍을 선형경제학의 핵심으로 보고, 이와의 관련 아래 산업연관론(투입산출이론)과 게임이론을 해설해 가는 것이다. 1947년에 단치히(G. B. Dantzig)에 의해서 처음으로 전개된 이후 리니어 프로그래밍은 놀랄 만한 속도로 발전해온 것은 주지의 사실이지만, 원래 그것은 '선형(1차)부등식의 제약 아래 선형(1차)함수를 최대 혹은 최소로 하는 문제'라고 하는 정식화가 표시하는 바와 같이, 선형부등식론에 속하는 수학적 문제였다. 그러나 리니어 프로그래밍이 선형경제학의 핵심이기 위해서는 수학적=형식적인 문제에만 머물러 있을 수는 없다. 본서에서 강조하고 있는 것은 리니어 프로그래밍의 수학적 측면이 아니고 도리어 그것의 경제학적 측면이다. 리니어 프로그래밍의 방법은 경제이론에 어떤 함축적 의미를 갖고 있는가에 초점을 맞추어서, 부단히 전통적인 경제이론의 방법과 대비시키면서, 이 새로운 방법의 의의를 상세히 또 광범하게 추구하는 것이 본서의 과제이다.

2

저자인 도프만, 새뮤얼슨, 솔로의 이름을 따서 만든 DOSSO를 사용하여 DOSSO의 저서라고 하는 본서는 16개의 장과 2개의 부록으로 구성되는 5백여 쪽의 방대한 것이다. 그러나 그것은 크게 다음의 다섯 가지로 구분할 수 있다.

(1) 제1장
(2) 제2~8장
(3) 제9~14장
(4) 제15~16장
(5) 부록 A-B

(1)은 서론 부분이며, (2)는 프로그래밍과 그것의 기업이론에의 응용을 다루고 있는 부분이며, (3)은 각종의 일반균형모형을 다루고 있는 부분이며, (4)는 게임이론의 기본적 문제를 다루고 있는 부분이며, (5)는 부록이다. 단 (5)의 A는 (4)에 포함시켜서 생각할 수 있다.

이제 장별로 개요를 제시하면 다음과 같다.

제1장〈서론〉은 선형경제학의 역사적 소묘와 본서의 윤곽을 기술하고 있다. 제2장〈리니어 프로그래밍의 기초개념〉은 리니어 프로그래밍의 기초개념과 가정을 기술하고, 이것을 두 가지 예—하나는 가정경제학에서 또 하나는 국제무역론에서—에 따라 설명하고 있다.

제3장〈평가의 문제: 시장해(市長解)〉는 리니어 프로그래밍의 평가의 측면을 구명하고 있다. 배분의 문제와 평가의 문제가 불가분의 관계라는 자명한 이치는, 다른 형태의 경제분석에 대해서와 마찬가지로,

리니어 프로그래밍에 대해서도 타당한데, 이 점을 밝히고 있다.

제4장 〈리니어 프로그래밍의 대수〉는 리니어 프로그래밍의 수학적 성질과 심플렉스법, 완전기술법과 같은 실제적 해법을 고찰하고 있다. 이 장은 새로운 경제적 개념을 부가하는 것은 아니지만 실제의 해에 흥미를 갖는 독자에게는 불가결의 것이다.

제5장 〈수송 문제〉는 특히 단순하고 중요한 리니어 프로그래밍의 응용을 제시하고 있다. 이 장은 "어떤 동질의 상품이 몇 개 장소에서 생산되고 몇 개 장소에서 소비되며, 또 각 소비지점에서 총수요량과 각 생산지점에서 총공급량이 알려져 있다고 하자. 그러면 모든 수요량을 충족시키며 그 위에 총수송비를 되도록 억제하기 위해서는 각 소비지점은 각 생산지점으로부터 얼마만큼씩을 구매할 것인가"의 문제를 다루고 있다. 이 수송 문제 혹은 요원(要員)배치 문제는 그 자체을 위해서뿐 아니라 유익한 일반화가 가능하게 되므로 매우 흥미 있는 것이다.

제6장 〈기업의 리니어 프로그래밍분석〉은 완전경쟁하의 기업에 리니어 프로그래밍의 접근방법의 적용을 제시하고 있다. 그 결론은 생산의 한계이론의 그것과 상용(相容)되는 것이다.

제7장 〈기업에의 응용: 평가와 쌍대성〉은 완전경쟁하의 기업이 사용하는 자원으로의 가치의 귀속을 다루고 있다.

제8장 〈논리니어 프로그래밍〉은 완전경쟁하에 있지 않는 기업의 분석과 리니어 프로그래밍에서 선형성의 여러 가정 가운데 어떤 것을 완화하는 문제를 논하고 있다. 완전경쟁하의 기업에서 총수입은 물리적 판매량의 선형(1차)함수이다. 즉 기업이 판매하는 모든 종류의 상품에 걸쳐서 판매량에 가격을 곱한 것의 합계이다. 그러나 완전경쟁하에 있지 않는 기업에게는 수입과 물리적 판매량의 관계는 더 복잡하

며 사실 그것은 비선형이다. 이 장은 바로 리니어 프로그래밍의 발전으로서 논리니어 프로그래밍을 취하여 '쿤-터커'의 업적을 논하고 있다. 그러나 이 장은 본서의 중심적 테마에서 말하면, 도리어 보론으로 간주되어도 무방할 것이다.

제9장 〈정학적 레온티예프 체계〉는 레온티예프(W. Leontief)의 정학적 투입산출 체계를 비교적 간단하게 해설하고 있다.

제10장 〈정학적 레온티예프 체계(속)〉는 레온티예프의 정학적 투입산출 체계를 더 전문적으로 해설하고 있다. 이 장은 제9장보다 한층 어려운 해석 문제를 다루고 있는데, 이 가운데는 레온티예프의 더 엄격한 가정─각 경제부문의 생산물에는 생산요소와 물적투입물의 단 하나의 배합(조합)이 존재한다고 하는─의 검토가 포함되어 있다. 문제의 수학적인 측면을 피하려고 생각하는 독자는 이 장을 생략해도 무방하다.

제11장 〈선형모형의 동학적 측면〉은 투입산출모형을 동학적으로 즉 기간의 계열로 확장하고 이것을 자본의 이론과 연결하는 문제를 다루고 있으되 주로 개념의 설명에 치중하고 있다. 이 장에서 나오는 모형은 램지(F. P. Ramsey) 모형, 일반화된 레온티예프 체계, 폰 노이만 모형(J. von Neumann), 신고전학파 모형이다. 이 장은 어떤 의미에서는 제12장의 준비를 위한 것으로 볼 수 있다.

제12장 〈자본축적의 유효계획〉은 제11장과 마찬가지 문제를 다루되 한층 난해하며 전문적인 것의 설명에 치중하고 있다.

제11장과 제12장에서 저자들은 레온티예프의 동학모형을 비판하고 있으며 또 동학적 관련에 있어서 경제적 유효성에 대한 얼마간 새로운 기준과 동학적 관련에 있어서 완전경쟁적 시장의 작용에 관한, 얼마간 새로운 결론에 도달하고 있다. 따라서 이 두 장을 본서의 백미

편으로 보는 사람들도 많다.

제13장 〈리니어 프로그래밍과 일반균형이론〉은 어떤 의미에서는 레온티에프 체계의 확충으로 볼 수 있는 왈라스(L. Walras)의 생산의 일반균형체계에 대해서 그 균형해의 존재를 리니어 프로그래밍의 접근방법을 빌려 해결하고 있다. 균형해의 존재 문제는 근년에 와서 일부의 이론경제학자의 주의를 끌고 있는데, 이 문제에 리니어 프로그래밍의 접근방법을 적용한 것은 본서 가운데도 인용되고 있는 쿤(H. Kuhn)의 논문과 함께 이 장이 최초의 것이다.

제14장 〈리니어 프로그래밍과 후생경제학〉은 리니어 프로그래밍의 접근방법을 사용하여 후생경제학의 기초적 제 정리를 유도하고 있다. 말하자면 후생경제학을 새로운 입장에서 고쳐 쓰려고 하고 있다. 이 장은 드브뢰(G. Debreu)라든가 코프만스(T. C. Koopmans)의 업적에 대한 평이한 해설의 역할을 행하고 있다.

제15장 〈게임이론의 요점〉은 경제 문제에 적용된 형(型)의 게임이론의 기초개념을 다루며 게임 상태의 몇 가지 실제적인 해법을 논하고 있다.

제16장 〈리니어 프로그래밍과 게임이론의 상호관계〉는 리니어 프로그래밍과 게임이론의 수학적 관계를 철저히 구명하고 있다.

제15장과 제16장은 게임이론의 경제이론에 대한 의의를 검토하고 있다. 선형경제학의 한 영역으로서 가장 역사가 오랜 것이면서도, 게임이론이 경제이론에 무엇을 기여할 수 있는가에 대해서는 아직도 많은 의문이 남아 있다. 이 점에 관해서는 저자들은 도리어 비관론에 기울어 있는 것 같이 생각된다.

부록A 〈우연, 효용 및 게임이론〉은 게임이론이 효용의 가측성에 결정적으로 의존하고 있다는 점을 밝히고 있다.

부록B 〈행렬의 대수〉는 행렬의 방법에 대해서 다소의 지식을 갖기를 원하는 독자에게 필요한 행렬의 대수를 부여하고 있다. 이것은 본서의 본문에서 완전히는 아니지만 거의 행렬을 사용하고 있지 않는 데서 마련된 것이다.

3

2절의 서술은 1절에서 밝힌 본서의 입장과 특징을 대체로 실증해 주는 것 같다. 분명히 본서는 ① 리니어 프로그래밍의 경제학적 측면을 강조하고 있다. ② 매우 포괄적인 주제를 다루고 있다. ③ 난해한 고등수학을 가능한 한 피하며 또 사용된 필요한 수학의 설명을 부여하고 있다. 이들 모두는 본서를 선형경제학의 가이드북으로서 가장 정평있는 것으로 만들어 준다.

그러나 다른 한편에서 본서는 ① 저자들이 기초부분으로 삼고 있는 (2), 즉 제2장에서 제8장까지를 때로는 지루하게, 또 반복적으로, 그리고 또 불필요하리만큼 이해하기 어렵게 설명하고 있다. 그러기에 1960년 2월호 《이코노미카》에 본서의 서평을 쓰고 있는 페스턴(H. M. Peston)은 이 (2)를 레온티예프의 투입산출체계를 포함한 각종의 일반균형모형을 다루고 있는 (3)보다 낮게 평가하고 있다. ② 게임이론을 다루고 있는 (4)는 맥킨지(J. C. C. McKinsey)의 《게임이론입문》(1952) 등보다 입문적인 해설서로서 뒤떨어진다. ③ 이론적인 면을 중시하는 입장에서(이 점에서는 백미 편이 될는지 모른다), 따라서 경험적 응용의 면을 중시하지 않는 입장에서 정학적 레온티예프 체계를 다루고 있다 (제9장 및 제10장). ④ 본문의 설명에 거의 행렬을 사용하지 않는 등 난해한 고등수학을 되도록 피하고는 있지만, 그리고 저자들이 "본서는

…… 경제학의 대학원 학급에서 사용하여 성공을 거두고 있다"고 말하며, 또 "본서는 현행의 경제이론에 대해서는 알고 있지만 제법 잘하는 수학자로 자처하지 않는 경제학자에게 리니어 프로그래밍의 이론의 개요를 부여할 것을 바라고 있다. 그것은 또 경영경제학의 실용자에게 유익할 것을 바라고 있으며……"라고 말하고 있지만 우리나라의 실정에서 말하면 대부분의 경제학자에게는, 수학적인 소양을 갖추고 있다고 자처하는 사람에게조차 아직도 난해한 감을 준다. 그러므로 본서를 읽기 위해서는 특별한 끈기가 필요할 것이다.

따라서 이와 같은 몇 가지 점에 유의하면서 본서를 읽어주기 바란다.

《경제논집》(서울대, 1972. 6)

서평

An Essay on the Theory of Economic Prediction[*]

클라인 하면 현재 계량경제모델의 표준형으로서 지위를 확보하고 있는 클라인 모델(1950), 클라인-골드버거 모델(1955) 등의 작성자로서, 또 미국경제의 계량모델의 대표작으로서 너무나도 유명한 펜실베이니아 대학의 와튼스쿨 모델 작성의 창시자로서 널리 알려져 있다. 그러기에 그는 거시모델 분석의 선구자로 불리기도 한다. 그리고 사실 그의 업적은 계속 세계 각국에서 계량경제모델 분석의 귀중한 표본으로 여겨져 왔다. 이에 더해서 그는 계량경제학에 대한 최초의 체계적 교과서로서 유명한 *A Textbook of Econometrics*(1953)의 저자로서 각국의 계량경제학의 초학자 사이에 매우 널리 알려져 있다.

본서는 130여 면에 불과한 작은 책이기는 하지만 바로 그와 같은 그의 30여 년에 걸친 독창과 경험의 지속적인 축적을 담은 것이라고 할 수 있다. 원래 본서는 1968년 핀란드의 헬싱키 대학에서 행해진 집중강의록(유유 얀슨 기념강의록)을 바탕으로 한 것이며 1971년에 약간의 개정을 하고 새로이 약 30면의 부록을 첨가해서 발간되었다. 참고

---

* L. R. Klein, *An Essay on the Theory of Economic Prediction*, Chicago: Markham Publishing Company, 1971.

적으로 본서의 내용(목차)을 보면 그것은 〈문제의 정식화〉(pp. 10~12), 〈왜 예측하는가?〉(p. 12), 〈예측의 형식들〉(pp. 13~14), 〈예측모델〉(pp. 14~24), 〈예측오차〉(pp. 24~47), 〈예측의 개선〉(pp. 48~74), 〈승수분석의 일반화〉(pp. 75~78), 〈애그리게이션의 정도〉(pp.78~89), 〈다른 예측방식〉(pp. 89~99), 〈예측모델과 구조모델〉(pp. 99~103), 〈부록 A: 예측작업의 실제〉(pp. 105~115), 〈부록 B: 예측의 개선에 관한 약간의 실험결과〉(pp. 115~133)로 되어 있다.

계량경제학에 부과된 두 가지 임무, 즉 가설로서의 경제이론을 실증적으로 '구조분석'하는 것과 미래를 '예측'하는 것 가운데 그는 본서의 중심적 과제를 후자인 '예측', 그것도 경제예측에 두고 있다. 그리고 그는 계량경제학의 예측의 도구로서 기능을 높이 평가하고 있다. 사실 그는 계량경제학을 경제예측의 과학이라고 부르고 있다. 즉 그는 "Whither Econometrics?"(*Journal of the American Statistical Association*, June 1971, pp. 416~417)에서 "계량경제학은 경험적 규칙성을 인식하고 그러한 규칙성을 경제학의 법칙으로 일반화하는 시도에서 시작되었다. 넓은 의미에서 말하면 이와 같은 법칙을 이용하는 것은 예측을 행하는 것에 불과하다. 즉 일어났을지도 모르는 결과와 장래에 일어날 결과에 관한 예측이다. 계량경제학이 유효성을 갖기 위해서는 경험을 초월한 경제예측의 기초를 제공하는 것이어야 한다. 이와 같은 넓은 의미에서 보아 계량경제학은 경제예측의 과학이라고 부를 수 있을는지 모른다. ……"라고 말하고 있다. 또 그는 본서에서 계량경제모델에 의한 예측의 '기예'(art)로서의 측면보다는 도리어 '과학'으로서의 측면을 강조하고 있다. 즉 그는 "경제학과 계량경제학의 전문가가 현실경제에 대한 비범한 직감과 감(feel)을 가진 아마추어보다도 뛰어난 예측을 할 수 있다면 경제학과 계량경제학적 방법은 과학으로서의 지위를 마땅히 요구할 수 있다. 그렇다면 예측에 있어서 과학과 기예의 균형은 전자인 과학 쪽으로 기울어질 수 있다"(p. 12)고 말하고 있다.

그러면 여기서 그가 말하는 '과학'은 무엇인가. 그가 과학이라고 말하고 있는 것은 용어의 엄밀한 의미에서 과학을 말하는 것은 아니고 단순히 '누구에 의해서도 재현될 수 있다'고 하는 재현성(물론 이것은 절차의 객관성을 전제로 한다)의 존재를 과학이라는 것의 조건으로 하고 있는 데 불과하다. 즉 천재의 손에 의한 그림이나 조각은 후세의 사람들에 의해서 재현 불가능하다는 의미에서 그들은 기예이다. 공학적 기술은 후세의 사람들에 의한 습득(learning by doing)과 재현이 가능하므로 클라인의 정의에 따르면 과학이다.

결국 그는 본서에서 계량경제모델에 의한 예측이 재현 가능한 예측이라는 점을 강조하고 있는 셈이다. 그러나 이와 같은 재현 가능성(따라서 예측절차의 객관성)만으로는 충분하지 않다. 리퓨존·인덱스법, 자기회귀분석, 스펙트럴 해석 등의 시계열 분석의 방법도 그와 같은 조건을 충족시킨다. 물론 이들 예측방식이 갖는 결점은 '다른 예측방식'에서 다루어지고 있다. 이들 예측방식에는 구조특성이 명시적으로 도입되어 있지 않기 때문에 조건부 예측이 불가능하며, 구조에 관한 사전정보를 예측 시에 이용할 수 없다는 등의 결점이 있다고 한다. 그러기에 그는 최고의 예측은 최고의 구조모델에서 나온다고 말하고 있다(이것은 클라인의 신념이라고 할 수 있다).

그러면 절차의 객관성과 구조모델이 주어졌을 때 순수하게 기계적으로 예측치를 유도해도 정도(精度)가 높은, 실용적으로 유용한 예측치는 얻어진다고 할 수 있는가. 그는 그와 같은 예측치를 얻기 위해서는 판단정보가 필요하며 모델을 업데이트하여 현실과 괴리를 작게 하기 위해서 정수항 수정(定數項修正)이 필요하다고 한다. 그 이유는 다

음과 같다. 첫째로 외생변수의 장래치에 대해서 합의에 이를 수는 없
다. 둘째로 예측되는 시점에 있어서의 교란을 가능한 한 예지하고 통
제할 필요가 있다. 셋째로 예측되는 시점에서 구조변화가 발생할는지
도 모른다. 넷째로 최신의 모델 밖의 정보를 모델에 도입할 필요가 있
다. 다섯째로 오차항의 계열상관에 따라 조정이 필요하게 된다.

　어떻든 실용적으로 유용한 예측치를 유도하기 위해서는 정수항 수
정이 필요한데, 그는 이 정수항 수정의 방법에 관해서 기계적인 방법
(p. 49 이하)을 제시하면서도, 예측 정도를 높이기 위해서는 이와 같은
공식적인 방법보다도 잔차(殘差)에 관한 선험적 정보를 이용하는 편이
낫다고 말하고 있다(p. 127; p. 129). 그러나 이 선험적 정보로서 어떤
정보를 이용하며 그것을 모델의 정수항 수정으로서 어떤 방법으로 수
치화하는가에 대해서는 전혀 언급이 없다. 그는 또 오차의 계열상관과
관련해서 예측목적에 적합한 파라미터 추정의 문제—시차종속변수의
취급법, 해경로(解經路)로부터 오차의 자승합계를 최소로 하는 파라미
터추정, 시차종속변수를 동시종속변수로서 취급하는 문제 등—를 논
하고 있다(p. 55 이하). 그러나 이 문제는 통계이론적으로 해결되지 못
하고 있다.

　이에서 알 수 있는 바와 같이, 계량경제모델에 의한 예측에는 외생
변수의 상정, 판단정보의 이용법, 예측목적에 적합한 파라미터 추정에
난점이 있지만, 그 밖에도 확률모델을 이용하면서 예측치에 대해서 확
률적 서술을 할 수 없다는 결점이 있다고 한다. 그는 이 예측치의 확
률적 서술과 관련해서 '예측오차'에서 예측모델의 예측치의 표준편차
를 기술하고 있다. 거기서 그는 정규난수(正規亂數)를 발생시켜서 예측
치의 조(組)를 몇 개 만들고 그 조에서 예측치의 표준편차를 계산하는
방법을 제시하고 있다. 그러나 도리어 그의 말대로 가능한 외생변수의

배합에 대응하는 예측치를 계산해서 예측구간 같은 것을 구성하는 편
이 예측의 이용가치는 높아질 것이다(p. 74).

결국 이렇게 보면 클라인이 본서에서 그렇게 적극적인 의미를 부여
하고 있는 계량경제모델에 의한 예측은 외생변수의 상정, 판단정보의
이용법, 예측목적에 적합한 파라미터 추정, 예측치의 허용구간의 설정
등에서 매우 곤란한 문제를 갖고 있다고 말할 수 있다. 본서는 또 예
측의 통계이론에 대해서 체계적으로 기술한 것도 아니다. 그리고 본서
에서 계량경제모델에 의한 예측의 기예로서의 측면보다도 과학으로서
의 측면을 강조하려고 한 클라인의 의도가 달성되었다고 말할 수 있
을는지에 대해서도 의문의 여지가 있다. 그러나 본서에서 제시된 예측
의 방법과 이론은 계량경제학의 대가로서 30여 년 동안 계량경제 분
석에 종사해온 클라인의 산 경험의 산물이라는 인상이 짙다는 점에서,
특히 본서의 여기저기에서 거듭해서 강조되고 있기는 하지만, "예측모
델과 구조모델(구조분석모델)은 결코 별개일 수는 없다. 최고의 예측은
최고의 구조모델을 전제로 할 때 비로소 이루어지는 것이다"라고 하는
클라인의 신념을 간취할 수 있다는 점에서 본서는 매우 흥미 있고, 의
의 있고, 유용하고 인상 깊은 것이라고 할 수 있다.

이 밖에도 그가 본서에서 밝힌 사실들, 그 가운데서도 "거시모델의
디스애그리게이션은 방정식의 수를 늘리는 방법보다도 마스터 모델을
중심으로 산업별의 서브 모델 혹은 I-O 모델을 연결하는 방법이 유효
하다"(p. 81), "예측효율의 향상은 추정치의 개선보다도 모델의 개선,
데이터의 정도의 향상에 기인하는 편이 크다"(p. 133) 등은 매우 중요
한 결론 혹은 사실확인(fact-finding)이라고 할 수 있다. 또 그뿐 아니다.
이미 앞에서 든 본서의 각 내용은 세부를 제외하고서는 대체로 각각
독립되어 있다고 볼 수 있다. 그리고 어느 정도의 기술적인 예비지식

을 필요로 하는 〈예측오차〉와 〈예측의 개선〉을 제외하고서는, 나머지
는 비록 완벽한 이해를 위해서는 고도의 전문적인 지식을 필요로 하
는 곳이 여기저기 있기는 해도, 그가 말하고자 하는 바의 요점을 이해
하는 데는 별로 예비지식을 필요로 하지 않는다고 할 수 있다. 따라서
흥미와 관심이 쏠리는 대로 순서를 가리지 않고 각 내용을 읽어도 무
방할 것이다. 본인은 이러한 장점들을 높이 사서 본서의 일독을 권하
는 바다.

《경제논집》(서울대, 1974)

제3편
발전경제학

제1장 논 문

경제발전과 인적 요인

1. 경제발전의 계기들

인간이 기계나 도구를 사용하여 노동 대상에 작용을 가하는 노동생산 과정이 이전보다 더 많은 산출량을 생산할 때 우리는 이것을 경제발전이라고 말한다. 따라서 경제발전의 계기란 인간 능력, 생산 용구, 노동 대상이며, 인간 능력의 개선, 생산 용구의 발명·개선 및 유리한 자연적 조건에 따라 경제발전은 좌우되는 것이다.

그러면 이러한 세 가지 계기의 각각은 경제발전에서 어떠한 위치를 차지하고 있는가를 먼저 살펴보자.

(1) **자연적 조건**: 노동 대상은 자연에 그대로 존재하든지 아니면 자연에 있는 것에 노동을 가한 원료로 구성되어 있기 때문에 노동 대상은 결국 자연적 조건에 따라 제약된다. 자연적 조건이 좋은 것, 즉 자연적 자원의 풍부함은 경제발전에서 중요한 조건을 이루고 있다. 그러나 자연적 조건이 그대로 경제를 발전시키는 것이 아니고, 기술 또는 생산 용구를 매개로 하는 것이 필요하다는 것을 잊어서는 안 된다. 예컨대 석탄은 태고의 옛날부터 있었지만 그것을 동력화할 기술이 발전

하지 않았을 동안은 자원으로 될 수 없었으며, 철광석도 제철 야금의 기술이 개발되지 않았을 동안은 돌덩이에 불과하였던 것이다. 따라서 정책적 의미를 갖는 경제개발에서는 자연적 조건을 기술의 개발 또는 생산 용구의 발명·개선이라는 요인으로 귀속시킬 수 있을 것이다.

(2) 생산 용구: 여러 가지 기계류 및 도구류로 구성되는 생산 용구는 경제발전에서 매우 큰 역할을 수행하며, 특히 공업사회에서 생산 용구의 역할은 절대적이다. 그러나 생산 용구는 인간이 노동 대상에 작용을 가하여 창조한, 과거에 축적된 노동에 불과하다. 즉 자연과학의 발달에 따른 기술의 진보에 의하여 인간의 노동력과 노동 대상을 매개하기 위하여 인간이 창조한 것이 생산 용구인 것이다. 따라서 생산 용구란 인적 측면에서 보면 기술의 문제이다. 그런데 이 생산 용구란 자본과 그 개념상 동일한 것이며, 전자는 스톡(stock)의 개념, 후자는 플로(flow)의 개념을 나타낸다고 할 것이다.

(3) 인간 능력: 전 인류생활의 영구적 자연조건인 노동생산 과정에서 인간 능력은 유일한 적극적 요인이며 주체적 요인이다. 따라서 경제발전에서도 인간의 육체적·정신적 능력은 가장 결정적인 요인이다. 왜냐하면 아무리 자연적 조건이 좋고 생산 용구의 수준이 높다 하더라도 인간의 능력이 없다면 경제발전이란 있을 수 없기 때문이다.

그런데 인간 능력이란 경제발전에서 여러 가지 형태로 나타난다. 즉 직접 생산을 담당하는 노동자 및 농민의 노동 능력, 자연법칙의 발견에 의해 기술을 진보시키는 과학자의 발명 능력, 경제적 자원들을 결합하여 혁신(innovation)을 일으키는 기업가의 능력, 현재적 및 잠재적 자원들을 경제발전에 동원·배분·관리할 수 있는 사회제도, 정치기구 및 정책을 수립하는 정치가의 능력 등이다. 물론 직접적인 생산자로서 노동자와 농민의 노동 능력이 가장 기본적인 인간 능력이지만, 그 밖의 여러 가지 형태의 인간 능력도 경제발전에서 매우 중요한 구실을 담당하고 있음은 후진국의 경제개발을 고찰하면 곧 알 수 있을 것이다. 따라서 경제개발에서 인적 요인이란 결국 노동자, 농민, 과학자, 기업가 및 정치가를 포함하는 것으로 정의된다.

이와 같이 경제발전이란 자연적 조건과 생산 용구 및 인간 능력에 의하여 결정되는데, 그 가운데서 인간 능력이 유일한 적극적 요인이며 또 결정적 요인인 것이다. 즉 인간이 자기가 만든 생산 용구로 자연적 조건으로서의 자연자원에 작용을 가하는 것이 노동-생산 과정이며 이 과정에서 경제는 성장·발전하여 가는 것이다. 따라서 경제개발에서는 먼저 인적 요인을 개발하는 것이 가장 타당하며, 가장 중요한 문제이다. 이제 이러한 이론적 배경을 가지고 선진국의 도약준비 단계를 살펴보자.

서구 자본주의의 초기 역사를 돌아보면 증기기관 및 방적기의 발명에 의하여 개시된 산업혁명의 훨씬 이전에 문예부흥과 종교개혁에 의한 인간 혁명이 있었던 것이다. 여기에서 물질적 부와 노동을 신성시하며 근검과 절약을 미덕으로 생각하고 모든 면에서 계산성과 합리성을 추구하는 새로운 인간이 생겨난 것이다.

그리하여 이 새로운 인간은 자본을 합리적으로 조달, 배분, 관리할 수 있는 여러 사회적·정치적 제도를 확립하고, 기업가적 능력을 양성할 수 있는 전반적인 사회환경을 조성하고, 기술적·과학적 능력을 개발할 제도적 기반을 구축한 것이었다. 즉 저축을 동원하여 생산적 투자로 유인할 은행제도 및 주식회사제도가 창설되고, 기술자, 기능공 및 과학자를 양성할 교육기관 및 전문연구소가 설립되었으며, 물질적 부를 숭배하며 생산에 참여하는 자가 비생산층보다 존경을 받는 사회 환경적 조건에서 우수한 인간이 기업계로 진출할 수 있었던 것이다.

이와 같은 인간능력의 개선 및 진보와 자본의 동원을 합리적으로 할 수 있는 제도적 기본구조의 확립에 의하여 서구의 자본주의는 도약 단계에 돌입하였던 것이다. 다시 말하자면 경제개발에서 인적 요인으로서 정치가, 기업가, 과학자 및 직접 생산자의 능력 개선과 진보, 이에 따른 사회적·정치적·기술적인 기본구조의 확립에 의하여 경제가 지속적이고 자주적인 성장 단계로 돌입한 것이다.

2. 경제발전과 인적 요인과의 관계

그러면 오늘날 후진국의 상황은 어떠한가? 한마디로 말하면 경제적 정체상태에 빠져 있다. 그러나 이것은 잠재적인 발전 가능성이 없기 때문에 그렇게 된 것이 아니라 잠재적인 발전 가능성에 현실성을 부여할 만한 인간 능력이 부족하기 때문인 것이다. 특히 인간 능력 중 정부를 구성하고 있는 정치가 및 그 집단의 능력이 부족하기 때문에 금일의 후진국은 그 후진성과 경제적 정체성을 벗어나지 못하고 있는 것이다. 왜냐하면 일반적으로 후진국에는 잠재적인 경제적 자원을 개발할 만한 동인이 경제체계 내부에 형성되어 있지 않고, 따라서 경제의 순환과 성장이 자동적인 기구에 의하여 이루어지지 않고 있으므로 경제개발의 동인을 정책적으로 형성하고 또한 그에 필요한 사회조직면 또는 주체 면의 여러 조건을 조성하기 위한 정부의 기능이 크게 요청되고 있기 때문이다.

물론 그 밖의 인적 요인으로서 기업가나 과학자, 노동자, 농민의 능력이 문제되지 않는 것도 아니다.

후진국의 기업가는 옛날 서구에서 자본주의를 다이내믹하게 추진한 금욕적 중산층의 근검과 노동의 정신을 거의 가지고 있지 않기 때문에, 벌어들이는 거대한 수입을 생산적 목적에 이용하는 것이 아니라 주택, 귀금속, 사치품, 해외여행 등으로 과시소비를 한다. 또한 후진국의 기업가는 상업이나 소비재 생산에 주로 종사하든지, 거기에서 벗어난 지 얼마 되지 않아 자본의 회전율이 높고 수익성이 큰 부문에만 관심을 두기 때문에 부동산투자, 재고투기 등 비생산적 부문에 투자하는 경향이 있고, 기술혁신이나 합리적인 경제적 계산에 따라 축재하려 하지 않고 정치권력과 흥정에 따른 부정특혜로서 자기의 경제적 세력을 확장하려 하고 있으며, 더욱이 외국자본과 결탁에 의하여 국내에서 독과점적 지위를 수립하여 이를 계속 향유코자 노력하고 국민경제의 발전에는 아무런 관심을 두지 않고 있다.

이러한 기업가의 능력 부족은 물론 그 자신의 능력 부족에 말미암은 것도 있지만 그 대부분은 후진국의 전반적인 경제환경 즉 인플레이션의 진행, 사회간접자본의 불비에 의한 외부경제효과의 결여, 국내시장의 협소 등에 말미암은 것이며, 따라서 기업가의 능력 부족이란 근본적으로 경제발전을 위한 모든 '정책의 제조창'으로서 정부의 능력 부족을 반영하는 것이라고 볼 수 있다.

만약 확립된 이념과 합리적인 능력을 갖춘 정치가와 그 집단이 정부를 구성하고 있다면, 자본 과세와 고율 누진조세에 의하여 잉여 구매력의 대부분을 흡수하여 비필수적 소비를 제거하고, 여기에서 모인 저축을 발전소, 도로, 철도, 관개시설, 토지개량 등의 생산적 부문에 투자하여 생산력을 향상시킬 경제적 환경을 창출할 수 있을 것이다.

또한 사적 자본이 꺼려하는 투자부문이나 독과점 업체가 자기의 독점력을 유지하기 위하여 설비의 확장을 저지하는 산업부문에는 정부가 개입하여 필요한 투자를 할 수 있을 것이며, 단기적으로는 이익이 적으나 장기적으로는 이익이 많은 부문에 대해서는 정부가 단기적 손

실을 감내하면서 개발을 추진할 수 있을 것이다. 그리고 민간 및 공공
부문의 개발활동에서 초래되는 인플레이션 압력은 경제체제 내 다른
부문의 지출을 거기에 상응하여 동시적으로 삭감함으로써 줄이거나
제거할 수 있을 것이다. 이것을 위해서는 조세정책에 의하여 투자에
의한 화폐소득의 팽창을 충분히 상쇄할 수 있을 정도의 금액을 소득
의 흐름에서 효과적으로 거두어들이면 될 것이다.

또한 희소상품과 공급이 부족한 상품에 대한 투기나 생활필수품에
대한 폭리행위는 엄격한 가격통제에 의하여 제거할 수 있을 것이며,
공급이 부족한 대중소비품의 평등한 분배는 배급제에 의하여 보증할
수 있을 것이다. 수요가 많은 자원을 사치적인 목적에 사용하는 것을
방지하기 위해서는 자원배분 우선순위를 설정하면 될 것이고, 외환관
리를 철저히 한다면 자본 도피나 귀중한 외화를 사치품 수입이나 호
화판 해외여행 등으로 소산시켜 버리는 사태는 발생하지 않을 것이다.
더욱이 외국자본의 도입에 있어서 차관의 성격과 도입업체의 능력을
공정하게 파악한다면 외국자본이 국내산업을 마음대로 요리하거나 외
채상환 능력이 없어 대불이 발생하는 사태는 일어나지 않을 것이다.

다음, 과학자의 발명 능력을 살펴보자. 외국에서 완성된 기계·기구
류를 대량 도입할 뿐만 아니라 과학기술에 대한 인식 및 투자가 없으
며 과학교육에 필요한 시설 및 설비가 없는 후진국에서는 과학자의
발명 능력을 배양할 수 없다.

또한 노동자의 노동 능력을 살펴보아도 전반적인 교육수준이 낮고
직업교육과 기술교육의 규모 및 수준이 낮으며, 더욱이 임금수준이 노
동력을 단순 재생산하거나 축소 재생산하는 상태 아래에서는 노동 의
욕이 생길 리 없으며 노동 생산성의 향상이나 기술 진보 가능성의 개
발이란 처음부터 불가능한 일이다.

농민의 상태도 노동자의 상태와 별다를 것이 없다. 토지 없는 농민이 지주의 지배 아래서 반노예적인 조건으로 경작에 종사한다면 여기에는 토지 생산성의 개선이 있을 수 없고, 외국의 식민지 지배 아래서 교육의 기회가 없었던 농민으로선 농촌 지도사업의 강화가 없다면 영농방법의 개선이란 처음부터 불가능한 일이다. 더욱이 공업입국의 미명 아래 수립되는 저미가(低迷價) 정책과 중간상인층의 수탈은 이농(rural exodus)의 현상을 결과하지 않을 수 없는 것이다.

이상에서 후진국의 인적 요인을 대강 살펴보았거니와, 결국 후진국에서는 확립된 이념과 합리적인 능력을 갖춘 정치가 및 그 집단이라는 인적 요인이 가장 중요한 요인이며, 이러한 인적 요인이 자본을 합리적으로 동원·배분·관리하는 사회적·경제적·정치적 기본구조를 확립하기 위한 국내개혁을 단행함과 동시에 기업가, 과학자, 노동자, 농민 등의 능력을 개선할 수 있는 제도적, 물질적 기반을 구축하는 것이 경제개발의 핵심이라는 것을 알았다. 이와 같은 결론은 서구열강의 동점 이후에 공업화 및 경제자립을 달성한 일본의 경우에도 타당하며, 이것은 모든 후진국의 경제발전에서 가장 타당한 결론일 것이다.

3. 외국자본에 의한 경제발전 정책의 문제점

그런데 일부의 후진국에서는 국내에 있는 현재적 및 잠재적인 경제적 자원들을 개발할 국내 개혁 및 인적 투자를 하지 않고, 오직 외국자본에만 의존하여 경제개발을 수행하려고 시도하고 있다. 그 전형적인 악례(惡例)가 라틴아메리카이다. 이하에서는 라틴아메리카의 경제를 분석함으로써 앞에서 내린 내 결론의 타당성을 입증하겠다.

라틴아메리카 국가들은 국내 개혁이나 인적 투자 없이 외국자본에 의해 경제개발을 하려는 대표적인 국가들이다. 거기에 진출한 외국자본은 라틴아메리카의 경제를 근대적 부문(광산, 유정, 플랜테이션 등)과 전통적 부문(공업, 수공업 등의 자급자족 부문)으로 양분하여 그 경제를 이중구조로 만들며, 근대적 부문이 전통적 부문과 병존하고 있다기보다는 오히려 전자가 후자를 희생으로 하여 성립한다. 즉 전통적 부문에 모여 있는 수많은 빈농 및 반실업 노동자는 근대적 부문에서 저임금과 고생산성을 보장하고 있으며, 또 이 노동 예비군은 계절적 노동력과 붐 때의 일시적 노동력을 공급하여 생산의 애로를 해소함과 동시에 국제적인 경기변동의 충격을 완화시키고 있다. 그리고 이 전통적 부문은 근대적 부문이 본국으로 수출하는 원료와의 교환으로 본국에서 수입하는 식량 및 일용 제조품의 시장으로 기능한다. 이처럼 외국자본에 의한 근대적 경제부문은 전통적 경제부문에 굳게 뿌리를 내리고 그 단물을 빨아먹음으로써 성립하고 있는 것이다.

그리하여 라틴아메리카의 사회·경제 구조는 외국자본 및 이것과 결탁한 국내의 소수 특권층이 광업, 공업, 농업 및 상업을 완전히 장악하고 있어 극도로 불균등한 소득분배 구조를 나타내고 있으며, 외국 자본가 및 국내 특권층과 일반대중으로 사회는 양극화되어 가고 있는 것이다. 한편 농업 이외의 부문에서 축재한 부는 토지겸병이라는 비생산적 부문으로 흘러 들어가고 있다.

콜롬비아에서는 2.6퍼센트의 인구가 40퍼센트의 소득을 차지하며, 푸에르토리코에서는 10퍼센트가 44퍼센트의 소득을 얻고 있다. 또한 베네수엘라에서는 3퍼센트의 토지 소유자가 74퍼센트의 토지를 소유하며, 브라질과 칠레에서는 2퍼센트가 50퍼센트의 토지를, 에콰도르에서는 0.2퍼센트가 33퍼센트의 토지를 소유하고 있다. 그리하여 라틴아메리카 전체에서는 15퍼센트의 인구가 경지의 65퍼센트를 독점하고 있는 것이다.

이러한 과두특권층의 토지 지배로부터 생기는 경제적 결과는 토지 생산성의 정체, 시장의 협애화, 인플레이션의 진행, 저축의 유출 등이다. 소수의 인간이 광대한 토지를 소유하기 때문에 그 토지의 대부분은 유휴지로 된다. 한편 소작농과 분익(分益)소작농은 반노예적인 조건 아래서 지주에게 높은 지대를 바치기 때문에 지주는 근대적인 기술을 도입하여 생산성을 향상시킬 유인을 조금도 가지지 못하고, 따라서 토지의 생산성은 정체하게 된다. 농민의 대부분은 토지를 소유하지 못하거나 소유한다 하더라도 극단적인 소규모 경영이기 때문에 소득수준이 매우 낮고, 지주는 사치적인 과시소비를 일삼기 때문에 제조품에 대한 시장은 대단히 협애하고, 따라서 공업화의 모든 시도는 판로라는 애로에 부딪치게 된다.

농업부문의 정체는 필연적으로 인플레이션을 야기한다. 즉 토지 생산성의 정체는 식량의 공급을 매우 비탄력적인 것으로 만드는 데 반하여 일반대중은 빈곤하여 엥겔계수가 높아 소득이 조금만 증가하여도 그것은 식량 구입에 사용되기 때문에 식량 공급이 그 수요 증가에 대응하지 못하여 식료품의 가격은 등귀한다. 식료품의 가격 등귀는 곧 노동조합으로 하여금 임금 인상을 요구하게 하여 제조품의 가격을 등귀시킨다. 이리하여 물가와 임금의 악순환이 시작되고, 전반적인 인플레이션이 진행되는 것이다. 인플레이션이 진행되면 저축은 아무런 가치도 가지지 못하게 되므로 소득 가운데 소비를 초과하는 잔여분은 저축투자로 향하는 것이 아니라 부동산 투자, 토지 투자, 재고 투기, 귀금속 매입 등으로 낭비되든지 해외로 유출된다. 이처럼 저축 및 생산적 투자라는 메커니즘이 작용하지 않게 되므로 경제발전의 전망은 전부 소멸되는 것이다.

이러한 과정에서 증가되는 빈민대중은 기아의 함정에 빠지며, 이것은 점점 사회적, 정치적 불안을 조성한다. 더욱이 다른 나라의 물질적 풍요와 시민운동의 전개는 일반대중의 기대를 혁신하여 현재의 사회·경제체제에 대한 불만을 고조시킨다. 특권적 과두층은 대중봉기의 위험에 대비하여 사병적 군대를 가지게 되며, 이 군대는 특권층과 밀접한 이해관계를 가진 외국의 원조에 의하여 근대적 장비로써 강화된다. 그리하여 군대는 대중의 불평불만을 억압하며, 또 모든 개혁을 저지하기 위하여 정기적으로 쿠데타를 일으키고 있다. 이처럼 외국자본에만 의존하여 경제개발을 수행하려던 라틴아메리카는 경제 면에서는 모든 발전이 정체되고, 사회 면에서는 일촉즉발의 기아가 만연하고 있으며, 정치 면에서는 민주주의의 부재와 군대의 간섭이 크게 대두하고 있는 것이다.

4. 맺음말

나는 이 글에서 경제발전의 여러 계기를 설명하면서 인적 요인의 중요성을 강조하였으며, 서구 자본주의의 발달과정에서 인적 요인의 역할을 분석함과 동시에 후진국의 경제개발에서 인적 요인의 더욱 큰 중요성을 강조하고, 후진국의 경제개발에서는 확립된 이념과 합리적인 능력을 갖춘 정치가 및 그 집단이 국내 개혁 및 인적 투자를 통하여 경제를 개발하는 것이 경제적 자립화 및 국민적 통합화의 핵심이라는 것을 밝혔다. 그리고 첨가하여 외국자본에만 의존하여 경제개발을 하려던 라틴아메리카를 분석함으로써 내가 내린 결론, 즉 국내 개혁과 인적 투자가 경제개발의 핵심이라는 것을 다시금 강조하였다.

《정경연구》(1969. 3)

재벌의 윤리와 경제발전

1. 머리말

최근에 와서 재벌이 많은 논란의 대상이 됨에 따라 재벌의 윤리가 강조되고 있다. 이것은 주로 재벌의 부정적 역할에 기인한다고 할 수 있다. 따라서 여기서는 우선 재벌의 역할(긍정적 역할과 부정적 역할)을 살피고, 다음에 이 글의 목적인 바람직한 재벌의 윤리는 무엇인가를 밝히고자 한다. 그러나 재벌이 스스로 바람직한 윤리를 지키기 바란다는 것은 현실적으로 매우 어려운 일일 것이다. 따라서 그와 같은 바람직한 윤리를 재벌로 하여금 지키도록 하는데 필요하다고 생각되는 제도적 방안에 대해서 말하기로 한다.

본론으로 들어가기에 앞서 적어도 재벌과 경제발전이 무엇인가는 명확하게 해둘 필요가 있다. 원래 재벌이라는 말은 일본에서 만들어진 통속적인 말이며 명확하게 정의될 수 있는 성질의 것은 아니다. 그러나 일단 그것은 '외형적으로는 독립되어 있지만 실질적으로는 동일한 자본에 의해 소유되어 있어서 자금, 인사, 경영 등 모든 면에서 일관된 체계하에서 움직이고 있는 대기업의 집단으로 구성되어 있는 독점자본'으로 정의하기로 한다.

다음에, 경제발전이란 단순한 양적인 경제규모의 확대, 즉 국민소득의 확대를 의미하는 경제성장으로 보는 견해도 있다. 그러나 여기에서는 일단 그것을 '경제성장에 더하여 경제의 자립과 안정의 강화 및 국민복지의 증진'으로 보기로 한다. 만약 경제발전을 경제성장으로만 이해한다면 공해(公害)라든지 부당한 폭리 등의 문제(즉 재벌의 부정적 역할로 인한 폐해)는 재벌의 윤리와는 무관한 것이 될 것이다.

이하에서는 재벌과 경제발전을 이와 같이 이해하고 논의를 전개할 것이다.

2. 재벌의 긍정적 역할

우선 재벌의 긍정적 역할로서는 저축 및 투자의 주도적인 담당을 들 수 있다. 물론 저축 및 투자에서 정부의 역할이 매우 커진 것은 사실이지만, 자본주의에서는 저축 및 투자의 중심적 주체는 역시 기업이며, 또한 현대에서는 재벌이 기업의 중심적 형태가 되고 있으므로 저축 및 투자의 중심적 주체는 재벌이라고 해도 과언이 아니다.

재벌은 비단 이윤의 축적으로 인한 풍부한 자기자본을 갖고 있을 뿐 아니라 튼튼한 공신력과 큰 영향력을 갖고 있어서 주식 발행과 금융기관으로부터 차입을 통한 타인자본의 동원 능력도 막강하다. 재벌은 이와 같이 자기자본 및 타인자본의 풍부한 동원 능력을 갖고 투자함으로써 경제성장을 촉진시키는 것이다.

또 한 가지 재벌의 긍정적 역할로서는 대량생산을 통한 규모의 경제의 실현을 들 수 있다. 이 규모의 경제의 실현은 생산비 절하와 자원의 절약을 가능케 한다. 물론 이 역할은 엄밀한 의미에서는 재벌에 고유한 것은 아니고, 대기업에 공통되는 것이다. 그러나 재벌은 대기업의 집단이므로 그것을 재벌의 역할이라고 해도 무방할 것이다.

재벌은 거대한 자본 동원 능력을 갖고 대규모 생산시설에 필요한 대규모의 투자도 행할 수 있다.

끝으로 또 한 가지 긍정적 역할로서는 신기술 개발 및 도입을 들 수 있다. 이 역할도 대량생산을 통한 규모의 경제의 실현과 마찬가지로 재벌의 고유한 역할이라기보다 대기업의 역할이라고 말하여야 정확하겠지만 대기업의 집단이 재벌이므로 재벌의 역할이라고 해도 무방할 것이다.

원래 산업혁명기 즉 고전적 산업자본주의의 성장기에서는 신기술의 개발과 이의 생산에의 도입은 소생산자에 의하여 주로 이루어졌으나, 대량생산기술이 일반화된 현대에서는, 특히 선진국에서는 신기술의 개발과 도입은 주로 대기업에 의해서 이루어지고 있다. 슘페터에 따르면 경제발전의 원동력은 신기술의 생산에의 응용 곧 '혁신'인데, 이는 신기술의 발명, 이를 생산에 도입하려는 기업가의 창의적 의지 및 이를 위한 자금을 공급해 주는 은행의 신용창조의 3요소가 결합되어 이루어진다고 한다. 이와 같은 혁신을 위한 3요소를 가장 잘 구비하고 있는 것이 대기업, 나아가서는 재벌이라고 할 것이다. 재벌은 독자적인 연구개발을 위한 연구기관과 또한 이를 도입하려는 의지와 이에 필요한 자본 동원 능력을 갖고 있는 것이다.

이상에서 살펴본 경제발전에서 재벌의 긍정적 역할의 세 가지 즉 저축 및 투자의 주도적인 담당, 대량생산을 통한 규모의 경제 실현, 그리고 '혁신'의 담당은 항상 분리되어서 이루어지는 것은 아니고 동시에 상호 결합되어서 이루어질 수 있는 것이다. 그러나 이상의 재벌의 세 가지 긍정적 역할은 경제의 자립과 안정의 강화 및 국민복지의 증

진과 직결되는 것은 아니므로 이 세 가지 역할은 주로 경제성장에 기
여이지 경제발전에 기여라고 할 수는 없다. 즉 재벌이 이 세 가지 성
과를 달성하였다고 하여 곧 재벌이 경제발전에 기여하였다고 할 수는
없는 것이다. 왜냐하면 재벌은 다음에서 살펴보는 바와 같이 경제발전
에 대해서 부정적 역할도 하고 있기 때문이다.

3. 재벌의 부정적 역할

재벌은 긍정적 역할을 행함에도 여러 가지 면에서 비판을 받고 있
다. 이것은 주로 재벌의 부정적 역할에 기인한다고 할 수 있다. 그런데
그것은 크게 세 가지, 즉 기업으로서 재벌의 부정적 역할, 대기업으로
서 재벌의 부정적 역할, 대기업의 집단으로서 재벌의 부정적 역할로
나누어볼 수 있다. 재벌은 기업이면서 대기업이고 또한 대기업의 집단
이기 때문이다.

물론 이 세 가지 부정적 역할 중에서 재벌에 고유한 것은 세 번째
것에 국한한다고 할 수 있다. 그러나 현실적으로는 대부분의 대기업이
재벌 산하에 있으므로, 대기업과 재벌을 현실적으로 분리시키기 힘든
것과 마찬가지로 두 번째의 역할과 세 번째의 역할을 분리시키는 것
도 힘든 일이다. 우선 기업으로서 재벌의 부정적 역할로서는 산업공해
의 발생, 불량상품의 판매, 산업재해의 발생, 종업원에 대한 부당한 대
우, 부실기업화, 과다한 외채의존 등을 들 수 있다. 이와 같은 부정적
역할은 비단 재벌에만 국한되는 것이 아니고 모든 기업에 해당된다.
그러나 그럼에도 이와 같은 부정적 역할에 대한 비난이 재벌로 집중
되는 것은 재벌 산하기업이 대기업이므로 이와 같은 부정적 역할로
인한 폐해가 중소기업에서보다 두드러지게 나타나고, 또한 재벌은 중

소기업보다 이와 같은 폐해를 스스로 해결할 만한 충분한 자본이나 기술을 갖고 있으면서도 그것에 소홀한 때문이다.

예컨대 우리나라의 자동차 재벌들은 외자의 도입에는 모두 적극적이었으나 무공해차량의 개발을 위해서는 아직 별로 노력하지 않고 있으며, 또한 전자공업에 진출한 재벌들도 모두 외자도입에는 열성적이었으나 불량상품의 판매와 종업원의 처우개선에는 대부분 무관심한 편이다.

다음에 대기업으로서 재벌의 부정적 역할로서는 독과점 폐해의 야기를 들 수 있다. 독과점의 폐해는 불공정성과 비효율성의 둘로 나눌 수 있다. 독과점이 불공정성과 비효율성을 수반한다는 것은 일반적으로 시인되고 있는 사실이다. 독과점 아래에서는 상품의 가격이 독과점 기업에 의해서 부당하게 높이 결정됨으로써 독과점 기업은 폭리를 취득하게 되어 공정성이 파괴되며, 또한 독과점적 상품의 가격만이 인위적으로 상승됨으로써 각 상품 가격의 자연스러운 등락을 통한 자원의 최적배분이 왜곡되어 효율성도 파괴되는 것이다.

우리나라의 경우 내구소비재는 거의가 수입이 금지된 품목이면서 국내시장은 몇몇 재벌에 의해서 과점되어 있는데, 이들 상품의 국내가격은 대부분 국제가격에 비해 훨씬 높다. 그뿐만 아니다. 완전히 한 재벌 산하기업에 의해서 독점되어 있는 상품인 A재(모든 기계의 기초부분품의 하나임)의 경우 역시 수입 금지품목임으로 해서 국내시장을 독점하고 있는 관계로, 그 품질이 국제수준 이하임에도 불구하고 그 기업은 기술개발을 게을리하고 있으며 품질개선이 전혀 이루어지지 않아 우리나라의 기계공업 전체의 발전을 지연시키고 있는 것이다.

끝으로 대기업의 집단으로서 재벌의 부정적 역할로서는 방만하고 무분별한 투자를 들 수 있다. 재벌은 산하에 다수의 대기업을 갖고 있으므로 한 산업만이 아니라 여러 산업에 투자한다. 우리나라의 경우 한 재벌이 제당업, 섬유업 등의 경공업에서부터 시작하여 무역업, 보험업, 운수업, 서비스업 그리고 전자공업, 비료공업 및 조선공업 등 중화학공업에까지 다방면에 걸쳐 자체 내에서 축적된 자본과 막강한 타인자본의 동원능력을 구사하며 투자하고 있는 것이다. 그런데 재벌은 종종 무분별하게 투자함으로써 자본을 낭비할 뿐만 아니라 무력한 시민과 중소기업의 생존권을 위협하고 있는 것이다. 예컨대 토지나 상품을 매점함으로써 주택난을 가중시키고 인플레를 가속화시켜서 시민의 생활을 어렵게 하거나 중소기업의 분야에까지 침투하여 중소기업을 몰락시키고 중소기업 종사자의 생존기반을 박탈하는 폐해를 끼치는 것이다. 한 재벌 기업의 아이스크림 분야에 진출로 기존의 소영세 아이스크림 업자를 전부 몰락시킨 일이라든지, 도시 근교의 수많은 토지가 재벌들에 매점되어 최근의 부동산투기에서 재벌이 지대한 역할을 하고 있다든지 하는 예는 우리 모두가 잘 알고 있는 사실이다.

그런데 이와 같은 대기업의 집단으로서 재벌의 부정적 역할에 기인하는 폐해는 재벌 산하의 대기업이 상호 지원을 통하여 부정적 역할을 용이하게 함으로써 더욱 확대될 수 있다. 예컨대 1973년 말의 유류파동 때 아이스크림 공장과 정유공장을 가진 H재벌은 유류 부족 때문에 곤란을 받고 있는 제과점들에게 그들의 아이스크림을 취급한다면 유류를 공급해 주겠다고 제의한 일이라든가, 재벌 산하에 있는 보험회사가 같은 계열의 부동산회사의 골프장 신설에 융자하여 준다든지 하는 것들이 이런 예라고 할 것이다.

4. 재벌의 윤리

앞에서 재벌의 경제발전에서의 긍정적 역할과 부정적 역할을 살펴보았다. 이에 비추어볼 때 결국 경제발전을 위해 바람직한 재벌의 윤리는 재벌의 이러한 긍정적 역할을 살리고 부정적 역할은 억제하는 것에서 찾아야 할 것이다. 바꾸어 말하면 재벌이 그 사회적 책임을 다하는 것에서 찾아야 할 것 이다.

따라서 우선 재벌에게 바라고 싶은 것은 투철한 사회적 책임감의 견지이다. 재벌은 기업의 지도적인 입장에 있으므로 이 점에서 더욱 앞장서야 할 것이다. 기업이 단순히 소유자의 사유물로 인식되던 시대는 이미 지났다. 기업은 그 소유자 한 사람에 의해서 운영되는 것은 아니며, 전 종업원에 의하여 운영되는 것이고, 또한 소비자가 있음으로써 존립할 수 있는 것이다. 경제발전 즉 성장만이 아니라 경제의 자립과 안정의 강화 및 국민복지의 증진은 기업의, 특히 재벌의 참여 없이는 실현할 수 없는 것이다. 따라서 재벌은 국민경제의 자립과 안정의 강화 및 국민복지의 증진에 앞장서서 참여하는 것이 바람직하다.

앞서 살펴본 재벌의 폐해는 모두 이 재벌에게 사회에 대한 책임감이 부재함으로 말미암아 야기되었다고 볼 수 있다. 공해 및 산업재해의 발생, 불량상품의 판매, 과도한 외자의존, 독과점의 불공정성, 무분별한 투자 등이 그러한 예이다. 이러한 재벌의 폐해를 막고 경제발전을 이룩하기 위해서는 재벌의 사회에 대한 책임감의 견지가 필수적인 것이라고 할 것이다.

그러나 재벌뿐만 아니라 모든 기업의 1차적 목표는 이윤의 추구에 있다. 따라서 재벌은 이윤의 추구와 사회적 책임의 완수를 양립시키는 길을 부단히 모색하여야 할 것이다. 이것은 지난한 일일는지 모른다.

그러나 그 하나의 실마리를 천민자본주의에서는 단순한 탐욕을 위해
서 수단 방법을 가리지 않는 데에 반해서 근대자본주의에서는 합리적
정신에 입각하여 저축 및 투자를 함으로써 합리적인 생산활동을 통해
서 부를 축적한다고 하는 막스 베버의 지적과 기업가의 창의성을 강
조하는 슘페터의 혁신이론에서 찾을 수 있지 않을까 생각한다. 따라서
투철한 사회적 책임감과 함께 재벌에게 바라고 싶은 것은, 합리적 정
신에 입각하여 이윤의 축적과 이의 생산부문에 투자를 함으로써 합리
적 생산활동의 추구와 창의성의 발휘를 통한 부단한 '혁신'을 위한 노
력이다. 이러한 합리성의 추구와 창의성의 발휘는 산업자본주의 시대
에서나 독점자본주의 시대에서나 경제발전의 원동력인 것이다. 앞서
살펴본 재벌의 긍정적 역할도 바로 이와 같은 합리성과 창의성이 발
휘될 때만 가능한 것이다. 재벌이 합리성과 창의성에 입각하여, 획득
한 부를 저축하여 이를 새 기술의 도입을 비롯한 생산시설에 투자하
여야만 저축 및 투자에서 주도적인 담당, 대량생산을 통한 규모의 경
제의 실현, '혁신'의 실현이라는 재벌의 긍정적 역할을 수행하게 되는
것이다. 그렇지 않을 때 재벌의 거대한 자본은 비생산적인 데 투자되
고, 신기술의 개발과 도입은 정지되며, 이로 인해 생산력의 발전은 정
체되고 인플레가 발생하게 되는 것이다.

결국 재벌은 합리성과 창의성의 발휘를 통하여 이윤을 추구함과 동
시에 긍정적 책임감을 견지함으로써 부정적 역할을 스스로 억제하여
야 할 것이다.

5. 맺는말

바로 앞에서 재벌에게 요청되는 것은 투철한 사회적 책임감의 견지,

합리성의 추구, 창의성의 발휘 등 세 가지임을 보았다. 그러나 재벌이 이와 같은 요청을 스스로 수행하기를 바라는 것은 현실적으로 매우 힘든 일이다. 그러나 이 세 가지 요청은 필수적인 것이므로 재벌로 하여금 그것을 수행하도록 하는 제도적 방안이 필요하다.

그런데 재벌의 사회적 책임은 (1) 사회에 대한 책임, (2) 소비자에 대한 책임, (3) 주민에 대한 책임, (4) 종업원에 대한 책임, (5) 주주 및 채권자에 대한 책임으로 나누어볼 수 있다. 그러나 이윤추구를 통해서 (5)의 책임은 자동적으로 해결되는 것으로 생각할 수 있으므로 문제가 되는 책임은 (1), (2), (3), (4)의 책임이다. 따라서 재벌이 사회적 책임의 수행 여부를 감시할 주체는 (1) 정부(이것은 사회를 대표하는 것이다), (2) 소비자, (3) 주민, (4) 종업원의 넷이 된다. 따라서 제도적 방안은 다음과 같이 그 주체에 따라 넷으로 나누어 생각해 볼 수 있다.

1) 정부에 의한 것

(1) 기업공개 강화: 재벌의 폐해 가운데 세 번째의 폐해, 즉 대기업집단으로서 재벌의 폐해는 재벌 산하기업이 한 자본에 의하여 소유되어 있기 때문에 발생하고 있는데, 이 자본은 주로 한 가족에게 소유되어 있다. 따라서 대기업집단으로서 재벌의 속성을 제거하기 위해서는 이와 같이 한 가족에 의해 집중적으로 소유되어 있는 재벌기업의 주식을 일반에게 분산시키는 기업공개가 필요하다. 실제로 한국의 재벌 산하기업들은 그들 소유기업의 주식을 일반에게 공개하지 않기 위해서 수단 방법을 가리지 않고 있다. 기업공개는 재벌에 의한 대기업집단의 소유를 불가능하게 하기 위한 가장 효율적인 방법이다. 정부는 기왕에 추진하고 있는 기업공개 정책을 더욱 강화하는 것이 국민경제

상 바람직하다.

(2) 독과점규제법: 대기업의 형성, 나아가서 재벌의 형성은 불가피한 것이라 하더라도 폭리 취득을 위한 의도적 독과점행위는 법으로 규제하는 것이 선진국의 예이다.

(3) 공해규제법의 강화

(4) 노동 3법의 투철한 시행: 현행 근로기준법, 노동조합법, 노동쟁의조정법 등 노동법의 시행을 강화하는 것이 재벌로 하여금 종업원의 복지를 향상시키도록 하는 데 크게 기여할 것이다.

(5) 기타: 외자도입 심사의 강화는 재벌의 외자의존도를 심화시키지 않도록 할 것이며, 부동산투기 억제를 통한 지가 상승의 억제 등은 재벌의 부동산투기를 막을 수 있을 것이다. 이 밖에도 정부는 재벌의 투자와 거래를 억제할 수 있는 입법 및 행정조치를 강구할 수 있을 것이다.

2) 소비자에 의한 것

이의 대표적인 것으로서는 소비자단체의 결성을 들 수 있다. 이는 재벌의 불량상품이나 폭리를 규제하는 데 매우 유용할 것이다.

3) 주민에 의한 것

공해에 대한 방지책으로서는 공해규제법만이 아니라 현지 주민단체의 적극적인 반대운동도 필요할 것이다.

4) 노동자에 의한 것

종업원에 대한 재벌의 책임은 종업원 스스로가 재벌로 하여금 이를 지도록 하여야 할 것이다. 이를 위해서는 무엇보다도 노동조합이 결성되어야 할 것이다. 그러나 우리나라에서는 노동조합법이 제정되어 있음에도 노동조합을 꺼려서 산하기업에서 노동조합이 결성되는 것을 금지하고 있는 재벌이 상당히 있으며, 더욱이 사무직 종업원들의 노동조합 가입을 거의 대부분의 재벌들이 금하고 있다. 원만한 노사협조를 위해서도, 또 종업원의 복지향상을 위해서도 노동조합의 결성은 필요한 것이다.

《신동아》(1975. 12)

남북문제의 향방

1. 후진국의 자기인식

남북문제란 말은 1959년 영국 로이드 은행의 총재 올리버 프랑크스에 의해서 처음으로 사용되었으며, 동서문제와 함께 전후의 새로운 국제문제로 등장하였다.

남북문제는 전후 아시아, 아프리카 및 라틴아메리카 대부분의 나라가 과거 선진자본주의국의 식민지로부터 이탈하여 정치적 독립을 달성했음에도 불구하고 전전(戰前)의 경제적 후진성을 탈피하지 못하고 경제적 자립을 달성하지 못한 데 대한 자기인식의 표현이라고 볼 수 있다. 더욱이 저개발국은 전전의 식민지적 지배나 종속의 관계를 그대로 존속시키고 있었으며, 전후 선진국의 경제가 상대적으로 확대됨에 따라 선진국과 격차를 더욱 확대시키는 추세를 보였다.

사실 전전인 1938년의 인구와 소득의 분포를 1961년의 그것과 비교해 보면 그동안 선진국과 저개발국의 소득격차가 더욱 확대되었음을 알 수 있다. 즉 〈표 1〉에서 보는 바와 같이 선진국의 경우 1961년의 인구의 비율은 1938년의 33.5퍼센트에서 28.7퍼센트로 감소하였음에

도 소득의 비율은 76.2퍼센트에서 80.1퍼센트로 증가한 데 반해서 아시아, 아프리카 및 라틴아메리카의 저개발국의 경우에는 인구의 비율은 66.5퍼센트에서 71.3퍼센트로 증가하였음에도 소득의 비율은 23.8퍼센트에서 19.9퍼센트로 감소하였다.

〈표 1〉 인구와 소득의 지역별 분표 비교

	1938			1961		
	분포비율(%)		세계평균소득에 대한 백분율	분포비율(%)		세계평균소득에 대한 백분율
	인구	소득		인구	소득	
미국 및 호주	7.1	29.6	419	7.3	41.3	542
서 유 럽	26.4	46.6	177	21.4	38.8	181
라틴아메리카	6.0	4.2	71	7.0	4.7	69
아 시 아	53.2	17.3	33	56.9	13.1	23
아 프 리 카	7.3	2.3	32	7.4	2.0	22

자료: G. M. Meier 편, *Leading Issues in Economic Development*, New York, 1970, p. 11.

그러나 이와 같은 남북문제가 전 세계적인 관심을 불러일으킨 것은 1964년 제1차 UN 통상개발회의(UNCTAD)에서 프레비시(R. Prebisch)가 '원조보다는 무역을'이라는 구호 아래 전후의 선진국 중심의 국제경제질서를 비판하고 특히 GATT(관세 및 무역에 관한 일반협정) 체제의 자유무차별 국제경제원칙의 대폭적 전환을 요구하고 나선 후부터였다. 그 이후 UNCTAD 를 중심으로 남북문제가 활발히 논의되었으며 저개발국의 개발 촉진과 선진국과의 소득격차 해소를 위한 여러 방안이 추구되기 시작하였다. 그러나 이 단계에서는 저개발국의 개발 촉진을 위한 여러 정책과 행동범위나 체제전환에 대한 요구는 구질서를 고수하려는 선진국의 방어적 노력에 의해서 제한받지 않을 수 없었다.

남북문제의 발전에 획기적인 전기를 이루었던 것은 1973년 10월의 OPEC(석유수출국기구)에 의한 석유 금수조치와 석유가격 인상의 성공이었다. OPEC은 선진공업국의 인하 압력에도 불구하고 석유가를 4배로 인상시켰으며, 이것은 종전의 원자재-저가격, 공산품-고가격에 기초하는 국제 경제질서를 전면적으로 동요시킴으로써 석유파동의 문제를 선진국과 저개발국 사이의 새로운 국제질서 수립이라는 차원으로 발전시켰다. 최근 IMF 및 IBRD 연차총회, 유엔경제특별총회, 6개국경제정상회의(랑부예회의) 등 일련의 국제회의는 표면적으로는 전후 가장 심화되는 양상을 보이고 있는 세계적 불황의 문제와 국제통화제도 개혁문제 등을 다루고 있지만, 남북간의 새로운 협력관계 그리고 새로운 국제 경제질서의 모색이 그 배후의 기조를 이루고 있다. 물론 여기에는 구질서를 지키려는 선진국과 선진국 우위의 국제분업 체제를 지양하고 경제자립과 동등한 경제관계에 바탕을 둔 새로운 국제 경제질서를 수립하려는 저개발국 사이의 대립이 팽팽히 맞서고 있음은 말할 필요도 없다.

2. 제1 · 2차 유엔개발 10년의 성과

유엔이 1960년대를 유엔개발 10년으로 하는 〈제1차 UN개발 10년〉(이것은 '원조보다는 무역을'을 구호로 하고 있다)을 실시한 것은 세계의 저개발지역의 경제성장을 촉진시킴으로써 저개발국의 요구에 부응함과 아울러 그동안 확대되어 왔던 선진국과 소득격차를 줄임으로써 남북문제를 해결하고자 하는 열망의 표현이었다. 그리하여 1960년대를 통하여 저개발국의 경제성장률을 최저 5퍼센트로 한다는 목표 아래 이를 위한 각종 조치가 강구되고 실행에 옮겨졌다.

결과적으로 목표성장률 5퍼센트는 달성되었으나 그 내용에서 볼 때 극히 불만족스러운 것이었다(〈표 2〉 참조). 즉 저개발국은 높은 인구 증가율 때문에 1인당 GNP는 선진국의 3.9퍼센트를 크게 하회하는 2.8 퍼센트의 증가율을 보였고, 따라서 선진국과 소득격차는 더욱 확대되었다. 그리고 수출의 경우, 저개발국의 연평균성장률은 선진국의 9.5 퍼센트에 훨씬 못 미치는 6.9퍼센트의 실적을 보였고, 이에 따라 저개발국의 수출이 세계 전체 수출총액에서 차지하는 비중은 1960년의 22 퍼센트에서 1970년에는 18퍼센트로 감소하였다. 이 밖에 저개발국의 대외채무는 1969년 말 현재 약 550억 달러를 초과함으로써 남북문제는 더욱 심각하게 되었다.

〈표 2〉 〈제1차 유엔개발 10년〉의 목표와 1960년대의 실적(연평균)

(단위: %)

		GNP	1인당 GNP	농업생산 증가율	공업생산 증가율	수출 증가율	수입 증가율	원조총액 (그중 정부개발 원조)	1인당 GNP (1969년)
〈제1차 유엔개발10년〉의 목표		최소한 6 이상	3.5	4	8	7강	7약	GNP의 1%(0.7%)	
실적 (1960 ~ 1969)	저개발국 평균	5.4	2.8	2.5	6.4	6.9	5.8	-	200달러
	중 남 미	5.1	2.1	2.3	5.7	5.1	5.2	-	459
	아 프 리 카	4.5	1.9	1.8	NA	9.0	4.1	-	147
	서 아 시 아	7.0	4.4	2.9		9.3	8.0	-	460
	남 아 시 아	4.2	1.7	2.7	7.0	6.0	6.4	-	95
	동 아 시 아	6.0	3.1					-	162
선 진 국 평 균		5.1	3.9	2.3	6.0	9.5	9.7	GNP의 0.74% (0.36%)	2,504

자료: 일본통상산업성, 《통상백서》, 1971.

이 〈제1차 UN개발 10년〉에 이어서 1971년부터 이른바 틴베르헌 보고서를 기초로 하여 〈제2차 UN개발 10년〉의 실시로 들어갔다. 동 보고서는 1970년 1월에 작성되었으며 동년 가을의 유엔 총회에서 정식 승인을 받았다. 이 〈제2차 개발 10년〉은 성장목표를 〈제1차 개발 10년〉보다 1퍼센트 포인트 높은 6퍼센트로 함으로써 의욕적인 자세를 보였다. 그리고 1인당 GNP 성장률은 인구증가 추이를 감안하여 3.5퍼센트로 정했으며, 이를 위한 정책수단으로서 1차산품에 관한 상품협정의 조기 체결, 저개발국에 대한 선진국시장의 개방, 저개발국에 대한 일반특혜관세제의 조기 실시, 총원조는 GNP의 1퍼센트, ODA(공공개발원조)는 GNP의 0.7퍼센트라는 원조목표의 설정, 원조조건의 완화, 국제기관에 의한 자본·기술원조의 증가, 보상융자의 조기 실시, SDR과 개발금융의 연계 등의 조치를 요구하고 있다.

그러나 3년간의 경험에 비추어볼 때 그러한 방책들의 실천에는 뚜렷한 한계가 있음을 알 수 있다. 일반특혜관세제는 미국 및 캐나다의 유보조치로써(두 시장의 시장비중은 전체의 40%를 차지) 저개발국의 무역상 이익은 당초 바라던 수준을 크게 하회하였으며, 교역조건은 비산유 저개발국의 경우 1950년대 중반보다 15퍼센트 악화되었고, 선진국의 저개발국에 대한 원조도 1972년의 경우 GNP의 0.34퍼센트, 1973년의 경우 0.30퍼센트의 수준에 머물러 목표인 GNP 1퍼센트의 수준을 크게 하회하였다.

이와 같이 볼 때 〈제1차 UN개발 10년〉에서 '원조보다는 무역을'이라는 구호와 〈제2차 UN개발 10년〉에서 '원조도 무역도 함께'라는 구호는 선진국 우위의 현행 국제경제질서 아래서는 뚜렷한 한계를 갖는 것으로 나타났다.

3. UNCTAD의 설립과 GATT체제

UNCTAD는 수출의 정체와 불안정에 직면하고 있던 GATT체제에
대한 불만의 산물이라고 할 수 있다. 물론 GATT는 저개발국이 경제
개발을 위해서는 원조만으로는 불충분하므로 그들의 주종 수출품인 1
차산품의 교역 조건의 개선과 수출품의 확대 등 무역 면에서 조치를
요구하게 되자 1950년 후반에 이르러 그와 같은 저개발국 문제의 해
결책을 모색하기 시작하였다. 1957년에 구성된 하벌러 그룹에 의해서
작성된 '하벌러 보고서'를 기초로 한 〈저개발국 무역촉진에 관한 선
언〉의 1961년 채택은 이와 같은 GATT의 노력을 나타내는 것이다. 그
러나 이와 같은 GATT의 노력은 만족스러운 결과를 낳지 못하였으며,
그에 더해서 EEC나 EFTA 형성에 따른 선진국의 블록화, 선진국 간
공업제품 위주의 관세 일괄인하 추진 등은 저개발국의 불만을 고조시
켰으며, 또한 1961년의 제16차 UN 총회에서 기술한 〈제1차 UN개발
10년〉이 결의되었을 뿐 저개발국이 제안한 세계무역회의의 개최는 선
진국의 반대로 실시되지 못하였다. 그리하여 저개발국은 1962년에는
1차산품 및 저개발국무역 문제를 토의하기 위한 세계경제회의를 요청
하는 카이로선언을 채택하는 등 일련의 적극적인 노력을 전개하였으
며, 그 결과 드디어 동년의 제17차 UN 총회에서 1964년 전반(前半)
개최와 30개국으로 준비위원회의 확충을 주 내용으로 하는 UNCTAD
의 개최에 관한 토의가 정식으로 채택되었으며, 1964년 2월에 뉴욕에
서 개최한 제3차 준비위원회에서는 '프레비시 보고서'(Towards a New
Trade Policy for Development)가 제출되었으며, 곧이어 3월에 UNCTAD
제1차 총회가 제네바에서 개최되었다(1964. 3. 23~6. 16).
 이 제네바회의에서 논의의 기초가 된 것은 바로 '프레비시 보고서'

인데 그것은 주로 GATT를 대상으로 하여 기존의 무역제도의 결함을 비판하고, 새로이 종합적인 무역기구를 창설하여 점차로 GATT의 기능을 흡수시켜 나가는 것을 의도한 것이었다. 기존의 제도에 대한 프레비시의 비판은 구체적으로는 (1) GATT가 그 구성국에서 세계적인 것이 못되는 점, (2) 무역문제가 단편적으로 취급되고 있어 종합적 시야가 결여되어 있는 점, (3) GATT체제가 선진국과 저개발국 상호간의 무역문제 해결에 유효하지 않은 점, (4) GATT가 무역제도를 달리하는 사회주의국과의 무역문제에는 접근을 하지 못하고 있는 점, (5) 1차산품 관계의 협정이 이미 GATT체제의 테두리 밖에서 체결되고 있는 점 등이었으며, 이러한 비판을 기초로 하여 전 세계의 무역문제를 포괄적으로 다룰 수 있는 국제무역기구의 확립을 주장하였다. 그러나 이러한 프레비시안(案)은 선진국 측의 맹렬한 반대로 실현되지 못했으며, 권고기관으로서 UNCTAD의 설립에 그치는 결과가 되었다. 즉 동년 12월 30일 제19차 UN 총회에서 UNCTAD를 총회 산하 상설기관으로 설치할 것이 결의됨으로써 비록 권고기관이기는 하지만 UNCTAD는 정식으로 발족을 보게 되었다. 저개발국의 무역제도 개혁 요구는 이와 같이 일정한 한계를 갖고 있었지만, 그것은 GATT로 하여금 저개발국의 무역확대 문제에 관심을 불러일으킴으로써 1965년 2월 GATT 내에 무역개발위원회(CTD)를 설치하여 저개발국의 처지과 개발문제를 다루도록 함과 동시에 GATT 규약 가운데에 종전의 GATT의 기본원칙을 이룬 무차별 호혜원칙을 수정하여 완화시킬 수 있게끔 하였다. 한편 UNCTAD는 법적 구속력은 없지만 저개발국의 처지에서 저개발국의 무역확대와 개발촉진을 위한 방책들을 검토하고 그 실시를 요구함으로써 남북문제 해결을 위한 디딤돌을 이루었다.

  UNCTAD는 제1차 총회를 제네바에서 개최한 뒤에 제2차 총회를

1968년 2월(1968. 2. 1~3. 29)에 뉴델리에서 개최했으며(1967년 10월 77개 그룹에 의한 알제리헌장은 이 총회에 대비한 저개발국의 공동 기본전략을 표시한 것이다), 제3차 총회를 1972년 4월(1972. 4. 13~5. 19)에 칠레의 산티아고에서 개최하였고(1971년 11월의 77개 그룹에 의한 리마선언은 이 총회에 대비한 저개발국의 공동 기본전략을 표시한 것이다), 제4차 총회를 1976년 6월에 케냐의 나이로비에서 개최하기로 되어 있다.

4. 남북문제의 새 국면

1973년 10월 중동전쟁과 석유금수 조치 및 석유가의 4배 인상 등으로 이어지는 석유파동은 한편으로는 그동안 동요하고 있던 국제경제질서를 거의 붕괴시키고 수입비용의 상승에 따르는 인플레이션과 경기침체의 전례 없는 병진사태(스태그플레이션)를 야기했으나 다른 한편으로는 국제경제협력체제 내에 긴장을 고조시켰으며 OPEC의 가격인상 성공에 뒤따른 자원내셔널리즘의 보편화로 새로운 남북관계를 설정하는 계기를 마련하기도 하였다.

OPEC의 성공은 자원의 생산자 카르텔의 형성을 추진시킴으로써 자원문제가 전 원자재에 걸쳐 파급되는 효과를 미쳤다. 이미 1968년에 아랍 석유수출국기구(OAPEC)와 더불어, 동(銅)수출국정부간협의회(CIPEC)가 설립되었지만 석유파동 뒤 보크사이트생산기구(IBA), 바나나수출국동맹(UPEB), 수은생산국그룹(IGMPC), 남양목재수출국기구(SEALPA), 텅스텐광생산자기구 등이 발족했으며, 철광석수출국연합(AIOEC)이 곧 발족 예정으로 있다.

이러한 자원카르델화의 진전과 자원내셔널리즘의 팽배는 남북관계문제를 새로운 차원으로 옮기는 것이었다. 즉 그동안 저개발국이 '원자재-저가격, 공산품-고가격'이라는 가격체계 아래서 부등가교환을 강요당해 왔던 만큼, 이러한 일련의 움직임은 그동안 누적되어 온 선진국과 경제적 격차를 축소시키는 한 출발점을 이루었던 것이다. 물론 그동안 남북문제를 해결하기 위해서 많은 노력이 기울여졌지만 저개발국이 얻은 구체적인 성과는 미미한 것이었다. 이러한 시기에 OPEC의 성공은 저개발국으로 하여금 자원을 무기로 단결하면 선진국의 자선적 협력이 없어도 스스로의 지위를 개선할 수 있다는 가능성을 인식할 수 있게 하였다. 사실 선진국이 OPEC의 카르텔 행위에 대해서 그토록 위기의식을 가졌던 것은 석유가 인상 그 자체라기보다 그로 인한 파급효과 때문이었다고 할 수 있다.

자원보유국이 자국 자원에 대해서 경제적 주권을 행사하려는 움직임은 1952년 제7차 유엔총회에서 우루과이 대표가 '천연의 부를 국유화한다'는 의제를 제출한 데서 비롯되었으며, 토의 결과 국유화라는 문구는 빠지고 '천연의 부'와 자원에 대한 항구적 주권을 인정하는 결의안이 채택되었다. 그 뒤 1964년 천연자원에 대한 항구적 주권의 권리는 자원보유국의 국가적 복지를 위해서 행사되어야 하며 이를 위하여 자원에 대한 외자 활동의 규제와 자원개발에 따른 이익의 공정한 분배가 있어야 한다는 '천연자원에 대한 항구적 주권'의 선언이 있었다. 한편 최종적으로 자원내셔널리즘의 전개에 결정적 전기를 마련하고 저개발국의 자원에 대한 주권행사가 이 새로운 국제경제질서를 구축하기 위한 행동의 한 고리(環)라는 것을 밝힌 것은 1973년 9월 알제리에서 열린 〈비동맹회의〉였다. 이 회의에서 선진국의 제국주의적 요소와 저개발국을 도우려는 정치적 의지의 결여로 인하여 세계무역에서 저개발국의 비중은 매년 축소되었고 교역조건은 악화되었으며, 국제통화 위기로 저개발국의 무역은 크게 축소되었고 외채는 누적되었

으며, 개발금융의 조건은 개선되지 않은 채 국제 통화금융제도는 일부
선진국의 이익에만 봉사하고 있다고 주장하였다. 따라서 이 회의에서
는 자원, 다국적기업, 지역협력, 무역, 관세, 통화, 금융, 기술이전 등
전반에 걸친 국제경제질서의 개혁을 요구하였으며, 저개발국은 이를
위한 현실적 수단으로서 천연자원에 대한 항구주권 확립 및 국유화를
포함하는 통제권의 확립을 주장하고, 천연자원 국유화에 따른 분쟁해
결을 국내법에 의해 해결한다는 것을 확인함과 아울러 OPEC, CIPEC
와 같은 자원생산국의 이익을 방어하기 위한 국제기구의 설치를 권고
하고 있다. 한편 선진국에 대해서는 일반특혜관세제를 아직 실시하고
있지 않은 나라는 이를 즉각 실시할 것, 비관세장벽, 세이프가드 및 기
타 제한적 관행들을 제거할 것, 공정하고 영속성 있는 국제통화제도의
설립을 위하여 저개발국의 공평하고 유효한 참가를 보증할 것, SDR의
추가배정과 SDR과 개발금융의 연계제를 신속히 실시할 것, 국제금융
기관의 저개발국에 대한 정치적 차별을 철폐하고 금융자원 이전목표
를 기한 내에 달성할 것, 불리한 조건의 외채 부담을 경감시키며 원활
한 기술이전을 보장할 것 등을 요구하였다.

5. 금후 과제와 전망

알제리선언에 집약된 저개발국의 개혁의 원칙과 요구 및 행동의 지
침은 1974년 5월 1일 〈UN 자원특별총회〉에서 정식으로 채택됨으로써
새로운 국제경제질서 수립을 위한 기본적 선언으로서 결실을 맺게 되
었으며, 동년 12월의 UN 총회에서는 미국을 비롯한 일부 선진국의 반
대를 물리치고 이른바 UN 헌장을 채택함으로써 저개발국의 국제경제
질서 개혁 요구는 국제적 정당성을 인정받기에 이른 것이다.

이러한 배경 아래서 저개발국과 선진국의 협력관계는 일보 전진하게 되었다. 즉 구체적 성과로서 UNCTAD가 (1) 107억 달러 규모의 국제완충재고 실시, (2) 재고자금 및 재정 지원, (3) 보상융자, (4) 가공도 증대 및 산품 다양화 등을 내용으로 하는 1차산품 종합 프로그램(An Overall Integrated Program for Commodities)을 성안하여 그 실시를 준비 중에 있는 것, 그리고 EEC 9개국과 ACP 46개국 사이에 1차산품의 수출 소득안정기금 설치, 역특혜의 폐지, 공업협력 등을 내용으로 하는 로메 협정1)을 체결한 것을 들 수 있다. 이와 같은 여러 조치는 저개발국의 이익을 크게 고려한 것으로 남북문제의 해결과 새로운 남북관계의 형성을 위해서 진일보한 조치로 평가할 수 있었다.

한편 종래 저개발국에 대결자세를 보여왔던 미국도 이러한 남북문제에 있어 많이 완화된 자세를 보이고 있다. 1974년 11월 시카고 대학의 연설에서 밝혀진 키신저 구상은, 석유소비국이 석유를 절약하여 그 소비를 줄이고 소비국 공동전선을 형성함으로써 OPEC를 무력하게 만들고 석유가를 인하해 보자는, OPEC에 대한 대결색(對決色)이 짙은 것이었다. 그러나 금년(1975년) 가을 유엔 경제특별총회에서의 키신저 장관의 연설은 이러한 대결자세에서 화해와 협력의 자세로 전환된 것을 보여주고 있다. 동 연설은 새로운 국제경제질서의 건설과 그 운영에서 저개발국의 역할과 발언권을 인정하면서, 그러한 세계적 과제가 대결로써가 아니라 화해와 상호협력으로써 추진되어야 한다고 강조하

---

1) Lomé 협정
  ① 1975년 2월 체결
  ② EC-ACP 간의 협정
  ③ A(Africa), C(Caribbean), P(Pacific) 도합 46개국.
  ④ 기존협정국가: Yandé 협정(19), Anusha 협정(3). 신규가입국가: A(15), C(6), P(3).
  ⑤ 외환은행, 《조사월보》(1975. 3), 《무역간행물》(1975).

고 있다. 이 밖에 저개발국의 소득안정과 개발촉진의 요구에 응해서 1백억 달러의 경제안정보상융자제도, IFC의 출자금 증대와 그 안에서 국제투자신탁기금의 설치 등 30개 항목에 이르는 제안을 함으로써 남북문제 해결에 전진적 자세를 보였다.

이상과 같이 남북문제의 해결과 새로운 남북관계의 형성을 위한 움직임이 점차 결실을 맺고 선진국의 저개발국에 대한 자세가 협조적으로 변화해 갔다고 할지라도 그것은 새로운 국제경제 질서의 확립이라는 목표에 비추어볼 때 하나의 출발점이라고밖에 볼 수 없다. 또한 현재의 세계 경제위기의 심도를 감안해 볼 때 남북문제의 원활한 해결이 반드시 낙관적인 것만도 아니다. 아직도 국제경제는 만성적인 인플레이션과 경기침체가 병존하여 진행하는 가운데 혼미를 거듭하고 있으며, 국제통화제도는 선진국의 이해 대립 가운데 아직 어떤 합의에도 도달하지 못하고 있다(그러나 6개국 경제정상회담에서 환율의 와이더 밴드제 채택이 합의됨으로써 해결의 실마리가 풀렸다고 볼 수 있을 것 같다).

무역도 각국의 국제수지 악화와 통화불안의 배경 아래서 자국의 이익을 우선하는 이기적 무역정책으로 말미암아 차츰 축소되는 추이를 보이고 있다. 따라서 이러한 위기적 상황 아래서 현실적으로 경제운영의 주도권을 쥐고 있는 선진국이 자신의 이해에 집착하여 저개발국의 요구를 유보 또는 외면하고 국제경제질서의 형성과 운영에 종전의 선진국 중심의 체제를 고수하려고 할지 모른다.

저개발국이 그동안 선진국에 대해서 요구해온 여러 개혁안이 전면적으로 실시되지 못하고 있는 것은 바로 이상의 사실에 기인하는 바가 크다. 즉 이상의 사실에 말미암아 무역 면에서는 일반특혜관세제의 전면적 실시, 인덱세이션제의 도입, 비관세장벽의 철폐 등의 요구가 충분히 달성되고 있지 못하며, 국제통화제도 면에서는 저개발국에

SDR 추가배정 및 SDR과 개발금융의 연계 등이 그 실시를 보지 못하고 있다. 또한 실물자원과 기술이전도 그 목표에 훨씬 미달함과 동시에 그 내용도 개선을 기하지 못하고 있으며, 국제금융제도도 저개발국의 자금요구를 충족시키지 못하고 있다.

이렇게 보면 결국 앞으로 남북문제의 진정한 해결을 위해서 저개발국의 단결과 합리적 노력에 못지않게 반드시 필요한 것은 선진국의 단기적 이익과 자국의 이익의 유지를 위해서 기존의 국제경제질서에 집착하려고 하는 태도의 전환이라고 할 수 있을 것이다. 그리고 만약 선진국에 저개발국을 경시 또는 멸시하는 의식이 잠재해 있다면, 또한 만약 선진국이 저개발국의 도전으로 그들의 이익이 크게 침해되었다고 하는 피해의식에 사로잡혀 있다면, 그와 같은 의식을 하루속히 버리는 것도 필요한 것이다.

과연 이와 같은 요구를, 1975년 11월 16일부터 18일까지 파리 교외 랑부예에서 개최된 6개국 경제정상회담에 임한 각국의 남북문제에 대한 입장은 얼마만큼 들어준 것이라고 할 수 있을는지, 그리고 1975년 12월 15일에 개최하기로 되어 있는 국제경제협력회의에서는 어떤 성과가 거두어질는지.

《월간중앙》("부록", 1976. 1)

종속이론의 형성 배경과 최근 동향

1. 머리말

종속이론은 최근 우리 사회에서도 지식인들 사이에서 크게 유행하는 사조가 되었다. 그것은 아직도 청산되지 못한 식민지적 잔재와 1960·70년대의 경제성장 과정에서 누적 심화된 경제의 대외의존성과 대내적 불평등에 대한 인식이 깊어지고 확대되었다는 의미에서 일단은 긍정적인 현상이라고 볼 수 있다.

그러나 종속이론을 그 이론구조의 제약성이나 문제성은 무시하고 특정한 역사적 구체성을 갖는 한국사회에 무조건 적용하려는 경향은 이론적·실천적 과오를 낳을 우려가 많다. 종속이론의 한국적 적용에 앞서서 이론 자체의 내재적 검토가 행해져야 할 것이다.

이를 위하여 이 글에서는 종속이론의 형성 배경을 사회경제적 측면과 학설사적 측면에서 고찰하고, 종속이론의 문제성을 둘러싸고 일어난 종속이론에 관한 논쟁을 소개, 비판함으로써 종속이론의 최근 동향을 살펴보는 것으로 했다. 이 글에서는 전개과정을 초기와 후기로 나누어 분석했다. 초기 종속이론은 보통 종속학파(Dependency School)로 불리는 푸르타도(C. Furtado), 카르도소(F. H. Cardoso), 도스 산토스(T.
Dos Santos) 및 초기의 프랭크(A. G. Frank) 등 일군의 라틴아메리카 지
식인들에 의해 형성된 이론을 가리키며, 이 초기의 종속이론과 마르크
스주의자들 간의 논쟁과정에서 변모된 종속이론을 후기 종속이론으로
간주했다. 후기 종속이론은 아민(S. Amin), 페트라스(J. Petras) 및 후기
의 프랭크에 의해 대표되는데, 이들은 그 이론구성에서 초기 종속이론
과 큰 차이를 보이고 있으며 오히려 신제국주의론자들로 보아야 옳을
것 같다. 초기 종속이론에 대해서는 이미 많은 소개가 되어 있으므로
이 글에서는 그 내용의 소개는 생략하는 것으로 했다.[1]

2. 종속이론과 형성 배경

1960년대 중반 이후 하나의 학설로서 자기 위치를 굳힌 종속이론은
다음과 같은 사회경제적·이론적 배경을 바탕으로 출현했다.

먼저 사회경제적 배경으로는 전후 라틴아메리카 지역에서 민족해방
운동의 승리, 그 뒤 이 운동을 지도했던 민족자본가계층에 의한 정치
권력의 장악과 이들에 의한 수입대체적 공업화정책의 추진, 그 과정에
서 사회경제적 모순의 누적, 그 결과로서 수입대체적 공업화정책의 결
과적 실패와 쿠바혁명으로 상징되는 사회주의적 민족해방운동의 1960
년을 전후한 재차의 고양으로 요약될 수 있다.[2] 전후 라틴아메리카의
여러 지역에서 정권을 장악한 민족부르주아지들은 자기 이익을 위해
서도 국제분업의 조건을 수정하려는 움직임을 보이지 않을 수 없었으

---

1) 초기 종속이론의 내용에 대해서는 변형윤·김대환 편역, 《제3세계의 경제발전》,
   까치, 1980 및 염홍철 편저, 《제3세계와 종속이론》, 한길사, 1980을 참조.
2) 이에 대해서는 T. Dos Santos, 〈발전론의 위기와 종속의 문제〉, 변형윤·김대환
   편, 《제3세계의 경제발전》, 까치, 1980, pp. 30~38에 잘 요약되어 있다.

며, 이는 과거 식민지 시대의 '외부를 향한 발전' 경로를 '내부를 향한
발전'으로 전환하려는 수입대체적 공업화의 추진으로 구체화되었다.
이 같은 내부 지향적 공업화는 라틴아메리카 국가들을 식민지 시대의
종속으로부터 구제하고, 의사결정의 중심을 국내로 되돌리며, 정치적
민주화를 촉진하고 과학적·기술적·문화적 후진성을 극복시킬 것이라
고 기대되었다. 그러나 수입대체적 공업화는 이러한 기대와는 반대로
라틴아메리카 국가들의 지나친 외국무역에 의존, 공업화과정의 외국
자본에 의한 지배, 문화적 제국주의의 가속된 침투, 국민대중의 궁핍
화를 심화시키고 만 원인은, 그 같은 공업화과정이 민족자본가 계층에
의해 추진된 계급적 상황에 의해 자율적 공업화의 전제조건인 농가혁
명, 토지개혁이 불철저하게 시행되었다는 것, 그리고 그 민족자본 계
층이 공업화과정에서 초기의 민족주의적 성격을 상실하게 되었다는
것, 성장과정은 수출에 의존했으며, 그에 필요한 자본재도 여전히 수
입되지 않을 수 없었다는 것, 요컨대 성장의 엔진이 국가 외부에 위치
하고 있었다는 것 등으로 요약할 수 있다. 그리하여 수입대체적 공업
화과정은 아민의 표현을 빌리면 제국주의의 제2단계에 불과했던 것이
다.3)

전후 라틴아메리카에서 수입대체적 공업화의 실패는 민중의 불만을
고조시키는 한편, 지식인 일각으로부터 수입대체적 공업화의 이데올
로기에 대한 비판운동을 고양시켰다. 수입대체적 공업화정책은 본질
적으로 민족자본가 계층의 이데올로기의 발로로서, 이는 ECLA그룹
(the United Nations Economic Commission for Latin America)의 경제발전론,
특히 프레비시(R. Prebisch)의 무역조건 악화에 관한 이론으로 대표되는

---

3) S. Amin, "Self-Reliance and New International Economic Order," *Monthly
   Review*, July~August 1977, pp. 8~11.

바, 이들 사상의 요점은 국내지향 공업화정책, 그를 위한 외자도입, 원
조도입이며 공업화에 필요한 국내의 사회개혁에 대해서는 언급하지
않는 극히 온건한 사상이었다.[4] ECLA그룹의 경제발전론에 대한 비판
은 도스 산토스, 프랭크 등에 의해 1960년 중반 이후부터 전개되기 시
작했고, 이 과정에서 종속이론의 테두리가 형성되기 시작했다.

특히 도스 산토스는 ECLA그룹의 경제발전론을 자신의 실증적 연구
를 통해 반박했다. 그는 미국이 라틴아메리카에 대해서 1946년부터
1967년에 걸쳐 행한 자본수출 및 이에 상응한 이윤송금을 계산한 결
과, 매 1달러 신규투자당 2.7달러의 이윤송금이 행하여졌음을 밝혀내
고, 미국은 라틴아메리카에 자본수출을 한 것이 아니라 사실상 자본수
입을 했다고 주장했다.[5] 결국 종속이론은 전후 라틴아메리카의 수입
대체적 공업화정책의 이데올로기였던 ECLA그룹의 경제발전론에 대
한 반성과정에서 출현했다고 볼 수 있다. 외국자본 및 민족자본 그리
고 부르주아적 경제발전론에 대한 부정적 평가가 종속이론의 특징을
이루게 된 까닭은 바로 여기에 밀미암은 것이다.

종속이론의 형성과정은 ECLA류의 부르주아 사회과학에 대한 비판
뿐만 아니라 마르크스주의, 특히 고전적 제국주의론에 대한 비판을 수
반하는 과정이기도 했다. 종속이론가들은 식민지에서 자본주의 발전
에 관한 고전적 제국주의론자들의 견해를 집중적으로 공격했다.

이들은 마르크스가 자본주의의 비자본주의 지역에서 역할에 관하여
〈인도론〉이나 〈아일랜드론〉에서 보는 바와 같이 혼동하고 있었을 뿐
만 아니라, 레닌도 자본수출이 식민지의 자본주의적 발전에 기여한다

---

4) D. Booth, "Andre Gunder Frank; an introduction and appreciation," in I. Oxxal,
   T. Barnet and D. Booth eds., *Beyond the Sociology of Development*, RPK, 1975, pp.
   52~61에는 ECLA의 사상이 잘 요약되어 있다.
5) T. Dos Santos, 〈종속의 구조〉, 변형윤·김대환 편, *op. cit.*, pp. 150~151.

고 보는 등 서구 중심주의적인 오류를 범했다고 주장했다. 종속이론가들은 고전적 제국주의론자들이, 제국주의는 식민지에서 자본주의적 발전을 촉진한다는 견해에 대하여 이는 단지 저개발의 발전만을 심화시킨다고 주장했다. 도스 산토스는 다음과 같이 말하고 있다. "우선 레닌은 자본수출이 후진국(저개발국)에 미치는 영향을 제대로 파악하지 못했다. 만약 그가 제대로 파악했었더라면 자본가들이 낡은 식민지적 수출구조의 현대화에 투자함으로써 후진국의 후진성을 온존케 했던 바로 그 세력 자체와 동맹을 맺었다는 사실을 알았을 것이다."6)

도스 산토스는 고전적 제국주의론의 방법론과는 다른 패러다임이 저개발국사회를 연구하는 데 적용되어야 한다고 주장하고, 그것이 바로 종속이론이라고 말했다. 즉 "종속을 어떤 종류의 내부구조를 조건짓는 관계로 이해하는 것은 발전을 전 세계적인 역사현상으로 또는 자본주의체제의 형성, 팽창 및 강화의 결과를 이해하는 것이 된다. …… 지배중심(선진자본주의국)의 자본주의 발전에 관한 연구가 식민주의 및 제국주의의 이론을 탄생시켰듯이, 오늘날 저개발국의 발전에 관한 연구는 종속의 이론을 낳아야만 한다. …… 종속을 이해하고 그것의 구조 및 역사적 힘을 개념화하고 연구함으로써 제국주의 이론을 확장시키거나 정식화할 수 있다."7)

마르크스주의에 대한 비판적 자세는 초기 종속경제 국가들과는 그 사상적 뿌리를 달리하는 아민의 초기 저작에서도 보여진다. 아민은 마르크스의 이론을 자본제적 생산양식의 이론으로 규정하고, 그것은 중심부 자본주의국, 즉 선진자본주의국에만 한정하여 적용될 수 있을 뿐이며, 주변부 자본주의국은 자본제적 생산양식으로만 구성되어 있는

---

6) T. Dos Santos, 〈발전론의 위기와 종속의 문제〉, 변형윤·김대환 편, *op. cit.*, p. 40.
7) *Ibid*, pp. 39~40.

것은 아니며, 여러 비(非)자본제적 양식들도 공존하고 있는 사회구성
체이기 때문이다. 아민은 다음과 같이 말하고 있다.

"선진국과 저개발국 사이의 관계는 자본제적 생산양식을 분석하는
문맥 안에서는 이해될 수 없다. 이 문제는 사실상 상이한 사회구성체
사이의 관계의 문제이며, 더 정확히는 중심부 자본주의국의 사회구성
체와 주변부 자본주의국의 사회구성체 사이의 문제이다. …… 이러한
관계의 분석을 자본제적 생산양식의 문맥 안으로 제한하는 것은 근본
적인 경제주의적 오류를 수반하는 것이다. …… 중심과 주변 사이의
교환에 관한 마르크스주의 이론은 마르크스에 의해 전개된 것은 아니
다. 사실 19세기의 산업혁명이라는 특정한 조건은 그로 하여금 식민지
적 현상이 어떻게 전개되는가에 대하여 틀린 개념을 갖게 하고 말았
던 것이다."[8]

요약컨대 아민은 현대의 저개발국 상황을 이해하기 위해서는 마르
크스의 생산양식의 이론 대신에 사회구성체의 이론이 필요하다고 보
고, 자신 그 이론을 주변부 사회구성체의 이론으로 전개했으며, 이는
후기 종속이론의 발전에 큰 영향을 미쳤다.

종속이론은 이와 같이 고전적 마르크스주의에는 비판적 태도를 보
이면서도 신마르크스주의로부터는 많은 개념을 빌려왔다. 예컨대 미
국의 신마르크수주의자였던 배런(P. Baran)의 《성장의 정치경제학》
(1957) 및 그 저작에서 정식화된 경제잉여(economic surplus)의 개념은
프랭크를 비롯한 많은 종속이론가들에 큰 영향을 끼친 종속이론의 기
본서와 기본개념으로 평가되고 있다.[9]

---

8) S. Amin, *Accmulation on a World Scale*, MRP, 1974, p. 134.
9) A. Foster-Carter, "Neo-Marxist Approaches to Development and Under-
development," in E. de Kadt and G. Williams eds, *Sociology and Development*,
Tavistock, 1974, p. 80.

종속이론가들이 전통적인 마르크스주의의 잉여가치란 개념보다도 경제잉여라고 하는 개념을 즐겨 사용하고 있는 것은 사실이다. 프랭크는 세계자본주의의 첫 번째 기본모순을 경제잉여의 수탈-충용의 모순으로 정식화함으로써 배런의 경제잉여의 개념을 종속이론에 체계적으로 도입시켰다. 경제잉여의 수탈-충용의 모순이란 "…… 어떤 사회가 생산한 것과 그것을 생산하는 데 필요한 생산비와의 차액"[10]인 경제잉여가 자본주의의 본질적인 독점적 구조 때문에 선진국과 국내 지배층에 의해 수탈되고 낭비되어 경제발전에 쓰이지 못하는 현상을 말한다.[11]

그러나 초기 종속이론이 잉여가치란 개념 대신에 경제잉여의 개념을 사용한 것은, 노동가치론에 입각한 엄밀한 이론화를 불가능하게 한 요인으로 되어, 많은 이른바 정통파 마르크스주의자들로부터 비판을 유발시켰다. 물론 이 같은 사정은 뒤에 가서 종속이론가들이 엠마누엘(A. Emmanuel)의 부등가교환이론을 적극적으로 도입하면서부터는 달라졌다.

이상에서 살펴본 종속이론이 형성된 배경에 반드시 추가되지 않으면 안 되는 요인은 1960년을 전후한 민족해방운동의 폭발적 고양, 특히 쿠바혁명의 승리란 요인이다. 쿠바혁명은 제3세계에 대하여 비자본주의적·비소비에트적 발전의 길을 제시했던 획기적 사태였으며, 이는 부르주아 사회과학과 교도적 마르크스주의를 동시에 비판하는 종속이론이 뿌리를 내릴 수 있는 비옥한 현실적 토양을 제공했다. 그리하여 어떤 논자는 카스트로 없는 프랭크는 생각할 수조차 없다고까지 말했

---

10) P. Baran and P. Sweezy, *Monopoly Capital*, 1966, Penguin, p. 23.
11) A. G. Frank, *Capitalism and Underdevelopment in Latin America*, MRP, rev. ed. 1969, pp. 6~8.

던 것이다.12)

결국 종속이론의 형성과정은 전후 라틴아메리카에서 전개된 반제(反帝)민족해방운동의 역사적 실천과정과 분리시켜서 생각할 수 없음은 분명하다. 즉 종속이론은 어떤 학문의 사조에 따라 출현한 것은 아니고, 식민지, 신식민지 민중들이 진정한 인간적 삶을 구현하려는 투쟁과정의 소산이었으며, 나아가 이러한 투쟁을 지도하는 노선도 제시하고 있는 것이다. 그러나 종속이론은 적어도 초기에는 이론적 측면에서 많은 결함을 안고 있었다. 이를 둘러싸고 마르크스주의자들 사이에서 1970년대 초반에 큰 논쟁이 벌어졌는데, 이를 보통 '종속논쟁'이라고 한다. 이 과정에서 종속이론은 새로운 내용으로 발전하게 되었다.

3. 종속이론의 문제점과 신 전개

초기 종속이론은 프랭크의 초기 저작에 의해 대표될 수 있다. 여기서 프랭크의 초기 저작이라고 한 것은 1967년에 출판된 《라틴아메리카의 자본주의와 저개발》과 1969년에 출판된 《라틴아메리카: 저개발인가 혁명인가》를 말한다.

프랭크의 초기 저작에 대한 가장 고전적인 비판은 라클라우(E. Laclau)에 의해 행해졌다. 라클라우는 프랭크의 이론에는 다음과 같은 주장이 내포되어 있다고 보았다. 즉 "첫째 라틴아메리카는 당초부터 시장경제였다. 둘째 라틴아메리카는 당초부터 자본주의적이었다. 셋째 자본주의 세계시장경제로의 편입으로 인한 종속성이 그 저개발의 원인이다."13)

---

12) D. Booth, *op. cit.*, p. 64.
13) E. Laclau, "Feudalism and Capitalism in Latin America," *New Left Review*, May-

라클라우는 이 같은 프랭크의 주장을 다음과 같이 비판했다. 그에 따르면 첫째 주장은 이른바 '이중사회론'의 비판으로서는 정당하지만, 둘째 주장은 자본주의의 지배와 자본주의 그 자체를 혼동한 오류라고 한다. 왜냐하면 자본주의는 단순한 상품화폐 경제가 아니라 생산관계 즉 자본임노동관계를 자기 본질로 하는데, 라틴아메리카는 이러한 의미에서 자본주의적이었다고는 말할 수 없기 때문이다. 즉 라틴아메리카에는 전(前)자본주의적 생산관계, 예컨대 봉건제가 강하게 잔존하고 있었으며, 게다가 자본주의의 지배 그 자체는 봉건제를 해체하기는커녕 오히려 강화하기조차 했던 것이다. 다음에 셋째 주장은 그 자체로는 오류라 할 수 없지만, 너무 추상적이라 하지 않을 수 없다고 한다. "메트로폴리스와 그 형성 사이의 관계는 여전히 종속관계이지만 그것은 여러 가지 경우 매우 상이한 유형의 종속관계로서 나타난다. 종속의 과정—코르테스(H. Cortes)부터 제너럴 모터스(General Motors)에 이르기까지—의 연속성과 동일성을 보이는 것보다 그 상위성과 불연속성을 강조하는 편이 더 유용하다고 생각한다."14)

프랭크 자신은 1978년에 출판된 그의 후기 저작인 《종속적 축적과 저개발》의 서문에서 그간 자신에 대해 행해진 비판, 즉 종속이론적 접근에 대한 비판을 다음 세 가지로 요약하고 있다.

"(1) 종속이론적 접근은 사실상 '내적'인 생산양식을 경시하고 '외적' 교환관계를 강조해 왔다. (2) 그것은 라틴아메리카 및 세계의 상이한 부분의 상위성과 서로 다른 발전단계에 관하여 적당한 고려를 하지 않았다. (3) 그것은 메트로폴리스의 경제 발전과 종속적·주변적 저개발이 하나의 동일한 과정의 구성부분으로서 분석되어야만 할 범

June 1971, p. 22.
14) *Ibid*, p. 37.

세계적 자본축적의 사적과정에 대한 변증법적인 동태분석을 가하지
못했다."15)

프랭크가 자본주의와 봉건제를 생산양식으로서가 아니라 교환관계
의 특징 형태에 따라 성격지웠다는 점에서 마르크스주의로부터 이탈
하고 말았다고 한 라클라우의 지적은 옳다고 할 수 있다. 이 같은 유
통주의적 역사 해석이 정통적 마르크스주의와 무관함은 봉건제에서
자본주의에로 이행에 관한 도브-스위지(Dobb-Sweezy) 논쟁에서 이미
확인된 사실이다. 유통주의는 초기 프랭크 이론에만 국한된 것은 아니
고 초기 종속이론 일반에 공통적인 경향이었다고 보아도 무방하다.

유통주의적 역사 해석은 프랭크에 있어서 단계론을 결여시키게 하
고 말았다. 즉 프랭크는 16세기 이래 세계자본주의의 전개를 상업자본
주의, 산업자본주의, 독점자본주의의 순으로 말하면서도 단계간의 이
행과정, 각 단계의 운동법칙에 관한 분석은 초기에는 하지 않았던 것
이다.

프랭크는 그의 후기 저작에서는 앞에서 지적된 종속이론 접근의 문
제점을 극복하려는 노력을 보이고 있다. 그는 종속이란 개념 자체에
대해서도 불만을 보이고 있다. 왜냐하면 종속이란 개념은 외적이면서
도 동시에 내적인 모든 현상들, 즉 예속, 억압, 소외, 제국주의적·자본
주의적 인종주의를 한마디로 처리해 버리려는 완곡한 표현법에 불과
하기 때문이다.16)

즉 프랭크는 종속이론이 마르크스주의적 혁명론자들뿐만 아니라,
부르주아 사회개량주의자들도 공유하고 있는 사태에 불만을 표시하고,
종속이론을 보다 마르크스주의적으로 변모시킬 필요성을 강조했다.

15) A. G. Frank, *Development Accmulation and Under-development*, MRP, 1978, p. xii.
16) A. G. Frank, *Lumpenbourgeosie: Lumpendevelopment*, MRP, 1972, p. 9.

이를 위해 프랭크 자신도 앞에서 본 것처럼 자신의 초기 저작에 대해 가해진 마르크스주의자들의 비판을 그대로 수용했다. 그리고 자신의 새로운 연구의 출발점은 다음의 세 가지 점으로 된다고 말했다. "① 종속을 생산양식 혹은 '내적' 관계를 통해 분석하고, 이 같은 내적관계를 특히 메트로폴리스와 '내적' 교환관계와 관련시키고 이들 양자 간의 상호규정성을 설명할 것, ② 자본축적 혹은 저개발의 각 관계를 결정하는 '내적' 동학을 설명할 것, ③ 모든 요소를 단일의 세계자본주의 체제의 동일한 역사적 발전과정에 위치지을 것이다."17)

이와 같은 초기 종속이론의 대표적 이론가였던 프랭크의 방향 선회는 만델(E. Mandel)을 비롯한 서구의 마르크스주의자들로부터 호의적인 평가를 받게 되었다. 그러나 그럼에도 만델은 여전히 프랭크의 방법론상의 불철저성을 다음과 같이 지적하고 있다.

"'생산양식' 개념을 사용하는 프랭크의 용어법은 부정확하다. 프랭크가 생산양식이란 개념으로 이해하고 있는 내용은 생산의 '기술'이나 '조직'이지, 생산의 사회적 관계는 아니다. …… 생산의 사회적 관계를 고려하지 않았기 때문에, 프랭크는 식민지와 반(半)식민지로 수출을 위한 상품생산의 확대가 왜 러시아를 포함한 제국주의국가에서 일어난 것과 같은 자본축적과 자본주의적 생산의 누적적 과정을 촉진시킬 수 없었는지를 설명할 수 없었다."18)

그러나 프랭크가 초기 종속이론의 구조주의적 한계에서 벗어난 것은 분명하며, 이와 같은 경향은 최근에 페트라스(J. Petras)로부터도 발견할 수 있다. 페트라스는 저개발이란 시각에서 문제를 분석하였다. 종속이론은 그 이전의 연구의 조류가 발전을 문제로 했던 것과 마찬

---

17) A. G. Frank, *op. cit.*, 1978, p. xiii.
18) E. Mandel, *Late Capitalism*, NLB, 1975, p. 366.

가지로 주요 관심사가 생산력의 확장·증대로 되고 있다는 것, 즉 생산
력주의로 흘러 생산의 사회적 관계의 분석을 경시하고 있다는 점을
비판하고, 생산관계의 해명 및 자본축적과 관련된 계급분석의 필요성
을 강조하였다.[19]

이상과 같은 종속이론의 최근의 동향은 종속이론의 마르크스 경제
학에로의 순화로 집약될 수 있다. 그리하여 종속이론은 신제국주의론
의 주요 분야를 차지하기에 이르렀던 것이다. 일본의 와카모리는 다국
적기업 문제와 계급분석 문제를 기준으로 하여 신제국주의 모델을 다
음과 같이 여섯 가지로 분류하고 있다.[20]

  (1) 아메리카의 대(大)제국주의 모델
  (2) 제국주의 국가들 사이의 대립 모델
  (3) 초제국주의 모델
  (4) 구조주의 모델
  (5) 세계체제의 모델
  (6) 계급분석 모델

이러한 신제국주의 모델은 모두 선진공업국가들과 저개발국가들 사
이의 지배종속관계의 현대적 특징을 이론화하려고 한다는 점에서, 넓
은 의미의 종속이론에 속하는 것이라 할 수 있다. 하이머(S. Hymer)(모
델 ③)는 다국적기업론의 시각에서 선진공업국가들과 제3세계의 불균
등발전의 법칙에 주목하고, 이렇게 상이한 국가 간의 기본적 관계는

---

19) J. Petras, *Critical Petrospective on Imperialism and Social Class in the Third World*, MRP, 1978.
20) 若森章孝, 〈新帝國主義 階級理論〉, 《經濟評論》, 1979. 9, p. 123.

상사와 부하의 관계, 본사와 지방공장의 관계와 마찬가지라고 설명하였다. 또 하이머와 대립하고 있는 만델(모델 ②)도 현대의 제국주의의 제 모순의 발전을 불균등적·복합적 발전의 법칙으로서 정식화하고, 세계자본주의에서 발전과 저개발의 동시진행을 시야에 넣고 있다. 스위지(P. M. Sweezy), 맥도프(H. Magdoff)(모델 ①) 등은 만델에 의해 제3세계주의자(the Third Worldist) 등으로 비판을 받고 있지만, 이들은 현대의 제국주의의 주요 모순을 제국주의국가들 사이의 모순이 아니라, 미국의 주도권 아래 있는 제국주의세계와 제3세계 사이의 모순으로 보고 있다. 모델 ④, ⑤, ⑥이야말로 '중심부-주변부' 관계 '중추부-위성부' 관계의 시각에서 세계자본주의 체제를 설명하는 좁은 의미의 종속이론이라 할 수 있다. 좁은 의미의 종속이론과 그 대표자들 및 그 주요 내용을 정리하면 다음 표와 같다.

〈표〉 후기 종속이론의 유형과 특징

유 형	주요 이론가	특 징
구조주의 모델	선켈, 갈퉁, 푸르타도	초기 종속이론의 구조주의적 방법론을 답습
세계체제 모델	아민, 프랭크, 월러스타인(I. Wallerstein)	세계적 규모에서 자본축적의 역사적 과정과 구조를 분석
계급분석 모델	페트라스, 스클라(R. L. Sklar)	제3세계 내부의 계급구조를 적극적으로 분석, 종속이론의 최근의 지배적 추세

위의 표에서 주의할 점은 세 모델은 초제국주의 모델이나 제국주의 간의 대립 모델 사이에서 찾아볼 수 있는 것과 같은 큰 이론적 차이를 갖고 있지 않으며, 단지 강조점의 차이에 근거하여 분류되었다는 사실이다. 그러나 갈퉁(J. Galtung)이나 선켈(O. Sunkel) 등은 푸르타도나 카

르도소와 같은 ECLA그룹의 영향을 강하게 받고 있는 초기 종속이론
의 색채를 아직도 지니고 있으며, 마르크스 경제학의 방법론을 명시적
으로 따르고 있지는 않다는 점에서 초기 종속이론으로부터 크게 변모
진화한 세계체제 모델이나 계급분석 모델과는 구분된다.

　신종속이론을 대표하고 있는 인물은 아민이라 할 수 있다. 아민에
와서야 비로소 종속이론은 그 이론적 체계를 완성하게 된다. 아민의
이론의 특징은 서구중심적 마르크스주의(Westrn Marxism)에 대한 저항
과 경제법칙에 의한 객관적 규정성만을 강조하고, 주체적 계급투쟁을
경시하는 경제주의(economism)에 대한 비판의식으로 요약될 수 있다.
곧 반(反)서구중심주의, 반(反)경제주의이다.

　아민은 제3세계의 마르크스주의자가 하지 않으면 안 되는 작업은
첫째, 세계자본주의 체제의 역사적 기원을 규명하고 자본제적 생산양
식과 전자본제적 생산양식의 지배를 수반하는 상이한 생산양식들의
접합(articulation)을 정의하고 분석하는 것이며, 둘째는 계급투쟁으로부
터 독립한 경제법칙은 존재하지 않는다는 사실을 확인하고, "세계 규
모에서 계급투쟁을 상호 관련시키는 것, 이 상호 관련을 경제적 토대
위에서 작용시키는 것, 그리고 이러한 투쟁이 이 토대를 어떻게 수정
하는지를 검토하는 것"[21]이라고 했다. 아민은 최근의 한 논문에서 자
신의 주장을 다음과 같은 다섯 가지 명제로 요약하고 있다.[22]

　(1) 현상적으로는 국제적인 중심부와 주변부 사이의 관계는 자본제
적 생산양식과 그에 예속된 전자본제적 양식들 사이의 관계의 문맥에
서 분석되어야만 한다.

---

21) S. Amin, *The Law of Value and Historical Materialism*, MMR, 1978, p. 65.
22) S. Amin, "The Class Structure of the Contemporary Imperalist System," *Monthly Review*, January 1980, p. 25.

(2) 예속과 지배의 구조는 잉여노동의 수탈을 수반하는 관계를 내 포하고 있다. 즉, 상업적 교환에만 기초하고 있는 것이 아니라, 노동과 정과는 주의 깊게 구분되어야만 할 생산과정에 자본의 개입을 전제하 는 관계를 내포하고 있다.

(3) 잉여노동의 이전은 가치법칙의 순수히 기계적인 작용으로부터 결과되는 것은 아니다. 이전되는 잉여의 가격은 오로지 상이한 부르주 아지들 사이의 세력관계에만 의존한다.

(4) 따라서 자본이 주변부의 노동자 한 사람을 착취할 때, 그는 동 시에 이들 노동자 각자의 노동력의 재생산에 필요한 농업잉여를 공급 하는 열 명의 농민도 함께 착취하는 것으로 된다.

(5) 주변부의 생산력의 발전을 저해하고 있는 요인은 이와 같은 초 과착취(superexploitation)이다. 이로부터 주변부의 농민혁명운동은 그 성 격에서 부르주아적인 것으로 되는 것이 아니라, 자본주의를 타도하는 투쟁의 본질적 부분을 구성하게 된다는 결론이 나온다. 왜냐하면 그것 은 더 이상 부르주아지의 지도 아래서는 수행될 수 없기 때문이다. 그 것은 프롤레타리아트의 이데올로기의 지도하에서 수행되어야만 하고 그렇지 않을 경우 농민혁명운동은 발생할 수 없다.

또 아민은 서구중심주의적 마르크스주의자들이 종속이론을 무조건 유통주의라고 몰아붙이는 경향은 실상 제국주의적 착취의 현실을 은 폐하는 수상쩍은 기도를 내포하고 있다고 지적했다.

즉 스스로 '정통파'임을 자처하는 서구중심주의적 마르크스주의자 들은 유통관계에 대한 생산관계의 중요성만을 일면적으로 강조한 나 머지 국제적 상품교환 과정 즉 국제무역 과정에서 착취가 일어나고 있는 현실도 부정하기에 이르렀던 것이다. 엠마누엘의 국제적 부등가 교환이론에 대한 일부 마르크스주의자들의 예민한 반발은 그 좋은 예이다. 이들은 국제적 부등가교환은 주변부의 잉여가치율이 중심부의 잉여가치율보다 높기 때문에 일어난다는 엠마누엘의 주장을, 중심부의 잉여가치율이 주변부의 잉여가치율보다 훨씬 높다는 사실(?)을 근거로 하여 반박하고 있다. 즉 선진국의 노동자들이 저개발국의 노동자들보다 더 가혹한 착취를 당하고 있다는 것이다. 이른바 정통파 마르크스주의자들은 이와 같은 현실을 왜곡한 논리에 따라 저개발국 민중은 사회주의 혁명에 앞서 부르주아 민주주의 혁명운동을 수행해야만 한다고 주장함으로써 저개발국 사회의 안정화에 이해관계를 갖는 제국주의 자본의 이데올로기로 타락하고 말았다고 아민은 비판하였다.

그리하여 아민은 세계자본주의 체제에서 유일하고도 진정한 혁명적 세력은 선진국의 노동자계급이 아니라 주변부의 노동자·농민계층이라고 보고 있는 것이다.

4. 맺는말

초기 종속이론은 그 형성의 이론적 배경으로 말미암아, 근대경제학적 용어와 케인지언의 분석틀을 무비판적으로 채용하는 등 절충주의적인 결함을 갖지 않을 수 없었다. 또 추상의 수준도 극히 낮으며, 더 높은 추상 수준의 이론을 전제로 하지 않고 개별적 사례연구에 머물렀다. 그리하여 초기 종속이론에서는 일반이론이 결여되어 있으며, 이는 그 이론으로 하여금 다른 구체적 사례에 재적용될 가능성을 배제하였다.

이와 달리 후기 종속이론은 초기 종속이론의 고장인 라틴아메리카를 뛰어넘어 아시아, 아프리카 등 가능한 모든 제3세계의 실증적 역사적 연구결과를 노동가치론과 자본축적론 등에 입각하여 일반이론화하려는 노력을 보이고 있다.

이러한 점들을 감안할 때 종속이론을 한국사회에 적용하려는 경우, 후기 종속이론의 일반이론적 분석시각을 비판적으로 흡수한 뒤에 초기 종속이론의 사례분석의 방법을 참고로 하여야 하지 않을까 생각된다. 그러나 종속이론의 자기발전 과정을 개관하건대, 그 구체성과 보편성의 변증법, 특수성과 일반성의 변증법의 자기 운동에 경탄을 금할 수 없다. 즉, 라틴아메리카의 특수성이 제3세계의 일반성으로 되고 제3세계의 구체성이 세계사적 보편성으로 되는 이론적 전개과정은 세계사적 실천에 정확히 대응하는 것이기도 하다. 이는 곧 서구중심적 세계관의 붕괴과정이다.

따라서 종속이론을 한국경제에 도식적으로 적용하는 방법보다는, 한국경제의 역사적 특수성의 더 깊은 천착을 통해 한국경제의 특수성이 제3세계의 일반성으로 되고, 세계사적 보편성의 한 부분을 구성할 수 있도록 하는 방향으로 노력이 더 필요하지 않은가 생각된다. 바로 이 점에서 종속이론과 아울러 식민지반(半)봉건사회론의 이론적 재조명이 필요하다.

그러나 이러한 과정에서 잊어서는 안 될 것은, 앞에서도 살펴본 것처럼, 종속이론의 형성과정이 민족해방투쟁의 역사적 실천과정과 불가분의 관련을 맺고 있었던 것처럼, 우리의 노력도 바람직한 민주주의 실현을 위한 운동으로부터 항상 자극을 받지 않으면 안 된다는 점이다.

종속이론이 학문방법상으로 한국의 사회과학자들에 줄 수 있는 가장 큰 교훈은 아마도 그 이론과 실천의 통일성에 있을 것이다.

《독서》(1980. 7)

종속이론의 전개와 구조

1. 머리말

오늘날 종속이론은 우리 사회에서도 크게 유행하는 사조의 하나로
되었다. 그러나 아울러 종속이론에 대한 오해와 편견도 만연되고 있
다. 종속이론을 마르크스주의와 동일시하는 견해는 그 대표적인 것이
라고 할 수 있다. 여기에서는 논의에 앞서 이러한 견해에 대해서 종속
이론과 마르크스주의는 완전히 다른 이론체계·세계관이란 사실을 밝
혀두고 싶다. 이는 종속이론을 마르크스주의의 발전을 가로막는 장애
물로 규정하고 이에 대한 철저한 이론투쟁을 선언한 멕시코 공산당의
1981년 테제를 보는 것만으로도 충분하다.

종속이론은 아직 죽지 않았다. 그것은 아직도 좌익의 분석과 이론에
침투하고 있다. 종속이론에 대한 투쟁이 과거의 일이 아닌 것은 이 때문
이다. 그것은 오늘날의 긴급한 과업이다.[1]

---

1) *Debate*, no. 16, 1981, p. 15.

이 글에서는 먼저 종속이론의 형성배경과 전개과정을 사회경제적 측면과 학설사적 측면에서 고찰한다. 그 다음 종속이론에 대한 마르크스주의자의 비판을 살펴본 후, 마르크스주의자가 제시하고 있는 새로운 주변사회 이론의 타당성을 검토한다. 그리고 마르크스주의자가 종속이론에 대한 대안(代案)으로 제시하고 있는 자본의 국제화 이론이나 생산양식의 접합(接合, articulation of modes of production) 이론이 과연 참된 의미의 대안으로 될 수 있을지를 검토한다. 마지막으로 주변사회에 대한 구체적 인식을 위해서는 종속이론이 원래 제기한 문제의식으로 되돌아가는 것이 필요하다는 사실이 지적된다.

2. 종속이론의 형성배경

1960년대 중반 이후 새로운 주변사회 이론으로 자기 위치를 굳힌 종속이론은 다음과 같은 사회경제적·이론적 배경으로부터 출현했다.

민족해방운동이 승리한 결과, 제2차 세계대전 이후 라틴아메리카의 여러 지역에서 정권을 장악한 민족부르주아지들은 그들이 획득한 정치적 독립을 뒷받침할 수 있는 경제적 자립을 달성하기 위해서 수입대체적 공업화정책을 추진했다. 수입대체적 공업화는 라틴아메리카를 식민지 시대의 종속으로부터 구제해주고, 정치적 민주화를 촉진시키고 경제적·사회적·문화적 후진성을 극복해줄 것이라고 기대되었다. 그러나 수입대체적 공업화는 이러한 기대와는 반대로, 외국무역에 지나친 의존, 외국자본에 의한 지배, 문화적 제국주의의 가속된 침투, 민중의 궁핍화를 심화시키고 말았다. 수입대체적 공업화가 오히려 대외 종속을 심화시키고 만 원인은, 수입대체적 공업화 과정이 민족자본가 계층에 의해서 추진된 계급적 상황 때문에, 자율적 공업화의 전제조건인 농업혁명·토지개혁이 불철저하게밖에 시행되지 않았다는 사실, 그리고 그 민족자본가 계층이 공업화 과정에서 초기의 민족주의적 성격을 상실하게 되었다는 사실, 성장은 수출에 의존했으며 그에 필요한 자본재를 여전히 수입할 수밖에 없었다는 사실 등으로 요약할 수 있다. 그리하여 수입대체적 공업화 과정은 아민(S. Amin)의 표현을 빌리면 제국주의의 제2단계에 불과했던 것이다.[2]

전후 라틴아메리카에서 수입대체적 공업화의 실패는 민중의 불만을 고조시키는 한편, 지식인 일각으로부터 수입대체적 공업화정책에 대한 비판을 고양시켰다. 수입대체적 공업화정책은 ECLA그룹(the United Nations Economic Commission for Latin America)의 경제발전 이론, 특히 프레비시(R. Prebisch)의 교역조건 악화에 관한 이론으로 대변된다고 할 수 있다. 이들 이론의 요점은 국내지향 공업화정책, 그를 위한 외자도입, 원조도입이며, 공업화에 필요한 국내의 사회개혁에 대해서는 언급하지 않는 극히 온건한 이론이었다. ECLA그룹의 경제발전 이론은 본질적으로 민족자본가 계층의 이데올로기였던 것이다. ECLA그룹의 경제발전 이론에 대한 비판은 도스 산토스(T. Dos Santos), 프랭크(A. G. Frank) 등에 의해서 1960년대 중반부터 전개되기 시작했고, 이 과정에서 종속이론의 테두리가 형성되기 시작했다.

특히 도스 산토스는 ECLA그룹의 경제발전 이론을 자신의 실증적 연구를 통해서 반박했다. 그는 미국이 라틴아메리카에 대해서 1946년부터 1967년에 걸쳐 행한 자본수출 및 이에 따른 이윤송금을 계산한 결과, 매 1달러 신규투자에 2.7달러의 이윤송금이 행해졌음을 밝히고, 미국은 라틴아메리카에 자본수출을 한 것이 아니라, 사실상 자본수입

---

2) S. Amin, "Self-Reliance and the New International Economic Order," *Monthly Review*, July-August 1977, pp. 8~11.

을 했다고 주장했다.3) 외국자본과 부르주아적 경제발전 이론에 대한
부정적 평가가 종속이론의 특징을 이루게 된 것은 바로 이러한 사실
인식 때문이다. 결국 종속이론은 전후의 라틴아메리카의 수입대체적
공업화정책의 이데올로기였던 ECLA그룹의 경제발전 이론에 대한 반
성과정에서 출현했다고 볼 수 있다.

종속이론의 형성과정은 ECLA류의 부르주아적 경제발전 이론에 대
한 비판뿐만 아니라 마르크스주의, 특히 고전적 제국주의론에 대한 비
판을 수반하는 과정이기도 했다. 종속이론가들은 식민지에서 자본주
의 발전에 관한 고전적 제국주의론자들의 견해를 집중적으로 공격했
다. 이들은 마르크스가, 〈인도론〉이나 〈아일란드론〉에서 보는 바와 같
이 자본주의의 비자본주의 지역에서의 역할에 관하여 혼동하고 있었
을 뿐만 아니라, 레닌도 자본수출이 식민지의 자본주의적 발전에 기여
한다고 보는 등 서구중심주의적인 오류를 범했다고 주장했다. 종속이
론가들은, 제국주의는 식민지에서 자본주의적 발전을 촉진한다는 고
전적 제국주의론자들의 견해에 대하여, 이는 단지 저개발의 발전만을
심화시킨다고 주장했다. 도스 산토스는 다음과 같이 말했다.

우선 레닌은 자본수출이 저개발국에 미치는 영향을 제대로 파악하지
못했다. 만약 그가 제대로 파악했더라면, 자본가들이 낡은 식민지적 수출
구조의 현대화에 투자함으로써, 저개발국의 후진성을 온존케 했던 바로
그 세력 자체와 동맹을 맺었다는 사실을 알았을 것이다.4)

3) T. Dos Santos, 〈종속의 구조〉, 변형윤·김대환 편, 《제3세계의 경제발전》(까치,
1980), pp. 150~151.
4) 위의 책, p. 40.

도스 산토스는 고전적 제국주의론의 방법론과는 다른 패러다임 (paradigm)이 주변사회를 연구하는 데 적용되어야 한다고 주장하고, 그 것이 바로 종속이론이라고 말했다.

　종속을 어떤 종류의 내부구조를 조건짓는 관계로 이해하는 것은, 발전 을 전 세계적인 역사현상으로 또는 자본주의 체제의 형성·팽창 및 강화 의 결과로 이해하는 것이 된다. …… 지배 중심의 자본주의 발전에 관한 연구가 식민주의 및 제국주의의 이론을 탄생시켰듯이, 오늘날 저개발국 의 발전에 관한 연구는 종속의 이론을 낳아야만 한다. …… 종속을 이해 하고 그것의 구조 및 역사적 힘을 개념화하고 연구함으로써, 제국주의론 을 확장시키거나 정식화할 수 있다.[5]

오늘날 대표적인 종속이론가라고 할 수 있는 아민도 마르크스의 이 론을 자본제적 생산양식의 이론으로 규정하고, 그것은 중심자본주의 국, 즉 선진자본주의국에만 적용될 수 있을 뿐이며, 주변자본주의국에 는 적용될 수 없다고 보았다. 왜냐하면 주변자본주의 사회는 자본제적 생산양식만으로 구성되어 있는 것이 아니라, 여러 전(前)자본제적 생 산양식들도 공존하고 있기 때문이다. 아민은 다음과 같이 말했다.

　선진국과 저개발국의 관계는 자본제적 생산양식을 분석하는 틀로는 이 해할 수 없다. 이 문제는 사실상 상이한 사회구성체 간의 문제이며, 더 정확히는 중심자본주의 사회구성체와 주변자본주의 사회구성체 간의 문 제이다. …… 이러한 관계의 분석을 자본제적 생산양식의 문맥 안으로

---

5) 위의 책, pp. 39~40.

제한하는 것은 근본적인 경제주의적 오류를 수반하는 것이다. …… 중심
과 주변 간의 교환에 관한 마르크스주의 이론은 마르크스에 의해서 전개
될 수 없었다. 사실 19세기의 산업혁명이란 특정한 조건은 그로 하여금
식민지적 현상이 어떻게 전개되는가에 대하여 틀린 개념을 갖게 하고 말
았던 것이다.6)

종속이론은 이와 같이 고전적 마르크스주의에는 비판적 태도를 보
이면서도, 신마르크스주의(Neo Marxism)로부터는 많은 개념을 빌려 왔
다. 예컨대 미국의 신마르크스주의자였던 배런(P. Baran)의《성장의 정
치경제학》(1957) 및 그 책에서 정식화된 경제잉여(economic surplus)란
개념은 프랭크를 비롯한 많은 종속이론가들에게 큰 영향을 미친 종속
이론의 기본서와 기본개념으로 평가되고 있는 것이다. 종속이론가들
이 고전적 마르크스주의의 잉여가치란 개념보다도 경제잉여라는 개념
을 즐겨 사용하고 있는 것은 사실이다. 프랭크는 세계자본주의의 기본
모순을 경제잉여의 수탈-충용(充用)의 모순으로 정식화함으로써 배런
의 경제잉여 개념을 종속이론에 체계적으로 도입시켰다. 경제잉여의
수탈-충용의 모순이란 어떤 사회가 생산한 것과 그것을 생산하는 데
필요한 생산비와의 차액인 경제잉여의 수탈과 충용, 즉 생산과 소비
가, 자본주의에 내재적인 독점적 구조 때문에, 대립·모순하는 현상을
말한다.7) 이처럼 종속이론이 잉여가치란 개념 대신에 경제잉여란 개
념을 사용한 것이 마르크스주의로부터 비판을 유발시켰음은 말할 필
요도 없다.

---

6) S. Amin, *Accumulation on a World Scale*, MRP, 1974, p. 134.
7) A. G. Frank, *Capitalism and Underdevelopment in Latin America*, MRP, rev. ed.
   1969, pp. 6~8.

이상에서 살펴본 종속이론의 형성배경에 반드시 추가해야 할 것은 1960년을 전후한 민족해방운동의 폭발적 고양, 특히 쿠바혁명의 승리라는 요인이다. 쿠바혁명은 제3세계에 대하여 비자본주의적·비소비에트적 발전의 길을 제시했던 획기적 사태였으며, 이는 부르주아 사회과학과 고전적 마르크스주의를 동시에 비판하는 종속이론이 뿌리를 내릴 수 있는 비옥한 현실적 토양을 제공했다. 그리하여 어떤 논자는 카스트로 없는 프랭크는 생각할 수조차 없다고까지 말했던 것이다.8)

종속이론의 형성과정은 전후 라틴아메리카에서 전개된 반제(反帝) 민족해방운동의 역사적 실천과정과 밀접하게 결부되어 있었다. 즉 종속이론은 어떤 학문의 사조에 따라 출현했다기보다, 세계자본주의 주변의 민중들이 진정한 인간적 삶을 구현하려는 해방투쟁 과정의 소산이었으며, 나아가 이러한 투쟁을 지도하는 노선도 제시하고 있었다. 그러나 종속이론은 그 이론적 측면에서는 적어도 초기에는 많은 결함을 안고 있었다. 이를 둘러싸고 종속이론가와 마르크스주의자들 사이에서 1970년대 초반에 큰 논쟁이 벌어졌는데, 이를 보통 '종속논쟁'이라고 한다. 이 과정에서 종속이론은 새로운 내용으로 발전하게 되었다.

3. 종속이론의 구조와 신 전개

초기 종속이론은 프랭크의 초기 저작인 1967년에 출간된 《라틴아메리카의 자본주의와 저개발》과 1969년에 출판된 《라틴아메리카: 저개발인가 혁명인가》에 의해서 대표될 수 있다. 프랭크 이론의 구조는 극

---

8) D. Booth, "Andre Gunder Frank: An Introduction and Appreciation," I. Oxaal, T. Barnett and D. Booth eds. *Beyond the Sociology of Development*, RKP, 1975, p. 64.

히 단순·명쾌하다. 그의 이론을 요약하면 다음과 같다.

(1) 세계자본주의의 발전은 오늘날 저개발국의 모든 지역을 국제적·국내적 중심-위성 관계의 연쇄 속에 편입시켰다. 저개발성은 선진국들이 이전에 통과해온 상태를 나타내는 것이 아니라, 바로 중심의 발전에 의해서 만들어진 것이며, 단일한 세계자본주의 체제의 발전의 한 국면이다.

(2) 어떤 나라가 중심과의 국제적 접촉 아래서 국제적 위성으로서 위치를 갖게 되면, 위성국 내부에 또한 국내적 중심-위성 관계가 형성된다.

(3) 저개발 세계는 세계자본주의와 접촉에 의해서 위성적 자본주의로 구조화되는 것이며, 단순히 자본주의와 전자본주의, 근대 부분과 전근대 부분이 병존하는 이중사회는 아니다.

(4) 한편으로는 경제발전을 낳지만, 다른 한편으로는 저개발을 낳는 세계자본주의의 모순은 ① 그 독점구조에 의해서 야기되는 경제잉여의 수탈과 충용, ② 그 결과 생기는 중심-위성의 양극 분해, ③ 그 속에서 어떠한 개선이 시도되어도 세계자본주의 체제와 단절되지 않는 한, 저개발성은 계속될 수밖에 없는 변화 속의 연속성이다.

이상과 같은 프랭크의 종속이론에 대하여 라클라우는 마르크스주의의 입장에서 다음과 같이 비판했다.[9]

(1) 프랭크의 이중사회론 비판은 전적으로 옳다. 그가 강조하고 있

9) E. Laclau, "Feudalism and Capitalism in Latin America," *New Left Review*, May-June 1971.

는 것처럼, 라틴아메리카 사회는 자본주의 부문과 고립적·폐쇄적인 자급자족 부문이 아무 관련 없이 병존하고 있는 것이 아니라, 후자도 또한 시장경제에 의해서 지배되고 있다.

(2) 그러나 시장경제에 의해서 지배되고 있다고 해서, 그 부문이 자본주의라고 규정할 수는 없다. 프랭크는 자본주의란 용어를 그 본래 개념인 생산관계로서가 아니라, 시장관계·상품유통관계로 사용하고 있다.

(3) 그러므로 생산관계로서는 봉건적인 라틴아메리카 농업부문을 세계자본주의의 상품유통 관계에 편입된 것으로서, 자본주의라고 규정한다.

(4) 또 이처럼 자본주의 개념을 광범위하게 사용하기 때문에, 코르테즈에 의한 정복의 시대에서부터, GM사에 의해서 지배되는 현대에 이르기까지 자본주의로서 라틴아메리카의 계속성과 동일성이 중시되며, 이와 달리 중심국들에 있어서 자본축적 양식의 변화와 그것에 대응하는 주변에서의 착취와 수탈양식의 변화를 경시한다.

(5) 농업부문에서 생산관계의 봉건적 성격을 긍정하는 것이 반드시 이중사회론의 테제, 근대화론, 라틴아메리카의 고립성과 비종속성 주장을 지지하는 것이 될 수는 없다. 오히려 중심국가들의 외국시장의 확대가 봉건제를 강화·고정화시켰다고 봄으로써, 중심의 발전이야말로 저개발을 낳는다는 프랭크의 주장이 효과적으로 증명될 수 있다.

프랭크 자신은 1978년에 출판된 그의 후기 저작인 《종속적 축적과 저개발》의 서문에서 그동안 자신에 대해서 행해진 비판, 즉 종속이론적 접근에 대한 비판을 다음 세 가지로 요약하고 있다.

(1) 종속이론적 접근은 사실상 내적인 생산양식을 경시하고 외적 교환관계를 강조해왔다.

(2) 그것은 라틴아메리카 및 세계의 상이한 부분의 상위성과 상이한 발전단계에 관하여 적당한 고려를 하지 않았다.

(3) 그것은 중심의 경제발전과 종속적·주변적 저개발이 하나의 동일한 과정의 구성부분으로서 분석되어야만 할 범세계적 자본축적의 역사적 과정에 대한 변증법적인 동태적 분석을 가하지 못했다.[10]

그리고 프랭크는 이처럼 지적된 종속이론의 문제점들을 극복하려는 노력을 보였다. 그는 종속이란 개념 자체에 대해서도 불만을 보였다. 왜냐하면 종속이란 개념은 외적이면서도 동시에 내적인 모든 현상들, 즉 예속·억압·소외 등 제국주의적·자본주의적 인종주의를 한마디로 처리해버리려는 완곡한 표현법에 불과하기 때문이다. 즉 프랭크는 종속이론을 부르주아 사회개량주의자들도 공유하고 있는 사태에 불만을 표시하고, 종속이론을 보다 마르크스주의적으로 순화시킬 필요성을 강조했다. 이를 위해서 프랭크는 앞에서 본 것처럼 자신의 초기 저작에 대해서 가해진 마르크스주의자들의 비판을 그대로 수용했다. 그리고 자신의 새로운 연구의 출발점은 다음의 세 가지라고 말했다.

(1) 종속을 생산양식 혹은 내적 관계를 통해서 분석하고, 이 같은 내적 관계를 특히 중심과의 외적 교환관계와 관련시키고 이들 양자 간의 상호규정성을 설명할 것.

(2) 자본축적 혹은 저개발의 각 관계를 결정하는 내적 동학(動學)을

---

10) A. G. Frank, *Dependent Accumulation and Underdevelopment*, MRP, 1978, p. xiii.

설명할 것.

(3) 모든 요소를 단일한 세계자본주의 체제의 동일한 역사적 발전 과정에 위치지을 것.[11]

이와 같은 초기 종속이론의 대표적 이론가였던 프랭크의 방향선회는 마르크스주의자들로부터 호의적 평가를 받게 되었으며, 종속이론은 새로운 내용으로 발전하게 되었다.

새로운 종속이론은 프랭크 이외에 페트라스(J. Petras), 아민 등에 의해서도 전개되었다. 페트라스는 저개발이란 시각에서 문제를 분석하는 종속이론은, 그 이전의 연구 조류가 발전을 문제로 했던 것과 마찬가지로, 주요 관심사가 생산력의 확장·증대로 되고 있다는 것, 즉 생산력주의로 흘러 생산의 사회적 관계의 분석을 경시하고 있다는 점을 비판하고, 생산관계의 해명 및 자본축적과 관련된 계급분석의 필요성을 강조했다.[12]

새로운 종속이론을 대표하고 있는 인물은 아민이라 할 수 있다. 아민에 와서야 비로소 종속이론은 그 이론적 체계를 완성하게 된다. 아민의 이론의 특징은 서구중심적 마르크스주의(Western Marxism)에 대한 저항과 경제법칙에 의한 객관적 규정성만을 강조하고, 주체적 계급투쟁을 경시하는 경제주의에 대한 비판으로 요약될 수 있다. 아민은 최근의 한 논문에서 자신의 주장을 다음과 같은 다섯 가지 명제로 요약하고 있다.[13]

---

11) *Ibid.*, p. xiii.

12) J. Petras, *Critical Perspective on Imperialism and Social Class in the Third World*, MRP, 1978.

13) S. Amin, "The Class Structure of the Contemporary Imperialist System," *Monthly Review*, January 1980, p. 25.

(1) 현상적으로는 국제적인 중심부와 주변부 사이의 관계는 자본제적 생산양식과 그에 예속된 전(前)자본제적 생산양식 간의 관계의 맥락에서 분석되어야 한다.

(2) 예속과 지배의 구조는 잉여노동의 수탈을 수반하는 관계를 내포하고 있다. 즉 상업적 교환에만 기초하고 있는 것이 아니라, 노동과정과는 주의 깊게 구분되어야만 할 생산과정에 자본의 개입을 전제하는 관계를 내포하고 있다.

(3) 잉여노동의 이전은 가치법칙의 순수한 기계적인 작용으로부터 결과되는 것은 아니다. 이전되는 잉여의 가격은 오로지 상이한 부르주아지들 사이의 세력관계에만 의존한다.

(4) 따라서 자본이 주변부의 노동자 한 사람을 착취할 때, 그는 동시에 이들 노동자 각자의 노동력의 재생산에 필요한 농업잉여를 공급하는 열 명의 농민도 함께 착취하는 것으로 된다.

(5) 주변부의 생산력의 발전을 저해하고 있는 요인은 이와 같은 초과착취(super exploitation)이다. 이로부터 주변부의 농민혁명운동은 그 성격에서 부르주아적인 것으로 되는 것이 아니라, 자본주의를 타도하는 투쟁의 본질적 부분을 구성하게 된다는 결론이 나온다. 왜냐하면 그것은 더 이상, 부르주아지의 지도 아래서는 수행될 수 없기 때문이다. 그것은 프롤레타리아트 이데올로기의 지도 아래서 수행되어야만 하고, 그렇지 않을 경우, 농민혁명운동은 발생할 수조차 없다.

4. 종속이론에 대한 마르크스주의자의 비판

종속이론은 결코 하나의 통일된 단일 이론이 아니다. 그럼에도 종속이론으로 분류되는 것들은 적어도 다음 세 가지 명제를 공유하고 있다고 할 수 있다.

(1) 세계자본주의는 주변의 경제잉여를 수탈하여 중심으로 이전시킨다.

(2) 이러한 주변에서 중심으로의 잉여 이전이 주변의 저개발의 근본원인이다.

(3) 세계자본주의의 틀 안에 있는 한, 주변의 경제발전은 불가능하다.

위와 같은 종속이론의 기본명제에 대하여 마르크스주의자들로부터 제기되고 있는 비판은 다음과 같이 요약할 수 있다.

(1) 주변에서 중심으로의 잉여이전을 주변의 저개발의 원인으로 간주하는 것은 유통주의적 오류이다. 저개발의 원인은 유통관계를 통한 수탈, 즉 잉여이전에서 찾을 수는 없다.[14] 왜냐하면 유통관계를 통한 중심의 주변수탈(잉여의 재분배)은 가치·잉여가치가 생산되어 이미 점유된 뒤에, 즉 중요한 과정은 모두 끝난 뒤에 일어나는 사태이기 때문이다. 사실상 잉여이전은 유통관계의 문제임에 반해서, 저개발은 생산관계의 문제로서 서로 문제영역 자체를 달리한다. 요컨대 저개발의 원인은 생산의 성격에서 찾아야지 생산물의 이동에서 찾을 수는 없다.

나아가 이 같은 종속이론의 유통주의적 성격은 사회주의 혁명전략을 오도한다. 유통주의는 자본주의 체제의 기본모순을 노동과정·잉여가치의 생산과정에서 노자(勞資)대항이 아니라 잉여가치의 분배·재분배를 둘러싼 제자본(諸資本) 사이의 모순으로 바꿔치기 한다. 따라서

---

14) C. Bettelheim, "Theoretical Comments," A. Emmanuel, *Unequal Exchange*, MRP, 1972, p. 300.

종속이론은 자본-노동 관계를 설명할 수도 없고, 사회주의 혁명의 전
망을 제시할 수도 없다.15)

　(2) 종속이론은 중심에 의한 주변수탈의 측면만을 일방적으로 강조
한 나머지, 그에 대응한 과정으로서 주변 내부의 계급모순의 내적 운
동을 간과하고 말았다. 즉 종속이론은 중심에 의한 주변 규정만을 보
고, 주변의 주체적인 내적 운동 및 주변에 의한 중심의 재규정 과정을
보지 못했다.16) 그리하여 종속이론은 한편에서는 주변의 자본주의를
모두 중심에서 이식된 자본주의로 단순화하여, 중심자본의 침투 이전
에 존재했던 자본주의 맹아에 관한 문제나, 그 뒤 반제투쟁의 가능한
일익으로서 민족자본의 문제를 완전히 도외시해버리는가 하면, 다른
한편에서는 주변 내부의 계급모순(토착자본과 노동자계급 간의 모순, 반
봉건적 대지주와 소작농민 사이의 모순 등)을 뒷전으로 미루고, 민족모순
만을 전면에 내세우는 부르주아 민족주의적 경향조차 보이고 있다. 종
속이론이 즐겨 사용하는 '제세계'(諸世界)나 '주변'이라는 용어법 자체
가 내부적 계급모순의 중요성을 사상(捨象)하고, 외국자본의 국유화가
모든 것을 가져다줄 것이라는 환상을 영속시키는 데 기여하고 있다.
그리하여 어떤 마르크스주의자는 종속이론을 제국주의 독점자본의 주
변 잉여가치 수탈에 대항하여 그 잉여가치를 자기가 차지하려는 주변
의 경쟁자본, 즉 민족자본의 이해관계를 대변한 이데올로기라고 규정
하고 있다.17)

---

15) C. Johnson, "Dependency Theory and the Processes of Capitalism and Socialism,"
　　Latin American Perspectives, vol. 8, no. 3·4, 1981, p. 55.
16) J. Cypher, "The Internationalization of Capital and the Transformation of Social
　　Formations," *The Review of Radical Political Economics*, vol. 11, no. 4, 1979, pp.
　　35~36.
17) C. Johnson, *op. cit.*, p. 59.

(3) 세계자본주의의 틀 속에 있는 한, 주변의 자본주의적 경제발전
은 불가능하다는 종속이론의 주장은, 전후 특히 1960년대 이후의 주변
의 역사적 경험과는 상치된다. 주변의 최근 경험은 급속한 경제성장,
공업화의 진행, 즉 자본주의적 발전이 저개발의 이미지를 불식해가는
추세를 보이고 있는데, 종속이론은 이를 예견하지도 설명하지도 못했
다. 오늘날 주변에서 일어나고 있는 변화는 저개발이나 종속이기에 앞
서 임금노동자 계급의 급증을 수반한 자본주의적 발전이라는 사실이
인정되지 않으면 안 된다. 마르크스주의자 워렌(B. Warren)은 최근의
주변의 상황을 다음과 같이 요약하고 있다.

   경험적 관찰들은 상당수의 저개발국에서, (공업화를 의미하는) 성공적
   인 자본주의적 경제발전의 전망이 지극히 밝다는 사실을 보여주고 있다.
   …… 자본주의적 공업화의 상당한 진전이 이미 달성되었다.[18]

종속이론은 주변의 자본주의적 발전이란 엄연한 현실에 대한 인식
을 거부함으로써 자본주의를 타도하는 사회주의 혁명의 전망을 제시
할 수 없었다.

이상에서 살펴본 바, 마르크스주의자들이 공통적으로 지적하고 있
는 종속이론의 문제점은 다음 세 가지이다. 첫째, 유통주의적 경향, 둘
째, 계급분석의 결여, 셋째, 정체론적 경향이다.
마르크스주의자들은 최근 주변의 변화는 종속이나 저개발이 아니라
자본주의적 발전이란 사실을 강조한다. 마르크스주의자들은 우선 종

---

18) B. Warren, "Imperialism and Capitalist Industrialization," *New Left Review*, no.
   81, 1973, p. 3.

속이론의 공통적 비판대상이었던 다음과 같은 마르크스와 레닌의 고전적 명제들을 다시 자신들의 전거로 받들고 있다.

산업적으로 더 발전한 나라는 덜 발전된 나라에 대해서 다름 아닌 그 자신의 미래를 보여줄 뿐이다.[19]

자본의 수출은 그것이 수출된 나라에서 자본주의의 발전을 크게 촉진하고 가속시킨다.[20]

마르크스주의자 팔루아(C. Palloix)는 주변의 자본주의적 발전을 자본의 국제화 과정의 분석, 특히 다국적기업의 분석에 의거하여 해명하고 있다.[21] 그는 《자본론》 제2권의 자본의 세 가지 순환, 즉 상품자본의 순환, 화폐자본의 순환, 생산자본의 순환의 논리를 기초로 하여 자본주의 성립 및 발전의 분수령을 이러한 세 가지 순환의 유기적 결합으로 본다. 그리고 주변의 저개발의 원인을 자본의 세 가지 순환 가운데 어느 한 부분(대개는 생산자본의 순환)이 결여되어 있다는 사실에서 찾는다. 그런데 전후의 경험은 다국적기업이 주체가 되어 추진한 자본의 국제화 과정에서 잉여가치 생산의 국제화 운동이 잉여가치의 유통실현의 국제화 운동을 압도함으로써 생산자본의 국제적 순환운동이 주변에 깊숙이 침투하고 있음을 보여주고 있다. 즉 다국적기업이 추진한 생산자본의 국제화과정에서 주변에서도 자본제적 유통과정뿐만 아

19) K. Marx, *Capital*, vol. 1, International Publishers, 1967, pp. 8~9.
20) V. Lenin, *Imperialism*, International Publishers, 1939, p. 65.
21) C. Palloix, "The Internationalization of Capital and the Circuit of Social Capital," H. Radice ed., *International Firms and Modern Imperialism*, Penguin, 1975 참조.

니라 자본제적 생산과정이 확대 재생산되기 시작한다는 것이다. 이와
아울러 주변의 노동자계급도 수요요인으로 작용하여 국내시장의 확대
와 심화를 촉진하며, 그리하여 상대적 잉여가치의 생산에 기초한 자본
축적이 지배적인 것으로 되는 순간부터 자기지속적 경제성장, 즉 자기
중심적 자본축적 과정이 시동된다고 한다. 이와 같은 주변의 자기중심
적 자본축적은 느리고 불균등한 과정일지 모르나 그 과정 자체는 저
개발이 아니라 발전으로 파악되어야 한다는 것이다.

 이처럼 최근 주변의 변화를 발전으로 파악하는 마르크스주의자들의
견해는 옳지 않은 것 같다. 우선 지적되어야 할 것은 이들에게서는 '단
계변화'란 개념이 전적으로 결여되어 있다는 사실이다. 이들에게서는
주변의 자본주의 발전이 아니라, 독점자본주의 단계에서 제국주의 체
제에 지배된 자본주의 발전이란 사실이 질적 차이로서 인식되고 있지
않다. 사실상 그들이 내세우는 마르크스나 레닌도 독점자본주의·제국
주의는 질적으로 다른 자본주의 발전단계임을 명확히 지적했던 것이
다. 물론 케이(G. Kay), 워렌, 팔루아 같은 마르크스주의자들도 제국주
의라는 개념을 사용하고 있지만, 그들은 제국주의가 자본주의의 기본
법칙을 거의 수정하지 않는다고 본다. 그리하여 그들에게는 친칠라(N.
Chinchilla) 등도 지적했던 것처럼, 현재 주변의 제국주의에 지배된 자
본주의 발전과 지금 선진자본주의국을 구성하고 있는 중심이 과거 경
험했던 고전적 자본주의 발전은 공히 자본제적 생산양식의 불변적 법
칙에 규정되고 있기 때문에 하등의 상위도 존재하지 않는 것으로 나
타난다.[22] 이들은 주변 민중의 민족해방투쟁의 역사적 경험을 통해서
이제는 거의 정설로서 공인되고 있는 자본주의 발전의 두 가지 길의

22) N. Chinchilla & J. Dietz, "Toward a New Understanding of Development and Underdevelopment," *Latin American Perspectives*, vol. 8, no. 3·4,1 981, p. 141.

이론, 즉 세계사적으로 볼 때, 자본주의 발전에는 고전적 자본주의 발전의 길뿐만 아니라 반(半)식민지·반(半)봉건사회로의 길이 아울러 존재한다는 사실을 인식하지 못했다. 이들 논리 전개의 필연적 종착점은 저개발과 종속을 자본주의의 부재에서 찾으려는 로스토류의 부르주아적 성장단계론일 뿐이다. 예컨대 마르크스주의자 케이는 다음과 같이 주장하고 있다.

> 자본주의가 저개발을 귀결시킨 까닭은 자본주의가 저개발국을 착취했기 때문이 아니라, 그 반대로 저개발국을 충분히 착취하지 않았기 때문이다.[23]

그리하여 케이는 주변에 자본주의적 발전이 계속 진전된다면, 비록 그것이 대외적으로 종속되었다고 할지라도 주변은 주변적 상황을 벗어날 수 있게 된다고 주장함으로써 사실상 부르주아적 성장단계론에 동참했던 것이다.

오히려 필자에게는 주변의 자본주의 발전에서는 일정한 한계가 존재한다는 종속이론의 기본명제가 여전히 타당한 것같이 생각된다. 그 이유는 다음과 같다. 주변자본은 자기 생산물을 대부분 국외에서 실현하기 때문에 광범위한 국내시장을 필요로 하지 않는다. 즉 주변 자본의 재생산에 주변노동자들의 소비는 거의 필요하지 않다. 따라서 주변자본의 축적에서는 생산성 향상을 통한 상대적 잉여가치 생산이 아니라 노동일(勞動日) 연장과 노동강화에 의한 절대적 잉여가치 생산 및 초과착취(노동력의 가치 이하로의 임금지불)가 통상적인 것으로 된다. 그

---

23) G. Kay, *Development and Underdevelopment*, Martin's Press, 1975, p. 55.

러므로 주변은 세계자본주의의 틀 안에 있는 한, 상대적 잉여가치 생산에 기초한 자본축적과 국내시장의 확대에 기초한 자본주의의 발전을 결코 완수할 수 없는 것이다.

5. 생산양식의 접합이론의 전개

최근 프랑스의 철학자 알튀세르의 방법[24]을 따르는 일단의 구조주의적 마르크스주의자들은 종속이론을 유통주의라고 배격하고 자본제적 생산양식과 전(前)자본제적 생산양식들이 접합되어 있다는 사실에서 주변의 저개발의 원인을 찾는 이른바 생산양식의 접합(接合)이론을 전개하고 있다.[25] 종속이론과 마르크스주의적 주변사회이론이 모두 주변사회를 자본주의로 인식했던 것에 대해서 (물론 그것을 자본주의적 저개발로 보느냐, 자본주의적 발전으로 보느냐에서 대립했지만), 생산양식의 접합이론은 주변의 사회구성체를 자본주의가 아니라 자본제적 생산양식과 전자본제적 생산양식들의 접합구조로 파악한다. 그리하여 이들은 주변의 저개발의 원인을 중심에 의한 주변수탈이 아니라, 주변 내부에 자본제적 생산양식이 지배적임에도 불구하고 전자본제적 생산양식들이 해체되지 않고 계속 온존되어 자본제적 생산양식에 접합되어 있다는 사실에서 찾는다, 이러한 생산양식의 접합이론은 가장 최신의 주변사회이론이라고 할 수 있다.

그러나 이러한 생산양식의 접합이론에 대해서 다음 세 가지 의문을 제기하고 싶다.

---

24) L. Althusser & E. Balibar, *Reading Capital*, New Left Books, 1970.
25) 이에 대한 개관은 J. Taylor, *From Modernization to Modes of Production*, Macmillan, 1979 및 H. Wolpe ed., *The Articulation of Modes of Production*, Routledge & Kegan Paul, 1980을 참조할 것.

(1) 하나의 전체인 경제과정을 생산관계와 유통관계로 양분하여 생산관계의 우월성을 주장할 수는 없다. 이 점에 대해서 프랭크는 다음과 같이 지적하고 있다.

단일한 세계자본주의 체제의 축적과 발전의 단일한 과정에 대한 분석은, 내부적 생산관계가 더 중요하냐, 외부적 유통관계가 결정적이냐 하는 물음이 적절하지 못한 물음이고 대답할 수 없는 물음임을 보여준다.……
외부적 유통관계에 대한 내부적 생산관계의 우월성이란 명제는 이러한 관계가 자본의 실현 및 확대재생산과 축적에 대해 갖는 필연적인 연관을 고려하면 더욱 의문시된다.26)

이와 관련하여 마르크스도 《자본론》 제1권에서 자본제적 생산양식의 기초법칙을 분석한 후에 제3권 전체를 잉여가치의 유통과 분배의 분석에 바쳤다는 사실을 상기할 필요가 있다. 요컨대 경제과정의 변증법적 총체성을 감안한다면, 생산관계의 우월성만을 공식주의적으로 주장하는 것은 올바르지 못하다고 하겠다.

(2) 생산양식의 접합이론에 있어서는 유통관계에 대한 생산관계의 우월성만이 과도하게 강조된 결과, 유통관계를 통한 중심의 주변 수탈이란 엄연한 현실이 사상되고 있다. 아무리 생산관계·사회구성체의 중요성을 강조한다고 해서, 그것이 예컨대 부등가교환을 통한 주변에서 중심으로의 가치이전이 갖는 의의를 부정하는 것으로 되어서는 안 된다. 아민도 지적했던 것처럼, 잉여가치의 생산과 분배는 상호분리 될 수 없는 집합적 성격을 가지는 데도, 이를 반(反)유통주의라는 자기입

---

26) 주 10)의 p. 253.

장을 내세우며 기계적으로 분리하고, 가치이전의 현실을 부정하는 것은 소위 반유통주의자들의 친제국주의적 성향을 노출하는 것이라 하겠다.[27]

(3) 이들은 주변의 구체적인 역사적 현실에 대한 경험적 분석을 무조건 경험주의라고 비판하면서 알튀세 등의 *Reading Capital*에서 행해진 바와 같은 추상적 개념구성에 탐닉하는 것으로 만족하고 있다. 예컨대 대표적인 알튀세르주의자인 힌데스와 허스트는 다음과 같은 극언을 서슴없이 하고 있다.

"역사의 연구는 학문적으로뿐만 아니라 정치적으로도 무가치하다."[28] 그리하여 이들은 주변 내부문제의 분석을 중시한다는 자신들의 표방에도 불구하고, 종속이론과 마찬가지로 주변에서의 계급구조·계급투쟁에 관한 분석을 빠뜨리고 말았던 것이다.[29] 중요한 것은 《자본론》을 독해하는 것이 아니라 자본주의를 독해하는 것이다.

주변의 사회구성체를 여러 생산양식들의 접합구조로 인식한다는 점에서 생산양식의 접합이론은 1930년대 중국혁명 과정에서 형성된 다(多)우클라트론으로서의 반(半)식민지·반봉건사회론과 유사하다. 그러나 계급동맹·계급투쟁에 대한 과학적 인식이 결여되어 있다는 점에서, 생산양식의 접합이론은 이미 반세기 전에 확립된 반식민지·반봉건사회론의 이론적 수준에도 아직 도달하지 못한 것으로 보인다. 생산양식의 접합이론에 계급분석의 시각을 도입하여, 구체적 현실에 적용하는 것은 아직 그들의 과제로 남아 있다.[30]

---

27) S. Amin, *The Law of Value and Historical Materialism*, MRP, 1978, p. 109.

28) B. Hindess & P. Hirst, *Pre-Capitalist Modes of Production*, Routledge & Kegan Paul, 1975, p. 312.

29) C. Henfrey, "Dependency, Modes of Production and the Class Analysis of Latin America," *Latin American Perspectives*, vol. 8, no. 3·4, 1981, p. 18 참조.

6. 맺음말

종속이론은 마르크스주의와의 논쟁 과정에서 그 이론체계가 거의 붕괴해버린 것으로 보인다. 그럼에도 필자는 종속이론이 애초에 제기했던 문제의식은 여전히 타당하다고 생각한다. 종속이론은 부르주아적 근대화이론의 허구성을 폭로했다. 그리고 세계자본주의의 중심이 주변을 수탈하는 메커니즘을 정확히 제시했다. 무엇보다도 종속이론은 중심이 아니라 주변의 입장에서, 관념 속에서가 아니라 실천과 결부되어 문제를 제기했던 것이다. 물론 종속이론에도 유통주의적 경향이라든가 계급분석의 결여와 같은 결함이 있는 것은 사실이다. 그러나 이러한 결함에 대한 적절한 보완이 주변의 구체적 현실과 유리되어 추상적 개념조작으로 시종하는 자본의 국제화이론이나 생산양식의 접합이론에 의해서 이루어질 것으로 기대되지는 않는다. 오늘날 주변에 대한 과학적 인식에서 최대의 문제는 이론의 빈곤이 아니다. 사실상 주변에 관한 이론은 과잉 상태에 있다. 따라서 진정한 문제는 이론을 주변의 살아 있는 구체적·역사적 현실(빈곤층의 해소 노력)과 실천적으로 결합시키는 것이라고 할 수 있다. 그리고 이러한 문제를 해결할 수 있는 실마리는 자본의 국제화이론이나 생산양식의 접합이론에서보다는 종속이론이 애초에 제기했던 문제의식에서 찾을 수 있을 것이다.

《분배의 경제학》(1983)

---

30) 이 점에서 P. P. Rey, *Les alliances de classes*, Maspero, 1973이 주목된다.

경제발전론[*]

1. 경제성장론

1) 이론의 발전과정

현대의 경제성장론은 마르크스파의 이론을 제외하고서 생각하면 크게 케인스파의 이론과 신고전파[1])의 이론의 두 가지로 나누어 볼 수 있다. 이와 같은 구분은 한(F. H. Hahn)과 매튜스(R. C. O. Matthews)의 경제성장론에 관한 전망논문인 "The Theory of Economic Growth: A Survey," *Economic Journal*, 1964, pp. 779~902에서도 채택되고 있다.

그러나 2차 대전 후 급속히 발전한 현대의 경제성장론의 선구를 이루고 있는 것은 해러드(R. F. Harrod)의 성장론임은 말할 나위도 없다. 잘 알려져 있는 바와 같이 케인스(J. M. Keynes)의 《일반이론》은 단기의 경제상태를 분석의 대상으로 삼고 있었다. 따라서 거기에서는 자본축적, 인구증가, 기술진보의 경제성장요인이 명시적으로 고려되지 못

---

[*] 경제발전론은 경제성장론과 경제개발론(저개발국 경제발전론, 후진국 경제론)으로 구성된다고 볼 수 있다. 따라서 여기서는 이 둘로 나누어서 다루기로 한다.

1) 이것은 신신고전파라고 불리기도 한다.

했다. 해러드는 바로 케인스가 명시적으로 고려하지 않은 이 경제성장
요인을 고려하면서 케인스의 이론을 확충하는 한 시도로서 1948년에
*Towards a Dynamic Economics*를 발간했다. 이에서 제시된 그의 이론이
현대의 경제성장론의 시발점을 이루게 된 것이다.[2]

이 해러드의 성장론의 한 특징은, 현실성장률이 적정성장률과 다른
경우에는 양자는 더욱더 괴리하게 된다는 이율배반의 기구를 통해서
현실의 경제에는 자본의 완전이용과 노동의 완전고용을 동시에 보증
하는 자동조절의 메커니즘은 존재하지 않는다고 주장하고 있는 점에
서 찾아진다. 그런데 해러드는 이 결과를 유도함에 있어서 기본적으로
는 경제 전체의 저축률과 필요자본계수를 다 같이 일정불변의 파라미
터로 가정했다.

이 가운데서 특히 후자의 필요자본계수의 가변성을 강조함으로써
자본의 완전이용을 포함하는 균형성장경로의 동학적 안전성을 주장하
는 것이 신고전파의 성장론이며 그것의 대표적인 학자로서는 미국의
솔로(R. M. Solow), 영국의 미드(J. Meade) 등이 들어진다.[3]

이 신고전파의 성장론은 자본축적, 인구증가, 기술진보의 경제성장
요인을 명시적으로 고려하고 있는 점에서는 종래의 정태론과 다르지

---

2) 해러드가 최초로 이 문제를 다룬 것은 1939년에 발표된 "An Essay in Dynamic
   Theory", *Econ. J.*이며 이 논문의 내용을 더 발전시킨 것이 1948년의 *Towards a
   Dynamic Economics*이다. 이 1948년의 저서는 다시 개정되어 1973년에 *Economic
   Dynamics*로 발간되었다.
   그런데 도마(E. D. Domar)가 1957년에 발간한 *Essay in the Theory of Economic
   Growth*에서 밝힌 성장론이 기본적인 점에서 해러드의 그것과 몇 가지 공통점
   을 갖고 있는 것으로 알려져 있다. 따라서 해러드의 성장론과 도마의 성장론은
   일괄해서 해러드형 성장론으로 불리기도 한다.
3) 스완(T. W. Swan)의 "Economic Growth and Capital Accumulation," *Econ. Rec.*,
   1956, pp. 341~361도 솔로(R. M. Solow)의 "A Contribution to the Theory of
   Economic Growth," *Quart. J. Econ.*, 1956, pp. 65~94와 함께 신고전파 성장론의
   시발점을 이루는 것으로 간주되고 있다.

만 생산요소의 가격형성의 분석에서 기본적으로 한계생산력설에 의거하고 있다는 의미에서 본질적으로는 뵘바베르크(E. v. Böhm-Bawerk), 빅셀(K. Wicksell), 피구(A. C. Pigou), 클라크(J. B. Clark) 등 이른바 거시적 구성 속에서 생산과 분배의 이론을 전개해온 신고전파의 학설과 궤를 같이하고 있다고 할 수 있다.

이 신고전파의 성장론은 처음에는 해러드의 그것과 마찬가지로 거시적인 모형을 중심으로 한 것이었지만, 그 뒤 생산부문을 투자재 산업과 소비재 산업의 두 부문으로 나누는 시도라든가 일반균형이론의 틀 속에서 전개하는 시도가 수없이 행해져 오늘에 이르고 있다.4) 일반적으로 경제성장의 다부문분석이라고 불리는 이런 방향은 이론의 일반화라는 관점에서 보아 당연히 기대되는 것이었다고 해도 무방할 것이다.

또 토빈(J. Tobin)의 선구적 논문5)을 중심으로 해서 전개되어온 화폐적 성장의 분석도 주목할 만하다. 즉 해러드의 성장론과 신고전파의 성장론은 다 같이 화폐적 요인을 포함하지 않는 실물체계에 관한 성장론이지만, 저축이 단순히 소득수준에 의존할 뿐만 아니라 화폐의 실물잔고에도 의존한다고 하는 이른바 피구 효과의 존재를 고려한다면, 경제성장론에 화폐적 요인의 도입은 마찬가지로 당연히 기대되는 것이었다고 할 수 있다.

또 해러드는 기술진보의 중립성과 고정적 생산함수를, 그리고 신고전파인 솔로는 기술진보의 중립성과 대체적 생산함수를 각각 전제로 하여 이론을 전개하고 있으나, 체화되지 않은 기술진보와 체화된 기술

---

4) 한(F. H. Hahn)과 매튜스(R. C. O Matthews)는 이 일반균형이론의 틀 속에서 전개되는 시도를 선형경제학적인 시도로 표현하고 있다. 그들은 선형경제학적 모형에 노이만 모형, 동학적 레온티예프 모형 등을 포함시키고 있다.
5) J. Tobin, "Money and Economic Growth," *Econometrica*, October 1965.

진보, 외생적 기술진보와 내생적 기술진보, 유발적 기술진보 등에 관한 연구가 1950년대 후반에 전개되어 1960년대에 대체로 완성되었다. 즉 기술진보의 이론이 1950년대 후반에서 1960년대에 걸쳐서 급속히 발전된 것이다.

앞에서 언급한 바와 같이, 해러드의 성장론에서는 기본적으로 경제 전체의 저축률은 일정불변으로 가정되어 있다. 그러나 비록 각 소득계층의 저축률이 일정불변이라고 해도 경제 전체의 저축률이 소득분배율에 의존해서 변화한다고 하는 가능성은 인정되지 않으면 안 된다. 경제 전체의 저축률이 소득분배율에 의존해서 변화한다고 하는 이 결론은 칼도어(N. Kaldor)에 의해서 제시된 바와 같이 자본의 완전이용과 노동의 완전고용의 양자를 균형시키는 메커니즘을 제공하는 것으로서 중요한 의미를 갖고 있다.[6] 이 메커니즘을 설명하기 위해서 칼도어는 노동의 완전고용의 상태를 당연한 것으로 전제하여 분석을 진행시키고 있다. 그러나 해러드의 용어를 사용한다면, 이것은 현실성장률은 자연성장률과 같다는 것과 동일한 뜻이다.

칼도어의 이와 같은 분석에 대해서는 그것이 노동의 완전고용이라고 하는 특수한 경우에만 적용될 수 있는 데 불과하다는 비판이 던져질 것이다. 또 노동자가 저축을 하는 경우 그 보유하고 있는 저축액에는 당연히 이자배당이 기대될 것인데, 그렇다면 노동자가 받는 이자배당과 기업가(혹은 자본가)가 받는 이윤소득의 관계를 어떻게 생각해야 하는가 하는 문제가 나타나게 될 것이다. 이 후자의 문제는 파시네티(L. Pasinetti)에 의해서 다루어져 신케인스파의 성장론에서 새로운 연구 과제로서 경제학자의 관심을 집중시키고 있다.[7] 그러나 어떻든 소득

---

6) N. Kaldor, "Alternative Theories of Distribution," *Rev. Econ. Studies*, 1955~6, pp. 83~100.

분배율이 경제 전체의 저축률의 크기를 결정한다고 한다면, 소득분배
율의 결정기구를 명백히 하는 것은 경제성장론의 정치화(精緻化)를 위
해서 매우 중요한 의의를 갖는다고 말하지 않을 수 없다.

그러나 소득분배의 이론은 해러드의 성장론에서는 결여되어 있다.
이에 대해서 신고전파의 성장론에서는 한계생산력설에 의거한 소득분
배의 이론이 확립되어 있으며 완전경쟁 아래서는 실질보수율=한계생
산력의 명제가 타당한 것으로 여겨지고 있다. 그런데 이 신고전파의
한계생산력설에 대해서 로빈슨(J. Robinson), 스라파(P. Sraffa), 파시네티
등의 영국의 케임브리지(Cambridge) 대학의 경제학자에 의한 비판적
논의가 전개되고 있다. 이른바 두 케임브리지 간의 자본논쟁이 바로
그것이다. 다른 케임브리지는 미국의 매사추세츠의 케임브리지이다.[8]
말하자면 신고전파와 신케인스파의 자본이론에 관한 논쟁이 바로 그
것이다.

끝으로 경제성장에 대해서 고찰하는 경우에도, 실증적 또는 경험적
측면에서 접근과 함께 규범적 측면에서 접근이 가능하다. 즉 주어진
자원과 기술 아래서 달성 가능하게 되는 갖가지 경제성장의 가능성
가운데서 경제적 후생을 극대로 하는 성장경로, 그리고 그것을 실현하
기 위한 각 경제주체의 행동 규칙 혹은 정책당국이 취해야 할 수단에
대해서 논하는 것은 가능하며, 실제로 그것은 갖가지 의의 있는 성과
를 가져올 수 있는 연구과제이다. 이와 같은 최적의 경제성장경로를
찾아내고 그 성질을 구명하는 것이 규범적인 관점에서 경제성장론의
주요한 테마이며, 그와 같은 이론의 전체는 자주 '최적성장론'의 이름

---

7) L. Pasinetti, "Rate of Profit and Income Distribution in Relation to the Rate of
   Economic Growth," *Rev. Econ. Studies*, 1962, pp. 267~279.
8) 이 미국 케임브리지의 경제학자에는 MIT의 새뮤얼슨(P. A. Samuelson)도 포함
   되며 또 영국의 미드(J. Meade)도 포함된다.

으로 불린다.

최적성장론의 내용은 다양하다. 그러나 그 주요한 성과로서는 일단 신고전파 정리, 램지(F. R. Ramsey) 형의 이론 즉 최적저축론, 소비 턴파이크 정리, 최종 스톡 턴파이크 정리 혹은 생산 턴파이크 정리9) 등을 들 수 있을 것이다.

2) 이론의 분류와 주요 문제영역

(1) 이론의 분류

위의 제1항에서 경제성장론은 다음과 같이 분류된다는 것을 알 수 있을 것이다.

해러드형 성장론
신고전파 성장론
신케인스파 성장론
화폐적 성장론
2부문 성장론
다부문 성장론
최적성장론
마르크스파 성장론

(2) 주요 문제영역

그리고 역시 제1항으로부터 경제성장론의 주요 문제영역은, 마르크스파 성장론을 제외하면, 다음의 것임을 알 수 있을 것이다.

---

9) 이것은 'DOSSO형 턴파이크 정리'라고 부르기도 한다. 여기서 DOSSO는 도프만(R. Dorfman), 새뮤얼슨, 솔로의 약자를 말한다.

기술진보

소득분배

화폐의 도입

2부문 모형

Neumann 모형·동학적 Leontieff 모형

유효한 자본축적

턴파이크 정리

자본논쟁

2. 경제개발론

1) 이론의 발전과정

민트(H. Myint)[10]가 1964년에 발간한 *The Economics of the Developing Countries*에서 기술하고 있는 바와 같이 기본적인 경제개발론은 1950년대에 거의 제시되었으며, 그 후의 과제는 각국의 발전단계라든가 발전모형에 대응해서 어떤 경제개발론을 선택하는가에 있다고 할 수 있을는지 모른다.

사실 2차 세계대전 전에는 약간의 선구적 노작이 있었을 뿐이며, 1946~50년까지 사이에도 고유의 경제개발론에 관한 문헌은 역시 적었다.[11]

---

10) 그는 각국의 상황에 적합한 개발방식의 선택을 역설하고 있다.

11) 주요문헌으로서는 A. A. Young, "Increasing Returns and Economic Progress," *Econ. J.*, 1928, pp. 527~542; A. G. B. Fisher, "The Economic Implications of Material Progress," *International Labour Review*, 1935, pp. 5~18; K. Mandelbaum, *The Industrialization of Backward Areas*, 1945; P. N, Rosenstein-Rodan, "Problems of Industrialization of Eastern and Southeastern Europe," *Econ. J.*, 1948, pp. 202~211.

1950년 이전의 경제개발론이 어떤 것이었는지는 히긴스(B. Higgins)의 *Economic Development*, 1959[12])의 제4편 '원리들: 후진성(혹은 저개발성)에 관한 이론들'에서 어느 정도 짐작할 수 있을 것이다. 히긴스는 여기서 후진성의 원인을 무엇에서 찾는가 하는 문제와 관련하여 2개의 일반이론과 4개의 부분이론을 들고 그들을 비판적으로 전망하고 있다. 이론들은 다음과 같다.

General Theories: Geographic Determinism

General Theories: Sociological Dualism

Partial Theories: Cultural Patterns, Achievement, Motivation and Entrepreneurship

Partial Theories: Technological Dualism and the Population Explosion

Partial Theories: Colonialization and the 'Backwash' Effects of International Trade

Partial Theories: Balanced Growth, Discontinuities and the 'Big-Push'

균형성장이 본격적으로 다루어진 것이 넉시(R. Nurkse)의 *Problems of Capital Formation in Underdeveloped Countries*(1953)에서임을 감안할 때, 이 배열순은 대체로 2차 대전 전에서 1950년대에 이르기까지 후진성의 원인을 무엇에서 찾는가에 대한 생각의 중점이 어떻게 옮겨져 왔는가를 표시해 주는 것이기도 하다고 할 수 있다.

사실 1950년대 이전, 특히 2차 대전 전에는 저개발국 연구는 주로 지리학자, 사회학자, 인류학자 등의 흥미를 끄는 테마였다. 그들에 비

---

12) 1968년에 이의 수정판이 발간되었다.

해서 경제학자의 전문적 연구는 상대적으로 적었다. 그리고 적은 경제학적 연구도 그 대부분은 역사적·통계적·정책적·정치적인 성격을 띠는 것이며 이론적 연구라고 할 수 있는 것은 훨씬 적었다. 또 저개발국 연구는 주로 후진성의 원인의 해명을 중심으로 삼고 있었다.

개발 또는 발전이라는 문제를 논의의 중심으로 삼게 된 것은 2차 대전 뒤의 일이다. 그리고 경제개발론의 본격적인 출범은 1950년 이후의 일이며, 또 새로운 발전의 경제학의 출발을 알리게 된 것은 1955년의 일이라고 할 수 있다. 2차 대전 뒤의 경제개발론의 발전과 그 가운데서의 논쟁의 토대를 만드는 주요한 초석이었다고 할 수 있는 책의 하나인 UN의 *Measures for the Economic Development of Underdeveloped Countries*와 도브(M. Dobb)의 *Some Aspects of Economic Development*가 1951년에 발간되었으며, 또 새로운 발전의 경제학의 가장 포괄적인 선구적 작업이라는 평가를 받고 있는 뷰캐넌(N. S. Buchanan)과 엘리스 (H. S. Ellis)의 공저인 *Approaches to Economic Development*가 1955년에 발간되었기 때문이다.

UN, 도브, 넉시의 책 외에 1950년대 전반에 발간된 주요문헌으로서는 J. Viner, *International Trade and Economic Development*, 1953; S. H. Frankel, *The Economic Impact on Underdeveloped Societies: Essays on International Investment and Social Change*, 1953; W. A. Lewis, "Development with Unlimited Supplies of Labour," *The Manchester School*, 1954, pp. 539~592 등이 있다. 그리고 뷰캐넌과 엘리스의 공저 외에 1950년대 후반에 발간된 주요문헌으로서는 다음과 같은 것을 들 수 있다.

Lewis, W. A., *Theory of Economic Growth*, 1955.

Bauer, P. T., and B. S. Yamey, *The Economics of Underdeveloped Countries*, 1957.

Bonné, A., *Studies in Economic Development: With Special References to Conditions in the Underdeveloped Areas of Western Asia and India*, 1957.

Myrdal, G., *Economic Theory and Underdeveloped Regions*, 1957.

Leibenstein, H., *Economic Backwardness and Economic Growth*, 1957.

Hirschman, A. O., *The Strategy of Economic Development*, 1958.

Kurihara, K. K., *The Keynesian Theory of Economic Development*, 1959.

Kuznets, S., *Six Lectures on Economic Growth*, 1959.

Rostow, W. W., *The Stages of Economic Growth*, 1960.

Georgescu-Roegen, N., "Economic Theory and Agrarian Economics," *Oxford Econ. Pap.*, 1960, pp, 1~40.

분명히 경제개발론의 봉우리를 이루고 있는 넉시와 허시먼의 책, 루이스의 논문이 발간된 것은 1950년대 전반과 1950년 후반의 일이다. 1961년 이후에서도 1950년대의 것을 발전시킨 것이 많음은 말할 나위도 없다. 그 가운데 주요한 것만을 들면 다음과 같다.

Jorgenson, D. W., "Development of a Dual Economy," *Econ. J.*, June 1961.

Fei, J. C. H., and G. Ranis, "Theory of Economic Development," *Amer. Econ. Rev.*, September 1961.

Gerschenkron, A., "Economic Backwardness in Historical Perspective," *Economic Backwardness in Historical Perspective*, 1962.

Fei, J. C. H., and G. Ranis, *Development of the Labor Surplus Economy*, 1964.

Schultz, T. W., *Transforming Traditional Agriculture*, 1964.

Jorgenson, D. W., *Subsistence, Agriculture and Economic Growth*, 1965.

Lewis, W. A., *Development Planning*, 1966.

그러나 1960년대는 남북문제가 세계의 이목을 집중시킨 시대이며, 1950년대에 저개발국의 경제개발 노력에도 불구하고 그 성과가 충분하지 못한 결과, 이들 개발을 지지하고 있던 이론의 재검토 또는 이론에 대한 반성이 강요된 시대이기도 하다. 그리고 1970년대에는 이런 경향이 더욱 확대 또는 강화된 것이 사실이다.

이런 사정은 민트의 책과 다음의 주요문헌을 통해서 명백히 간취될 수 있을 것이다.

Hagen, E. E., *On the Theory of Social Change: How Economic Growth Begins*, 1962.

Cairncross, A. K., *Factors in Economic Development*, 1962.

Prebisch, R., *Towards a New Trade Policy for Development*, 1964.

_____, *Toward a Global Strategy for Development*, 1968.

Myrdal, G., *Asian Drama*, 1968.

Kalecki, M., *Selected Essays on the Economic Growth of the Socialist and the Mixed Economy*, 1972.

Bernstein, H., ed,, *Underdevelopment and Development*, 1973.

Galbraith, J. K., *The Nature of Mass Poverty*, 1979.

이 가운데서 번슈타인이 편한 책은 이른바 종속이론에 관한 주요 문헌의 하나이다.

저개발국의 발전문제에 이론적으로 대결하려고 할 때, 대부분의 사람들은 우선 기존의 경제학에서 편리하고 비교적 유용하다고 생각되는 이론체계를 찾아내어 그것을 이용하려고 한다. 따라서 이론적 배경으로서 고전파의 이론을 이용하려는 사람이 있는가 하면, 신고전파의 이론을 이용하려는 사람, 케인스의 이론을 이용하려는 사람, 마르크스의 이론을 이용하려는 사람이 있으며, 또 리스트(F. List)의 이론을 이용하려는 사람도 있다. 또 슘페터(J. A. Schumpeter)의 혁신이론을 이용하려는 사람도 있다.

또 프랑스 사회학주의의 흐름,13) 제도학파의 흐름을 잇는 역사·통계적 비교분석, '역사이론'적인 시도, 사회경제학적인 접근, 그리고 새로운 정치경제학을 지향하는 시도 등도, 전통적인 성장·발전이론이 갖고 있는 서구중심적·순수경제학적·사기업경제 중심적인 제약을 벗어나서 경제발전의 더 일반적인 이론의 틀을 재건하는 데 크게 공헌할 수 있을 것이다.

따라서 앞에서 든 경제개발론에 관한 여러 주요문헌의 이론적 배경은 다양하다고 하지 않을 수 없다. 거기에다 각각 입장이 다른 5인의 공저인 UN의 책이나, 다루는 범주뿐 아니라 다루는 방법에서도 매우 포괄적인 것으로 알려져 있는 뷰캐넌과 엘리스의 책의 경우는 제외한다고 하더라도, 넉시의 책의 경우처럼 여러 이론적 배경이 결합되어

---

13) 이 흐름의 최대공약수적인 특질은 다음과 같다고 할 수 있다.
   ① 경제현상을 인과관련적·생명적·인간적 현상으로 이해하려고 한다.
   ② 사회학적(심리·사회학적) 접근방법을 취한다.
   ③ 동학적이며 구조론적이다.
   ④ 거시적이며 또 실천적·정책적 계기를 중시한다.

하나의 독자적인 이론체계로 만들어져 있는 경우도 적지 않다.14) 그러나 기존의 경제학의 학파와 저자의 기본적인 입장을 기준으로 해서 이들 주요문헌에 나타난 이론을 분류할 수 있는 것은 사실이다.

그리고 이들 주요 문헌(특히 1955년 이후의 것들)에서 경제개발론의 어떤 경향을 찾아볼 수 있는 것 또한 사실이다. 그 경향은 대체로 다음의 네 가지라고 할 수 있을 것이다.

① 선진지역에서의 수학적·모형적 분석방향에 반발해서 직접관찰이라든가 역사서술을 중시하는 방향이 다시 중시되고 있다.

② 저수준 장기정체의 상황에서 벗어나서 발전 기반 자체를 확립하는 것에 초점을 두고 있다.

③ 경제개발론의 일반적인 틀을 기초로부터 재구성하려고 하는 시도가 매우 강하다.

④ 뒤늦게 발전의 문제와 대결함으로써 야기된 특별한 문제를 충분히 포괄할 수 있는 이론을 추구하고 있다. 그 특별한 문제는 발전의 초기 조건이 매우 다르다, 외부로부터의 충격이 큰 힘을 갖고 있다, 선진국이 순차적으로 하나 하나 통과한 단계들이 동시적·병행적으로 출현하게 된다, 뒤따라가는 경우 이중구조가 한층 심해진다는 등이다.

14) 넉시(R. Nurkse)는 1953년의 책에서 경제발전의 중심은 자본축적이라고 하는 전통에 서면서 케인스파의 생각과 고전파의 생각과 저개발국개발에 응용된 현대의 경제학(J. S. Duesenberry의 전시효과론이라든가 P. N. Rosenstein-Rodan의 잠재실업전용론)과 오스트리아학파의 영향 등 여러 가지 좋은 아이디어와 이론적 무기를 잘 결합하여 현대의 문제에 적합한 독자적인 이론체계를 만들어 낸 것으로 알려져 있다.

2) 이론의 분류와 주요 문제영역

(1) 이론의 분류

경제개발론은 일단 다음과 같이 분류될 수 있다는 것을 알 수 있을 것이다.

근대이론적 개발론
고전파적 개발론
역사이론적 개발론
사회경제학적 개발론 ┐
마르크스적 개발론 ┘ 종속이론

여기서 근대이론적 개발론은 신고전파적인 것, 케인스파적인 것, 오스트리아학파적인 것, 슘페터적인 것을 일괄한 것의 총칭을 말한다, 그리고 역사이론적 개발론은 제도학파의 흐름을 잇는 역사·통계적 비교분석을 포함하며, 사회경제학적 개발론은 마르크스파의 것이 아닌 정치경제학적인 것을 포함한다.[15] 또 종속이론은 주로 경제의 종속도

---

15) 넉시의 책의 경우에서 알 수 있는 바와 같이, 또 히긴스가 1959년에 낸 책의 제17장에서 제시하고 있는 새로운 발전의 경제학이 갖고 있지 않으면 안 되는 필요조건에서 알 수 있는 바와 같이, 본문에서 든 여러 주요문헌의 저자의 이론을 본문에서 분류한 어떤 하나에 소속시키는 데에는 많은 무리가 있다고 할 수 있다. 그러나 참고적으로 저자의 기본적인 입장을 감안하여 그들의 이론을 분류해 보면 다음과 같이 될 것이다.
  근대이론적 개발론: UN, R. Nurkse, N. S. Buchanan & H. S. Ellis, A. O. Hirscknan, K. K. Kurihara, D. W. Jorgenson, T. W. Schultz
  고전파적 개발론: J. Viner, W. A. Lewis, H. Leibenstein, P. T. Bauer & B. S. Yamey, N. Georgescu-Roegen, J. C. H. Fei & G. Ranis
  역사이론적 개발론: S. Kuznets, W. W. Rostow, A. Gerschenkron
  사회경제학적 개발론: S. H. Frankel, A. Bonné, G. Myrdal, E. E. Hagen, A.

가 매우 높은 중남미에 적용된 사회경제학적 개발론과 마르크스파 개발론의 총칭이라고 할 수 있을 것이다. 따라서 이 이론은 사회경제학적 개발론과 마르크스파 개발론의 병존이론이기도 하다. 현재 제3세계에서 많은 관심을 불러일으키고 있는 이 이론은 대체로 1963~64년경부터 주창되기 시작하였다고 볼 수 있다. 이 이론의 뿌리는 뮈르달(G. Myrdal)의 이론, 프레비시(R. Prebisch)의 이론, 마르크스의 이론 등에서 찾을 수 있으며, 현재 이 이론을 대표하는 사람은 산토스(T. D. Santos), 프랭크(A. G. Frank), 아민(S. Amin) 등이라고 할 수 있다.

(2) 주요 문제영역

주요 문제영역은 다음과 같다고 할 수 있다.

후진성 혹은 저개발성

이중성 혹은 이중구조

고용문제

소득분배

내자동원·외자동원

균형성장 대 불균형성장

투자배분

인력개발

농업개발 대 공업화

수입대체 대 수출확대

남북문제

K. Cairncross, R. Prebisch, J. K. Galbraith
마르크스파적 개발론: M. Dobb, P. A. Baran, M. Kalecki

경제통합
경제개발계획

3. 참고문헌

(1) 경제성장론
1973년 이전의 경제성장론에 관한 참고문헌으로서는 다음의 두 가
지로 충분하다고 할 수 있을 것이다.

Hahn, F. H, and R. C. O. Matthews, "The Theory of Economic
    Growth: A Survey," *Econ. J.*, 1964, pp. 779~902.[16)]
Britto, R., "Some Recent Development in the Theory of Economic
    Growth: An Interpretation," *Econ. Lit*, 1973, pp. 1343~1366.

그리고 1973년 이후의 경제성장론에 관해서는 *Economic Journal,*
American Economic Review 등의 주요 경제학술지를 참고로 해야 할 것
이다.

(2) 경제개발론
1976년 이전의 경제개발론에 관한 참고문헌으로서는 다음의 두 가
지로 충분하다고 할 수 있을 것이다.

Meier, G. M., *Leading Issues in Development Economics*, 1964; *Leading*

---

16) 이 외에 AEA, *Surveys of Economic Theory*, Vol. 2, 1965, pp. 1~124나 SNU,
    1ER, SAS Ⅶ, 1971, pp. 3~126을 참고로 할 수도 있다.

Issues in Economic Development, 1970; *Leading Issues in Economic Development*, 1976.

Yotopoulos, P. A., and J. B. Nugent, *Economics of Development*, 1976.

그리고 1976년 이후의 경제개발론에 관해서는 주요 경제학술지를 참고로 해야 할 것이다. 또 종속이론에 관해서는 우선 번슈타인(H. Bernstein)이 편집한 책 외에 변형윤·김대환 편역, 《제3세계의 경제발전》, 1979을 참고로 하면 될 것이다.

《경제학연구입문》(1981. 9)

제3세계의 경제개발계획

1. 머리말: 경제개발계획의 성립 배경

현대세계의 발전에서 가장 중요한 특질의 하나는 구(舊)식민지 체제의 붕괴라고 할 수 있다. 식민지 민중의 광범하고 지속적인 민족해방투쟁을 통하여 2차 대전 후 과거의 반(半)식민지 종속국은 제국주의 국가들의 지배를 벗어나 대부분이 정치적 독립을 획득하였다. 이러한 반식민지 종속국의 정치적 독립은 구식민지 체제를 사실상 붕괴시켰으며 이것은 사회주의 국가들의 발전과 함께 2차 대전 뒤 세계자본주의의 전반적인 약화를 초래하였다. 또 한편 자본주의 국가들은 과거의 반식민지 종속국을 자기의 정치경제적 세력권 안에 잡아두려는 제국주의국과 그 권내에서 벗어나 경제적 독립을 달성하려고 노력하는 제3세계 국가들로 나뉘게 되었다.

정치적 독립은 경제적 자립화를 가능케 하는 주요한 계기가 되었다. 제국주의 국가들에 의한 식민지적 수탈을 통하여 빈곤과 정체를 벗어나지 못했던 제3세계 국가들에서 경제적 자립화의 요구는 지극히 당연한 것이었다. 그러나 제국주의 국가들의 지배를 통하여 민족자본의 발전은 기본적으로 저지당하였고 이에 따라 식민지의 자립적 발전을 위한 자생적인 축적기반은 박탈되었다. 그리하여 정치적 독립 뒤에도 생산력 수준은 여전히 저위에 머물러 있었으며 민간부문에 의한 국민경제의 장악 또한 불가능하였다. 이것은 정치적 독립을 달성한 뒤 제3세계 국가들의 경제발전 과정에서 경제활동에 대한 국가의 광범한 참여가 보편적인 현상으로 된 근본적인 원인이었다. 이런 이유로 해서 제3세계 국가들의 경제발전은 일반적으로 정체된 생산력의 급격한 발전을 위한 장기적인 경제개발계획의 형태로 시도되게 되었다. 아시아 국가들의 경우 경제개발계획의 기간은 5개년이 보통이었으나 버마(미얀마)의 4개년 계획, 실론(스리랑카)의 6개년 계획 등과 같이 예외적인 경우도 있었다.

2. 경제개발계획의 현실

제3세계 국가들 사이에 경제발전이 국가 주도의 경제개발계획의 형태로 시도된 점에서는 공통성이 있었지만 그 경제개발계획의 구체적인 방식과 내용은 나라에 따라 달랐다. 또 경제개발계획의 실시 그 자체가 경제적 자립화의 달성을 뜻하는 것은 결코 아니었고, 오히려 경제개발계획의 실시를 통하여 많은 수의 제3세계 국가들에서는 대외종속에의 경향이 심화되었다.

경제개발계획의 실시과정은 일정한 계층적 이해관계를 지닌 계획주체의 의지의 실현과정이므로 제3세계 국가들이 경제개발계획의 실시를 통하여 경제적 자립화를 달성할 수 있었는가 아닌가는 2차 대전 뒤 국가건설의 과정에서 사회의 어떤 계층이 주도권을 장악했는가와 직결되고 있었다. 제3세계 국가들의 국가권력의 주도권은 일차적으로는

민족해방투쟁의 과정에서 부여되었지만 2차 대전 뒤의 사회경제 구조
의 개편과정에서 자주 주도권의 변화가 발생하였다. 국가권력은 민족
부르주아지가 장악한 소수의 나라(인도가 그 대표적인 경우이다)를 제외
하고서는 대부분의 경우 민족연합세력 혹은 통일전선에 의해서 장악
되었다.

민족부르주아지의 성격변화, 민족통일전선의 붕괴속도와 주도권의
변화 방식은 각국의 특수한 역사적 조건에 의해서 결정된다. 여기에는
노동계층의 역량, 민족부르주아지의 정치경제력, 그 봉건세력 등과의
동맹관계, 국제적인 세력배치(제국주의 신식민주의와의 관계, 사회주의 제
국의 영향력 등) 등이 주요한 요인으로 작용할 것이다. 민족통일전선이
해체되어 가는 사정에 대한 배런의 다음과 같은 지적은 인용할 만한
가치가 있다.[1]

 …… 전위적인 도시 프롤레타리아트가 민족주의 운동에서 주요한 역할
을 수행하고, 또 그것이 농업혁명을 위한 농민의 투쟁에 대해서 주도권
을 장악할 만큼 충분히 강력하게 조직화되어 있는 곳에서는 민족주의 진
영 내부의 분열은 급속히 이루어진다. 그래서 일찍부터 사회혁명의 유형
에 마주친 그 진영 내의 자본가적·부르주아적 요소는, 재빨리 그리고 단
호하게 같은 길을 걸어온 어제의 길동무에 등을 돌려 내일의 불구대천의
원수로 보는 것이다. 사실 이 그룹은 자기의 발전에 대한 주요한 장해를
의미하는 봉건적 요소와 민족해방에 의해서 방금 축출된 제국주의 지배
자들과 또한 자기의 외국 주인이 정치적으로 일보 후퇴함으로써 위협을
받고 있던 대외종속적 그룹과 제휴하는 것을 주저하지 않는다. …… 그

---

1) P. A. Baran, "The Political Economy of Growth," *Monthly Review*, 1957, pp.
220~221.

러한 사정하에서 간신히 얻은 정치적 독립은 허사가 되어 새로운 지배 그룹은 구지배 그룹과 제휴하고 제국주의에 이해관계를 가진 자들에 의해서 지지받던 유산계급의 연합세력은 전력을 다하여 진정한 민족적·사회적 해방을 위한 민중운동을 억압하여 구체제를 법률상이 아니라 사실상으로 재건하려 한다. …… 민족독립의 목표가 달성되었을 때의 민중의 압력이 아직 그만큼 크지 않은 곳에서는 민족부르주아지는 한층 커다란 안도감을 느끼고, 따라서 토착 산업자본주의의 발전을 위한 기초를 구축하여 근대자본주의 국가를 건설하는 데 전면적인 노력을 기울임으로써 강력한 반동적 제 세력에 의한 장래의 대공격을 미연에 방지하려고 노력할 것이다.

이처럼 2차 대전 뒤 경제적 자립화의 추구과정에서 필연적으로 발생하는 민족연합전선의 해체와 주도권의 변화, 그리고 주도권을 장악한 계층의 성격에 따라서 제3세계의 경제개발계획의 현실적 전개는 커다란 변화를 겪었다. 제3세계 국가들의 경제개발계획의 실시과정과 그 성격을 개별적으로 검토하는 것은 이 글의 한계를 넘어선 문제이므로 여기서는 경제개발계획의 실시를 통하여 대외종속의 성격이 심화되었는가, 아니면 경제적 자립화의 길이 강화되었는가를 기준으로 제3세계 국가들의 경제발전의 다양한 형태를 다음과 같이 두 가지 형태로 유형화해 보고자 한다. 편의상 전자의 길을 걷게 된 경우를 '예속적 유형'이라고 하고 후자의 방향으로 나간 경우를 '자주적 유형'이라고 부르기로 한다.

1) 제1의 형태: 예속적 유형

(1) 경제에 있어서 국가권력과 유착된 민간독점자본의 지배와 그

대외종속화.

(2) 외국자본의 진출에 대한 약간의 규제 또는 적극적 유입.

(3) 대부분 외국시장에 의존한 외향적 공업화.

(4) 전체적인 대외경제 관계는 양 진영에 걸쳐 있으나 자본주의 세력권과의 관계가 중심.

2) 제2의 형태: 자주적 유형

(1) 경제발전에서 국가부문의 주도적 역할, 민간자본 활동의 규제.

(2) 외국자본의 활동에 대한 철저한 규제하에 기본적으로 국내 축적의 우위 유지.

(3) 국내시장을 기반으로 한 내포적 공업화.

(4) 빈농·농업노동자 이익을 옹호하는 토지개혁의 추구, 협동농업의 추진.

(5) 자본주의 세계시장에 의존 탈피, 호혜평등의 경제관계 수립.

위의 두 가지 형태는 국제정치상의 정치노선에도 반영되어 전자에 속하는 국가들은 이른바 비동맹세력의 온건파 입장을 대표하고, 후자에 속하는 국가들은 비동맹세력의 강경파 입장을 대표한다고 볼 수 있을 것이다.

국가부문의 발전정도와 역할은 두 가지 형태구분의 중요한 기준이 되었다. 사실 민간부문을 앞서는 국가부문의 지속적인 발전은 제3세계 국가들의 경제적 자립화를 위한 불가결한 조건이라고 할 수 있다. 따라서 국가부문의 축적, 국가투자의 범위와 방향을 둘러싼 민간부문과의 항쟁은 제3세계 국가들의 경제발전 방향을 결정하고 또 그것을 반영하는 중요한 측면의 하나가 되는 셈이다. 삭스는 이에 주목하여 국

가부문 발전의 두 가지 형태, 즉 그가 말하는 일본형과 인도형을 다음과 같이 특징짓고 있다.2)

1) 제1의 형태: 일본형

(1) 국가부문은 공공사업과 사회간접자본 부문을 포괄하고 민간기업에 국가자금을 제공하는 한에서만 항구적인 지위를 갖게 되며, 그것이 생산적 국영기업의 대체안으로 고려된다. 따라서 국가부문 내의 자본축적은 거의 일어나지 않게 되고 조세가 여전히 세입의 주 원천으로 된다. 국가에 의한 민간공업에 자금지원이 공업생산 분야에 국가참여의 대체안으로 고려된다.

(2) 국가가 공업에서 새로운 사업을 시도할 수도 있으나 그것이 수익성 있는 것으로 되자마자 곧 민간에 불하가 예상된다.

(3) 국가는 의식적으로 자본가계급을 형성·강화하고 독점 그룹의 형성을 촉구하는 정책을 추구한다.

(4) 국내 자본가계급의 힘이 아주 약하기 때문에 외국자본에 대해서 문호개방정책을 추구한다.

(5) 계획(planning)은 여전히 초기적인 상태에서 거의 전적으로 금융상의 고려에만 기초를 둔 프로그래밍에 한정된다.

2) 제2의 형태: 인도형

(1) 국가부문이 경제에서 항구적인 지위를 갖게 되고 그 성장률이 민간부문보다 더 높아져 점차 전체 경제에서 국가부문이 압도적인 지

---

2) I. Sacks, *Patterns of Public Sector in Underdeveloped Economies*, Asia Publishing House, 1964, pp. 79~81. 일본형, 인도형이라는 말은 일본과 인도의 현실을 그대로 반영하는 의미는 아니다.

위를 확립할 수 있게 된다.

(2) 생산의 특정 전략적 부문을 국가가 맡게 되고 이 분야에서 국가부문의 지위가 가능한 한 급속히 확립된다.

(3) (1)과 (2)의 결과, 민간독점자본의 발전이 제한되거나 적어도 지체된다.

(4) 경제의 지속적인 성장의 기초를 수립하고 국가의 경제적 독립을 강화하기 위하여 국가부문을 주요한 지주로 하고 제1부문 공업(생산수단 생산부문—인용자의 해석임)을 주요한 사업으로 하는 계획적 공업화가 착수된다.

(5) 포괄적인 계획화(금융적·물적 양면에서)의 중요성이 증대되어 간다.

이상에서 우리는 제3세계 국가들의 경제개발계획의 실제적 내용을 예속적 유형과 자주적 유형, 그리고 국가부문 발전의 형태에서는 일본형과 인도형으로 유형화해봄으로써 다양한 현실에 접근하려고 시도하였다. 그러나 앞에서도 지적한 것처럼, 이러한 단순유형화로서 제3세계 국가들의 경제발전의 복잡한 모든 내용들이 파악될 수는 없다. 그것은 단지 객관적 현실의 본질적 측면을 이해하려는 시도에 불과하다. 그러나 이러한 시도는 다음 장에서 경제개발계획에 관한 이론들을 검토하는 경우에도 꽤 유용한 기준을 제공할 수 있을 것으로 생각된다.

3. 경제개발계획에 관한 이론들

제한된 지면에서 경제개발계획에 관한 수많은 이론을 모두 검토한다는 것은 불가능하며 또 필요한 일도 아닐 것이다. 여기서는 근대 개발이론의 대표적인 것에 대해서만 간략하게 검토해 보고자 한다. 이들 이론은 다음의 두 가지 점에서 공통점을 지니고 있다고 할 수 있다.

첫째, 제국주의 국가들에 의한 식민지배를 적극적으로 옹호하는 것에서부터 제국주의 국가들의 지배의 침략성을 부분적으로 인정하는 것에 이르기까지 제3세계 국가들의 빈곤과 후진성 또는 저개발성의 본질적 원인이 제국주의 국가들에 의한 식민지배에 있다는 것을 인정하지 않는다.

둘째, 따라서 제3세계 국가들의 경제적 자립화와 후진성의 극복에서는 제국주의 국가들의 지배로부터 해방이 제1차적인 과제라는 것을 은폐·외면하고 기본적으로 자본주의적인 경제발전의 길을 제시한다.

이하에서는 바이너(J. Viner), 넉시(R. Nurkse), 뮈르달(G. Myrdal), 그리고 민트(H. Myint) 등 4인의 이론을 살펴보고자 한다.

1) 바이너[3]

우선 먼저 그는 고전적인 자유주의 사상의 입장에 서서 국가의 경제개입을 최소한으로 억제하려는 반(反)계획화 사상을 표명하고 있다.

국가의 경제발전 과정에 광범한 개입과 강력한 계획화는 개인 또는 민간기업가가 자연적 상태에 놓여 있는 경우, 그때그때의 경제적 유인에 반응하여 적절한 투자·저축활동을 하게 되는 정상적인 과정을 쓸데없이 교란하고 점차 인위적인 조작의 필요성을 강화함으로써 결국 '중앙경제계획화'로까지 진전하지 않을 수 없게 된다고 본다.

'중앙경제계획화'에 대해서는 "일의 복잡함과 그 일을 잘 수행함에 있어 확정적인 기준을 발견하는 것이 곤란하다"는 것을 이유로, '혼합

---

3) 그의 이론은 *Interanational Trade and Economic Development*(1953)에 제시되고 있다.

경제'에 대해서는 "양쪽 세계의 최악의 것을 우리에게 가져다주기 쉽다. 즉 완전히 계획된 독재제도가 지닌 장점이나 아무런 직접통제도 갖지 않는 제도가 지닌 장점의 어느 것도 결여하고 있다"는 것을 이유로 모두 부정하고 '개인의 자유가 지배하는 시장원칙'이 바람직하다고 말한다. 그가 의도하는 정부는 그 재원에 의하여 자본주의적 경제발전의 기반조차 만들지 않고 민간투자활동의 안전을 보호하며 스스로 엄격한 손익계산서의 원칙에 따른 재원정책을 지키려는 '한가한 정부'에 지나지 않는다.

그의 자유주의적 견해는 과거 18~19세기 경쟁적 자본주의 시대의 신흥 부르주아지의 민본적 이데올로기 역할도 하지 못하는 것은 물론, 선진자본주의에서 일반적 조류에 비해서조차도 보수적인 의미를 지닌다. 제3세계 국가들의 경제발전에서 갖는 의미는 객관적으로 지주와 상인 그리고 이와 결합되어 있는 제국주의적 지배의 이데올로기의 역할을 수행하는 데 불과한 것으로 지적된다.[4]

또한 일반적인 공업화론에 대해서도 "농업에 비교우위를 가지고 있는 국가에서 적절한 구제책은 농업을 희생으로 하여 공업화를 장려하는 것이 아니라 근대화 농업을 위한 교육과 훈련을 하는 것이다"라고 비판하고 있다.[5] 대부분의 근대개발이론이 농업개발의 중요성을 강조하는 경우 공업화의 기초적 조건으로서인 것과 달리, 그의 이 제안은 자유주의적 개발론에 대응하는 자유무역주의와 비교생산비 원리의 일면적 강조에 기초하고 있다.

---

4) 本多健吉, 《低開發經濟論の構造》, 新評論社, 1974, p. 129.
5) J. Viner, *op. cit.*, p. 115.

2) 넉 시

그는 "케인스 학파의 기능적 금융의 생각으로도 …… 적절하지 않다. 단지 디플레이션 그리고 인플레이션의 저지만을 도모하는 재정정책은 자본형성 문제를 해결하지 못한다"[6]고 하여 제3세계 국가들의 경제개발계획이 선진자본주의 국가들의 경우와 같이 단순한 '예측계획'이나 '원격조작'에 그칠 수 없음을 시사하고 있다. 또한 1870년대와 1880년대의 일본의 예를 들면서 "강제저축의 현저한 수단은 전통적인 지조(地租)였다"는 것, 그리고 "이들 수입은 정부활동에 의하여 직접 투자 활동에 투입되었다"[7]는 것에 주목하고 있다.

한편, 경제 정체의 원인을 '고전적인 의미에서 시장의 부족'에 있다고 보아 상호 시장으로 도움되는 관련산업이 균형적으로 성장하지 않는 한, 저개발균형의 상태를 벗어날 수 없기 때문에 광범위한 관련산업의 동시적 개발이 불가결하다고 지적한다. 국내에서 산업 간 불균등 발전은 선도산업이 외국시장에 출구를 발견함으로써 관련산업을 유발한 것이 선진자본주의 국가들의 발전 과정의 특징 가운데 하나였으나 이 점에 대해서는 국제시장 조건의 변화에 의해서 국제무역이 성장의 엔진으로 작용하던 시대는 지났다고 보고 있다.

이리하여 그는 개발정책의 제안에서는 개발자금의 조달자에 머무르지 않고 광범한 '구조적 계획'의 입안과 그 추진역할을 담당하는 것으로서 국가의 역할을 인정하고 있다. 즉 그는 "국내적인 것이든 외래적인 것이든 이용 가능한 재원의 전면적인 배분에서 자본 형성에 최우선권을 확실히 주도록 입안된 여러 계획, 그리고 여러 정책의 필요성

6) R. Nurkse, *Problems of Capital Formation in Underdeveloped Countries*, 1955, p. 148.
7) *Ibid.*, p. 149.

이 존재한다"8)고 말한다. 그러나 그는 경제개발 과정에 국가의 개입이 민간자본의 투자활동을 침해하지 않는 것을 절대적 조건으로 하여 국가의 주된 투자활동의 분야를 사회적 일반자본(운수통신, 발전, 사회시설)의 분야에 한정하려 한다. 이러한 계획화 제안을 혼합경제적 제안이라고 지적하고 있다.

국가의 중요한 기능이 강제저축의 실행에 있다고 하여 국가를 매개로 하는 자금의 재배분을 시사하고 있는 점에서, 그의 입장은 제3세계 국가들의 발전의 추진력을 신흥산업자본가에게서 구하려는 것이라 할 수 있다.9) 여러 산업의 균형적 발전의 제안은 농업과 공업의 균형적 발전도 포함하고 있다는 점에서 바이너의 농업중시 입장과도 다르다. 그러나 공업개발의 중심을 민간의 손에 맡기고 국가는 그 환경조성에 집중해야 한다는 제안에서, 공업화는 미약한 민간자본으로 개발 가능한 분야, 즉 자본절약적인 경공업 분야에 한정되지 않을 수 없음을 알 수 있다.

3) 뮈르달

넉시가 바이너류의 시장 메커니즘에 기대와 자유무역주의의 주장에 대해서 온건한 비판자의 입장에 머물러 있는 것과 달리 뮈르달의 견해는 이 넉시의 선을 훨씬 넘어서 있다. 그는 국가계획에 의한 공업화와 보호무역정책의 필요성을 강조한다. 먼저 계획화의 문제에 관하여 그는 "전면적인 계획을 입안하는 것과 그 실시를 감독하는 것의 책임을 져야 하는 것은 국가이다. …… 그 계획은 시장 힘들의 작용에 대한 국가간섭의 체계를 인정하고, 그렇게 함으로써 사회 과정에 상승력

8) *Ibid.*, p. 96.
9) 本多健吉, 앞의 책, pp. 131~132.

을 부여하도록 시장 힘들을 제한하는 경우의 국민정부의 전략명령이
다"10)라고 말하여 강력한 국가계획의 필요성을 지적한다. 그가 국가
계획의 대상이라고 생각하는 것 중에는 넉시류의 사회간접자본의 형
성, 균형성장을 위한 투자방향 설정, 저축의 동원만이 아니라 발전의
'파급효과'의 결정적 장해라고 생각되는 사회계층 간의 단층을 제지하
기 위한 사회제도적 변혁이 중요한 위치를 차지하고 있다. 그 때문에
토지개혁은 '정치적 민족주의를 기반으로 하는 평등사회' 건설에 불가
결한 정책과제로 된다.

국제무역 및 자본이동에 대해서는 통상의 이론과는 반대로 국제 간
의 불평등을 강화하는 방향으로 작용한다고 보고 있다. 그에 따르면
무역 그 자체는 '역류효과'(逆流效果)를 갖고 정체와 후퇴를 지지하는
힘들을 강화하는 경향을 가지고 있다. 자본이동은 경제적인 비령지(飛
領地, enclave)나 식민지정부의 정치지배에 의해서 보장된 분야를 제외
하면 불평등화의 확대를 강화한다. 따라서 무역정책의 측면에서는 '이
중의 도덕적 기준'을 인정해야 함을 강조하여, "저개발국은 개발국에
대해서 그 무역을 일방적으로 자유화하는 것을 요구하는 합리적 근거
를 갖는다. …… 그러나 그들 자신의 수입품에 관해서는 무역제한주의
자로 되는 것을 필요로 한다"11)고 주장한다.

그의 두 개 주장, 즉 "정치적 민주주의를 기반으로 하는 평등사회
건설을 위한 국가계획의 중시와, 세계경제 운행원리로서 이중의 도덕
적 기준"을 채택하라는 주장은, 서로 결합되어 국제적 불평등 해소를
위한 그의 입장을 지지하는 근거로 되고 있다. 그가 지향하는 제3세계
국가들의 변혁방향은 서유럽의 모든 부유한 국가들이 거의 예외 없이

---

10) G. Myrdal, *Economic Theory and Underdeveloped Regions*, 1957, p. 96.
11) *Ibid.*, pp. 96~97.

접근하고 있다고 말하는 '복지국가'의 형성이며 '세계국가'의 결여라는 현재의 조건 아래서는 선진 국가들의 일정한 양보 아래서 선진 국가들과 제3세계 국가들이 함께 민주적인 복지세계 건설에 노력하는 과정에서 제3세계 국가들의 자립화가 가능할 것이라는 입장을 취하고 있다.[12]

그의 견해는 많은 제3세계 국가들에서 독립 초기에 국가건설을 주도한 정치지도자와 계획입안자들의 사상을 반영하고 있다. 네루(J. Nehru), 수카르노(Sukarno), 은크루마(K. Nkrumah) 등은 그 대표적인 인물이다. 이들을 지지한 것은 많은 경우 정치적 독립을 주도한 민족통일전선이었으며 그들이 구상한 것은 사회주의와도, 자본주의와도 구별된 제3체제의 수립이었다. 혼합경제와 의회제 민주주의를 기초로 하는 인도형 사회주의, 지도된 경제와 계급협조를 기초로 하는 인도네시아형 사회주의, 스리랑카의 불교사회주의 또는 아랍사회주의는 이러한 사상의 반영이었다. 뮈르달의 이론이 가지고 있는 일정한 진보성, 일정한 반(反)식민지주의적 요소, 계급협조적인 '정치적 민주주의'와 '복지국가'의 지향은 이들 사상에 크게 접근하고 있다.[13] 그러나 "서유럽의 모든 부유한 국가들은 예외 없이 최근 '복지국가'에 가까워가고 있다"[14]는 지적에서 볼 때, 자본주의 발전의 현 단계에 대한 그의 인식은 근본적으로 비판되어야 할 것이다.

4) 민 트

그의 이론은 제3세계 국가들의 경제개발계획의 실시과정에서 보아

---

12) 小段文一, 《低開發國工業化論》, 東洋經濟新報社, 1965, p. 166.
13) 本多健吉, *op. cit.*, pp. 260~262.
14) G. Myrdal, *op. cit.*, p. 39.

제2단계에 속한다고 볼 수 있는 1960년대 후반의 새로운 현실을 배경으로 하고 있다.15) 제3세계 국가들의 경제발전 과정에서 1960년대 초에는 대부분의 나라에서 지속적인 물가고(高), 농업생산의 정체, 국제수지 위기, 방대한 규모의 대외부채 누적 등 수많은 모순이 드러나 1950년대의 혼합경제주의, 계급협조주의의 제약을 넘어서 새로운 방향을 모색하는 움직임이 증대해갔다. 그 방향의 하나는 위로부터 개량에 대체하여 근로대중의 힘을 기반으로 한 아래로부터 변혁을 추구하는 것이며, 다른 하나는 1950년대에 다소라도 힘을 축적한 토착 부르주아지의 주도 아래 이 모순을 회피하려는 것이다. 후자의 방향은 다름 아닌 비동맹 중립주의 아래서 경제자립화의 움직임에서 벗어나, 처음부터 외향적 경제개발계획을 실시해간 국가들에 자극을 받아 이들의 경험을 살리려고 한 것이라 할 수 있다.

또 선진자본주의 국가들의 1964년 유엔무역개발회의(UNCTAD) 개최에서 보듯이 1950년대의 비동맹 중립주의 국가들을 중심으로 추진된 세계경제 운영원리 변혁에 대한 요구를 부분적으로 받아들이는 등 제3세계 국가들을 자본주의 세력권으로 포섭하려는 노력을 시도하고 있기도 하다.

민트의 이론은 이 새로운 단계에 대응한 근대개발이론의 대표적인 것이다. 그의 이론은 1950년대 근대개발이론의 거의 모든 성과를 포괄하고 있다. 그는 인도와 같이 인구 과잉국이면서 수출의존도가 낮고 규모가 큰 국가에서는 국내 자본재공업의 육성과 수입대체화와 같은 내포적 공업화가 필요하며, 여기에는 넉시류의 균형성장론이 의미를 갖는다는 것, 장기적 계획의 시각에서는 자본집약적 생산방법의 채택

---

15) 本多健吉, 앞의 책, pp. 261~263.

이 유효하다는 것 등도 지적하고 있다. 그의 일관된 주장은 광범한 국가계획을 수반하는 넉시의 균형성장론과 로단(R. Rodan)의 '빅 푸시'(Big Push) 이론을 비판하는 데 역점을 두고 있다. 그러나 시장 메커니즘을 중시한다는 이유로 허시먼(A. O. Hirschman)의 이론에는 거의 전면적으로 동조하고 있다.

무역정책의 면에서는 바이너류의 농업생산 확대제안을 배척하고, 제1차 생산물의 가공수출, 경공업 제품의 가공수출 단계에서 점차 중간제품 및 자본재 생산의 단계로 나아가는 공업화를 제창한다. 그래서 산업 전 분야에 걸치는 보호에서 "특정 제품의 생산 단계들에서, 기술적 관련이 있는 공업들의 수직적 그룹을 포괄하는 깊이 있는 보호"[16]를 주장한다. 그러나 무역정책에 관한 그의 제안도 보호주의의 범위를 반드시 필요한 범위의 최저한으로 한정해야 하며, 경제개발은 국제시장 메커니즘에 등을 돌려서는 안 되고 이 메커니즘을 생산성 향상의 자극으로 이용하면서 이루어야 한다는 내용으로 일관하고 있다.

그의 이론은 제3세계 국가들의 경제발전의 새로운 단계에 대응하여 나타나, 새로운 국제시장 조건에 지지되어 영향력을 확대하고 있는 것이다. 그러나 민트 이론의 기본적인 성격은 우리가 앞의 2장에서 말한 경제발전의 두 개의 형태, 즉 예속적 유형과 자주적 유형의 기로에 서 있는 제3세계 국가들을 자본주의 세력권 안으로 포섭하여 새로운 형태의 체제안정을 꾀하는 선진자본주의의 논리와 제3세계 국가들 내에서 토착독점자본을 비롯한 동행자의 입장을 반영한 것이라는 지적이다.

---

16) H. Myint, *The Economics of Developing Countries*, 1965, pp. 160~161.

4. 경제개발계획의 전제

제3세계 국가들이 어떠한 경제발전의 길을 택해야 할 것인가의 문제는 이들 국가들에서 가장 중요한 문제일 뿐 아니라 세계적인 관심의 초점이기도 하다. 그런데 이들 국가들이 18·19세기 서유럽의 역사가 보여주었던 고전적인 자본주의적 발전의 길을 걸을 수 있는 가능성은 지극히 희박하게 되었으며, 그러한 길은 역사발전의 한 시기에서 가능하였던 특수한 경험이라는 사실이 점점 명백해지고 있다. 이것은 2차 대전 후 제3세계 국가들의 경제발전 과정에서 자본주의적 발전의 길을 통하여 경제적 자립화를 달성한 나라가 하나도 없다는 객관적인 역사적 사실에서 잘 입증되고 있다. 자본주의 발전의 현 단계는 제국주의 단계이며 이러한 제국주의 시대의 전개는 제3세계 국가들에서 고전적인 자본주의 발전의 길이 실현될 수 있는 가능성을 희박하게 하고 있다.

고전적인 자본주의 발전의 본질적 특징은 자본가계급에 의한 부의 축적과 생산적 투자였다. 그러나 제3세계 국가들에서는 이 계급은 제국주의 국가들에 의한 지배를 거쳐 자생적인 축적기반을 박탈당하였기 때문에 매우 약체여서 이른바 '선천적인 능력 결여와 젊어서 노쇠하는' 현상을 보이고 있다. 또한 이들 제3세계 국가들에서는 고전적 자본주의 발전의 역사가 보여주는 것처럼 식민지의 약탈과 착취에 의한 자본축적 증진이 불가능하며, 이들 국가들 자체가 바로 식민지적 수탈의 희생물이었던 것이다.

한편, 정치적·권력적인 직접지배에 기초한 구(舊)식민지체제는 기본적으로 붕괴하였지만 이것으로 제국주의 시대에 행해진 세계의 경제적 분할이 종식된 것은 결코 아니었다. 2차 대전 뒤 사회주의 세력

권의 형성과 자본주의 세력권의 상대적 약화는 신(新)식민지주의를 전
개시켰다고 할 수 있다.

이처럼 오늘날 제3세계 국가들은 국내적으로는 부르주아 계급의 약
체성, 국제적으로는 사회주의 세력권의 형성, 구식민지체제의 붕괴, 제
국주의, 신식민지주의의 전개 등 새로운 현실에 직면하고 있으며 이
때문에 자립적 발전을 위한 새로운 길의 선택을 요청받고 있다.

랑게(O. Lange)는 경제발전의 제도적 유형을 자본주의형·사회주의
형·민족혁명형의 세 가지로 나누고 민족혁명형의 특징으로서 다음의
세 가지를 들고 있다.[17]

(1) 사회주의형과 마찬가지로 국가투자와 공공투자가 경제발전의
가장 능동적인 요소가 된다.

(2) 외국자본의 국유화에 의한 국가활동의 강화가 도모된다.

(3) 농업개혁이 착수된다.

이러한 특징을 가진 민족혁명형은 보통 민간자본의 국유화까지는
진전되지 않는 점에서 사회주의형과 다르나 발전이 자생적이 아닌 계
획에 의해서 의식적으로 추진된다는 점에서 고전적인 자본주의형과는
다른 '제3의 형'이라고 주장된다. 그의 민족혁명형은 고전적인 자본주
의 발전의 길과는 다른 경제발전 형태와 특징을 제시한 점에서 그 의
의는 크지만, 경제발전의 문제를 단순히 형태상의 특수성의 문제로만
설명하여 경제발전을 주도하는 계급주체와 국가권력의 성격분석을 결
여하고 있는 점에서 문제를 지닌 것으로 보인다. 국가의 역할, 국유화

---

17) O. Lange 저, 都留重人 외 2인 공역, 《經濟發展と社會の進步》, 岩波書店, 1970,
　　pp. 77~88.

도 그것 자체만으로는 독자의 형으로 평가될 수 있는 것은 아니고 제
국주의·식민지주의와의 투쟁을 위한 경제적 기반으로 얼마나 도움이
되는가, 경제적 자립화를 위한 물적 기초로서 어떠한 의미를 지니는가
하는 기준에서 평가되어야 할 것이다.

이상의 논의에서 제3세계 국가들의 경제개발계획을 입안 또는 수립
하는 데서는 적어도 다음을 전제로서 고려할 필요가 있음을 알 수 있
을 것이다.

첫째, 경제개발계획은 종속에서 벗어나 자주자립을 지향하는 것이
어야 한다. 그리고 이를 위해서는 정치·경제·문화·사회적 여러 측면
에서 제국주의 신식민주의로부터 해방이 선행되어야 한다. 경제적 자
립화의 달성과 제국주의 신식민주의로부터의 해방은 내적인 상호관련
성을 지닌 것이며, 특히 경제에서 외국자본의 압박에서 벗어나지 않으
면 자립적 발전의 물적 기반의 창출은 불가능하다. 외국자본은 막대한
초과이윤을 올리고 있으면서 동시에 제3세계 국가들의 민족자본 발전
에 대한 기본적인 장애가 되고 있고, 또한 대외종속적인 여러 세력들
의 활동을 위한 기반이 되고 있다.

둘째, 독점자본은 철저히 규제되어야 한다. 식민지 지배의 결과로서
탄생된 식민지 동조세력의 경제적 기반은 전근대적인 토지소유나 예
속적 독점자본의 형태로 존재하며 각국의 구체적인 사정에 따라서 다
르겠지만, 정치적 독립 이후 상당한 정도의 경제개발계획이 실시된 현
단계에서는 후자가 그 기본적인 기반이 되고 있다.

셋째, 강력한 국가부문이 창출되어야 하며 이것이 경제발전의 주도
적 역할을 수행하여야 한다. 이와 함께 민족자본의 발전이 병행되어야
한다.

넷째, 빈농·농업노동자의 이익을 옹호하는 철저한 토지개혁이 수행

되어야 하며 협동농업이 추진되어야 한다.

다섯째, 이상과 같은 변혁을 통해서 달성되는 자립경제의 확립과정은 국민경제를 국내적으로 균형된 분업관련에 의해서 통일하는 자율적 재생산구조의 확립과정이며, 또 식민지 통치 아래서 형성된 도시와 농촌 간의 이중구조, 제국주의 국가들의 상품시장 및 식량원료 공급지라는 식민지적 국제분업 관계로부터 벗어나 국민경제를 동질화하고 각 산업부문 간의 연관관계를 높이는 과정이다. 따라서 이 과정에서는 지금까지 기간산업으로서 소비재공업 편중을 극복하고 생산수단 생산부문이 기간산업부문으로 되어야 한다. 그리고 이 과정은 국제적으로는 선진자본주의 국가들과 수직적 국제분업 관계를 거부하고 국제무역을 보조적인 것으로 하며, 국내적으로는 균형된 분업에 의해서 완결되는 상대적 자급자족 체제를 실현하는 것을 의미한다.

여섯째, 이러한 자립경제의 확립과정은 국민 대다수의 광범하고 적극적인 참여를 통해서 달성되어야 한다. 자립적 민족경제의 확립과정에서 이들의 창의적이고도 능동적인 역할은 반드시 필요한 조건이 된다.

1980년대 초반 발표 추정

제3세계와 빈곤

1. 서 론

빈곤은 흔히 절대적 빈곤과 상대적 빈곤으로 나뉜다. 오늘날에는 절대적 빈곤보다 상대적 빈곤을 중요시한다. 나라와 시기에 관계없이 일정한 기준으로 빈곤을 정의한다는 것은 분명히 잘못된 일일 것이다. 방글라데시의 기아선상에 놓여 있는 농부와 미국의 슬럼가의 흑인 사이에는 절대적인 의미에서 많은 차이가 있지만, 이들은 모두 똑같이 빈곤하다고 생각할지 모른다. 그리고 절대적 빈곤이 거의 없어진 선진국에서는 상대적 빈곤이 더욱 중요한 의미를 가질 것이다. 더욱이 상대적 빈곤은 소득분배와 관련되어 있기 때문에 더 정의로운 사회를 건설하려는 경우 상대적 빈곤은 매우 중요한 문제로 부각되게 된다.

그러나 절대적 빈곤은 아직도 제3세계의 많은 나라에서 중요한 의미를 갖고 있다. 절대적 빈곤이 존재하는 한 절대적 빈곤의 퇴치가 선결 문제로 등장하게 된다. 그리고 절대적 빈곤을 줄이는 과정과 상대적 빈곤을 줄이는 과정은 모순적인 것이 아니라 서로 밀접히 연결되어 있는 과정이다. 이 글에서 다루려고 하는 빈곤의 문제는 바로 이러한 절대적인 의미에서 빈곤이라고 할 수 있다.

그러면 어떤 기준으로 절대적 빈곤을 정의할 것인가? 이론적인 측면에서 보면 노동력의 가치를 절대적 빈곤의 기준으로 잡는 것이 가장 좋다. 여기서 노동력의 가치란 노동자 자신뿐만이 아니라 그가 거느리고 있는 가족 전체를 재생산하는 데 드는 비용을 의미한다. 여기서 노동력의 가치가 물리적인 생존 수준을 넘어서서 사회적인 관습에 의해서 결정된다는 데 주의하여야 할 것이다. 그런데 이 노동력의 가치라는 개념은 실제로 실증조사를 하기에 곤란한 점이 있다. 실증조사를 위해서는 일정한 생활수준이라든가 소득을 기준으로 해서 빈곤을 정의하지 않을 수 없다. 생활수준이란 소득률 이외에도 교육 정도, 영양상태, 평균수명, 노동시간 및 노동 강도 등을 모두 포함하는 개념으로서 이를 기준으로 빈곤을 정의하면 상당히 의미 있는 정의가 될 것이다. 그러나 이것도 어디에다 비중을 많이 두느냐에 따라서 빈곤에 대한 판단이 달라질 수 있다. 그래서 대개의 연구에서는 실질소득을 기준으로 빈곤을 정의한다.

어쨌든 빈곤에는 몇 가지 공통점이 있다. 가장 큰 공통점은 말할 필요도 없이 소득이 매우 낮다는 것이다. 이들의 소득으로는 소득의 약 5분의 4가 식품비로 지출되는데도 하루의 노동에 필요한 열량만큼의 식품을 구입하기도 불충분하다. 따라서 이들의 영양상태는 정상적인 활동을 할 수 없을 정도로 악화되어 있다. 이러한 상태에서 만성적인 풍토병에 걸려 있는 사람이 많은 것은 지극히 당연한 일이다. 출생하는 10명의 어린이 가운데 2명이 1년 이내에 사망한다. 그리고 이 가운데 5명만이 40세까지 살아남는다. 이들 가운데 3년 이상의 기초 교육을 받는 비율은 5분의 2 정도에 불과하다. 나머지는 신문은 말할 필요도 없고 도로 표지판도 제대로 읽지 못한 채 일생을 살아간다. 빈곤

인구의 4분의 1정도가 10세 이하의 어린이다. 이들 가운데 4분의 3은 농촌에 거주하고, 나머지 4분의 1은 도시의 빈민가에 거주한다. 자신이 소유하고 있는 토지는 전혀 없든지 무시해도 좋을 정도이다. 이들은 남자, 여자, 어린이 할 것 없이 농업 노동자, 행상인, 수공업자 등으로 장시간 고된 노동을 한다. 앞으로 언젠가는 빈곤에서 벗어날 수 있으리라는 희망을 갖고서.

〈그림 1〉은 세계은행(World Bank)이 인도 소득 분포의 45퍼센트에 해당하는 소득을 절대빈곤선으로 설정하여 추정한 1980년과 2000년(전망)에 제3세계서의 빈곤의 인구를 나타낸다. 1980년 제3세계의 빈곤 인구는 약 7억 8천만 명으로서 이 지역 총인구의 약 33퍼센트에 해당하는 놀라운 비율이었다. 이들 빈곤 인구의 반은 인도와 방글라데시를 중심으로 하는 지역에, 6분의 1은 인도네시아를 중심으로 하는 지역에, 또 다른 6분의 1은 사하라사막 주변에 분포하였다. 이들 가운데 약 6억이 문맹자였고(1975년 통계), 5억 5천만의 평균수명이 50세 이하

〈그림 1〉 절대빈곤 인구(1980년과 2000년)

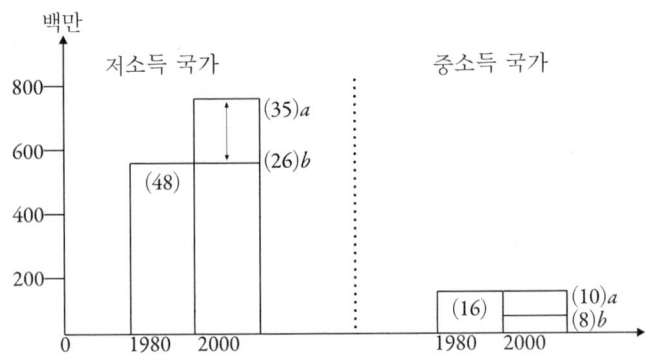

* 중국 및 기타 사회주의 국가 제외.
** ( ) 안의 숫자는 총인구에 대한 비율을 뜻함.
*** (a)는 2000년에 있어서 최악의 경우, (b)는 최선의 경우를 의미한다.
자료: The World Bank, *World Development Report 1981*(Washington, 1981).

였으며, 4억의 유아(1~4세) 사망률이 1천 명 가운데 20명꼴(선진국의
약 20배)이었다(이상 1978년 통계).

이와 같은 상황은 2000년에 들어서도 별로 호전되지 않을 전망이
다. 2000년이 되면 절대빈곤 인구의 비율은 감소하지만, 절대빈곤 인
구의 수는 오히려 증가하게 될 가능성도 있다. 이처럼 빈곤은 오늘날
제3세계에서 중요한 문제이며 앞으로도 상당한 기간 동안 그렇게 될
전망이다.

이 글에서는 이러한 제3세계에서 빈곤을 다음과 같은 방식으로 검
토해보려고 한다. 먼저 2절에서는 빈곤에 대한 실증적 분석을 하게 될
것이다. 2절에서 실증적 분석의 대상은 아시아 지역으로 제한하였다.
그 이유는 빈곤 인구의 대부분이 이 지역에 밀집되어 있으며, 이 지역
은 지리적으로나 문화적으로 상당한 유사성을 띠고 있어서 공통된 결
론을 유도하기가 용이하기 때문이다. 3절에서는 2절에서 분석된 과정
의 결과로서 소득분배가 어떻게 되어 있는가 하는 문제와 더불어 빈
곤을 어떻게 인식해야 할 것인가라는 문제를 다루게 될 것이다. 여기
서는 아시아 지역뿐만이 아니라 제3세계 전체의 빈곤에 대한 인식 문
제가 논의될 것이다.

2. 아시아 지역의 빈곤

1) 빈곤의 실태

먼저 아시아 지역의 빈곤이 이 지역의 경제가 발전함에 따라서 감
소되고 있다는 환상을 깨기 위해서는 〈표 1〉을 살펴보는 것이 좋을 것
이다. 이 표는 ILO가 세계고용계획(WEP)의 일환으로 아시아 몇 개국
에 대해서 추정한 농촌지역의 절대빈곤 인구의 비율이다. 빈곤선은 주

에 표시된 대로 각국마다 조금씩 다르게 설정되어 있다. 이 표로부터
알 수 있는 것은 1960년 무렵부터 1970년 무렵에 이르는 동안 타일랜
드를 제외하고는 모든 나라에서 빈곤 인구의 비율이 증가하고 있다는
사실이다. 특히 파키스탄과 인도의 유타 프라데쉬주, 비하르주, 타밀
나두주 및 필리핀의 경우 빈곤 인구의 비율이 50퍼센트를 넘어서는
것을 알 수 있다.

〈표 1〉 농촌에 있어서 빈곤 인구의 비율

(단위: %)

국명(주명)		연 도	빈곤인구 비율[1]
파키스탄		1963~64	72.0
		1971~72	73.0
인도	펀자브(Punjab)	1960~61	18.4
		1970~71	23.3
	우타르 프라데시(Uttar Pradesh)	1960~61	41.6
		1970~71	63.6
	비하르(Bihar)	1960~61	41.0
		1970~71	59.0
	타밀 나두(Tamil Nadu)	1957~58	74.1
		1960~61	69.8
		1969~70	74.0
방글라데시		1963~64	40.2
		1975	61.8
말레이시아		1957	30.0
		1970	36.5
필리핀		1961	61.0
		1971	64.0
인도네시아—자바(Java)		1961	47.0
		1969	62.0
타이		1962~63	47.0
		1968~69	26.0

자료: ILO, *Poverty and Employment in Rural Areas of Developingt Countries*(1979).

---

1) 빈곤선 이하의 인구가 총 농촌인구에서 차지하는 비율. 여기서 각국의 빈곤선

　아시아의 농촌지역에서 빈곤 인구의 증가추세는 〈표 2〉로부터도 짐작해 볼 수 있다. 〈표 2〉는 농촌에서 하위소득 가계의 평균소득의 변화를 나타내고 있다. 〈표 1〉에 따를 때, 빈곤 인구의 비율이 말레이시아의 경우 30~37퍼센트 정도이고 필리핀의 경우 61~64퍼센트 정도이므로 〈표 2〉에 나와 있는 하위 0~40퍼센트의 가계를 빈곤가계라고 추측해 볼 수 있다. 말레이시아의 경우, 하위 0~20퍼센트 가계의 평균 소득은 1957년과 1970년 사이에 약 40퍼센트나 감소하였다. 필리핀의 경우도 하위 0~20퍼센트 가계의 평균 소득은 1956/7년 이래로 조금씩 감소하거나 정체되는 경향이 나타났다. 스리랑카의 자료는 조금 신중히 검토할 필요가 있다. 하위 0~20퍼센트 가계의 소득수취자 1인당 평균 소득은 증가하였지만, 가계당 평균 소비지출은 감소하였다. 이와 같은 현상이 발생할 수 있는 가장 그럴 듯한 경우는 1가계당 소득수취자의 수가 감소하는 경우이다. 어쨌든 스리랑카의 경우에서도 하위 0~20퍼센트 가계의 생활수준이 개선되었다고는 볼 수 없다.

은 다음과 같이 정의되었다.
　Pakistan: 추정된 필요 열량의 95%를 확보할 수 있는 소득 수준.
　Punjab: 1960~61년 가격으로 1인당 월평균 소득 16.36루피(Rupee).
　Uttar Pradesh: 1960~61년 가격으로 1인당 월평균 소득 14.50루피.
　Bihar: 1960~61년 가격으로 1인당 월평균 소득 15.83루피.
　Tamil Nadu: 1960~61년 가격으로 1인당 월평균 소득 21루피.
　Tamil Nadu: 추정된 필요 열량의 90%를 확보할 수 있는 소득 수준. 즉, 1963~64년 가격으로 1인당 월평균 소득 23.61타카(Taka).
　Malaysia: 1957년 가격으로 1인당 월평균 소득 112말레이시아 달러.
　Philippines: 1인당 연평균 소득 1961년 1,253페소(Peso), 1971년 3,000페소.
　Indonesia: 2,150칼로리의 열량과 50g의 단백질의 섭취를 확보할 수 있는 소득, 즉 16,500루피아(Rupiah).
　Thailand: 1인당 연평균 소득 1962~63년 1,500바트(Baht), 1968~69년 1,750바트.

〈표 2〉 농촌 하위소득 가계의 평균소득

국 명	화폐 단위	구 분	평균소득			
말레이시아	1957년 말레이시아 달러	0~20[2]	1957 55.8			1970 32.7
		20~40	97.4			81.8
필리핀	1965년 페소	0~20	1956/7 494	1961 446	1965 439	1970/71 439
		20~40	784	892	834	888
스리랑카[a]	1963년 루피	0~20		1963 22.9		1973 38.4
		20~40		55.6		83.2
스리랑카[b]	1963년 루피	0~20		1963 191.3		1973 163.8
		20~40		248.7		276.4

a) 소득 수취자 1인당 평균 소득.
b) 1가계당 평균 소비지출.
자료: ILO, *Poverty and Landlessness in Rural Asia*(1977).

　〈표 1〉과 〈표 2〉로부터 우리는 아시아 지역에서 빈곤 인구의 비율
이 증가하면서 빈곤의 정도가 더욱 심해지고 있다는 결론을 내릴 수
있다. 이와 같은 결론은 〈표 3〉에 의해서도 뒷받침된다. 〈표 3〉은 유엔
식량농업기구(FAO)가 1969년과 1974년 사이에 아시아 지역에 대한
영양실조 현황을 조사한 것이다. 한국을 제외하고는 거의 모든 나라에
서 영양실조 인구의 비율이 높은 것을 알 수 있다. 그 가운데서도 방
글라데시, 인도, 인도네시아, 필리핀 등에서는 영양실조 인구의 비율이
30퍼센트를 넘고 있으며, 특히 인도의 경우 1억 5천만 명 이상의 인구
가 영양실조 상태에 있다는 것을 알 수 있다. 더구나 영양실조 인구의
비율이 인도네시아의 경우를 제외하고는 지난 5년 동안 모두 증가하
거나 정체되고 있다는 사실에 주목해야 할 것이다.

---

2) 0~20은 소득분포상 하위 0~20%에 해당하는 가계의 소득을, 20~40은 하위
　20~40%에 해당하는 가계의 소득을 의미한다.

〈표 3〉 영양실조 현황(1969~1974년)

국 명	인구수(단위: 천 명)		인구 비율(단위: %)	
	1969~71평균	1972~74평균	1969~71평균	1972~74평균
방 글 라 데 시	25,723	27,026	38	38
미 얀 마	5,272	6,555	19	22
인 도	141,214	175,162	26	30
인 도 네 시 아	40,619	38,742	34	30
네 팔	3,033	3,499	27	29
파 키 스 탄	14,508	17,223	24	26
필 리 핀	13,161	14,550	35	35
한 국	1,255	1,332	4	4
타 이	6,434	7,095	18	18

자료: FAO, *Forth World Food Survey*(1977).

2) 빈곤의 형성 과정

지금까지 우리가 살펴본 바와 같이 아시아 지역에서 빈곤이 증가하는 것은 이 지역 경제의 성장률이 낮기 때문이 아닐까 하는 추측을 해볼 수 있다. 그러나 실제 자료를 보면 이러한 추측은 완전히 빗나간 것이라는 사실이 자명해진다.

〈표 4〉에 나와 있는 12개국 모두에서 1950년에서 1976년에 이르는 동안 실질 GDP가 국가 전체로 보나, 1인당으로 보나 증가하였다(1970~1976년의 방글라데시 1인당 GDP 제외). GDP는 12개국 평균으로 5퍼센트 이상씩 증가하였고 1인당 GDP도 1970~1976년에는 12개국 평균 3퍼센트 정도의 높은 증가율을 보였다. 같은 기간 동안에 빈곤 인구 비율이 급속히 증가한 인도, 파키스탄, 인도네시아 등의 경우에도 여전히 1인당 GDP가 증가하고 있음은 주목할 만한 사실이다.

이와 같이 경제성장이 계속 진행되고 있는데도 빈곤 인구 비율이 증가하는 것은, 한마디로 말하면 소득분배의 불평등이 심화되었기 때

〈표 4〉 실질 GDP의 연평균 성장률(1950~1976년)

(단위: %)

국 명	GDP			1인당 GDP		
	1950~60	1960~70	1970~76	1950~60	1960~70	1960~76
방글라데시	–	3.6	1.6	–	0.8	-0.4
미 얀 마	6.3	2.6	3.3	4.5	0.4	1.1
인 도	4.2	3.6	2.7	2.4	1.3	0.6
인도네시아	3.8	3.5	8.3	1.7	1.3	5.9
말레이시아	3.7	6.5	7.8	0.8	3.6	5.1
네 팔	2.4	2.5	2.7	0.9	0.4	0.6
파 키 스 탄	–	6.7	3.6	–	3.9	0.6
필 리 핀	6.4	5.1	6.3	2.4	2.1	3.5
한 국	5.5	8.5	10.3	2.7	5.9	8.5
대 만	8.4	9.2	7.8	5.0	6.1	5.8
타 이	5.7	8.2	6.5	2.7	5.1	3.7

자료: IBRD, *World Tables 1976*(1976); IBRD, *World Development Report 1978*(1978).

문이다. 이것은 너무나도 자명한 결론이다. 문제는 이 자명한 결론을 낳게 되기까지의 과정에 있다. 아시아 지역에서 어떻게 소득 분배가 불평등한 방향으로 진행되고 있는가를 구체적으로 밝히는 작업이 필요하다. 이 작업은 제3세계의 빈곤을 인식하는 데 대단히 중요한 역할을 한다. 여기서는 먼저 농촌의 빈곤형성 과정을 검토하고, 다음으로 도시의 빈곤형성 과정을 검토한 뒤, 그 결과로서 전체적인 소득분배가 어떻게 되었는가를 살펴보기로 하자.

(1) 농촌의 빈곤 형성 과정

아시아 지역의 농촌에서 일어나는 변화 중 가장 뚜렷한 것은 1인당 경지면적이 계속해서 감소하고 있다는 것이다. 〈표 5〉는 아시아 지역 5개국에 대해서 1인당 경지면적의 변화를 몇 년에 걸쳐서 조사한 결과이다. 이 표로부터 알 수 있는 것은 타이를 제외한 나머지 모든 나라에서 1인당 경지면적이 감소하고 있다는 사실이다. 특히 파키스탄의 경우 1인당 경지면적이 8년 동안 0.1ha나 감소한 것을 알 수 있다.

1인당 경지면적이 감소한다는 것은 다음과 같은 두 가지 사실을 의미하는 것이다. 첫째는, 농촌의 인구가 증가하고 있다는 것이다. 그리고 둘째는 농지의 외연적 확장이 한계에 이르렀다는 것이다. 그런데 여기서 더 중요한 것은 1인당 경지면적이 어떠한 방식으로 감소하고 있는가 하는 문제이다. 바꾸어 말하면 1인당 경지면적

〈표 5〉 1인당 경지 면적

(단위: ha)

국 명	연 도	1인당 경지면적
미 얀 마	1965	1.04
	1968	1.01
스 리 랑 카	1965	0.34
	1968	0.31
인 도	1950	0.53
	1960	0.51
	1965	0.48
	1967	0.46
파 키 스 탄	1960	0.42
	1965	0.34
	1968	0.32
필 리 핀	1950	0.50
	1960	0.56
	1965	0.44
	1968	0.43
타 이	1950	0.39
	1960	0.43
	1965	0.48
	1968	0.45

자료: アジア經濟研究所,《發展途上國 經濟統計 要覽》(일본, 1974).

의 감소가 농지의 분배를 평등하게 하는 방향으로 진행되는가, 불평등하게 하는 방향으로 진행되는가 하는 것이 중요한 것이다. 이 문제에 대해서 필리핀의 라그나 지방과 인도네시아의 자바를 대상으로 한 실증적 조사 결과가 있다(〈표 6〉과 〈표 7〉).

자바의 경우 지난 10년 동안 가구수 증가율이 가장 많은 경지규모는 0.10~0.50ha였다. 대체적으로 보아서 5.00ha 이상의 규모를 갖는 농가 가구수의 증가율은 거의 무시할 정도이거나 감소하고 있고 0.50ha 미만의 규모를 갖는 농가 가구수가 급속히 증가하고 있는 것을 알 수 있다. 면적 증가율을 보면 0.10~0.50ha 규모의 면적 증가율이

〈표 6〉 자바 미작 농가 가구수의 증가율과
미작 면적 증가율(1963~1973)

(단위: %)

경지면적(ha)	가구수 증가율	면적 증가율
0.10~0.50	2.36	2.19
0.50~0.75	1.42	1.57
0.75~1.00	1.24	1.19
1.00~2.00	1.72	1.61
2.00~3.00	2.18	2.19
3.00~4.00	1.75	1.74
4.00~5.00	1.39	1.94
5.00~10.00	0.28	1.29
10.00~15.00	−0.85	0.43
15.00~	−1.14	0.57

자료: Central Bureau of Statistics, *Agricultural Census 1963*과 *Agricultural Census 1973*(Jakarta, 1976).

가장 높다. 이것은 이 규모를 갖는 농가 가구수가 얼마나 많아 증가했는가를 보여주는 현상이다. 그리고 또 한 가지 주목할 것은, 10.00ha 이상의 규모를 갖는 농가 가구수는 감소했는데도 그 면적은 오히려 증가했다는 사실이다. 이것은 소수의 농가가 더 많은 농지를 보유하게 되었다는 것을 의미하는 것이다. 이와 같이 전체적으로 보아서 자바에서는 소규모 농가 가구수가 급격히 증가하고, 대규모 농가 가구수가 감소하는 한편, 대규모 농가의 농지면적은 증가하는, 즉 토지의 집중화가 일어나고 있다는 것을 확인할 수 있다.

이러한 경향은 필리핀의 경우에서도 마찬가지이다. 특히 필리핀의 자료에는(〈표 7〉) 무토지층(無土地層)의 증가추세를 뚜렷이 확인할 수 있다. 1966년에는 전체 농가의 31퍼센트가 무토지층이었는 데 반해서, 1980년에는 전체 농가의 63퍼센트가 무토지층이었다. 이 지방의 경영면적도 농장을 단위로 하든, 농가를 단위로 하든, 사람을 단위로 하든 모두 감소하는 추세에 있다. 무토지층을 포함한 토지집중 계수를 보아도 토지집중 현상이 엄청나게 증가하고 있음을 알 수 있다. 무토지층을 제외한 집중 계수가 정체 상태에 있는 것은, 무토지층이 그만큼 많이 증가하였기 때문이다.

〈표 7〉 필리핀 라그나(Lagna) 지방에 있어서 미작 농가 경영면적의 규모별 분포

규모(ha)	1966 농가가구수 (%)	소유면적 ha(%)	1976 농가가구수 (%)	소유면적 ha(%)	1980 농가가구수 (%)	소유면적 ha(%)
무토지층	20(31)	0 (0)	55(51)	0 (0)	79(63)	0 (0)
~1	6 (9)	3 (3)	13(12)	6 (5)	11 (9)	6 (7)
1~2	14(22)	18(18)	20(18)	28(26)	19(15)	27(31)
2~3	9(14)	19(19)	8 (7)	19(18)	8 (6)	18(21)
3~5	12(19)	42(43)	11(10)	41(38)	8 (6)	29(34)
5~	3 (5)	17(17)	2 (2)	14(13)	1 (1)	6 (7)
계	64(100)	99(100)	109(100)	108(100)	126(100)	86(100)
1농장당 경영면적	2.3		2.0		1.8	
1농가당 경영면적	1.5		1.0		0.7	
1인당 경영면적	0.3		0.2		0.1	
집중 계수 무토지층 제외	0.34		0.39		0.34	
무토지층 포함	0.53		0.71		0.76	

자료: 渡邊利夫, 〈アジアにおける工業化と農村の貧困〉,《海外投資硏究速報》(1982년 4월).

농지의 세분화 과정이 이와 같이 불평등한 방향으로 진행된다는 것은 이 지역의 빈곤을 이해하는 데 중요한 관건이 된다. 농지가 불평등한 방향으로 세분화되면 다음과 같은 현상이 나타나게 된다. 영세농가는 자신의 농지를 경작하는 것만으로는 식량생산마저도 불가능해진다. 따라서 영세농가는 생존의 유지를 위해서 부채를 지든가, 남의 토지를 소작할 수밖에 없다. 그런데 부채란, 일단 지게 되면 증가하는 것이 그 속성이므로 부채를 진 농가는 이 부채를 청산하기 위해서 그나마 자신이 보유하고 있던 소규모 농지를 매각하지 않을 수 없고, 이와 같이해서 무토지층으로 전락하게 된다. 무토지층으로 전락한 농가는 다시 소작을 할 수도 있지만, 그나마 여의치 않으면, 임(賃)노동자로 전락할 수밖에 없다. 이와 같이 농지의 불평등한 세분화는 '자작농→자·소작농→소작농,(→)임노동자'라는 일련의 변화를 낳게 되는 것이다.

〈표 8〉 농업 노동자 비율

(단위: %)

국명(주명)		연 도	농업노동자 비율
인 도	전체	1961	24.5
		1971	38.2
	우타르 프라데쉬	1961	15.0
		1971	26.0
	타밀 나두	1961	22.0
		1971	38.0
	비하르	1961	30.0
		1971	38.0
방글라데시		1961	17.5
		1967~68	19.8
인도네시아	전체	1964	20.3
		1971	23.2
	자바	1963	20.0
		1970	41.0
말레이시아		1962	45.2
		1967~68	43.8
필 리 핀		1965	13.6
		1973	14.6
타 이		1960	3.1
		1970	4.1

자료: 〈표 1〉과 같음.

〈표 8〉은 총농업인구 가운데 농업노동자의 비율을 나타내는 것이다, 1960년대 초부터 1970년대 초에 이르는 약 10년 동안의 기간에 말레이시아를 제외한 모든 나라에서 농업노동자의 비율이 증가하고 있음을 알 수 있다. 인도, 인도네시아의 자바, 말레이시아 등에서는 40퍼센트 전후의 높은 비율로 농업노동자화 하고 있다. 특히 자바에서는 농업노동자의 비율이 1963년에 20.0퍼센트에서 1970년에 41.0퍼센트로 2배 이상 증가하고 있음을 알 수 있다. 그런데, 여기서 한 가지 주의해야 할 것은 농업노동자라는 존재가 자작농, 자·소작농 및 소작농과 확실히 분리되는 존재가 아니라는 점이다. 자작농, 자·소작농 및

소작농의 경우라 할지라도 자신이 스스로 농업에 종사하면서, 노동시간의 일부를 농업노동자로서 제공함으로써 생활을 유지하는 경우가 대부분이다. 이러한 점을 고려해보면, 〈표 8〉의 수치는 실제보다 상당히 과소평가되었다는 것을 알 수 있다.

농촌에서 임노동자가 할 수 있는 일은 추수, 탈곡, 경지정리, 관개배수 등과 같은 농업노동과 운전사, 목수, 수공업자 등과 같은 비농업노동으로 구분할 수 있다. 농업노동의 경우 그 수요가 계절에 따라 변동이 심하고 대개 1년에 한철밖에 없다. 그리고 비농업노동의 경우는 농촌 자체 내의 성격 때문에 그 수요의 증가에 뚜렷한 한계가 있다. 이처럼 임노동자가 할 수 있는 일은 제한되어 있는데 임노동자의 숫자가 증가하면 필연적으로 임금의 하락이 있게 된다.

이것은 〈표 9〉로부터 확인할 수 있다. 파키스탄이나 인도의 몇 개 주에서는 농업노동자의 실질임금이 다소 증가한 듯이 보인다. 그러나 인도나 파키스탄에서 절대빈곤 인구의 비율이 높고 원래의 임금이 상당히 낮았다는 점을 고려해보면, 이러한 증가는 절대적인 수준에서 보아서 상당히 미약한 것이라고 할 수 있다. 나머지 나라에서는 모두 실질임금이 감소하는 추세에 있다. 가장 극심한 것은 방글라데시의 경우이다. 방글라데시에서 1974년의 실질임금 수준은 1965년의 64퍼센트에 불과하였다.

여기서 지금까지 우리가 밝혀낸 사실들을 잠깐 정리할 필요가 있을 것이다. 아시아 농촌지역에서 농지의 세분화가 진행되고 있다. 그런데, 이 농지의 세분화 과정에서 무토지층이나 소토지층이 증가하며 이들은 소작농, 자·소작농, 혹은 임노동자로 전락하게 된다. 그리고 농촌 자체 내에서는 이렇게 형성되는 과잉인구를 흡수할 수 있는 능력이 부족하므로, 농촌지역에는 과잉인구가 계속 누적되고, 이에 따라 임노

〈표 9〉 농업노동자 실질임금 지수(1965=100)

국(주)명＼연도		1960	1961	1962	1963	1964	1965	1966	1967	1968	1969	1970	1971	1972	1973	1974
방글라데시		93	102	96	106	120	100	86	86	92	100	101	–	72	71	64
인도	펀자브, 하리아나	–	92	92	–	79	100	78	90	108	117	117	107	–	–	–
	서벵갈	–	120	99	–	104	100	99	87	97	102	98	106	–	–	–
	타밀 나두	–	97	108	–	102	100	93	100	104	99	112	116	–	–	–
말레이시아		–	–	–	–	–	–	100	96	99	101	100	105	93	91	–
파키스탄		–	–	–	–	103	100	105	113	113	116	125	125	130	–	–
필리핀		131	130	121	121	106	100	137	111	136	106	93	88	86	100	–
스리랑카		98	99	98	99	98	100	99	98	107	100	96	96	110	93	–

자료: 〈アジア開發銀行 特別調査報告書〉, 山田三郎監 譯, 《農村アジアへの挑戰》(일본, 1980).

동자의 실질임금은 떨어진다. 그리고 무토지층이나 영세소작층, 임노
동자층을 농촌에서 빈곤층으로 간주할 수 있다면, 농촌에서 빈곤은 더
욱 확대·심화되어가고 있다고 결론지을 수 있다.

　마지막으로, 농지의 세분화 과정에 대해서 다시 한 번 생각해볼 필
요가 있다. 우리는 이미 논리적인 측면에서 농지의 세분화 과정은 인
구의 자연적 증가와 더불어 농지의 외연적 확대가 한계에 이르렀기
때문에 일어난다는 점을 지적한 바 있다. 그런데 과연 이러한 자연적
인(경제외적인) 요인에 의해서 빈곤이 시작된다고 말할 수 있을 것인
가? 또 농지의 세분화 과정은 왜 불평등한 방향으로 진행되는가? 농
지의 세분화 과정이 일어나고, 또 그 과정이 불평등한 방향으로 진행
되는 것은 자연적인 요인이 아닌 어떤 사회적·구조적인 요인이 있기
때문이 아닐까? 이러한 문제에 대해서는 3절에서 좀더 자세히 다루기
로 하자.

(2) 도시의 빈곤 형성 과정

아시아 지역의 1960년대와 1970년대에 걸친 경제성장은 2차산업, 그 가운데서도 특히 제조업의 성장에 의하여 지지된 것이었다. 이와 같은 사실은 〈표 10〉으로부터 확인할 수 있다. 〈표 10〉은 아시아 10개 국에서 산업별 경제성장률을 조사한 것이다. 우선 2차산업 부문의 성장률이 1차산업이나 3차산업 부문의 성장률을 훨씬 능가함을 알 수 있다. 2차산업 부문의 성장은 주로 제조업 부문에 의해서 이루어진 것임을 알 수 있다. 다음으로 1960년대와 1970년대를 비교하면, 1차산업 부문의 성장률은 점차 감소하는데 2차산업 부문이나 3차산업 부문의 성장률은 점차 증가하는 것을 알 수 있다. 마지막으로 하나 더 관심 있게 보아야 할 것은 3차산업 부문의 성장률은 2차산업 부문의 성장률에는 미치지 못하지만, 1차산업 부문의 성장률과는 현격한 차이가 있다는 사실이다. 실제로 1970년대의 3차산업 부문의 성장률은 1차산업 부문의 성장률의 2배가 넘었다. 도시의 빈곤을 이해하는 데 이와 같은 3차 부문의 비대는 대단히 중요한 의미를 갖는다.

여기서 다음과 같은 방식으로 문제를 제기해 보기로 하자. 일반적으로 공업화가 진행됨에 따라서 도시의 팽창이 급속히 이루어지는 것이 보통이다. 그리고 도시의 팽창은 농촌지역으로부터 인구가 도시로 이동함에 따라 이루어지는 것이다. 그렇다면 도시는 왜 (1)에서 살펴본 바와 같은 농촌의 과잉인구를 흡수하지 못하는 것일까? 즉, 도시에서는 공업화가 진전되고 있는데도 왜 농촌에서는 과잉인구가 존재하는 것일까?

이 문제의 답을 구하기 위해서는, 공업화의 성격을 문제 삼지 않을 수 없다. 아시아 지역의 공업화는, 제3세계 전체가 그렇듯이, 선진국의 발달된 기술과 자본을 도입하는 것으로부터 시작되었다. 그런데 선진

〈표 10〉 산업별 연평균 성장률

(단위: %)

국 명	1 차 산 업		2 차 산 업		제 조 업		3 차 산 업	
	1960 ~70	1970 ~79	1960 ~70	1970 ~79	1960 ~70	1970 ~79	1960 ~70	1970 ~79
방글라데시	2.7	1.9	7.9	7.0	6.6	5.9	3.8	4.9
미 얀 마	4.1	3.9	2.8	5.4	3.3	5.0	1.5	4.3
인 도	1.9	2.1	5.5	4.4	4.8	4.5	4.6	4.5
인도네시아	2.7	3.6	5.2	11.3	3.3	12.5	4.8	9.2
말레이시아	–	5.0	–	9.9	–	12.4	–	8.4
네 팔	–	0.8	–	–	–	–	–	–
파 키 스 탄	4.9	2.1	10.0	4.9	9.4	3.7	7.0	6.3
필 리 핀	4.3	4.9	6.0	8.4	6.7	6.7	5.2	5.4
한 국	4.4	4.8	17.2	16.5	17.6	17.8	8.9	8.8
스 리 랑 카	3.0	2.6	6.6	3.6	6.3	1.7	4.6	4.5
평 균	3.5	3.2	7.7	7.9	7.3	7.8	5.1	6.3

자료: World Bank, *World Development Report 1981*(1981).

국의 자본과 기술은 선진국 내부의 요소부존 상황에 적합한 것으로 제3세계의 입장에서는 상당히 노동절약적이고 자본집약적인 것이다. 이렇게 노동절약적인 공업화가 과잉인구를 흡수하는 능력이 작다는 것은 말할 필요도 없다. 이러한 현상은 공업화가 선진국에 대한 수출을 목표로 진행될 때나, 사치성 소비재 부문을 생산하는 방향으로 진행될 때 더욱 강화된다. 선진국에 수출할 상품이나 사치성 소비재는 제3세계 안에서 대중수요 산업에 비해서 고도로 자본집약적이기 때문이다.

문제는 여기서 끝나지 않는다. 선진국의 자본과 기술을 도입하여 이루어진 공업화는 제3세계 자체 안에서 존재하던 전통적인 수공업자들을 몰락시킨다. 경우에 따라서는 상당히 근대적인 정도까지 성장했던 중소기업들도 몰락해 버린다. 이렇게 몰락한 수공업자 및 중소기업 종사자들은 일부 농촌으로 되돌아가기도 하지만, 대부분 도시에 그대로 남아 도시의 과잉인구를 이루게 된다.

이러한 방향에서 도시에 과잉인구가 축적되는 동안 농촌에서 과잉인구도 도시로 이전하여 온다. 도시의 과잉인구는 이와 같이 두 가지 방향에서 축적되는 것이다.

도시에서 공업화가 이러한 과잉인구를 흡수하는 능력이 작은 것은 이 과잉인구의 생산성이 너무 낮다는 데에도 기인한다. 이들은 대개 전통적인 농업기술이나 한두 가지 수공업적인 기술을 갖고 있을 뿐이다. 근대적인 공장의 입장에서 보면, 이들은 모두 미숙련 노동자로서 그렇게 많은 수가 필요하지 않은 것이다. 따라서 이 과잉인구는 비교적 쉽게 취업할 수 있는 3차산업 부문으로 집중하게 된다. 3차산업 부문은 그렇게 많은 숙련을 필요로 하지 않으며, 노동자 1명을 추가로 고용하는 비용이 그렇게 많지 않다. 이것이 〈표 10〉에서 나타난 바와 같이 3차산업 부문의 성장이 급속히 이루어지는 원인이다. 이와 같이 도시에서 3차산업 부문의 증대는 도시의 안전핀 구실을 하는 것이며, 3차산업 부문의 증대 그 자체가 도시 과잉인구의 표현인 것이다.

그런데, 도시에서 과잉인구는 2차산업 분야에도 취업할 수 있다. 이것은 아직 근대적인 공장이 침투하지 못한 부문이라든지 근대적인 공장의 가장 하위단계의 작업을 하는 부문이다. 여기서는 고도의 숙련이나 생산성이 필요 없고, 대개 육체노동이나 아주 낮은 단계의 정신노동만이 필요하다. 노동자는 이러한 부문에 완전히 취업된 상태가 아니며, 실제로 여기서 받는 임금으로는 생존을 유지하기가 어렵다. 그리고 임금·봉급노동자보다는 자가영업이나 임금을 지불하지 않는 가족노동자—이런 부문을 흔히 도시에서 비공식 부문(informal sector)이라고 부른다—로 존재하는 것이 보통이다.

〈표 11〉은 국제노동기구가 필리핀의 제조업에 대해서 행한 공식 부

〈표 11〉 필리핀 제조업의 조직 부문과 비공식 부문 종사자

	1965		1968		1971	
	천 명	(%)	천 명	(%)	천 명	(%)
비공식 부문(1~4인)	776	(70.5)	839	(68.0)	1,007	(70.3)
임금·봉급노동자	280		306		452	
자가영업·무급(無給)노동자	496		533		555	
공식 부문(5~19인)	50.3	(4.5)	69.2	(5.6)	58.2	(4.1)
임금·봉급노동자	41.1		56.4		54.5	
자가영업·무급노동자	9.2		12.8		13.7	
공식 부문(20인 이상)	273.5	(24.9)	325.1	(26.4)	353.9	(24.7)
임금·봉급노동자	272.1		323.7		353.2	
자가영업·무급노동자	1.4		1.4		0.7	
전체 제조업	1,100	(100.0)	1,232	(100.0)	1,432	(100.0)
임금·봉급노동자	593		686		860	
자가영업·무급노동자	507		547		572	

자료: ILO, *Sharing in Development: A Programme of Employment, Equity and Growth for the Philippines*(1974).

문과 비공식 부문의 추세이다. 국제노동기구는 5인 이상의 공장을 공식 부문, 5인 이하의 공장을 비공식 부문으로 설정하였다. 1965년 비공식 부문의 비중은 70.5퍼센트였는데, 1971년에는 70.3퍼센트로서 6년 정도의 공업화가 진전되는 가운데 비공식 부문의 비중이 감소하지 않았다. 특히 비공식 부문 가운데서도 자가영업·임금을 지불하지 않는 가족노동자의 수가 임금·봉급노동자의 수를 능가하는 것은 비공식 부문의 취업상태가 얼마나 전근대적이며 불완전한 것인가를 알 수 있게 해준다. 5인 이상 공식 부문의 비중을 보면, 1965년에는 29.4퍼센트였던 것이 1971년에는 28.8퍼센트로 오히려 6년 동안 0.6퍼센트 감소하였다. 이것은 근대 부문의 고용흡수 능력이 얼마나 작은가를 단적으로 보여주는 것이다. 그리고 국제노동기구는 같은 조사에서 1971년 전체 제조업의 부가가치에서 차지하는 비공식 부문의 비중이 10퍼센트 미

만임을 밝혀냈다. 1971년 비공식 부문 종사자가 70.3퍼센트나 된다는 것을 고려해보면 이들의 생산성이 얼마나 낮은가를 알 수 있다.

공식 부문과 비공식 부문의 구분은 3차산업에 대해서도 행할 수 있다. 국제노동기구는 3차산업에 대해서도 인가(認可) 사업체(licensed establishments)를 공식 부문, 비인가 사업체를 비공식 부문으로 규정하여 조사를 행했다.[3] 그 결과, 1971년 공식 부문 종사자는 165만 명, 비공식 부문 종사자는 262만 명으로 추계되었다. 3차산업에서도 미조직 부문의 비중이 큼을 알 수 있다.

지금까지 우리가 살펴본 과정은 다음과 같이 요약될 수 있다. 공업화의 진전에 따라 전통적인 수공업이나 경쟁적인 중소기업이 몰락하면서, 그중 일부만이 근대적인 공장에 재고용되고 나머지는 도시에서 과잉인구를 형성한다. 한편, 이와 더불어 농촌의 과잉인구도 대규모로 도시로 이동하게 된다. 이렇게 두 가지 방향에서 누적된 과잉인구는 고용흡수능력이 작은 공식 부문에 취업하지 못하고, 생산성이 낮고 임금이 낮은 비공식 부문에 불완전한 취업을 하게 된다. 도시의 빈곤층은 이와 같은 2차산업 및 3차산업의 비공식 부문에 불완전한 형태로 취업을 한 노동자를 중심으로 형성된 것이다.

3. 소득분배와 빈곤: 빈곤에 대한 견해

1) 소득분배와 빈곤

소득분배와 빈곤이 연관됨은 말할 필요도 없다. 때로는 소득분배의 불평등 그 자체가(상대적인 의미에서) 빈곤인 것으로 이해되기도 한다.

---

3) ILO, 같은 책.

〈표 12〉 아시아 농촌 지역의 소득분배(지니계수)

국 명	연 도	지니계수
방 글 라 데 시	1963~1964	0.35
	1966~1967	0.33
인 도	1953~1957	0.31
	1960	0.45
	1964~1965	0.37
	1967~1968	0.48
말 레 이 시 아	1957~1958	0.35
	1970	0.46
파 키 스 탄	1966~1967	0.33
	1968~1969	0.30
	1969~1970	0.30
	1970~1971	0.30
필 리 핀	1961	0.41
	1965	0.43
	1971	0.47
한 국	1966	0.31
	1970	0.31
	1971	0.31
스 리 랑 카	1969~1970	0.35
	1973	0.37
대 만	1952	0.29
	1957	0.23
	1962	0.21
	1967	0.18
	1972	0.29
타 이	1962~1963	0.44
	1970	0.45

* 이 표에서 지니계수의 특징은 나라마다 다른 조사에 의해서 이루어진 것이므로 나라
 에 따라 조금씩 다르게 평가되었을 가능성이 있다.
 자료: Ajit Ghose and Keith Griffin, "Rural Poverty and Development Alternatives in
 South and Southeast Asia: Some Policy Issues," *Development and Change*(1982), pp.
 544~571.

동일한 소득 아래서 소득분배가 불평등할수록 빈곤이 증가되는 것은
누구나가 알 수 있다. 그런데 우리가 여기서 관심을 가져야 할 것은,
다름이 아니라, 소득분배의 불평등이 야기되는 과정이다. 즉, 왜 소득
분배의 불평등이 일어나는가 하는 문제이다. 우리는 아시아 지역에서

〈표 13〉 가계소득 순위별 소득분포 상황¹⁾

(단위: %)

국 명	소득순위(%) 측정연도	하위 0~20	20~40	40~60	60~80	80~100	상위 90~100
네 팔	1976~1977	4.6	8.0	11.7	16.5	59.2	46.5
인 도	1975~1976	7.0	9.2	13.9	20.5	49.4	33.6
스 리 랑 카	1969~1970	7.5	11.7	15.7	21.7	43.4	28.2
인 도 네 시 아	1976	6.6	7.8	12.6	23.6	49.4	34.0
필 리 핀	1970~1971	5.2	9.0	12.8	19.0	54.0	38.5
말 레 이 시 아	1970	3.3	7.3	12.2	20.7	56.6	39.6
한 국	1976	5.7	11.2	15.4	22.4	45.3	27.5
미 국	1972	4.5	10.7	17.3	24.7	42.8	26.6

1) 각 소득순위별 가계가 차지하는 소득의 전체소득에 대한 비율을 나타낸다.
자료: World Bank, *World Development Report 1981*(1981).

소득분배의 불평등이 야기되는 과정을 이미 2의 2)의 (1)과 (2)에서 살펴보았다. 소득분배의 불평등과 빈곤은 이러한 과정의 결과로서 나타나는 것이다.

〈표 12〉는 (1)의 과정에서 야기된 농촌지역의 불평등 정도의 변화 추세이다. 지니계수는 그 값이 클수록 불평등한 것이므로, 농촌 지역에서 불평등은 심화되고 있다는 것을 알 수 있다. 이것은 농촌 지역에서 빈곤이 증가하고 있다는 것과 같은 의미를 갖는 것이다.

〈표 13〉은 (1)과 (2)의 과정 전체의 결과로서 나타난 소득분포 상황이다. 이 자료는 각기 다른 연도에 측정된 것이기 때문에 변화의 과정은 알 수 없지만, 전체적인 분포 상황은 쉽게 알 수 있다. 이것이 어느 정도의 불평등을 의미하는 것인가를 밝히기 위해서, 선진국 가운데 빈부차가 심하다고 생각되는 미국의 분포를 추가하였다. 전체적으로 보아서, 아시아 지역의 국가에서 소득 분포상 80~100퍼센트 가계가 차지하는 소득의 비중은 미국보다 크고 하위 0~40퍼센트 가계가 차지하는 소득의 비중은 더 작은 것을 알 수 있다. 이것은 아시아 지역 국가의 소득분배가 미국보다도 더 열악한 것을 뜻하는 것이다.

2) 빈곤에 대한 견해

지금까지 우리는 아시아 지역을 중심으로 빈곤의 실태와 형성 과정을 분석해보았다. 그리고 이러한 빈곤화 과정의 결과로서 소득분배 상태가 어떻게 되어 있는가 하는 것도 살펴보았다. 여기서 내려진 결론은 아시아 지역에서 빈곤이 확대·심화되고 있다는 것이었다. 그런데, 이와 같은 빈곤에는 두 가지 종류의 상이한 견해가 존재하고 있다. 하나는 경제가 성장함에 따라서 빈곤이 자동적으로 소멸될 것이라는 견해이고, 다른 하나는 제3세계에서 빈곤은 구조적인 결과이기 때문에 성장에 따라서 자연적으로 소멸되지 않는다는 견해이다. 여기서는 이러한 빈곤에 대한 상이한 견해를 각각 그 대표적인 유형을 들어서 검토해보기로 하자.

(1) 전환점 이론의 견해

전환점 이론은 다음과 같은 쿠즈네츠 곡선[4]으로 요약해서 설명할 수 있다. 〈그림 2〉와 같은 형태의 쿠즈네츠 곡선은 1인당 GNP가 1퍼센트 증가할 때 소득분포상에서 하위 40퍼센트 인구의 소득이 몇 퍼센트 증가하는가를 나타내는 그림이다. 예를 들서 1인당 GNP가 500달러인 경우, 1인당 GNP가 1퍼센트 성장하면 하위 40퍼센트 인구의 소득이 0.8퍼센트 증가한다는 것을 의미한다. 이 경우 상위 60퍼센트를 차지하는 사람의 소득은 1퍼센트 이상 증가하게 된다. Q점은 1인당 GNP의 증가율과 하위 40퍼센트 인구의 소득이 같은 비율로 증가하는 점이다. 이 Q점을 지나면, 하위 40퍼센트 인구의 소득이 1인당

---

4) S. Kuznets, "Economic Growth and Income Inequality," *AER*(1955. 4). 여기에 그려진 형태의 쿠즈네츠 곡선은 The World Bank, *World Development Report 1980*(1980)을 볼 것.

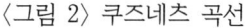

〈그림 2〉 쿠즈네츠 곡선

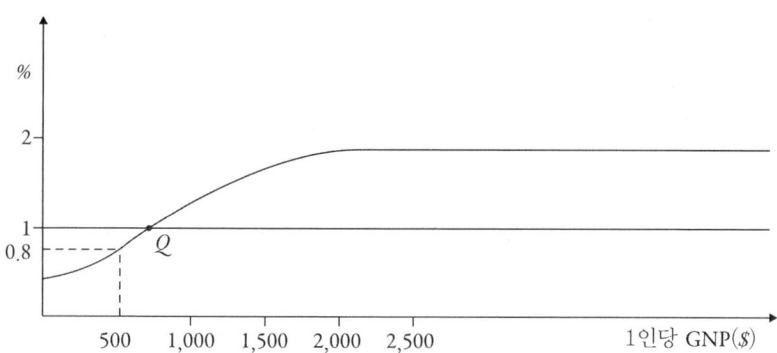

GNP보다 더 빨리 증가하며, 소득분배의 불균형이 감소하게 된다. 1978년의 자료에 따라 그려진 쿠즈네츠 곡선은 700~900달러 정도의 범위에서 Q점이 존재하였다.[5]

쿠즈네츠 곡선이 함축하는 의미에 따라 제3세계의 빈곤을 해석하면, 다음과 같이 된다. 제3세계에서 빈곤이 증가하는 것은 성장을 위해서는 반드시 감수해야 하는 필요악과 같은 것이다. 빈곤은 성장 초기에 더 악화되지만 어느 일정한 전환점(Q점)을 거치면 자연적으로 감소하게 된다. 따라서 빈곤을 없애는 가장 좋은 방법은 성장을 계속하는 것이다(일정한 전환점을 지날 때까지).

이와 같은 방식으로 이해한다면 제3세계 안에서 빈곤은 별로 중요한 문제가 못 된다.[6] 그런데 이와 같은 Q점이 과연 존재하는 것일까? 그리고 Q점이 존재한다고 하더라도 Q점 이상 성장하는 것이 과연 가능할 것인가? 이런 문제에 대해서 종속이론에서는 전혀 다른 입장을

---

5) World Bank, *op. cit.*, p. 40.
6) 이러한 입장을 가진 실증 연구의 또 다른 하나로서는 F. Paukert, "Income Distribution at Different Levels of Development: A Survey of Evidence," *International Labor Review*, 1973년 8~9월호를 볼 것.

취하고 있다.

(2) 종속이론의 견해

종속이론에는 여러 가지 전통이 있고, 학자마다 접근 방법이나 주장하는 바가 조금씩 다르지만, 대체적으로 프랭크(A. G. Frank)가 주장한 몇 가지 명제에 대해서는[7] 기본적으로 합의를 이루고 있다고 할 수 있다.

첫째, 선진국과 제3세계(저개발국) 사이에는 시간적인 혹은 단계적인 차이만이 있는 것은 아니다. 선진국의 과거와 제3세계의 현재는 어떤 중요한 점에서도 결코 비슷하지 않다.

둘째, 제3세계 빈곤은 그 국가 자체가 갖고 있는 경제적·정치적·사회적 그리고 문화적 특징이나 구조의 결과가 아니라 선진국과 제3세계 사이의 관계의 결과이다.

셋째, 제3세계 안에 근대적 부문과 전통적 부문이 존재하며, 이 가운데 근대적 부문만이 선진국과 연결되어 있다고 하는 것은 잘못된 판단이다. 선진국 경제는 제3세계의 전통 부문과도 유기적인 관계를 맺고 있다.

넷째, 제3세계의 발전은 선진국의 자본이나, 기술 및 제도를 제3세계에 도입하여 확산하는 것으로는 얻어질 수 없다.

이와 같은 명제를 기본으로 하고 있는 종속이론에서는 제3세계의 빈곤은 제3세계에서 선진국으로 잉여가 이전되기 때문이라고 파악하고 있다. 여기에 대해서 조금 자세히 언급해보기로 하자.

제3세계와 선진국[8] 사이의 관계는 선진국에서 본원적 축적이 일어

---

7) A. G Frank, "The Development of Underdevelopment," 변형윤·김대환 편역, 《제3세계의 경제발전》, pp. 122~134.

날 때부터 시작되었다. 이때부터 벌써 선진국의 상업자본은 가치 이하로 사서 가치 이상으로 파는 부등가(不等價) 교환의 형식으로 제3세계의 잉여를 수탈해가기 시작하였다. 그런데, 이러한 부등가 교환의 관계는 선진국 안에서 상업자본이 산업자본으로 대체되면서 끝이 나는 것이 아니고, 선진국 안에서 완전한 자본주의가 확립된 뒤에도 선진국과 제3세계 사이에 계속 진행되는 것이다. 즉, 자본주의적 생산양식과 전자본주의적 생산양식이 접하는 곳에서는 항상 이러한 부등가 교환이 존재하는 것이다. 그리고 선진국에서 자본주의가 확립되고 자본주의적인 축적이 진행되는 동안, 축적 그 자체에 고유한 모순이 발생하게 된다. 그것은 이윤율 저하경향이다. 이윤율 저하경향에 직면한 선진국의 자본은 극대이윤을 추구하기 위하여 제3세계에 수출된다. 이와 같이 해서 제3세계로부터 수탈한 잉여는 이윤송금이라는 형식으로 보다 직접적으로 선진국으로 이전되게 된다.

제3세계에서도 이러한 과정 속에 자본축적이 어느 정도 진전되게 된다. 그러나 제3세계에서 축적된 자본은 봉건적이면서 선진국의 자본에 예속된 종속적인 성격을 띠게 된다. 이것은 제3세계에서 자본의 축적이 선진국 자본의 양보 또는 원조하에서만 가능하기 때문에 당연한 결과라고 볼 수 있다. 선진국의 자본과 이와 결탁된 제3세계의 자본은 제3세계의 농촌과 도시를 다음과 같이 변화시키고 만다. 농촌에서는 자작농이 몰락해서 무토지층이나 소토지층으로 하향 분해하게 된다. 이것은 농촌에 상품생산이 침투함에 따라 농민들은 시장에서 경쟁에 참여하지 않을 수 없는데, 대토지 소유를 바탕으로 하는 농업자본이나 이의 수출을 담당하는 상업자본과는 경쟁 상대가 될 수 없기 때문이

---

8) 여기서는 일관성 있는 용어 사용을 위해서 중심부, 주변부라는 종속이론의 용어를 선진국, 제3세계라는 일반적인 용어로 바꾸어서 사용하고 있다.

다. 이렇게 해서 농촌에서 광범위한 과잉인구가 축적된다. 한편 도시의 공업화는 선진국에 적합한 노동절약적이고 자본집약적인 형태로 진행되게 된다. 이 과정에서, 과잉인구의 대부분은 도시에서 취업할 기회를 잃고 도시의 빈민가나 이상적(異狀的)으로 비대한 3차산업에 불완전한 형태로 취업하게 된다. 이 과잉인구는 선진국의 자본과 제3세계의 종속적인 자본의 이해에 따라 창출된 것으로 노동력의 가치를 계속 낮춤으로써 극대이윤을 확보할 수 있게 해주는 중요한 역할을 수행한다.

이와 같이 제3세계의 빈곤은 선진국과 유기적인 관계에서 창출된 것이다. 따라서 계속 성장을 하는 것만으로는 빈곤을 없앨 수 없다. 빈곤을 없애기 위해서는 다른 차원에서 개혁이 필요하게 된다. 이상이 종속이론에서 제3세계의 빈곤을 보는 견해이다.

전환점 이론은 본질적으로 선진국과 제3세계 사이에는 시간적인 차이밖에는 없다는 가정 아래서 제시된 것이라고 할 수 있다. 이 이론의 실증적 바탕이라고 할 수 있는 쿠즈네츠 곡선은 어떤 국가가 성장함에 따라서 소득분배가 어떻게 변화하는가를 나타내는 것이 아니라, 동일한 시점에서 소득이 다른 여러 국가들에 있어서 소득분배가 어떻게 되어 있는가를 나타내는 것이다. 따라서 과연 제3세계의 어떤 나라가 소득이 증가함에 따라서 소득분배가 쿠즈네츠 곡선을 따라서 변화할 것인가에 대해서는 의심의 여지가 있다. 현재 1인당 GNP가 700달러인 나라에서보다 800달러인 나라에서 소득분배가 더 평등하게 이루어져 있다고 해서 1인당 GNP가 700달러인 나라가 어떤 방식으로든지 성장을 해서 1인당 GNP가 800달러가 되기만 하면 소득분배가 더 평등하게 될 것이라고 생각하는 것은 잘못일 것이다. 이와 같은 오류는 1인당 GNP가 700달러인 나라가 시간이 지남에 따라 1인당 GNP가

800달러가 되면, 모든 점에서 과거 1인당 GNP가 800달러였던 나라와 동일하게 될 것이라는 가정에서 비롯된 것이다. 1인당 GNP가 700달러인 나라가 1인당 GNP가 800달러인 나라로 된다고 하더라도, 그 성장 과정이 어떤 것이었나에 따라서 과거 1인당 GNP가 800달러였던 나라와는 질적으로 상이한 양상을 보일 수 있는 것이다. 성장 초기에 심화된 빈곤은 성장이 계속되더라도 그 본질적인 경제구조가 바뀌지 않는 한 감소하지 않을 것이다.

종속이론은 제3세계에서 빈곤을 선진국의 자본과 이에 종속된 제3세계 안에서 자본의 이해에 따라 창출된 것으로 규정하고 있다. 따라서 종속이론에 따르면, 제3세계의 빈곤은 선진국과 제3세계의 관계가 새로이 정립되지 않는 한 계속되는 것이다. 이 글의 범위 안에서는 이러한 명제들을 직접 확인할 수 없지만, 종속이론에서 설명하고 있는 제3세계 빈곤의 양상은 2절에서 살펴본 아시아 지역 빈곤의 양상과 비교함으로써 간접적으로 확인해볼 수는 있다.

2절에서 살펴본 빈곤의 양상은 다음과 같이 요약될 수 있다. 아시아 지역의 빈곤은 무토지층이나 소토지층을 중심으로 형성된 임노동자 및 소작농을 중심으로, 도시에서 빈곤은 3차산업이나 2차산업의 미조직 부문에 잠재적으로 취업하고 있는 노동자를 중심으로 각각 형성되어 있다. 그런데 이와 같은 양상은 종속이론에서 설명하는 빈곤의 양상과 매우 비슷함을 알 수 있다. 이러한 점에서 볼 때, 종속이론은 전환점 이론보다 제3세계의 빈곤에 대해서 정당한 견해를 갖고 있다고 볼 수 있다. 그러나 종속이론이 제3세계의 빈곤에 대해서 보다 정당한 견해를 갖고 있다고 해서 종속이론이 주장하는 모든 명제들이 정당화되는 것은 아니다. 종속이론이 주장하는 여러 가지 다양한 명제들이 정당화되기 위해서는 더 많은 실증적인 연구가 필요할 것이다.

4. 결 론

세계적으로 경제가 성장함에 따라서 빈곤이 감소하고 있다는 일반적인 견해와는 달리, 제3세계에서 빈곤은 한층 심화되고 확대되어 가고 있다. 이것은 제3세계가 경제성장을 하지 못했기 때문에 일어나는 현상이 아니라, 비교적 높은 경제성장 가운데서 일어나는 현상이라는 데 주의하여야 한다. 빈곤의 증가는 경제성장의 필수적인 부산물이 아니다. 이것은 경제성장이 제3세계 자체의 힘에 의해서가 아닌, 선진국의 주도 아래에 이루어진, 소득분배를 악화시키는 방향으로 진행되었기 때문에 그렇게 되는 것이다.

아시아 지역의 농촌에서 일어나는 가장 큰 변화는 1인당 경지면적이 감소하고 있다는 것이다. 이것은 농촌에서 급속한 인구증가와 아울러 경작지의 외연적 확대가 중지되었다는 데 기인한다고 할 수 있다. 그런데 여기서 문제가 되는 것은 경지의 세분화 과정이 극히 불평등한 방향으로 진행되고 있다는 것이다. 즉, 무토지층이나 소토지층이 증가하면서 소수의 손에 토지가 집중되는 경향이 있다. 이러한 불평등한 방향으로 경지가 세분화되는 것은 인구의 증가라든지 경작지 확대의 중지 등과 같은 자연적인 힘만으로는 이루어질 수 없는 것이다. 경지를 불평등한 방향으로 세분화시켜 농촌에서 과잉인구를 체계적으로 창출해내는 사회적인 힘이 작용하고 있는 것이다. 농촌에서 무토지층이나 소토지층의 증가는 필연적으로 농촌에서 임노동자와 소작농을 증가시킨다. 그런데, 이렇게 창출된 임노동자나 소작농은 농촌 자체 내에서나 도시에서 근대적인 공업부문에 흡수되지 못하고, 농촌지역의 과잉인구를 형성하게 된다. 이 과잉인구는 농업노동자의 임금을 낮추면서 소작료를 증가시키는 기능을 하게 된다.

  농촌 지역의 과잉인구가 도시에서 근대적인 공업부문에 흡수되지 못하는 것은 공업화 과정이 제3세계에 적합한 것이 아니기 때문이다. 그것은 고도로 자본집약적인 형태를 띠고 있는 선진국의 자본과 기술을 도입한 결과이다. 오히려 공업화 과정은 전통적인 수공업이나 고용 흡수 능력이 많은 중소자본을 몰락시킴으로써 도시지역에서 과잉인구를 증가시키게 된다. 이와 더불어 농촌에서 과잉인구가 도시로 집결됨에 따라서 도시에서 과잉인구가 누적되게 된다. 이러한 도시의 과잉인구는 3차산업 부문이나 2차산업의 비공식 부문에 잠재적으로 고용되어 생존을 유지한다. 비공식 부문에 고용된 노동자는 극히 낮은 생산성을 갖고 있으며, 이에 따라 임금도 극히 낮은 수준이다. 이러한 낮은 임금은 도시에 광범위하게 형성되어 있는 과잉인구에 의해서 지속적으로 유지되어간다.

  이와 같은 과정의 총체로서 소득분배가 악화되고 있으며 빈곤이 심화·확대되고 있다. 그런데 이러한 빈곤은 경제성장의 초기 단계에서 심화되다가 일정한 전환점을 지나면 자연적으로 소멸되는 성질의 것이라고는 할 수 없다. 선진국의 현재 상태가 제3세계의 미래 상태가 되는 것은 결코 아니다. 오히려 빈곤은 선진국과 제3세계 사이의 구조적인 관계에서 창출된 것이다. 따라서 선진국과 제3세계의 관계가 재조정되고, 경제성장의 방향이 바뀌지 않는 한 제3세계에서 빈곤은 지속적으로 유지될 것이다.

1980년대 초반 발표 추정

이중구조 경제개발 모형[*]

1. 서 언

UN의《개발의 10년》에 따르면 발전은 '성장' 더하기 '구조적 변화', 즉 '성장' 더하기 '정치적, 사회적, 문화적, 기술적 변화'[1]라고 한다. 따라서 경제발전을 경제성장 더하기 구조적 변화로 보았다고 할 수 있다. 물론 여기서 경제성장은 경제의 양적 변화, 다시 말해서 실질국민소득 또는 1인당 실질국민소득의 계속적인 증가를 뜻한다.

이러한 구별은 대체로 동질사회인 선진국에서는 경제성장은 곧 경제발전을 뜻하지만 이질사회인 후진국 또는 저개발국에서 경제성장은 곧 경제발전이라고 할 수 없다는 생각에 주로 말미암는 것이라고 할 수 있다.

그런데 저개발국에서는 경제발전은 경제개발이라는 말로 달리 표현된다. 어떤 논자는 경제개발을 경제발전의 특수한 경우로 간주하고, 그 특수성을 ① 유휴 자원이 존재한다는 점 ② 경제발전의 주체로서

---

* 이 글은 필자의 1974년 미발표 논문을 가필한 것임.
1) UN, *The UN Development Decade*, 1962, p. 19.

사기업 외에 정부의 역할이 중시된다는 점 ③ 경제발전의 목표로서 사회정의적 함축이 담겨져 있는 정책적 개념이라는 점 등에서 찾고 있기도 하다.[2]

따라서 경제발전의 문제를 다루는 경제발전론도 선진국에서 경제성 장론, 저개발국에서는 경제개발론 또는 저개발국 개발론[3]이 된다고 할 수 있다. 경제성장론의 대표적인 것으로서는 해러드(R. F. Harrod), 솔로 (R. M. Solow), 칼도어(N. Kaldor) 등의 이론[4]이 들어진다. 그리고 제2차 대전 후, 특히 1950년대에 들어와서 본격적인 출발을 보였다고 할 수 있는 경제개발론을 밝힌 문헌의 대표적인 것으로서는 넉시(R. Nurkse) 의 *Problems of Capital Formation in Underdeveloped Countries*(1953), 허시 면(A. O. Hirschman)의 *The Strategy of Economic Development*(1958) 등[5]

---

2) 坂本二郎, 《低開發國開發理論の系譜》, 1969, p. 19.

3) 때로는 후진국경제론이라고도 한다.

4) 이 이론을 밝힌 대표적인 문헌은 R. F. Harrod, *Towards A Dynamic Economics*, 1948; R. M. Solow, "A Contribution to the Theory of Economic Growth," *Quarterly Journal of Economics*, Vol. 70, 1956; N. Kaldor, "Model of Economic Growth," *Economic Journal* 등이다.

5) 저개발국 연구는 제2차 대전 전에는 주로 지리학자, 사회학자, 인류학자 등의 흥미의 대상이었다. 그것에 견주어 경제학자의 전문적인 연구는 상대적으로 적 었다. 더욱이 적은 경제학적 연구도 그 대부분은 역사적, 통계적, 정책적, 정치 적인 성격을 띠는 것이었으며 이론적 연구라고 할 수 있는 것은 매우 적었다. 그러나 제2차 세계대전 뒤 저개발국 연구는 경제개발의 실천적 중요성과 함께 경제학자를 주체로 하게 되었고, 경제학자 중에서도 특히 이론적인 연구가 많 이 나와 이른바 경제개발론이 저개발국 연구의 핵이 되었다.

사실 1945년까지 경제개발론에 관한 주요문헌을 보면, P. N. Rosenstein Rodan, "Problems of Industrialization of Eastern and Southeastern Europe", *Economic Journal*, June~September 1943, pp. 202~211; E. Staley, *World Economic Development*, 1944; K. Mandelbaum, *The Industrialization of Backward Areas*, 1945 등에 불과하다.

그렇다고 1946년 이후를 보아도 1946~1950년의 주요문헌은 UN Development of Economic Affairs, *Methods of Financing Economic Development in Underdeveloped Countries*, 1949; J. H. Adler, *The Underdeveloped Areas : Their Industrialization*,

이 꼽힌다.

그런가 하면 경제발전론이 미국의 대학에서 강의과목으로 등장한 것도, 또 경제개발론의 표준적 교과서로 간주되는 루이스(A. Lewis)의 *The Theory of Economic Growth*(1955), 마이어(G. M. Meier)와 볼드윈(R. E. Boldwin)의 *Economic Development*(1957), 킨들버거(C. P. Kindleberger)의 *Economic Development*(1958), 히긴스(B. H. Higgins)의 *Economic Development*(1958) 등이 발간된 것도 1950년대 후반의 일이다.

그 이후 오늘에 이르기까지 무수히 많은 이론이 제시되었는가 하면 무수히 많은 문헌이 발간된 것이 사실이다. 그러나 이 글에서는 그 가운데서 저개발국경제를 이중구조경제로 규정하고, 그것의 개발에 관해서 이론적인 분석을 시도한 이른바 이중구조 경제개발 모형인 루이스 모형과 조겐슨(D. Jorgenson) 모형을 다루기로 한다. 전자는 전환점 이론의 시발을 이루는 것이며, 이것을 확충한 것이 페이-레이니스 모

1949; H. W. Singer, "Economic Progress in Underdeveloped Countries," *Social Research*, March 1949, pp. 1~11; ECLA, *The Economic Development of Latin America and Its Principal Problems*, 1950 등에 불과하다.

따라서 제2차 대전 뒤에 경제개발론이 저개발국 연구의 핵이 되었다고는 하지만, 제2차 대전 뒤의 경제개발론의 본격적인 출발은 1950년대에 들어서의 일이라고 할 수 있을 것 같다. 즉 1951년의 UN의 *Measures for the Economic Development of Underdeveloped Countries*에서 찾아볼 수 있을 것 같다.

분명히 경제개발론에 관한 문헌은 1950년대에 들어와서 급격하게 증가했다. 그 중 UN, 넉시, 허시먼의 문헌 외에 1950년대에 발간된 기본적인 것이라고 할 수 있는 문헌을 들면 다음과 같다.

M. Dobb, *Some Aspects of Economic Development*, 1951; J. Viners, *International Trade and Economic Development*, 1953; N. S. Buchanan and H. S. Ellis, *Approaches to Economic Development*, 1955; A. Lewis, *The Theory of Economic Growth*, 1955; P. T. Baner and B. S. Yamey, *The Economics of Underdeveloped Countries*, 1957; A. Bonné, *Studies in Economic Development*, 1957; G. Myrdal, *Economic Theory and Underdeveloped Regions*, 1957 등.

1960년에 발간되기는 했지만, 로스토(W. W. Rostow)의 *The Stages of Economic Growth*도 1950년대의 문헌에 포함시켜도 무방할 것이다.

형6)이다. 또한 전자는 고전파적 접근7)을 취하고 있는 모형이다. 이에
대해서 후자는 신고전파적 접근8)을 취하고 있는 모형이다.

2. 루이스 모형

스미스(A. Smith), 리카도(D. Ricardo) 등의 고전파 경제학에서는 천
연자원 및 자본에 비해 노동이 상대적으로 풍부한 경제를 상정하여,
이 경우의 경제성장 및 소득분배 문제에 대한 분석을 주된 관심사로
하였다. 그러나 신고전파 경제학에 들어오면서 경제분석의 주된 관심
은 노동과 자본이 모두 희소한 경제를 상정하여 상대가격 결정 및 자
원배분 문제로 전환되고 있다. 루이스(A. Lewis)는 이러한 관심영역의
전환이 구미와 같은 선진국의 경우에는 타당성이 있는 것이지만, 노동
이 여전히 상대적 과잉상태에 있는 후진국(특히 아시아 지역)의 경우에
는 그 타당성을 상실할 수밖에 없다는 점을 강조한다. 그리하여 그는
고전파의 여러 가지 논의를 현대적으로 재해석하여 오늘날 후진국의
경제발전에 관한 모형을 제시하고 있다.9) 여기서는 루이스가 1954년

6) 이 모형을 제시하고 있는 문헌으로서는 Gustav Ranis & John C. H. Fei, "A
   Theory of Economic Development," *The American Economic Review*, Sept. 1961,
   pp. 533~565; Fei & Ranis, *Development of the Labor Surplus Economy*, 1964 등이
   들어진다.
7) 신고전파적 분석도구를 이용하면서도 기본적으로는 고전파적 사고를 살리려
   는 접근을 말한다.
8) 신고전파적 분석도구를 이용하면서 신고전파적 사고도 충실히 살리려는 접근
   을 말한다.
9) 실업이 항상 존재할 수 있다고 보는 케인스이론이 후진국경제의 현실에 상당
   한 정도로 부합되는 듯이 보이기도 하지만, 그의 이론을 주의 깊게 살펴보면
   그가 노동뿐만이 아니라 자본 등 기타의 생산요소의 불완전 고용까지도 상정
   하고 있다는 점에서 후진국경제의 현실에는 부합되지 않는다는 것을 알 수 있
   을 것이다.

*The Manchester School*에 게재한 "Economic Development With Unlimited Supplies of Labour"라는 논문을 중심으로 그의 논의를 요약함으로써 그의 후진국 발전에 관한 모형을 살펴보고자 한다.

1) 루이스가 상정한 경제의 기본적 특징

일반적으로 동일한 경제문제에 관한 학자들 사이의 이견은 사실 그들이 상정하는 경제의 운동 메커니즘의 차이를 반영한다고 해도 과언이 아닐 것이다. 루이스의 경우도 후진국의 발전문제에 관해 나름대로 독특한 견해를 피력하고 있는바, 그의 이러한 특이성을 충분히 이해하기 위해서는 그의 후진경제를 보는 경제관에 대한 고찰이 선행되어야 할 것이다. 그리하여 여기서는 우선 그가 상정하고 있는 후진국경제의 특성을 살펴보고자 한다.

(1) 무제한적인 노동공급(Unlimited Supplies of Labour)

그는 후진국의 농업부문에 만연되어 있는 위장실업, 항만 노동자, 품삯 꾼, 공항 또는 대합실의 짐꾼 등 경제의 많은 부문에 존재하고 있는 임시 노동자, 그리고 구멍가게, 포장마차 등의 영세 규모의 소매상 등의 세 가지를 근거로 들면서, 후진국에는 자본 및 천연자원에 견주어 노동이 과잉의 상태에 있다고 한다. 이와 같이 노동이 과잉상태가 되면 노동의 한계생산성은 0이 되기 때문에 이들이 다른 부문에 취업하더라도 원래 고용되어 있던 부문의 생산량은 감소하지 않을 수 있다. 다시 말하면 과잉노동의 경제에서는 새로운 고용 기회가 창출되어도 현재의 임금수준에서 노동이 무한히 공급될 수 있다는 것이다. 특히 경제가 발전하고 있는 과정에서 가계로부터 부녀노동의 유출과 경제발전에 따른 사망율의 감소에 따른 인구 증가로 말미암아 이러한 무제한의 노동공급이 상당기간 가능할 수 있다는 점을 감안한다면, 후진국경제에서는 경제발전 과정에서 임금상승으로 인한 애로가 초기의 상당한 기간까지는 나타나지 않을 것임을 알 수 있을 것이다. 이것이 바로 루이스가 후진국경제에 대해 상정하고 있는 가장 중요한 전제라 하겠다.

(2) 2부문 개념과 임금 및 자본가잉여

앞에서 과잉노동 존재의 근거로서 열거한 여러 부문들을 총칭하여 루이스는 생존부문(subsistence sector)이라고 규정한다. 그러나 후진국에서도 생존부문 이외에 재생산 가능한 자본(reproducible capital)을 사용하며 한계원리에 입각하여 노동을 고용하는 자본주의부문(capitalist sector)이 존재할 수 있다. 예를 들면 광산 및 전력산업이나 플랜테이션, 고급상점 등이 그것이다. 경제 전체적으로 자본이 희소하기 때문에 이러한 부문에서는 가변비율의 법칙(law of variable proportion)에 따라 노동의 한계생산성과 임금이 일치하는 점까지 노동이 고용된다.

그러면 자본주의부문에 고용되는 노동의 임금은 어떻게 결정될 것인가? 한계생산성 원리에 따르면 상대적 과잉노동 아래서는 한계생산성이 0이기 때문에 임금도 0이어야 할 것이다. 그러나 이러한 한계생산성 원리는 노동과잉의 경제에는 적용될 수 없다. 왜냐하면 그들이 생존부문에 계속 고용되어 있으면 최소한 생존수준(subsistence level)만큼의 소득은 얻을 수 있고, 따라서 그들에게 최소한 이 정도의 보수를 보장하지 않으면 자본주의부문으로 이동하지 않으려 할 것이기 때문이다. 즉 자본주의부문에 고용되는 노동자의 임금은 기본적으로 그 하한선이 생존수준의 소득으로 결정될 것이다. 그리고 생존부문으로부터 자본주의 부문으로 노동을 유인하기 위해서는 일정수준(예컨대 α)

의 추가적인 보수를 지급해야 할 것인 바, 결국 자본주의부문에서 임금은 '생존수준+α'로 결정된다고 할 수 있다.

이제까지 논의는 다음 〈그림 1〉로서 요약하여 설명할 수 있다. 〈그림 1〉에서는 고용량을 가로축에, 한계생산성 또는 실질임금을 세로축에 표시하였다. 여기서 S는 생존수준의 임금을 나타내고, 이 S에 자본주의부문으로 노동을 유인하기 위한 추가보수 α만큼을 더한 W가 자본주의부문의 임금수준이 될 것이다. 그리고 NQ곡선은 경제 전체의 자본 스톡이 일정한 수준으로 주어졌을 때 노동의 한계생산성을 나타낸다. 이러한 경우 자본주의부문에서는 임금과 노동의 한계생산성이 일치하는 점까지 즉 WQ만큼의 노동을 고용하여 사각형 $OWQP$만큼을 노동자에게 분배하고 빗금 친 부분 WNQ만큼을 자본가가 잉여로 수취하게 된다.

〈그림 1〉

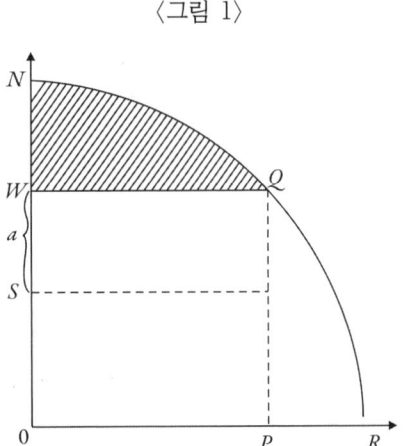

2) 경제발전 과정

이제까지 우리는 루이스가 상정하고 있는 경제의 기본적 특징에 관해 살펴보았다. 여기서는 이러한 분석도구를 토대로 하여 경제발전 과

정에 관해 설명할 것이다. 우선 은행이나 정부가 없는 경우의 발전 메
커니즘에 관해 살펴본 뒤, 발전과정에서 은행 및 정부의 역할에 관해
서도 간단히 언급하고자 한다.

(1) 경제발전 과정

　다음의 〈그림 2〉에서 빗금친 부분은 〈그림 1〉에서 본 바와 같이 경
제 안에 자본 스톡이 K만큼 존재할 때 발생하는 자본가잉여를 나타낸
다(그림에서 모든 기호는 〈그림 1〉에서와 동일함). 이제 자본가가 이 잉여
를 자본축적에 재투자한다면 자본 스톡은 K에서 K'로 증가할 것이
고, 따라서 노동의 한계생산성곡선도 우상방으로 이동하여 NQ에서
$N'Q'$로 될 것이다. 한편 현재의 임금수준에서 노동은 무제한으로 공
급될 수 있기 때문에 임금곡선은 Q의 오른쪽에서도 W 수준에서 수평
선으로 그려질 수 있을 것이다. 그러면 이 새로운 자본 스톡 수준 K'
아래서는 자본주의부문에 QQ'만큼의 노동이 추가로 고용될 것이고,
그리하여 자본주의부문이 확장됨으로써 경제가 발전하게 된다. 여기

〈그림 2〉

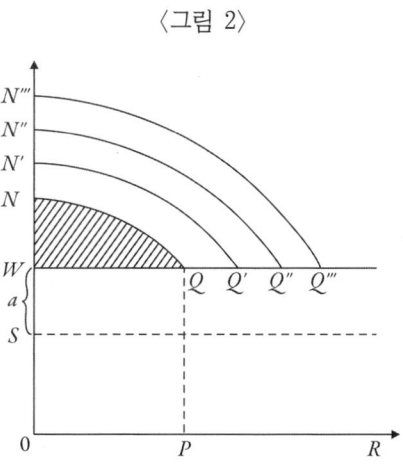

서 자본가가 자신의 잉여를 계속 재투자한다면 노동의 한계생산성곡
선은 $N''Q''$, $N'''Q'''$로 계속 우상방으로 이동하게 되고, 그에 따라 자
본주의부문은 더욱 확장될 것이다. 이러한 발전과정은 자본가가 자신
의 잉여를 재투자하여 새로운 자본 스톡을 창출하는 한 계속될 것이
다. 물론 이 과정에서 상대적 과잉노동이 소멸되어 임금이 상승한다면
위와 같은 경제발전 메커니즘은 정지될 것이다.

여기서 우리는 '자본가잉여가 재투자된다면'이라는 주요한 전제가
있었다는 사실을 간과해서는 안 될 것이다. 즉 후진국경제의 발전과정
의 핵심은 자본가가 자신의 잉여(또는 이윤)를 소비하거나 퇴장시키지
않고 자본축적에 재투자한다는 사실에 있다는 것이다. 이러한 의미에
서 본다면, 루이스 모형에서 급속한 경제발전은 일국의 저축수준이 어
떻게 급격히 증대될 수 있는가 하는 문제로 귀착된다고 볼 수 있다.
그런데 저축할 수 있는 계층은 인구의 10퍼센트 미만인 자본가계층이
라는 것은 주지의 사실인바, 결국 일국의 경제발전의 관건은 자본가잉
여가 국민소득에 견주어 상대적으로 급격히 증대하는 것으로 된다. 그
러면 루이스의 모형에서는 이것이 가능한가? 생존부문의 노동력이 자
본주의부문으로 유출되더라도 한계생산성이 0이므로 확장과정 동안에
도 생존부문의 총소득은 계속 일정한 반면, 자본주의부문에서 총소득
즉 자본가잉여와 자본주의부문에 고용된 노동자의 총임금을 합한 소
득은 증가하므로, 자본주의부문의 총소득이 전체 국민소득에서 차지
하는 비중은 점차 증대한다. 물론 이 경우 자본주의부문의 임금 총액
이 자본가잉여보다 더 급속히 증가하면 자본가잉여가 국민소득에서
차지하는 비중이 감소할 수도 있다. 그러나 루이스의 경우 자본주의부
문의 임금이 '생존수준+α'로 계속 일정하므로 자본가잉여가 국민소득
에 비해 급속히 증대할 수 있다.[10]

이러한 경제확장 과정은 상대적 과잉노동이 소멸되어 노동의 무제한적인 공급이 없어지면 임금이 상승하여 자본가잉여가 작아짐으로써 정지될 수 있음은 앞서 말한 바와 같다. 그러나 경제확장 과정의 정지는 과잉노동의 소멸이 아닌 여타의 요인에 의해서도 일어날 수 있다. 첫째, 자본축적이 인구증가 속도보다 급속하게 진행되어 생존부문 인구의 절대적인 수가 감소하게 되면, 생존수준의 소득이 증가하고 자본주의부문의 임금이 상승하여 자본가잉여가 감소함으로써 자본축적이 저해될 수 있다. 둘째, 자본주의부문의 급속한 확장으로 교역조건이 자본주의분문의 생산물에 상대적으로 불리해지게 되면, 자본주의부문의 임금총액이 상대적으로 증가하여 축적이 저해될 수 있다.11) 셋째, 경제발전 과정에서 자본주의부문의 기술을 모방하거나 혹은 비료나 관개시설의 확충 등으로 인해 생존부문의 생산성이 증가할 수가 있고, 그러면 생존수준 소득이 증가하게 되어 자본축적이 저해될 것이다. 넷째, 경제발전에 따른 전시효과에 의해 자본주의부문에 고용되는 노동자의 요구수준 자체가 상승할 가능성도 있다. 물론 노동자의 이러한 요구가 노동과잉의 상태에서는 쉽게 관철되기는 어렵겠지만 노동조합 결성을 통해 가능할 수도 있다.

(2) 자본축적 과정에서 은행 및 정부의 역할

위의 논의는 자본축적이 전적으로 자본가잉여로부터 재투자되어 이

---

10) 물론 이와 같은 자본축적 기능을 수행하는 자본가계층이 후진국에서 어떻게 형성될 수 있는가 하는 사회학적인 문제는 여전히 남아 있다.
11) 이러한 교역조건에 관한 논의는 자본주의부문에서는 공산물을 생존부문에서는 농산물을 각각 생산하여 양부문 간에 교환한다는 것을 전제로 하고 있다. 만약 자본주의부문에서 농산물과 공산물을 모두 생산한다면 이러한 논의는 있을 수가 없다.

루어지는 경우만을 대상으로 하였다. 그러나 실제로 자본축적은 은행의 신용대부나 정부의 통화증발에 의해서도 이루어질 수 있다. 즉 도로, 항만, 교량, 관개시설 등은 자본이나 기타 천연자원을 거의 투입하지 않고 오직 노동만을 투입하여도 건설될 수 있음을 볼 때, 노동이 과잉상태에 있는 경우에는 노동을 고용할 수 있는 자금만 있으면 소비재생산의 감소를 초래하지 않고도 자본스톡을 증가시킬 수 있음을 알 수 있을 것이다. 그리하여 여기서는 자본축적이 은행의 신용대부나 정부의 통화증발에 의해 이루어지는 경우에 관해 살펴보기로 한다.

일반적으로 신용팽창에 따른 인플레이션은 국민소득의 분배를 고소득층에 유리하도록 왜곡하는 것으로 알려져 있다. 그러나 루이스 모형에서는 이러한 효과가 단기적인 현상에 그칠 뿐이다. 즉 은행의 신용대부나 정부의 통화증발에 의해 자본스톡이 증가하면, 이 자본스톡 생산에 고용된 노동에 새로이 임금이 지불되어 총수요는 증가하는 반면, 전체적인 소비재의 생산량 즉 총공급은 일정하기 때문에 단기적으로 물가가 상승한다. 그러나 이러한 물가상승 과정은 점차 소멸될 것이다. 왜냐하면 새로이 창출된 자본스톡으로 인해 다음과 같은 두 가지의 효과가 나타나기 때문이다. 첫째, 자본주의부문의 고용이 증대하고 생산량이 증가하여 물가를 하락시키는 효과가 나타난다. 둘째, 임금수준이 일정하기 때문에 자본가의 분배 몫이 상대적으로 증가하여 저축이 증대함으로써 자본 스톡 생산에 소요되는 투자재원을 은행의 대부나 정부의 통화증발에 의존하는 비율이 점차 감소해 가는 효과가 나타날 것이다.[12] 물론 이와 같이 물가상승 과정이 소멸되기까지에는

---

[12] 이러한 효과 면에서 본다면, 은행의 신용대부보다는 정부가 개입하는 쪽이 훨씬 유리할 수 있다. 왜냐하면 정부는 조세정책을 사용하여 저축 여력이 있는 산업자본가 계층의 소득이 재배분되도록 유도할 수 있기 때문이다.

매우 긴 기간이 소요될 수 있고, 그러면 민간에게 인플레 기대심리가 만연되어 경제발전 과정에 해가 될 수 있는 경우도 부인할 수는 없다. 실제로 이는 신용대부나 정부의 통화증발정책에 의한 자본축적 방법의 현실적 한계라 할 수 있다.

3) 개방경제하에서의 경제발전

이제까지 우리는 폐쇄경제를 상정하여 과잉노동이 소멸되면 임금상승으로 인해 상술한 바의 경제발전 메커니즘이 더 이상 작동할 수 없다고 하였다. 그러나 현실적으로 한 나라에서는 과잉노동이 존재하지 않을 때에도 다른 나라에서는 존재할 수 있다. 따라서 개방경제를 상정한다면 과잉노동의 소멸에 봉착한 국가가 이민을 받아들인다든가 혹은 자본을 수출하는 형태로 무제한의 노동공급을 향유할 수도 있다. 여기서는 자본수출이 후진국의 경제발전에 미치는 효과를 살펴보기로 한다.[13]

경제발전으로 인해 노동이 희소하게 된 나라에서 노동이 과잉한 나라로 자본을 수출하게 되면 자본수출국의 자본 스톡은 더 이상 증가하지 않는다. 따라서 노동에 대한 수요도 더 이상 증가하지 않아 실질임금은 일정수준에서 정지될 것이다. 그러나 이로 말미암아 자본수출국의 생활수준이 궁극적으로 감소할 것인가 아니면 증가할 것인가의 여부는 자본수출국과 수입국 사이에 존재하는 경쟁 및 무역의 유형에 따라 달라진다. 먼저 양국 간에 무역이 전혀 이루어지지 않고 경쟁관계도 없는 경우를 보자. 이 경우에는 자본수출국의 임금은 일정수준으

---

13) 이민유입정책은 이민을 받아들이는 국가의 노동조합의 강력한 반대를 고려해 보면 현실적으로 쉽게 실현될 수 없는 정책이라는 것을 알 수 있다. 그리하여 여기서는 이민의 유입에 따른 효과는 생략하기로 한다.

로 유지되고 그리하여 자본수출국의 생활수준은 더 이상 개선되지 아
니할 것이다. 다음 양국 간에 경쟁은 하지 않되 무역은 이루어지는 경
우를 보자. 자본수출국의 임금이 일정수준에서 정지되는 것은 위와 동
일하지만 무역 후의 교역조건이 달라짐에 따라서 위의 경우와는 상이
한 효과가 나타날 수 있다. 즉 만약 무역 후의 교역조건이 자본수출국
에서 수입하는 상품의 가격이 싸지는 방향으로 변화한다면, 자본 수출
국의 임금수준은 이전과 동일한 상태에서 상대적으로 싸진 물건을 구
입할 수 있게 되므로 자본수출국의 생활수준은 향상할 것이다. 이와
달리 자본수출이 후진국의 생존부문의 생산성을 증대시키는 방향으로
이루어지면 자본수출국이 수입하는 교역 상품의 가격이 상대적으로
비싸지게 되어 자본수출국의 생활수준은 오히려 악화될 것이다. 한편
이를 자본수입국의 관점에서 보면 생존부문의 생산성 향상으로 말미
암아 실질임금이 상승하므로 자본수입국의 생활수준은 개선될 것이다.
이러한 논의로부터 우리는 후진국이 자본을 수입하는 경우 수출상품
이 아닌 국내 소비재 생산부문의 생산성을 증대시키는 방향으로 수입
자본이 투자되어야만 후진국은 자본수입으로부터 이득을 볼 수 있다
는 사실을 쉽게 짐작할 수 있을 것이다.[14]

　마지막으로 자본수출국과 수입국이 동일한 상품을 제3국에 수출하
는 상황 즉 양국이 제3국 시장에서 경쟁관계에 있는 경우를 보자. 이
경우에는 자본수출이 후진국의 생존부문의 생산성을 증가시키는 방향
으로 이루어지면 임금이 상승하게 되어 경쟁상대국(여기서는 후진국)의
경쟁력이 약화되므로 자본수출국에 유리할 것이다. 그러나 후진국의

---

14) 그렇지 않은 경우에는 후진국의 자본수입은 단지 생존부문의 과잉노동이 자
　　본주의부문에 추가로 고용될 수 있는 고용창출 효과만을 수행할 것이며, 이것
　　도 교역조건의 악화로 상쇄될 가능성이 있다.

수출부문 즉 자본주의부문의 생산성을 증가시키는 방향으로 자본수출이 행해지면 위와 동일한 논리에 따라 오히려 후진국에 유리하게 될 것이다.

3. 조겐슨 모형

조겐슨(D. Jorgenson)은 선진국경제를 대상으로 하는 성장이론, 예를 들면 해러드-도마의 성장이론, 토빈-솔로의 신고전파 성장모형 및 후진국경제를 대상으로 하는 라이벤스타인의 발전에 관한 경제적 인구이론(Economic Demographic Theory of Development)[15] 등이 단일 재화, 단일 생산부문을 가정하여 총계 수준의 분석을 강조함으로써 산업 간 성장의 불균형, 이중경제의 발전문제, 남북문제 등 많은 흥미 있는 문제를 소홀히 하였다고 본다. 그리하여 그는 일본이나 동남아시아와 같이 이중 경제구조를 지닌 국가에 타당한 경제발전 모형을 제시하였다. 여기서는 그의 모형을 1961년에 *Economic Journal*에 게재된 "The Development of a Dual Economy"라는 논문을 중심으로 살펴보고자 한다.

1) 경제구조에 관한 여러 가정

조겐슨은 이중경제 발전모형을 확립하기 위해 우선 다음과 같은 여섯 가지의 가정을 설정하고 있다.

첫째, 경제는 근대적 부문(이하에서는 편의상 공업부문이라 한다)과 전통적 부문(이하에서는 편의상 농업부문이라 한다)의 두 개의 상이한 부문

---

15) H. Leibenstein, *A Theory of Economic-Demographic Development*, 1954, Princeton, Princeton Univ. Press.

으로 구성된다. 농업부문에서는 생산요소가 토지와 노동이며 토지의 공급이 고정되어 있어 수확체감의 법칙이 작용하는 반면, 공업부문에 서는 생산요소가 노동과 자본이며 생산기술이 규모에 대한 수익불변 을 나타낸다. 둘째, 경제 내의 다른 변수와는 독립적으로 양 부문에서 공히 중립적 기술진보가 항상 일어나기 때문에 시간이 경과함에 따라 생산함수는 상향이동한다. 셋째, 인구증가율은 '사망률-출생률'로 나 타낼 수 있는데, 여기서 사망률은 외생적으로 주어지는 것으로 보며, 출생률은 식량생산량의 증가함수로 가정한다. 단, 식량공급이 충분할 경우에는 출생률의 상한선이 생리적으로 가능한 최대치로 결정된다. 넷째, 농산물의 소비는 생존소비수준에서 고정된다. 생존소비수준을 초과하는 농산물은 모두 잉여농산물(agricultural surplus)로 된다. 다섯째, 농업부문에서 이러한 잉여농산물을 생산할 수 있을 정도로 농업생산 성이 증가해야만 비로소 공업부문에 종사할 노동력이 방출될 수 있다. 여섯째, 농업부문의 생산주체는 자가고용농민으로 그들의 소득은 임 금과 지대로 구성된다. 공업부문의 임금은 노동의 한계생산성과 일치 하며 공산물로 표시한 농업소득보다 일정한 비율만큼 높다.

이제 이러한 가정을 기초로 하여 조겐슨의 모형을 살펴보게 되겠지 만, 그가 경제발전단계를 농업경제(agrarian economy), 이중경제, 지속적 인 성장상태로 구분하고 있으므로, 여기서도 이에 따라 먼저 농업경제 에서 발전과정을 살펴보기로 한다.

2) 농업경제하의 경제발전

조겐슨은 자신의 궁극적인 관심인 이중경제 아래서 발전과정을 고 찰하기 위한 선행작업의 하나로, 농업경제 즉 근대부문이 전혀 존재하 지 않아 경제가 오직 농업부문만으로 구성되어 있을 경우의 농업 산출량의 시간에 따른 변화과정을 추적하고 있다.

먼저 첫 번째 및 두 번째의 가정에 따라 농업부문의 생산함수는

$$Y = e^{\alpha t} p^{1-\beta} \cdots\cdots\cdots ①$$

로 나타낼 수 있을 것이다. 여기서 Y는 농업산출량, α는 농업부문의 기술진보율, β는 농업산출량의 토지 탄력성(따라서 $1-\beta$는 농업산출량의 노동 탄력성), p는 인구[16]를 각각 표시한다. 이제 이 ①식의 양변을 p로 나누어 인구 1인당 농산물 산출량을 y로 표시한 다음, 이것에 log를 취해 시간에 관해 미분하면 위 ①식은

$$\frac{\dot{y}}{y} = \alpha - \beta \frac{\dot{p}}{p} \cdots\cdots\cdots ②$$

가 된다. 그리고 사망률을 δ, 생리적으로 가능한 최대출산율을 $\epsilon+\delta$, 인구 1인당 산출량에 대한 출산율의 비례상수를 γ라고 하면, 앞의 세 번째 가정에 따라 인구증가율은

$$\frac{\dot{p}}{p} = \min \begin{cases} \gamma y - \delta \\ \epsilon \end{cases} \cdots\cdots\cdots ③$$

으로 나타낼 수 있을 것이다.

인구증가율이 생리적으로 가능한 최대수준에 미치지 못하는 경우에는 ③식의 윗부분 즉 $\gamma y - \delta$가 인구증가율이 되므로 이것을 ②식에 대입하여 정리하면,

$$\dot{y}\left(= \frac{dy}{dt}\right) = (\alpha + \beta\delta)y - \beta\gamma y^2 \cdots\cdots\cdots ④$$

와 같은 농업산출량에 관한 미분방정식을 얻을 수 있다. 시간의 경과에 따른 농업산출량의 변화경로를 개략적으로 파악해 보기 위해 〈그림 3〉과 같은 상태도(phase diagram)를 그렸다. 여기서 보면 A점은 1인

16) 여기서는 근대부문은 전혀 없는 경우를 상정하고 있으므로 모든 인구가 농업부문에 종사하고 있는 것으로 보아야 한다.

당 농산물 산출량이 일정하며 인구증가율과 농업산출량이 동일한 비율로 증가하는 정상상태(stationary state)를 나타내는 점으로서 안정적임을 알 수 있다.[17]

<그림 3>

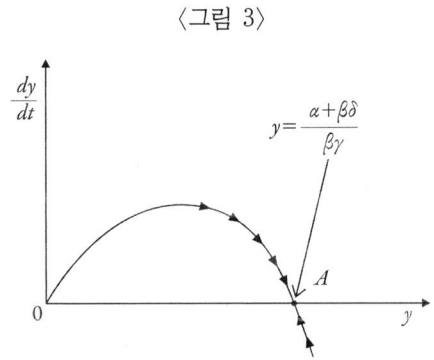

$$y = \frac{\alpha + \beta\delta}{\beta\gamma}$$

한편 인구성장률이 생리적으로 가능한 최대수준(ϵ)으로 되기 위해 필요한 1인당 농업산출량을 y^+로 표시하면, ③식에서 $\gamma y - \delta = \epsilon$가 성립하고, 이것을 y^+에 관해 풀면

$$y^+ = (\epsilon + \delta)/\gamma \quad \cdots\cdots\cdots ⑤$$

를 얻을 수 있다. 여기서 만약 이 y^+가 정상상태의 A점보다 왼쪽에 위치하게 되어 $\alpha - \beta\epsilon > 0$의 관계가 성립하는 경우에는[18] 농업산출량이 계속 증대하게 된다. 왜냐하면 A점에서 상정하고 있는 인구증가율은 생리적으로 가능한 최대치를 초과하고 있으므로 결코 A점에는 도달할 수가 없으며 그때 y^+가 A점보다 왼쪽에 위치하는 한 $\frac{dy}{dt}$는 양의 값을 갖기 때문이다. 반대로 y^+가 A점보다 오른쪽에 위치하는 경우에

---

17) 이 균형점은 라이벤스타인의 '저수준균형함정'(low-level equilibrium trap)의 개념과 동일하다.

18) 이 관계식은 A점에서의 y의 값과 ⑤식의 y^+값을 비교함으로써 얻을 수 있다. 즉 $(\epsilon + \delta)/\gamma < (\alpha + \beta\delta)/\beta\gamma$라는 부등식을 풀면 위의 관계식을 얻을 수 있다.

는(이때 $\alpha - \beta\epsilon < 0$의 관계가 성립한다) 〈그림 3〉에서 보아 알 수 있듯이 시간이 경과함에 따라 농업산출량이 점차 감소하여 결국 A점으로 복귀하게 될 것이다.

이로부터 우리는 $\alpha - \beta\epsilon > 0$이 성립해야만 비로소 농업경제가 이중경제로 도약할 수 있음을 알 수 있다. 왜냐하면 $\alpha - \beta\epsilon > 0$이어야만 농업경제에서 노동생산성이 지속적으로 증대할 것이며, 네 번째와 다섯 번째의 가정에 따라 공업부문에 종사할 노동력이 농업부문으로부터 방출될 수 있을 것이기 때문이다.

3) 이중경제의 경제발전

위의 논의로부터 우리는 농업경제가 이중경제로 도약하기 위해서는 $\alpha - \beta\epsilon > 0$이라는 조건이 충족되어야 한다는 것을 알고 있으므로, 여기서는 우선 대전제로서 이 조건이 항상 충족된다고 가정한다. 그러면 농업부문의 1인당 산출량은 지속적으로 증대하므로 이중경제의 발전은 결국 공업부문의 조건에 의존하게 된다.

공업부문의 생산함수는 앞의 첫 번째와 두 번째 가정에 따라

$$X = e^{\lambda t} A(0) M^{1-\sigma} K^{\sigma} \cdots\cdots\cdots ⑥$$

로 나타낼 수 있다. 여기서 X는 공업부문의 산출량, λ는 공업부문의 기술 진보율, $A(0)$는 초기의 기술수준, M은 공업부문에 고용되는 노동력의 크기, K는 공업부문의 자본스톡의 크기, σ는 공업산출량의 자본탄력성을 나타낸다. 이 ⑥식을 보면, 공업부문의 산출량의 시간에 따른 변화는 결국 농업부문에서 방출되어 공업부문에 새로이 고용되는 노동력의 크기와 공업부문 내에서 자본축적의 정도에 따라 결정된다는 것을 알 수 있다.

그러면 우선 공업부문에 고용되는 노동력은 어떠한 패턴으로 증가

할 것인가를 알아보자. 공업노동이 농업부문으로부터 방출되기 위해
서는 농업부문의 1인당 산출량이 최소한 y^+수준은 되어야 한다. 이때
인구증가율은 생리적으로 가능한 최대치 ϵ가 될 것이며, 이에 따라 총
인구 성장의 시간 경로는

$$p(t) = e^{\epsilon t}p(0) \cdots\cdots\cdots ⑦$$

이 될 것이다. 그리고 앞의 네 번째 가정에 따라 농산물의 1인당 소비
수준은 y^+로 일정할 것이므로

$$Y/p = y^+ \cdots\cdots\cdots ⑧$$

이 성립한다. 이제 ⑦식을 ⑧식에 대입하여 정리하면 농산물의 총소비
수준은

$$Y = p(0)e^{\epsilon t}y^+ \cdots\cdots\cdots ⑨$$

가 될 것임을 알 수 있다. 한편 농업부문의 생산함수로부터 농산물의
총산출 수준은

$$Y = e^{\alpha t}A^{1-\beta} \cdots\cdots\cdots ⑩$$

이 될 것이다. 여기서 A는 농업부문에 고용된 노동력의 크기를 나타
낸다. ⑨식의 농산물의 총소비 수준을 충족시키고자 필요한 농업노동
력의 크기를 구하기 위하여 ⑨식과 ⑩식을 같게 놓아 A에 관해서 풀
면, 우리는 농업인구의 시간에 따른 성장경로를 구할 수 있다. 즉

$$A = [p(0)y^+]^{\frac{1}{1-\beta}} e^{\left[\frac{\epsilon-\alpha}{1-\beta}\right]t} \cdots\cdots\cdots ⑪$$

이 된다. 여기서 이중경제가 처음으로 나타나기 시작하는 시점($t=0$)
은 첫째, 1인당 농업산출량(Y/p)이 인구증가율을 그 최대치 ϵ으로 유
지하는 데 필요한 수준 y^+에 막 도달해 있고($\frac{Y}{p} = y^+$), 둘째, 모든 노동
력이 농업부문에 완전히 고용되어 있는 상태($p(0) = A(0)$)임을 상기할
필요가 있다. ⑩식에 $t=0$을 대입하고 위의 두 사실을 감안하면

$y^+ = p(0)^{-\beta}$가 성립한다는 것을 쉽게 알 수 있다. 이를 ⑪식에 대입하면 농업인구의 성장 경로는

$$A = p(0)e^{\left[\frac{\epsilon-\alpha}{1-\beta}\right]t} \quad\cdots\cdots\cdots\cdots⑫$$

임을 알 수 있다. 공업부문에 종사하는 노동력의 크기는 총인구에서 농업인구를 뺀 것과 동일할 것이므로 우리는 ⑦식에서 ⑫식을 차감하여 공업부문 노동력 크기의 시간경로를 다음과 같이 구할 수 있다.

$$M = p(0)\left[e^{\epsilon t} - e^{\left(\frac{\epsilon-\alpha}{1-\beta}\right)t}\right] \quad\cdots\cdots\cdots\cdots⑬$$

다음 공업부문 내의 자본축적 메커니즘을 살펴보기로 하자. 분석의 편의상 자본가는 이윤을 모두 저축하며 노동자와 농민은 그들의 소득을 모두 소비한다고 가정하자. 그러면 공업부문의 총산출량은 정의상 공업부문의 총소비와 총투자를 합한 것과 같으므로

$$X = (1-\sigma)X + I \quad\cdots\cdots\cdots\cdots⑭$$

가 성립함을 알 수 있다. 여기서 I는 자본가의 소득으로부터 나오는 공업부문에 대한 총투자수요를 의미하고, $(1-\sigma)X$는 공업부문의 총산출 가운데서 공업부문 노동자에게 분배되는 몫으로서, 이는 가정에 따라여 공업부문에 대한 총소비수요를 의미한다. 한편 총투자 I는 대체투자와 신규투자로 분리할 수 있는바, 이것을 감안하여 ⑭식을 다시 쓰면,

$$X = (1-\sigma)X + \dot{K} + \eta K \quad\cdots\cdots\cdots\cdots⑮$$

가 된다. 여기서 $\dot{K}$은 신규투자를, η는 기존의 자본 스톡의 감가상각률을 나타낸다. 이제 ⑮식을 정리하고 여기에 ⑥식과 ⑬식을 대입하면 이중경제 발전을 분석하기 위한 기본적인 미분방정식

$$\dot{K} = -\eta K + \sigma K^\sigma p(0)^{1-\sigma}e^{\lambda t}\left[e^{\epsilon t} - e^{\left(\frac{\epsilon-\alpha}{1-\beta}\right)t}\right] \quad\cdots\cdots\cdots\cdots⑯$$

를 얻을 수 있다.[19]

⑯식을 보면 농업경제의 경우에서처럼 방정식을 푸는 것은 불가능하다는 사실을 알 수 있다. 그리하여 여기서는 이중경제에서 장기에 걸쳐 나타날 수 있는 경향만을 지적하기로 한다.

첫째, ⑯식의 두 번째 항에서 대괄호로 묶여져 있는 부분 즉 $e^{\epsilon t}-e^{\frac{\epsilon-\alpha}{1-\beta}t}$는 이중경제의 성립조건인 $\alpha-\beta\epsilon>0$가 성립하면 $\epsilon>\frac{\epsilon-\alpha}{1-\beta}$가 되어 항상 0보다 큰 값을 가진다. 따라서 ⑯식은 음의 값을 가지는 첫째 항과 이중경제에서는 항상 양의 값을 가지는 두 번째 항으로 구성되어 있는 것으로 볼 수 있다. 그런데 시간이 무한히 경과하면(즉 $t\to\infty$) 두 번째 항의 값이 첫 번째 항의 절대값을 항상 초과하게 될 것이므로, 장기에서는 $\dot{K}$가 항상 양의 값을 가지게 된다. 이것은 $\alpha-\beta\epsilon>0$이 성립하여 일단 이중경제가 발전하기 시작하면 경제는 궁극적으로 지속적인 성장상태에 이른다는 것으로서 정상상태가 존재하지 않음을 나타낸다. 둘째, $\dot{K}$의 값이 장기에서 항상 0보다 큰지의 여부가 K의 초기값과는 무관하므로 지속적인 성장상태에 이르기 위한 최소한의 자본 스톡 규모가 존재하지 않음을 알 수 있다. 즉 초기에 아무리 작은 규모의 자본 스톡이 존재한다고 하더라도 이 자본 스톡을 발판으로 지속적인 성장상태에 이를 수 있다는 것이다.

이와 같이 $\alpha-\beta\epsilon>0$라는 조건만 충족되면 이중경제의 발전은 자동적으로 규정되기 때문에 조겐슨 모형에서 경제발전의 관건은 결국 이 조건의 충족 여부에 달려 있다고 볼 수 있다. 한편 발전 중에 있던 이중경제에 $\alpha-\beta\epsilon<0$인 상태가 발생했다고 하자. 그러면 농업산출량은 지속적으로 감소할 것이며 그리하여 공업부문에 공급되는 잉여농산물

---

19) 이 방정식이 이중경제의 발전과정을 분석하기 위한 기본방정식으로 채택되는 것은 농업부문에서 방출되는 노동력을 공업부문에서 흡수하는 관건이 바로 자본축적에 있다는 사실에 연유한다.

도, 그리고 농업부문이 방출할 수 있는 노동력도 지속적으로 감소할
것이다. 이러한 과정이 계속되어 잉여농산물이 0이 되는 시점에서 공
업노동력은 완전히 토지로 복귀하며, 따라서 공업산출량과 공업부문
의 자본스톡은 0이 되어 이중경제는 농업 경제로 다시 복귀하게 되는
것이다.

4. 결 언

이상에서 우리는 후진국경제를 이중구조경제로 규정하고, 그것의
개발에 관해서 이론적 분석을 시도한 루이스 모형과 조겐슨 모형에
대해서 살펴보았다. 양자가 모두 경제를 상이한 원리에 의해 움직이는
2개의 부문으로 구성된 것으로 파악하는 점에서는 동일하다고 할 수
있지만, 면밀히 살펴보면 양자 간에는 상당한 차이가 있음을 알 수 있
다. 그리하여 여기서는 두 모형 및 그 모형이 시사하는 바의 상이점을
대조적으로 서술함으로써 결언에 대신하고자 한다.

먼저 양자는 경제의 기본적 특성에 관해 상이한 견해를 갖고 있음
을 지적할 수 있다. 즉 루이스의 경우에는 후진국의 경우 전통부문에
상대적 과잉노동이 존재하여 노동의 한계생산성이 0으로 된다고 보는
것과 달리, 조겐슨은 전통부문에서도 노동은 희소한 생산요소이며, 따
라서 노동의 한계생산성은 항상 양이라고 본다. 이러한 의미에서 흔히
전자를 고전파적 이중구조 모형, 후자를 신고전파적 이중구조 모형이
라 부르고 있다.

둘째, 이러한 경제관의 차이로 말미암아 양자는 후진국의 경제발전
과정에 대해서도 상당히 다른 견해를 보이고 있다. 루이스 모형에서는
전반적으로 경제발전을 공업부문 즉 자본주의부문이 주도하는 데 견

주어, 조겐슨 모형에서는 농업부문이 주도하고 있다. 다시 말하면 전자에서는 경제발전의 관건이 자본주의부문의 자본축적량에 있는 것과 달리, 후자에서는 오히려 농업부문의 생산성 증가 및 그로 인한 잉여 농산물의 증대에 따른 농업노동력의 방출능력에 있다. 루이스가 농업부문 즉 전통부문의 생산성 증가는 농산물의 교역조건 악화가 수반되지 않으면 임금의 증가로 인해 자본주의 부문에서 자본 축적을 저해한다라고 주장한 것을 상기한다면, 양자가 경제발전 과정에 대해 거의 정반대에 가까운 차이를 보이고 있다고까지 할 수 있을 것이다.

셋째, 이와 같이 경제발전 과정에 대한 견해의 차이로부터 두 모형이 함축하고 있는 정책 처방도 다를 것임을 지적할 수 있다. 루이스 모형에서는 경제발전을 이루기 위해 고용흡수율을 높이는 것이 필요하다. 그런데 공업부문의 고용 흡수능력은 자본축적에 달려 있으며, 자본축적은 다시 자본가잉여의 크기에 따라서 좌우되기 때문에, 결국 경제발전 과정을 촉진시키는 정책변수로는 저축계층인 산업자본가 계층의 소득을 증가시키는 소득분배정책이 권고된다. 한편 조겐슨 모형에서는 부문 간 임금 격차의 가정이 말해주듯, 경제발전은 농업부문의 초과노동(excess labour)[20]이 공업부문에 재배치되는 과정이며, 이러한 경제발전 과정은 잉여농산물의 발생조건($\alpha - \beta\epsilon > 0$)만 충족되면 자동적으로 진행된다. 즉 농업잉여의 증대에 따른 발전과정이며 공업부문은 수동적 역할을 수행할 뿐이다. 따라서 이 모형에 따르면 α의 상승 즉 농업부문의 기술진보나 혹은 생리적으로 가능한 최대출산율 ϵ를 낮출 수 있는 가족계획과 같은 정책권고가 채택될 것이다.

《현대경제학연구》(1985. 2)

---

20) 이것은 상대적 과잉노동과는 상이한 개념임에 유의하라.

제2장 에세이/칼럼

국력론

국력(國力)을 어떻게 파악하는가는 사람에 따라 달라질 것이다. 그러나 오늘날 이른바 국력이 강하다고 불리는 나라는 5천만 이상의 인구를 갖고 있고, GNP 규모에서 10위 이내에 들고 있으며 1인당 GNP에 서도 대체로 상위권에 들고 있고, 100억 달러 이상의 수출입 규모를 갖고 있는 것은 사실이다. 말하자면 강대국은 인구의 규모가 크고 경제력이 강한 나라들이다. 1970년의 통계에 의거할 때 미국, 소련, 서독, 프랑스, 영국, 일본, 이탈리아 등은 분명히 위에서 말한 사실을 입증해주고 있다. 따라서 여기서는 일단 국력을 인구의 크기와 경제력의 뜻으로 받아들이기로 한다. 그러나 우리나라와 같은 상대적 인구과잉국의 경우에는 과잉인구 때문에 여러 가지 어려운 문제를 안고 있으므로 인구의 급격한 증가란 생각해서는 안 되고 어느 수준 이내로 인구증가를 억제할 필요가 있다. 그렇게 보면 인구과잉국의 경우에는 국력의 증가를 생각할 때 경제력을 우선해서 생각하지 않으면 안 될 것이다.

정부는 현재 1980년까지 수출규모를 1백억 달러로, 그리고 1981년까지 1인당 GNP를 1천 달러로 끌어올리는 것을 목표로 내걸고 있다.

말하자면 수출의 경우에는 1970년의 10배로, 1인당 GNP의 경우에는 1970년의 4배로 증가하게 되어 있다. 따라서 앞으로 7~8년 사이에 국력의 급속한 증가가 초래되는 셈이다.

일본이 1백억 달러의 수출을 달성한 것이 1967년이고 1천 달러의 1인당 GNP를 달성한 것이 1966년이다. 현재의 우리나라의 경제수준이 일본의 1955년 또는 1956년의 그것과 거의 비슷하다고 한다면 일본이 대체로 10년 동안에 그와 같은 수준에 도달했으므로 우리나라의 경우에도 그 목표가 달성 가능한 것이라고 생각할 수 있을 것이다. 그러나 그러기 위해서는 경제성장률은 앞으로 연평균 10퍼센트를 상회하는 수준을 유지하여야 하며, 수출증가율은 연평균 25퍼센트 수준을 유지하여야 한다는 것을 잊어서는 안 된다.

그리고 한 나라의 GNP 규모가 크다고 해서 반드시 1인당 GNP가 큰 것도 아니고 또 1인당 GNP가 크다고 해서 반드시 국력이 강한 것도 아니라는 것을 잊어서는 안 된다. 예컨대 1970년을 기준으로 할 때 소련의 경우에는 GNP 규모에서는 제2위이지만 1인당 GNP에서는 제29위(1,790달러)이고, 일본의 경우에는 GNP 규모에서는 제3위이지만 1인당 GNP에서는 제27위(1,920달러)이고, 반대로 GNP 규모에서는 보잘 것 없지만 1인당 GNP에서는 쿠웨이트가 제3위(3,760달러), 버뮤다가 제5위(3,540달러), 버진군도가 제9위(3,050달러), 괌이 제13위(2,840달러)일 뿐 아니라 푸에르토리코가 제32위(1,650달러), 브루나이가 제36위(1,220달러), 대만이 제40위(1,050달러)를 차지하고 있다. 그리고 또 수출확대는 어디까지나 국내산업에 굳건한 기반을 둔 것이 아니면 안 된다. 그러기 위해서는 우리나라의 경우에는 막대한 설비투자가 필요할 것이다. 보도된 바에 따르면 1980년 1백억 달러 수출을 위해서는 90~100억 달러의 설비투자가 필요하다고 한다.

그러나 내걸어진 목표의 달성 가능 여부는 1980년과 1981년에 가보아야 아는 일이기 때문에 현 시점에서는 그것에 대해 말하지 않기로 한다. 다만 여기서는 그 목표가 달성되어 국력이 급속히 증가되기를 바라면서도 진정으로 알찬 국력증가를 위해서 앞으로 역점을 두고 반드시 실천해 나가야 할 과제가 무엇인가에 대해서 말하기로 한다.

앞에서 본 바와 같이 1980년 1백억 달러 수출을 위해서만도 90~100억 달러의 설비투자가 필요하다. 그러나 이에 그치지 않고 고도성장을 지속하기 위해서는 농업부문, 사회간접자본부문 등에 대한 투자를 주로 한 막대한 투자가 필요하게 된다. 그러나 이 투자재원은 어디까지나 그 대부분을 국내저축의 증강을 통해서 조달하는 방향으로 나아가야 할 것이다. 즉 우선 최대한의 노력으로 국내저축을 증강하고 나머지 부족분을 해외저축에 의존하는 방향을 더욱더 강화해가야 할 것이다.

해외저축에 크게 의존하는 것은 진정한 의미에서 국력증가가 못되는 것이다. 우리나라에는 현재 소비수준을 높이는 역할을 하는 국제적 전시효과가 부단히 세차게 불어오고 있다. 물론 이 전시효과는 우리 각자의 입체적인 노력에 의해서 상당한 정도로 방지할 수 있을 것이다. 그리고 금융기관, 증권시장 등을 통한 저축확대 노력이 절대로 필요함은 말할 나위도 없다. 그러나 이에서 더 나아가서 전시효과를 파급시키는 '미디어'인 상품의 수입금지는 물론이거니와, 수입대체산업 육성에서는 전시효과를 파급시키는 역할을 한다고 생각되는 상품을 만드는 기업은 설립하지 않도록 하는 슬기로운 정책이 필요한 것이다. 일본의 경우에는 국내저축률은 1955년 25.7퍼센트, 1956년 20.2퍼센트, 1957년 32.6퍼센트, 1965년 34.2퍼센트, 1966년 35.2퍼센트, 1967년 37.7퍼센트이고, 해외저축률은 1955년 -0.9퍼센트, 1956년 0.2퍼센트,

1957년 1.9퍼센트, 1965년 −1.1퍼센트, 1966년 −1.4퍼센트, 1967년 0.0
퍼센트이며, 한계소비성향은 1956년 0.493, 1957년 0.410, 1965년
0.807, 1966년 0.586, 1967년 0.486이다. 이와 같이 일본의 경우에는 국
내저축률은 매우 높고 한계소비성향은 매우 낮으며, 도리어 해외투자
를 하고 있고 해외저축이 행해지는 경우라도 그 율이 보잘 것 없을 정
도로 적었다. 사실 일본의 현재를 가져오게 하는 데 결정적인 구실을
행했다고 볼 수 있는 그동안의 고도성장은 일본인의 근면과 높은 저
축률의 결과라고 말하여지는 수가 많다.

　다음에 우리나라는 자연자원이 빈약하다. 그러나 그러한 가운데서
도 수출확대는 계속 추구되어야 하게 되어 있다. 이런 점에서는 일본
과 비슷하다. 그러나 일본의 경우에는 이미 제2차 대전 전부터 원료
또는 중간재 생산부문이 발달되어 있었다. 참고적으로 일본의 경우
1955년의 중화학공업화율을 보면, 출하액으로 측정한 경우에는 44.6퍼
센트, 부가가치로 측정한 경우에는 50.5퍼센트이다. 이에는 요업이 포
함되어 있지 않다. 그것을 포함시키면 출하액으로 측정한 경우에는
48.0퍼센트가 된다. 이 48.0퍼센트의 내역은 원료 또는 중간재 생산부
문인 화학, 석유, 석탄제품, 요업, 철강, 비철금속이 30.0퍼센트이고 최
종재 생산부문인 금속제품, 일반기계, 전기기계, 수송기계가 18.0퍼센
트이다. 이와 같이 일본의 경우에는 원료 또는 중간재 생산부문이 매
우 발달되어 있었는데 반해서 우리나라의 경우에는 이 부문이 거의
발달되어 있지 않다. 따라서 일본의 경우에는 자기 나라에 없는 원료
만을 수입하여 중간재를 생산할 수 있으므로 중간재의 해외의존도가
매우 낮은 것과 달리 우리나라의 경우에는 그것이 매우 높다. 이와 같
이 높은 중간재의 해외의존은 우리나라 국내산업의 상호연관효과를
작게 할 뿐 아니라 국제가격의 변화, 환율의 변화에 크게 영향을 받게

함으로써 국내가격의 등귀, 수출가격의 등귀를 초래하기도 한다.

따라서 앞으로는 이 원료 또는 중간재 생산부문의 육성을 주로 한 중화학공업화의 추진을 더욱더 서둘러야 할 것이다. 그러면 그것에 의존하는 중화학공업의 최종재 생산부문도 따라서 발달하게 되어 있다.

셋째로 농·공 간의 소득격차, 지역 간의 소득격차, 기타의 소득격차 등을 해소하기 위해서는 물론 현재 추진 중에 있는 새마을사업의 적극적인 추진이 필요할 것이다. 그러나 장기적으로 볼 때에는 역시 생산물가격 또는 노동대가를 통한 보상이 절대로 필요하다고 아니할 수 없다. 즉 농산물, 임산물, 수산물 등의 가격을 높은 수준으로 계속 유지하는 것이 장기적인 소득격차의 해소책이 되는 것이다. 더욱이 복지사상이 일반화하고 있음을 생각할 때 장기적인 소득격차의 해소책은 지속되어야 할 것이다. 고미가(高米價)나 임금인상 등에 기인하는 원가상승은 기업에 의한 철저한 경영합리화 노력에 의해서 상쇄시킬 수 있다고 생각한다.

그리고 물론 새마을사업에서도 그 사업을 위한 첫 투자가 소위 말하는 '유수'(誘水)로서 역할을 다 할 수 있도록, 다시 말하면 확대재생산이 이루어질 수 있도록 사업선정을 하는 등 여러 가지 세심한 주의를 할 필요가 있을 것이다.

끝으로 기업에 의한 경영합리화 노력은 연구개발을 위한 적극적인 투자 등→기술상향→생산성 향상, 금융비용·영업외비용의 절감, 기업공개를 통한 자금조달(직접금융), 채무에 대한 강한 책임 부담, 원리금 상환에 대한 대비, 적극적인 마케팅 활동, 경영자에 대한 교육의 강화 등을 통해서 현재 우리나라 기업이 직면하고 있는 문제점, 즉 국내시장의 협소, 높은 타인 자본의존도, 심한 자금압박, 낮은 생산성, 시설의 과잉 등을 해결할 수 있게 해줄 뿐 아니라 우리나라 기업의 국제경쟁력을 궁극적으로 강화시켜 준다고 할 수 있다. 따라서 앞으로 기업은 상술한 내용의 경영합리화를 위해서 전력을 다해야 할 것이다.

그리고 정부와 정치인은 이와 같은 기업에 의한 경영합리화 노력을 적극적으로 호응하거나 뒷받침해주는 방향으로 나가야 할 것이다. 일본의 기업은 바로 이와 같은 경영합리화 노력에 철저를 기하고 있는 것이다.

상술한 과제는 말하기는 쉽되 성취하기에는 매우 어려운 것임에 틀림없다. 그리고 이에 더해서 우리나라는 일본의 경우와 달라서 다른 저개발국과 치열한 수출경쟁을 행하고 있으며, 사회간접자본의 형성과 확충을 병행하지 않으면 안 되며, 기업인의 경험이 훨씬 적으며, 현재 심각한 문제로 대두되고 있는 공해문제에도 대비하지 않으면 안 되게 되어 있다.

그러나 그러함에도 불구하고 급변하는 국제정세는 우리나라로 하여금 급속한 국력의 증가를 서두르게 만들고 있다. 따라서 우리나라는 급속한 국력의 증가를 서두를 필요가 있다. 그러나 그것은 어디까지나 적어도 상술한 과제를 십분 고려하는 가운데서 이룩되는 것이어야 함은 물론이다. 비록 그것은 매우 어려운 일이라고 해도 상술한 내용을 충족시켜야 비로소 알찬 국력의 증가가 되기 때문이다. 이와 같은 의의를 지니는 1980년 수출 1백억 달러, 1981년 1인당 GNP 1천 달러의 목표달성을 통한 급속한 국력의 증가. 바로 이것이 우리 모두가 진정으로 마음속에서 바라는 것이 아닐까.

《한국일보》(1973. 1. 1)

제3세계의 등장과 경제적 배경

머리말

오늘날 아시아, 아프리카, 라틴아메리카의 저개발 제국, 이른바 제3
세계는 2차 대전 뒤 자본주의와 사회주의가 재편되는 소용돌이 속에
서 구식민지로부터 해방과 새로운 독립국가의 형성을 통해 전후 세계
경제의 일부로서 등장하였다. 2차 대전 뒤 자본주의 세계경제는 미국
자본주의를 중심으로 하는 IMF와 GATT체제로 재편되어 달러체제와
자유무역의 기초를 확립하여 갔으며 제3세계 국가들은 이러한 지배체
제 아래서 선진자본주의 국가들의 무상·유상의 경제원조를 수용하여
자국의 공업화와 경제발전을 기도하였다.

그러나 제3세계의 공업화는 빈곤과 저개발의 극복이라는 당초의 계
획과는 달리 성장률의 둔화, 국제수지의 적자, 대외채무의 누적 등 부
정적인 제반 문제를 노정·심화시켜 왔다. 그것은 1960년대 초 그간의
공업화의 모순이 드러나면서 이른바, 남북문제가 세계경제의 주요 문
제로 제기되었고, 이를 배경으로 한 '제1차 유엔개발 10년'이 남북격차
를 더욱 확대시킨 데서 단적으로 드러났다.

1960년대 제3세계의 1인당 GNP 성장률은 연평균 2.5퍼센트로서 선진자본주의 국가들의 3.7퍼센트와 뚜렷이 대조를 이루었으며, 세계무역에서 제3세계가 차지하는 무역비중은 1970년 17퍼센트에 지나지 않아(1950년에 그것은 32%에 이르렀다) 세계경제에서 제3세계의 경제적 지위는 더욱 축소된 것이었다. 더욱이 이 기간 중 제3세계의 대외채무는 1961년 216억 달러로부터 1969년 609억 달러로 확대되었다. 이러한 상황에 직면하여 공업화를 둘러싼 제3세계의 갈등은 더욱 심화되고 이러한 조건의 시정요구는 더욱 증대되었는데, 여기서 제3세계의 사회경제개혁 및 남북 간의 산업조정을 포함하여 실제적인 남북협력을 표방하는 '제2차 유엔개발 10년'이 설정되었으나, 달러화의 태환정지 선언에서 비롯되는 IMF체제의 동요, 보호무역주의의 대두에 따른 GATT체제의 동요, 그리고 자원파동을 계기로 그 벽두부터 시련에 직면하였다.

IMF-GATT체제의 동요는 기본적으로 이 체제를 지탱하던 미국자본주의의 상대적 약화에 말미암은 것이었지만, 이 체제에 기초한 제3세계 국가들 또한 직접적인 영향을 받게 되었다. IMF-GATT체제의 동요와 1973년의 자원파동은 결국 선진자본주의 국가들 내부에서뿐만 아니라 제3세계 국가들 상호 간에도 그 경제적 지위에 따른 심한 분화현상을 야기하였고 더욱 그 경제적 조건을 악화·심화시켰는바, 여기서 남북 간의 새로운 관계 정립, 새로운 국제 질서가 모색되기에 이르렀다.

이러한 남북 간의 갈등, 기본적으로는 제3세계의 갈등을 본질적으로 규명하기 위해서는 무엇보다도 제3세계의 공업화, 특히 세계자본주의체제에 편성되어 그 기초 위에서 수행된 공업화에 대한 이론적 해명이 절대 필요할 것이다.

제3세계와 공업화

식민지·반(半)식민지화로서 근대사를 경험한 제3세계가 2차 대전 후 정치적 독립을 획득한 뒤 당면한 최대의 과제는 당연히 과거의 식민지적 유제를 청산하고 자립적인 경제 구조를 구축하는 것이었는바, 그것은 이들 국가의 강렬한 공업화 의지로서 표현되었다. 그러나 제3세계의 공업화는 그 자립적인 의지(및 이를 뒷받침하는 국가권력의 성격) 뿐만 아니라 기본적으로는 2차 대전 뒤의 미국자본주의를 중심으로 하는 세계자본주의의 재편과정에 의해서 규정되지 않을 수 없었다.

즉 2차 대전의 종전과 함께 사회주의체제의 성립, 구식민지의 해방에 따른 자본주의 세계시장의 협소화는 중화학공업 중심의 거대한 기술진보에 따라 선진자본주의 국가들은 첫째, 구식민지를 전후의 세계자본주의 체제에 재편입시키고, 둘째, 전전의 식민지적 모노컬처(monoculture) 경제에 제한적인 공업화를 허용, 이들 국가를(선진자본주의 국가 상호 간과 비교할 때 비록 부차적이긴 하지만) 자본재의 수출시장으로 전환시킨다는 방향에서 제3세계 국가의 위치를 정립하고자 하였다. 그 결과 제3세계 국가의 공업화는 세계자본주주의 외압 아래서 대외지향적이고 수입대체적인 전략을 취하게끔 되었다.

예건대 19세기 초 이래 이미 형식적이나마 정치적 독립을 유지한 라틴아메리카의 주요 국가에서는 1929년의 세계공황을 계기로 농산물, 광산물 등 모노컬처적인 수출경제의 취약성을 인식, 특히 1930~40년대에는 외국자본의 국유화를 비롯한 재정·금융·관세·외자정책 등 국가자본주의적 정책 아래 수입대체공업화가 추진되었고 이 정책은 2차 대전 뒤 세계자본주의의 재편과정에서 더욱 강화되었다.

또한 아시아에서는 1950년대 중엽, 아프리카에서는 1960년대 초반

에 각각 구식민지가 정치적 독립을 획득한 이래 국가자본주의적 발전
을 거쳐 대체로 대외지향적이며 수입대체적인 공업화가 추진되었다.
물론 이러한 공업화 과정에서 구식민지적인 수출경제부문은 상대적으
로 부차적인 지위로 전락하기는 하였지만, 여전히 이들 경제의 주요한
부문을 형성하고 있었다.

그것은 수입대체공업화가 기초하고 있는 민족자본가 계층의 경제적
이해가 구식민지적 수출부문에 관계하는 자본가 계층 및 지주 계층의
이해와 결정적으로 모순적인 것은 아니었음을 반영하는 것이었다. 실
제로 수입대체공업화에 필요한 자본재 수입을 위해서도 수출부문의
중요성은 간과될 수 없었다.

개발이론과 공업화

이러한 수입대체공업화는 물론 근대개발이론에 의해서 이론적으로
뒷받침되었다. 근대개발이론 안에는 바이너(J. Viner)와 하벌러(G.
Haberler)와 같이 비교생산비설에 입각하여 전통적인 국제분업체계와
자유무역이 저개발국의 경제발전에 이익이 된다고 주장하면서 비교우
위의 이익을 무시한 과도한 공업화를 비판하는, 그럼으로써 결국 '선
진 자본주의국가들의 공업제품 수출/저개발국의 1차산품 수출'이라는
식민지적 무역구조의 유지를 기획하는 논자들도 있었지만, 이들은 기
본적으로 이러한 무역구조가 식민지의 종속을 가져온 바로 그 원인이
라는 사실을 간과하였을 뿐 아니라 제3세계에 국가자본주의적 발전이
라는 현실에 대해서 어떤 설명도 줄 수 없었다.

이들 이론에 견주어 넉시(R. Nurkse), 뮈르달(G. Myrdal) 등은 식민주
의의 본질을 파악하지는 못했으나 날카로운 현실인식의 바탕 위에서

20세기 저개발국에 무역과 자본이동의 기능이 크게 변화했음을 지적하였는바, 후의 종속이론의 선구자라 할 프레비시(R. Prebisch)의 현실인식 또한 이와 비슷한 것이었다. 넉시는 19세기의 저개발국에서는 1차산품에 대한 수입수요의 증대 때문에 이 부문에 대한 외국자본의 유입과 국지적인 자본공급이 유발되어 경제성장이 촉발된 것과 달리, 현대에는 이러한 수입수요의 확대전망이 어둡기 때문에 19세기형의 무역구조가 저개발국의 경제성장에 기여하지 못한다고 하였다.

또한 뮈르달은 여기에서 더 나아가 무역과 자본이동이 저개발국에 1차산품의 특화를 강제하고 그 결과 무역 자체가 역류효과를 가짐으로써 저개발국의 정체와 후퇴를 강화시켰다고 지적하였으며, 또한 식민지주의가 국제적 불평등을 심화하고 그 자체가 누적과정의 인과관계의 일환임을 올바로 인식하였다.

넉시는 국제무역에 대한 이러한 인식과 함께 빈곤의 원인에 대한 그 자신의 주요 명제인 빈곤의 악순환에 근거해서 저개발의 경제발전에 공업화의 필수 불가결성을 주장하고, 여러 산업의 동시적 개발을 요구하는 균형성장과 그 수요의 기초를 국내에서 구하는 국내시장 지향의 공업화를 제시하였다.

이와는 대조적으로 허시먼(A. O. Hirschman)은 경제성장에 선도부문의 중요성을 강조하고 후방연관효과와 전방연관효과가 더 큰 제조업, 그 가운데서도 국산 또는 수입된 1차산품을 최종수요재로 변형시키는 산업 또는 수입된 반제품을 최종수요재로 변형시키는 산업의 선택을 주장하였다.

종속이론의 대두와 발전

수입대체공업화는 프레비시로 대표되는 ECLA(유엔 라틴아메리카 경제위원회) 이론가들에 의해서도 지지되었다. 그러나 1960년대에 이르러 제3세계의 대부분의 국가에서 국가자본주의적 발전의 필연적 한계를 노정하여 국제수지의 압박, 인플레이션, 대외채무의 누적, 국제적 독점자본의 강화 등에 직면하였는바, 1964년 UNCTAD(유엔무역개발회의) 1차 총회에 제시된 〈프레비시 보고서〉는 바로 이러한 상황에 대응하는 것이었다.

제3세계 특히 라틴아메리카의 이러한 경제조건에 직면하여 이를 새로운 종속으로 규정하고 세계자본주의의 중심-위성 간의 모순으로서 파악하려는 시각은 프랭크(A. G. Frank), 도스 산토스(T. Dos Santos)를 필두로 하는 종속이론에 의해서 주어졌다.

프랭크는 저개발이란 오늘날의 선진공업 국가들이 과거에 경험한 단순한 미개발을 의미하는 것이 아니라, 그것은 세계자본주의의 발전을 구성하는 필수적인 일부분이며 중심자본주의의 발전의 대극으로서 개발되어 왔다는, 이른바 저개발의 개발이라는 논리를 제시하였다. 그에 따르면 세계자본주의의 기본구조로는 첫째, 독점적 지배하에서 경제잉여의 수탈-충용의 모순, 둘째, 그 세계적 전개로서 중심-위성의 양극분화의 모순, 그리고 셋째, 이러한 모순의 전(全) 자본주의 역사를 통한 일관성에 의해서 특징지어졌다. 따라서 이러한 세계자본주의의 구조 아래서 행해지는 수입대체공업화는 필연적으로 실패하지 않을 수 없고, 더욱이 그것은 중심-위성 관계를 강화시키는 계기가 될 수밖에 없다.

요컨대 프랭크에 따르면 오늘날 제3세계에서 국가자본주의적 발전의 길은 신제국주의적 발전 그 자체에 의해서 봉쇄되어 있는 것이었다. 도스 산토스는 프랭크가 경제잉여의 수탈-충용의 모순으로부터 직접 중심-위성 간의 양극분화의 모순을 전개한 데 반해 종속을 외부요인이라기보다 자본주의의 형성·확장·통합의 결과로써 나타난 일정 종류의 내부 구조라고 강조하고 자본주의의 발전단계에 따라 그 종속 구조를 첫째, 식민지적 종속, 둘째, 금융산업적 종속, 셋째, 기술산업적 종속으로 유형화하였다.

그는 제1과 제2의 형태의 종속구조를 논하면서 종속적 수출경제가 모노컬처적 수출부문, 이에 종속적인 보충적인 경제활동, 그리고 제3의 자립경제로 구성된다고 하고, 이러한 생산구조는 수출경제에 의해서 규정되었으면서도 역으로 수출경제를 더욱 강화시키는 요인이라고 하였다.

도스 산토스의 이론은 이와 같이 종속경제의 구조적 측면을 분석함으로써 프랭크의 저개발의 개념을 더욱 충실한 것으로 만들었다. 그러나 양자는 모두 자본주의 생산양식을 교환관계에서 파악함으로써 종속자본주의의 사회구성의 문제를 간과하였고, 그 결과 라틴아메리카와 아시아·아프리카 지역 간의 발전단계의 상이성을 무시하였고, 나아가 중심의 경제발전과 위성의 저개발 간의 변증법적 분석을 행하지 못했다는 비판을 면치 못하였다. 이러한 비판은 마르크스주의자들과 종속논쟁에서 제기된 것이었지만, 프랭크는 그 뒤 이러한 비판을 자신의 이론체계에 수용해 나갔다.

또한 아민(S. Amin)은 생산양식과 사회구성체의 개념을 명백히 구분하여 아프리카의 경험적 사실 위에서 종속적 자본주의의 사회구성에 대한 분석을 하였으며, 페트라스(J. Petras)는 계급 분석의 중요성을 강조하는 등 새로운 시도를 모색하였다.

엠마누엘(A. Emmanuel)의 부등가교환 이론 또한 전술한 문제점을 부각시키는 한 계기가 되어 논쟁을 더욱 고양시켰다. 그러나 그럼에도 종속이론은 각 이론 간의 내적 정합성이라든가 현실적 적합성 등의 문제를 여전히 안고 있는바, 그것은 기본적으로 전술한 종속논쟁이 완전히 해결되지 못한 데 기인한다. 문제는 상업자본주의·산업자본주의·독점자본주의라는 중심자본주의의 단계적 발전과 이에 대응하는 주변자본주의의 사회구성의 단계적 발전 그리고 양자 간의 동력학을 규명하는 일이며, 이를 위해서는 중심과 주변 사이의 경제잉여의 수취형태의 변화, 이를 둘러싼 계급관계의 내용 등이 엄밀하게 분석되어야 한다. 그러나 종속이론가들이 근대 경제개발이론이 간과하고 있는 측면이 무엇인가를 밝혀주고 있는 것만은 틀림없는 사실이라고 할 수 있다.

《건대신문》(1983. 8. 29)

부국이 되는 길

미국의 경제학자인 로스토(W. W. Rostow)는 비행기가 지상에서 정비를 끝내고 이륙을 해서 일정의 고도를 유지하면서 소정의 방향만 지키면 목적지의 상공까지 갈 수 있다는 데에 착안하여 경제성장론을 전개했다.

그는 성숙단계에 이른 나라, 다시 말하면 자력적(自力的) 성장이 가능한 선진국이 그동안 겪은 경제성장의 과정에는 그들이 여느 역사적인 시점에서 준(準)정체 단계로부터 이륙기(離陸期), 즉 그의 도약단계를 겪었음을 찾아냈다.

오늘날의 저개발국(개발도상국)도 이와 동일한 과정을 겪는 것으로 보아 저개발국의 경제성장 또는 경제개발과 관련해서 도약단계를 특별히 강조하고 있다. 그러기에 그의 경제성장론은 특별히 경제성장의 도약이론이라고 불리기도 한다. 그에 따르면 이 도약단계를 거쳐서 실현되는 성숙단계에 후속하는 성장단계는 고도대중소비 시대라고 한다. 이 시대는 일단 고속도로망과 자동차 등으로 상징된다고 한다.

그런가 하면 그는 1970년대에 들어와서부터는 경제 또는 경기의 장기파동(50~60년을 주기로 하는 변동 또는 순환)에 대해서도 관심을 갖기

시작하여 오늘날의 선진국에서 경기변동 또는 경기순환의 시대구분을
제시하기도 했다.

그는 세계경제가 1972년부터 장기파동의 제5상승기를 맞이했다고
한다. 따라서 그의 주장에 따르면 세계경제는 현재 장기파동의 제5상
승기에 처해 있는 셈이다.

그런데 바로 그 로스토가 최근에 두 번째로 우리나라에 와서 〈한국
1960~2000년〉이라는 제목으로 대중강연을 한 바 있다. 또 모 신문사
의 기자와 대담도 했다.

그에 따르면 우리나라는 1960년대 중반에 그의 도약단계에 들어섰
다고 한다. 그리고 그는 원래는 도약단계에 들어서서부터 약 60년 뒤
에야 성숙단계에 이르는 것으로 주장했으나, 오늘날의 경험에 비추어
서 그것을 수정한 듯, 우리나라는 아직은 도약단계에 있지만 세계경제
여건에 어떤 돌발사태가 없다면, 1990년대에는 경제성장의 성숙단계
즉 선진국의 단계에 들어설 것이고, 역시 세계경제 여건에 어떤 돌발
사태만 없다면 혹은 만약 경제성장률이 7퍼센트를 계속해서 유지한다
면, 2000년에는 고도대중소비의 이점을 누리는 단계에 이를 것이라고
말하고 있다.

단 고도소비대중의 이점을 누리는 단계가 그의 고도성장 시대를 말
하는 것인지는 분명치 않다.

그러나 여기서는 이런 그의 전망보다는 그가 그 전망을 하는 데 설
정한 전제와 그가 지적한 현재 그리고 앞으로 우리 경제가 직면하고
있거나 직면해야 할 도전(挑戰)을 더 중시하고자 한다. 왜냐하면 그것
이 우리 경제를 끌어가는 데 더 크게 도움이 된다고 할 수 있기 때문
이다.

그는 전망에서 분명히 '세계경제 여건에 돌발사태가 없다면' 혹은

'경제성장률이 7퍼센트를 지속한다면'이라는 전제를 붙이고 있다. 그리고 도전으로서 그의 제4차 산업혁명의 신기술의 흡수와 에너지를 비롯한 기초자원 개발을 들고 있다.

그러면서 그는 농업개발을 위한 노력의 강화를 특히 강조하고 있는 것이다. 여기서 그의 제4차 산업혁명은 1975년부터 등장하기 시작한 마이크로칩과 유전공학, 레이저, 로봇, 새로운 합성물질, 통신 분야에서 신기술의 등장을 말한다.

그리고 그의 제1차 산업혁명은 1780년대의 면방직·제철 및 증기기관 기술의 등장을, 제2차 산업혁명은 1840년대의 철도 및 제강 기술의 등장을, 제3차 산업혁명은 1900년에서 1910년의 내연기관, 일련의 새로운 화학제품 및 발전 기술의 등장을 각각 말한다.

원래가 농업은 공업에 대해서 식량, 원료, 노동력, 자본을 공급할 뿐 아니라 제품의 시장으로서 역할을 한다. 따라서 농업은 중시되지 않을 수 없다. 그런데 로스토도 애당초부터 경제개발을 위해서는 농업혁명의 중요성을 강조하고 있는 것이 사실이다.

우리나라는 그동안의 경제개발 과정에서 농업의 역할에 대해서 얼마만한 크기의 의미부여를 해왔는가를 반성해 본다면, 이 로스토의 농업개발을 강조하는 말을 경청하고도 남음이 있다고 할 수 있을 것이다. 물론 이 밖에도 그의 말에는 경청할 만한 것이 많다. 그러나 그의 생각이나 이론에 하나의 커다란 문제가 있다는 점을 결코 간과해서는 안 될 것이다.

그는 도약단계의 특징의 하나로서 국민소득(GNP 등)의 (예컨대) 5퍼센트 이하에서 10퍼센트 이상으로 생산적 투자율의 증가를 들고 있으면서도, 미국인이며 미국의 경험을 중시해서 그런지는 모르지만, 투자의 재원 또는 공급원이 무엇이냐에 대해서, 바꾸어 말하면, 투자재

원이 내자(內資)냐 외자(外資)냐에 대해서 별로 심각하게 유의하고 있
지 않은 것 같은 느낌을 주고 있다. 미국은 채무국으로 있다가 제1차
세계대전 이후에 채권국으로 바뀐 것이 사실이다. 또 오늘날의 선진국
가운데에는 채무국에서 채권국으로 바뀐 경험을 겪은 나라가 있다.

그러나 오늘날의 시점에서 볼 때에는 저개발국에게는 상황이 선진
국의 경험을 그대로 살릴 수 없게 만들고 있다고 해도 과언이 아닌 것
같이 느껴진다. 우리가 현재 겪고 있는 왜채상환의 부담 과중도 어떻
게 보면 이 말을 뒷받침해 주는 것이라고 할 수 있지 않을까? 애초부
터 투자는 대부분 내자로 조달하도록 내자동원의 극대화를 도모해 가
야 하며 또 외자절약의 극대화도 강조되어야 한다.

그렇다면 앞으로 우리나라에 절실한 것으로서는 적어도 농업개발의
박차, 새로운 기술의 흡수 및 개발, 내자동원 및 외자절약의 극대화의
세 가지를 들 수 있을 것이다.

《부산일보》(1983. 10. 16)

그릇된 이해를 벗자

미국의 하버드대학 교수였던 쿠즈네츠(S. Kuznets, 1901~1985)는 GNP에 의하여 대표되는 국민소득 통계의 추계와 그 응용분야에서의 공적으로 1971년에 노벨경제학상을 수상했다. 그의 많은 업적 중 대표적인 것은 1955년 1인당 GNP와 지니계수(또는 소득계층 상위 10% 사람의 소득집중도, 즉 10%의 사람이 국민소득총액에서 차지하는 비율)의 관계에 착안하여 이른바 '소득분배의 역(U자)가설'을 제창한 것이다.

이 쿠즈네츠 가설의 내용은 1인당 GNP가 낮은 단계에서는 소득분배의 격차가 크지 않지만(상위 10% 사람의 소득집중도가 크지 않지만) 자본축적이 진행됨에 따라 그 격차가 확대되다(소득집중도가 높아지다) 경제발전이 어느 단계를 넘어서면 거꾸로 그 격차가 축소된다(소득집중도가 낮아진다)는 것이다. 다시 말하면 이 가설은 경제발전(경제성장)이 진행됨에 따라 소득분배가 처음에는 불평등화 또는 악화되지만(소득격차가 확대되지만) 나중에는 평등화 또는 개선된다(소득격차가 축소된다)는 것을 말한다.

이 가설은 영국이나 미국에서 역사적으로도 확인될 수 있다고 한다. 사실 영국과 미국에서는 1860년대에 소득분배가 가장 악화되었다고 한다. 영국의 경우에는 1860년대에 소득계층 상위 5퍼센트의 사람의 소득집중도가 70퍼센트로 피크에 달했으며, 미국의 경우에는 예컨대 뉴욕 주의 인구 1천 명당 빈곤자 수의 추이(1835~1895)를 볼 때 1860~1865년에 정점에 달했다. 그리고 쿠즈네츠가 1953년에 발표한 소득분배에 관한 논문에 따르면, 미국에서는 1930~40년대에 소득의 격차가 급속하게 축소되었음을 알 수 있다. 소득계층 상위 5퍼센트의 소득집중도가 1939년의 24퍼센트에서 1947년에는 10퍼센트로 감소되었으며, 또 상위 1퍼센트의 소득집중도 역시 19퍼센트에서 8.5퍼센트로 감소되었다.

이러한 이유로 해서 이 쿠즈네츠 가설은 오늘날 거의 정설로서 받아들여지고 있는 것이 사실이다. 그리고 우리나라에서는 특히 관변을 중심으로 많은 사람들이 이 가설을 과신하고 있다고 해도 지나치지 않을 것이다. 아니 어떻게 보면 이 가설은 분배나 안정을 내세우면 성장을 않겠다는 것이냐고 대꾸하는 성장 일변도의 성장론자 또는 확대론자가 의지하는 중요한 방패일는지 모른다.

그런데 80년대 미국에서는 소득분배의 불평등의 심화라는 쿠즈네츠 가설을 부정하는 현상이 이미 나타났으며, 90년대에도 그러한 경향이 계속될 것이라는 의견이 강하다. 이것은 아이러니라 아니할 수 없다. 통계자료에 따르면, 89년에 소득계층 상위 20퍼센트의 소득집중도는 46.8퍼센트나 되었고 또 전 가구의 지니계수도 67~89년 기간을 볼 때 67년에 0.399이던 것이, 77년 이후 0.400을 웃돌고 있었으며, 89년에는 0.431이나 되었다. 이런 불평등의 확대경향은 자산 면에서도 확인할 수 있다. 자산계층 상위 0.5퍼센트의 자산집중도, 즉 전체 자산 가운데 0.5퍼센트의 사람이 소유하고 있는 자산의 비율이 20년대에 30퍼센트대에 달했다가 30~40년대에 20퍼센트를 밑돌았고 그 후 70년대 전반

까지는 20.25퍼센트를 유지했으며, 1976년에 14.4퍼센트라는 최저수준
으로 되었으나 1983년에는 28.9퍼센트라는 높은 수준으로 되돌아갔다.

　사실이 이렇다면 쿠즈네츠 가설을 신봉하고 있는 사람들은 그 가설
을 재고할 필요가 있다고 말할 수 있지 않을까. 공교롭게도 미국의 80
년대는 분배문제를 비교적 소홀히 한다고 볼 수 있는 보수정권의 집
권기라는 점을 감안할 때, 저소득국에서 역시 분배에 대한 배려를 하
면서 성장을 추구해갈 때 비로소 쿠즈네츠 가설이 의의를 갖게 된다
고 할 수 있을 것이다.

　적극적인 분배에 대한 노력 없이도 성장만 추구하면 분배의 개선이
자동적으로 실현된 것처럼 생각한다면, 그것은 잘못 이해해도 이만저
만한 것이 아니라고 할 수 있다. 게다가 성장은 GNP의 증가를, 경제
성장률은 GNP의 증가율을 각각 뜻한다. 따라서 이치적으로 따져서
GNP의 증가율이 플러스인 한, 또 좁혀서 1인당 GNP의 증가율이 플
러스인 한 성장은 실현되었다고 할 수 있다. 그럼에도 어째서 분배를
악화시키면서까지 성장(그것도 고성장)을 추구하려고 하는지 알다가도
모를 일이다. 이제는 쿠즈네츠 가설의 망령에서 시급히 벗어나야 할
때이다.

　현재 우리나라에서 진행되고 있는 경기논쟁에 대한 답도 이런 관점
에서 찾아야 하지 않을까. 미국에서도 불황을 단순히 경기순환적 문제
로서만 볼 것이 아니라 이미 앞에서 말한 소득분배의 악화라는 구조
적 문제와 관련지어 볼 필요가 있다는 주장이 대두되고 있다고 한다.

《서울경제신문》(1997. 7. 12)

제3장 서 평

서평

《경제이론과 저개발지역》[*]

우리나라 경제개발에 시사를 주는 것

제2차 대전 후에 나온 책 가운데서라고 해도 한 권을 택한다는 것
은 매우 어려운 일이 아닐 수 없다. 물론, '나에게 깊은 감명을 준 것
가운데서'라는 단서가 붙으니까 어떻게 보면 쉬울 것 같이 생각되지만
반드시 그런 것만은 아니다. 워낙 좋은 책이 경제학의 그 넓은 분야에
서 많이 나왔기 때문이다.

그러나 일단, 수리경제학(數理經濟學)적인 것이거나 지나치게 전문
적인 것, 교과서류에 속하는 것은 배제하고 우리나라가 경제개발을 추
진하는 데 있어서 무엇에 특별히 유의하여야 할 것인가와, 선진국에서
형성된 오늘날의 경제학을 우리나라에서 어떻게 수용할 것인가에 대
해서 많은 시사를 주는 것의 두 가지를 기준으로 삼기로 하고, 그 기
준에 비추어서 뮈르달(G. Myrdal)의 《경제이론과 저개발지역》을 택하
기로 하였다.

---

[*] G. Myrdal, *Economic Theory and Underdeveloped Regions*, 1957.

《아시아의 드라마》의 기본골격을 이루는 책

이 책의 저자인 뮈르달은 29세 때인 1927년에 《가격형성의 문제와 경제변동》이라는 처녀작을 출간한 이후 오늘에 이르기까지 수많은 명저를 내놓고 있다. 그 가운데서 우리나라 사람들의 귀에 가장 많이 익은 것은 《아시아의 드라마》(1968)가 아닌가 생각된다. 그런데 사실은 이 책의 기본적인 골격을 이루고 있는 것이 다름 아닌 《경제이론과 저개발지역》(1957)이다.

그러나 그는 상아탑에만 파묻힌 사람은 결코 아니다. 현재는 스톡홀름 대학 국제경제연구소의 명예교수로 있지만, 그가 30대였던 1930년대에는 사회민주당 정부의 경제사회정책 고문을 지냈으며 또 1947년부터 10년 동안 UN 유럽경제위원회의 위원장을 지냈을 뿐 아니라 국제무대에서 활동해오고 있기도 하다. 그리고 특히 1929~1930년과 1938~1942년에는 미국에서 연구생활을 보냈으며, 카네기재단의 위촉에 따라 흑인문제의 연구인 《미국의 딜레마―흑인문제와 근대 민주주의》를 1944년에 발표하고 있는데, 이 연구는 이 책을 있게 하는 데 중요한 계기가 되었다고 한다.

그러기에 그의 저술은 냉정한 분석가의 그것 이상으로 열의를 가진 정책자의 그것인 경우가 많으며, 또 논리적인 명쾌함보다는 인식과 처방의 '현실성'을 더 중시하는 자세로 일관되어 있는 것으로 여겨지고 있다. 물론 그가 중시하고 있는 현실성은 단순한 타협이라든가 천박한 '정치성'에서 오는 절충 등과는 전적으로 다른 것임은 말할 나위도 없다.

부유한 소집단과 빈곤한 큰집단

이 책은 그가 1955년 10월에 행한 이집트국립은행의 기념축하강연 내용을 담아 동 은행이 발간한 《개발과 저개발, 국내 및 국제 간의 경제적 불평등의 메커니즘에 관한 각서》(1956)의 개정판이다. 이 책은 2부 12장(제1부 8장, 제2부 4장)으로 구성되어 있다. 그 중 제2부는 일련의 강연 가운데 제1강에 해당하는데 이 책의 비판적인 서론으로서 역할을 하도록 쓰인 것이며, 제1부는 이 책의 논의의 적극적인 부분 즉 본론에 해당한다. 또한 이 책은 '정치적 민주주의와 기회균등은 바람직하다'는 그의 입장을 결정하는 가치전제(價値前提)를 반영하는 것이기도 하다.

그는 이 책에서 그의 논의를 국제 간의 경제적 불평등에 관한 지적에서부터 출발하고 있다. 즉, 그는 첫머리에서 오늘날 세계에는 매우 부유한 나라(선진국 혹은 개발국)의 소집단(小集團)과 매우 빈곤한 나라(저개발국)의 훨씬 큰 집단이 있으며, 대체로 최근 수십 년 동안에 양자 사이의 경제적 불평등은 확대일로에 있다는 것을 지적하고 있다. 그러면서 그는 오늘날의 국제무역이론이나 경제이론은 왜 이런 국제 간의 불평등이 발생했는가, 왜 불평등이 확대되어 가는 경향을 갖고 있는가에 대해서 충분한 인과적(因果的)인 설명을 줄 수 없다는 것도 지적하고 있다.

그에 따르면, 그것은 오늘날의 경제이론의 제전제(諸前提)가 이와 같은 기본적인 사실을 고려하여 설정된 것이 아닌 비현실적인 것인데에서 기인하는데, 그 전제를 비현실적으로 만들고 있는 것은 '안정균형'이라는 생각과, '경제적 요인'과 '비경제적' 혹은 '경제외적' 요인을 구별하는 생각의 두 가지라고 한다. 따라서 그는 경제적 저개발 및 개발의 일반이론 혹은 새로운 '발전의 경제학'은 이 두 가지 생각을 초극(超克)하지 않으면 안 된다고 말하고 있다.

순환 및 누적적 인과관계

제2장에서 그는 그의 기본적인 생각을 집약적으로 表現하고 있는 개념의 하나인 '순환적(循環的) 및 누적적(累積的) 인과관계'의 원리를 다루고 있다. 이 원리는 경제적·사회적인 제 요인은 상호적·연쇄적으로 작용하여 나쁜 상태를 더 나쁘게, 혹은 좋은 상태를 더 좋게 변화시켜가는 바와 같은, 누적적 효과를 갖는다고 하는 관계를 나타내는 것이다. 그에 따르면 비경제적 요인에서는 이 관계가 원칙적인 것이라고 한다.

제3장에서는 시장제력(市場諸力)의 움직임을 다루고 있다. 그에 따르면 시장제력의 움직임은 불평등을 향해서 작용한다고 한다. 그리고 저개발지역에서는 자유로운 시장력(市場力)의 작용에 의해서 경제활동이 확대되고 있는 곳(확장의 중심점)으로 자본·노동·기업가 재능이 유인된다고 하는 '역류효과'(逆流效果)가 작용하며, 선진지역에서는 외부경제의 이익(예를 들면 발전소·도로·항만 등의 사회간접자본이 건설됨으로써 얻어지는 기업의 이익) 등을 통해서 확장의 중심점에서 다른 곳으로 확장이 계속된다고 하는 '파급효과'(波及效果)가 작용한다고 한다.

따라서 그는 제4장에서 이 불평등을 확대시키는 자유로운 시장력의 작용에 대하여 억제요인으로서 작용하며 적극적으로 평등을 초래하는 것으로서 국가의 발전을 강조하고 있다. 이것은 그가 민주주의적 정치과정을 통한 평등화의 압력이 형성된 것에 긍정적인 태도를 보이고 있는 데 기인한다고 할 수 있다.

민족주의화와 계획의 필요성

그러면서 그는 국제 간의 불평등을 다루고 있는 제5장에서 세계국가가 결여되어 있음을 밝히고, 그러기에 제6장에서는 저개발국 정책은 전적으로 자국의 경제적 수준을 높이고 다른 나라들과 더 큰 기회균등을 달성하는 데 중점을 두고 있다는 점에서 민족주의적인 것이 되지 않을 수 없음을 밝히고 있다.

그리고 제7장에서는 '계획화'의 필요성과 그 계획은 국가간섭의 체계를 시장제력에 적용하고 그렇게 함으로써 사회과정에 상승력(上昇力)을 주도록 시장제력을 제약하는 국가의 전략적인 계획, 즉 한 나라의 경제개발의 누적과정에 관한 설계도가 되어야 한다는 것을 역설하고 있다.

그러나 그는 오늘날의 저개발국이 경제개발을 추진할 때 오늘날의 선진국이 과거에 직면했던 것보다도 훨씬 커다란 곤란에 직면하고 있음을 제8장에서 밝히고 있다. 그는 오늘날의 저개발국이 갖는 불리한 면으로서,

(1) 그들이 그로부터 출발하는 경제수준은 대개의 경우 훨씬 낮다.

(2) 인구와 자원의 비율은 훨씬 나쁘다.

(3) 이민(移民)의 배출구는 없다.

(4) 국제적 자본시장을 갖는 정도가 훨씬 작다.

(5) 합리성의 전통이라든가 법률 등의 사회제도적 전제조건이 훨씬 뒤져 있다.

(6) 그들은 뒤에서 오는 신참자이며 시장 혹은 원료지로서 착취할 수 있는 식민지를 갖고 있지 않으며 세계의 대부분의 나라가 농업국일 때 자기들이 유일한 공업국으로서 준독점적 이익을 향수하면서 발

전하는 이점도 이용할 수 없다는 점 등을 들고, 저개발국의 개발문제를 그 나라 자체의 이해(利害) 가치 및 희구(希求)의 빛에 비추어서 연구하는 바와 같은 새로운 접근방법을 필요로 할 것이라는 확신을 피력하고 있다.

물론 그것에 앞서서 경제분석이 현실적이려면 안정균형의 전제를 부정하는 한편 경제적 요인과 비경제적 요인을 구별하지 않고 관련 있는 모든 요인을 다루지 않으면 안 되며, 일반경제이론은 사회이론이 되어야 할 것이라고 강조하고 있다.

저개발국의 경제개발의 핵심을 지적

그리고 그는 더 나아가서 저개발국의 젊은 경제학자들에게 무의미하고 무관하고 때로는 분명히 부적절한 학설이나 이론적 접근방법의 거대한 구조를 버리고 그들 자신의 필요와 문제의 연구로부터 새로이 생각하는 용기를 가져 주기를 바라고 있으며, 유능한 반항아가 되기보다는 순응자가 되는 것이 훨씬 쉬운 일이라는 말로 제8장, 다시 말해 본론을 끝맺고 있다.

이상이 매우 개략적이기는 하지만 이 책에서 뮈르달이 말하고자 한 것 중의 중요한 것이다. 이에서 이 책이 저개발국에 사는 우리에게 많은 암시를 주고 있음을 알 수 있을 것이다. 더욱이 그가 비판의 대상으로 삼고 있는 오늘날의 주류경제학이 선진국에서 직면하고 있는 문제에 대해서조차 별로 신통한 해결책을 제시하지 못하고 있다는 소리가 높음을 감안할 때, 또 현재 우리나라가 많은 경제적인 어려움을 겪는 것을 계기로 과연 우리나라가 그동안 얼마나 많이 뮈르달이 지적한 저개발국의 불리한 면에 대해서 귀를 기울이면서 경제개발계획을 추진해 왔다고 할 수 있을지를 반성해 볼 때 그렇다고 할 수 있다.

정녕 그는 선진국 사람이면서도 오늘날의 저개발국이 어떤 불리한 면을 갖고 있는지, 혹은 경제개발계획을 추진하는 데 특별히 유의할 점이 무엇인지를 제대로 정확하게 제시해 주고 있다.

《교보문고》("현대의 명저를 찾아서", 1982. 12/1983. 1)

제4편
기타(경제체제, 세계경제, 산업연관)

제1장 논 문

경제체제에 관하여

1. 경제체제의 유형

경제체제는 그 속에서 경제활동의 대체적(代替的) 목적 간의 선호가 결정되며 또 개별적인 경제활동이 이들 목적의 달성을 위해서 조정되는 제도적 프레임워크를 말한다.[1] 따라서 경제체제는 경제를 특징짓는 일조(一組)의 제도로 구성된다.[2]

경제체제는 우선 생산수단의 지배적인 소유관계를 기준으로 해서 자본주의적 경제체제와 사회주의적 경제체제로 나뉜다. 자본주의적 경제체제는 생산수단[3]이 사유되고 있는 경제체제이며 사회주의적 경제체제는 생산수단이 공유되고 있는 경제체제이다.

경제체제는 또 개별적인 경제활동의 조정기구를 기준으로 시장경제

---

1) 란다우어가 'the sum of total of the devices'라고 한 것을 여기서는 'framework' 로 바꾸어 놓았다(C. Landauer, *Contemporary Economic Systems*, 1964, p. 2).
2) G. Grossman, *Economic Systems*, 1967, p. 3.
3) 생산수단은 예를 들면 토지, 삼림, 수리, 지하매장물(광석), 원료, 기계 및 도구, 생산용 건물(예컨대 공장의 건물, 보관용의 창고 등), 교통, 통신기관 등이며, 인간의 직접적 소비대상이 아니고 그것을 이용하여 소비자료(소비재)를 생산하는 것, 즉 소비자료의 생산에 사용되는 것을 말한다.

체제와 계획경제체제로 나뉘기도 한다.⁴⁾ 시장경제체제는 시장가격을 조정기구로 하고 있는 경제체제이며 계획경제체제는 중앙당국의 지령을 조정기구로 하고 있는 경제체제이다.

따라서 이상의 두 가지 분류기준 또는 분류표식를 배합함으로써 경제체제의 네 가지 주요 유형을 생각해 볼 수 있다. 즉 〈표 1〉에 표시된 ① 자본주의적 시장경제체제 ② 자본주의적 계획경제체제 ③ 사회주의적 시장경제체제 ④ 사회주의적 계획경제체제가 그것이다.

순수한 모델의 경제체제를 현실의 세계에서 찾아낼 수는 없지만 미국, 서구 국가들, 일본 등의 선진자본주의국의 경제체제는 ①의 유형이며, 나치시대의 독일의 경제체제는 ②의 유형이며, 유고슬라비아의 경제체제는 ③의 유형이며, 소련을 비롯한 공산권 국가들의 경제체제는 ④의 유형이다.

그러나 이 가운데서 기본이 되는 유형은 ①의 자본주의적 시장경제체제와 ④의 사회주의적 계획경제체제이다.

〈표 1〉 경제체제의 유형

경제활동 조정 생산수단 소유	시장가격기구	지령
사적소유	자본주의적 시장경제 ①	자본주의적 계획경제 ②
공적소유	사회주의적 시장경제 ③	사회주의적 계획경제 ④

주: ① 선진자본주의국의 경제체제, ② 나치 시대의 독일의 경제체제, ③ 유고슬라비아의 경제체제, ④ 공산권제국의 경제체제

---

4) G. Grossman, *op. cit.*, pp. 15~16.

2. 기본적인 두 경제체제

자본주의적 시장경제체제에서 생산수단은 사유이며 따라서 생산의 결과 생산된 생산물도 사유이다.[5]

따라서 경제의 계획적 운영이 불능하여 시장가격이 경제활동의 조정기구로서 역할을 한다. 즉 무엇을 어떻게 누구를 위하여라는, 바꾸어 말하면 생산되는 생산물의 종류와 수량, 자원(생산요소)의 사용방법, 소득분배라는 모든 경제체제의 세 가지 기본적인 문제의 해결이 시장가격기구에 맡겨져 있다. 좀더 구체적으로 말하면 생산되는 생산물의 종류와 수량은 생산물시장에서 수요와 공급에, 자원의 사용방법은 기업 간의 경쟁에, 그리고 소득분배는 생산요소시장에서 공급과 수요에 맡겨져 있다.[6]

그러나 시장가격의 조정기능에만 의존하는 경우에는 여러 가지 폐해가 야기된다. 빈부 격차의 확대, 노자(勞資)의 대립, 공황의 발생 등이 그것이다. 이들 사태에 대처하기 위해서 정부는 각종의 통제를 하게 된다. 또 전시 중처럼 국가목적수행의 필요에서 통제를 하는 수도 있다. 이들 통제는 간접통제와 직접통제로 나뉜다. 간접통제는 각 경제단위가 그 밑에서 경제활동을 영위하는 조건들에 대한 통제를 말한다. 보통 경제활동의 조건이라고 말할 때에는 사회의 법률제도, 자원, 기술, 인구 등을 의미하지만 일국의 금융·재정정책도 이 조건 속에 포함된다.

직접통제는 정부가 경제단위의 경제활동에 직접적으로 간섭하는 것

---

5) 생산에서 발생된 이윤도 사유다. 자본주의적 시장경제체제 아래서는 이 이윤의 극대를 위해서 생산이 행해진다.
6) P. A. Samuelson, *Economics*, 8th edition, pp. 15~16; pp. 40~41.

을 말한다. 기업의 국가관리, 기업정비, 공정가격의 설정, 배급제도, 전표제도, 자금통제, 무역통제 등이 그것이다. 이들 통제는 대개가 전시 중에 행해진다. 전쟁이 종료하고 물자가 풍부하게 됨에 따라서 그들은 제거된다. 이에 대해서 간접통제는 자본주의의 발전에 따라서 더욱더 강화되어 가는 것으로 생각된다.

말하자면 오늘날 자본주의적 시장경제체제는 시장가격에 의해서뿐만 아니라 국가통제에 의해서도 질서가 잡히고 있는 셈이다. 그러나 오늘날에서는 이런 국가통제에 더 나가서 계획화(planning)가 행해지고 있기도 하다. 그리하여 상술한 통제들은 이 계획화의 수단으로서 사용되고 있다.

여기서 계획화는 어떤 공공당국이 일정의 목적을 갖고서 의도적으로 경제현상을 형성하는 것을 말한다. 따라서 그것은 합리적(어떤 명확한 목표들에 엄격하게 종속되어 있다는 의미에서), 체계적, 변수 조작적, 장기적인 의미를 갖고 있는 개념이다.[7]

자본주의적 시장경제체제의 결함으로는 흔히 말해지는 바와 같이 생산의 사회적 성격과 사적 성격 때문에 대체로, 첫째 강력하게 저지되지 않는 한 불안정과 불완전고용으로 향하는 명확한 바이어스를 갖고 있는 점, 둘째 부와 소득의 분배가 불균등한 점, 셋째 이윤 동기, 치열한 경쟁 및 현대적 기술로 말미암아 독점화의 경향을 갖고 있다는 점 등이 들어진다.[8]

한편 사회주의적 계획경제체제에서는 생산수단은 공유이며 따라서 생산의 결과 생산된 생산물도 공유이다.[9] 따라서 경제의 계획적 운영

---

7) G. Grossman, *op. cit.*, p. 57.
8) G. N. Halm, *Economic Systems*, 1960, pp. 48~49; G. Grossman, *op. cit.*, pp. 50~55.
9) 이윤도 원칙적으로 부정된다.

이 가능하여 중앙당국의 의식적인 계획편성에 의거한 지령이 경제활동의 조정기구로서 역할을 하고 있다. 즉 모든 경제체제의 세 가지 기본적인 문제의 해결은 중앙당국의 지령에 맡겨져 있다. 바꾸어 말하면 생산되는 생산물의 종류와 수량, 자원(생산요소)의 사용방법은 물론 소득분배도 계획담당기구의 계획에 의거하는 중앙당국의 지령에 맡겨져 있다.

계획담당기구로서 소련의 고스플란(경제계획위원회)을 보면 그것이 담당하는 일은 첫째로 국민경제의 요구를 전면적으로 연구하고, 둘째로 과학과 기술의 달성을 고려하여 국민경제발전의 단기계획과 장기계획을 작성하고, 셋째로 국민경제의 중요 부문을 일층 고양시키기 위해서 단일(單一)의 집중적 정책을 실행하고, 끝으로 이에 의거해서 국내의 생산력을 적절히 배치하고 공업, 운수, 농업의 균형이 취해진 발전을 보장하는 것이다.[10]

화폐를 사용하지 않는 계획경제를 생각할 수 없는 것은 아니다. 그러나 대체로 계획경제는 첫째로 이질적인 투입물을 산출물과 비교하기 위해서, 둘째로 배달물이 국립은행 사이의 화폐적 이전으로 지불될 때 계획달성을 검토하기 위해서, 셋째로 총임금을 이용 가능한 소비재의 총가치와 균형을 맞추기 위해서, 끝으로 소비재의 배분을 쉽게 하기 위해서 화폐를 사용한다. 일반적으로 계획경제에서는 계산가격의 이용으로 충분할는지 모르나 운영수준에서는 화폐의 사용이 불가피하다는 것이 알려져 있다.[11]

사회주의경제에서 소비의 자유와 직업의 자유는 극도로 제한된다. 그리고 정부에 의하여 임명되는 각 기업의 관리인의 자유재량권도 매

---

10) 野村一雄, 《ソウェト經濟の構造》, 1959, pp. 219~220.
11) G. N. Halm, *op. cit.*, p. 19; p. 248.

우 제한되어 있다. 관리인은 생산수단을 자유로이 선택, 구입할 수 없으며, 일정한 종류와 생산수단의 일정 수량을 공정가격에 따라서 배급 혹은 할당을 받게 되어 있다. 또 관리인은 제품의 가격을 결정할 수 없으며 제품의 판매대상, 제품의 급격한 변화도 결정할 수 없다.12)

사회주의적 계획경제체제의 결함으로서는 대체로, 첫째 계획목적이 지나치게 생산력의 확충 위주이거나 비경제적인 요구를 충족시키는 데 있을 뿐 아니라, 계획의 목표가 가격-소비 관계에 의거해서 결정되는 것이 아니고 정치적으로 결정되는 점, 둘째 계획의 불완전성 예컨대 생산계획과 공급계획 사이의 내부조정의 불완전으로 말미암은 애로라든가 분배 및 소비단계에서의 부조화 등과 같은 차질이 생기는 점, 셋째 기업의 관리인은 중앙당국의 지령에 따르게 되어 있고 자유재량권이 매우 제한되어 있는 관계로 창의성과 적극성을 결여하기 쉽고, 따라서 중앙당국의 부단한 감시가 없는 한 품질의 저하, 부적절한 제품배합(product mix)의 생산, 기술혁신의 소홀 등이 일어날 가능성이 크다는 점 등이 들어진다.13)

3. 남북한의 경제체제

남한은 인도처럼 '공식계획기구'를 갖고 있는 자본주의적 시장경제체제14)를 취하고 있다. 사실 남한은 계획담당기구인 경제기획원을 갖고 있고, 또 통합된 공공투자계획과 상호 간에 그리고 국민적 목표치와 제합적(齊合的)인 민간부문 계획을 포함하는 정부의 포괄적 계획15)

12) H. Schwartz, *An Introduction to the Soviet Economy*, 1968, p. 63.
13) G. N. Halm, *op. cit.*, pp. 235~236; G. Grossman, *op. cit.*, pp. 85~86, p. 93 등.
14) 하겐은 인도, 파키스탄, 미얀마를 공식계획기구를 갖고 있는 나라로 분류하고 있다(E. E. Hagen, ed., *Planning Economic Development*, 1963, p. 4).

을 갖고 있는 데다가, 제2차 경제개발 5개년계획서를 보면 "우리나라와 같은 시장경제체제 밑에서의 정부계획은 모든 경제활동을 직접적으로 통제할 수 없을 뿐만 아니라 통제하려 해서도 안 된다. 그러나 민간의 경제활동은 적어도 계획의 기본목표와 조화되어야 하며 이것은 정부의 정책과 제도적인 조치를 통하여 이룩된다. 이와 같은 정부의 정책과 제도적인 조치는 민간의 활동을 유도하고 영향을 미치게 되지만 이를 조직적으로 규제하는 결과가 되지 아니한다. 따라서 공공이익에 긴요한 범위 안에서만 규제할 것이다"16)로 되어 있다.

따라서 만약, 정부가 자본주의적 시장경제체제를 유지하면서 사기업부문과 공기업부문을 적극적으로 병존시키며 또 경제계획을 실시하기 위해서 사기업부문을 규제하는 경제체제를 혼합경제체제17)라고 한다면 남한의 경제체제는 혼합경제라고도 할 수 있다.

따라서 남한의 경제계획은 소련형의 '명령적 계획'(imperative plan)이 아니고, 프랑스형보다 강한 성격의 '지시적 계획' 혹은 '지침적 계획'(indicative plan)이 되지 않을 수 없다. 프랑스형은 일본형보다 강하고 남한의 그것은 프랑스형보다 강한 성격의 것이다. 일본의 경제계획은 경제 부문들의 장래의 전개에 대해서 제합적인 예측적 구도를 그리는 것에 의해서, 정부의 책임범위에 관해서는 그것과 매치된 정책운영을 공약하는 동시에 민간부문에 대해서는 특별히 투자활동에 대한 유도목표를 부여하는 것이다. 그것은 적어도 민간부문의 경제활동에 관해서는 강제력에 뒷받침된 명백한 실행계획을 의미하지 않는다.18)

---

15) A. Waterson, *Development Planning*, 1965, p. 65.
16) 대한민국정부, 《제2차 경제개발 5개년계획 1967~1971》, 1966. 7, p. 126.
17) 이것은 단순히 공공부문과 민간부문이 병존 또는 혼합하는 경제체제로 보는 새뮤얼슨 등의 정의와 다르다. 그들은 주로 선진자본주의국의 경제체제를 혼합경제로 다루고 있다.

한편 프랑스의 경제계획은 다음의 세 가지를 주요 특징으로 하고 있다. 즉 첫째로 그것은 단기적 안정화의 제 목표보다도 오히려 장기적인 성장의 촉진에 중점을 두고 경제의 근대화를 추진하는 동시에 부문별, 산업별, 지역별의 바람직한 성장패턴을 형성하려고 하는 의도를 중심으로 하고 있다. 둘째로 그것은 개개의 기업에 생산목표를 부여하여 그것을 수행시키려고 하는 소련형의 '명령적 계획'이 아니고 단지 민간의 경제활동에 대한 프레임워크와 가이드라인을 부여하는 데 불과한 '지침적 계획'이다. 셋째로 이 '지침적 계획'이 달성된다는 보증은 어디에 있는가가 중요한 문제로 되는데, 프랑스의 경우에는 계획의 작성과정에서 정부와 민간의 이해관계자 및 전문가 사이에서 충분한 협의에 의거해서 제합적인 계획을 작성하고자 '종합계획위원회'(Commission général du plan)를 중심으로 하는 상당히 복잡한 기구가 설치되어 있다.19)

이에 대해서 남한은 공공투자에 의한 급속한 공업화와 경제개발을 의식적으로 추진하고 있는 저개발국이다. 따라서 남한은 공식계획을 갖고 있는 선진자본주의국인 프랑스의 계획보다 민간부문에 대해서 강한 구속력을 띤 계획을 갖지 않을 수 없다. 고도로 발전한 시장기구를 갖추고 있는 선진자본주의국에서는 되도록 시장기구의 적극적, 효과적인 활용을 꾀하면서, 그 힘이 미치지 않는 성질의 문제들을 해결하기 위해서만 계획화가 요청되며 또 그것이 작성·집행된다.

경제계획 작성의 책임은 경제기획원이 지며, 계획의 실제 집행의 책임은 각 소관부처가 지며, 계획의 관리와 집행에 관한 통할, 조정의 책임은 경제기획원이 지고, 계획의 진도와 실적의 평가와 분석은 내각

18) 日本 東洋經濟新報社, 《週刊東洋經濟》, 1968. 10. 24, p. 126.
19) 日本 東洋經濟新報社, 위의 책, 1970. 4. 11, pp. 58~59.

기획조정실이 담당하게 되어 있다.[20]

경제계획 작성의 책임은 경제기획원이 지지만 작성에 있어서는 경제계획 작성을 위한 기구가 별도로 마련되어 있다. 제2차 계획을 작성할 때에는 제2차 경제개발 5개년계획 작성합동위원회, 경제계획자문위원회, 부문별 분과작업회가 마련되었으며, 제3차 계획을 작성하기 위해서는 제3차 경제개발계획심의회, 제3차 경제개발 5개년 계획조정위원회, 경제계획실무위원회, 계획반이 마련되어 있다.[21] 경제계획자문위원회나 제3차 경제개발 계획심의회는 전술한 바 있는 프랑스의 '종합계획위원회'와 유사한 성격의 것이라고 할 수 있다.

제2차 계획의 경우에는 경제기획원과 부문별 분과작업회에서 작성된 계획안이 경제계획자문위원회, 제2차 계획작성합동위원회, 경제장관회의와 국무회의의 심의·의결을 거쳐 대통령의 재가로서 확정되었으며, 제3차 계획의 경우에는 경제기획원의 계획반에 의해서 작성되는 계획안이 경제실무위원회, 제3차 계획조정위원회, 제3차 계획심의회, 경제장관회의와 국무회의의 심의·의결을 거쳐 대통령의 재가로서 확정되게 되어 있다.[22]

한편 북한은 사회주의적 계획경제체제를 취하고 있다. 즉 북한은 국유와 협동조합소유로 단일화된 사회주의적 소유제 아래 '명령적 계획'을 실시하고 있다. 그리고 만약 1958년 10월에 사유부문을 완전히 말살하였다고 하는 발표[23]가 사실이라면 북한은 소련형보다 높은 단계에 있다고 할 수 있다.

북한은 당초에는 국유, 협동조합소유, 사유의 세 가지 형태를 갖고

20) 대한민국정부, 앞의 책, pp. 122~124.
21) 경제기획원, 《제3차 경제개발 5개년 계획작성 실무자료》, 1970. 2.
22) 경제기획원, 《제3차 경제개발 5개년 계획작성 연관도》, 1970. 3. 20.
23) 사단법인 공산권문제연구소, 《북한총람(1945~1968)》, 1968, p. 315.

있었으나, 현재에는 국유와 협동조합소유의 두 가지 형태만을 갖고
있다.

국유부문으로서는 지하자원을 비롯한 천연자원, 은행, 철도, 통신,
항공, 국영농장, 중요 상업, 산림, 하천 등이 있고, 협동조합소유 부문
으로는 협동농장, 상공업에서 일부 소규모의 생산협동조합 및 소비협
동조합이 있다.

협동농장은 농업협동조합(농협)을 개편한 것인데 이 개편은 1961년
10월에 행해졌다. 개편되기 이전의 농협은 처음에는 농토와 농기구,
목축을 모두 농협의 이른바로 귀속시키고 농협에 가입한 농민은 다만
노력에 의해서 분배를 받는 이른바 제3형태와 함께, 농협에 가지고 들
어간 농토에 대한 분배율(총생산액의 20% 이내)을 인정한 소위 반(半)
사회주의적 형태(제2형태)를 병진시켰으나 점차 이를 제3형태로 단일
화하여 현재 제2형태는 완전히 폐지되었다.

그리고 또 농협은 그 규모를 확대하기 시작하였다. 즉 1958년 10월
에 종전의 부락단위(평균 79호)로부터 리 단위(평균 275호)로 통합하였
고, 이에 따라 1조합당 평균 경작지면적은 133정보로부터 406정보로
확대되었다.

생산협동조합은 점차 그 수효가 줄고 있으며 주로 수공업에서 찾아
진다. 그리고 소비협동조합은 주로 일용품 상업에서 찾아지고 있으며
국영상업에 점차 흡수되고 있다.

계획담당기구로서는 중앙에 국가계획위원회가 있다. 이 기관의 중
요 기능은 첫째로 경제발전 및 장기경제계획안의 작성, 둘째로 내각의
각성과 위원회 및 지방계획기관에 의해서 작성된 경제계획안의 조정
과 결론의 제출, 셋째로 경제계획의 실시에 대한 감시 및 검열 그리고
중요한 시정책(是正策) 수립, 넷째로 경제계획의 작성방법 및 제출형식

의 지시다.

그리고 지방에 국가계획위원회의 산하기관으로서 도(직할시), 시(구역), 군계획위원회가 있다(1964년 3월 신설). 이 지방계획기관은 국가계획위원회의 지방출장소 형태로 지방에 상주하면서, 부문별 관리를 담당하는 지방인민위원회, 경공업위원회, 농촌경리위원회, 건설위원회 등의 계획을 연결시켜, 해당 지역 내의 생산자원을 종합적이며 국가적인 견지에서 효과적으로 이용하기 위한 것이다. 이 지방계획기관은 중앙계획기관과 지방인민위원회에 이중적으로 종속되고 있다.

국가계획위원회의 도위원회의 기능은, 첫째로 해당 지역 내 지방기관, 기업소들의 계획 작성 및 실행에 대한 지도와 통제, 둘째로 해당 지역 내 경제를 종합적으로 발전시키기 위해 지역 및 산업부문 간의 균형을 도모하는 것, 셋째로 해당 지역 내에 있는 중앙소속 기업소들의 계획 작성 및 실행에 대한 지도·통제, 넷째로 설비, 자재, 노력의 예비를 독자적으로 탐색, 보유하면서 계획실행의 과정에서 야기되는 문제를 해결하는 것이며, 국가계획위원회의 시·군위원회의 기능은 첫째로 해당 지역 내의 기관, 기업소 및 협동농장의 계획 작성과 실행에 대한 지도·통제, 둘째로 지역 및 산업부문 간의 조정이다.

경제계획 작성은 다음의 절차를 밟는다. 우선 노동당 중앙위원회가 결정한 기본정책을 내각에 지령하면 내각의 국가계획위원회는 각 부문별 경제계획의 세부초안을 작성한다. 이 초안은 중앙의 성 및 내각 위원회, 기업부서와 도(직할시)급 경제관계위원회와 국가계획위원회의 도위원회에 넘겨진다. 이들 기관에서는 상기 국가계획위원회의 초안에 의거하여 해당 부문별 능력과 예비자원 등을 고려하여 다시 자체의 초안을 작성하여 산하 기업소 및 지방계획기관에 하달한다. 해당 기업소와 지방계획기관은 상부기관의 초안에 따라 다시 자체의 계획안을 작성하고 이른바 '대중적 토의'라고 하여 공장 혹은 광산노동자들의 집회를 열어 내년도 목표량을 몇 퍼센트 초과달성하여야 하겠다는 공장, 광산의 관리인의 보고를 지지하는 토론을 진행한다. 그리하여 보고내용과 토론내용을 결정서로 채택하고, 다음에 동 결정서 혹은 계획안을 시·군에서 도·중앙으로 역순으로 올리면 국가계획위원회가 최종적으로 각 부문의 목표량과 계획사항을 종합한다. 그리고 국가계획위원회의 종합적 보고서를 노동당 중앙위원회와 내각의 연석회의에서 결정하면, 마지막 절차로서 형식에 불과하지만, 최고인민회의의 비준을 얻고 그것을 법령으로 확정하여 각 경제기관, 공장, 광산 등에 전달한다.

북한의 기업은 국영기업과 협동조합기업으로 구분되며 또 국영은 중앙기업과 지방기업으로 구분된다.

국영기업에는 생산재 생산공장, 군수공장 및 대규모의 소비재 생산공장과 농·목장 등이 포함된다. 그리고 지방 국영기업은 도영 및 시·군 경영의 기업을 말하며 주로 소비재 생산공장과 농목장이 이에 포함되는데 점차 이들이 점하는 비율은 증대되고 있다.

협동조합기업은 리(里)의 집단농장을 비롯하여 지방의 원료를 사용하고, 지방소비를 목적으로 하는 수공업과 일용품, 식료품 등 극히 소규모의 소비품 생산을 주로 하는 기업을 포함한다.

이들 기업의 관리에서는 건설부문, 경공업부문(방직, 식료, 일용품, 소비재의 생산부문) 및 농업부문 등의 지방기업을 각급 인민위원회로부터 분리하여 도, 시, 군에 따로 해당 각 위원회를 두고 중앙으로부터 계통적인 통제 관리를 강화하는 동시에 지방의 특수성에 적합하게 발전시킬 것을 도모하고 있으며, 기계공업을 비롯한 기간산업은 중앙의 직할로 운영하고 있다. 그리고 노동당은 이와 같은 관리체계에 구애되지 않고 각급 및 각 부문 기업소에 침투하여 계획진척상황과 품질과 품종 등을 감독하고 독려한다. 또 기업 활동은 중앙은행에 의한 통화의 통제의 실시에 의해서도 조정·감독되고 있다.[24)

4. 요 약

(1) 경제체제는 그 속에서 경제활동의 대체적(代替的) 목적 간의 선호가 결정되며 또 개별적인 경제활동이 이들 목적의 달성을 위해서 조정되는 제도적 프레임워크를 말한다.

(2) 경제체제는 생산수단의 지배적인 소유관계와 개별적인 경제활동의 조정기구의 두 가지 분류기준을 배합함으로써 ① 자본주의적 시장경제체제 ② 자본주의적 계획경제체제 ③ 사회주의적 시장경제체제 ④ 사회주의적 계획경제체제의 네 가지 주요 유형으로 나뉜다. 그러나 이 가운데에서 기본이 되는 것은 ①의 자본주의적 시장경제체제와 ④의 사회주의적 계획경제체제다.

자본주의적 시장경제체제는 생산수단이 사유되고 있고 시장가격이 경제활동의 조정기구로서의 역할을 하는 경제체제며, 사회주의적 계획경제체제는 생산수단이 공유되고 있고 중앙당국의 의식적인 계획편성에 의거한 지령이 경제활동의 조정기구로서의 역할을 하는 경제체제다.

전자의 결함은 첫째 강력하게 저지되지 않는 한, 불안정과 불완전고용으로 향하는 명확한 바이어스를 갖고 있다는 점, 둘째 부와 소득의 분배가 불균등하다는 점, 셋째 독점화의 경향을 갖고 있다는 점 등이

---

24) 사단법인 공산권문제연구소, 앞의 책, pp. 314~317.

다. 한편 후자의 결함은 첫째 계획목적이 주로 생산력의 확충 또는 비경제적인 요구를 충족시키는 데 있을 뿐 아니라, 계획의 목표가 정치적으로 결정된다는 점, 둘째 계획의 불완전성으로 생산에서 애로 부문이 생기고, 분배 및 소비단계에서 부조화 등과 같은 차질이 생기는 점, 셋째 중앙당국의 부단한 감시가 없는 한 품질 저하, 부적절한 제품배합의 생산, 기술혁신의 소홀 등이 일어날 가능성이 크다는 점 등이다.

 (3) 남한은 인도처럼 '공식계획기구'를 갖고 있는 자본주의적 시장경제계획을 취하고 있다. 그리고 남한의 경제계획은 소련형의 '명령적 계획'이 아니고 프랑스형보다 강한 성격의 '지시적 계획'이다. 경제계획 작성의 책임은 계획담당기구인 경제기획원이 지며, 계획의 실제 집행의 책임은 그 소관부처가 지며, 계획의 진도와 실적의 평가와 분석은 내각 기획조정실이 담당하게 되어 있다.

 이에 대해서 북한은 사회주의적 계획경제체제를 취하고 있다. 즉 북한은 국유와 협동조합소유로 단일화된 사회주의적 소유제 아래 '명령적 계획'을 실시하고 있다. 그리고 만약 1958년 10월에 사유부문을 완전히 말살하였다고 한 발표가 사실이라면 북한은 소련형보다 높은 단계에 있다고 할 수 있다. 계획담당기구로서는 중앙에 국가계획위원회가 있고 지방에 국가계획위원회의 산하기관으로서 도(직할시), 시(구역), 군의 계획위원회가 있다. 이 지방계획기관은 중앙계획기관과 지방인민위원회에 이원적으로 종속되어 있다. 그리고 기업에는 중앙국영기업, 지방국영기업, 협동조합기업이 있는데 이들은 중앙의 획일적인 계획 아래 또 노동당의 감시 아래 통제·관리되며 중앙은행에 의한 통화의 통제의 실시에 따라서도 조정, 감독되고 있다.

《경제논집》(서울대, 1971)

제2장 에세이/칼럼

보호무역주의와 경제외교

1. 보호무역주의의 배경

2차 세계대전 이후 1970년대 초까지 국제 경제질서의 양대 지주는 미 달러화를 기축통화로 삼고 고정환율제를 원칙으로 삼는 IMF 체제와 자유, 무차별, 호혜, 다각무역주의를 기본원리로 하고, 세이프가드 조항(긴급수입제한조항)의 발동도 엄격한 운용과 감시를 전제로 하는 GATT 체제였다. 이 양 체제는 그 존립기반을 미국 경제력의 절대적 우위에서 찾고 있었고, 또 미국의 이해를 대변하는 것이었다고 할 수 있다. 즉 세계의 모든 국가가 2차 세계대전 중에 입은 생산시설의 파괴로 인해서 미국으로부터의 수입에 크게 의존할 수밖에 없던 상황 아래서는 자유무역은 곧 미국의 자유로운 수출을 의미하는 것이었으며, 또 이러한 자유무역의 순조로운 신장을 위해서는 각국의 환시세의 안정 곧 고정환율이 필요했던 것이다. 그리고 미 달러화의 국제 공신력은 미국의 무역수지의 막대한 흑자가 미국의 대외원조와 대외투자로 인한 자본수지의 적자를 충분히 상쇄해 주는 한 확고한 것이었고, 따라서 미 달러화는 기축통화로서 역할을 훌륭하게 수행할 수 있었다.

그러나 1960년대에 들어서서 유럽 제국과 일본의 경제가 부흥되자 미국 경제력의 절대적 우위는 사라지게 되었고, 미국의 국제수지가 적자를 나타내게 됨에 따라 미 달러화의 국제 공신력도 흔들리게 되었으며, 또 미국의 수입제한은 점차 강화되었다. 그리하여 양 체제는 1960년대부터 동요하기 시작했다.

이처럼 1960년대부터 동요하기 시작한 양 체제는 1970년대 초에 미국을 비롯한 각국의 수입제한의 강화, 미 달러화의 금태환 정지, 주요국의 변동환율제로의 이행으로 일대 위기를 맞이하게 되었고, 이러한 양 체제의 위기는 1973년 10월의 산유국의 석유무기화 조치에서 비롯된 자원파동(주로 석유파동)으로 더욱더 심화되었다. 이 파동에 기인하는 불황 및 국제수지 악화가 각국으로 하여금 국내산업 보호, 실업대책, 국제수지 개선을 위해서 정도의 차이는 있으나 수입제한 조치를 더욱 강화하게 만든 것은 사실이다. 따라서 현재 일련의 수입제한의 움직임, 즉 보호무역주의적인 동향은 이미 1960년대에 배태된 것이라고 할 수 있을 것이다.

2. 수입제한의 유형과 각국의 동향

현재 각국은 관세율 인상, GSP(일반특혜관세제도)의 철폐, 수입감시제, 수입과징금제 등을 통해서도 수입제한을 한다. 그러나 주로 다음과 같은 비관세장벽을 통해서 수입제한을 하는 것이 보통이다.

상쇄관세: 상품의 제조 혹은 수출에 대해서 직접 간접으로 부여하는 장려금 혹은 보조금을 상쇄할 목적으로 부과되는 특별관세를 말한다. 이 관세에 있어서 가장 어려운 점은 보조금의 성격 규정, 관세의 부과 기준인 '실질적인 손해'의 범위 규정 등인 것으로 알려져 있다.

반덤핑관세(혹은 덤핑방지관세): 어떤 나라의 상품이 정상적인 가격 이하로 수입되어 수입국의 산업에 '실질적인 손해'를 주거나 손해를 줄 우려가 있고, 또 국내산업의 확립을 실질적으로 지연시킬 때 부과되는 특별관세를 말한다.

수량제한: 수입품의 가격과는 관계없이 수입량(혹은 수입액)에 대해서 직접적인 한도를 설정함으로써 한 나라의 수입량을 제한하는 것을 말한다. 이에는 할당제, 수입금지제, 수입허가제 등이 있다.

할당제에는 포괄적 할당제, 쌍무적 할당제, 관세할당제(tariff quota)가 있다. 포괄적 할당제는 특정 상품의 각국으로부터의 수입량(혹은 수입액)을 전체로 묶어 일정기간 동안 고정된 한도 내로 제한하는 것을 뜻하고, 쌍무적 할당제는 쌍무협정에 의해서 정해진 한도 내로 제한하는 것을, 관세할당제는 일정한도까지는 일반관세로 수입을 허가하지만 그 한도를 초과하는 분에 대해서는 고율관세를 부과하는 것을 각각 말한다.

수입금지제는 수입을 금지하는 것을 말한다.

수입허가제에는 임의적 수입허가제(discretionary licensing)와 자동적 수입허가제(automatic licensing)가 있다. 전자는 수입허가를 수시로 필요에 따라서 특별히 발급하는 것을, 후자는 신청에 따라 수입허가를 자동적으로 발급하는 것을 각각 말한다. 후자의 경우에는 특정 지정품목에 대해서 혹은 특정 지정품목을 제외한 기타 품목에 대해서 자동적으로 허가하는 것이 일반적이다.

수출자율규제: 수입국의 수입제한 조치를 미연에 방지하는 것을 목적으로 수출국 스스로가 수출을 규제하는 것을 말한다.

상술한 할당제에서 수출자율규제까지는 GATT 협정 제11조 제1항에서 금지되어 있는데, 이 조항을 위배하는 수입제한은 잔존수입제한이라고 불린다.

수입담보금제: 수입을 신청할 때에 정해진 수입담보금을 외국환은
행 혹은 정부 지정기관에 예치시키는 것을 말한다.

현재 주요 선진국은 상술한 제 조치를 통해서 수입제한을 행하고
있다. 주요 선진국에서 수입제한 동향을 간단히 살펴보면 다음과 같다.

미국은 참치, 섬유류, 신발류, 의류, 자동차, 금속제, 양식기, 특수강
등을 수입제한 하고 있다. 이 가운데 특수강은 1975년 1월부터 발효한
1974년 통상법에 의거하되 1975년 6월에 맨 처음으로 취해진 수입제
한 품목이다. 한국에 대해서는 현재 섬유류, 신발류, 금속제 양식기,
특수강 등을 수입제한 하고 있고, 앞으로는 양송이 통조림, 핸드백, 조
미료, 볼트-너트, 전자시계, TV수상기 등도 수입제한 할 것이라고 한
다.

일본은 참치, 우육(牛肉), 생사, 견제품, 화학제품 등을 수입제한 하
고 있다. 한국에 대해서는 건오징어, 해태, 참치, 생사, 견연사, 견직물
등을 수입제한하고 있다.

EC는 경제통합의 과도기가 끝난 1970년 1월 이후의 통상협상(협정
을 필요로 하는 것)과 수입제한 등에 대해서는 원칙적으로 EC 전체로
행하기로 되어 있다. EC 전체로는 농산물, 우육, 양송이 통조림, 섬유
류, 신발류, 의류, 패스너 등을 수입제한 하고 있다. 한국에 대해서는
섬유류, 양송이통조림, 신발류, 조미료, 양말, 스테인리스제 양식기 등
도 수입제한하고 있다.

영국은 유럽제국 중에서 가장 수입제한의 움직임이 강한 나라의 하
나이다. 섬유류, 의류, TV 등을 수입제한 하고 있는데, 노사로부터의
여러 가지 품목에 대한 수입제한 요구가 강화되고 있다. 한국에 대해
서는 직물류, 사카린, 가방류 등을 수입제한 하고 있고, 앞으로는 신발

640 제4편 기타(경제체제, 세계경제, 산업연관): 2. 에세이/칼럼

류, 금속제, 양식기, TV 등도 수입제한 할 것이라고 한다.

프랑스는 EC 전체로서 수입제한 하고 있는 품목 외에 개별적으로 라디오, 타일류 등을 수입제한 하고 있다. 한국에 대해서는 타일류, 라디오, 우산, 편철, 포장용품 등을 수입제한 하고 있고, 앞으로는 신발류 등도 수입제한 할 것이라고 한다.

서독은 EC 전체로서 수입제한 하고 있는 품목 외에 개별적으로 수입제한 하는 일을 가급적 피하고 있으나, 한국에 대해서 앞으로 금속제 양식기 등을 수입제한 할 것으로 예상된다고 한다. 이탈리아도 영국과 마찬가지로 유럽 국가들 가운데에서 가장 수입제한의 움직임이 강한 나라의 하나이다. EC 전체로 수입제한 하고 있는 품목 외에 많은 품목에 대해서 수입제한을 하고 있다. 한국에 대해서는 패스너, 의류 등을 수입제한 하고 있다.

캐나다는 모사(毛絲), 섬유류, 직물류, 의류 등을 수입제한 하고 있다. 한국에 대해서는 섬유류, 가발, 작업용장갑 등을 수입제한 하고 있고, 앞으로는 양말류, 혁제의류, 신발류, 섬유로프 등도 수입제한 할 것이라고 한다. 스웨덴은 신발류, 직물류, 의류 등을 수입제한 하고 있다. 한국에 대해서는 섬유류, 신발류 등을 수입제한 하고 있고, 앞으로는 전기제품 등도 수입제한 할 것이라고 한다.

호주는 선진국 가운데에서 가장 대폭적인 수입제한을 하고 있는 나라이다. 자동차 외에 섬유류, 신발류, 타이어, 가방류, 세탁기, 냉장고, TV, 타일류, 철강판 등을 수입제한 하고 있다. 한국에 대해서는 신발류, 직물, 섬유사, 특수강, 철강, 세탁기, 냉장고, 가방류 등을 수입제한 하고 있다. 물론 호주의 이러한 대폭적인 수입제한 조치에 대해서는 OECD 등은 말할 것도 없고 관계국으로부터 많은 비판과 조기철회의 교섭을 받고 있다.

3. 보호무역에 대한 여러 견해

이러한 보호무역주의적인 동향에 대해서는 낙관적으로 보는 견해가 많은 것처럼 이야기된다. 경기회복에 따라서 그것이 퇴색하여 가리라는 견해, 즉 주로 그것을 일시적인 현상으로 보는 견해나, 선진국들이 1974년 5월의 OECD 회의에서 결정한 수입제한 자숙선언을 1975년, 1976년에 걸쳐 각각 1년간 연장한 것에 기대를 거는 견해나, 신국제라운드 혹은 동경라운드라고 불리는 GATT의 다각적 무역협상이 예정보다는 늦어졌지만 금년에 타결을 목표(당초의 목표는 1975년중 타결)로 삼고 있는 것에 기대를 거는 견해나, 타국에 많은 영향을 주는 미국의 1974년 통상법이 신국제라운드의 실현에 기여하리라고 보는 견해나, 1973년부터의 불황이 1930년대의 불황의 재래라고 외쳐진 데 비해 대체적으로 수입제한의 움직임이 부드러운 것에 그쳤고, 또 연쇄반응을 별로 일으키지 않았다는 견해 등이 그것들이다.

물론 경기회복은 적어도 경기순환의 과정에서 생긴 단기적이고 일시적인 보호무역주의적인 움직임을 감쇄하는 효과를 갖고 있는 것이 사실이다. 그러나 국내산업 보호를 목적으로 하는 산업정책에 기인하는 그것은 경기회복만으로는 해소되지 않을 것이라고 할 수 있을 것이다.

선진국들의 수입제한 자숙선언에 기대를 거는 것도 있음직한 일이다. 그러나 그런 선언이 있은 뒤에도 호주는 주로 산업정책에 기인해서 수입제한을 새로이 시행하거나 강화했다. 호주는 국내생산의 비율을 일정하게 (자동차의 경우에는 20%) 유지한다는 산업정책을 채택하고 있다.

GATT의 신국제라운드는 세계무역의 축소를 방지하고 자유무역의 유지 및 추진을 목적으로 하고 있다. 이 신국제라운드의 발족 경위는 다음과 같다. 이른바 케네디라운드는 관세인하에 많은 성과를 거둔 것이 사실이다. 그러나 그것은 공산품의 경우에는 큰 성과를 거두었지만 농산품과 비관세 장벽의 경우에는 별로 이렇다 할 성과를 거두지 못했다. 그런데 한편으로는 1960년대 후반부터 주요 선진국들이 수입제한 조치를 취하기 시작하고 또 경제 블록의 결성에 대한 우려가 싹트기 시작했다. 이리하여 1971년 무렵부터 일본, 캐나다, 스웨덴 등이 새로운 다각적 무역협상을 모색하여 오던 중, 1972년 제28차 GATT 연차총회에서 1973년부터 GATT 내에서의 새로운 국제라운드를 발족하자는 롱 사무총장의 제안을 확인하고, 1973년 9월 일본 도쿄에서 개최된 GATT 각료회의가 도쿄선언을 채택함으로써 신국제라운드는 발족을 보게 된 것이다. 그러나 이 신국제라운드는 미국의 1974년 통상법의 발효 뒤에도 별다른 진전을 보지 못하고 있었다. 그러다가 1975년 11월의 랑부예 주요국 정상회담에서 금년 말까지의 협상 타결에 대해서 합의를 보았고, 동 12월의 GATT 무역협상위원회에서 동 취지의 실질상의 합의가 성립된 것을 계기로 해서 각 협상그룹 즉 관세, 비관세장벽, 농산품, 열대산품, 세이프가드, 섹터 어프로치의 6개 그룹과 농산품 그룹의 서브그룹(곡물, 식육, 낙농품) 등이 그룹별로 작업을 진행시켜 그 가운데 농산품 그룹과 비관세장벽 그룹에서 어느 정도의 성과를 거두었다.

그러나 미국의 1974년 통상법에 OMA(수출질서 유지를 위한 2개국협정)가 규정되어 있는 데서 GATT의 제19조(세이프가드 조항)의 개정으로 발전될 가능성이 있고, 또 미국 이외의 일부 EC 국가들도 별개의 관점에서 동 조항의 불비를 지적하고 있어, 동 조항의 개정을 에워싼 논쟁이 어떻게 진전될 것인지가 앞으로 커다란 관심사이다.

미국의 1974년 통상법은 내용적으로는 1962년의 통상확대법에 견주어 수입제한 발동조건의 완화 등으로 보호무역주의적인 성격을 띨 가능성을 갖고 있다고 할 수 있다. 수입제한 조치의 실시를 위해서는 ITC(국제무역위원회)와 대통령의 결정이 필요하게 되어 있기 때문에 사전에 그것을 체크할 수 있는 길은 트여 있지만 분명히 동법은 운용 여하에 따라서는 보호무역주의적인 방향을 나타내는 것이 될 수 있다. 사실 동법의 입안에 커다란 영향을 준 〈윌리엄스 보고서〉(대통령 자문위원의 '국제무역투자위원회'의 보고서)에서는 "국제수지 불균형 완화의 책임은 각국의 평등한 부담으로 돌려야 한다"고 하여, 종래 다른 나라에 앞장서서 자유무역주의를 주장해온 미국이 앞으로는 각국과 평등한 입장에 서서 공평하게 권리와 의무를 부담할 것을 강조하고 있다. 거기에다 카터 정부의 국내우선정책은 보호무역주의적인 경향을 강화시키는 것으로 해석되고 있다.

사실 떠들썩했던 데 견주어 수입제한의 움직임이 부드러운 것에 그쳤고, 또 연쇄반응을 별로 일으키지 않았다고 할 수 있을 것이다. 1975년의 〈GATT 보고서〉도 "세계적인 보호무역으로 기우는 추세는 인정되지만 전반적으로는 자유무역의 전면적 위협으로는 되어 있지 않다"고 강조하고 있다. 그러나 각국에는 후발국에 추월되어 보호정책 없이는 유지될 수 없는 정체산업이 존재하며, 또 그것이 점차 증가하고 있다면, 그리고 실업률이 계속 높은 수준에 있다고 한다면, 반드시 그렇게만 말할 수는 없을 것이다.

그뿐 아니다. GATT의 신국제라운드와 더불어 세계무역 신장에 유리한 국제환경을 이룩하기 위한 노력, 즉 일반특혜관세제의 개선, 국제경제협력회의, UNCTAD회의, 국제통화제도의 개혁 등이 각국의 이해관계와 자원내셔널리즘의 강화 등으로 결실을 맺기까지에는 상당히 오랜 시간이 걸릴 가능성이 크다고 볼 수 있다.

자원내셔널리즘도 1960년 후반부터 강화되기 시작했으며, 그것의 가장 성공한 대표적인 예는 1973년 10월에 취해진 OPEC의 석유무기화 조치에서 찾아볼 수 있을 것이다. EC를 비롯한 경제 블록의 강화도 고려하지 않을 수 없을 것이다. 경제 블록은 블록 안의 이익만을 중시하여 블록 밖에 대해서 수입제한을 강화하는 경우도 있을 수 있다. 결국 이렇게 보면 현재의 보호무역주의적인 동향에 대해서 낙관적으로만 볼 수 없다고 할 수 있을 것이다. 어떻게 보면 그 동향은 앞으로도 개선될 여지가 희박하다고 할 수 있을는지도 모른다. 앞에서도 말한 바와 같이, 그것은 이미 1960년대에 배태한 것이라는 것을 간과해서는 안 될 것이다.

4. 한국 경제외교의 문제

현재 우리나라 수출상품은 상술한 바와 같은 선진국들의 보호무역주의적인 동향으로 해서 수입제한을 당하고 있고, 또 앞으로 수출규모의 확대에 따라 우리나라 수출상품이 각국에서 차지하는 비중이 커질수록 더욱더 수출제한의 대상이 될 것임은 틀림없는 사실이라고 할 수 있다. 말하자면 우리나라의 수출환경은 보호무역주의적인 동향으로 해서 악화되고 있고 또 더욱더 악화될 것이 예상된다.

그렇다면 금년의 수출목표의 달성을 위해서는 물론 앞으로 계속적인 수출확대를 위해서 악화되고 있는 수출환경의 개선을 도모하여야할 것이다. 다행히 금년의 수출목표 달성을 위한 수출환경의 개선을 위해서 외무부는 많은 나라와 무역협정의 체결과 무역회담의 개최를 실현하고, 미국, 캐나다, 일본 등을 상대로 기동성 있는 외교교섭을 적극적으로 전개하여 수입제한의 예방 및 철폐 혹은 완화를 기하는 한편, GATT 등의 다자간협상에 적극 참여하도록 한다고 한다. 그리고 필요에 따라서 민간외교를 권장 또는 주선함은 말할 나위도 없다.

또한 상공부는 섬유 등 현재의 주종품목 의존을 탈피하여 새로운 다액(多額)수출품목의 개발 등을 추진함으로써 외무부의 그러한 노력을 뒷받침해 주기로 했다고 한다. 그리고 가발 등의 경우처럼 수입제한이 예상되는 품목에 대해서는 수출업계의 수출자율규제를 강화하는 한편 수출지역과 시기 등도 조정하여 덤핑을 방지하고 수출질서를 확립해 갈 방침이라고 한다. 따라서 그와 같은 정부와 업계의 노력이 실효를 거두었으면 할 따름이다.

그러나 그러면서도 다음의 세 가지를 특별히 지적해 두고자 한다. 첫째는 해외시장의 새로운 정보를 신속 정확하게 수집할 수 있도록 하는 정부의 정보망의 정비·강화와 그것을 보완하기 위한 민간 정보망의 육성 강화를 전제로 적극적인 경제외교를 전개하여야 한다는 것이다. 얼마만큼 이 정보망이 제대로 기능할 수 있는가가 결국은 외국의 수입제한의 동향을 신속 정확히 알아내서 새로운 혹은 앞으로 예상되는 수입제한품목이 무엇인가를 알 수 있게 함으로써 사전에 적절하게 대처할 수 있게 하느냐를 결정해 준다고 할 수 있다. 물론 그것이 새롭고 유리한 수출품목과 수출지역의 파악을 가능케 함도 또한 사실이다. 현재로서는 경공업품만 아니라 특수강, 전자계산기, 가정용 전기제품 등의 중화학공업제품도 수입제한 대상으로 되어 있으며, 앞으로는 그 대상이 더욱더 확대될 것이다.

둘째는 우리나라 기업의 해외직접투자를 권장하고 그것이 실현될 수 있도록 적극적으로 경제외교를 펼쳐야 한다는 것이다(이것은 특히 해외직접투자가 아직 행해지고 있지 않는 나라나 자원 보유국의 경우에 해당

될 것이다). 해외직접투자는 투자업종과 기업, 그리고 대상지역에 따라서 그 지역에 단독 혹은 합작으로 현지 판매회사를 설립하거나 생산공장 혹은 조립공장을 설립하는 형태로 이루어질 수 있다. 이 해외직접투자는 우선 수입제한 조치의 우회수단으로서 효과를 갖는다. 사실 선진국들의 다국적기업은 관세 및 비관세장벽 등의 수입제한 조치를 우회하는 방법으로 해외직접투자를 하고 있다.

그러나 이러한 효과 외에 해외직접투자는 다음과 같은 효과를 더 갖는다.

(1) 그것은 우리나라 기업을 자원 보유국으로 진출케 하여 자원의 안정적 공급원을 확보할 수 있게 하고, 나아가 효율적인 자원수입 마케팅 활동을 통해서 저렴한 가격으로 자원을 확보할 수 있게 한다.

(2) 그것은 공장 설립 착수 당시에 소요되는 플랜트, 원료, 소비재를 수출할 수 있게 하며, 또 공장의 운영과 더불어 원자재 공급을 포함한 현지 판매시장의 확대에 따른 현지 수입수요의 증가를 통해서 수출을 확대할 수 있게 한다.

(3) 그것은 효율적인 시장조사 활동, 제품(품질·디자인·포장) 가격정책, 광고, 전시 등의 수출마케팅 활동을 통해서 적극적인 수출시장 개척과 안정적인 시장확보를 기할 수 있게 한다.

(4) 수출품의 해외유통 마진을 흡수할 수 있게 한다. 즉 FOB 가격과 현지 도매가격의 차액인 유통마진을 취득할 수 있게 한다.

(5) 수입관세와 수송비를 절약할 수 있게 한다. 제품의 규격과 성질에 따라서는 포장 및 수송비가 큰 비중을 차지하는데 그것을 해결해 주는 셈이다. 특히 전자제품의 경우에는 부품으로 수송할 때 수송비와 관세가 크게 절감된다.

(6) 제품의 보관과 애프터서비스 등을 가능케 하여 보다 현지 시장

의 수요를 충족시키게 하며, 나아가서 수출시장을 확대시킨다.

정부 차원에서 외국의 경제개발계획에 참여도 직접·간접으로 해외 직접투자와 동일한 효과를 초래한다고 할 수 있을 것이다.

셋째는 수입자유화 혹은 수입개방은 어디까지나 점진적으로 또 한 정된 범위 내에서 이루어져야 한다는 전제 아래 경제외교를 펼쳐야 한다는 것이다. 수입개방이 수출확대를 초래한다는 것은 말할 나위도 없다. 그러나 그것은 우리나라의 경우에는 우리나라의 수입제한 조치 에 대한 적극적인 설득에 한계를 느꼈을 때, 그리고 무역수지의 악화 를 별로 초래하지 않는 범위 내에서 일단 생각할 수 있는 조치라고 할 수 있을 것이다. 우리나라의 경우에는 수입과 관련시킨 수출의 확대는 결코 무역수지의 개선을 초래하지 않게 되어 있기 때문이다. 도리어 무역수지의 개선을 기하면서 수출의 다른 효과, 즉 경제성장과 고용 등에 대한 효과도 아울러 기할 수 있게 하는 수출확대를 추구하는 것 이 바람직하다고 할 것이다. 그런 의미에서 정부에서 이미 일부 내걸 고 있는 내수산업에 대한 수요자극은 필요한 것이라고 할 수 있다. 아 니 사실은 이것이 수출과 관련해서 생각할 때보다 기본적인 것으로 삼아야 하지 않을까 생각된다. 그와 같은 수요자극이 국내시장의 구매 력의 함양과 확대를 위한 각종의 조치를 전제로 함은 물론이다. 앞으 로 경제외교를 전개함에 있어서는 단기·장기를 막론하고 적어도 상술 한 세 가지 점에 유의할 필요가 있을 것이다.

그러나 우리나라에 대한 홍보 전문지식이나 기술을 필요로 하는 나 라에 대한 전문가나 기술자의 파견 등과 같이 우리나라 상품수출을 위해서 필요한, 유리한 여건조성에 부단히 힘쓰는 것도 못지않게 중요 한 일이라는 것을 잊어서는 안 될 것이다.

《신동아》(1977. 3)

현대 공산주의, 그 실체와 문제점
: 사회주의 경제체제 특질

1. 정 의

일반적으로 비교경제체제론에서는 생산수단의 지배적인 소유관계가 어떠한가, 그리고 개별적인 경제활동을 조정하는 기구는 어떤 방식을 취하고 있는가라는 두 개의 분류 기준을 사용하여 경제체제를 ① 자본주의적 시장경제체제 ② 자본주의적 계획경제체제 ③ 사회주의적 시장경제체제 ④ 사회주의적 계획경제체제의 네 가지 순수한 이념형(理念型)으로 나눈다. 자본주의적 시장경제체제는 생산수단의 사유가 인정되어 있고 시장기구가 경제활동을 조정하여 누가, 무엇을, 누구를 위하여 생산할 것을 결정해 주는 경제체제로서 고전적인 자본주의 경제체제를 말한다. 그와 반대로 사회주의적 계획경제체제는 생산수단이 공공기관 또는 국가에 의해 장악되어 있고 계획에 의해 경제활동이 영위되는 체제로서, 스탈린 시대의 소련의 경제체제가 그 예로 제시된다.

이러한 두 가지 극단적 형태 사이에 사유(私有)를 인정하면서도 정부의 계획에 의해 자원을 배분하는 자본주의적 계획경제체제가 있다. 그 예로서는 독일의 나치 정권 아래 파시스트적 경제체제가 제시되며, 다른 한편 사회주의적 시장경제체제는 생산수단이 공유되면서도 시장 원리에 따라 경제가 운영되는 체제를 말하고 유고슬라비아의 경제체제를 그와 유사한 것으로 보고 있다.

그러나 위와 같은 구분기준은, 이론적 단순화를 위한 이념형에 불과하므로 현실의 경제체제와 반드시 일치하지는 않는다. 1930년대의 세계대공황 이후 많은 자본주의국가에서, 정부가 경제에 개입하는 것은 보편적인 일이 되었으며, 사회주의국가에서도 특수한 지역 내 또는 특정 활동영역에서 시장원리의 도입은 자연스러운 일이 되었다.

따라서 통상적인 용어법에서는 서구와 미국을 비롯한 선진자본주의 국가를 제1세계, 소련과 동구를 제2세계로 할 때, 제2세계와 저개발된 제3세계 국가 중, 사회주의적 경제개발방식을 취하고 있는 나라를 합하여 사회주의 경제체제라 부르고 있다. 이들 사회주의 경제체제의 특질을 알기 위해서는 각 해당 국가의 경제적 전통과 지역적 특성을 좀 더 자세히 살펴보는 것이 필요하다.

2. 현 황

현재 사회주의 경제체제를 취하고 있는 나라가 어떤 과정을 통해 성립하였는가를 살펴보면 대체로 네 가지 형태로 나뉜다.

첫째는 1917년 최초의 사회주의 혁명을 통해 사회주의 경제체제를 건설한 소련의 경우, 둘째는 1945년 2차 대전이 끝나면서 소련의 군사적 영향권 아래에 놓이게 된 동구 사회주의국가와 북한의 경우, 셋째는 반식민지 민족운동의 과정에서 사회주의자들이 득세하여 독립국가

를 건설하게 된 유고와 중공과 월맹의 경우, 넷째는 자본주의적 경제
체제 아래서 정치적 혼란과 경제적 곤란이 겹쳐 새로 사회주의적 정
권이 들어선 쿠바와 중남미, 아프리카의 사회주의국가의 경우가 그것
이다.

이들 사회주의국가의 인구는 12억(그중 중공과 소련이 9억)으로 전체
세계인구의 3분의 1 이상을 차지하고 있으며 영토 면에서도 세계전체
의 4분의 1이상이다. 국민소득은 세계전체의 4분의 1을 차지하는 반
면, 공업생산은 세계전체의 3분의 1을 차지하고 있으므로 경제가 투자
재공업 위주로 운영되고 있음을 단적으로 알 수 있다.

또한 사회주의국가의 무역액은 세계전체의 8분의 1에 불과하므로
상대적으로 폐쇄적인 경제체제인 셈이다.

먼저 사회주의 혁명 이후 소련의 경제운영을 살펴보면, 그 목표는
중요 생산수단의 국유화와 계획경제의 채용이었고 이를 위해 농업의
집단화 등이 이루어졌다. 2차 대전 전까지만 해도 소련은 유일한 사회
주의국가로서 국가 존립 자체가 불안한 때였으므로 폐쇄적인 체제 아
래서 공업생산 증대가 경제운영의 최우선적인 목표였다. 그 이후 냉전
아래서도 대미(對美)경쟁과정을 통해 물적 생산의 확충이 당면과제였
으므로, 생필품의 물량부족 현상은 당연한 결과였다.

다음으로 소련의 영향 아래 사회주의국가가 건설된 경우에도 소련
과 비슷한 경로를 밟게 된다. 이들 국가들은 2차 대전 종료 뒤 토지국
유화를 거쳐 사회주의적 경제체제를 실시한 이후 생산수단의 완전한
국유화를 통해 중앙집권적 계획경제를 실시했다. 이들 동구권의 국가
는 생산기술과 중간재의 면에서 지나친 대소(對蘇)의존 현상을 보였
다. 이러한 현상을 타개하기 위해 1960년대의 경제개혁 이후 서방으로
부터 기계, 설비의 도입이 이루어져 코메콘(COMECON)과 유럽공동체

(EC) 사이의 동서교역은 상당히 활발해졌다. 이 교역과정에서 동구권은 물물교환방식(barter)을 채택하려고 했으나, 국제수지 적자의 누증을 막지 못했으며 과중한 외채부담은 물가의 상승으로 이어질 수밖에 없었다. 최근의 폴란드 사태에서도 보듯이 동구권경제의 취약성은 정치적 위기까지 연결됨이 주목된다.

셋째로 자국의 공산당이 2차 대전 이후 집권하게 된 유고슬라비아나 중공의 경우 경제운영은 상당한 독자성을 띠고 있음을 알 수 있다. 유고의 경우 노동조합을 중심으로 계획이 집행되고 있으며, 시장경제가 도입된 것이 두드러진다. 1950년대 말 중공은 소련과의 국경분쟁과 이념갈등 이후 대소의존에서 탈피하였다. 그 이후 모택동 사상에 입각하여 인간개조를 강조하면서 경공업 위주의 개발방식을 취하였다. 그러나 생산 기술의 낙후와 경제운영의 경직성으로 말미암아 모택동 사후 실용주의 노선이 득세하여 서구와 관계를 개선하면서 현대화 계획을 추진하고 있음이 시사적 관심사로 등장했다.

마지막으로 제3세계 국가 가운데 사회주의적 개발방식을 취하고 있는 나라에서는 각국의 지역적 사정에 따라 경제현황이 다르다. 비산유 저개발국의 경우 특별히 개발과정에서 성공적인 결과를 보여준 국가는 없으며, 산유국인 리비아가 원유가격 결정과정에서 강경주의자 역할을 하고 있는 것이 주목된다. 또한 쿠바의 경우 미국과 경제관계가 단절되고 난 뒤 사탕수수의 수출 축소로 경제적 타격을 받아 소련에 의존하게 되었음은 잘 알려진 사실이다.

이상과 같이 네 가지 형태로 사회주의국가의 성립과정을 구분해 볼 때 다음과 같은 현상적인 특징이 눈에 두드러진다.

첫째로 정치적인 요소가 경제운영에 커다란 영향을 끼쳐 왔다는 점이다. 자본주의 경제체제에서는 정치와 경제가 상대적인 자율성을 가지고 있는 것과 달리 사회주의 경제체제에서는 대내외의 정치적 요인이 경제적 움직임에 결정적인 영향을 끼쳐 왔다. 이것은 자본주의 경제체제가 산업혁명을 통해 비교적, 연속적으로 경제적 요인에 의해 완성되었던 것과 달리 사회주의경제는 경제적 요인을 객관적 여건으로 하되 특정 계급 또는 특정 집단에 의한 정치권력의 장악이라는 주체적 요인이 부가되어야 성립할 수 있다는 역사적 경험에 연유한다고 생각된다. 정치권력을 장악한 이후에도 사회주의자들이 부단한 혁명성을 강조하여 자신과 체제를 같이하는 국가와 연계하여 혁명의 수출을 꾀하는 반면, 자본주의국가에서는 정·경분리론마저 나오고 있는 것도 이를 나타내준다.

둘째로 사회주의권 안에서도 중심권과 주변국의 관계에서 불균등발전이 일어난다는 점이다. 소련을 축으로 한 동구권의 경우 산업구조의 대소의존이 커서 경제적인 측면에서도 위성국가가 되고 있는 것은 잘 알려진 사실이다. 루마니아는 석유 등의 자원이 있으면서도 산업화가 뒤지고 있다.

이와 같은 동구권경제의 '블록(block)화'의 경향으로 냉전기간 중에는 서구와 경제적 마찰, 예를 들면 자원 확보를 위한 갈등을 크게 해온 요인이 되었다.

셋째로 군사적 요인 등으로 말미암아 중공업의 비중이 상대적으로 큰 점이다. 원래 사회주의 공업화의 방향이 국가부문에 의한 중공업 우선투자론에 의거하지만, 이에 더하여 동서 간의 대립에서 정치적 우위를 확보하기 위해 끊임없는 군비경쟁으로 중공업의 비중이 커졌다.

전후의 세계경제에서 이와 같은 양극화 과정에서 미국의 커다란 군비지출이 시장 확대에 한 몫을 한 것과 달리, 소련의 막대한 군사비지출이 소련경제를 편중되게 발전시킨 요인이 되었다. 최근에는 동서 간의 대립뿐만 아니라 사회주의 경제체제를 가진 소련과 중공 사이의 경제적, 정치적 이해대립도 커다란 변수로 등장하고 있다.

결국 사회주의 경제체제를 가진 나라에서도 세계경제의 문제를 공통으로 겪고 있는 셈이며, 자신의 체제적 특성으로 말미암아 그 현상이 조금 달리 또는 더 심하게 나타나고 있다. 이 점에 대해서는 자본주의 경제체제와의 비교를 통해 자세히 알아보자.

3. 자본주의 경제체제와의 비교

사회주의 경제체제는 자본주의 경제체제의 결함을 극복하기 위한 대체적(代替的)인 경제체제로 등장했으므로, 논리상으로는 자본주의 경제체제의 결함이 사회주의 경제체제의 장점이라고 말할 수 있다. 즉 자본주의 경제체제에서 빚어지는 ① 생산력과 소비력 사이의 괴리에서 일어난 경제적 불안정 ② 자산 및 소득의 불공정한 분배 ③ 과도한 독점화 경향에 따른 시장기구의 효율성 손상 등을 극복할 수 있다는 것이다.

그러나 사회주의 경제체제는 현실의 경제적 경험에 의해 얻어진 것이 아니고, 자본주의 경제체제를 없애는 것을 그 목적으로 생긴 것이므로, 실제적 운영에서는 많은 문제가 생기고 있다. 이러한 이념과 현실의 괴리에서 생긴 결함으로는 다음과 같은 네 가지 점을 들 수 있다.

첫째, 이기적인 인간형을 거부하고 이타적인 사회주의적 인간형을 상정했으나, 경제활동에 대한 유인이 없어 낮은 생산성으로 큰 고통을 받고 있다. 둘째, 중앙집권적 통제관리 아래서 비능률과 행정의 경직화, 경제적 비리와 부정행위가 만연되고 있다. 셋째, 사회주의 경제체제 아래서 관료계급이 새로운 지배계급으로 등장하여 자본주의 경제체제하의 불평등보다 심한 차별이 행해지고, 계층 상승의 가능성마저 막고 있다. 넷째, 사회주의 경제체제에서 인간성이 회복되기는커녕 노동자의 경제적 권리마저 박탈당하고 있다. 즉 자본주의 경제체제 아래서 노동자는 직장선택의 자유는 갖고 있으나 사회주의 체제처럼 노동자의 직장이 통제에 의해 정해지는 경우 기회균등은 원론적으로 배제되는 셈이다.

이와 같은 문제점은 신문보도를 통해 이따금 전해 오며, 우리와 대립하고 있는 북한의 문제점도 이와 대동소이하다고 한다. 이에 덧붙여 경제운영 과정의 기술적인 면에서 다음과 같은 다섯 가지 문제가 발생하고 있음을 지적하고자 한다.

첫째, 개별적 경제단위가 합리적인 행동을 하는 데 기준이 되는 적당한 지표가 없다. 둘째, 개인적인 창의성이 무시됨으로써 기술진보가 늦어진다. 셋째, 중앙정부의 통제가 국내에만 한정되므로 국제적 분업을 기피하는 경향이 생긴다. 넷째, 정치적인 목적을 위해 경제적 합리성을 무시한 행동이 나오기 쉽다. 다섯째, 계획이 복잡하게 됨에 따라 관리비용 자체가 증가한다.

4. 전 망

산업혁명 과정에서 자본주의 경제체제의 폐해를 목격하고 체제 자체를 부정하는 사회주의 이념이 탄생한 이후 실제 정치에서 이를 적용하려는 시도가 있은 지도 1백 년이 지났다. 그 대표적인 이론가인 마르크스는 자본주의 경제체제에서 사회주의 경제체제로의 필연적인 이행론을 주장하였다. 이와는 달리 슘페터는 자본주의의 성공의 동인

(動因)인 기업가의 창조적 파괴, 즉 기술혁신의 기능이 무력해지고 자본주의 경제체제에 대한 옹호계급이 소멸하여 결국 해체된다는 이론을 주장했다. 이에 대해 갤브레이스는 자본주의 경제체제가 계획화의 요소를 받아들임에 따라 양 체제는 서로 수렴하게 된다는 주장을 하였고, 뮈르달도 이에 동조하여 수렴론을 주장하고 있다.

그러나 현실적으로 동서 간의 정치적 대립이 존재하는 한, 양 체제가 외양적인 유사성에도 불구하고 질적인 차이는 여전히 남을 것으로 전망된다. 즉 사회주의국가에서 정치부문의 우위성과 자본주의국가에서 정치와 경제의 상대적 독립성은 여전히 남을 것이며, 사회주의 경제체제의 병폐도 정치체제가 변하지 않는 한 쉽사리 해소되지 않을 것이다. 이와 아울러 자본주의 경제체제 내에서 산업민주주의의 확립을 향한 노동자의 경영참가나 사회민주주의자들이 부르짖는 자주관리의 사상 등도 쉽사리 자본주의 경제체제의 특성 자체를 변화시킬 것으로 여겨지지도 않는다.

《이대학보》(1982. 11. 15)

제3장 서 평

《산업연관론》[*]

1

1936년에 W. W. Leontief에 의해서 발표된 "Quantitative Input-Output Relations in the Economic System of the United States"에서 비롯된 것이기는 하지만 2차 대전 뒤에 리니어 프로그래밍, 게임이론과 함께 선형경제학으로서 각광을 받게 된 것이 산업연관론이다.

산업연관론은 이론적으로는 L. Walras의 일균형론의 간략화로서의 측면을 갖는 동시에 J. M. Keynes의 거시이론의 다부문화(多部門化)로서의 측면을 가지며 또 경제이론, 수학, 통계학의 종합을 본질로 하는 것을 계량경제학이라고 하는 한 계량경제학의 일 분야이기도 하다.

그러나 좀더 구체적으로 산업연관론을 규정한다면 "산업연관론은 타생산자의 산출물의 구입자로서, 희소자원의 사용자로서, 또 최종생산자에 대한 판매자로서, 생산자들 간의 상호의존관계를 고찰하는" 현대경제학의 한 분야라고 할 수 있을 것이다. 그리고 산업연관론은

---

[*] W. H. Miernyk, *The Elements of Input-Output Analysis*, 1967; Chiou-shuang Yan, *Introduction to Input-Output Economics*, 1969.

Leontief가 밝히고 있는 바와 같이 세 가지 부분으로 구성된다. 하나는 통계자료의 수집과 정리(즉 산업연관표의 작성)이며, 둘은 적절한 이론 모형의 구성이며, 셋은 이 이론을 응용해서 경험적인 자료를 분석하는 것이다.

그런데 이 산업연관론은 오늘날 구조분석, 경제예측, 경제계획의 편성, 지역분석 등에 이용되고 있으며, 특히 경제개발계획을 실시하고 있는 저개발국에서는 크게 주목을 받고 있다. 따라서 자연히 산업연관론에 대한 관심도 비교적 높다.

그러나 산업연관론에 대한 입문서가 많은 편은 아니다. 대개가 W. W. Leontief, *The Structure of American Economy*(1951); W. W. Leontief and Others ed., *Studies in the Structure of the American Economy*(1953); NBER, *Input-Output Analysis: An Appraisal*(1955); T. Barna ed., *The Structural Interdependence of the Economy*(1956); R. Dorfman, P. A. Samuelson, and R. M. Solow, *Linear Programming and Economic Analysis*(1958); T. Barna ed., *Structural Interdependence and Economic Development*(1963); W. W. Leontief, *Input-Output Economics*(1966); A. P. Carter and A. Brody ed., *Contributions to Input-Output Analysis*(1970) 등과 같이 전문적인 것들이다. 따라서 입문서의 성격을 띠고 있는 것이 필요하다고 아니할 수 없는데, 바로 그런 성격의 것이 H. B. Chenery and P. G. Clark, *Interindustry Economics*(1959), W. H. Miernyk, *The Elements of Input-Output Analysis*(1965), Chiou-shuang Yan, *Introduction to Input-Output Economics*(1969) 등이 아닌가 생각한다. 그러나 이 세 가지 가운데서 Chenery의 책은 다른 두 가지 책에 견주어 수준이 높은 편이고 또 응용 면에 치중한 것이라고 할 수 있다. 이것은 다음의 각 책의 목차비교를 보면 명백할 것이다.

이렇게 보면 산업연관론의 지식을 얻기 위해서는 우선 Miernyk와
Yan의 책을 읽고 다음에 Chenery-Clark의 책을 읽은 뒤, 앞의 책들,
그리고 끝으로 전문적인 관계논문들을 읽어가는 것이 순서라고 할 수
있을 것 같다. 여기서 Miernyk와 Yan의 책의 서평을 쓰려고 한 것도
바로 이와 같은 결론에 연유한다.

2

Miernyk의 책은 1957년에 발간된 *Primer of Input-Output Economics*
의 완전수정판인 동시에 실질적인 확충판이다. 대체로 경제학의 초학
자에게는 물론 약간의 경제전문가들에게조차 수학은 귀찮은 존재로
간주되어 오고 있다는 사실을 감안하여, 비록 분석에서 여러 가지 절

차를 예시하기 위해서 어느 정도의 산술을 사용하고 있기는 하지만, 이 책은 전적으로 비수학적인 용어로 산업연관분석의 요점을 다루고 있다. 그러나 수학에 흥미를 갖고 있는 사람들을 위해서 끝장에 초보적인 수학용어로 모델을 기술하고 있고, 그 기술을 이해하는 데 필요한 행렬의 기초를 다루고 있다. 그러나 이 끝 장은 전혀 다른 장과 무관하도록 짜여 있다. 다시 말하면 이 장은 처음에 읽어도, 맨 나중에 읽어도, 또 전혀 읽지 않아도 되도록 짜여 있다.

여기서 특기할 것은 이 책은 산업연관표의 작성에 따르는 통계상의 문제들보다도 도리어 산업연관분석을 다루고 있다는 점이다. 즉 이 책은 독자에게 산업연관체계가 어떻게 작용하는가에 관한 이해를 주기 위한 것이지 결코 산업연관표의 작성을 위한 지시서는 아니다. 그리고 이 책의 대부분은 정태적, 개방적 산업연관모델을 다루고 있다. 이 모델은 1947년 미국 산업연관표가 의거하고 있는 모델이다.

이 책의 다른 두 가지 책과 비교한 특징은 삼각형형(型) 산업연관표, 보통 '스카이라인' 도표라고 불리는 자급자족도표 등을 다루고 있는 제5장에서 찾아볼 수 있지 않을까 생각한다.

산업을 일정의 배열순위로 배열했을 때, 투입계수행렬의 대각선의 우상(右上)에 있는 계수가 모두 영이면 이것은 임의의 산업은 그보다 하위에 있는 산업으로부터는 중간재를 구입하지만 그보다 상위에 있는 산업으로부터는 중간재를 구입하지 않음을 나타낸다. 이런 때에는 어떤 산업에 대한 직접 및 간접을 포함한 파급효과는 상위의 산업에 대한 최종수요에서만 발생하며, 하위의 산업에 대한 최종수요에서는 발생하지 않는다. 거꾸로 말하면, 어떤 산업에 대한 최종수요는 그 산업보다도 하위에 있는 산업들에 대해서는 직접·간접으로 파급하며 상위에 있는 산업들에는 파급하지 않는다. 산업 간에 일반적 상호의존관계가 있는 경우에는 파급효과는 순환적으로 진행하지만 산업 간에 삼각형의 '하이어라키'가 성립하는 경우에는 파급효과는 일방적으로 진행되는 데 불과하다.

삼각형형 산업연관표는 투입계수행렬의 대각선의 우상(右上)에 있는 계수가 모두 영인 산업연관표를 말한다. 따라서 이 표는 일방적으로 진행되는 파급효과를 표시해 준다. 그리고 또 한 나라의 산업구조의 특징을 표시해 주기도 한다.

지금 횡축에 적당한 척도로 갑, 을, 병, ⋯⋯ 등의 각 산업의 총생산액을 표시하고 종축에 자급률을 표시한다. 다음에 자급률 1백 퍼센트의 곳에서 수평선을 긋고 계산되는 자급자족생산액을 각 산업별로 1백 퍼센트로 잡는다. 따라서 국내최종수요를 완전히 자급자족하고 있는 상태에서는 전체의 산업구조는 이 1백 퍼센트 선 밑의 면적으로 표시된다. 그리고 다음에 수출을 완전히 국내 생산한 경우의 산업별 생산액의 산업별 자급자족생산액에 대한 비율을 계산하고, 그것을 각 산업의 1백 퍼센트 선보다 위쪽에 표시한다(가장 높은 선을 A선이라고 하자). 끝으로 수입을 완전히 국내 생산한 경우의 산업별 생산액의 산업별 자급자족생산액에 대한 비율을 계산하고 그것을 A선에서 아래쪽으로 표시한다.

그러면 산업별로 자급자족생산액에 수출의 파급생산액이 합쳐지고 거기에서 수입의 파급생산액이 감해진다. 그 결과 남는 것이 각 산업의 현실생산액이 된다. 그 높이는 각 산업의 자급률을 표시하며 굵은 선으로 표시된다. 이리하여 현실의 산업구조는 이 굵은 선으로 표시되는 요철의 모습으로 표시된다. 이것이 바로 자급자족도표이다.

선진국의 '스카이라인'은 대체로 1백 퍼센트 근처에 가지런한 모습을 나타내는 것과 달리 저개발권의 그것은 요철이 심하며, 특히 자급

도가 낮은 중공업 등의 금속블록의 산업들에서 움푹 밑으로 파지게
되어 있다. 따라서 이 도표는 '스카이라인'의 모습으로 한나라의 산업
구조의 특징을 표시해 주는 도표라고 할 수 있다.

Yan의 책은 주로 학부학생들을 위해서 쓴 것이며 또 적절한 수학적
배경을 갖고 있지 않는 대학원 1년생을 위한 고급산업연관론에 편리
한 디딤돌로서 기능을 하기 위한 것이다. 이 책은 독자에게 실제적 응
용을 위한 준비를 목적으로 하여 산업연관론의 요점을 소개하고 있다.
그리고 이 책은 산업연관분석은 필수적으로 행렬기호로 유효하게 취
급될 수 있는 일차방정식군을 다루기 때문에 행렬대수학을 이용하고
있다. 그러나 주 관심사는 산업연관에 있기 때문에 수학의 이용은 최
소한에 그치고 있다. 그리고 경제이론의 철저한 이해는 성공적인 응용
을 위해서 반드시 필요하기 때문에 이 책은 산업연관방법의 이론적
기초에 역점을 두고 있다. 동시에 이 책에서는 이론과 경험적 실제 사
이의 차이를 극소화하기 위해서 온갖 노력을 기울이고 있다. 그리하여
산업연관표의 작성상의 문제들과 실제가 다루어지고 있는데, 이 표의
작성에서 일반적으로 직면하게 되는 주요한 통계상의 문제는 1958년
미국 산업연관표에 의거해서 설명되고 있다.

이 책의 다른 두 가지 책과 비교한 특징은 제5장에서 다루고 있는
Leontief 역설과 제7장에서 다루고 있는 Leontief-Strout 다지역모델 등
에서 찾아볼 수 있을 것 같다.

비교생산비의 원리로부터 상대적으로 풍부한 생산요소를 더 많이
필요로 하는 산업으로 특화하여야 한다는 결론이 유도된다. 왜냐하면
상대적으로 풍부한 생산요소의 가격은 여타의 사정이 동일한 한 상대
적으로 저렴하다고 볼 수 있기 때문이다. 그리하여 미국경제는 다른
나라들과 비교해서 상대적 자본과잉, 상대적 노동부족에 있으며 따라

서 자본을 더 많이(또는 보다 적게) 노동을 더 적게(또는 보다 많이) 사용하는 산업의 제품을 수출(또는 수입)한다고 하는 극히 상식적인 견해가 지배하고 있다.

그러나 Leontief는 1947년의 미국경제를 방대한 2백 개의 부문으로 분할한 산업연관표에 의거해서 미국경제의 자본상태를 재검토하고서 이상의 상식적인 견해가 잘못임을 밝혔다. 즉 그는 "미국의 국제분업에 참가하는 자본비율이 높은 편으로가 아니고 노동비율이 높은 편으로 하는 특화를 기초로 하고 있다"고 말했다. 바꾸어 말하면 미국은 자본을 절약하고 과잉노동력을 처리하기 위해서 국제무역을 하고 있지 결코 그 역은 아니라는 것을 밝혔다. 이것이 바로 Leontief 역설이다.

지역 간 산업연관분석은 Leontief, W. Isard, H. B. Chenery, L. N. Moses, W. Z. Hirsch 등에 의하여 개발되고 그 뒤 다른 분석방법 등과 결합하면서 확충되어 오고 있다. 그러나 그 가운데 Leontief-Isard 모델, Chenery 모델 등은 비교적 알려져 있지만 Leontief-Strout 모델은 별로 알려져 있지 않다. 이 모델은 1961년 9월에 제네바에서 개최된 산업연관기술에 관한 국제회의에 제출된 그들의 논문 "Multiregional Input-Output Analysis"에서 밝혀진 것인데, 이의 중요한 특징은 국제무역의 패턴이 수송비와 수급사정이 변화함에 따라서 변화하도록 되어 있는 것, 지역 간 상품 플로는 실제로 자료를 수집하지 않고 구조방정식 체계에서 발송지와 행선지에 따라서 식별될 수 있는 것의 두 가지라고 한다. 사실 이 모델에서는 상품과 서비스의 지역 간 플로의 추정에서 산업연관방법을 보충하기 위해서 약간의 구조방정식이 구성된다.

3

현대경제학은 '오퍼레이셔널' 하다는 것을 특징으로 한다. 오퍼레이셔널 하기에 자연히 수학적일 수밖에 없다. 산업연관론도 오퍼레이셔널 하며 따라서 수학적일 수밖에 없다. Yan의 책은 바로 이와 같은 경향을 그대로 지니고 있다. 그러나 Miernyk의 책은 끝 장에서 필요한 수학을 다룸으로써 이와 같은 경향을 외면하고 있지는 않지만, 비수학적인 성격을 띠고 있다고 할 수 있다. 이 점을 제외하고서는 두 책 다 간결하고 평이한 동시에 방대하지 않은 책이기 때문에 산업연관론에 관심을 갖는 사람에게는 접근하기 쉽다는 인상을 줄 수 있다. 그리고 이들은 또 서로 보완적이다. 그러나 이들은 다 같이 선형경제학의 중추를 이루고 있는 리니어 프로그래밍과 결합된 산업연관모델(산업연관계획 모델)을 다루고 있지 않다. 이것은 이들의 성격에 기인하겠지만 이 점에서 이들은 Chenery-Clark의 책에 의해서 보완되지 않으면 안 될 것이다.

Chenery-Clark의 책은 제4장과 제11장에서 그것을 다루고 있다. 제4장은 산업연관분석과 리니어 프로그래밍, 수요 측에서의 선택, 공급 측에서의 선택, 가격을 사용하는 심플렉스 법해, 본원적 요소의 평가, 대체적 산업연관 모델, 부록: 산업연관계획 모델의 이해로, 그리고 제11장은 저개발경제에서의 구조적 불균형, 개발계획의 실제, 리니어 프로그래밍 개념의 이용, 남부 이탈리아의 연구, 계획법의 실제적 이용, 부록: 남부 이탈리아의 계획 모델을 위한 자료로 구성되고 있다. 그러나 제4장과 제11장은 너무나도 수학적이라서 초학자는 접근하기 어려울 것이다. 따라서 이들 가운데 적어도 어느 하나가 산업연관모델을 간결·평이하게 다루어 주었더라면 하는 아쉬움이 있다.

대체로 Miernyk와 Yan의 책을 동시에 읽고, Chenery-Clark의 책을 읽으면 산업연관론의 기초적인 것은 다 터득한 셈이 될 것이다. 그리고 전문가가 되려면 이에서 더 나아가서 앞의 Leontief의 책(1951) 등을 읽거나 전문적인 논문을 읽을 필요가 있을 것이다.

산업연관분석은 오늘날 많은 나라에서 중시되고 있는 것은 사실이다. 그러나 산업연관분석에서 증폭적인 역할을 하고 있다고 볼 수 있는 파급 메커니즘의 기능은 경제구조가 동질적인 경우일수록 크며, 또 산업연관분석에는 원칙적으로 일정 기간에 생산되는 생산물이 모두 동 기간에 소비된다는 전제에서 출발하고 있기 때문에 과잉생산의 결과 일어나는 체임(滯賃)의 문제를 사상하고 있으며, 항상 물량적인 체계를 표시하는 것이 원칙으로 되어 있기 때문에 가격관계의 중요한 변화를 고려하고 있지 않으며, 중고품의 거래라든가 부산물의 역할을 무시하고 있다는 등의 결함이 있다(《경제논집》, 1964. 9, pp. 208~209). 따라서 산업연관론에 관한 책을 읽을 때에는 물론 산업연관분석을 응용하거나 혹은 그 분석의 결과를 평가할 때에도 이들 결함에 항상 유의할 필요가 있다.

《경제논집》(서울대, 1968. 12)

서평

《후기자본주의》[*]

1. 서 론

제2차 세계대전 이후의 세계자본주의의 전개는 고전적인 경기변동 이론들의 예측과는 전혀 다른 양상을 띠고 있는 것처럼 보였다. 1960 년대 말에 이르기까지의 경제성장은 이전보다 훨씬 가속적이었고, 약 간의 경기변동이 있기는 하였지만 그 폭은 미미한 것이었다. 즉 대규 모의 생산중단이나 산출과 고용의 하락도 나타나지 않았으며 상대적 침체국면이라 할지라도 단지 성장률이 일시적으로 완만해지는 정도이 었다.

이에 1930년대의 대공황이 자본주의 최후의 불황으로 인식되었고 자본주의는 국가의 적절한 경제관리에 힘입어 지속적인 안정적 성장 을 누릴 수 있다는 낙관적인 견해가 지배적이 되었다. 이런 인식은 학 계에서도 마찬가지여서 자본주의는 가능한 모든 세계 가운데에 모든

---

[*] Ernest Mandel, *Late Capitalism, Revised Edition of Der Spätkapitalismus*, Translated from the German by Joris de Bres, London: NLB; Atlantic Highlands, N. J.; Humanities Press, [1972]1975, pp. 599.

것이 최상의 것을 향하여 나아가는 사회체제라는 명제로 집약되듯이 경쟁적인 시장기구가 찬미되고 약간의 부차적인 결함만을 국가가 케인스적인 거시경제정책으로 보정해 주면 된다는 이론이 주류를 이루었다. 신고전학파 종합으로 대표되는 근대경제학의 경우 '혼합경제론' 또는 '복지국가론'이라는 이름 아래 전개된 거시경제학에서 국가를 중심으로 하는 자본주의의 안정화 기구의 성격을 해명하는 일이 이론의 핵심을 이루었다. 이들은 국가와 거시적 총수요 관리정책과 시장의 미시적 경쟁기구의 결합이 경제의 안정과 효율성을 동시에 가져다줄 수 있다는 신화적 교리를 창조하고 경기변동 이론을 사실상 경제학의 영역에서 추방하여 버렸다.

그러나 1970년대에 들어와서 스태그플레이션이라는 새로운 경제공황이 발발하게 되자 이 이론들은 한꺼번에 무력성을 드러내게 되었다. 1970년대의 불황국면에서는 시장기구의 균형에 자동회복력이 신속하게 작용하지 않음은 물론 국가의 거시경제정책들도 무용하였다. 과거에 누적된 재정적자들로 말미암아 정부는 사실상 이미 확장정책을 쓰기 힘든 상태에 놓여 있었고, 설혹 확장정책을 쓰더라도 경기부양의 효과는 낳지 못하고 인플레이션만 심화시킨 채 불황은 장기화되기에 이른 것이었다.

올바른 이론은 전후의 장기호황을 설명할 뿐만 아니라 동시에 불황의 필연성도 입증하는 이론이어야 한다. 이에 1970년대에 들어와서는 사회적 관계에 대한 분석을 중심으로 자본주의체제가 안고 있는 모순에 초점을 맞추는 정치경제학에 대한 관심이 부활되고, 특히 마르크스의 공황론에 대한 여러 규정들을 현실경제의 해명에 적용하려는 움직임이 크게 나타나게 되었다. 정치경제학 내부에서도 특히 전후에 지배적이었던 과소소비론적 공황론을 극복하고 과잉축적론적 공황론이 크

게 대두하였고 생산-유통-분배의 전 과정을 통합시킨 체제로서 공황
론이 정립되는 방향으로 이론의 발전이 이루어졌다.

　바로 이와 같은 새로운 경향의 대표자의 한 사람으로서 만델(E.
Mandel)을 들 수 있다. 그는 전후 자본주의가 아직 본격적인 불황국면
에 접어들기 이전인 1960년대 중반부터 장기파동론에 입각해서 자본
주의의 장기적 불황을 예측한 정치경제학자로서 그 학문적 식견의 탁
월성이 인정된다. 동시에 그의 이론은 정치경제학계 내부에서도 현대
자본주의의 안정화기구 분석에 더 초점이 맞추어진 전후의 여러 가지
국가독점자본주의론이나, 국가를 실현 곤란의 해소기구로 파악하는
배런(P. Baran), 스위지(P. M. Sweezy) 등의 경제잉여에 입각한 분석 등
에 대한 비판을 통해 형성된 이론이라는 점에서도 독창성이 인정된다.
이에 아래에서는 만델의 주저 《후기자본주의》(*Late Capitalism*)를 중심
으로 만델의 이론의 내용과 특징을 살펴보고자 한다.

2. 《후기자본주의》의 목차 및 내용

　만델의 《후기자본주의》는 마르크스의 《자본론》에 정리된 자본주의
의 기본적 운동법칙에 입각하여 제2차 세계대전 이후의 자본주의 역
사를 설명하려는 시도라고 할 수 있다. 즉 자본주의적 생산양식의 '추
상적' 운동법칙이 현대 자본주의의 '구체적' 역사와 전개 속에서 실제
로 작용하고 있으며 또한 이를 실증할 수 있음을 보이려는 것이다.

　이를 만델 자신은 서문에서 "본서의 기본 목적은 마르크스 경제학
계와 비마르크스 경제학계를 동시에 놀라게 한 전후 세계자본주의의
장기파동의 원인과 그 내적 한계에 대한 설명을 제공하는 데에 있
다"(p. 8)라고 밝히고 있다. 또한 후기자본주의라는 개념에 대해서는

그간의 숱한 논쟁과 정치적인 요소의 개입으로 말미암아 많은 오해를
불러일으킬 소지가 있는 국가독점자본주의라는 용어나, 현대자본주의
와 전통적인 자본주의 사이의 연속성이라는 측면에서 개념상의 문제
가 있는 신식민주의(新植民主義)라는 용어를 피하기 위해 사용하였다
고 한다. 후기자본주의라는 용어는 비록 연대기적 성격을 가지고 있기
는 하지만 경쟁적 자본주의 및 고전적 제국주의와 대비되면서도 자본
주의의 기본 성격이 변하지 않았음을 명시적으로 보여주는 점에서 적
절하다고 한다. 이상의 전제를 가지고 시작되는《후기자본주의》의 목
차와 그 내용은 다음과 같다.

목 차

위의 18개 장 가운데서 첫 네 개의 장은 만델의 방법론과 자본주의의 분석시각에 대하여 전반적으로 논술하고 있는 총론적 성격을 가지고 있는 부분이며, 제5장부터 제13장까지는 후기자본주의의 여러 측면들을 개별적으로 더 자세히 살펴보고 있는 부분이며, 마지막 네 개의 장은 종합적 성격을 갖는 결론에 해당한다고 볼 수 있다.

더 구체적으로 말하면, 제1장에서는 예비적 방법론에 관해서 다루고 있으며, 제2장과 제3장의 일부에서는 자본주의적 생산양식의 내적 모순의 발전과 이 모순의 완화를 위해 필요한 지리적 환경의 창출과의 관계 즉 세계시장에 대해서 다루고 있으며, 제3장의 나머지 부분과 제4장에서는 자본주의적 기술의 발전과 자본의 가치증식의 관계에 대한 일반적인 논의와 동시에 전(全) 자본주의의 역사를 장기파동에 의해 시기 구분하고 있다.

뒤이은 9개의 장에서는 후기자본주의의 주요 특징들을 논리-역사적인 순서로 다루고 있다. 제5장에서는 후기자본주의의 출발점으로서 파시즘과 전쟁에 의한 노동자들의 패배로 자본의 가치증식에 유리한 조건들이 급격하게 개선되는 과정을 논술하고 있고, 제6장에서는 제3차 기술혁명을 거친 이후의 발전을 다루고 있다. 제7장부터 제9장에서는 고정 자본의 수명을 단축시키고 기술혁신을 가속화함으로써 독점지대가 후기자본주의 아래의 독점적 초과이윤의 주된 형태가 되는 과정과 항상적인 재(再)무장에 의해 잉여자본을 흡수하는 과정에 대해서 논술하고 있다. 제10장과 제11장에서는 자본의 주요 현상형태로서 새롭게 나타난 다국적기업으로 표현되는 자본의 국제적 집적과 집중 및 노동생산성이 다른 여러 나라 사이의 세계무역을 규정하는 불평등교환을 중심으로 하여 세계시장 내에서의 상호연관성에 대하여 다루고 있다. 이어서 제12장과 제13장에서는 실현문제의 새로운 형태와 그 해결책에 대하여 언급하고 있는데, 여기서는 고전적인 산업순환에다가 신용의 팽창 및 수축의 반(反)주기의 순환을 결합시킴으로써 새롭게 등장한 항상적 인플레이션 아래에서 후기자본주의적 산업순환에 대하여 설명하고 있다.

마지막으로 제14장 이하에서는 위의 여러 분석 결과들을 종합함으로써 자본의 운동법칙과 자본의 내적 모순들이 후기자본주의에서도 계속 작용하고 있으며 동시에 가장 극단적인 형태로 표현되고 있음을 입증하고자 하고 있다.

3. 《후기자본주의》의 주요 특징

《후기자본주의》에서 만델의 독창성이 특히 두드러진 부분은 크게 세 가지가 있다. 첫째, 제1장에서 마르크스이론에 대한 재해석을 통하여 기존의 마르크스 경제학자들의 방법론을 비판하고 독자적인 방법론을 설정한 점, 둘째, 자신의 방법론에 입각하여 자본주의의 장기파동을 설명함으로써 그 특유의 공황론을 구축한 점, 셋째, 전후 자본주의의 전개에 장기파동론을 구체적으로 적용한 제3차 기술혁명론이다. 본 절에서는 이들 각각에 대해서 더 자세하게 살펴보자.

1) 방법론

만델의 방법론은 한마디로 경제주의적 변증법에 입각한 다요인가설(多要因假設)이라고 할 수 있다. 마르크스의 변증법적 논리학을 사용하되 궁극적으로 경험적 자료에 의하여 실증될 수 없는 명제를 법칙화하는 것을 거부하고, 동시에 자본주의의 역사적 동학을 어떤 한 가지 요인에 의하여 설명하는 일도 거부하는 것이다. 만델이 이러한 입장을 취하는 논지는 다음과 같다. 만델에 따르면 마르크스가 자본주의의 운동법칙을 '추상에서 구체로' 전진하는 변증법적 분석 방법을 사용하여 규명하였다는 마르크스의 방법론에 대한 통설은 변증법의 풍부한 내용을 간과한 편협한 해석이라고 한다. 원래의 마르크스의 방법에서는 구체가 인식의 출발점임과 동시에 최종 목표이므로, 구체에서 추상에로의 전진과정이 추상에서 구체로의 전진과정에 선행한다. 따라서 가장 추상적인 개념은 단순히 순수한 이해의 산물이 아니라 실제 역사 발전의 거울이고 단순에서 복잡으로 나아가는 추상적 사유의 과정이 곧 실제 역사과정과 대응된다는 역사적 변증법을 주장한다.

그는 이 역사적 변증법을 극단적으로 실증주의적인 방향으로 밀고 나아가서 이론적 분석과 실증자료 사이의 괴리를 단호하게 거부한다. 예컨대 알튀세(L. Althusser)의 이론과 역사의 상이한 층위(層位)로의 구분은 헤겔적인 관념론적 오류로 통박된다. 마찬가지 이유로 '순수'한 생산양식과 '구체'적 역사과정은 상이한 추상 수준이기 때문에 추상적인 이윤율의 경향적 저락(低落)법칙은 실증적으로 검증될 수 없다는 마틱(P. Mattick)이나 캠프(T. Kemp)의 견해도 부정된다. 왜냐하면 '실제적 경험적으로 표출되어지지 않은 경향은 결코 경향이라고 할 수 없기' 때문이다(p. 20).

이러한 방법론적 입장에서 다음 두 가지 문제의 해명을 당면과제로 제시한다. 첫째, 지난 100여 년 동안의 자본주의적 생산양식의 실제 역사를 추상적인 운동법칙인 자본주의적 생산양식의 내적 모순의 전개에 따라 설명하는 작업, 즉 추상과 구체를 통일시키는 중간 매개항을 구축하는 일과 둘째, 팽창하는 자본과 이 자본에 따라 정복된 전(前)자본제적〔또는 반(半)봉건적〕 영역의 접합 문제이다(p. 22).

그런데 이제까지 정치경제학의 발전과정에서 이 문제들에 대한 올바른 해답이 주어지지 않은 이유는 스탈린적 관료주의로 말미암아 이론의 발전이 마비되었다는 정치적 요인과 함께 그간의 마르크스 경제학자들이 사용한 분석도구와 분석방법에 문제가 있었기 때문이라고 한다.

먼저 만델은 분석도구의 측면에서 여러 마르크스 경제학자들의 재생산표식에 대한 잘못된 이해를 비판한다. 원래 마르크스가 재생산표식을 사용한 목적은 구매와 판매가 서로 무관한 무수한 사람들에 의해 이루어지는 무정부적 순수한 시장에 기초한 경제체제가 '왜' 그리고 '어떻게' 지속적인 혼란 없이 진행될 수 있는가를 보여주기 위해서였다고 한다. 즉 $I_V + I_S = II_C$라는 등식은 I부문(소비재 생산부문)의 가변가치와 잉여가치의 합이 II부문(자본재 생산부문)의 불변자본의 가치와 같도록 부문 간의 생산과 교환이 이루어진다면 단순재생산의 균형이 이루어진다는 균형조건에 불과하다. 여기서 재생산표식은 자본주의적 생산의 존재가능성을 증명하기 위한 한 가지 수단인 것이다.

그런데 힐퍼딩(R. Hilferding), 로자 룩셈부르크(R. Luxemburg), 부하린(Bukharin) 등은 무정부적 생산조직과 자본 간의 경쟁에도 불구하고 일시적인 균형이 가능함을 증명하는 구실을 하는 재생산표식을 자본주의적 생산의 주기적 균형 파괴의 필연성을 입증하는 분석 도구로 사용한 데에서 오류를 범하였다고 만델은 비판한다. 자본주의의 운동법

칙은 본질적으로 지속적인 불균형이며 균형의 파괴는 지속적인 성장
과 동시에 균형을, 확대재생산뿐만 아니라 재생산의 저지를 낳는 것이
사실이지만, 이를 재생산표식을 사용하여 입증하려는 시도는 오류라
는 것이다.

만델이 더 중요한 문제로 생각하는 것은 분석방법에 있다. 이제까지
많은 논자들은 자본주의적 생산양식의 장기적 발전 경향과 붕괴를 단
일요인으로 설명하려고 하였다고 한다. 로자 룩셈부르크는 잉여가치
의 실현의 곤란을 들어서 비자본주의 세계로 자본주의적 상품유통 침
투의 필연성을 논증하였으며, 힐퍼딩은 경쟁 즉 생산의 무정부성을 자
본의 아킬레스건으로 파악하고 공황과 불균형의 유일한 원인으로 간
주하였으며, 바우어(O. Bauer)는 초기에는 공황의 원인으로 축적되지
못한 화폐자본의 주기적 배출을 들었다가 후기에는 로자 룩셈부르크
처럼 과소소비론으로 선회하였으며, 그로스만(H. Grossmann)은 과잉축
적 과 기계적 붕괴론을 중심으로 이론을 전개하였다. 나아가서 만델에
따르면 레닌의 《제국주의론》도 단일요인가설이라는 비판을 면할 수
없다고 한다.

만델 자신은 기존의 단일요인 가설 대신에 다요인 가설을 제시한다.
즉 동태적 총체성으로서 자본주의적 생산양식에서 특정 결과가 나타
나는 데에는 여러 가지 기본법칙들이 상호작용하게 되고, 이 기본법칙
들을 결정하는 기본변수들도 여러 가지 있다. 그리고 이 기본변수들은
완전히 서로 독립은 아니지만 일정 수준까지는 부분적으로 또한 주기
적으로 독립변수로서 작용한다는 것이다. 만델은 자본주의적 생산양
식 안에서 상대적 독립성을 갖는 주요 변수로서 ① 자본 일반 및 주요
부문의 자본의 유기적 구성, ② 불변자본 가운데 고정자본과 유동자본
의 비율, ③ 잉여가치율, ④ 축적률, ⑤ 자본의 회전기간, ⑥ 양 부문

사이의 교환관계 등의 여섯 개의 변수를 들고 있다. 자본주의 역사는 이들 여섯 개의 변수의 상호작용으로 기술되는데, 자본주의는 이윤 즉 자본의 가치증식에 기초한 생산양식이기 때문에 이 변수들의 상호작용은 이윤율의 변동에 집약되어 나타난다. 따라서 이윤율의 변동이 자본주의 역사의 지진계(地震計)가 된다고 만델은 단언한다. 결국 만델은 자본주의 역사의 각 단계를 설명하는 데에서 위의 여러 독립변수들의 구체적인 움직임이 어떠한지, 그리고 이들이 이윤율의 변동에 어떠한 영향을 주는지를 살펴보는 방식을 채택하고 있다.

2) 장기파동론

《후기자본주》의 가장 중요한 측면은 자본주의의 전 발전과정을 장기파동을 중심으로 시기 구분하고 전후의 호황과 불황을 이 장기파동론에 따라서 설명한 점이다. 만델에 따르면 고정자본의 갱신기간인 7~10년의 기간을 갖는 산업순환은 50년 전후의 주기를 갖는 산업기술의 변화에 의해 야기되는, 더 근본적인 운동에 의하여 제약된다고 한다.

물론 장기파동론은 만델 자신도 인정하듯이 일찍이 콘드라티예프(N. Kondratief)와 슘페터(J. Schumpeter) 등에 의해서 이론화된 것으로서 결코 새로운 것이 아니다. 그러나 그의 접근이 고전적인 마르크스 경제이론의 분석도구를 사용하여 이전의 이론들보다 장기파동을 체계적으로 설명한 점은 그의 독창적인 기여이며, 더욱이 장기파동이론이 이미 낡은 이론으로 간주되던 1950~60년대에 이 견해를 다시 제기한 점은 분명한 기여이다.

만델은 이를 다음과 같이 표현하고 있다. "장기파동에 관한 우리 분석의 고유한 기여는 이윤율에 영향을 끼치는 다양한 요인들(원자재 가격의 급락, 세계시장의 급격한 팽창이나 자본의 새로운 투자원의 팽창, 잉여가치율의 급속한 상승 또는 하락, 전쟁과 혁명 등)을 생산기술의 근본적인 변화에 기초하는 자본의 장기적 축적과 가치증식 과정의 내적 논리에 연결시킨 점이다. 우리는 이 운동을 자본의 축적과 가치증식 과정의 내적 논리에 따라서 설명한다(p. 145)."

만델의 장기파동론의 기본 논리는 축적이 이윤율에 의하여 결정되고 이윤율에 영향을 주는 요인들은 다시 축적을 자극한다는 단순한 논리로 요약될 수 있다. 자본의 유기적 구성을 저하시키거나 잉여가치율을 급상승시키는 '촉진 요인'들에 의하여 이윤율이 급상승할 때에 장기파동의 확장국면이 발생하고 이 촉진요인들이 고갈되어 이윤율이 하락할 때에는 수축국면에 들어간다. 그리고 어떤 새로운 요인들의 결합에 따라서 이윤율이 다시 급상승 할 때에는 새로운 팽창국면이 시작된다는 것이다. 따라서 자본주의는 축적과정 그 자체에 의하여 점진적으로 소진되는 일련의 외생적 충격 속에서 발전하게 된다.

이 촉진요인들 가운데 특히 중요한 것으로 ① 자본의 유기적 구성이 낮은 부문(또는 국가)으로 자본의 대량침투로 인한 자본의 평균적 구성의 급격한 하락, ② 노동운동의 패배로 인한 잉여가치율의 급상승, ③ 원자재 등 고정자본 가격의 급락 또는 I 부문 노동생산성의 급상승으로 인한 고정자본 가격의 급격한 하락, ④ 수송수단의 발전, 분배수단의 개선, 재고(在庫)의 빠른 순환 등으로 인한 유휴자본의 회전시간의 단축 등을 들고 있다(p. 115). 이들 요인들이 제한된 범위에서만 작용하면 상승국면이 짧아서 이윤율이 곧 떨어지고 축적이 감소하게 된다. 반대로 여러 가지 요인들이 이윤율을 장기적으로 상승시키는 방향으로 동시에 작용하면 축적은 오랫동안 계속되고 노동생산성의 질적 변화를 수반하는 '기술혁명'과 '생산기술의 근본적 갱신'이 일어나게 된다.

　이상의 내용을 갖는 만델의 장기파동론은 하나의 이론 체계 내에서 다양한 기술적, 경제적, 정치적 요인들을 동시에 고려하면서도 장기파동의 내적 동학에 초점을 맞추어서 축적의 성공 자체가 곧 성공의 기반을 잠식하게 된다고 보아 축적에 고유한 내적 경향을 부각시킨 점에서 탁월한 접근이라고 할 수 있다.

　만델의 장기파동론을 공황론의 측면에서 살펴보면 공황에 대한 단일요인적 설명을 거부하고 생산-유통-분배로 구성되는 자본주의적 생산양식의 여러 모순들을 총괄하는 것이라고 할 수 있다. 즉 노동력의 사회화와 사적 수취 사이의 모순, 사용가치의 생산과 교환가치의 실현 간의 모순, 노동과정과 가치증식과정 간의 모순, 자본축적과 그 가치증식과정 간의 모순 등이 총괄되어 공황으로 폭발하는 것이다. 이를 만델은 "잉여가치의 실현과 자본축적은 시간적으로 또 규모 및 비율에서도 서로 완전히 일치하지 않으며, 잉여가치의 생산 자체와도 일치하지 않는다. 첫째와 둘째 간의 괴리, 첫째와 셋째 간의 괴리가 자본주의적 공황을 설명한다(p. 108)"는 말로 표현하고 있다.

　따라서 만델은 Ⅰ부문의 과잉생산 즉 대중의 과소소비를 강조하는 과소소비론과, Ⅰ부문의 과잉생산을 강조하는 과잉축적론을 모두 비판하면서, 공황의 원인으로 자본의 과잉축적과 대중의 과소소비, 이윤율 하락, 생산의 무정부성과 부문 간의 불비례 등의 모든 요인을 고려하는 절충주의적 공황론을 펴고 있다.

3) 제3차 기술혁명

　만델은 자신의 장기파동론을 구체적인 자본주의의 역사에 적용하여 다음과 같은 네 개의 장기파동을 찾아냈다.

① 18세기 말~1847년 공황: 수공업 또는 공장제 수공업에 증기기관의 보급에 따른 산업혁명기.

② 1847년 공황~1890년대 초: 기계제 증기기관의 일반화에 따른 제1차 기술혁명.

③ 1890년대~제2차 세계대전: 전기 및 내연기관의 전 산업에의 응용을 내용으로 하는 제2차 기술혁명

④ 제2차 세계 대전 이후: 전자장비에 의한 기계 제어와 원자력의 도입에 따른 제3차 기술혁명.

위의 각 장기파동은 또한 이윤율이 상승하고 축적과 성장이 가속화되며 유휴자본의 가치증식이 가속화되고 I부문의 진부화된 자본이 가치를 상실하는 확장국면과, 이윤율이 하락하고 축적과 성장이 둔화되며 총자본의 가치증식의 곤란이 커지고 유휴자본이 증대되는 수축국면으로 나뉜다.

만델의 시기 구분에 따르면 우리는 현재 제3차 기술혁명으로 인한 장기파동의 수축국면에 있는 것이다. 먼저 제3차 기술혁명의 팽창국면을 살펴보면 파시즘과 제2차 세계대전으로 인한 노동자 계급의 패배가 잉여가치율을 급상승시키고 이윤율을 높이는 결과를 낳았다. 또한 전후 냉전 아래서 군수산업의 발전에 의해서 과잉자본의 가치증식이 용이하게 되었고 전쟁 중 개발된 전자공학을 응용함으로써 소비재를 만드는 기계, 기계를 만드는 기계, 원료와 식료품을 생산하는 기계가 출현함으로써 불변자본의 가치가 하락하고 이윤율이 상승하게 되었다. 이 제3차 기술혁명으로 말미암아 축적이 촉진되었을 뿐만 아니라 경제의 주요 산업부문이 완전히 기계화되고 여러 산업부문들 사이에 노동생산성이 균등화되며 평균적 자본의 유기적 구성이 균등화되는 결

과가 나타났다. 또한 제2차 대전 이후 비록 시장의 외연적 규모는 축소되었으나 중심부 국가 사이의 국제분업이 강화되고 주변부에서 공업화가 시작됨에 따라 현저하게 확장된 세계시장의 발전도 이윤율 상승에 기여하였다.

그러나 1960년대 중반부터는 산업예비군의 고갈과 함께 기술혁명의 잠재력이 소진됨에 따라서 자본의 가치증식이 어렵게 되고 수축국면에 접어들게 되었다. 즉 생산성을 높이기 위해서는 더 많은 투자가 필요하게 되었고 이에 따라 자본의 유기적 구성도 급속하게 상승하기에 이르렀다. 이러한 조건 아래서 과거와 같은 높은 이윤율을 유지하기 위해서는 잉여가치율을 제고시켜야 하나 노동자들의 저항이 이를 불가능하게 하였다.

그러면 노동자들이 효과적으로 저항하여 잉여가치율의 상승을 가로막을 수 있었던 원인은 무엇일까? 만델은 이를 선진자본주의 국가에서 지난 20여 년 간의 축적이 전후의 많은 실업과 값싼 농촌노동력을 소진시켰고 외국노동자들을 수입해 오기는 하였으나 노동력 부족을 해소시킬 정도까지 이르지 못하였기 때문이라고 한다. 결국 만델은 제3차 기술혁명에 의한 생산성 이득의 소멸과 산업예비군의 고갈에 따른 노동력 부족을 기초로 한 노동운동의 강화라는 두 가지 요인이 60년대 중반 이후의 수축국면의 주요 원인이 되었다고 보았다. 전자는 자본의 유기적 구성의 고도화를 낳았고 후자는 상대적으로 낮은 잉여가치율을 낳아서 이들의 결합에 따라서 이윤율이 하락한 것이다.

만델은 여기에 덧붙여서 인플레이션의 역할에 대한 분석에까지 논의를 전진시키고 있다. 즉 '인플레이션은 상대적으로 급속한 자본축적과 높은 고용수준 아래서 잉여가치율과 이윤율의 급속한 하락을 막는 후기자본주의 특유의 기제'라고 한다(p. 442). 그러나 만델은 인플레이션이 실질임금의 상승을 지연시킬 수는 있으나 궁극적으로는 막을 수 없기 때문에 상승하는 물가에도 불구하고 이윤율은 하락할 수밖에 없다고 한다. 나아가서 인플레이션에는 가속화되는 내적 경향이 있기 때문에 인플레이션을 방치해 두면 가격상승이 너무 급속하게 일어나서 축적 자체가 불가능하게 되는 사태까지 발생하게 된다고 한다. 결국 인플레이션은 공황을 지연시킬 수는 있지만 공황을 방지할 수는 없는 것이다.

자본주의 경제의 미래에 대한 만델의 진단은 우울한 것이다. 생산성의 증가와 불변자본의 가치 하락은 갈수록 어렵게 되고 투자가 저렴화된 불변자본에 의하여 이루어질 수 없기 때문에 결국 자본의 유기적 구성은 상승할 수밖에 없다. 더욱이 전후에 기술혁신이 급속하게 일어났던 원자재(예컨대 석유) 부문에서도 그 원활한 공급이 어렵게 되고, 이로 말미암아 원자재 가격이 상승함에 따라 고정자본에 대한 유동자본의 비중이 커지면서 전체적으로 자본의 유기적 구성은 더욱 높아져 갈 것이다. 이런 상태에서 자본은 그 원만한 축적을 위해서 잉여가치율의 상승을 요구할 것이므로 잉여가치율을 둘러싼 자본과 노동 사이의 갈등이 앞으로 사회 경제의 중심적인 문제로 등장하게 되리라는 것이 만델의 후기자본주의에 대한 비관적인 전망이다.

4. 《후기자본주의》의 한계 및 문제점

만델의 장기파동론은 자본의 내적 논리에 의하여 공황을 설명하려는 시도라는 점에서 선거나 전쟁 등의 정치사회적인 요인이나 천재지변과 같은 자연적 요인에서 경기변동의 원인을 찾는 이론들보다는 훨씬 우위에 서 있는 이론이다. 그러나 만델의 논의는 아직 충분한 해명이 이루어지지 않은 부분들도 많이 남기고 있다.

먼저 방법론의 측면에서 기존의 단일요인 가설들을 비판한 만델의 논의는 타당하다. 그러나 기존의 마르크스 경제학자들에 대한 비판을 통하여 앞으로 해결되어야 할 과제로 제시한 것들을 과연 그가 해결하였는지에는 의문의 여지가 많다. 예컨대 자본주의의 여러 측면에 대해서 장황하게 논의가 되었지만 그것들이 장기나 단기에서 어떻게 서로 연관되는지에 관한 분명한 설명이 없다.

더욱이 공황론에 관한 그의 기본 입장이 무엇인지 불분명하다. 얼핏 보아 잉여가치율과 자본의 유기적 구성의 변화로 인한 이윤율의 경향적 저하론이 그의 기본 이론인 듯하다. 그러나 동시에 실현문제와 부문 간 불비례에 대해서도 자주 언급하고 있는데, 양자가 서로 어떻게 관련되는지가 불분명하다. 수요와 실현문제에 관한 그의 논의는 기본이론과 연결의 불명료성으로 말미암아 공중에 떠 있는 듯이 보인다. 그리하여 만델이 과잉생산이 이윤율 저하라는 현상으로 나타난다고 보는 것인지 아니면 이윤율 저하에 의하여 과잉생산이 발생한다고 보는 것인지 불확실하다.

이러한 혼란은 제9장에서 군수산업에 대해서 언급할 때에 더욱 커진다. 때로는 배런과 스위지와 입장을 같이하여 군수산업이 투자 출구를 찾지 못한 잉여가치를 흡수하여 수요를 유지하고 실현공황을 막는 구실을 한다고 하고, 때로는 군사비 지출은 노동자의 소비 감소에 의해 이루어지는 것이기 때문에 실현공황의 해소에 도움이 되지 않는다고 하고 있다. 후자가 진실이라면 군비는 민간소비를 대체한 것에 불과하기 때문에 잉여가치의 실현 문제는 군비확장과 관계없이 남게 됨으로써 이 두 이론은 서로 양립할 수 없는 것이다. 즉 전자는 전후 자본주의에서 실현공황과 수요문제가 잠재해 있지만 군비지출이 이를 해결해 주었다는 주장이고, 후자는 이를 부정하는 것이다. 그런데도 만델은 자신의 장기파동론 체계에 이 양자가 잘 통합되었다고 주장하기 때문에 혹자는 만델을 좌파 케인지언적인 과소소비론자로 파악하고 혹자는 과잉축적론자로 분류하는 혼란이 일어나고 있다.

만델의 장기파동의 원인을 이루는 기술에 대한 설명도 불완전하다. 기술혁신이 어떻게 일어나게 되는지 그 원인에 대한 설명이 없기 때문에 만델의 이론체계는 기술 즉 생산력이 시간의 흐름 속에서 자동적으로 신비하게 발전해 나아가는 역사의 원동력으로 나타나고 있다. 《후기자본주의》 제16장에서 만델은 "기술의 전능에 대한 믿음이 후기자본주의 부르주아 이데올로기의 특수 형태다"(p. 501)라고 기술하고 있으면서도, 그 자신이 기술혁신을 하늘에서 우연히 떨어지는 것처럼 파악하여 그의 이론을 기술결정론으로 만들고 말았다. 더욱이 '동력기술의 근본 혁명'이 자본축적 과정을 규정하는 궁극적인 원천으로서 자본에 새로운 투자기회를 제공하고 장기파동의 확장국면을 개시시키는 것으로 파악되고 있는데도 이 변화를 체계의 외생변수로 간주해 버림으로써 슘페터의 《경기변동론》(*Business Cycle*)과 동일한 맥락에   서게 될 위험이 있는 것이다. 만델은 기술 즉 생산력이 생산관계의 표현으로서 자본과 임노동 사이의 대립 관계에 의하여 규정되는 사회적 실체라는 점을 명확하게 인식하지 못하고 있는 것이다.

만델은 장기파동의 확장국면에서 신용의 역할에 대해서도 잘못된 인식을 가지고 있다. 만델에 따르면 확장국면의 대규모의 투자에 충용되는 자금은 이전의 국면에서 자본가들이 유보자금으로 쌓아둔 것으로 파악하고 있다. 즉 자본가들이 잉여자본을 미래의 축적기금으로 모아 두었다가 팽창이 시작되면 대규모의 투자를 감행한다는 것이다. 그러나 실제확장 국면의 신투자는 만델이 얘기하는 것처럼 전기에 모아

둔 유휴축적기금이 아닌 것이 보통이다. 팽창은 일단 시작되면 자기 지속적인 것이기 때문에 팽창국면에서 높은 이윤이 곧 투자의 원칙이 되는 것이다. 다만 팽창국면 초기에 충용될 약간의 축적기금이 필요하지만 이것도 은행신용에 의하여 충당될 수 있기 때문에 '역사적인 유보자금'이 필요하지는 않다.

그 밖에도 만델의 이론은 분석적인 측면에서 유기적 구성의 고도화에 대한 실증이 불완전하여 다른 자료들에 의해서는 부정되기도 한다는 점, 인플레이션이 이윤율의 저하를 막는 충분한 기제가 되지 못하는 데에 대한 설명이 불완전한 점, 제3차 기술혁명의 구체적인 여러 측면에 대한 설명이 미흡한 점 등도 문제점으로 남아 있다.

만델의 이론 가운데 마지막으로 하나 더 언급되어야 할 것은 '선진국혁명론'에 입각해 있는 실천적 문제의식이다. 1960년대 후반 이후 제3차 기술혁명의 장기파동이 수축국면에 접어들게 됨으로써 자본주의가, 20세기의 자동화된 기술이 인간해방을 위해 갖는 잠재력을 충분히 발전시키는 데에 부적합한 체제라는 인식이 노동자들에게 일반화되리라는 것이다. 이에 따라 노동자들의 계급의식이 고양되고 선진국의 노동자들이 경제체제 자체를 변화시킬 것이라고 만델은 전망하고 있다. 그리고 일국에서의 사회주의화는 관료제라는 새로운 문제를 갖는 과도기적 사회로 나아가게 되기 때문에 이 변화는 부분적인 것이 아니라 세계적인 것이 되어야 한다는 영구혁명론을 주장한다. 만델은 이러한 변화는 일부 수정주의자들이 믿는 것처럼 제3세계에서부터 오는 것이 아니라 노동자들이 자본주의적 생산 및 교환양식을 극복할 자발적인 생산자 조직을 결성할 능력을 가진 선진국에서부터 시작되어야 한다고 주장하고 있다.

그러나 이 만델의 실천적 주장은 과연 자본주의체제가 그와 같은

급진적인 변화를 겪어야 할 수밖에 없는 체제인가라는 초월적 비판과
설령 세계적 자본주의가 커다란 모순을 가지고 있다고 하더라도 그
모순의 약한 고리가 과연 중심부일 것인가라는 내재적 비판을 모두
받게 되는, 더 깊은 검토를 요구하는 문제인 것이다. 그리고 무엇보다
도 1970년대 후반 이후 선진국의 실제 정치·사회적 변화는 만델의 예
상과는 달리 오히려 더욱 보수화하는 경향이 강해지는 데에서도 그의
실천적 처방은 한계를 드러내고 있다.

5. 맺음말

만델의 《후기자본주의》는 제2차 세계대전 이후의 독점자본주의를
대상으로 하고 자본주의를 동태적 총체성에 따라 파악한다는 독자적
인 방법론에 입각하면서 방대한 실증적 자료를 이용하여 체계적이고
포괄적인 논술을 한 저작이라는 점에서 그 가치가 대단히 크다. 전후
구미 자본주의국가에서 출판된 정치경제학 서적들 가운데 가히 최고
수준의 걸작이라고 할 수 있다. 또한 1970년대의 불황의 장기적 심화
와 더불어서 구미 각국에서 정치경제학이 재흥(再興)되는 과정에, 크
게 이바지한 점도 특기할 만하다.
그러나 만델의 《후기자본주의》는 현대 독점자본주의에 대한 완성된
분석이라고 할 수는 없다. 오히려 여러 가지 문제점들을 제시함으로써
이후의 정치경제학 연구를 활발하게 하였다는 점에서 더 큰 의의가
있다고 하겠다. 만델의 《후기자본주의》에서 제시된 주요 문제들은 다
음과 같다.
국가가 기술진보의 촉진과 산업재편성에서 수행하는 역할은 무엇인
가. 앞으로 국가개입의 정도는 얼마나 강화될 것이며 어떠한 형식을

취할 것인가. 국가개입의 정치적 합의는 무엇인가. 현대자본주의에서 서비스 부문의 역할은 무엇이며 이것이 과연 지속적 축적에 심각한 장애물로 작용하고 있는가. 재정지출 증가의 의미는 무엇인가. 재정지출의 증가는 더 많은 사회복지 서비스를 공급하기 위한 일회적인 것인가, 아니면 앞으로 재정지출의 비중이 계속 커져갈 것인가. 만일 그 비중이 계속 커진다면 이것이 자본주의의 발전에 대해 갖는 의미는 무엇인가. 현대자본주의 아래서 산업예비군의 역할은 무엇인가. 산업예비군이 노동계급을 계속 유지시키는 유일한 현실적 수단인가, 아니면 새로운 산업국가에서는 다른 어떤 기제에 의해서 대체될 것인가. 만일 선진 자본주의국가에서 산업예비군을 영구히 존속시켜야 한다면 이 산업예비군을 어떻게 재편성시킬 것인가. 제3세계의 1차산업 생산자들과의 관계가 중심부 자본주의국가들의 발전에 어떠한 영향을 미칠 것인가.

　이상의《후기자본주의》에서 제기된 문제들은 앞으로 정치경제학이 현대자본주의를 과학적으로 분석하기 위해서 해명하여야 할 과제들이라고 생각된다.

《경제연구》(홍익대, 1986. 1)

서평

《1945년 이후의 자본주의》[*]
: 고통분담론과 레이거노믹스

동구 사회주의의 몰락은 외견상 자본주의와 사회주의의 대결에서 자본주의가 승리한 것처럼 보여진다. 그러나 과연 자본주의는 승리했는가? 이러한 의문에 답하기 위해서는 우선 세계 자본주의의 흐름을 명확히 파악하고, 각 경제주체가 자본주의체제에 적극적인 동의를 표시하는가의 여부가 중요할 것이다.

소개하려는 이 책은 위의 문제를 1945년 이후 세계 자본주의의 변화과정과 그 과정에서 취해온 각국의 경제정책을 평가하면서 다루고 있다.

이 책은 미국·일본·서구 등 우리가 일반적으로 선진 자본주의국이라고 부르는 국가의 1945년 이후 역사를 분석하고 있다. 이 책에서는 세계 자본주의를 세 시기로 구분하고 있다. 제1편은 1945~1950년까지의 전후 재건 과정을, 제2편은 1950~1974년까지의 대호황기, 제3편은 1974년 이후의 불황 극복 과정을 다루고 있다.

---

[*] P. Armstrong, Andrew Glyn, John Harrison, *Capitalism since 1945*.; 김수행 역, 《1945년 이후의 자본주의》, 동아출판사, 1993.

 이 책이 세계 자본주의의 변화과정을 살피면서 그 변화의 초점을
맞추고 있는 것은 자본-임노동 관계이다. 이 책에서는 70년대 초반까
지의 대호황기에 과잉축적에 의해 산업예비군이 고갈되고, 노동자 세
력이 강화되면서 임금상승을 가져왔고, 이러한 임금상승은 기업의 이
윤율 압박으로 나타나게 되어 70년대 후반에 들어서면서부터 불황에
빠지게 되었다는 관점에서 썼다. 공황 또는 불황을 설명하는 이론
가운데서 이른바 '이윤압박설'을 채택하고 있다.
 따라서 70년대 후반 이후 취해진 불황극복을 위한 각국의 정책도
바로 기업의 이윤조건을 개선하는 데 맞추어져 있다고 분석된다. 대표
적으로 미국의 레이거노믹스, 영국의 대처리즘을 자세히 살피고 있다.
이 책은 70년대 후반 이후 취해진 각국의 불황극복 정책의 특징을 '합
의(consensus)의 역전'으로 평가하고 있다.
 전후 호황기에는 선진 자본주의국가에서 '혼합경제'에 대한 광범위
한 합의가 이루어지고 있었다는 것이다. 노조결성의 권리가 안정되었
고, 정부는 다양한 복지서비스와 완전고용을 유지할 책임을 가졌다.
그러나 경제가 더 이상 고용·생활수준·복지서비스를 이전의 수준으로
유지할 수 없게 되면서 호황기의 합의를 역전시키려는 시도들이 나타
나게 되었다는 것으로 불황대책의 본질을 평가하고 있는 것이다. 결국
이러한 시도들은 자본과 노동의 관계를 2차 대전 이전의 상태로 되돌
리려는 시도라고 저자들은 판단하고 있다.
 저자들은 80년대 있었던 수익성 회복이 노동생산성의 상승이라기보
다는 실질임금 성장의 둔화에 기인하는 것이고, 레이건과 대처 정부의
주된 업적이 주요 산업에서의 경영합리화인데 그 비용은 주로 실업
문제로 귀결되어 노동자들의 반발을 사고 있는 것으로 보고 있다. 따
라서 저자들은 이러한 '불평등주의적 전략'을 부정적으로 평가한다.

대신에 그들은 저성장 가운데서도 저실업률을 유지하고 있는 일본의 경우와, 저성장의 충격을 광범위한 희생의 분담으로 해결하려고 하는 스웨덴의 경우에 주목하고 있다. 즉 저자들은 사회적 연대에 기초한 희생의 광범위한 배분를 지향하고 있는 것으로 보인다.

또한 그들은 근자에 많은 사람이 동의하고 있는 것처럼 보이는 '시장경제'의 우월성에 대해서도 회의적인 입장을 취하고 있다. 그들은 역사적 경험을 통해 생산과 분배의 영역에서 광범한 국가개입으로 시장의 자유로운 작동을 규제한 나라들이 가장 성공적이었다고 평가하면서 시장의 힘에 모든 것을 맡기는 것이 바람직한 것이 아니라고 보고 있다.

이 책은 선진 자본주의국가의 역사를 중심적으로 다루고 있기 때문에, 한국 등 신흥공업국의 출현과 사회주의의 변화로 말미암은 최근의 변화에 대해서는 충분히 얘기하고 있지 않지만, 한국의 독자들에게도 의미 있는 저작이라 할 수 있겠다. 1950~60년대 자본주의 황금기의 선진국 경험은 급속한 성장기의 한국 등 신흥공업국의 경제성장을 살피는 데 유용한 도구로서 기능을 할 수 있으며, 더욱이 매우 급속한 자본축적이 어떻게 산업예비군을 고갈시켜 노동자들의 교섭력을 강화시키고, 이에 따라 임금인상 폭발과 이윤압박을 초래하는가에 대한 분석은 한국의 경험에서도 많은 타당성을 가지는 것으로 생각된다. (물론 80년대 후반 한국에서 이윤율 저하는 자금의 투기부문 집중으로 말미암은 생산성 저하에 주로 기인한다고 하겠다.)

더욱이 이 책은 개혁을 수행하고 있는 지금 현 정부가 취하고 있는 '시장우선의 경제', '국가경쟁의 강화', '고통분담' 등에 대해 다시금 생각하게 해준다. 현 정부가 내세우고 있는 이들 논리는 레이거노믹스나 대처리즘에서 보는 불황대처 정책과 매우 비슷하다. 임금인상의 억제,

노동운동의 탄압, 공공서비스의 가격인상, 기업에 대한 지원 강화 등
의 정책 등을 통해 기업들에게 높은 이윤을 실현시켜 주려는 것이 그
러하다. 우리는 고통분담이 광범위하게 확산되지 않고, 노동자, 농민,
도시서민에게만 고통이 집중될 때 이들이 적극적으로 경제과정에 참
여할 수 있을지에 대해서는 의문을 가질 수밖에 없다.

이 책은 이상에서 보듯 분석의 명쾌성과 풍부한 함의를 장점으로
하고 있지만, 73년 이후 저고용이 왜 붐의 기초를 마련하지 못했는가
에 대해 설명하지 못하고 있고, 광범위한 고통분담의 예로 들고 있는
스웨덴이 경제활성화를 이루지 못하고 있는 현실에 대해 그 대안을
명확히 내세우지는 못하고 있는 한계를 가진 것으로 보인다. 세계 자
본주의의 흐름과 관련하여 더욱 폭넓은 이해를 위하여 조절이론의 시
각에서 쓰여져 포드주의의 한계를 강조한 Stephen A. Maglin & Juliet
B. Schor(1991)의 *The Golden Age of Capitalism*을 일독하기를 권한다.

《현대경영》(1994. 6)

서평

《발전과 환경위기》[*]
: 환경문제는 바로 국가 경쟁력 문제

최근 전 세계적으로 환경문제에 대한 관심이 높아지고 있다. 1972
년 스톡홀름회의가 열린 이후 1992년 리우환경회의에 이르기까지 국
제적 수준에서뿐만 아니라, 각국의 민간 및 정부 차원에서도 환경문제
를 해결하고 환경위기를 극복하려는 노력들이 전개되어 왔다. 그런데
환경문제는, 각국의 경제적·정치적 이익이 첨예하게 대립되고 있는 현
실을 감안할 때 기업이나 국가의 경쟁력과도 직결되어 있는 문제라
할 수 있다.

환경문제를 다루는 연구는 분야에 따라 각양각색이다. 또 환경문제
를 바라보는 시각이나 그것이 발생한 원인 및 해결방식 또한 매우 다
양하다. 이 책은 특히 경제발전과 환경의 관계를 집중적으로 다루고
있다. 또 환경문제에 관한 기존의 이론이나 현실의 환경문제를 설명하
기보다는, 기존 이론의 한계를 지적하면서 환경문제를 바라보는 시각
을 새롭게 제시하고 있다.

---

[*] M. Redclift, *Development and The Environmental Crisis: red or green
Alternatives?*; 강현수·이상헌·장윤희 옮김, 《발전과 환경위기》, 한울, 1993.

　저자는 '발전이 현저하게 환경을 위협하는데도 우리에게는 그 도전에 맞설 수 있는 도덕적 혹은 지적 수단이 없다. 과연 우리에게 그런 수단을 가질 능력이 있는가'라는 문제의식에서 출발한다. 이러한 문제의식으로부터 저자는 우선 기존 이론들이 간과하고 있는 문제가 무엇인가를 지적한다. 먼저 환경문제는 사회제도와 경제관계에 뿌리를 둔 구조적인 문제임에도 기존 이론들은 이것을 서로 별개의 것으로 다루어 왔다는 것이다. 그리고 환경위기가 국제적인 정치·경제관계의 틀 속에서만 해결될 수 있다는 점에서 정치적인 문제임에도, 환경문제는 탈정치화되어 왔다는 것이다.

　경제발전과 환경(환경보전)의 관계에 관한 신고전파 경제학적 접근, 맑스주의적 접근, 환경주의적 접근 등은 모두 이러한 한계를 갖고 있다. 신고전파 경제학적 접근은 기본적으로 시장 메커니즘에 의존하고 기술을 개발함으로써 환경문제가 해결될 수 있다는 낙관론에 치우친 나머지, 현재 저개발국의 경제발전과 환경파괴의 문제에 관한 올바른 해답을 내리지 못하고 있다. 맑스주의적 접근에서는 환경문제가 중요한 문제로 취급되지도 않았으며, 맑스주의 이론들 자체가 환경문제를 내포하기에는 난점이 있다. 한편 환경주의적 접근은 환경을 중시하고 있기는 하지만 환경문제를 구조적인 문제로 인식하고 있지 않으며, 또 일관된 정치적 관점을 결여하고 있다는 한계를 갖고 있다.

　저자는 이렇게 기존 이론을 비판하면서 특히 저개발국의 빈곤과 자원고갈 문제, 그리고 기술변화가 환경에 미치는 영향과 그것이 국민들의 삶에 미치는 효과에 대해 집중적으로 분석하고 있다. 그리하여 저자는 현재까지 경제발전이라는 구실로 환경을 파괴한 것은 선진국의 경제발전 논리에 의존한 결과이며, 따라서 저개발국이 경제발전과 환경(환경보존)이라는 두 개의 과제를 동시에 실현할 수 있는 길은 지속

가능한 자원 이용에 관심을 집중하고 이제까지 자원파괴적으로 작용하여온 시장 메커니즘을 신봉하거나 적용하기보다는 새로운 메커니즘을 찾아, 그것을 통해 인간의 필요를 충족시키는 것이라고 주장한다.

이 책은 위 세 가지 접근의 한계를 지적하면서, 특히 맑스주의적 접근과 환경주의적 접근의 새로운 결합을 시도하고 있다는 점에서 일단 이론적으로 의의가 있다. 또 기존의 서구 경험과 이해에 기초한 발전전략을 부정하고 저개발국의 처지에서 환경과 발전 문제를 바라보고 있다는 점에서도 의의가 있다. 저자는 저개발국의 발전이 선진국이 지배하는 국제경제체제 속에서 이루어지는 한, 저개발국의 환경은 파괴될 수밖에 없다고 보고, 저개발국이 경제발전과 함께 환경을 보전하기 위해서는 전 세계적 규모에서 작용하고 있는 구조적 장애(저자는 멕시코 농업의 경우를 예로 들면서 미국에 지나치게 의존하는 상태에서 벗어나야 한다고 주장한다)를 극복해야 한다고 강조하고 있다.

이러한 의의를 갖고 있음에도, 이 책은 저개발국의 환경문제를 주요 테마로 설정한 결과, 현재 더 심각한 환경 파괴의 주범이라 할 수 있는 공업에 대한 분석을 결여하고 있다는 점, 오래 전에 쓰였기 때문에 급변하는 각국 또는 전 세계적 수준에서 환경문제와 그 대응에 관한 논의를 결여하고 있다는 점(이 점은 옮긴이들이 책 뒷부분에 최신의 논문들을 수록했기 때문에 상당히 완화되었다고 할 수 있지만) 등의 약점을 갖고 있다.

그동안 한국의 경제발전 과정은 환경보존적이라기보다는 환경파괴적이었다. 그 결과 이제 국민들의 삶의 조건이 악화되고 있고 기업의 비용 부담도 증대되고 있다. 따라서 이제까지 경제발전이라는 구실로 도외시되었던 환경문제에 새로운 관심과 노력을 기울여야 한다. 경제발전과 환경보전은 결코 상충(trade-off) 관계에 있는 것이 아니다. 게다가 환경을 무시한 경제발전을 어렵게 만드는 그린라운드(Green Round) 등의 움직임이 현재 나타나고 있지 않은가.

《현대경영》(1994. 9)

학현 변형윤 약력

1927년 1월 6일 황해도 황주읍 예동리에서 출생

학 력

경기중(5년제) 졸업(1944). 서울상대 졸업(1951). 경제학 박사(서울대, 1968).

현 직

서울대 명예교수(1992~). 대한민국 학술원 회원(1993~). 서울사회경제연구소 이사장
(1993~). 한국경제발전학회 이사장(2007~).

전 직

서울상대 강사·교수(1955~75); 학장(1970~75).

경제개발5개년계획 평가교수(1966~80).

UN 경제개발연수원 강사(1968).

서울대 사회과학대학 교수(1975~80, 1984~92); 해직(1980), 복직(1984).

서울대 교수협의회장(1980, 1987~89).

한국계량경제학회장(1986). 한국경제학회장(1989).

경제정의실천시민연합 공동대표(1989). 한겨레신문사 이사(1991). 포항공대 이사(1996
~2005). 한겨레통일문화재단 이사장(1996). 서울시정개발연구원 이사장(1996). 통일
부 통일고문(1998). 한국외대 이사장(1998~2001). 제2건국위 대표공동위원장·고문
(1998~ 2003). 상지대 이사장(2004~07).

상 훈

다산경제학상(1985), 서울특별시 문화상(2001), 국민훈장 무궁화장(2000).

주요 저서

《경제수학》(1957), 《통계학》(1958), 《한국경제론》(편저, 1977), 《한국경제의 진단과 반
성》(1980), 《반주류의 경제학》(편역, 1981), 《분배의 경제학》(1983), 《현대경제학연구》
(1985), 《한국경제연구》(1986), 《경제를 되새기며》(2000).